本书得到教育部人文社会科学青年基金项目"郑玄语言学研究"（09YJC740055）和天津师范大学学术著作出版基金资助。

李玉平◎著

郑玄语言学研究

中国社会科学出版社

图书在版编目(CIP)数据

郑玄语言学研究 / 李玉平著. —北京：中国社会科学出版社，2018.5
ISBN 978-7-5203-2621-6

Ⅰ.①郑⋯　Ⅱ.①李⋯　Ⅲ.①郑玄（127-200）-语言学-研究
Ⅳ.①H109.2

中国版本图书馆 CIP 数据核字（2018）第 117872 号

出 版 人	赵剑英
责任编辑	任　明
责任校对	杨　林
责任印制	李寡寡

出　　版	中国社会科学出版社
社　　址	北京鼓楼西大街甲 158 号
邮　　编	100720
网　　址	http://www.csspw.cn
发 行 部	010-84083685
门 市 部	010-84029450
经　　销	新华书店及其他书店

印刷装订	北京君升印刷有限公司
版　　次	2018 年 5 月第 1 版
印　　次	2018 年 5 月第 1 次印刷

开　　本	710×1000　1/16
印　　张	34.5
插　　页	2
字　　数	565 千字
定　　价	120.00 元

凡购买中国社会科学出版社图书，如有质量问题请与本社营销中心联系调换
电话：010-84083683
版权所有　侵权必究

目 录

绪论 ·· (1)
 一 当前有关郑玄语言学的研究现状 ·· (1)
 二 对郑玄的语言学进行专题研究的必要性 ································ (3)
 三 本书的研究目标、重点和难点 ·· (4)
 四 本书的研究方法 ·· (5)

第一编 郑玄的训诂学研究

第一章 郑玄对训诂的总体认识 ··· (9)
 一 明确描述"训诂"1次 ·· (9)
 二 提到"诂训传"2次 ·· (9)
 三 单独提及"诂"4次 ·· (10)
 四 单独提及"训"11次 ·· (10)

第二章 郑玄的训诂原则 ·· (12)
 一 以往学者提出的训诂原则 ·· (13)
 二 郑玄笺注中体现出的现代训诂原则 ·································· (23)
 本章参考文献 ··· (32)

第三章 郑玄的训诂内容 ·· (35)
 一 解释词义 ·· (36)
 二 注音 ·· (38)
 三 串讲文意(句、节、章意) ·· (38)
 四 分析句读 ··· (39)
 五 校勘文字 ··· (40)

六　阐述语法……………………………………………（43）
　　七　说明修辞……………………………………………（48）
　　八　诠释用典……………………………………………（49）
　　九　叙事考史……………………………………………（49）
　　十　记述地理……………………………………………（51）
　　十一　发凡起例…………………………………………（51）
　　十二　阐发思想…………………………………………（52）

第四章　郑玄的训诂方法…………………………………（53）
　　一　据古训………………………………………………（56）
　　二　搜集排比用例基础上的归纳法……………………（58）
　　三　审辨字形……………………………………………（58）
　　四　根据词义引申系列探求词义………………………（60）
　　五　因声求义……………………………………………（61）
　　六　明避讳………………………………………………（64）
　　七　考异文………………………………………………（64）
　　八　审文例………………………………………………（65）
　　九　通语法………………………………………………（71）
　　十　方言佐证……………………………………………（72）
　　十一　异语求义法………………………………………（72）
　　十二　名字求义法………………………………………（74）
　　十三　文化求义法………………………………………（75）
　　十四　声形合义法………………………………………（76）
　　十五　同义词辨释法……………………………………（77）
　　十六　对比法……………………………………………（77）
　　十七　历史佐证法………………………………………（79）
　　本章参考文献……………………………………………（79）

第五章　郑玄的训诂术语…………………………………（82）
　　一　某，某也……………………………………………（83）
　　二　曰、为、谓之………………………………………（84）
　　三　谓、言………………………………………………（85）

四　犹、亦 …… (87)
五　犹言、犹云 …… (90)
六　变言、变……言 …… (90)
七　之为言、之言 …… (91)
八　貌、之貌 …… (94)
九　属（之属）、之别、之类 …… (95)
十　之称、之名 …… (97)
十一　辞、词、语助 …… (98)
十二　读如、读若、谓若 …… (100)
十三　读为、读曰 …… (103)
十四　假借字 …… (105)
十五　字之误 …… (106)
十六　声之误 …… (107)
十七　当为、当作 …… (108)
十八　某与某音声相似（近）类术语 …… (110)
十九　其他类术语 …… (111)

第六章　郑玄的训诂方式 …… (114)
一　词训 …… (114)
二　句训 …… (119)
三　综合训释 …… (124)

第二编　郑玄的文字学研究

第一章　郑玄对汉字构形的研究 …… (129)
一　郑玄的"象形字"观 …… (130)
二　郑玄的"会意字"观 …… (132)
三　郑玄的"转注字"观 …… (133)
四　郑玄的"处事字"观 …… (138)
五　郑玄的"假借字"观 …… (139)
六　郑玄的"谐声字"观 …… (140)
本章参考文献 …… (144)

第二章 郑众、郑玄的"谐声"观及其对后世的影响 ………… (146)
    一 引言 ……………………………………………………… (146)
    二 郑玄分析谐声字的全部材料14条 ………………………… (147)
    三 对郑玄分析谐声字材料的总结 …………………………… (153)
    四 郑众、郑玄的"谐声"观对后世形声字分析观念的
        影响 ……………………………………………………… (155)
    本章参考文献 ……………………………………………… (157)

第三章 郑玄从历时角度对字际关系的沟通
        ——以《周礼注》为例 ……………………………… (159)
    一 "故书"类（共211例）…………………………………… (163)
    二 "今书"类（共3例）……………………………………… (164)
    三 "A，书或作B"类（共2例）…………………………… (164)
    本章参考文献 ……………………………………………… (169)

第四章 郑玄从泛时角度对字际关系的沟通
        ——以《周礼注》为例 ……………………………… (170)
    一 读如类 …………………………………………………… (171)
    二 读为类 …………………………………………………… (175)
    三 读曰类 …………………………………………………… (179)
    四 之言类 …………………………………………………… (180)
    五 假借字类 ………………………………………………… (182)
    六 字之误类 ………………………………………………… (185)
    七 声之误类 ………………………………………………… (187)
    八 当为/当作类术语 ………………………………………… (188)
    九 某与某音声相似（近）类术语 …………………………… (192)
    十 其他类术语 ……………………………………………… (194)
    本章参考文献 ……………………………………………… (198)

第五章 郑玄对"正""匹"字际关系的说明及其意义 ………… (200)
    本章参考文献 ……………………………………………… (206)

第六章　郑玄的"正""匹"形近而误说与东晋时期有新
　　　　兴量词"邊"说 …………………………………… (209)
　　本章参考文献 …………………………………………… (213)

第三编　郑玄的语源学研究

第一章　引言 ………………………………………………… (219)
　　一　郑玄的语源学研究概观 ……………………………… (219)
　　二　郑玄语源学观念的研究方法 ………………………… (221)

第二章　郑玄《毛诗笺》探源材料及形式 ………………… (223)
　　一　明确体现郑玄探源意图的表述材料 ………………… (223)
　　二　用探求名源的专门术语"之言""之为言"来说明事物、
　　　　字词的名源 ……………………………………………… (225)
　　三　使用一般释义形式的材料 …………………………… (244)

第三章　郑玄《毛诗笺》探源观念总结 …………………… (252)
　　本编参考文献 …………………………………………… (253)

第四编　郑玄的语法学研究

第一章　郑玄对词语的研究 ………………………………… (260)
　　一　对实词和虚词的区分 ………………………………… (260)
　　二　对单音词、复音词的区分 …………………………… (280)
　　三　对词类活用的说明 …………………………………… (282)
　　四　对词的兼类现象的关注 ……………………………… (285)
　　五　对同义词连用现象的解释 …………………………… (286)
　　六　辨析同义词 …………………………………………… (286)

第二章　郑玄对短语的研究 ………………………………… (289)
　　一　对复音词和复音组合（短语）的区分 ……………… (289)
　　二　对词语结构的理解 …………………………………… (293)

第三章 郑玄对句子的研究 (300)
  一 对句读的分析 (300)
  二 对句中语序的说明 (302)
  三 分析为主谓倒装句 (305)
  四 对被动句式的说明 (305)
  五 分析原文为判断句 (307)
  六 对原文修饰性成分的说明 (307)
  七 对原文兼语式的补充性说明 (308)
  八 对疑问句的分析研究 (309)
  九 对文献复句关系的说明 (311)
  十 对韵律句和语义句的区分 (315)
  十一 对句中成分省略的分析 (317)

第四章 郑玄对语段的研究 (318)

第五章 郑玄对语篇的研究 (319)
  一 有说明总结上文的 (319)
  二 有说明总领下文的 (319)
  三 有联系几个语段来理解的 (319)
  四 有结合几章的理解的 (320)

第五编 郑玄的方言学研究

第一章 郑玄的方言观、方言研究材料和方言分区观新考 (323)
  一 郑玄对"方言"的总体认识 (324)
  二 郑玄有关方言研究的材料 (325)
  三 郑玄方言材料的获得途径 (333)
  四 郑玄的方言分区观念 (334)

第二章 郑玄的方言研究体例 (341)
  一 用"今"标明古今语言的对比 (341)
  二 某地名某为某类 (341)

三　某地言某为某类 …………………………………………（342）

　　四　某地语某为某类 …………………………………………（342）

　　五　某地谓某为某类 …………………………………………（343）

　　六　某，某地曰某类 …………………………………………（343）

　　七　某读为某，某地语声之误也 ……………………………（344）

　　八　某读若（如）某地某某之某 ……………………………（344）

　　九　某地某某声相同、近，某作某，某地人声 ……………（344）

　　十　某地称某为某 ……………………………………………（345）

　　十一　某地语助 ………………………………………………（345）

　　十二　某地命某曰某 …………………………………………（345）

　本编参考文献 …………………………………………………（345）

第六编　郑玄的修辞学研究

第一章　郑玄在《毛诗笺》《三礼注》中已明确提出修辞术
　　　　语类 …………………………………………………（350）

　　一　兴 …………………………………………………………（350）

　　二　比喻 ………………………………………………………（351）

　　三　重言与复言 ………………………………………………（352）

　　四　互文 ………………………………………………………（356）

　　五　变言 ………………………………………………………（358）

　　六　独言 ………………………………………………………（360）

　　七　反言与反其言 ……………………………………………（360）

　　八　空省与详略 ………………………………………………（361）

　　九　比较 ………………………………………………………（365）

　　十　共文 ………………………………………………………（366）

第二章　《毛诗笺》《三礼注》中尚未明确总结的修辞
　　　　术语类 ………………………………………………（367）

　　一　借代 ………………………………………………………（367）

　　二　夸张 ………………………………………………………（368）

　　三　委婉 ………………………………………………………（368）

本编小结 …………………………………………………………（370）

本编参考文献 ……………………………………………………（370）

第七编　郑玄语言学研究之总体特点

第一章　郑玄强调语言学研究的应用性 ……………………（375）
　　一　注释类 ………………………………………………（375）
　　二　著作类 ………………………………………………（375）

第二章　郑玄重视语言学术语的建设 ………………………（377）
　　一　《论语》郑玄注使用的训诂术语 …………………（377）
　　二　《论语》郑玄注训诂术语的使用情况分析 ………（384）
　　三　小结 …………………………………………………（387）
　　本章参考文献 ……………………………………………（387）

第三章　郑玄重视语言的综合性研究 ………………………（389）

第四章　郑玄重视语言（历时或共时）的比较研究 ………（390）
　　一　郑玄从历时角度对字际关系的沟通 ………………（390）
　　二　郑玄对古今用词的对比 ……………………………（391）
　　三　郑玄对古今事物制度的对比 ………………………（392）
　　四　郑玄对古今方言的对比 ……………………………（392）

第八编　郑玄的语言学研究在中国古代
　　　　语言学史上的地位（一）
　　　——郑玄对以往语言学研究的继承、总结和发扬

第一章　郑玄对《尔雅》语言学研究的继承情况 …………（397）
　　一　郑玄对《尔雅》的明引情况 ………………………（398）
　　二　郑玄对《尔雅》的暗引情况 ………………………（402）
　　三　结语 …………………………………………………（408）
　　本章参考文献 ……………………………………………（408）

第二章　郑玄对《毛诗诂训传》语言学研究的继承 (410)
一　郑玄对《毛传》训诂方式的继承 (411)
二　郑玄对《毛传》训诂术语的继承 (420)
三　郑玄对《毛传》训诂方法的继承 (426)
四　郑玄对《毛传》语法观念的继承 (433)
五　郑玄对《毛传》修辞观念的继承 (437)

第三章　郑玄未引用西汉扬雄《方言》说 (441)

第四章　郑玄对《说文解字》语言学研究的继承 (443)
一　郑玄对许慎语言学研究的继承情况研究概观 (443)
二　郑玄与许慎释义比较 (445)
三　小结 (452)
本章参考文献 (453)

第五章　郑玄对杜子春、郑兴、郑众等人语言学研究的继承 (454)
一　郑玄继承前人已有的沟通字际关系术语 (454)
二　郑玄首创的沟通字际关系术语 (460)
三　对郑玄沟通字际关系工作实践的总体评价 (461)
本章参考文献 (466)

第九编　郑玄的语言学研究在中国古代语言学史上的地位（二）
——郑玄对其后语言学研究的影响

第一章　郑玄对东汉同时期学者语言研究的影响 (471)
一　郑玄与何休语言研究的观点分歧 (472)
二　郑玄对东汉同时期其他学者语言研究的影响 (476)

第二章　郑玄对东汉刘熙《释名》的启发 (481)
一　郑玄与刘熙的学术渊源分析 (482)

二　郑玄对刘熙训诂方法的影响 …………………………………… (482)
　　三　郑玄对刘熙词语释义内容的影响 ……………………………… (485)
　　四　郑玄对刘熙词语释义方式的影响 ……………………………… (491)
　本章参考文献 …………………………………………………………… (493)

第三章　郑玄对汉魏晋南北朝时期语言学研究的影响
　　　　——以汉魏晋南北朝学者对郑玄训诂术语"谓若"的
　　　　　　继承为例 …………………………………………………… (495)
　一　东汉 …………………………………………………………………… (495)
　二　三国·魏 ……………………………………………………………… (496)
　三　三国·吴 ……………………………………………………………… (496)
　四　晋代 …………………………………………………………………… (496)
　五　南朝·宋 ……………………………………………………………… (496)
　六　南朝·梁 ……………………………………………………………… (497)

第四章　郑玄对唐代语言学研究的影响
　　　　——以唐代学者对郑玄训诂术语"谓若"的继承
　　　　　　为例 …………………………………………………………… (498)

第五章　郑玄对宋元明清时期语言学研究的影响
　　　　——以宋元明清学者对郑玄训诂术语"谓若"的继承
　　　　　　为例 …………………………………………………………… (501)
　一　南唐 …………………………………………………………………… (501)
　二　宋代 …………………………………………………………………… (501)
　三　金代 …………………………………………………………………… (502)
　四　元代 …………………………………………………………………… (502)
　五　明代 …………………………………………………………………… (502)
　六　清代 …………………………………………………………………… (502)

第六章　郑玄对清代语言学研究的影响
　　　　——以段玉裁《说文解字注》所引郑玄注为例 ……… (503)
　一　段注引用郑玄《周易注》32条 ……………………………………… (503)

二　段注引用郑玄《尚书注》46条 …………………………（503）

　　三　段注引用郑玄《毛诗笺》204条 ………………………（504）

　　四　段注引用郑玄《周礼注》496条 ………………………（504）

　　五　段注引用郑玄《仪礼注》259条 ………………………（504）

　　六　段注引用郑玄《礼记注》218条 ………………………（505）

　　七　段注引用郑玄《论语注》9条 …………………………（505）

　　八　段注引用郑玄《毛诗谱》4条 …………………………（505）

第七章　郑玄对后世语言学研究的影响

　　——以"郑学"名称的历代变迁为例…………………（507）

　　一　郑学的专称 ………………………………………………（508）

　　二　郑学与他学的并称 ………………………………………（513）

附录　关于郑玄的语言学研究资料索引 ……………………（516）

后记 ………………………………………………………………（537）

绪　　论

一　当前有关郑玄语言学的研究现状

（一）国内外研究现状

1. 从研究定位来看，将东汉郑玄的研究实践当作是语言学角度的研究来全面看待的意识尚不足。郑玄是东汉著名的经学家、注释学家、礼学家、文献学家等等，这些称号，本身是从现代学科的角度，追溯学史的角度加之于郑玄的。从这些角度看待他研究所取得的成就也是非常显著的。与此类似，语言学者也称郑玄是古代著名的语言学家[①]，然而，与其他学科相比，学界对郑玄的语言学研究深度是不够的。

2. 从语言学史研究的思路来看，学界对古代语言学家进行专人专题研究尚少。

本课题属于中国古代语言学通史研究的阶段性研究之一。通史研究一则是要建立在古代语言学简史研究的基础上，二则需要大量的断代语言学史的描写，三则需要对重要的语言学家进行专人专题研究。①语言学简史研究工作成就斐然。据笔者统计相关著作有 17 部之多。不足处是不够详备，描写关注点略显集中，这样部分次重点的语言学家及成就未予详细介绍，即使某些重要语言学家（如东汉郑玄）的语言学成就也总结不够。②断代语言学史的描写工作应该说也刚刚起步。仅见的两部断代语言学史研究是四川师大王启涛《魏晋南北朝语言学史论考》（四川省教委科研项目）和华南师大吴辛丑的《先秦两汉语言学史略》。断代语言学史的研究是一大进步，但要想对某个重要语言学家及成就研究透彻、描写深入，则

---

① 如《中国大百科全书·语言文字卷》（中国大百科全书出版社 1988 年版，第 517 页），吉常宏、王佩增主编《中国古代语言学家评传》（山东教育出版社 1992 年版，第 35 页），唐作藩主编《中国语言文字学大辞典》（中国大百科全书出版社 2007 年版，第 1040 页）中都收有"郑玄"的条目。

还需要开展进一步的专人专题研究。③对古代语言学史专人专题研究仍尚缺乏。主要有山东师大吴庆峰教授指导的系列研究生论文：王世利《颜之推语言学研究》（2003），程艳梅《贾公彦语言学研究》（2004），周满伟《邢昺语言学研究》（2004），殷晓杰《黄生语言学研究》（2005），刘娟《方以智语言学研究》（2005），王其秀《王若虚语言学研究》（2006），满芳《桂馥语言学研究》（2007）；新近出版有张金霞《颜师古语言学研究》（2006）等，取得了非常可喜的成绩。但这相对于悠久的中国语言学发展史来说，这方面研究是远远不够的。

3. 从研究的成果角度，目前缺少全面总结郑玄的语言学成就的专著。

（1）学界关于两汉时期语言学史的研究中对东汉郑玄的语言学成果重视不够。两汉时期语言学史的研究中，一般都是对《方言》《说文》《释名》描写居多，而对专著当中的语言学研究成果，尤其是东汉郑玄的语言学研究成果重视不够。像影响较大的王力《中国语言学史》、何九盈《中国古代语言学史》、濮之珍《中国语言学史》、李开《汉语语言研究史》当中就没有专门介绍，而赵振铎《中国语言学史》、吴辛丑《先秦两汉语言学史略》等虽有专节介绍，但相对于郑玄在语言学史上的成就而言，则显得太简略，而吴辛丑《先秦两汉语言学史略》甚至将郑玄的语言学成就部分拿到刘熙《释名》之后介绍（实际上的情形是郑玄的语言学贡献应当在刘熙之前），这更容易误导语言学史的学习者。

（2）当前关于郑玄的语言学方面研究的论文，总体成就也不高。一个特点是多着眼于郑玄的训诂学方面的贡献，而语言学宏观角度的研究却十分薄弱，只有少数的几篇论文。另一个特点是多零敲碎打式的研究，不够全面系统。

4. 从研究方法的角度，关于郑玄的语言学成就以往多是使用例证法，而缺乏全面系统的统计归纳法研究。

（二）研究趋势

语言学史的研究最终要编撰大型的《中国语言学通史》，如果没有大量的断代描写和专人专题描写，是无法实现准确翔实的语言学通史的描写的。尤其是许多如郑玄一样的语言学家，相关材料多，阅读难度大，其语言学成就体现在他们的注释当中，需要爬疏分析整理，要花大量时间。如唐文先生编一部《郑玄辞典》，就花去了三年多时间。随着目前语言学史断代研究和专人专题研究的不断深入和细化，郑玄这样一位和当时许慎合称"许郑"的通儒，对其语言学成就的研究过于简略和零散，这是与其身份不相对当的。语言学史专著或教材当中也应该为其专辟一章加以详细介绍，而这前提就是要先对郑玄的语言学成就作专门的课题研究。

二 对郑玄的语言学进行专题研究的必要性

对郑玄的语言学进行专题研究是十分必要的，有着重要的理论价值和实际应用价值。

（一）理论价值

该课题属于学术史的研究，具有重要的理论价值。首先，从研究思路上，立足于先对历史上重要语言学专家进行专人专题研究，进而建设全面完善的《中国语言学通史》。这对于如何缩小与文学通史研究的差距是具有重要意义的。与文学史的研究相比，语言学史的研究是十分薄弱的，目前尚无大型全面的《中国语言学通史》，要开展这项工作，借鉴文学史研究的经验，就是首先要进行专人专题的全面研究。其次，从研究方法上，如何从语言学史的高度，全面整理、分析古代注释家（如郑玄）在中国语言学史各个方面所做出的成就和贡献，总结其语言学研究的总体特点及对后来语言学研究的影响，这具有方法论的意义。再次，从研究角度上，开展语言学史专人专题的研究，便于建立以人为中心的中国语言学史的描写。这是开展语言学史研究的一个新视角，不同于以往的以专题为中心的描写模式。

（二）实际应用价值

1. 全面总结郑玄的语言学研究成就，为大型《中国语言学通史》的建立提供翔实而准确的材料，为古代语言学家的专人专题研究提供方法上指导，对语言学史的描写视角提供重要参考。

2. 全面总结郑玄的语言学研究特点，对于当前的语言学研究具有重要的指导意义。郑玄的语言学研究不是为研究而研究，而是为了致用读经而进行的研究，具有很强的实用性，这是今天值得借鉴的；郑玄重视语言学术语的建设也是一项巨大进步，另外他重视语言的综合研究，重视语言的比较研究，这对当前的语言学研究无疑都是有巨大指导意义的。

3. 对相关领域的研究都有借鉴作用。比如训诂学史、文字学史、语源学史、语法学史、方言学史、修辞学史、《尔雅》学、《说文》学、《诗经》学、《释名》研究等，都有很强的借鉴意义；也将对语言学（史）词典辞书的编纂提供重要参考,以往对于郑玄的语言学成就言之不详,在编写相关词典时候,也就无法描述深入准确。

三 本书的研究目标、重点和难点

(一) 研究目标

从郑玄训诂学研究、郑玄文字学研究、郑玄语源学研究、郑玄语法学研究、郑玄方言学研究、郑玄修辞学研究等几个方面全面整理总结郑玄的语言学成就、总体特点及其影响,从而给郑玄在中国语言学史上的地位给予更全面翔实准确的描写与定位。

郑玄的语言学成就是多方面的,带有集大成性质,可以说在他之前的《尔雅》《毛诗诂训传》《方言》《说文》的语言学研究经验和方法,郑玄都用到了,需要分类总结。同时郑玄在前人基础上有很多创新,这在语言学史上是需要大书特书的。例如他的语言发展观,体现在常常将文献中的"某某"词汇在注释当中注成今之"某某"。这在语言学观念上是一个巨人突破。再如,他用明确术语"之言"对词语语源的探求,开语源学之先,这种方法和理论的运用孕育了后来东汉另一语言学巨著刘熙《释名》的产生。郑玄取得这样巨大的语言学成就是不容忽视的,需要进行专门研究。

(二) 重点和难点

1. 本课题带有跨学科的交叉综合研究性质,从具体材料中用归纳分析的方法全面系统地整理郑玄在语言学各分支学科方面的语料,这是一项有难度的巨大工程,是前所未有的。郑玄的语言学研究具有集大成性,其注释材料很多,阅读难度大,单凭一人之力很难高质量地在短时间内完成,因此需要语言学不同领域的人分工协作。

2. 对郑玄的语言学成就进行专人专题研究,并全面系统地总结其在语言学各领域所取得的成就、其语言研究的整体特点及对后来的影响,这是前所未有的。这是为将来撰写一部更加详备而准确的大型《中国语言学通史》做前期准备工作。以往研究不能全面细致地反映郑玄的语言学成就,这势必影响将来大型《中国语言学通史》的撰写,我国目前还没有一部详备的《中国语言学通史》,关键是相关的断代或专人专题研究做得不够深入,质量不高。相比而言中国文学通史的研究则要完备得多。

3. 全面搜集大陆、港、澳、台及海外关于郑玄的语言学研究各方面的研究成果、研究资料，这是又一大突破。以往研究资料搜集往往是不全面的，尤其缺乏对港台、海外的研究成果的介绍。全面地搜集资料这对于加强同一领域相关研究，避免重复工作是十分必要的。

四 本书的研究方法

（一）研究思路

当前缺乏一部详备的中国语言学通史，这是我国语言学研究领域的缺憾。但这项工作需要大量断代研究和专人专题的研究作为基础，本课题就是古代语言学史研究中的一个专人专题研究的重要课题。以往关于郑玄的语言学缺乏系统全面的专题研究，这主要因为郑玄的语言学研究都是散见于其注释书当中。因此我们的研究思路是分析郑玄的注释材料，将这些材料按照现代语言学的分支加以分类，然后从材料中升华总结郑玄的语言学研究观点、语言学研究方法及取得的语言学成就。

本课题是大规模真实文本研究，力求采用以语料库为基础的着眼于语料统计分析归纳的研究方法，对郑玄的语言学研究相关注释材料作穷尽性数据分类统计，从材料的类聚中总结规律和探索理论，通过定量来定性。个别语料的特例、变例或处理不当，不会影响从海量数据中得出统计结论的可靠性。

（二）研究方法

本书研究方法包括：①归纳法和统计分析法：由具体材料分析郑玄的语言学观念；②演绎法：由郑玄关于语言学研究的表述来演绎相应的语言学观点。具体操作如下。

1. 材料的选择。郑玄的注释材料很多，我们主要是对其《毛诗笺》《周礼注》《仪礼注》《礼记注》《论语注》材料进行封闭式穷尽性研究，而以其《尚书郑注》《孝经注》《周易注》《发墨守》《箴膏肓》《起废疾》《郑志》《大学中庸注》《答临孝存周礼难》《驳许慎五经异议》等郑注辑佚材料作为补充。

2. 阅读分析材料，制作材料分析表。阅读郑玄的注释材料，同时对其进行定性分析，将材料分为训诂学、文字学、语源学、语法学、方言学、修辞学等几个方面分别整理，制作相应的材料分析数据库或表格。尤其要注意分析、限定郑玄所用主要术语的含义。

3. 分析郑玄的注释材料表格。并作相应的统计分析和归纳。按内容分类讨论各种数据，统计用量，显示频率，排列例证，分析其内容及作用，从中归纳出规律和特点来。

4. 分门别类地总结郑玄在语言学各分支学科的研究。

5. 总结郑玄的语言学研究总体特点，分析其对后世语言学研究的影响。

第一编
郑玄的训诂学研究

以往学者关于郑玄的训诂研究已经有了比较深入的探讨，如胡朴安[①]、张舜徽[②]、黄焯[③]、唐文[④]、李建国[⑤]（1986/2002）、赵振铎[⑥]、周信炎[⑦]、耿天勤[⑧]、李玉平[⑨]、马君花[⑩]、洪丽娣[⑪]、孙永娟[⑫]、姚书平[⑬]等。然总体而言仍有深入系统探讨的必要。

　　因为训诂学涉及范围较广，有些内容我们在本书其他章节已经有较为详细深入的探讨，这里只侧重于从训诂学的宏观视角关注郑玄的训诂研究实践，尽可能不再做过于细致的探讨。结合前辈时贤的研究成果，总结郑玄的训诂学研究状况如下。

[①] 胡朴安：《中国训诂学史》，商务印书馆1937年版，第151—160页。
[②] 张舜徽：《郑玄训诂学发微》，《华中师范大学学报》（人文社会科学版）1981年第3期。
[③] 黄焯：《毛诗郑笺平议》，上海古籍出版社1985年版。
[④] 唐文：《简论郑玄在训诂学上的成就》，《铁道师院学报》1987年第1期。
[⑤] 李建国：《汉语训诂学史》（修订版），上海辞书出版社2002年版，第67—76页。
[⑥] 赵振铎：《训诂学史略》，中州古籍出版社1988年版，第60—76页。
[⑦] 周信炎：《训诂学史话》，中国大百科全书出版社2003年版，第22—27页。
[⑧] 耿天勤主编：《郑玄志》，山东人民出版社2003年版。
[⑨] 李玉平：《郑玄〈周礼注〉对字际关系的沟通》，硕士学位论文，北京师范大学，2003年。
[⑩] 马君花：《论郑玄〈礼记注〉在训诂学史上的成就》，硕士学位论文，宁夏大学，2005年。
[⑪] 洪丽娣：《从〈毛诗笺〉看郑玄对中国训诂学的贡献》，《沈阳师范大学学报》（社会科学版）2006年第4期。
[⑫] 孙永娟：《毛诗郑笺研究》，博士学位论文，哈尔滨师范大学，2010年。
[⑬] 姚书平：《从郑玄〈毛诗笺〉看汉代训诂学的发展》，硕士学位论文，山东师范大学，2011年。

第一章

郑玄对训诂的总体认识

郑玄对"训诂"有总体的认识,这在其笺注中有所体现。

一 明确描述"训诂"1次

据此,可知郑玄对"训诂"有宏观的整体认识。郑玄《周礼注序》云:"世祖以来,通人达士大中大夫郑少赣名兴,及子大司农仲师名众,故议郎卫次仲,侍中贾君景伯,南郡太守马季长,皆作《周礼解诂》。……窃观二三君子之文章,顾省竹帛之浮辞,其所变易,灼然如晦之见明;其所弥缝,奄然如合符复析。斯可谓雅达广揽者也。然犹有参错,同事相违。则就其原文字之声类,考训诂,捃秘逸。"①

二 提到"诂训传"2次

都是提及西汉毛亨所作《毛诗诂训传》时所称。郑玄《周礼注序》中称"训诂",引毛亨时称"诂训传",可知,当时"训诂"与"诂训"名称尚不固定。例如:

(1)《毛诗笺》中在《诗经》只有篇名的《南陔》《白华》《华黍》下郑笺:"……孔子论《诗》雅颂,各得其所,时俱在耳。篇第当在于此。遭战国及秦之世而亡之。其义则与众篇之义合编,故存。至毛公为《诂训传》,乃分众篇之义,各置于其篇端。"

(2)《十月之交》小序"大夫刺幽王也"笺:"当为刺厉王。作《诂训传》时,移其篇第,因改之耳。"

---

① 转引自(唐)贾公彦《序周礼废兴》,见李学勤主编标点本《周礼注疏》,北京大学出版社1999年版,第9页。

三 单独提及"诂"4次

郑玄认为"诂"的含义主要有两个。

(1) 表示训释的成果,名词。如郑玄《周礼注序》云:"世祖以来,通人达士大中大夫郑少赣名兴,及子大司农仲师名众,故议郎卫次仲,侍中贾君景伯,南郡太守马季长,皆作《周礼解诂》。"

(2) 表示训释工作,动词。例如:1.《天官·腊人》:"凡祭祀,共豆脯,荐脯、膴、胖"注:"大者,载之大俎。膴者,鱼之反复。膴又诂曰'大',二者同矣,则是膴亦脧肉大俎。"2.《礼记·郊特牲》:"尸,陈也"注:"尸或诂为主,此尸神象,当从主训之,言陈非也。"

四 单独提及"训"11次

涉及"训诂"表示对文献的训释解读含义的,约有11处。郑玄解释"训"的含义主要有以下四方面。

(1) 表示训导、教导。如:1.《大雅·烝民》:"古训是式,威仪是力。"传:"古,故。训,道。"笺云:"故训,先王之遗典也。式,法也。"此处虽然讲"训"是先王之遗典。但揭示出训诂之"训"与"训导"之"训"的联系。同时,也谈及了"古"和"故"的关系。因为当时的"诂"也称为"故"。2.《夏官·叙官》:"训方氏"注:"训,道也。主教道四方之民。"

(2) 表示训说、解说。如:1.《地官·叙官》:"土训"注:"郑司农云:'训读为驯,谓以远方土地所生异物告道王也。《尔雅》云:'训,道也。''玄谓能训说土地善恶之势。"2.《地官·叙官》:"诵训"注:"能训说四方所诵习及人所作为久时事。"

(3) 表示解释、训释。动词。如:1.《地官·稍人》"稍人,掌令丘乘之政令。"注:"丘乘,四丘为甸。甸读与'维禹甸之'之甸同。其训曰乘,由是改云。"2.《礼记·乐记》:"故知礼乐之情者能作,识礼乐之文者能述。"注:"述谓训其义也。"3.《礼记·郊特牲》:"富也者,福也。"注:"人君暇辞有富,此训之也。"4.《礼记·郊特牲》:"首也者,直也。"注:"训所以升首祭也。"5.《礼记·郊特牲》:"尸,陈也。"注:"尸或诂为主,此尸神象,当从主训之,言陈非也。"

（4）表示解释、训释。名词。1.《礼记·郊特牲》："肵之为言敬也。"注："为尸有肵俎,此训也。" 2.《礼记·郊特牲》："嘏,长也,大也。"注："主人受祭福曰嘏,此训也。"

第二章

郑玄的训诂原则[1]

真正在理论上探讨"训诂原则",是从现代训诂学才开始的,最早讨论这一问题的学者应该是王力先生。他在《训诂学上的一些问题》一文中,虽没有将"训诂原则"作为一个专门术语或名词来做论述,但谈道:"我觉得,古籍中的注释虽然是零碎的,但是也往往表现着注释家的学术观点特别是治学方法。所以值得提出一些原则性的问题来讨论。"[2] 在他之后,直接或间接讨论"训诂原则"的学者主要有陆宗达[3]、周大璞[4]、洪诚[5]、黄典诚[6]、白兆麟[7]、郭在贻[8]、黄建中[9]、段会杰[10]、周复刚[11]、杨琳[12][13]、徐启庭[14]、王宁[15]、

---

[1] 本章曾以《现代训诂学关于"训诂原则"的讨论——兼谈郑玄笺注中体现出的现代训诂原则》为题发表于《天津师范大学学报》(社会科学版) 2017 年第 5 期。

[2] 王力:《训诂学上的一些问题》,《中国语文》1962 年 1 月号。

[3] 陆宗达:《训诂浅谈》,北京出版社 1964 年版,第 40—61 页。

[4] 周大璞:《训诂学要略》,湖北人民出版社 1980 年版,第 140—151 页。

[5] 洪诚:《训诂学》,江苏古籍出版社 1984 年版,第 220—228 页。

[6] 黄典诚:《训诂学概论》,福建人民出版社 1988 年版,第 162—180 页。

[7] 白兆麟:《简明训诂学》,浙江教育出版社 1984 年版,第 166—186 页。

[8] 郭在贻:《训诂学》,湖南人民出版社 1986 年版,第 105—143 页。

[9] 黄建中:《训诂学教程》,荆楚书社 1988 年版,第 251—277 页。

[10] 段会杰:《训诂原则及其运用——兼谈文言词语教学》,《承德师专学报》(社会科学版) 1989 年第 2 期。

[11] 周复纲:《论训诂考证法》,《贵州教育学院学报》(社会科学版) 1991 年第 4 期。

[12] 杨琳:《论训诂学的学术原则》,《汉语史研究集刊》1999 年第 2 期。

[13] 杨琳:《训诂方法新探》,商务印书馆 2011 年版,第 12—32 页。

[14] 徐启庭:《训诂学概要》,海峡文艺出版社 2001 年版,第 130—156 页。

[15] 王宁:《〈新著训诂学引论〉序》,见白兆麟《新著训诂学引论》,上海辞书出版社 2005 年版。

杨白云①、白兆麟②、方一新③、徐刚④等。综观诸家提法，他们认为的"训诂原则"主要有以下 21 条，其观点的提出及承袭情况，笔者经整理后也一并汇总如下。

一 以往学者提出的训诂原则

（一）"务平实，忌好奇"原则

这一原则最早由王力提出，他的提问是"新颖可喜还是切合语言事实"。他认为，如果不能切合语言事实，只是追求新颖可喜的见解，那就缺乏科学性，"新颖"不但不可喜而且是值得批评的。⑤ 在王力意见的基础上，郭在贻将之概括为"务平实，忌好奇"的训诂态度。⑥ "务平实"就是追求平稳踏实，反对浮夸浅躁；"忌好奇"则是竭力避免标新立异、哗众取宠。白兆麟、方一新所持"原文可通，慎立新解"⑦⑧ 一说，亦是此意。

（二）"从语言上去说明而不是从思想上去体会"的原则

这一原则最早由王力提出，他的问题是"从思想上去体会还是从语言上去说明"。他认为，如果先主观地肯定了古人应该说什么，就会想尽各种方法把语言理解为表达了那种思想，有牵强附会之危险；如果先细心看清楚古人实际上说了什么，再来体会他的思想，这个程序就比较科学，所得的结论也比较可靠。⑨ 后来，郭在贻引述清代学者戴震"由文字以通乎语言，由语言以通乎古圣贤之心志"（《戴震集》卷十《古经解钩沉序》）"凡学始乎离词，中乎辨言，终乎闻道"（《戴震集》卷十一《沈学子文集序》）的话，意思与其一致。⑩ 由于这一原则更多地强调"离词→辨言→闻道"的训诂程序，所以后来将其列为"训诂原则"的并不多。

---

① 杨白云：《论训诂的原则》，《福建教育学院学报》2003 年第 4 期。
② 白兆麟：《新著训诂学引论》，上海辞书出版社 2005 年版，第 298—337 页。
③ 方一新：《训诂学概论》，江苏教育出版社 2008 年版，第 195—215 页。
④ 徐刚：《训诂方法论》，北京大学出版社 2015 年版。
⑤ 王力：《训诂学上的一些问题》，《中国语文》1962 年 1 月号。
⑥ 郭在贻：《训诂学》，湖南人民出版社 1986 年版，第 116 页。
⑦ 白兆麟：《新著训诂学引论》，上海辞书出版社 2005 年版，第 332 页。
⑧ 方一新：《训诂学概论》，江苏教育出版社 2008 年版，第 228 页。
⑨ 王力：《训诂学上的一些问题》，《中国语文》1962 年 1 月号。
⑩ 郭在贻：《训诂学》，湖南人民出版社 1986 年版，第 5—7 页。

（三）语境义的唯一性原则（忌"并存"和"亦通"原则）

王力首倡这一原则，反对"并存论"和"亦通论"。他指出："古人实际上说出了的话不可能有两可的意义。真理只有一个：甲说是则乙说必非，乙说是则甲说必非。"① 此外，王力在讨论"词义是不是由上下文决定"的时候，也再次指出："一词多义，这是词汇中的普遍现象。所谓一词多义，是指它在词典中的价值说的；到了一定的上下文里，一个词就只有一个独一无二的意义。"② 后来，洪诚亦将此作为"训诂原则"之一，指出："在一个句子里面，一个字只表示一种意义，不能同时表示两种不同的意义。"③

（四）"语言的社会性"原则

王力首倡这一原则，认为"语言是社会的产物，词的意义是被社会所制约着的"，如果注释家"所作的词义解释，只在这一处讲得通，不但在别的书上再也找不到同样的意义，连在同一部书里也找不到同样的意义，那末，这种解释一定是不合语言事实的"。④ 陆宗达后来将之概括为："语言是有社会性的。"⑤ 洪诚所说"必须结合当时的社会生活实际理解语言"⑥，黄典诚主张"训诂学要立足于语言社会性的基础上"，"语法构造需能体现语言的社会性"⑦，白兆麟主张"遵循词义的社会性"⑧，段会杰所提"语言的社会性原则"⑨，周复刚所提"力避孤证"⑩，杨琳提出的"普遍性原则"⑪⑫，王宁所言"不违背意义的时代和当时的历史事实"⑬，

---

① 王力：《训诂学上的一些问题》，《中国语文》1962年1月号。
② 同上。
③ 洪诚：《训诂学》，江苏古籍出版社1984年版，第220页。
④ 王力：《训诂学上的一些问题》，《中国语文》1962年1月号。
⑤ 陆宗达：《训诂浅谈》，北京出版社1964年版，第48页。
⑥ 洪诚：《训诂学》，江苏古籍出版社1984年版，第220—221页。
⑦ 黄典诚：《训诂学概论》，福建人民出版社1988年版，第162—163、177—179页。
⑧ 白兆麟：《简明训诂学》，浙江教育出版社1984年版，第167—170页。
⑨ 段会杰：《训诂原则及其运用——兼谈文言词语教学》，《承德师专学报》（社会科学版）1989年第2期。
⑩ 周复纲：《论训诂考证法》，《贵州教育学院学报》（社会科学版）1991年第4期。
⑪ 杨琳：《论训诂学的学术原则》，《汉语史研究集刊》1999年第2期。
⑫ 杨琳：《训诂方法新探》，商务印书馆2011年版，第12—19页。
⑬ 王宁：《〈新著训诂学引论〉序》，见白兆麟《新著训诂学引论》，上海辞书出版社2005年版。

白兆麟主张"语言的社会性"①,方一新认为的"实事求是,无征不信,注重语言的社会性"②等诸家说法,都是这一原则的另一种表述。这与清代王引之所称的"揆之本文而协,验之他卷而通"③,在判定标准上是一致的。

(五)"因文定义"而非"望文生义"的原则

王力首倡这一原则,提出的问题是"词义是不是由上下文决定的"。他认为:"我们只应该让上下文来确定一个多义词的词义,不应该让上下文来临时'决定'词义。前者可以叫做'因文定义',后者则是望文生义。二者是大不相同的。因文定义是此词本有此义,我们不但在这个地方遇着它,而且在别的地方也经常遇着它。……至于望文生义,那是此词本无此义,只是从上下文推测它有这个意义,我们只能在这个地方遇着它,在别的地方再也遇不着它。"④陆宗达认为,可以"通过语言结构的分析来阐明词义和句意"⑤,黄典诚所说的"按上下文决定词义"⑥,洪诚认为的"在一个句子里面,一个字只表示一种意义,不能同时表示两种不同的意义"⑦,白兆麟提倡"释义要联系语境"⑧,黄建中所说"联系性原则"之"释句中词义要联系语境"⑨,段会杰指出要"把具体的语言环境作为依据"⑩,王宁说理解词义"不违背句法规律和语言环境"⑪,杨白云说"释词要符合特定的语境"⑫,白兆麟指出"句法的制约性"和"语境的规定性"⑬等说法,都说明他们赞同这一原则。

---

① 白兆麟:《新著训诂学引论》,上海辞书出版社2005年版,第298—303页。
② 方一新:《训诂学概论》,江苏教育出版社2008年版,第216页。
③ 王引之:《经传释词·自序》,江苏古籍出版社2000年版,第2页。
④ 王力:《训诂学上的一些问题》,《中国语文》1962年1月号。
⑤ 陆宗达:《训诂浅谈》,北京出版社1964年版,第49—53页。
⑥ 黄典诚:《训诂学概论》,福建人民出版社1988年版,第172—173页。
⑦ 洪诚:《训诂学》,江苏古籍出版社1984年版,第220页。
⑧ 白兆麟:《简明训诂学》,浙江教育出版社1984年版,第174—178页。
⑨ 黄建中:《训诂学教程》,荆楚书社1988年版,第272页。
⑩ 段会杰:《训诂原则及其运用——兼谈文言词语教学》,《承德师专学报》(社会科学版)1989年第2期。
⑪ 王宁:《〈新著训诂学引论〉序》,见白兆麟《新著训诂学引论》,上海辞书出版社2005年版。
⑫ 杨白云:《论训诂的原则》,《福建教育学院学报》2003年第4期。
⑬ 白兆麟:《新著训诂学引论》,上海辞书出版社2005年版,第317—325页。

（六）尽量依照常义而不是依照僻义训释的原则

王力首倡这一原则，认为"我们在注释一句古书的时候，除非有了绝对可靠的证据，否则宁可依照常义，不可依照僻义。依照僻义，曲解的危险性是很大的"。他也指出，此条与语言的社会性关系密切。后来谈及这一训诂原则的学者不多。

（七）慎言"古音通假"原则（亦即"本原性原则"）

王力首倡这一原则，认为"两个字完全同音，或者声音十分相近，古音通假的可能性虽然较大，但是仍旧不可以滥用。如果没有任何证据，没有其他例子，古音通假的解释仍然有穿凿附会的危险"。实际上，王力是在主张词语训释尽可能依照本字训解的"本原性原则"。这种观念在现代训诂学奠基人黄侃先生那里就已经开始倡导，如黄侃述、黄焯所言"读先儒之书不宜改字以迁就己说"，"凡读古书遇有所疑须辗转求通不可遽断为误而轻加改易"，"读古书当潜心考索文义不必骤言通假"[①]，后来周大璞提出不可"随意破字"[②]，洪诚指出"通假字有常规"[③]，杨琳提倡"本原性原则"[④][⑤]，王宁说"不违背文献的语言事实，也就是还原文献的本来面貌，从第一手材料出发"[⑥]，白兆麟概括的"文献的本原性"[⑦]，方一新所说"原文可通，慎言通假"，"原文可通，慎作校改"[⑧]，徐刚提及的"如字优先，综合权衡"[⑨]，说明他们都赞同这一原则。当然，对于这一原则，也有学者提出了不同看法，如黄典诚认为，"秦火以前，同音假借就是一般规律、普遍现象"，"古音通假，确实行之有效的"[⑩]。

（八）避免偷换概念的原则

王力首倡这一原则，将之命名为"偷换概念"，认为"偷换概念是望

[①] 黄侃述、黄焯编：《文字声韵训诂笔记》，上海古籍出版社1983年版，第219—221页。
[②] 周大璞：《训诂学要略》，湖北人民出版社1980年版，第146页。
[③] 洪诚：《训诂学》，江苏古籍出版社1984年版，第225—226页。
[④] 杨琳：《论训诂学的学术原则》，《汉语史研究集刊》1999年第2期。
[⑤] 杨琳：《训诂方法新探》，商务印书馆2011年版，第25—31页。
[⑥] 王宁：《〈新著训诂学引论〉序》，见白兆麟《新著训诂学引论》，上海辞书出版社2005年版。
[⑦] 白兆麟：《新著训诂学引论》，上海辞书出版社2005年版，第298页。
[⑧] 方一新：《训诂学概论》，江苏教育出版社2008年版，第229页。
[⑨] 徐刚：《训诂方法论》，北京大学出版社2015年版，第213—219页。
[⑩] 黄典诚：《训诂学概论》，福建人民出版社1988年版，第167—170页。

文生义的自然结果。如果重视语言的社会性，偷换概念的毛病就不会产生了"①。此条原则，后来学者讨论不多。

（九）"重视故训"的原则

王力首倡这一原则，认为："我们只是不要墨守故训，却不可以一般地否定故训。……汉儒去古未远，经生们所说的故训往往是口口相传的，可信的程度较高。"王力之前的黄侃已表达过此类意思，如他认为"诠释旧文不能离已有之训诂而臆造新解"，"对古训宜悉心体玩不应轻易驳斥"②，后来陆宗达指出需"根据古训来分析古今词义的变化"③，郭在贻所说的"据故训"④ 等，都是赞同其说。当然，也有学者持不同看法，如周大璞批评"厚古薄今"⑤ 的观念，黄典诚认为，汉代经生对于古书的认识未必比今天高明等。⑥

（十）存疑的原则

王力首倡这一原则，他认为"遇着有疑难问题的字句，首先是尽可能要求解决"，经过深入考察而不得其解则应该"存疑"，这是科学的态度。"今天的存疑，可以为后人进一步研究问题提供参考。"⑦ 郭在贻所提"宁阙疑，勿强解"⑧ 也是这一原则的体现。

（十一）联系古人社会生活实际的原则

洪诚首先提出该原则，认为："必须结合当时的社会生活实际理解语言"，同时指出"脱离社会实际，专就一词一句去揣测，容易发生误解"。⑨ 此一原则，实际上是在倡导训诂时要联系古籍所处的社会生活实际、历史文化背景等，来确定词句含义的训释和取舍。黄建中在"联系性原则"下强调"释义要注意联系社会背景"⑩，也是这一原则的体现。后来黄金贵在《论古代文化词语及其训释》一书、方一新在《训诂学概

---

① 王力：《训诂学上的一些问题》，《中国语文》1962 年 1 月号。
② 黄侃述、黄焯编：《文字声韵训诂笔记》，上海古籍出版社 1983 年版，第 221、225 页。
③ 陆宗达：《训诂浅谈》，北京出版社 1964 年版，第 43—44 页。
④ 郭在贻：《训诂学》，湖南人民出版社 1986 年版，第 79 页。
⑤ 周大璞：《训诂学要略》，湖北人民出版社 1980 年版，第 141 页。
⑥ 黄典诚：《训诂学概论》，福建人民出版社 1988 年版，第 180—182 页。
⑦ 王力：《训诂学上的一些问题》，《中国语文》1962 年 1 月号。
⑧ 郭在贻：《训诂学》，湖南人民出版社 1986 年版，第 125—126 页。
⑨ 洪诚：《训诂学》，江苏古籍出版社 1984 年版，第 220 页。
⑩ 黄建中：《训诂学教程》，荆楚书社 1988 年版，第 275—277 页。

论》一书中分别指出："要了解所释作品,掌握预知相关的社会文化知识"①②,杨琳亦提出"文化求义法"③ 等,皆属于赞同洪氏此原则的体现。

(十二)"通古书的词例"原则(即强调内证法优先的原则)

洪诚首先提出该原则,认为:"语言词义有变化,用词的法则也有变化;不但各个时代之间有所不同,就是每一部书也各有所不同;《诗》《书》用词和《论》《孟》有所不同,《论》《孟》和《庄》《荀》也有所不同。"④ 这是强调训诂中要充分重视不同著者和典籍在语言使用特点上的个性问题,在某个著者和典籍内部往往体现为共性问题,也即很多学者主张的训诂方法的内证法优先原则。如后来郭在贻讨论训诂的方法时,在"审文例"下列"整部书的用词"⑤ 以做通考的方法,正是赞同洪诚"通古书的词例"原则的体现,只不过将之调整为训诂的方法。周复纲"先求内证"的"考证通则"⑥ 也说明他赞同洪诚的这一原则。

(十三)内证法不足,则求之外证法原则

洪诚首倡该原则,认为:"遇到难通的语义,本书中如果得不到参互比较的例证,不必专在本文兜圈子,当从其他的材料想办法。"⑦ 这种利用本书以外的材料来帮助证明词义的方法,一般称为外证法。周复纲"考证条例"中所称的"外证"⑧ 也是此意。

(十四)忌"增字解经"原则

洪诚首先将此列为"训诂原则"之一,原文的叫法是"加字解释的原则"。其中一方面反对"增字解经"(即在说解中加进原文所没有的词语),另一方面又指出有些加字解释是必要的,能够弥补古汉语单音词为主的表达不足,把原意讲清楚。⑨ 较早的黄侃述、黄焯和周大璞都提到过

---

① 黄金贵:《古代文化词义集类辨考》,上海教育出版社1995版,第1453页。
② 方一新:《训诂学概论》,江苏教育出版社2008年版,第225页。
③ 杨琳:《训诂方法新探》,商务印书馆2011年版,第206页。
④ 洪诚:《训诂学》,江苏古籍出版社1984年版,第221页。
⑤ 郭在贻:《训诂学》,湖南人民出版社1986年版,第98页。
⑥ 周复纲:《论训诂考证法》,《贵州教育学院学报》(社会科学版)1991年第4期。
⑦ 洪诚:《训诂学》,江苏古籍出版社1984年版,第222—225页。
⑧ 周复纲:《论训诂考证法》,《贵州教育学院学报》(社会科学版)1991年第4期。
⑨ 洪诚:《训诂学》,江苏古籍出版社1984年版,第221—222页。

"增字解经"①②，表达过类似意思，后来郭在贻所说的"增文成义"③，亦是此意。

（十五）时代性原则

洪诚首先正式将此列为"训诂原则"，原文的提法是"当依古代语法解释古语，不能拿后世语法做标准破字、改字、改变原文"④，实际是在强调时代性原则。不过，最早强调训诂学要注意时代性原则，要有历史观念的，应该是王力先生的《新训诂学》："我们研究语义，首先要有历史的观念。……我们对每一个语义，都应该研究它在何时产生，何时死亡。"⑤ 后来周大璞谈及"不懂古义"亦承其说，指出："后人读古书，不懂得古义，往往用今义去解释古语，这样就会产生误解。"⑥ 白兆麟所提"注意词义的时代性"⑦，郭在贻强调学习和研究训诂应该有"历史的观点"⑧，黄建中所说的"时代性原则"⑨，段会杰指出"语言的时代性原则"⑩，杨琳的"共时性原则"⑪⑫，王宁指出"不违背意义的时代和当时的历史事实，也就是不以今律古"⑬，杨白云所说"释词要注意时代的差异"⑭，白兆麟所讲"词义的时代性"⑮，方一新提出"要有历史的、发展

---

① 黄侃述、黄焯编：《文字声韵训诂笔记》，上海古籍出版社1983年版，第217页。
② 周大璞：《训诂学要略》，湖北人民出版社1980年版，第143页。
③ 郭在贻：《训诂学》，湖南人民出版社1986年版，第133—135页。
④ 洪诚：《训诂学》，江苏古籍出版社1984年版，第221、226—227页。
⑤ 王力：《新训诂学》，载叶圣陶编《开明书店二十周年纪念文集》，开明书店1947年版，第197页。
⑥ 周大璞：《训诂学要略》，湖北人民出版社1980年版，第149页。
⑦ 白兆麟：《简明训诂学》，浙江教育出版社1984年版，第170—174页。
⑧ 郭在贻：《训诂学》，湖南人民出版社1986年版，第105页。
⑨ 黄建中：《训诂学教程》，荆楚书社1988年版，第251—259页。
⑩ 段会杰：《训诂原则及其运用——兼谈文言词语教学》，《承德师专学报》（社会科学版）1989年第2期。
⑪ 杨琳：《论训诂学的学术原则》，《汉语史研究集刊》1999年第2期。
⑫ 杨琳：《训诂方法新探》，商务印书馆2011年版，第19—25页。
⑬ 王宁：《〈新著训诂学引论〉序》，见白兆麟：《新著训诂学引论》，上海辞书出版社2005年版。
⑭ 杨白云：《论训诂的原则》，《福建教育学院学报》2003年第4期。
⑮ 白兆麟：《新著训诂学引论》，上海辞书出版社2005年版，第303—308页。

的观点"① 等说法，都是在赞成此原则。

（十六） 忌误解虚词原则

洪诚首先将此列为"训诂原则"，原文的提法是："训释虚词不能笼统比附，必须按语法规律分析它的用法，明确它的性质。"② 之前较早的黄侃述、黄焯所说的"语词误解以实义"③，周大璞提出训诂中注意不要"误虚为实"④，都强调不要误解虚词的问题。黄典诚论及的"词性变了，词义因而也变了，是否值得注意"⑤ 也是在谈相关问题。后来学者赞同将此列为"训诂原则"的不多。

（十七）"释词须兼顾析句"原则

白兆麟首次将此列为"训诂原则"，意谓"按照这种释词兼顾析句、析句以证释词的训诂原则去解释词义、就能有效地扫清古书注疏中的迷雾"⑥。在此之前，周大璞曾在"训诂十弊"中以"不通语法"为题，简要谈过类似问题，但并未将之列为训诂原则⑦；黄典诚在论述"语法构造能不能体现语言的社会性"⑧ 这一问题时，也谈过语法分析的重要性问题。后来，郭在贻将"通语法"列为"训诂的方法"之一专门进行讨论⑨，段会杰提出需"结合句读和语法的分析"⑩，徐启庭、王宁指出需"不违背句法规律和语言环境"⑪⑫，杨白云说"释词要判明句子的语法"⑬等，都是赞同白氏此说。再后来，白兆麟将这一原则又改名为"句法的制约性"原则，反对仅仅将句法分析作为训诂方法，认为遵循析句以证

---

① 方一新：《训诂学概论》，江苏教育出版社2008年版，第223页。
② 洪诚：《训诂学》，江苏古籍出版社1984年版，第227页。
③ 黄侃述、黄焯编：《文字声韵训诂笔记》，上海古籍出版社1983年版，第216页。
④ 周大璞：《训诂学要略》，湖北人民出版社1980年版，第146页。
⑤ 黄典诚：《训诂学概论》，福建人民出版社1988年版，第173—176页。
⑥ 白兆麟：《简明训诂学》，浙江教育出版社1984年版，第179页。
⑦ 周大璞：《训诂学要略》，湖北人民出版社1980年版，第150—151页。
⑧ 黄典诚：《训诂学概论》，福建人民出版社1988年版，第177—178页。
⑨ 郭在贻：《训诂学》，湖南人民出版社1986年版，第90页。
⑩ 段会杰：《训诂原则及其运用——兼谈文言词语教学》，《承德师专学报》（社会科学版）1989年第2期。
⑪ 徐启庭：《训诂学概要》，海峡文艺出版社2001年版，第130页。
⑫ 王宁：《〈新著训诂学引论〉序》，见白兆麟《新著训诂学引论》，上海辞书出版社2005年版。
⑬ 杨白云：《论训诂的原则》，《福建教育学院学报》2003年第4期。

词的原则，一定的训诂方法才能发挥效用。① 笔者倾向于赞同郭在贻先生的意见，认为该原则更多地属于训诂方法层面。

(十八) "实事求是，无征不信" 原则

黄建中较早地将此列为"训诂原则"之一，原文的叫法是"实践性原则"，认为"注释和解释的正确与否，需要在实际中得到检验和证明。这也是训诂必须遵循的又一重要原则"，其中又重点强调了"要掌握原著的思想内容和语言实际"，"要注意汉语的特点，从汉语实际出发"，"重证据，弃臆说"几方面内容。② 在此之前，黄侃、黄焯所说"训诂之道须谨守家法亦应兼顾事实"，"训诂不可辗转附会"③，周大璞反对"穿凿附会"（就是把互不可通的义理任意牵合，把没有关系的事情强加比附，随便乱说，毫无根据），反对"党同伐异"，即提倡训诂需摒弃门户之见，坚持"百花齐放，百家争鸣"、实事求是的原则。④ 后来郭在贻又提出"重证据，戒臆断"⑤，周复纲说"注重实证"⑥，方一新言"实事求是，无征不信，注重语言的社会性"⑦，徐刚提出"实事求是，无征不信"⑧等，其旨意都是赞同此原则。

(十九) "结合修辞和表达方式的分析" 原则

段会杰首次将此列为"训诂原则"，意谓"为文言文解词，还必须分析其特殊的修辞手段和表达方式，以便具体而灵活地解释出词语的含义或感情特色"⑨。之前，郭在贻已详细论述了训诂过程中应该注意古书中的一些特殊的语法修辞现象以及古人行文中的一些特殊的习惯⑩，但并未将此列为训诂原则，后来学者将"结合修辞和表达方式的分析"视为训诂原则的不多，笔者认为此原则作为训诂方法更适当。

---

① 白兆麟：《新著训诂学引论》，上海辞书出版社2005年版，第308页。
② 黄建中：《训诂学教程》，荆楚书社1988年版，第259—266页。
③ 黄侃述、黄焯编：《文字声韵训诂笔记》，上海古籍出版社1983年版，第221、224页。
④ 周大璞：《训诂学要略》，湖北人民出版社1980年版，第143页。
⑤ 郭在贻：《训诂学》，湖南人民出版社1986年版，第122—125页。
⑥ 周复纲：《论训诂考证法》，《贵州教育学院学报》（社会科学版）1991年第4期。
⑦ 方一新：《训诂学概论》，江苏教育出版社2008年版，第216页。
⑧ 徐刚：《训诂方法论》，北京大学出版社2015年版，第203页。
⑨ 段会杰：《训诂原则及其运用——兼谈文言词语教学》，《承德师专学报》（社会科学版）1989年第2期。
⑩ 郭在贻：《训诂学》，湖南人民出版社1986年版，第15—22页。

（二十）简约性原则

周复刚较早将此列为训诂原则，原文的叫法是"防止繁琐"① 的原则。之前，周大璞在反对"训诂十弊"中，曾提出反对"繁琐寡要"之弊，实际是倡导训诂的简约原则。② 此原则后来讨论的不多。

（二十一）"大胆怀疑，小心求证"的原则

徐刚首次将此列为训诂原则③，赞同胡适先生所称"（1）大胆的假设，（2）小心的求证"，意谓"怀疑是创新的开始"，其后必须小心谨慎、严密地去证明，不能随便发表无根据的意见。④

以上是笔者粗略统计的以往训诂学著作中的21条"训诂原则"及其名称和承袭情况。其中，王力先生首倡列为"训诂原则"的有10条，洪诚先生首倡的有6条，其他学者首倡的有5条。那么，对于上述"训诂原则"应该如何评价呢？这就涉及"训诂原则"的定义和判定标准问题。遗憾的是，提出这些原则的学者，很多都没有明确的关于"训诂原则"的定义。

最早明确给"训诂原则"下定义的，当是白兆麟。白氏指出："所谓'训诂的原则'，就是训诂时应该遵循的普遍意义上的准则。"⑤ 后来，白兆麟又将这一定义补充："所谓原则，在学科范围内，也就是必须遵循的高度的学术规范，是保证其研究能够顺利进行并达到正确目标的可靠的规程。"⑥ 徐启庭⑦、杨白云⑧皆从其说。杨琳认为，训诂原则是学术原则中关于训诂学这门学科的分则。他说："学术原则就是学术规范，它是保证学术研究的结果达到正确可靠的前提。学术原则有适应于所有学术研究的总则，也有适应于各门学科的分则。训诂学的学术原则就是适应于训诂的分则（有的分则也可适应于其他学科）是训诂实践应该遵循的规程。"⑨⑩

---

① 周复纲：《论训诂考证法》，《贵州教育学院学报》（社会科学版）1991年第4期。
② 周大璞：《训诂学要略》，湖北人民出版社1980年版，第143页。
③ 徐刚：《训诂方法论》，北京大学出版社2015年版，第210—213页。
④ 《胡适文集》，北京大学出版社1998年版，第302页。
⑤ 白兆麟：《简明训诂学》，浙江教育出版社1984年版，第166页。
⑥ 白兆麟：《新著训诂学引论》，上海辞书出版社2005年版，第298页。
⑦ 徐启庭：《训诂学概要》，海峡文艺出版社2001年版，第130页。
⑧ 杨白云：《论训诂的原则》，《福建教育学院学报》2003年第4期。
⑨ 杨琳：《论训诂学的学术原则》，《汉语史研究集刊》1999年第2期。
⑩ 杨琳：《训诂方法新探》，商务印书馆2011年版，第12页。

又考辞书对"原则"的释义，代表性的如《汉语大词典》说："原则：说话、行事所依据的准则。"①《辞海》（第六版彩图本）说："原则：观察问题、处理问题的准则。对问题的看法和处理，往往会受到立场、观点、方法的影响。原则是从自然界和人类历史中抽象出来的，只有正确反映事物的客观规律的原则才是正确的。"②《现代汉语词典》（第6版）也说原则是："说话或行事所依据的法则或标准。"③

可见，白兆麟、杨琳等学者关于"训诂原则"的定义尽管表述不同，但本质上是一致的。白兆麟的定义比较简明，可以遵从。凡是操作性比较强的，可以列为训诂方法的一些"原则"可考虑列为训诂方法，凡是操作性不是很强的，而又具有宏观指导意义的一些观念思想可以列为训诂原则。④由此判断，上述21条"训诂原则"中，除了第16、17、19条以外的其余18条，大体上都可以列为"训诂原则"，它们对指导训诂实践都有积极的宏观指导意义。当然，可视为"训诂原则"的这18条在内容上也并非没有交叉，例如"务平实，忌好奇"原则、存疑原则和"实事求是，无征不信"的原则，其共同地方都在强调实事求是，但在实际操作中其强调重点会有所不同。"务平实，忌好奇"原则更强调训诂时的态度，存疑原则侧重训诂时遇到疑难不解的问题后应该采取的处理方式，而"实事求是，无征不信"的原则更侧重得出某个结论时应该达到的条件。所以，从实用性而言，不必将三者合并。我们认为，以往学者总结的18条相关的"训诂原则"的宏观指导意义还是较为明确的。

二 郑玄笺注中体现出的现代训诂原则

在上述现代"训诂原则"的基础上，我们可以反观东汉郑玄的训诂实践中对这些训诂原则的应用情况。训诂原则，体现在郑玄的注释当中，相当于郑玄的注释原则，已有一些学者对此做过相关研究。如张舜徽的《郑学丛著·郑氏经注释例》中，曾总结出郑玄注经的20条体例，其中

---

① 罗竹风主编：《汉语大词典》（缩印本），汉语大词典出版社1997年版，第395页。
② 夏征农、陈至立主编：《辞海》（第六版彩图本），上海辞书出版社2009年版，第2820页。
③ 中国社会科学院语言研究所词典编辑室：《现代汉语词典》（第6版），商务印书馆2012年版，第1601页。
④ 白兆麟：《简明训诂学》，浙江教育出版社1984年版，第166页。

"沿用旧诂不标出处例""宗主旧注不为苟同例""征古例""证今例""阙疑例"等都与郑玄的训诂原则密切相关①;李建国的《汉语训诂学史(修订版)》所论也有不少涉及郑玄的训诂原则②;后来,吴福祥③④、马君花⑤等都对郑玄的训诂原则有专门的探讨。总结以往相关研究,笔者认为能够称得上是郑玄所遵循的"训诂原则"的有以下9条。

(一)宗主旧注不为苟同原则

此即王力所说的"重视故训"⑥原则,陆宗达⑦、郭在贻⑧、方一新⑨皆赞同此说。

郑玄《六艺论》曾云:"注《诗》,宗毛为主。毛义若隐略,则更表明;如有不同,即下己意,使可识别也。"⑩清代陈澧又云:"郑君注《周礼》《仪礼》《论语》《尚书》,皆与笺《诗》之法无异。有宗主,亦有不同,此郑氏家法也。何邵公墨守之学,有宗主而无不同;许叔重《异义》之学,有不同而无宗主。唯郑氏家法,兼其所长,无偏无弊也。"⑪王力在《古代汉语》中也曾提到郑玄的笺"有补充与订正毛传的意思,一方面对毛传简略隐晦的地方加以阐明,另一方面把不同于毛传的意见提出,使可识别"⑫。总之,郑玄为文献经典作注,一定先举前代学者,如毛亨、杜子春、郑兴、郑众等各家的意见,凡是意见相同者,则不再解说;意见不同的就用"笺云"(《毛诗笺》)"玄谓"(《三礼注》)"玄或疑焉"(《尚书大传注》)"玄之闻也"(《驳五经异义》)等来申述自己的意见。

---

① 张舜徽:《郑学丛著》,齐鲁书社1984年版,第75页。
② 李建国:《汉语训诂学史》(修订版),上海辞书出版社2002年版,第69—75页。
③ 吴福祥:《试论郑玄就音求义训诂原则》,《重庆师院学报》(哲学社会科学版)1989年第2期。
④ 吴福祥:《试论郑玄据语境释义的训诂原则》,《安徽教育学院学报》1990年第1期。
⑤ 马君花:《郑玄"因声求义"的训诂实践及其训诂原则》,《宁夏大学学报》(人文社会科学版)2005年第2期。
⑥ 王力:《训诂学上的一些问题》,《中国语文》1962年1月号。
⑦ 陆宗达:《训诂浅谈》,北京出版社1964年版,第43—44页。
⑧ 郭在贻:《训诂学》,湖南人民出版社1986年版,第79页。
⑨ 方一新:《训诂学概论》,江苏教育出版社2008年版,第202页。
⑩ 黄焯:《经典释文汇校》,中华书局2006年版,第119页。
⑪ 陈澧:《东塾读书记》,上海古籍出版社2012年版,第254页。
⑫ 王力主编:《古代汉语》(上册,第二分册),中华书局1962年版,第563页。

李云光曾提出"据旧说以释之"①，这与张舜徽所说"宗主旧注不为苟同例"②及赵振铎《训诂学史略》中所谈观点是一致的。③参考以往学者研究略述如下。

1. 前人旧说无误，即本旧说。郑玄答张逸问云："若此无人事实，兴也，文义自解，故不言之，凡说不解者耳。众篇皆然。"④⑤如《毛诗笺》中毛传之后无郑玄"笺云"内容者，《周礼注》中只引杜子春、郑兴或郑众观点者皆属此类。

2. 前人旧说无误，然隐晦不明，则进一步阐明或补充。如《大雅·棫朴》云："周王于迈，六师及之。"毛传云："天子六军。"郑笺曰："……二千五百人为师。今王兴师行者，殷末之制，未有周礼。五师为军，军万二千五百人。"郑玄答弟子赵商问云："师者，众之通名。故人多云焉。欲著其大数，乃言军耳。"⑥此处，郑玄进一步申发毛传的观点。

3. 不同意前人旧说，提出自己的意见。如《周礼·天官·浆人》云："浆人掌共王之六饮'水、浆、醴、凉、医、酏'入于酒府。"注曰："郑司农云：'凉，以水和酒也。'玄谓，凉，今寒粥，若糗饭杂水也。"此处郑玄对"凉"的解释与郑众不同，认为它是一种古代的冷饮而非酒。

（二）训必有据原则

此即现代训诂学中的"实事求是，无征不信"原则。郭在贻⑦、方一新⑧、徐刚⑨等皆赞成此原则。

张舜徽云："郑氏注书，循文立训，皆各有义据，全屏臆造。"⑩在汉代以前，经传文本就已经存在一些训释资料，如群经中的训诂资料、《尔雅》等，这些都是郑玄注述的依据。例如，郑玄经注重训"兹"为"此"，训"躬"为"身"，训"时"为"是"，训"之"为"往"等，

---

① 李云光：《三礼郑氏学发凡》，华东师范大学出版社2012年版，第300—309页。
② 张舜徽：《郑学丛著》，齐鲁书社1984年版，第82—83页。
③ 赵振铎：《训诂学史略》，中州古籍出版社1988年版，第63—66页。
④ （唐）孔颖达：《毛诗正义》，李学勤主编标点本，北京大学出版社1999年版，第44页。
⑤ （三国魏）郑小同：《郑志》（二种），中华书局1985年版，第11页。
⑥ 同上书，第9页。
⑦ 郭在贻：《训诂学》，湖南人民出版社1986年版，第122—125页。
⑧ 方一新：《训诂学概论》，江苏教育出版社2008年版，第216页。
⑨ 徐刚：《训诂方法论》，北京大学出版社2015年版，第203页。
⑩ 张舜徽：《郑学丛著》，齐鲁书社1984年版，第81—82页。

当本自《尔雅·释诂》；训"葵"为"揆"，当本自《尔雅·释言》；训"颐"为"养"，当本自《周易·序卦》。《周礼·大宰》注中"时见曰会，殷见曰同"的训释，见于《周礼·大宗伯》文；《仪礼·觐礼》注中"马八尺以上为龙"的训释，见于《周礼·廋人》文；《仪礼·既夕》注中"货财曰赗"和《仪礼·士丧礼》注中的"衣被曰襚"，见于《公羊传·隐公元年》；《周礼·大司马》注中"出曰治兵，入曰振旅"，出自《公羊传·庄公八年》；《诗经·小雅·楚茨》笺中的"冬祭曰烝，秋祭曰尝"，出自《礼记·祭统》等。

至于故训、经书训释所无者，郑玄则旁稽博征，引用其他多种典籍，张舜徽统计有17种，即《汉律》《兵书》《世本》《贼律》《天问》《相玉书》《农书》《国语》《离骚》《司马法》《淮南子》《王霸记》《王度记》《中霤礼》《食货志》《太史公传》《说文解字》等。① 除了引用书籍之外，郑玄训释还多方面取证。张舜徽提到的有"以今职证古职""以今物证古物""以今名证古名""援古制以证今制""取汉礼为证""取齐语为证""引俗言为证""引旧说为证"②，等等。

因此，张舜徽先生评价郑玄的训诂释义为"无征不信，言多有本"③，指出的正是郑玄训诂释义的"训必有据原则"。

（三）阙疑原则

此即王力所说的"存疑"原则④，郭在贻支持阙疑原则。⑤

阙疑原则，最早当是孔子提出的。⑥《论语·为政》云："多闻阙疑，慎言其余，则寡尤。"《子路》一篇又云："君子於其所不知，盖阙如也。"《为政》篇曰："知之为知之，不知为不知，是知也。"后，《荀子·儒效篇》云："知之曰知之，不知曰不知，内不自以诬，外不自以欺。"《荀子·子道篇》又云："故君子知之曰知之，不知曰不知，言之要也；能之曰能之，不能曰不能，行之至也。"⑦ 班固《汉书·艺文志》有言："后世

---

① 张舜徽：《郑学丛著》，齐鲁书社1984年版，第103页。
② 同上书，第103—107页。
③ 同上书，第106页。
④ 王力：《训诂学上的一些问题》，《中国语文》1962年1月号。
⑤ 郭在贻：《训诂学》，湖南人民出版社1986年版，第125—126页。
⑥ 姚淦铭：《论王国维学术研究中的阙疑观》，《齐鲁学刊》1992年第4期。
⑦ 李云光：《三礼郑氏学发凡》，华东师范大学出版社2012年版，第758页。

经传既已乖离，博学者又不思多闻阙疑之义，而务碎义逃难，便辞巧说，破坏形体。"东汉许慎著《说文解字》自记云"阙"。凡此，都是郑玄之前倡导"阙疑原则"的学者，且此原则对后世影响巨大，如郭在贻已指出东汉高诱注《淮南子》，于注不出处，识以"诱不敏也"，朱熹注《诗经》《楚辞》，于所不知或知之不确者，均注明"未详"或"未闻"[1]，姚淦铭指出王国维先生力倡阙疑原则。[2] 这都说明阙疑原则影响之大。

张舜徽云："多闻阙疑，昔贤所尚。郑氏注书，于所不知，辄云'未闻'；亦犹许氏解字，自记云'阙'耳。"[3] 张舜徽曾总结郑玄阙疑的情况共计数十条，诸如"礼篇多亡，本数未闻""其制之异同，未之闻""今亡，其义未闻""其辞未闻""其详未闻""其人未闻""其服未闻""天子诸侯有其数，而物未得尽闻""其牲未闻""其名未尽闻也""所用未闻也""杨纡所在未闻""未闻远近同异""长短之制未闻""臘广狭未闻也""缶大小未闻也""轻重未闻""升数未闻""制之异同未闻""髦之形象未闻""古之法式，未可尽闻""未闻孰正""未闻孰是"，等等。具体文例如下。1.《礼记·礼器》云："曲礼三千。"注曰："曲犹事也。事礼谓今礼也。礼篇多亡，本数未闻。"2.《礼记·月记》云："昔者舜作五弦之琴以歌南风。"注曰："南风，长养之风也，以言父母之长养己，其辞未闻也。"3.《周礼·校人》云："夏祭先牧。"注曰："先牧，始养马者，其人未闻。"可见，"未闻阙疑"确系郑玄训诂释义的一个重要原则，于其所不知，盖阙如也，并不强解或曲解。

（四）简约原则

现代训诂学中亦有学者强调此原则，如周复刚[4]、周大璞[5]等。

陈澧的《东塾读书记》说："《郑志》云：'文意自解，故不言之，凡说不解者耳。'……此诸经郑注之所以简约也。其显而易见者，《少牢馈食礼》，经二千九百七十九字，注二千七百八十七字；《有司彻》，经四千七百九十字，注三千四百五十六字……；《学记》《乐记》二篇，经六千四百九十五字，注五千五百三十二字；《祭法》《祭仪》《祭统》三篇，

---

[1] 郭在贻：《训诂学》，湖南人民出版社1986年版，第125页。
[2] 姚淦铭：《论王国维学术研究中的阙疑观》，《齐鲁学刊》1992年第4期。
[3] 张舜徽：《郑学丛著》，齐鲁书社1984年版，第142页。
[4] 周复纲：《论训诂考证法》，《贵州教育学院学报》（社会科学版）1991年第4期。
[5] 周大璞：《训诂学要略》，湖北人民出版社1980年版，第143页。

经七千四百六十字，注五千五百二十三字……。注之字数，少于经之字数，后儒注经者，能如是乎？……蔚宗又云：'经有数家，家有数说，章句多者，或乃百余万言，学徒劳而少功，后生疑而莫正。郑玄括囊大典，网罗众家，删裁繁芜，刊改漏失，自是学者略知所归。'然则蔚宗固知郑之不繁也。"① 这说明了郑玄注释训诂力主简约的原则。至于后来张舜徽又称"要之，昔人注书，可略者略之，宜详者详之，初亦未易一概论也"②，其实与"简约性原则"并不矛盾，因为简约性原则本身就包含要把握好"当简则简，不当简则详之"的尺度，并不能说明郑玄训释详细的地方就属于"繁"了。

（五）异说并存原则

这应该是传统训诂学中"纂集派"所遵循的重要原则之一，王力在忌"并存"和"亦通"原则中也承认"并存论"是一种客观的态度。③

陈澧的《东塾读书记·郑学》说："郑注《周礼》，并存故书、今书；注《仪礼》，并存古文、今文，此后来校书之法也。《仪礼》，从今文，则注内叠出古文；从古文，则注内叠出今文。此于己意所不从，亦不没之。《周礼》之并存故书、今书，亦是此意。段懋堂《周礼汉读考》云：'郑君择善而从，绝无偏执。'"④ 这里指出了郑玄训诂释义的一个重要原则，即"异说并存原则"。郑玄给出自己的校勘和训释意见，但同时对版本异文及有价值的不同意见，都会给予说明介绍。如《周礼·天官·醢人》云："豚拍鱼醢。"郑注："郑大夫、杜子春皆以拍为膊，谓胁也。或曰：豚拍，肩也。今河间名豚胁。"又《周礼·天官·醢人》云："朝事之豆，其实韭菹……菁菹、鹿臡、茆菹、麋臡。"郑注："郑大夫读茆为茅。茅菹，茅初生。或曰茆，水草。杜子春读茆为卯。玄谓菁，蔓菁也。茆，凫葵也。凡菹醢皆以气味相成，其状未闻。"可见，郑玄有自己的意见，同时也并存另外一些讲得通的观点。

（六）时代性原则

此为现代训诂学的重要原则之一。郑玄笺注中非常注意古今时代的差异。如古今文字的变化、用词的变化、事物名称的称呼变化，等等。李云

---

① 陈澧：《东塾读书记》，上海古籍出版社 2012 年版，第 256—257 页。
② 张舜徽：《郑学丛著》，齐鲁书社 1984 年版，第 155 页。
③ 王力：《训诂学上的一些问题》，《中国语文》1962 年 1 月号。
④ 陈澧：《东塾读书记》，上海古籍出版社 2012 年版，第 258 页。

光谈及的"以古今字释之""以古今语释之"①及张舜徽对"征古例"和"证今例"②的关注,也都说明此原则的重要性。1. 关注古今文字变化的文例,如《周礼·夏官·弁师》云:"诸侯之缫斿九就"注曰:"郑司农云:'缫当为藻。缫,古字也,藻,今字也,同物同音。'"又《礼记·曲礼下》云:"君天下曰天子。朝诸侯、分职授政任功曰予一人。"注曰:"《觐礼》曰:'伯父寔来,余一人嘉之。'余,予,古今字。"2. 关注古今用词对比的文例,如《周礼·天官·小宰》云:"傅别……质剂。"注曰:"傅别、质剂,皆今之券书也,事异,异其名耳。"又《周礼·天官·亨人》云:"职外内饔之爨亨煮。"注曰:"爨,今之灶。"再如《周礼·地官·叙官》云:"囿人。"注曰:"囿,今之苑。"3. 关注古今事物名称变化的文例,如《仪礼·聘礼》云:"将命,百名以上书于策,不及百名书于方。"注曰:"名,书文也,今谓之字。"又《周礼·春官·司几筵》云:"加缫席画纯。"注曰:"缫席,削蒲蒻展之,编以五采,若今合欢矣。"再如《周礼·地官·掌节》云:"门关用符节,货贿用玺节,道路用旌节。"注曰:"玺节者,今之印章也。"

(七)联系古人社会生活实际的原则

此为洪诚、黄金贵、方一新、杨琳等学者倡导的重要训诂原则之一。郑玄的注释中多重视联系古人社会生活的实际,此在张舜徽的"征古例"中多有阐述。张氏称:"郑氏注书,每遇名物礼俗,辄好推原本始,常云:'古者'以稽述之。"③文例如下。1.《礼记·乡饮酒义》云:"尊有玄酒,教民不忘本也。"注曰:"大古无酒,用水而已。"2.《仪礼·士昏礼》云:"大羹湆在爨。"注曰:"大羹湆,煮肉汁也。大古之羹无盐菜。"3.《仪礼·公食大夫礼》云:"大羹湆不和。"注曰:"大羹湆,煮肉汁也。大古之羹不和,无盐菜。"4.《礼记·礼运》云:"然后饭腥而苴孰。"注曰:"饭以稻米,上古未有火化。"5.《礼记·礼运》云:"夫礼之初,始诸饮食,其燔黍捭豚,污尊而抔饮。"注曰:"中古未有釜、甑,释米捭肉,加于烧石之上而食之耳。"6.《周礼·天官·外饔》云:"飨士庶子亦如之。"注曰:"士庶子,卫王宫者,若今时之飨卫士矣。"其例

---

① 李云光:《三礼郑氏学发凡》,华东师范大学出版社2012年版,第128—139页。
② 张舜徽:《郑学丛著》,齐鲁书社1984年版,第130—135页。
③ 同上书,第126—130页。

甚夥，此不赘引。张舜徽论述备详，可参看。①

（八）"通古书的词例"原则

现代洪诚②、郭在贻③等都赞同此原则。郑玄"通古书的词例"原则在注释中体现得最显著处就是为整部书发凡起例，李云光有"归纳凡例以解之"一节详论郑玄此法，同时指出发凡起例的观念自《荀子·劝学篇》"伦类不通，不足为善学"始，"汉儒治经，乃有'条例'之体，如郑兴、颖容之《左氏条例》，胡毋生、荀爽之《春秋条例》，何休之《春秋文谥例》……至三礼之学，则经文中每有自言条例者，此礼家之旧法，由来久矣。"李云光还以"通例""饮食之例""宾客之例""射例""丧例""祭例""器服之例""宫室之例""杂例"九类，指出郑玄《三礼注》中的发凡之例。④张舜徽亦专论郑玄发凡起例之原则，所举例证主要是郑玄对《仪礼》一书的"发凡以释其义"⑤。今参照李、张二家之例，略举数例如下。1. 郑玄《周礼注》之发凡释义：安车，坐乘车，凡妇人车皆坐乘（《春官·巾车》"安车"注）；凡醯酱所和，细切为齑，全物若膞为菹（《天官·醯人》"以五齐、七醯、七菹、三臡实之"注）；凡血祭曰衅（《春官·大祝》"隋衅"注）等。2. 郑玄《仪礼注》之发凡释义：天子诸侯及卿大夫有地者皆曰君（《仪礼·丧服传》"君至尊也"注）；凡女行于大夫以上曰嫁，行于士庶人曰适人（《仪礼·丧服传》"子嫁反在父之室，为父三年"注）；凡言子者，可以兼男女，又云女子子者，殊之，以子关適庶也（《仪礼·丧服传》"故子生三月则父名之"注）；凡物十曰束（《仪礼·聘礼》"制玄纁束"注）等。3. 郑玄《礼记注》之发凡释义：凡妾称夫曰君（《礼记·内则》"妾将生子"注）；凡物无饰曰素（《礼记·檀弓下》"奠以素器"注）；凡庙，前曰庙，后曰寝（《礼记·月令》"寝庙毕备"注）等。

（九）校勘先于训诂的原则

李云光说"汉儒通经，多以校勘为基础"，并谓校雠之业始于刘向、刘歆父子，后有杜子春、郑大夫（兴）、郑司农（众）、马融、卢植等皆

---

① 张舜徽：《郑学丛著》，齐鲁书社1984年版，第126—130页。
② 洪诚：《训诂学》，江苏古籍出版社1984年版，第221页。
③ 郭在贻：《训诂学》，湖南人民出版社1986年版，第98页。
④ 李云光：《三礼郑氏学发凡》，华东师范大学出版社2012年版，第628页。
⑤ 张舜徽：《郑学丛著》，齐鲁书社1984年版，第135—142页。

第二章　郑玄的训诂原则

曾从事校雠之事。① 郑玄校勘先于训诂的原则，应是继承了之前学者的普遍观念。张舜徽亦云："注书而不校书，则必承讹袭谬，贻误后人。郑氏从事注述，尤以此为兢兢。"② 郑玄注《仪礼》取今文、古文二本参校，常云"古文某作某，今文某作某"；注《周礼》，亦兼记"故书""今书"，明其同异；也有校正某为衍文、讹体、误句、错简等。李玉平亦云在郑玄之前的郑兴已经开始有了"校勘先于语言研究"的观念。③ 有关郑玄重视校勘的文例及方法，李云光④与张舜徽⑤所论备详，可参看。略举数例如下。1.《礼记·内则》云："枢縰、笄总、角、拂髦。"注曰："角，衍字也。"2.《仪礼·丧服》云："庶孙之中殇。"注曰："庶孙者，成人大功，其殇，中从上。此当为下殇，言中殇者，字之误尔。"3.《礼记·明堂位》云："有虞氏之旗，夏后氏之绥。"注曰："绥当为緌，读如冠蕤之蕤。有虞氏当言緌，夏后氏当言旗，此盖错误也。"《礼记·杂记上》云："吊者降反位。"注曰："降反位者，出反门外位。无'出'字，脱。"《礼记·丧服小记》云："降而在缌小功者则税之。"注曰："此句补脱误在是，宜承'父税丧已则否'。"

郑玄校勘先于训诂的原则，和前述现代训诂学的本原性原则是一致的。

除了以上九大原则之外，以往学者所总结的某些郑玄的"训诂原则"，如吴福祥总结的"郑玄就音求义训诂原则"⑥（马君花改称"郑玄'因声求义'训诂原则"⑦）、"郑玄据语境释义的训诂原则"⑧ 等，在张舜徽"循文立训例（上、下）""声训例（上、下）""改读例"⑨中已有详细总结，现在学界一般认为称之为"郑玄的训诂方法"更适当，因

---

① 李云光：《三礼郑氏学发凡》，华东师范大学出版社2012年版，第24页。
② 张舜徽：《郑学丛著》，齐鲁书社1984年版，第92页。
③ 李玉平：《郑兴的语言文字观及其影响和意义》，《汉字文化》2015年第4期。
④ 李云光：《三礼郑氏学发凡》，华东师范大学出版社2012年版，第24—92页。
⑤ 张舜徽：《郑学丛著》，齐鲁书社1984年版，第92—97页。
⑥ 吴福祥：《试论郑玄就音求义训诂原则》，《重庆师院学报》（哲学社会科学版）1989年第2期。
⑦ 马君花：《郑玄"因声求义"的训诂实践及其训诂原则》，《宁夏大学学报》（人文社会科学版）2005年第2期。
⑧ 吴福祥：《试论郑玄据语境释义的训诂原则》，《安徽教育学院学报》1990年第1期。
⑨ 张舜徽：《郑学丛著》，齐鲁书社1984年版，第53—57、66—78页。

此放在"郑玄的训诂方法"部分讨论，此不赘述。

上述论述说明，虽然关于"训诂原则"的问题是到现代训诂学才开始进行理论探讨的，然而东汉学者郑玄的笺注中已经体现出的现代训诂原则至少有9条，这不仅对东汉以后的训诂实践有着重要影响，对现代训诂原则的提出和讨论也有着重要的参考借鉴价值。

本章参考文献

［1］王力：《训诂学上的一些问题》，《中国语文》1962年1月号。

［2］陆宗达：《训诂浅谈》，北京出版社1964年版。

［3］周大璞：《训诂学要略》，湖北人民出版社1980年版。

［4］洪诚：《训诂学》，江苏古籍出版社1984版。

［5］黄典诚：《训诂学概论》，福建人民出版社1988年版。

［6］白兆麟：《简明训诂学》，浙江教育出版社1984年版。

［7］郭在贻：《训诂学》，湖南人民出版社1986年版。

［8］黄建中：《训诂学教程》，荆楚书社1988年版。

［9］段会杰：《训诂原则及其运用——兼谈文言词语教学》，《承德师专学报》（社会科学版）1989年第2期。

［10］周复纲：《论训诂考证法》，《贵州教育学院学报》（社会科学版）1991年第4期。

［11］杨琳：《论训诂学的学术原则》，《汉语史研究集刊》1999年第2期。

［12］杨琳：《训诂方法新探》，商务印书馆2011年版。

［13］徐启庭：《训诂学概要》，海峡文艺出版社2001年版。

［14］王宁：《〈新著训诂学引论〉序》，见白兆麟《新著训诂学引论》，上海辞书出版社2005年版。

［15］杨白云：《论训诂的原则》，《福建教育学院学报》2003年第4期。

［16］白兆麟：《新著训诂学引论》，上海辞书出版社2005年版。

［17］方一新：《训诂学概论》，江苏教育出版社2008年版。

［18］徐刚：《训诂方法论》，北京大学出版社2015年版。

［19］王引之：《经传释词·自序》，见王引之《经传释词》，江苏古籍出版社2000年版。

［20］黄侃述、黄焯编：《文字声韵训诂笔记》，上海古籍出版社1983年版。

［21］黄金贵：《古代文化词义集类辨考》，上海教育出版社1995版。

［22］王力：《新训诂学》，载叶圣陶编《开明书店二十周年纪念文集》，开明书店1947年版。

［23］胡适：《胡适文集》，北京大学出版社1998年版。

［24］罗竹风主编：《汉语大词典》（缩印本），汉语大词典出版社1997年版。

［25］夏征农、陈至立主编：《辞海：第六版彩图本》，上海辞书出版社2009年版。

［26］中国社会科学院语言研究所词典编辑室：《现代汉语词典》（第6版），商务印书馆2012年版。

［27］张舜徽：《郑学丛著》，齐鲁书社1984年版。

［28］李建国：《汉语训诂学史》（修订版），上海辞书出版社2002年版。

［29］吴福祥：《试论郑玄就音求义训诂原则》，《重庆师院学报》（哲学社会科学版）1989年第2期。

［30］吴福祥：《试论郑玄据语境释义的训诂原则》，《安徽教育学院学报》1990年第1期。

［31］马君花：《郑玄"因声求义"的训诂实践及其训诂原则》，《宁夏大学学报》（人文社会科学版）2005年第2期。

［32］黄焯：《经典释文汇校》，中华书局2006年版。

［33］陈澧：《东塾读书记》，上海古籍出版社2012年版。

［34］王力主编：《古代汉语》（上册，第二分册），中华书局1962年版。

［35］李云光：《三礼郑氏学发凡》，华东师范大学出版社2012年版。

［36］赵振铎：《训诂学史略》，中州古籍出版社1988年版。

［37］（唐）孔颖达：《毛诗正义》，李学勤主编标点本，北京大学出版社1999年版。

［38］（三国魏）郑小同：《郑志》（二种），中华书局1985年版。

［39］姚淦铭：《论王国维学术研究中的阙疑观》，《齐鲁学刊》1992年第4期。

［40］李玉平：《郑兴的语言文字观及其影响和意义》，《汉字文化》2015年第4期。

第三章

郑玄的训诂内容

关于郑玄的训诂内容的研究，目前李云光《三礼郑氏学发凡》一书①第五章"郑氏对名物之考释"分11节考察郑玄三礼注中的名物训诂；张舜徽《郑雅》②仿照《尔雅》体例，分释诂、释言、释训、释亲、释宫、释器、释乐、释天、释地、释丘、释山、释水、释草、释木、释虫、释鱼、释鸟、释兽、释畜19篇来考察郑玄笺注的词义训诂内容；唐文《郑玄辞典》搜集郑玄注经及其他著述中的所释词语（包括语词和专科词）材料更多，全书计有90.4万字；傅华辰③从"文字观""方言运用""对同义词的揭示和辨析""语法分析""对修辞方式的注解"等五个方面研究郑玄《礼记注》的训诂内容；马君花④从"释词""释句""释人物与事件""释名物与典章制度""校勘""发凡起例""评价是非""说明古人行文辞例"八个方面研究郑玄《礼记注》的训诂内容；段虹羽⑤从"解释词义""说明修辞方法""串讲大意""分析篇章结构""阐明语法"五个方面探讨郑玄《毛诗笺》的训诂内容。

陆宗达先生曾总结"训诂内容"为"保存在注释书和训诂专书中的训诂内容（包括解释词义、分析句读、阐述语法、说明修辞手段、阐明表达方法、串讲大意、分析篇章结构七类）"和"保存在文献正文中的训诂内容（包括以训诂形式出现的正文和以正文形式出现的训诂两

---

① 李云光：《三礼郑氏学发凡》，华东师范大学出版社2012年版，第346—504页。
② 张舜徽：《郑雅》，见张舜徽《郑学丛著》，齐鲁书社1984年版，第197—419页。
③ 傅华辰：《〈礼记〉郑注训诂研究》，硕士学位论文，南京师范大学，2004年。
④ 马君花：《论郑玄〈礼记注〉在训诂学史上的成就》，硕士学位论文，宁夏大学，2005年。
⑤ 段虹羽：《郑玄〈毛诗笺〉训诂研究》，硕士学位论文，沈阳师范大学，2015年。

类）"① 两大类9小类；周大璞主编《训诂学初稿（第三版）》"训诂体式（上、下）"对陆氏分类做了更细致深入的阐释，其中"注疏的内容"② 一节分12类：一、释词；二、注音；三、串讲文意（句、节、章意）；四、分析句读；五、校勘文字；六、阐述语法；七、说明修辞；八、诠释用典；九、叙事考史；十、记述地理；十一、发凡起例；十二、阐发思想。我们认为其分类基本能够涵盖郑玄注释中的训诂内容，因此参照调整，分述如下。

一 解释词义

这是最基本而又最大量的工作。词义可分为本义、引申义和假借义。

（一）解释本义

如《仪礼·大射仪》："膳尊两甒在南，有豐"注："豐以承尊也。说者以为若井鹿卢，其为字从豆曲声，近似豆，大而卑矣。"郑玄分析"豐"为谐声字，其实就是解释其本义。又如《天官·外府》"共其财用之币齎"注："玄谓齎、资同耳，其字以齊次为声，从貝变易，古字亦多或。"郑玄明确分析齎、资二字皆为谐声字，声符分别是齊、次，义符都是貝。此处郑玄也是解释本义。

（二）解释引申义

例子很多。例如：

1. 有时直接说明。如体例"某，某也，某也。"《周礼·天官·大宰》："掌建邦之六典"郑注："典，常也，经也，法也。"

2. 一般的引申义解释，常用术语"谓"指明。如《仪礼·觐礼》："坛十有二寻，深四尺。"郑注："深谓高也。"《邶风·谷风》："既生既育。"郑笺："生谓财业也，育谓长老也。"有时指明经文词语所指的具体义项，如《周礼·天官·小宰》："以法掌祭祀。"郑注："法谓其礼法。"

3. 有时探求词的词源意义。即探求词的得名之由。有时候用术语"之言"说明，如《春官·大宗伯》："以禋祀祀昊天上帝。"注："禋之言烟，周人尚臭，烟，气之臭闻者。"郑玄意思是说"禋"祀的名称来源于"烟"，二者音近。"禋"、"烟"古音同为影纽真部；有时候也用比况

---

① 陆宗达：《训诂简论》，北京出版社1980年版，第15—96页。
② 周大璞主编：《训诂学初稿》（第三版），武汉大学出版社2008年版，第44—60页。

的方式说明，如《地官·叙官》："司稼"注："种谷曰稼，如嫁女以有所生。""稼"、"嫁"古音相近，都是见纽鱼部。

（三）探求词的假借义

郑玄长于据古音破假借，对假借字材料的分析在其注释中有很多，可分为以下几种情况。

1. 明确指出某两个字是"假借字"关系。共有6条。其中《周礼·考工记》注中4条。例如《考工记·玉人》："衡四寸"注："衡，古文横假借字也。衡谓勺径也。"《礼记注》中2条：例如《礼记·缁衣》"《君雅》"注："雅，《书序》作牙，假借字也。"

2. 用其他训诂术语加以分析的。材料很多，吴泽顺①总结为7种。（1）"甲读为（曰）乙"式。如《周礼·天官·宫伯》："以时颁其衣裘。"注："颁读为班。班，布也。"（2）"甲读如乙"式。如《仪礼·士冠礼》："缁布冠缺项，青组缨属于缺"注："缺读如'有頍者弁'之頍。"（3）"甲当为乙"式。《礼记·文王世子》："《兑命》曰"注："兑当为说，《说命》，《书》篇名。"（4）"甲犹乙也"式。《周礼·考工记·玉人》："土圭尺有五寸，以致日，以土地。"注："土犹度也。"（5）"甲之言乙"式。《小雅·十月之交》："抑此皇父"注："抑之言噫。"（6）"甲与乙字本同"式。《礼记·檀弓下》："尔以人之母尝巧则岂不得以"注："以，已字。……'以'与'已'字本同尔。"（7）"古声甲乙同"式。《豳风·东山》："有敦瓜苦，烝在栗薪。"注："栗，析也。……古者声栗、裂同也。"

3. 不用术语，直接用本字加以解释。即"甲，乙也"式。如《大雅·板》："则莫我敢葵"笺："葵，揆也。"

郑玄主张"就其原文字之声类，考训诂，捃秘逸。"② 明确提出应当从声音角度探求词义的方法。清代王念孙："训诂之旨，存乎声音，字之声同声近者，经传往往假借。学者以声求义，破其假借之字而读以本字，则涣然冰释；如其假借之字而强为之解，则诘籟（jū）为病矣。故毛公《诗传》多易假借之字而训以本字，已开改读之先。至康成笺《诗》注《礼》，娄（屡）云某读为某，而假借之例大明。后人或病康成破字者，

---

① 吴泽顺：《论郑玄的音转研究》，《青海师范大学学报》（哲学社会科学版）2004第4期。
② （唐）贾公彦：《序周礼废兴》，见（唐）贾公彦《周礼注疏》，李学勤主编标点本，北京大学出版社1999年，第9页。

不知古字之多假借也。"①

二 注音

郑玄注释中的注音方式主要是通过术语"读如"或"读若"来说明。用以注音的字大都是为时人所熟知读音的字，而且常常还指出是在某个明确语句中的某个字的读音。如《春官·甸祝》："禂牲禂马"注："禂读如伏诛之诛，今侏大字也。为牲祭，求肥充；为马祭，求肥健。"贾公彦疏："'玄谓禂读如伏诛之诛'者，此俗读也。……此从音为诛。"② 后面的"今侏大字也"中的"侏"才具体沟通"禂"所要取的含义。阮元《校勘记》中举例证明"侏"有"大"的含义，可能是"俦"的异体字。

有时"读为"也可以拟音。如《秋官·掌客》："米百有二十筥"注："米禾之秉筥，字同数异。禾之秉，手把耳；筥读为棟梠之梠，谓一穧。"③ "筥"本义指圆筥箕，一种盛米饭等的竹器。该处注文的前面有"米横陈于中庭，十为列，每筥半斛。"句中的"筥"用的就是本义。而此处注文又说明了指称"米"与"禾"的量词"筥"文字相同，但实际上所指的数量是不一样的，因而称用于"禾"的"筥"读音与"棟梠"的"梠"字相同，其数量是"一穧"。"梠"的本义是屋檐（《说文》："梠，楣也。"）与表示"禾稻"数量的词无关，因而此处只是拟音。"读为"起拟音的作用。

三 串讲文意（句、节、章意）

串讲句意是训诂的重要内容。《论语》郑注对句意的串讲就有很多。如有时直接解释句子含义。《为政》："六十而耳顺"集解："郑曰：'耳闻其言，而知其微旨。'"有时在串讲句意中捎带着解释词语。如《公冶长》："子曰：'由也好勇过我，无所取材。'"集解："郑曰：'子路信夫子欲行，故言豪勇过我。无所取材者，无所取于桴材。以子路不解微言，故戏之耳。一日子路闻孔子欲浮海，不复顾望，故孔子叹其勇曰过我，无所取哉，言唯取于己，古字材、哉同。'"在串讲句意的同时解释了词语

---

① 王引之：《经义述闻·序》，王引之《经义述闻》，江苏古籍出版社2000年版，第2页。
② （清）阮元：《校勘本〈十三经注疏〉》（上、下），上海古籍出版社1997年版，第815页。
③ 同上书，第900—901页。

"勇"是"豪勇","材"是"桴材",而有的观点认为"材"是假借字,本字是"哉",是个语气词。

又如:《周南·葛覃》:"言告师氏,言告言归。"毛传:"言,我也。师,女师也。古者女师教以妇德、妇言、妇容、妇功。祖庙未毁,教于公宫三月;祖庙既毁,教于宗室。妇人谓嫁曰归。"笺云:"我告师氏者,我见教告于女师也,教告我以适人之道。重言我者,尊重师教也。"此处,毛传解释了词语"言""师"的含义,并补充说明其时的背景。郑玄则没有解释词语,直接串讲句子"言告师氏"的含义是"我告师氏者,我见教告于女师也,教告我以适人之道。"其中也体现了郑玄同意毛亨对词语"言""师"的解释。

又如:《礼记·曲礼上》:"安民哉"注:"此上三句可以安民说曲礼者,美之云耳。"

串讲章旨。《周南·卷耳》:"陟彼砠矣,我马瘏矣。我仆痡矣,云何吁矣。"传:"石山戴土曰砠。瘏,病也。痡亦病也。吁,忧也。"笺云:"此章言臣既勤劳于外,仆马皆病,而今云何乎其亦忧矣。深闵之辞。"

四 分析句读

郑玄在注释中必然要关注到句读问题。但前人总结其例不多。举例如下。

《天官·宫正》:"春秋以木铎修火禁,凡邦之事跸,宫中、庙中则执烛。"注:"郑司农读火绝之,云'禁凡邦之事跸',国有事,王当出,则宫正主禁绝行者,若今时卫士填街跸也。宫中庙中则执烛,宫正主为王于宫中庙中执烛。玄谓事,祭事也。邦之祭社稷、七祀于宫中,祭先公、先王于庙中,隶仆掌跸止行者,宫正则执烛以为明。《春秋传》曰:'有大事于大庙',又曰:'有事于武宫'。"这里郑玄说明他不同意郑司农的断句意见。郑司农将"禁"字与"凡邦之事跸"断句在一起,作动词。郑玄则认为"禁"为"春秋以木铎修火禁"的句末字,属于名词。

再如,《天官·内饔》:"凡掌共羞,修、刑、膴、胖、骨、鱐,以待共膳。"注:"掌共,共当为具。羞,庶羞也。修,锻脯也。胖,如脯而腥者。郑司农云:'刑膴谓夹脊肉,或曰膺肉也。骨鱐谓骨有肉者。'玄谓刑,铏羹也。膴,朕肉大脔,所以祭者。骨,牲体也。鱐,干鱼。"

这里,按照郑司农的意见,"刑膴"和"骨鱐"应当是复音词,中间不能用顿号隔开，因为这两个组合他认为所表达的含义都是单一的、凝固的。"刑䏑"指"夹脊肉或膺肉"，"骨鱐"指"有肉的骨头"。但是按照郑玄的意见，这两个组合就不是复音词了。因为他认为这四个字分别代表四个不同含义的词，他们之间是并列关系的词组，"刑"指《周礼》后文中所说的"铏羹"，即有菜的羹；"䏑"指"朕肉大脔"，即切成薄片的大块肉；"骨"指"牲体"，即有骨的牲体；"鱐"指"干鱼"。可见，在郑玄不认为"刑䏑"和"骨鱐"是复音词，与郑司农的观点有分歧，断句自然不同。今人一般采用了郑玄的观点。但近人黄侃对此则遵从了郑司农的意见，断句为"凡掌共羞、修、刑䏑、胖、骨鱐，以待共膳。"①

又如，《春官·小宗伯》："若军将有事，则与祭有司将事于四望。"注："军将有事，将与敌合战也。郑司农云：'则与祭，谓军祭表祃军社之属，小宗伯与其祭事。'玄谓与祭有司，谓大祝之属，盖司马之官实典焉。"

此处，郑玄与郑司农对经文复音组合的判定不同，但其意见都不正确。郑司农在"与祭"处断句，即"若军将有事，则与祭，有司将事于四望。"是将"有司"作为单独的一个复音词处理。郑玄不同意其意见，认为应当是"与祭有司"连读，将"与祭有司"作为一个整体的复音词，指代"大祝"一类的职官。但清代王引之认为先郑、后郑的意见都不当，认为经文顺序有错讹，原句本当作"若军将有事于四望，则与祭有司将事。"认为"与"表示"和，跟"，"祭有司"作为一个整体复音词。这样就与《春官·大祝》文："国将有事于四望，则前祝"相合。孙诒让也同意王说。② 我们同意王、孙二家将"祭有司"作为一个复音词处理的意见。

五 校勘文字

郑玄在注释中校勘的内容主要有以下六种情况。③
（一）有指明文字之错讹的
主要用术语"字之误""声之误""当为""当作""宜为"等术语来

---

① 《黄侃手批白文十三经·周礼》，（台湾）理艺出版社1998年版，第10页。
② （清）孙诒让：《周礼正义》，中华书局1987年版，第1450—1451页。
③ 郑玄的校勘学方面内容也可参看张舜徽《郑学丛著》之《郑氏校雠学发微》和《郑氏经注释例》两部分，见张舜徽《郑学丛著》，华中师范大学出版社2005年版，第57—63页。

加以说明。详细内容我们会在郑玄的文字学研究部分详细讨论。这里略举数例说明。

1. 字之误类。如《春官·肆师》:"共设匪瓮之礼"注:"匪,其筐字之误与?"

2. 声之误类。如《天官·疡医》:"疡医掌肿疡、溃疡、金疡、折疡之祝"注:"祝当为注,读如注病之注,声之误也。注谓附著药。"

3. 当为类。如《地官·大司徒》:"其植物宜膏物"注:"膏当为橐,字之误也。"

4. 当作类。如《地官·小司徒》:"施其职而平其政"注:"政当作征。"

5. 宜为类。如《夏官·校人》:"八丽一师,八师一趣马,八趣马一驭夫"注:"八皆宜为六,字之误也。"

6. "A,实B字"类。如《地官·媒氏》:"入币纯帛"注:"纯,实缁字也。古缁以才为声。"又如《地官·泉府》:"买者各从其抵"注:"抵实柢字。"

这些术语的主要功能有三种:最多的是沟通形近而讹的误字和正字关系;有时候也沟通通假字和本字。凡是音同音近或形音皆近的都属于此类。这一类的被释字是由于音近而通假的字,郑玄指出是音近而误,实际上是指出了两个字具备通假的条件——声音相近;有时候用以沟通因上下文有相关干扰信息而导致舛误的正误字关系,一般都是与"字之误"合用的例子。

(二) 有指明脱文的

如:

《春官·巾车》:"革路,龙勒,条缨五就"注:"革路,鞔之以革而漆之,无他饰。龙,駹也。以白黑饰韦杂色为勒。条读为绦。其樊及缨,以绦丝饰之而五成。不言樊字,盖脱尔。"

《礼记·杂记上》:"吊者降,反位"注:"降反位者,出反门外位,无'出'字,脱。"

(三) 有指明衍文的

如:

《仪礼·聘礼》:"摈者辞,介逆出。摈者执上币以出,礼请受,宾固辞。"注:"礼请受者,一请受而听之也。宾为之辞,士介贱,不敢以言通于主君也。'固'，衍字。当如面大夫也。"

《仪礼·聘礼》："宾固辞，公答再拜。"注："拜受于宾也，'固'亦衍字。"

《礼记·内则》："栉、縰、笄、总角、拂髦、衿缨、綦屦。"注："'角'，衍字也。拂髦，或为缪髦也。"

（四）有指明阙文的

如：

《地官·司禄》："司禄"注："阙。"

《夏官·小司马》："小司马之职，掌……"注："此下字脱灭，札烂文阙，汉兴，求之不得，遂无识其数者。"

《夏官·军司马》："军司马"注："阙。"

《夏官·舆司马》："舆司马"注："阙。"

《夏官·行司马》："行司马"注："阙。"

《夏官·掌疆》："掌疆"注："阙。"

《夏官·司甲》："司甲"注："阙。"

《秋官》中《掌察》《掌货贿》《都则》《都士》《家士》各篇下所记职掌皆注："阙。"

《考工记》中《段氏》《韦氏》《裘氏》《筐人》《楖人》《雕人》各篇下所记职掌皆注："阙。"

（五）有指明错简的

如：

《仪礼·丧服》："传曰：'嫁者，其嫁于大夫者也。未嫁者，成人而未嫁者也。何以大功也？妾为君之党服，得与女君同。下言为世父母、叔父母、姑、姊妹者，谓妾自服其私亲也。'"注："此不辞，即实为妾遂自服其私亲，当言其以明之。《齐衰三月章》曰：'女子子嫁者，未嫁者为曾祖父母。'经与此同，足以见之矣。传所云'何以大功也？妾为君之党服得与女君同'，文烂在下尔。女女子成人者，有出道，降旁亲，及将出者，明当及时也。"

《礼记·丧大记》："君设大盘，造冰焉。……君、大夫、士一也。"注："此事皆沐浴之后，宜承'濡濯弃于坎'下，札烂脱在此耳。"郑玄意思是说此节应该在下文隔两段之后的"濡濯弃于坎"一句之下。当是因简札错乱脱落，而导致误移于此处。

《礼记·乐记》:"爱者宜歌商,温良而能断者宜歌齐。夫歌者,直己而陈德也,动己而天地应焉,四时和焉,星辰理焉,万物育焉。故商者,五帝之遗声也。宽而静,柔而正者宜歌《颂》;广大而静,疏达而信者宜歌《大雅》;恭俭而好礼者宜歌《小雅》;正直而静,廉而谦者宜歌《风》;肆直而慈爱。"注:"此文换简失其次。'宽而静'宜在上,'爱者宜歌商'宜承此下行读云'肆直而慈爱者宜歌《商》'。《商》,宋诗也。爱,或为哀。'直己而陈德'者,因其德,歌所宜育生也。"按照郑玄注的意见,此段原文当作:"宽而静,柔而正者宜歌《颂》;广大而静,疏达而信者宜歌《大雅》;恭俭而好礼者宜歌《小雅》;正直而静,廉而谦者宜歌《风》;肆直而慈爱者宜歌《商》,温良而能断者宜歌《齐》。夫歌者,直己而陈德也,动己而天地应焉,四时和焉,星辰理焉,万物育焉。故《商》者,五帝之遗声也。商人识之,故谓之《商》;《齐》者,三代之遗声也,齐人识之,故谓之《齐》。"如此则文从字顺,原意大明。

(六) 有说明补文失误的

如:

《礼记·丧服小记》:"降而在缌、小功者,则税之。"注:"谓正亲在齐衰大功者,亲缌小功,不税矣。《曾子问》曰:'小功不税,则是远兄弟,终无服也。'此句补脱误在是,宜承'父税丧,己则否。'"郑玄意思说"降而在缌、小功者,则税之。"一句应当在隔一句话的上文"父税丧,己则否。"之下。属于补充脱漏文字失误而列在此处。

六 阐述语法

郑玄对语法的研究,我们会专门在"郑玄的语法学研究"一编详细讨论。这里略举几例。

(一) 对虚词的分析

常用术语"辞""词""语助"等此类术语解释虚词。古代的虚词比我们今天界定的"虚词"意义更加宽泛,代词,甚至有些动词、形容词也可以列为"辞"。如:

《周南·芣苢》:"采采芣苢,薄言采之。"毛传:"薄,辞也。"

《大雅·文王》:"思皇多士,生此王国。"毛传:"思,辞也。"

《墉风·载驰》:"载驰载驱"传:"载,辞也。"

《小雅·頍弁》:"有頍者弁,实维何期?"笺:"期,辞也。"

《邶风·泉水》："娈彼诸姬，聊与之谋。"笺："聊，且略之辞。"
《小雅·角弓》："勿教猱升木。"笺："毋，禁辞。"
《鲁颂·閟宫》："莫敢不诺，鲁侯是若。"笺："诺，应辞也。"
《仪礼·原目》："丧服第十一○子夏传"注："天子以下，死而相丧，衣服、年月、亲疏、隆杀之礼。不忍言死而言丧，丧者，弃亡之辞，若全存居于彼焉，已亡之耳。"
《仪礼·士冠礼》："愿吾子之教之也。"郑注："吾子，相亲之辞。"①
《仪礼·大射》："易，有故之辞。"
《礼记·檀弓上》："何居？"郑注："居，读为姬姓之姬，齐鲁之间语助也。"
《孝经·天子章》："盖天子之孝也。"郑注："盖者，谦辞。"（引自《郑氏佚书·孝经注》。）
《礼记·檀弓上》："尔毋从从尔，尔毋扈扈尔。"注："从从谓大高，扈扈谓大广。尔，语助。"

（二）对语句是否符合语言表达规范的描述

郑玄称"不辞"，即不成话，不符合语言正常表达规律。

《周礼·春官·御史》："掌赞书，凡数从政者"注："自公卿以下至胥徒凡数，及其见在空缺者。郑司农读言'掌赞书数'。书数者，经礼三百，曲礼三千，法度皆在。玄以为不辞，故改之云。"

（三）对句中语序的说明

如：

《大雅·崧高》："申伯还南，谢于诚归。"笺云："还南者，北就王命于岐周而还反也。谢于诚归，诚归于谢。"孔颖达正义："言谢于诚归，正是诚心归于谢国。古人之语多倒，故申明之。诚归者，决意不疑之辞。"

（四）对词性的分析

如：

1. 指出为名词类。

《小雅·采菽》："言采其芹"郑笺："芹，菜也。"

---

① 按，郑玄《周礼·天官·小宰》："六曰以叙听其情"注："情，争讼之辞。"例中的"辞"与其他的"某某之辞"有些差别，当是"情"在语境中的临时意义，指一些话语，而非对"情"的词义解释。

(1) 属,之属。

《仪礼·既夕礼》："载旜"注："旜,旌旗之属。"

《周礼·秋官·翨氏》："掌攻猛鸟。"郑注："猛鸟,鹰隼之属。"

《周礼·春官·司尊彝》："凡四时之间祀、追享、朝享,祼用虎彝、蜼彝,皆有舟。"注："蜼,禺属卬鼻而长尾。"

(2) 之名。

《礼记·乐记》："故乐者,天地之命,中和之纪"注："纪,总要之名也。"

《礼记·王制》"出祖释軷"注："天子诸侯宗庙之祭,春曰礿,夏曰禘,秋曰尝,冬曰烝。"注："此盖夏殷之祭名,周则改之,春曰祠,夏曰礿,以禘为殷祭。《小雅·天保》曰：'禴祠烝尝,于公先王。'此周四时祭宗庙之名。"

《周易·遯卦》："遯"注："遯,逃去之名也。"

《小雅·桑扈》："君子乐胥,受天之祜。"郑笺："胥,有才知之名也。"

《天官·叙官》："内竖,倍寺人之数。"郑注："竖,未冠者之官名。"

《仪礼·聘礼》："出祖释軷"注："《春秋传》曰：'軷涉山川。'然则軷,山行之名也。"

(3) 之别。

《周礼·地官·叙官》："遂大夫,每遂中大夫一人,县正,每县下大夫一人,鄙师,每鄙上士一人,酂长,每酂中士一人,里宰,每里下士一人,邻长,五家则一人。"注："县、鄙、酂、里、邻,遂之属别也。"

《周礼·秋官·叙官》："闽隶,百有二十人"注："闽,南蛮之别。"

《周礼·夏官·职方氏》："八蛮、七闽"注："闽,蛮之别也。《国语》曰：'闽,芈蛮矣。'"

(4) 之类。

《大雅·旱麓》："鸢飞戾天,鱼跃于渊"笺："鸢,鸱之类,鸟之贪恶者也。"

《周礼·地官·掌荼》："掌荼"注："荼,茅莠,疏材之类也。"

《仪礼·乡射礼》："龙首,其中蛇交"注："蛇、龙,君子之类也。"

《礼记·檀弓下》："涂车刍灵,自古有之"注："刍灵,束茅为人马。

谓之灵者，神之类。"

（5）之称。

《郑风·萚兮》："叔兮伯兮，倡予和女。"郑笺："叔、伯，群臣相谓也。……叔伯，兄弟之称。"

《周礼·天官·叙官》："内饔，中士四人，下士八人。"郑注："饔，割亨煎和之称。"

《仪礼·丧服》："谓弟之妻妇者，是嫂亦可谓之母乎？"注："嫂者，尊严之称。嫂犹叟也。叟，老人称也。是为序男女之别尔。"

《礼记·曲礼》："死曰考、曰妣、曰嫔"注："嫔，妇人有法度者之称也。"

2. 指出为形容词类。

（1）貌。

《小雅·四月》："冬日烈烈，飘风发发"笺："发发，疾貌。"

《邶风·谷风》："习习谷风"笺："习习，和调之貌。"

（2）意。

《大雅·皇矣》："王赫斯怒"笺："赫，怒意。"

《卫风·考槃》："考槃在阿，硕人之薖"笺："薖，饥意。"

《郑风·羔裘》："羔裘晏兮，三英粲兮"笺："粲，众意。"

（3）之意。

《大雅·卷阿》："伴奂尔游矣"笺："伴奂，自纵弛之意也。"

《易·家人卦》："家人熇熇"郑注："熇熇，苦热之意。"①

《易·家人卦》："妇子嘻嘻"郑注："嘻嘻，骄佚喜笑之意。"②

《曹风·下泉》："忾我寤叹，念彼周京。"笺："忾，叹息之意。"

《易·蹇卦》："六四，往蹇来连。"注："连，如字，迟久之意。"③

（4）之言。

《礼记·月令》："天地始肃，不可以赢。"注："肃，严急之言。"

《周颂·闵予小子》："闵予小子，遭家不造"笺："闵，悼伤之言。"

---

① 一本作"嗃嗃"。（宋）王应麟辑：《郑氏周易注》，丛书集成初编本，中华书局 1985 年版，第 30 页。

② （宋）王应麟辑：《郑氏周易注》，丛书集成初编本，中华书局 1985 年版，第 30 页。

③ 同上书，第 31 页。

3. 指出为动词类。

《仪礼·士相见礼》："不疑君"注："疑，度之。"

《礼记·王制》："天子杀则下大绥，诸侯杀则下小绥。"注："下谓弊之。"

《周礼·秋官·司圜》："能改者，上罪三年而舍"注："舍，释之也。"

《诗·小雅·北山》："或栖迟偃仰，或王事鞅掌。"笺："掌，谓捧之也。"

（四）指出为虚词类

1. 辞。

《小雅·角弓》："毋教猱升木"笺："毋，禁辞。"

《鲁颂·閟宫》："莫敢不诺，鲁侯是若。"笺："诺，应辞。"

《孝经·天子章》："盖天子之孝也"注："盖者，谦辞。"①

2. 之辞。

《仪礼·士虞礼》："敢用絜牲刚鬣"注："敢，昧冒之辞。"

《仪礼·大射》："易觯兴洗"注："易，有故之辞也。"

《礼记·檀弓上》："曾子曰：'夫祖者，且也。'"注："且，未定之辞。"

《邶风·泉水》："娈彼诸姬，聊与之谋"笺："聊，且略之辞。"（亦见《魏风·园有桃》"心之忧矣，聊以行国。"笺）

《周易·萃卦》："赍咨涕洟"注："赍咨，嗟叹之辞也。"②

3. 发声。

《礼记·射义》："又使公罔之裘序点扬觯而语"注："之，发声也。"

《仪礼·士冠礼》"毋追夏后氏之道也"注："毋，发声也。追犹堆也。"

《周礼·秋官·行夫》："使则介之"注："使谓大小行人也。故书曰'夷使'。……玄谓，夷，发声。"

《礼记·檀弓上》："予畴昔之夜，梦坐奠于两楹之间"注："畴，发声。"

---

① （清）皮锡瑞：《孝经郑注疏》，十三经清人注疏本，上海古籍出版社1993年版，第7页。

② （宋）王应麟辑：《郑氏周易注》，丛书集成初编本，中华书局1985年版，第35页。

《邶风·式微》："式微式微，胡不归"笺："式，发声也。"
《尚书略说》："禹其跳"郑注："其，发声也。"①
4. 之声。
《大雅·瞻卬》："懿厥哲妇，为枭为鸱。"笺云："懿，有所痛伤之声也。"
《周颂·噫嘻》："噫嘻成王，既昭假尔。"郑笺："噫嘻，有所多大之声也。"
《礼记·曲礼上》："毋嗷应，毋淫视"注："嗷，号呼之声也。"

七　说明修辞

郑玄对修辞的说明也非常多。我们专门有《郑玄的修辞学研究》一编讨论，这里仅仅略举其例说明。如：

（一）指明起兴

如《周南·桃夭》："桃之夭夭，灼灼其华。"毛传："兴也。"郑笺："兴者，喻时妇人皆得以年盛时行也。"

（二）指明比喻

如《小雅·巷伯》："萋兮斐兮，成是贝锦。彼谮人者，亦已大甚。"《毛传》："兴也。萋、斐，文章相错也。贝锦，锦文也。"郑笺："喻谗人集作己过以成于罪，犹女工之集采色以成锦文。"

（三）指明重言

《豳风·鸱鸮》："鸱鸮鸱鸮，既取我子，无毁我室。"郑笺："重言鸱鸮者，将述其意之所欲言，丁宁之也。"这里郑玄指出"重言"的作用是为了加强叮咛语气的效果。

（四）指明互文

如《礼记·月令》："可以粪田畴，可以美土强。"郑注："土润溽，膏泽易行也。粪、美互文耳。土强，强㯺之地。"

（五）指明变言

如《天官·叙官》："治官之属，大宰卿一人。"郑注："变'冢'言'大'，进退异名也。百官总焉则谓之'冢'，列职于王，则称'大'。

---

① （汉）郑玄：《尚书略说》，见安作璋主编：《郑玄集》（下），齐鲁书社1997年版，第564—565页。

冢，大之上也。山顶曰冢。"这是因为语境不同，而选择的词义替换。

八 诠释用典

这里所说的"用典"，即使用典故词语。典故词语和一般成语、引语、普通语词等不同，特点是：一是从词义上，具有源出的语言环境义，因而不了解源出语言环境便无法了解该词语为何具有这样的并非词语字面所具有的词义，如"河洲"用写男女爱恋或称美后妃之德，源于《周南·关雎》之意；二是构词上，词语形成与源出语言环境的关系密不可分，如果不了解源出语言环境，即没法理解其何以为词。成语中的"逃之夭夭"用"夭夭"来言"逃"等即属此类。

郑玄的指出用典与后来情况不尽相同。常常是用举例子的形式加以说明。但实质上起到说明用典的作用。有时候使用术语"谓若"。例如：

《礼记·玉藻》："年不顺成，君衣布。"注："君衣布者，谓若卫文公大布之衣、大帛之冠是也。"指出"君衣布"所指就是像"卫文公大布之衣、大帛之冠"之类的事情。语出《左传·闵公二年》："卫文公大布之衣、大帛之冠。"杜预注："大布，粗布。"古白布冠。《礼记·玉藻》："大帛不緌。"郑玄注："帛，当为白，声之误也。大帛，谓白布冠也。"可见大布衣、大白冠，可以指代粗布衣服，以显示俭约。但郑玄在《礼记》中并未解释"君衣布"字面的意思，而是举历史上曾有的著名事例说明，实则揭示用典。

《大雅·荡》："虽无老成人，尚有典刑"笺："笺云：老成人，谓若伊尹、伊陟、臣扈之属。虽无此臣，犹有常事故法可案用也。"该例中，郑注称"老成人，指的是像伊尹、伊陟、臣扈之类的人"，也并没有简单解释什么是"老成人"，而是举例说明，此有所指。实际上指的是"像伊尹、伊陟、臣扈之类的人"。

再如《礼记·坊记》："孝以事君，弟以事长，示民不贰也。"注："不贰，不自贰于尊者也。自贰，谓若郑叔段者也。"郑玄在解释"不贰"的含义之后，又举历史上有名的郑国共叔段自贰的事例来说明，也有点明用典之意。

九 叙事考史

对于文献语句中的相关历史事件加以补充说明。郑玄注释中涉及这方面内容。例如：

《礼记·檀弓上》："大公封于营丘，比及五世，皆反葬于周。"注："齐大公受封，留为大师，死葬于周，子孙生焉，不忍离也。五世之后，乃葬于齐，齐曰营丘。"郑玄详细补充说明了齐国姜太公死后迁葬的有关史事。

《礼记·檀弓上》："舜葬于苍梧之野"注："舜征有苗而死，因留葬焉。"

《论语·季氏》："孔子曰：'禄之去公室五世矣。'"何晏集解："郑曰：'言此之时，鲁定公之初，鲁自东门襄仲杀文公之子赤而立宣公，于是政在大夫，爵禄不从君出，至定公为五世矣。'"

《礼记·檀弓下》："延陵季子适齐，于其反也，其长子死，葬于嬴、博之间。"注："季子，名札，鲁昭二十七年，'吴公子札聘于上国'是也。季子让国居延陵，因号焉。《春秋传》谓延陵，延州来。"

又如《召南·甘棠》："蔽芾甘棠，勿剪勿伐，召伯所茇。"郑笺云："茇，草舍也。召伯听男女之讼，不重烦劳百姓，止舍小棠之下而听断焉。国人被其德说其化，思其人敬其树。"生动再现历史故事的具体细节，为诗作了很好的诠释。①

又如《周颂·访落》："访予落止，率时昭考。于乎悠哉，朕未有艾。将予就之，继犹判涣。"郑笺云："昭，明。艾，数。犹，图也。成王始即政，自以承圣父之业，惧不能遵其道德，故于庙中与群臣谋我始即政之事。群臣曰：'当循是明德之考所施行。'故答之以谦曰：'于乎远哉，我于是未有数。'言远不可及也。女扶将我，就其典法而行之，继续其业，图我所失，分散者收敛之。"介绍了该诗的历史背景，即成王即将执政，与群臣商议政事。

如《墉风·载驰·序》曰："许穆夫人作也。闵其宗国颠覆，自伤不能救也。卫懿公为狄人所灭，国人分散，露于漕邑。许穆夫人闵卫之亡，伤许之小，力不能救，思归唁其兄，又义不得，故赋是诗也。"郑笺云："灭者，懿公死也。君死于位曰灭。露于潜邑者，谓戴公也。豁公死，国人分散，宋桓公迎卫之遗民渡河，处之于漕邑，而立戴公焉。戴公与许穆

---

① 可参看郝润华、王燕飞《郑玄〈毛诗传笺〉与"以史证诗"传统》，《历史文献研究》，总第32辑，华东师范大学出版社2013年版。

夫人俱公子顽蒸于宣姜所生也。"《诗序》说明该诗的作者为许穆夫人，解释创作原因。郑笺在此基础上，详细叙述历史事件始末。

十 记述地理

在涉及地理方面的问题时，需要介绍相关的地理状况。郑玄的注释中也有涉及。如：

《夏官·职方氏》："东南曰扬州，其山镇曰会稽，其泽薮曰具区，其川三江，其浸五湖，其利金锡竹箭……"注："镇，名山安地德者也。会稽，在山阴。大泽曰薮。具区、五湖在吴南。浸，可以为陂灌溉者。"

《夏官·职方氏》："正南曰荆州，其山镇曰衡山，其泽薮曰云瞢，其川江汉，其浸颍湛，其利丹银齿革……"注："衡山在湘南，云瞢，在华容。颍出阳城，宜属豫州，在此非也。湛，未闻。齿，象齿也。革，犀兕革也。杜子春云：'湛读当为人名湛之湛，湛或为淮。'"

《礼记·檀弓上》："舜葬于苍梧之野。"注："苍梧于周南越之地，今为郡。"

《礼记·檀弓下》："延陵季子适齐，于其反也，其长子死，葬于嬴、博之间。"注："嬴、博，齐地，今泰山县是也。"

十一 发凡起例

郑玄对于经典文献中不易理解的地方，常常要发凡起例加以说明。张舜徽《郑学丛著·郑氏经注释例》"十四、发凡例"总结为14方面详细说明。这里参照其例作简单介绍。比如：

（一）有对礼仪的体例发凡说明

《仪礼·燕礼》："小臣设公席于阼阶上，西乡，设加席。公升，即位于席，西乡。"注："《周礼》诸侯莞席，莞筵纷纯，加缫席，画纯。后设公席者，凡礼，卑者先即事，尊者后也。"又如《仪礼·聘礼》："裼降立"注："凡当盛礼者，以充美为敬。非盛礼者，以见美为敬。礼尚相变也。"又如《仪礼·聘礼》："宾辞"注："凡君有事于诸臣之家，车造庙门乃下。"又同篇："公揖入，每门，每曲揖"注："凡君与宾入门，宾必后君，介及摈者随之并而雁行。既入，则或左或右，相去如初。"

（二）对有关事物名数的说明

《夏官·职方氏》："正北曰并州，其山镇曰恒山，其泽薮曰昭余祁。"

注:"凡九州及山镇、泽、薮言'曰'者,以其非一,曰其大者耳。"《仪礼·聘礼》:"醴黍清皆两壶"注:"凡酒,稻为上,黍次之,粱次之,皆有清白。"

(三) 对称谓的说明

如《仪礼·丧服》:"传曰:'君至尊也。'"注:"天子诸侯及卿大夫有地者,皆曰君。"《仪礼·丧服传》:"子嫁,反在父之室,为父三年。"郑玄注:"凡女行于大夫以上曰嫁,行于士人曰适人。"又同篇:"故子生三月则父名之"注:"凡言子者,可以兼男女。"

十二 阐发思想

对文献语句的思想内涵予以阐发。这类内容与串讲中讲述句意和章旨常常是密不可分的。如:

《周南·汉广》:"南有乔木,不可休息。汉有游女,不可求思。"传:"兴也。南方之木,美乔上竦也。思,辞也。汉上游女,无求思者。"笺云:"不可者,本有可道也。木以高其枝叶之故,故人不得就而止息也。兴者,喻贤女虽出游流水之上,人无欲求犯礼者,亦由贞絜使之然。"郑玄指出诗经句子的比喻义。

《魏风·硕鼠》:"硕鼠硕鼠,无食我黍!三岁贯女,莫我肯顾。"传:"贯,事也。"笺云:"硕,大也。大鼠大鼠者,斥其君也。女无复食我黍,疾其税敛之多也。我事女三岁矣,曾无教令恩德来眷顾我,又疾其不修政也。古者三年大比,民或于是徙。"毛传只是解释了诗句中"贯"的含义,郑玄则指出句中对贪得无厌、收税很重又不关心百姓疾苦的国君的指责。

《论语·卫灵公》:"子曰:'君子谋道不谋食。耕也,馁在其中矣;学也,禄在其中矣。君子忧道不忧贫。'"何晏集解:"郑曰:'馁,饿也。言人虽念耕而不学,故饥饿。学则得禄,虽不耕而不馁。此劝人学。'"郑玄串讲句意后,说明孔子的话意在劝勉别人学习。

第四章

郑玄的训诂方法

总结学术大师的训诂方法对训诂研究的推动是至关重要的。王力先生曾说："古籍中的注释虽然是零碎的，但是也往往表现着注释家的学术观点特别是治学方法。"① 陆宗达先生说："我们不仅要学习前人在训诂上所做的具体工作，吸取他们的成果，还要研究他们的方法。这样才能进一步发展这门科学，让它更好地为今天服务。"② 白兆麟亦云："训诂学的一个重要任务就是总结前人的训诂方法。"③ 梁启超曾经总结清代高邮二王的学术研究方法④，给人以莫大的启迪。总结其他古代学者的训诂方法的论著也有很多，就关于东汉郑玄训诂方法的研究而言，以往尤其以李云光先生⑤的研究最早而又系统深入，然因其书早年大陆不易见到，而导致其说

---

① 王力：《训诂学上的一些问题》，《中国语文》1962年1月号。
② 陆宗达：《训诂简论》，北京出版社1980年版，第97页。
③ 白兆麟：《简明训诂学》，浙江教育出版社1984年版，第69页。
④ 梁启超总结高邮王氏父子的治学方法为注意、虚己、立说、搜证、断案、推论六步。梁启超：《清代学术概论》，上海古籍出版社1998年版，第45—46页。
⑤ 李云光：《三礼郑氏学发凡》，华东师范大学出版社2012年版，第120—317页。其书第四章"郑氏对三礼之训诂"曾总结郑玄的训诂为39个方面，即以字形释之、以古今字释之、以古今语释之、以方俗语释之、以假借字释之、以语辞释之、以字类释之、以题目释之、以文次释之、以变文释之、以省文释之、以空文释之、以略文释之、以互文释之、以举中释之、以关中释之、以博言释之、以容关释之、以通上下释之、以在其中释之、以博异语释之、以饶衍释之、以生数成数释之、推其意以释之、望其文以释之、通其训以释之、举其类以释之、解其喻以释之、析其异以释之、就其同以释之、中其义以释之、正其读以释之、分其节以释之、易其字以释之、考其时以释之、引书以释之、据旧说以释之、取百家说以释之、注其音以读之。其中绝大多数属于训诂方法，而"以关中释之""以博言释之""以容关释之""以通上下释之""以在其中释之"等当属于词义、句意表述方式之类，"申其义以释之"（总结郑玄注所涉伦理学精理萃言的几个方面）、"注其音以读之"（重在阐明郑玄的注音体例）当属于训诂内容之类，皆不属于考释词义的训诂方法。

被征引者鲜见。而张舜徽①、李建国②、唐文③、冯浩菲④、杨天宇⑤等先生虽谈及郑玄的训诂方法问题，然多非专门之论。洪丽娣⑥专论郑玄"因文为训"的释词方法，邓军、李萍⑦对郑玄此法（其文叫"随文释义方法"）作进一步讨论；邓声国⑧专论郑玄《毛诗笺》的因声求义法，姚书平⑨基本承袭其说，马君花⑩则主要讨论郑玄《礼记注》的因声求义法，钱慧真⑪、范江兰⑫则从总体上对郑玄的因声求义法作进一步研究；张鹏飞⑬详论郑玄之比况例释法，李玉平、解植永⑭对此作了拓展研究；吴凯⑮总结了郑玄《古文尚书注》中的据形索义、因声求义、比较互证三法；段虹羽⑯总结郑玄训诂方法为义训、声训、核证文献语言、随文而释四类；张国良⑰讨论郑玄使用的"以类证义"训诂方法。

综观以往关于郑玄训诂方法的研究，能超过李云光《三礼郑氏学发

---

① 张舜徽：《郑学丛著》，齐鲁书社1984年版，第75—159页。
② 李建国：《汉语训诂学史》，安徽教育出版社1986年版，第51—56页。
③ 唐文：《简论郑玄在训诂学上的成就》，《苏州铁道师范学院学报》1987年第1期。
④ 冯浩菲：《毛诗训诂研究》（下册），华中师范大学出版社1988年版，第8—68页。
⑤ 杨天宇：《郑玄三礼注研究》，天津人民出版社2007年版，第182—191页。
⑥ 洪丽娣：《郑玄"因文为训"释词方法浅谈》，《辽宁教育学院学报》1997年第2期。
⑦ 邓军、李萍：《郑玄随文释义的语境研究》，《古籍整理研究学刊》2000年第6期。
⑧ 邓声国：《〈毛诗笺〉因声求义法释义例撰析》，《镇江师专学报》（社会科学版）2001年第1期。
⑨ 姚书平：《从郑玄〈毛诗笺〉看汉代训诂学的发展》，硕士学位论文，山东师范大学，2011年。
⑩ 马君花：《郑玄"因声求义"的训诂实践及其训诂原则》，《宁夏大学学报》（人文社会科学版）2005年第2期。马君花：《论郑玄〈礼记注〉在训诂学史上的成就》，硕士学位论文，宁夏大学，2005年。
⑪ 钱慧真：《郑玄的语源学思想探析——与其同时代其他语言学家的比较研究》，《绥化学院学报》2007年第2期。
⑫ 范江兰：《郑玄经注声训研究》，硕士学位论文，湖南师范大学，2009年。
⑬ 张鹏飞：《〈周礼〉郑注"若今"例研究》，《古籍整理研究学刊》2009年第3期。
⑭ 李玉平、解植永：《郑玄的注释用语"谓若"及其对后代的影响考察》，《宁夏大学学报》（人文社会科学版）2013年第4期。
⑮ 吴凯：《郑玄〈古文尚书注〉训诂研究》，硕士学位论文，扬州大学，2010年。
⑯ 段虹羽：《郑玄〈毛诗笺〉训诂研究》，硕士学位论文，沈阳师范大学，2015年。
⑰ 张国良：《郑玄训诂方法"以类证义"发微——兼谈刘熙〈释名〉对郑注的继承》，《古汉语研究》2016年第2期。

凡》者并不多，然即使李书2012年在大陆再版后，被重视引用的也不够，造成了很多重复研究，这不能不令人感到遗憾。以往关于郑玄训诂方法的讨论多是局部的，就郑玄某部或某几部注书进行讨论，而且常常对于训诂方法和训诂方式（即解释词语时的表述方式）不加区分。现代训诂学将训诂方法与训诂方式区分开来，则对古代注释家的训诂方法的总结也势必要区别于其训诂方式。按照新的训诂方法的认定标准重新从宏观上总结东汉郑玄的训诂方法，这无论对于当前的训诂实践还是训诂学史来说，都是有重要的积极意义的。

训诂的方法，各家总结不同①。主要是因为各自所依据的分类标准有差异。我们赞同郭在贻先生②的观点，因为郭氏训诂方法非常注重考证的实用性，他认为"训诂方法"即考释词义的方法："指一个陌生的词儿摆在面前，我们采用什么样的手段，才能使它由未知变为已知，这种由未知求得已知的手段，便是我们所说的方法。"③ 杨琳评价说："这一说法廓清了以往在训诂方法上的模糊认识。我们必须把解释词语时的表述方式和考求词语未知信息的方法区别开来。"④ 我们又综合陆宗达、王宁⑤，方一新⑥，杨琳，黄金贵⑦，徐刚⑧等诸家所论，总结训诂方法为：（1）据古训；（2）搜集排比用例基础上的归纳法；（3）审辨字形；（4）根据词义引申系列探求词义；（5）因声求义；（6）明避讳；（7）考异文；（8）审文例；（9）通语法；（10）方言佐证；（11）异语求义法；（12）义理求义法；（13）名字求义法；（14）文化求义法（黄金贵：解物释名法）；（15）声形合义法；（16）同义词辨释法；（17）历史佐证法。以此对照，总结东汉郑玄所用训诂方法如下。

---

① 唐忠海：《20世纪80年代以来训诂方法研究综述》，《励耘学刊》（语言卷）2006年第2期；王彦坤：《试谈训诂方法的发展》，《语文研究》2006年第4期。
② 郭在贻：《训诂学》（修订本），中华书局2005年版，第54页。
③ 郭氏分为八种：一曰据古训，二曰破假借，三曰辨字形，四曰考异文，五曰通语法，六曰审文例，七曰因声求义，八曰探求语源。
④ 杨琳：《训诂方法新探》，商务印书馆2011年版，第8页。
⑤ 陆宗达、王宁：《训诂方法论》，中国社会科学出版社1983年版。
⑥ 方一新：《训诂学概论》，江苏古籍出版社2008年版。
⑦ 同上。
⑧ 徐刚：《训诂方法论》，北京大学出版社2015年版。

一　据古训

所谓古训，是指古代的注释和字典辞书。郭在贻："所谓据古训，是指当我们碰到一个有疑难的词时，我们可以通过查阅字典、辞书以及古书的注释，以找出对于这个词的确切解释，此为引据法。"[1] 郑玄用这种方法处很多。李云光[2]所列"引书以释之""据旧说以释之""取百家说以释之"皆可归为"据古训"一法。如：

李云光[3]"引书以释之"部分分别指出郑玄《周礼注》中明确引用的书名有：《易》《书》《书叙》《书传》《诗》《诗传》《周礼》《仪礼》《礼记》《春秋》《春秋传》《国语》《孝经》《弟子职》《论语》《尔雅》《五行传》《乐说》《孝经说》《苍颉篇》《说文解字》《食货志》《世本》《王霸记》《军礼》《司马法》《天子巡守礼》《朝士仪》《中霤礼》《汉礼器制度》《汉仪》《汉律》《汉上计律》《汉大乐律》《贼律》《孟子》《老子》《蚕书》《兵书》《孙子》《鄹子》《甘氏岁星经》《相玉书》《天问》等；《仪礼注》中明确引用的书名有：《易》《书》《尚书传》《诗》《鲁诗》《诗传》《周礼》《仪礼》《礼记》《朝士仪》《春秋》《春秋传》《孝经》《论语》《尔雅》《许叔重说》《周书》《孟子》《淮南子》《禘于太庙礼》《朝贡礼》等；《礼记注》中明确引用的书名有：《易》《书》《尚书传》《诗》《韩诗内传》《周礼》《仪礼》《礼记》《明堂月令》《夏小正》《五帝德》《春秋》《春秋传》《国语》《孝经》《弟子职》《论语》《尔雅》《易说》《礼说》《春秋说》《孝经说》《说文解字》《太史公传》《世本》《王度记》《王居明堂礼》《逸奔丧礼》《释禫礼》《汉律》《晏子春秋》《孟子》《老子》《农书》等。

李云光[4]"据旧说以释之"部分分别指出郑玄《周礼注》引用前辈学者的观点有杜子春、郑大夫、郑司农、贾侍中、董仲舒、吕叔玉、诗家、礼家、今礼家、今儒家之说、或曰、一说、或说、旧说、旧时说等；郑玄《仪礼注》引用吕叔玉说、或曰、或云、旧说等；《礼记注》引用董仲舒说、卢氏之说、说者、说者云、或曰、旧说等。

---

[1]　郭在贻：《训诂学》（修订本），中华书局 2005 年版，第 54 页。
[2]　李云光：《三礼郑氏学发凡》，华东师范大学出版社 2012 年版，第 286、300、310 页。
[3]　同上书，第 288—289、295、296 页。
[4]　同上书，第 300、304、307 页。

李云光[①]"取百家说以释之"部分指出郑玄三礼注中引用道家、法家、农家、兵家、天文家、历数家、五行家、医方家诸家之说来解经,所引书有《老子注》《乾象历注》《天文七政论》《日月交会图注》《九宫经注》《九宫行棋经注》《九旗飞变》《汉律章句》等。

张舜徽先生亦云:"郑氏注书,循文立训,各有所义据,全屏(摒)臆造。……群经《尔雅》,乃郑氏从事注述之依据也。"[②] 如直接引用《尔雅》的。如《仪礼·士昏礼》:"被颖黼"注:"《尔雅》云:'黼领谓之襮。'"[③][④]《礼记·檀弓上》:"戎事乘骊"注:"《尔雅》曰:'騩,牝骊,牡玄。'"[⑤]

"郑氏注书,自广征群经传记以助证说外,论及丘封,则引《汉律》;论及军声,则引《兵书》;论及马社,则引《世本》;论及毒蛊,则引《贼律》;考证萍字,则引《天问》;考证圭制,则引《相玉书》;考证月令,则引《农书》。他若《国语》《离骚》《司马法》《淮南子》《王霸记》《王度记》《中霤礼》《食货志》《太史公传》《说文解字》之属,亦时见于注中,其征引可谓博矣。"[⑥]

郑玄引用同时代较早的经学大家许慎《说文解字》观点的。如《周礼·考工记·冶氏》"重三锊"注:"郑司农云:'锊,量名也。读为刷。'玄谓许叔重《说文解字》云:'锊,锾也。'今东莱称或以大半两为钧,十钧为环,环重六两大半两。锾、锊似同矣[⑦],则三锊为一斤四两。"《礼记·杂记上》:"载以辁车,入自门"注:"言'载以辁车,入自门',明车不易也。辁读为辁,或作槫,许氏《说文解字》曰:'有辐曰轮,无

[①] 李云光:《三礼郑氏学发凡》,华东师范大学出版社2012年版,第310—316页。
[②] 张舜徽:《郑学丛著》,齐鲁书社1984年版,第81页。
[③] 李学勤主编:《十三经注疏(标点本)·仪礼注疏》,北京大学出版社1999年版,第78页。
[④] 胡奇光、方环海:《尔雅译注》,上海古籍出版社2004年版。
[⑤] 李学勤主编:《十三经注疏(标点本)·礼记正义》,北京大学出版社1999年版,第179页。
[⑥] 张舜徽:《郑学丛著》,齐鲁书社1984年版,第103页。
[⑦] "锾锊似同",《汉读考》云:"当作'環锾似同'。"《说文·金部》:"锊(鋝),十铢二十五分之十三也。从金寽声。《周礼》曰:'重三锊。'北方以二十两为锊。"《说文·金部》:"锾(鍰),锊也。从金爰声。《罚书》曰:'列百锾。'"参看李学勤标点本《周礼注疏》,北京大学出版社1999年版,第1100页。

辐曰轸.'《周礼》又有屦车，天子以载柩。屦、轸声相近，其制同乎。轸崇盖半乘车之轮。"

二 搜集排比用例基础上的归纳法

所谓排比用例，也就是把出现同样用法的词语例证收集起来，排比、归纳出其意思和用法。郭在贻先生说："在无字典、辞书或古注可依据时，又该怎么办呢？这时，我们便必须通过搜集、归纳、排比语言材料的办法，以求得确解，这是归纳法。清代著名训诂学家王念孙、王引之父子，便是用这种方法解释了大量的古书中的疑难词语。"[1] 郑玄在解读文献经典时使用了这种方法。所以才能大量地讲"凡例"。郑玄说明礼经相关体例的内容即用此法。李云光[2]曾总结郑玄解说《三礼》中的礼制时的凡例，分为通例、饮食之例、宾客之例、射例、丧例、祭例、器服之例、宫室之例、杂例九类分别说明。我们这里则举例说明郑玄关于一般语词解释方面的凡例，这类情况一般皆曰"凡言"。例如：1.《周礼·天官·大宰》："以八柄诏王驭群臣：一曰爵，以驭其贵；二曰禄，以驭其富；三曰予，以驭其幸；四曰置，以驭其行；五曰生，以驭其福；六曰夺，以驭其贫；七曰废，以驭其罪；八曰诛，以驭其过。"注："凡言驭者，所以驱之内之于善。" 2.《仪礼·丧服传》："故子生三月则父名之"注："凡言子者，可以兼男女。" 3.《礼记·仲尼燕居》："是故宫室得其度，量鼎得其象，味得其时，乐得其节，车得其式，鬼神得其飨，丧纪得其哀，辨说得其党，官得其体，政事得其施，加于身而错于前，凡众之动得其宜。"注："凡言得者，得法于礼也。"等。

三 审辨字形

"汉字是一种表意文字，在'四书'理论指导下构建起来的汉字系统的独特性，决定了对字形的审核、考辨是考释词义的一条重要途径。"[3] "审辨字形"一般应包含两方面内容：勘正文字和以形索义。

（一）勘正文字

训诂考释首先要在版本文字可靠的基础上进行，否则结论就值得怀

---

[1] 郭在贻：《训诂学》（修订本），中华书局2005年版，第54页。
[2] 李云光：《三礼郑氏学发凡》，华东师范大学出版社2012年版，第628—644页。
[3] 方一新：《训诂学概论》，江苏古籍出版社2008年版，第196页。

疑，甚至会产生错误。郑玄训诂释义非常注意校勘，主要是用术语"字之误""声之误""当为""当作""宜为"等术语来加以说明。李云光①曾专论郑玄对三礼之校勘，李云光②总结郑玄"易其字以释之"的训诂方法总结的也基本是郑玄据声勘正文字的内容，李玉平③对郑玄所用校勘术语也有进一步的统计。这里略举数例：1. 字之误类。如《春官·肆师》："共设匭瓮之礼"注："匭，其筐字之误与？"2. 声之误类。如《天官·疡医》："疡医掌肿疡、溃疡、金疡、折疡之祝"注："祝当为注，读如注病之注，声之误也。注谓附著药。"3. 当为类。如《地官·大司徒》："其植物宜膏物"注："膏当为藳，字之误也。"4. 当作类。如《地官·小司徒》："施其职而平其政"注："政当作征。"5. 宜为类。如《夏官·校人》："八丽一师，八师一趣马，八趣马一驭夫"注："八皆宜为六，字之误也。"6. "A，实B字"类。如《地官·媒氏》："入币纯帛"注："纯，实缁字也。古缁以才为声。"又如《地官·泉府》："买者各从其抵"注："抵实柢字。"《天官·内司服》："缘衣"注："言缘衣者甚众，缘字或作税，此缘衣者实作褖衣也。……缘，字之误也。"

（二）以形索义

"以形索义"即传统训诂方法中的形训。许慎《说文解字》中大量应用形训方法。郑玄在注释中也应用此法。李云光④曾专论郑玄三礼注"以字形释之"之法，李玉平⑤对此有所拓展。举例如下：1. 《周礼·春官·大卜》："大卜掌三兆之法：一曰玉兆、二曰瓦兆、三曰原兆。"注："兆者，灼龟发于火，其形可占者，其象似玉、瓦、原之璺罅，是用名之焉，上古以来，作其法可用者有三。"此条郑玄当是把"兆"作为象形字分析，"兆"即"兆"的古字，其字形中的"兆"和"卜"都是象占卜时灼烧龟壳后的裂纹形象，因此命名。2. 《周礼·天官·酒正》："辨四饮

---

① 李云光：《三礼郑氏学发凡》，华东师范大学出版社2012年版，第24—93页。
② 同上书，第275—281页。
③ 李玉平：《论郑玄〈周礼注〉从泛时角度对字际关系的沟通》，《励耘学刊》（语言卷）2013年第2期。
④ 李云光：《三礼郑氏学发凡》，华东师范大学出版社2012年版，第120—128页。
⑤ 李玉平：《郑众、郑玄的"谐声"观及其对后世的影响》，《语言科学》2011年第2期。李玉平：《论郑玄〈周礼注〉从泛时角度对字际关系的沟通》，《励耘学刊》（语言卷）2013年第2期

之物，一曰清，二曰醫，三曰浆，四曰酏。"注："清，谓醴之沛者。醫，《内则》所谓或以酏为醴。凡醴浊，酿酏为之，则少清矣。醫之字，从殹从酉省也。"郑玄分析"醫"为会意字。

郑玄注中还有多条对谐声字的分析。1.《仪礼注》中有 3 条。如《大射仪》："膳尊两甒在南，有丰"注："丰以承尊也。说者以为若井鹿卢，其为字从豆𠚕声，近似豆，大而卑矣。"郑玄分析"丰"为谐声字。《说文·丰部》："丰，豆之丰满者也。从豆，象形。"许慎只说明了"丰"当属于象形字，但郑玄则很明确认为"丰"是谐声字，从豆𠚕声。2.《周礼注》中有 9 条。如《天官·外府》"共其财用之币齎"注："玄谓齎、资同耳，其字以齐次为声，从贝变易，古字亦多或。"郑玄明确分析齎、资二字皆为谐声字，声符分别是齐、次，义符都是贝。3.《礼记注》中有 2 条。如《儒行》："鸷虫攫搏"注："鸷虫，猛鸟、猛兽也。字从鸟埶①省声也。"

四 根据词义引申系列探求词义

陆宗达、王宁②提出可以通过"运用词义本身的内在规律，通过词与词之间意义的关系和多义词诸义项的关系对比，较其异，证其同，达到探求和判定词义的目的，这种训诂方法，可以称作'比较互证'。"当确定是本字记录，可是本义不通，诸多引申义又无法确定是哪一个时，就需要分析词义的引申系列，来判定到底用的是哪个含义。如：

第一，郑玄考虑到同类事物之间的意义联系，具有这种意义联系的词实际上也是词义引申中的同源引申。如《周礼·秋官·叙官》"薙氏"注："书'薙'或作'夷'，郑司农云：'掌杀草，故《春秋传》曰："如农夫之务去草，芟夷蕴崇之。"又今俗间谓麦下为夷下，言芟夷其麦，以其下种禾豆也。'玄谓'薙'读如鬀小儿头之鬀，书或作'夷'，此皆剪草也，字从类耳。《月令》曰：'烧薙行水'，谓烧所芟草乃水之。"郑玄当是认为"薙"与"鬀"都是谐声字，分别从声符"雉"和"弟"得声。雉、弟二字音同（都是定母脂部③字），故"薙""鬀"音同（都是

---

① 原书作"鷙"，据阮元《校勘记》改为"埶"。
② 陆宗达、王宁：《训诂方法论》，中国社会科学出版社 1983 年版，第 131 页。
③ 本章古音分析参考郭锡良：《汉字古音手册》，北京大学出版社 1986 年版。

第四章 郑玄的训诂方法　　61

透母脂部字），意义相通，表示同类事物。"薙""鬀"二字关系，现在训诂学上称之为"广义分形字"，也是同源字。二字共同的含义是"剪除使短平"，前者剪草，故字形从"艸"，后者剪发，故字形从"髟"，因此郑玄称"字从类"①；"薙"有的版本作"夷"，郑玄认为"夷"与"薙""鬀"也音近义通。"夷"（余母脂部字）即芟夷、剪平之义。《说文·艸部》："薙，除艸也。《明堂月令》曰：'季夏烧薙。'从艸雉声。"

第二，有时候郑玄用多个词对被释词进行解释，实则解释了从不同角度引申出的词义。常用形式"某，某也，某也。"如：《周礼·天官·大宰》："掌建邦之六典"郑注："典，常也，经也，法也。王谓之礼经，常所秉以治天下也；邦国官府谓之礼法，常所守以为法式也；常者，其上下通名。""六典"的"典"可以引申出"常""经""法"三个含义。后文郑玄就分别解释为什么可以有这三个含义，有"经"的含义，是因为"王谓之礼经，常所秉以治天下也"；有"法"的含义，是因为"邦国官府谓之礼法，常所守以为法式也"；有"常"的含义，则是"上下通名"。

类似用例又如《周礼·天官·叙官》："女御"注："《昏义》所谓御妻，御犹进也，侍也。"《仪礼·士冠礼》："彻筮席"注："彻，去也，敛也。"又"主人戒宾，宾礼辞"注："戒，警也，告也。"又"主人退，宾拜送"注："退，去也，归也。"《礼记·曲礼上》："贤者狎而敬之"注："狎，习也，近也，谓附而近之，习其所行也。《月令》曰：'虽有贵戚，近习'。"等。

五　因声求义

所谓"因声求义"，就是通过文字的语音线索来探求词义，郑玄之前，先秦两汉已经有不少因声求义的实践和探索。郑玄曾提出了因声求义的训诂原则和方法，如唐贾公彦《周礼正义序·序周礼废兴》转引郑玄语云："玄窃观二三君子之文章，顾省竹帛之浮辞，其所变易，灼然如晦之见明。其所弥缝，奄然如合符复析，斯可谓雅达广揽者也。然犹有参错，同事相违，则就其原文字之声类，考训诂，捃秘逸。"所谓"就其原文字之声类考训诂，据秘逸"就强调要因声求义。

"因声求义"包括两个方面的内容：一是明辨假借，二是根据声近义

---

① （唐）贾公彦疏："云'字从类'者，人髮之鬀从髟，薙草还草下为之，故云类也。"

通的原则，从一个词族中认识词义，探求词源。

（一）明辨假借

古书多假借，这一点，郑玄已经有明确认识，并在笺注中大量指出经典文献中的假借现象。陆德明《经典释文·序录》："郑康成云：'其始书之也，仓卒无其字，或以音类比方假借为之，趣于近之而已，受之者非一邦之人，人用其乡，同言异字，同字异言，于兹遂生矣。'"[①] 郑玄此文，为探讨假借字产生原因者所常称引。郑玄对假借字材料的分析在其注释中有很多，李云光[②]总结郑玄"以假借字释之"的训诂方法，李云光[③]总结郑玄"注其音以读之"中也涉及部分材料，李玉平[④]、吴泽顺[⑤]有进一步申发。这里略举其例。

1. 明确指出某两个字是"假借字"关系。共有 6 条。其中《周礼·考工记》注中 4 条。例如《考工记·玉人》："衡四寸"注："衡，古文横假借字也。衡谓勺径也。"《礼记注》中 2 条：例如《礼记·缁衣》："《君雅》"注："雅，《书序》作牙，假借字也。"

2. 用其他训诂术语加以分析的。材料很多，吴泽顺总结为 7 种：（1）"甲读为（曰）乙"式。如《周礼·天官·宫伯》："以时颁其衣裘。"注："颁读为班。班，布也。"（2）"甲读如乙"式。如《仪礼·士冠礼》："缁布冠缺项，青组缨属于缺"注："缺读如'有頍者弁'之頍。"（3）"甲当为乙"式。《礼记·文王世子》："《兑命》曰"注："兑当为说，《说命》，《书》篇名。"（4）"甲犹乙也"式。《周礼·考工记·玉人》："土圭尺有五寸，以致日，以土地。"注："土犹度也。"（5）"甲之言乙"式。《小雅·十月之交》："抑此皇父"注："抑之言噫。"（6）"甲与乙字本同"式。《礼记·檀弓下》："尔以人之母尝巧则岂不得

[①] 唐代张守节《史记正义论例谥法解·论音例》所引文字稍异："郑康成云：'其始书之也，仓卒无字，或以音类比方假借为之，趣于近之而已，受之者非一邦之人，其乡同言异，字同音异，于兹遂生。'"

[②] 李云光：《三礼郑氏学发凡》，华东师范大学出版社 2012 年版，第 146—149 页。

[③] 同上书，第 317—341 页。

[④] 李玉平：《郑玄〈周礼注〉对字际关系的沟通》，硕士学位论文，北京师范大学，2003 年；李玉平：《郑众、郑玄"六书"观探隐》，《天津师范大学学报》（社会科学版）2013 年第 3 期。

[⑤] 吴泽顺：《论郑玄的音转研究》，《青海师范大学学报》（哲学社会科学版）2004 年第 4 期。

以"注："以，已字。……'以'与'已'字本同尔。"（7）"古声甲乙同"式。《豳风·东山》："有敦瓜苦，烝在栗薪。"注："栗，析也。……古者声栗、裂同也。"

3. 不用术语，直接用本字加以解释。即"甲，乙也"式。如《大雅·板》："则莫我敢葵"笺："葵，揆也。"

（二）分析词源

通过文字的声音线索系联同源词，从而达到解释词义的目的，这是因声求义的另一方面。郑玄笺注中有大量类似的探索和实践。李云光（1966/2012）①总结郑玄"以字类释之"的训诂方法，认为郑玄所用"字从类""字从声""声相近""书之异""义实同"等皆属于"取声近之字其用常相同者，类举之，以相解说"，认为郑玄"之言""之为言"术语是"于其义之本不同者据其音而通之"，张舜徽②亦多明郑玄"声训"之法，李玉平③亦有阐发，王浩④曾专门统计郑玄《三礼注》中对同源词的分析。这里结合郑玄《毛诗笺》略谈其例。

1. 郑玄使用术语"之言"探求词源。这是大量的⑤。如：《周南·关雎》："关关雎鸠，在河之洲。"毛传："雎鸠，王雎也。鸟挚而有别。"笺云："挚之言至也。谓王雎之鸟，雌雄情谊至而有别。"《邶风·绿衣》："绿兮衣兮，绿衣黄裳。心之忧矣，曷维其亡？"笺云："亡之言忘也。"《墉风·君子偕老》："君子偕老，副笄六珈。"笺云："珈之言加也，副既笄加饰，如今步摇上饰。"

2. 陈说法。就是直接对词语的语源进行陈述和说明。郑玄《毛诗笺》中，主要是说明某词语的命名依据。如：分析"灵台"的命名来源。《大雅·灵台》："经始灵台，经之营之。庶民攻之，不日成之。"毛传："神之精明者称灵。四方而高曰台。经，度之也。攻，作也。不日有成也。"

---

① 李云光：《三礼郑氏学发凡》，华东师范大学出版社2012年版，第159—172，217，223—230页。

② 张舜徽：《郑学丛著》，齐鲁书社1984年版，第108—119页。

③ 李玉平：《郑玄〈周礼注〉对字际关系的沟通》，硕士学位论文，北京师范大学，2003年；李玉平：《简析郑玄〈周礼注〉"之言"类术语》，《现代语文》，2007年第7期；李玉平：《论郑玄〈周礼注〉从泛时角度对字际关系的沟通》，《励耘学刊》（语言卷）2013年第2期。

④ 王浩：《郑玄〈三礼注〉同源词研究》，博士学位论文，河北师范大学，2008年。

⑤ 参看李玉平《论郑玄〈周礼注〉从泛时角度对字际关系的沟通》，《励耘学刊》（语言卷）2013年第2期。

笺云："文王应天命，度始灵台之基趾，营表其位。众民则筑作，不设期日而成之。言说文王之德，劝其事，忘己劳也。观台而曰灵者，文王化行，似神之精明，故以名焉。"分析"阿衡"作为官名的缘由，《商颂·长发》："实维阿衡，实左右商王。"毛传："阿衡，伊尹也。左右，助也。"笺云："阿，倚。衡，平也。伊尹，汤所依倚而取平，故以为官名。商王，汤也。"

六　明避讳

郑玄笺注中曾多次谈避讳的问题。例如：（1）《周南·螽斯序》："《螽斯》，后妃子孙众多也，言若螽斯，不妒忌，则子孙众多也。"笺："忌，有所讳恶于人。"（2）《周礼·春官·小史》："若有事，则诏王之忌讳。"郑注："郑司农云：'先王死日为忌，名为讳。'"（3）《礼记·曲礼上》："名子者，不以国，不以日月，不以隐疾，不以山川。"注："此在常语之中，为后难讳也。《春秋传》曰：'名终将讳之。'"（4）《礼记·曲礼上》："卒哭乃讳。"注："敬鬼神之名也。讳，辟也。生者不相辟名。卫侯名恶，大夫有名恶，君臣同名，《春秋》不非。"（5）《礼记·曲礼上》："礼：不讳嫌名，二名不偏讳。"注："为其难辟也。嫌名，谓音声相近，若'禹'与'雨'，'丘'与'区'也。偏，谓二名不一一讳也。孔子之母名'征在'，言'在'不称'征'，言'征'不称'在'。"

七　考异文

所谓异文，是指某一句话中的某一个字，在不同的版本或篇目中换成了另一个字。通过异文，能够发现和解决训诂中的一些问题。例如：（1）《考工记·匠人》："置槷以县"注："故书槷或作弋，杜子春云：'槷当为弋，读为杙。'玄谓槷，古文臬假借字。于所平之地中央，树八尺之臬，以县正之，视之以其景，将以正四方也。《尔雅》曰：'在墙者谓之杙，在地者谓之臬。'"郑玄结合"故书"本和自己用的本子对照，知道"置槷以县"一句有写作"槷"和"弋"之别，加上杜子春的理解"槷当为弋，读为杙。"又参考《尔雅》："在墙者谓之杙，在地者谓之臬"的说解，郑玄由此推断"槷"是古文"臬"的假借字。（2）《礼记·檀弓下》："与其邻重汪踦往，皆死焉"注："重皆当为童。童，未冠者之称。姓汪名踦。邻或为谈,《春秋传》曰:'童汪踦'。"

八 审文例

这里所谓文例,包括的内容比较复杂,这里从考释词义的方法角度,举其要者,有连文、连类而及、对文、俪偶、上下文、整部书的用词等等。兹分别举例说明之①。

(一) 同义连文

所谓同义连文,用今天的术语来讲,叫作同义并列复合词(简称同义复词)。高邮王氏父子在其著作中经常讲到"古人行文不避重复"、"古人自有复语",就是指的同义复词。根据连文特点可以确定连用的两个词语词义相同或相近。东汉郑玄已经用此法训释词义。李云光②"以饶衍释之"曾总结郑玄此法。例如:(1)《天官·大宰》:"六曰商贾,阜通货贿。"郑注:"行曰商,处曰贾。阜,盛也。金玉曰货,布帛曰贿。""商""贾"同义连文,"货""贿"同义连文。(2)《大雅·桑柔》:"告尔忧恤,诲尔序爵。"笺云:"恤亦忧也。""忧""恤"同义连文。(3)《仪礼·士昏礼》:"若不亲迎,则妇入三月,然后婿见,曰:'某以得为外昏姻'"注:"女氏称昏,婿氏称姻。""昏""姻"同义连文。(4)《礼记·月令》:"藏帝籍之收于神仓,祗敬必饬"注:"祗亦敬也。""祗"和"敬"同义连文。

(二) 连言

通常所说的"连言"是指修辞手法"连类而及",又称"连文""连及""偏义复词"等。是举一物而连及同类之事物,有时候是两字义类相同牵连用之而复用。被连及的事物非正意所在,只是起陪衬作用。例如《史记·刺客列传》:"多人,不能无生得失,生得失则语泄。"得失,就是指"失",连带着把"得"也说明了。又如《史记·仓公列传》:"生子不生男,缓急无可使者。"中的"缓急"偏指"急",等等。但郑玄的"连言",就是相连而言,把相关的事物连带在一起说。例如:(1)《礼记·丧大记》:"君葬用辀,四绰二碑,御棺用羽葆。大夫葬用辀,二绰二碑,御棺用茅。士葬用国车,二绰无碑,比出宫,御棺用功布。"郑

---

① 参看邓军、李萍《郑玄随文释义的语境研究》,《古籍整理研究学刊》2000 年第 6 期。
② 李云光:《三礼郑氏学发凡》,华东师范大学出版社 2012 年版,第 201—202 页。

注：“在棺曰綍，行道曰引，至壙将窆又曰綍而设碑，是以连言之。碑，桓楹也。御棺，居前为节度也。士言比出宫用功布，则出宫而止，至壙无矣。綍或为率。”郑玄指出"四綍二碑""二綍二碑""二綍无碑"都是连言。"綍"和"碑"相关，因而连言，"引"就省略了。（2）《大雅·崧高》："维申及甫，维周之翰。四国于蕃，四方于宣。"笺云："申，申伯也。甫，甫侯也。皆以贤知入为周之桢干之臣。四国有难，则往扞御之，为之蕃屏；四方恩泽不至，则往宣畅之。甫侯相穆王，训夏赎刑，美此俱出四岳，故连言之。"（3）《天官·屦人》："屦人掌王及后之服屦，为赤舄、黑舄、赤繶、黄繶；青句、素屦、葛屦。"注："屦自明矣，必连言服者，著服各有屦也。"（4）《仪礼·特牲馈食礼》："前期三日之朝，筮尸，如求日之仪。命筮曰：'孝孙某，诹此某事，适其皇祖某子，筮某之某为尸，尚飨。'"注："某之某者，字父而名尸，连言其亲，庶几其冯依之也。大夫士以孙之伦为尸。"（5）《礼记·祭法》："燔柴于泰坛，祭天也；瘗埋于泰折，祭地也。用骍犊。"注："坛、折，封土为祭处也。坛之言坦也，坦，明貌也。折，照晢也，必为照明之名，尊神也。地，阴祀用黝牲，与天俱用犊，连言尔。"

（三）对文

所谓对文，就是指处在结构相似的上下两个句子中的相同位置上的字和词。这样的字和词往往是同义或反义的。根据对文的这一特点，可以利用它来求得某一词的确切解释。郑玄已经采取这种训诂方法。李云光①讨论郑玄"就其同以释之"的训诂方法中所涉及的例子多涉及对文同义的情况。例如：（1）《郑风·丰》："子之丰兮，俟我乎巷兮，悔予不送兮。子之昌兮，俟我乎堂兮，悔予不将兮。"笺云："将亦送也。""将"与上文的"送"相对为文，词义相当。（2）《天官·大宰》："大宰之职，掌建邦之六典……以八灋治官府……以八则治都鄙"注："则亦灋也。典、灋、则，所用异，异其名也。"后文的"则"与前文的"灋""典"位置相对，含义相当，应用的领域不同而名称有所不同。（3）《仪礼·士丧礼》："有襚者，则将命。摈者出请，入告。主人待于位。摈者出，告须，以宾入。"注："须亦待也。出告之辞曰：'孤某须矣。'"（4）《礼记·乐记》："乐由中出故静，礼自外作故文。"注："文犹动也。""静"与

---

① 李云光：《三礼郑氏学发凡》，华东师范大学出版社2012年版，第244—247页。

"文"相对,词义相反。

有一种反义对举词,也可以利用来进行词义的考索,例如:《礼记·表记》:"口惠而实不至,怨菑及其身。是故君子与其有诺责也,宁有已怨。"郑玄注:"已,谓不许也。言诺而不与,其怨大于不许。"诺、已对文,已与诺对。诺者,许也,则"已"字当为不许的意思。

(四) 互文

前后参互理解才能表示出完备意义的,叫作互文。郑注对这一修辞手法主要使用了"互言""互辞""互文""互相备"这四个术语来指称。李云光[①]"以互文释之"曾总结郑玄此法。这里略举几例说明。

1. 互文。《礼记·曾子问》:"诸侯适天子必告于祖,奠于祢。"郑注:"皆奠币以告之,互文也。"又如《礼记·月令》:"可以粪田畴,可以美土强。"郑注:"土润溽,膏泽易行也。粪、美互文耳。土强,强㯺之地。"

2. 互言。《小雅·采芑》:"方叔率止,钲人伐鼓,陈师鞠旅。"郑笺:"钲也,鼓也,各有人焉。言'钲人伐鼓',互言尔。二千五百人为师,五百人为旅。此言将战之日,陈列其师旅誓告之也。陈师告旅,亦互言之。"此句有两处互文,前一处解释出来应该是"钲人伐钲,鼓人伐鼓",各司其职;后一处应该是"陈师告师,陈旅告旅",因为这是为了表示战争前摆起阵势的意思。又如《秋官·柞氏》:"夏日至,令刊阳木而火之。冬日至,令剥阴木而水之。"注:"刊、剥互言耳,皆谓斫去次地之皮。"

3. 互辞。《小雅·楚茨》:"楚楚者茨,言抽其棘。"郑笺:"茨言楚楚,棘言抽,互辞也。"又如《小雅·甫田》:"今适南亩,或耘或耔,黍稷薿薿。"郑笺:"今者,今成王之法也。使农人之南亩,治其禾稼,功至力尽。则薿薿然而茂盛。于古言税法,今言治田,互辞。"

4. 互相备。《礼记·文王世子》:"诸父守贵宫、贵室;诸子诸孙守下宫、下室。"又曰:"诸父诸兄守贵室,子弟守下室,而让道达矣。"郑注:"以其贵者守贵,贱者守贱,上言父子孙,此言兄弟,互相备也"。

(五) 上下文

训诂中遇到难解或看似易解而实非易解之词,不可遽然下结论,须仔

---

① 李云光:《三礼郑氏学发凡》,华东师范大学出版社2012年版,第186—1192页。

细地审辨上下文。上下文搞通了，某些特殊的词语也就容易搞懂了。郑玄结合上下文对词义的解释。如：《周南·桃夭》："之子于归，宜其室家。……之子于归，宜其家室。……之子于归，宜其家人。"笺云："家人犹室家也。""室家"、"家室"和"家人"在不同章对应位置，属于同义对文。郑玄结合上下文予以解释。

郑玄经常发凡上下文体例，都是结合上下文训释的典型方法。例如：(1)《周礼·天官·大宰》："以八柄诏王驭群臣：一曰爵，以驭其贵；二曰禄，以驭其富；三曰予，以驭其幸；四曰置，以驭其行；五曰生，以驭其福；六曰夺，以驭其贫；七曰废，以驭其罪；八曰诛，以驭其过。"注："凡言驭者，所以驱之内之于善。"(2)《礼记·仲尼燕居》："是故以之居处，长幼失其别，闺门三族失其和，朝廷官爵失其序，田猎戎事失其策，军旅武功失其制，宫室失其度，量鼎失其象，味失其时，乐失其节，车失其式，鬼神失其飨，丧纪失其哀，辨说失其党，官失其体，政事失其施，加于身而错于前，凡众之动失其宜，如此则无以祖洽于众也。"注："凡言失者，无礼故也。"

有说明经文语句在文章结构中的作用的，李云光①"以题目释之"曾总结郑玄此法。对上文的总结的。如：(1)《礼记·文王世子》："成王有过，则挞伯禽，所以示成王世子之道也，文王之为世子也"注："题上事。"所谓"题上事"，概括本篇前文描述的"文王之为世子"的情况。(2)《礼记·文王世子》"教世子"注："亦题上事。"孔颖达："正义曰：题谓题目。前'文王之为世子'文在于下，题目以上之事；今'教世子'之文又在于下，亦是题目以上所设诸事。故云亦题上事也。"也是总括上文提到的"教世子"的情况，紧接着"教世子"三字出现在下文继续阐述，"凡三王教世子，必以礼乐……"。又同篇"周公践阼"注："亦题上事。"概括说明上文提到的"昔者周公摄政，践阼而治"。也有说明总领下文的，如：《礼记·礼器》："天道至教，圣人至德。"注："目下事也。""目下事"即意思是该句概括下面要说的内容，相当于下文的"文眼"或题目。有通过分析经文表达顺序来解释的。李云光②"以文次释之"曾总结郑玄此法。例如《仪礼·士冠礼》："爵弁服：纁裳，纯衣，

---

① 李云光：《三礼郑氏学发凡》，华东师范大学出版社2012年版，第172—173页。
② 同上书，第173—176页。

缁带，韎韐。"郑注："先裳后衣者，欲令下近缁，明衣与带同色。"唐贾公彦疏解郑注的原因说："衣在上，宜与冠相近，应先言衣。今退衣在裳下者，若衣与冠同色者，先言衣，后言裳。今爵弁与衣异，故退纯衣於下，使与带同色也。"也有通过分析上下文表述用词变化来进行解释的，李云光[①]"以变文释之"中曾总结郑玄此法。例如《周礼·夏官·校人》："三乘为皂，皂一趣马；三皂为系，系一驭夫；六系为厩，厩一仆夫。六厩成校，校有左右。"注："至校变'为'言'成'者，明六马为一厩，而王马小备也。"类似的，李云光[②]"推其意以释之""望其文以释之""通其训以释之"也是指明郑玄根据上下文的语境不同而作训释，而"分其节以释之"则是根据上下文章节的对照关系来释义。

(六) 整部书的用词

据同一篇的上下文以推敲词义，固然是训诂的一个好办法。但单是这样做还不够，有时还必须联系整部书的用词，方能烛幽阐微、释疑袪惑，使我们避免主观性、片面性，实为训诂学的重要方法。郑玄笺注中这样的注释非常多。如《天官·叙官》："惟王建国"注："《司徒职》曰：'日至之景，尺有五寸，谓之地中，天地之所合也，四时之所交也，风雨之所会也，阴阳之所和也，然则百物阜安，乃建王国焉。'"此处引用《地官·大司徒》中的一段话来解释。又如，《仪礼·燕礼》："笙入，立于县中，奏《南陔》《白华》《华黍》"注："以笙播此三篇之诗。县中，县中央也。《乡饮酒礼》曰：'磬南，北面，奏《南陔》《白华》《华黍》，皆《小雅》篇也。今亡，其义未闻。'"实际上是引用《仪礼·乡饮酒礼》中"笙入堂下，磬南，北面立。乐《南陔》《白华》《华黍》"一句来注释此处。又如，《礼记·檀弓下》："二名不偏讳。夫子之母名'征在'，言'在'不称'征'，言'征'不称'在'。"注："称，举也。《杂记》曰：'妻之讳不举诸其侧。'"用《礼记·杂记》中的话辅助说明解释。

(七) 指明省略

郑玄有时候在笺注中，指明行文的省略，以求正确理解经意。指出省

[①] 李云光：《三礼郑氏学发凡》，华东师范大学出版社2012年版，第177—181页。
[②] 同上书，第203—205、205—210、217—213、273—275页。

略修辞的术语主要有"省文""略""空其文"等。李云光（1966/2012）①"以省文释之""以空文释之""以略文释之""以举中释之"中曾总结郑玄此法。

1. 指明"省文"的，如《仪礼·乡饮酒礼》："介西阶上立。"郑笺："不言'疑'者，省文。"因为上文说到"酬酒"时"宾西阶上疑立"，"疑立"已经接连出现了一回，所以下文不再出现"疑"，是遵循语言的经济原则而省略的修辞手法。又如《礼记·中庸》："郊社之礼，所以事上帝也，宗庙之礼，所以祀乎其先也。"注："社，祭地神，不言后土者，省文。"

2. 使用"略"的，如《仪礼·聘礼》："振币进授，当东楹北面。"郑注："不言君受，略之也。"又如《仪礼·特牲馈食礼》："进受肝，复位，坐食肝，卒觯，拜。尸备答拜焉。"郑注："食肝，受尊者赐，不敢余也。备，犹尽也。每拜答之，以尊者与卑者为礼，略其文耳。"

3. 使用"空其文"的，如《礼记·月令》："立夏之日，天子亲帅三公、九卿、大夫，以迎夏于南郊，还反，行赏，封诸侯。"郑注："不言'帅诸侯'而云'封诸侯'。诸侯时或无在京师者，空其文也。"

4. 使用"举中"的，如《周礼·地官·稍人》："掌令丘乘之政令。"注："丘乘，四丘为甸。甸读与'惟禹敶之'之敶同，其训曰乘，由是改云。是掌令都鄙修治井、邑、丘、甸、县、都之沟涂。云丘甸者，举中言之。"孙诒让《周礼正义》卷三十云："以丘甸上有县都，下有井邑，丘甸在其中，故经举之，以晐上下。"

（八）指出异文

"指出异文"即指出经文中使用了"错综"的修辞手法，以求得行文表达上的丰富变化。李云光②曾总结"以博异语释之"的训诂之法，其形式主要有"异其文""通异语""博异语"等。如《仪礼·大射仪》："设洗于阼阶东南，罍水在东，篚在洗西，南陈，设膳篚在其北，西面。"郑注："或言'南陈'，或言'西面'，异其文也。"郑玄指出"异其文"是为了将字面错开避免重复用词，其实这也是一种修辞手法。《仪礼·燕

---

① 李云光：《三礼郑氏学发凡》，华东师范大学出版社2012年版，第181—186、192—193页。

② 同上书，第200—201页。

礼》："设洗、篚于阼阶东南，当东溜。罍水在东，篚在洗西，南肆。设膳篚在其北，西面。"郑注："设此不言其官，贱也。当东溜者，人君为殿屋也。亦南北以堂深。肆，陈也。膳篚者，君象觚所撰也，亦南陈。言西面，尊之，异其文。"

（九）说明比喻

《诗经》《三礼》等文献经典中都有使用比喻修辞手法，因为仅仅从词义角度释义是不够的，需要从修辞角度去说明才能达到解词析句的目的。李云光①曾讨论郑玄"解其喻以释之"的训诂方法。结合李云光先生和我们的考察结果来看，郑玄指明比喻修辞的情况应该是《诗经》中比较多，其次是《礼记》，《周礼》中少见，《仪礼》中则没有。如《诗经·周南·麟之趾》："麟之趾，振振公子。"郑玄笺："喻今公子亦信厚，与礼相应，有似于麟。"《周礼·考工记·轮人》："参分其股围，去一以为骹围。"注："郑司农云：'股谓近毂者也，骹谓近牙者也。方言股以喻其丰，故言骹以喻其细。人胫近足者细於股，谓之骹；羊胫细者亦为骹。"《礼记·三年问》："则三年之丧，二十五月而毕，若驷之过隙"注："驷之过隙，喻疾也。"

九　通语法

郑玄通过语法而探求词义，其中较多的是指明虚词和分析句读。李云光②曾讨论郑玄"以语辞释之""正其读以释之"的训诂方法，或称郑玄多解释语辞，用语有"辞""语助""声助""发声"等，或称郑玄承袭汉代章句之学，"析言断句"，说明句读。如，《礼记·檀弓上》："檀弓曰：'何居？我未之前闻也。'"郑玄注："'居'读为姬姓之姬，齐鲁之间语助也。"《礼记·檀弓上》："尔毋从从尔，尔毋扈扈尔。"注："从从谓大高，扈扈谓大广。尔，语助。"《孝经·天子章》："盖天子之孝也。"郑注："盖者，谦辞。"（引自《郑氏佚书·孝经注》）《周易·系辞下传》："则居可知矣。"郑注："居，辞。"有时候郑玄称"不辞"，即不成话，不符合语言正常表达规律。如《周礼·春官·御史》"掌赞书，凡数从政者"注："自公卿以下至胥徒凡数，及其见在空缺者。郑司农读言

---

① 李云光：《三礼郑氏学发凡》，华东师范大学出版社2012年版，第234—236页。
② 同上书，第149—158、267—273页。

'掌赞书数'。书数者，经礼三百，曲礼三千，法度皆在。玄以为不辞，故改之云。"有时候指出词类活用，如《周礼·天官·兽人》："兽人掌罟田兽，辨其名物。"注："罟，网也，以网搏所当田之兽。"指出其中名词"罟"活用为动词。有时指明语序。如《大雅·桑柔》："国步蔑资，天不我将。"笺："蔑犹轻也。将犹养也。徂，行也。国家为政行此轻蔑民之资用，是天不养我也。"实际指出"天不我将"语序为宾语前置句，应该按"天不将养我"的语序理解。

十　方言佐证

郑玄经常会借助方言材料的帮助来解释词义。李云光[①]郑玄"以方俗语释之"曾总结郑玄此法甚细，张舜徽[②]、李恕豪[③]、华学诚[④]、李玉平[⑤]等有进一步的申发。这里略举几例。如：《周礼·天官·醢人》："豚拍、鱼醢"注："郑大夫、杜子春皆以拍为膊，谓胁也。或曰豚拍，肩也。今河间名豚胁声如锻镈。"《周礼·地官·叙官》："媒氏"注："媒之言谋也，谋合异类，使和成者。今齐人名曲䴷曰媒。"《周礼·地官·掌蜃》："共白盛之蜃"注："盛犹成也。谓饰墙使白之蜃也。今东莱用蛤，谓之叉灰云。"《仪礼·士丧礼》："澡濯弃于坎。"注："沐浴馀潘水、巾、栉、浴衣，亦并弃之。古文澡作缲，荆沔之间语。"《礼记·檀弓上》："檀弓曰：'何居？我未之前闻也。'"注："居，读为姬姓之姬。齐、鲁之间语助也。"《小雅·瓠叶》："有兔斯首，炮之燔之。君子有酒，酌言献之。"郑笺："斯，白也。今俗语'斯白'之字作'鲜'。齐、鲁之间声近'斯'。"

十一　异语求义法

杨琳[⑥]提出"异语求义法"，称："传统训诂学一般只是在汉语内部寻

[①] 李云光：《三礼郑氏学发凡》，华东师范大学出版社2012年版，第139—146页。
[②] 张舜徽：《郑学丛著》，齐鲁书社1984年版，第104—107页。
[③] 李恕豪：《郑玄的方言研究》，《天府新论》1997年第3期。
[④] 华学诚：《周秦汉晋方言研究史》（修订本）第2版，复旦大学出版社2007年，第338—367页。
[⑤] 李玉平：《郑玄的方言观、方言研究材料和方言分区观新考》，《天津大学学报》（社会科学版）2016年第2期。
[⑥] 杨琳：《训诂方法新探》，商务印书馆2011年版，第123页。

第四章 郑玄的训诂方法　　　　　　　　　　　　　　　　73

找解决问题的根据，这对大部分汉语词汇来说固然是行之有效的，但对有些词语则无能为力或是难得真相，比如从原始汉藏语沉淀下来的'化石'词语以及来自其他语言的借词，包括音译词和意译词，要弄清这些词语的来龙去脉，就得借助异语来求证。"他所说的异语指汉语之外的其他语言，包括亲属语言和非亲属语言。李方桂①曾说："将来大部分汉语历史问题，还得靠跟别的语言像西藏话、缅甸话及境内少数民族语言像彝话来比较，希望将来各种比较的研究跟中国本身语言的研究，能够凑合到一块去可以把各方面的问题美满解释。"

　　郑玄对异语的认识不如今天这样细致，但也已经使用了借助异语探求词义的方法，不过当时应该是把方言和不同民族的语言都视作异语，这和今天的观念不同。如《礼记·文王世子》："诸子诸孙守下宫下室。"郑注："下宫，亲庙也。下室，燕寝。或言宫，或言庙，通异语。"《礼记·内则》："炮，取豚若将，刲之刳之。"注："刲、刳，博异语也。"《周礼·秋官·叙官》："象胥"注："通夷狄之言者曰象。胥，其有才知者也。此类之本名，东方曰寄，南方曰象，西方曰狄鞮，北方曰译。今总名曰象者，周之德先致南方也。"

　　郑玄论及五方言语不通，需要有翻译之官。从周代才开始，而且距离很远的还需要辗转翻译（"重译"）才能够实现言语沟通交流。《周礼·秋官·大行人》："七岁属象胥，谕言语，协辞命。"注："属，犹聚也。……七岁省而召其象胥……皆聚于天子之宫教习之也。故书'协辞命'作'叶词命'。郑司农云：'象胥，译官也。叶当为协，词当为辞，书或为汁辞命。'玄谓胥读为谞。《王制》曰：'五方之民，言语不通，耆欲不同，达其志，通其欲。东方曰寄，南方曰象，西方曰狄鞮，北方曰译。'此官正为象者，周始有越重译而来献，是因通言语之官为象胥云。谞谓象之有才知者也。辞命，六辞之命也。"

　　郑玄认为五方各地对译官的称呼不同，都是根据事类的不同而命名的，即他所谓的"皆俗间之名，依其事类耳。"如《礼记·王制》："五方之民言语不通，嗜欲不同，达其志，通其欲。东方曰寄，南方曰象，西方曰狄鞮，北方曰译。"注："皆俗间之名，依其事类耳。鞮之言知也。今冀部有言狄鞮者。"又如《小雅·角弓》："如蛮如髦，我是用忧。"传：

---

① 李方桂：《上古音研究》，商务印书馆1980年版，第103页。

"蛮，南蛮也。髦，夷髦也。"笺云："今小人之行如夷狄而王不能变化之，我用是为大忧也。髦，西夷别名。武王伐纣，其等有八国从焉。"《周礼·春官·鞮鞻氏》："鞮鞻氏掌四夷之乐与其声歌。"注："四夷之乐，东方曰韎，南方曰任，西方曰侏离，北方曰禁。《诗》云：'以雅以南'是也。王者必作四夷之乐一天下也。言与其声歌，则云乐者主于舞。"

十二　名字求义法

杨琳《训诂方法新探》[①] 中认为"名字求义法"应当列为一种训诂方法。古代士以上阶层的人都有名有字。取字的原则是"傍其名而为之字"（班固《白虎通义·姓名》），就是要根据名来取字。字的本义是生子。《说文》："字，乳也。"人之字相当于是由名滋生出来的，故谓之字。正因如此，名和字一般在意义上都有同义、关涉、反义等某种联系。郑玄已经开始采用这种训诂方法。如：（1）《礼记·檀弓下》："子显以致命于穆公"注："使者公子絷也。卢氏云：'古者名字相配，顯当作鞙。'""公子絷，秦大夫。"（《左传·僖公十五年》："公子絷曰：'不如杀之，无聚慝焉。'"杜预注）郑玄认为出使的人"子显"即指公子絷，但按照古人名字含义相配的原则，"子显"当作"子鞙"，驾车时套在牲口腹部（一说背部）的皮带；"絷"本义是绊马索《左传·成公二年》："韩厥执絷马前，再拜稽首，奉觞加璧以进。"杜预注："絷，马绊也。"鞙和絷词义相关。（2）《礼记·内则》："男鞶革，女鞶丝"注："鞶，小囊，盛帨巾者。男用韦，女用缯。有饰缘之，则是鞶裂与？《诗》云：'垂带如厉。'纪子帛，名裂繻。字虽今异，意实同也。"这里也是举"纪子帛"名"裂繻"与其字"子帛"之间的意义联系，来证明"帛""裂繻""鞶裂""垂带如厉"之间的关系。（3）《礼记·檀弓上》："伯鱼之母死，期而犹哭"注："伯鱼，孔子子也，名鲤。"（4）《礼记·礼器》："蘧伯玉曰：'君子之人达。'"注："蘧伯玉，卫大夫也，名瑗。"（5）《天官·夏采》："夏采掌大丧以冕服复于大祖，以乘车建绥复于四郊"注："郑司农云：'复谓始死招魂复魄。……《丧大记》曰："复，男子称名，妇人称字。"'"

[①] 杨琳：《训诂方法新探》，商务印书馆 2011 年版，第 240 页。

十三　文化求义法

　　词汇当中有大量的词语反映的是跟历史上各个时期创造的物质文化和精神文化有关的事物。黄金贵①称为"解物释名法"，将词汇分为文化词语和通义词语两类：有文化意蕴的词语为文化词语，无文化意蕴的词语为通义词语。黄金贵②曾统计发现，语言中文化词语的数量是通义词语的两倍。随着社会的发展，文化词语所反映的文化现象很多已成为历史的陈迹，后世的人对这些文化现象是陌生的。李云光③称郑玄"以生数成数释之"之法即属此类。例如：《豳风·七月》："七月流火，九月授衣。"传："火，大火也。流，下也。九月霜始降，妇功成，可以授冬衣矣。"笺云："大火者，寒暑之候也。火星中而寒暑退。故将言寒，先著火所在。"此处，毛亨和郑玄都解释了"火"的含义。顾炎武《日知录》卷三十"天文"条："三代以上人人皆知天文，'七月流火'，农夫之辞也；'三星在天'，妇人之语也；'月离于毕'，戍卒之作也；'龙尾伏晨'，儿童之谣也，后世文人学士有问之而茫然不知者矣。"因此"三代以前人们根据日月星辰的运动规律安排农业生产和日常生活，天文知识跟人们的生活密切相关，所以人人皆知天文。后来人们根据天文学家编制的历法来安排生活，普通人不再关注天象了，于是就出现了'当时百姓都晓得者，有今时老师宿儒之所不晓'（《朱子语类》卷七十八）的状况。对不熟悉的文化词语，人们很容易囿于后世的生活经验作出想当然的理解。《诗经》'七月流火'被今天一些人理解为'比喻七月份天气像火一样炎热'就是例子。"④ 又《秋官·司刑》："刖罪五百"郑注："刖，断足也。周改膑作刖。"贾公彦疏："膑本亦苗民虐刑，昝繇改膑作腓，至周改腓作刖，《书》传云膑者举本名也。"郑玄注意到了髌刑内涵的变化，即髌（膑）本义是膝盖骨，引申指去除膝盖骨的刑罚，这种刑罚实行于商代，周代用刖刑代替了髌刑，但周代提到刖刑时习惯沿用"髌"来指称，髌刑的内涵就发生了转移。⑤

---

① 黄金贵：《训诂方法研究》，中华书局 2012 年版。
② 黄金贵：《论古代文化词语的训释》，《天津师大学报》1993 年第 3 期。
③ 李云光：《三礼郑氏学发凡》，华东师范大学出版社 2012 年版，第 202—203 页。
④ 参看杨琳《训诂方法新探》，商务印书馆 2011 年版，第 256 页。
⑤ 同上书，第 257 页。

十四　声形合义法

黄金贵[①]否定了意符辨义法，提出声形合义法，即声符义结合形符义而成义，作者论此为探求形声字本义的正法。东汉郑玄注中已用此法。如《天官·外府》："共其财用之币赍"注："玄谓齌、资同耳，其字以齊次为声，从贝变易，古字亦多或。"郑玄明确分析齌、资二字皆为谐声字，声符分别是齊、次，义符都是贝。郑玄知形声字之形符表义，也非常注重形声字声符的表义性，在笺注中屡屡指出。例如：

膳之言善也，今时美物曰珍膳（《天官·叙官》："膳夫"注）；又君物曰膳，膳之言善也（《仪礼·燕礼》："执幂者举幂，主人酳膳"注）；缮之言劲也，善也（《夏官·叙官》"缮人"注），缮之言善也（《郑风·叔于田序》郑笺）；珈之言加也（《墉风·君子偕老》："副笄六珈"笺）、芮之言内也（《大雅·公刘》："芮鞫之即"笺）；有之言又也（《商颂·长发》："有虔秉钺"笺）；泮之言半也。半水者，盖东西门以南通水，北无也（《鲁颂·泮水》："思乐泮水"笺）；展衣以礼见工及宾客之服，字当为襢，襢之言亶，亶，诚也（《天官·内司服》："展衣"注）；甸之言田也（《春官·叙官》"甸祝"注）；铭之言名也。生则书于王旌，以识其人与其功也；死则于烝先王祭之（《夏官·司勋》："凡有功者，铭书于王之大常"注）；鍭之言候也，二者皆可以司候射敌之近者及禽兽（《夏官·司弓矢》："杀矢、鍭矢用诸近射、田猎"注）；盛之言成也，以蜃灰垩墙，所以饰成宫室（《考工记·匠人》："白盛"注）；姓之言生也（《曲礼下》："纳女于天子曰备百姓"注，《丧大记》："卿大夫父兄子姓立于东方"注）；性之言生也（《乐记》："则性命不同矣"注）；貳之言二也，庶人终丧无二事，不使从政也（《王制》："丧不貳事"注）；征之言正也，伐也（《月令》："以征不义"注）；致之言至也（《礼器》："故经礼三百，曲礼三千，其致一也"注），又致之言至也，极也（《礼器》："礼也者，物之致也"注），致之言至也，使人勤行至于此也（《祭义》："天下之礼，致反始也……"注）；庸之言用也（《内则》："子妇未孝未敬，勿庸疾怨"注）；颁之言分也（《祭义》："颁禽隆诸长者"注）。

[①] 黄金贵：《训诂方法研究》，中华书局2012年版，第123—137页。

十五　同义词辨释法

黄金贵在《训诂方法研究》"前言"[1]中提出古汉语同义词辨析应当作为一种训诂方法，在训诂学中也要占一席之地。为了区别于现代汉语的同义词辨析，作者称为"同义词辨释法"，即辨析解释。它可以使用在词义训诂的后段，即当初释了某义后，还必须对结果"刮垢磨光"，置于同义词群中辨释一番，使之更精确，最后定义。也可以用于对已知某义之词置于该义的词群中重新训诂。其作用不仅可以提高训义精度，而且还往往可修正原义。同义词辨释法的训诂作用在黄金贵《古代文化词义集类辨考》中有大量实例，东汉郑玄的笺注中有大量同义词辨析内容。李云光[2]讨论过郑玄"析其异以释之"的训诂方法即属此法。例如：《小雅·采芑》："赤芾在股，邪幅在下。"笺云："芾，大古蔽膝之象也。冕服谓之芾，其他服谓之韠，以韦为之。"辨析同义词"芾"与"韠"的关系，芾，即"黻""韍"，与"韠"一样，都是指蔽膝。冕服中的蔽膝叫"芾"，其他服装中的蔽膝叫"韠"，用皮韦制成。类似的很多。再如：《夏官·隶仆》："隶仆掌五寝之扫"注："汜扫曰扫，扫席前曰拚。"《仪礼·士冠礼》："爵弁服，纁裳，纯衣，缁带，靺韐。"注："凡染绛，一入谓之縓，再入谓之赪，三入谓之纁，朱则四入与？"《仪礼·士冠礼》："主人玄冠，朝服，缁带，素韠，即位于门东西面。"注："凡染黑，五入为緅，七入为缁，玄则六入与？"

十六　对比法

对比法包括历时的古今对比法和泛时的同类事物对比法两类。前者明确从历时角度对比古今事物的不同，后者则不考虑时间先后关系，直接将同类事物对比。

（一）古今对比法

郑玄经常使用古今对比的方法进行训释。李云光[3]曾总结郑玄"以古今字释之""以古今语释之"的训诂方法，亦谓郑玄此法源自之前的杜子

---

[1] 黄金贵：《训诂方法研究》，中华书局2012年版，第2页。
[2] 李云光：《三礼郑氏学发凡》，华东师范大学出版社2012年版，第236—244页。
[3] 同上书，第128—139页。

春和郑众。后李玉平[①]、李运富[②]、张鹏飞[③]等对此有进一步的申发。例如：

1. 古今文字的对比。《春官·甸祝》："禂牲、禂马"注："禂读如伏诛之诛，今侏大字也。为牲祭，求肥充；为马祭，求肥健。"《考工记·鞾人》："左不楗"注："书楗或作券。玄谓券，今倦字也。"《春官·肆师》："凡师不功"注："故书功为工，郑司农'工'读为'功'。古者工与功同字。"《春官·肆师》："治其礼仪"注："故书仪为义，郑司农云'义'读为'仪'。古者书'仪'但为'义'，今时所谓'义'为'谊'。"

2. 古今用词的对比。《天官·小宰》："傅别……质剂"注："傅别、质剂，皆今之券书也，事异，异其名耳。"《天官·亨人》："职外内饔之爨亨煮"注："爨，今之灶。"《天官·酒正》："四曰酏"注："酏，今之粥。《内则》有黍酏，酏饮，粥稀者之清也。"《地官·叙官》："囿人"注："囿，今之苑。"《夏官·叙官》："司甲"注："甲，今之铠也。"

3. 古今事物制度的对比。在训释制度时，以今证古，具体直观，简易明白。如：《天官·外饔》："飧士庶子亦如之。"郑注："士庶子，卫王宫者，若今时之飧卫士矣。"此以今职证古职。《地官·大司徒》："掌建邦之土地之图。"郑注："土地之图，若今司空郡国舆地图。"此以今物证古物。

（二）同类事物的对比法

同类事物的对比法，即不考虑时代先后问题，举同类事物来解释词义或语意。李云光[④]"举其类以释之"即阐释郑玄此法，李玉平等[⑤]亦曾关注过。张国良[⑥]又概括郑玄此训诂方法叫"以类证义法"，实则与李云光说无大异。例如《周礼·夏官·司勋》："王功曰勋"注："辅成王业，若

[①] 李玉平：《郑玄〈周礼注〉对字际关系的沟通》，硕士学位论文，北京师范大学，2003年；李玉平：《郑玄〈周礼注〉从历时角度对字际关系的沟通》，《古汉语研究》2009年第3期。

[②] 李运富：《早期有关"古今字"的表述用语及材料辨析》，《励耘学刊》（语言卷）2007年第2期；李运富：《"余予古今字"考辨》，《古汉语研究》2008年第4期。

[③] 张鹏飞：《〈周礼〉郑注"若今"例研究》，《古籍整理研究学刊》2009年第3期。

[④] 李云光：《三礼郑氏学发凡》，华东师范大学出版社2012年版，第236—244页。

[⑤] 李玉平：《郑众、郑玄"六书"观探隐》，《天津师范大学学报》（社会科学版）2013年第3期。

[⑥] 张国良：《郑玄训诂方法"以类证义"发微——兼谈刘熙〈释名〉对郑注的继承》，《古汉语研究》2016年第2期。

周公。"《仪礼·士冠礼》："曰伯某甫，仲叔季唯其所当。"注："甫是丈夫之美称，孔子为尼甫，周大夫有嘉甫，宋大夫有孔甫，是其类。"《礼记·礼器》："有推而进也"注："谓若王者之后得用天子之礼。"等等。

十七　历史佐证法

通过考察相关史实来佐证词句释义。李云光[①]总结郑玄"考其时以释之"的训诂之法即属此类。例如《周礼·考工记·玉人》："案十有二寸，枣栗十有二列，诸侯纯九，大夫纯五。夫人以劳诸侯。"注："夫人，王后也。记时诸侯僭称王，而夫人之号不别，是以同王后于夫人也。"《礼记·檀弓》："工尹商阳与陈弃疾追吴师"注："工尹，楚官名。弃疾，楚公子弃疾也。以鲁昭八年帅师灭陈，县之。楚人善之，因号焉。至十二年，楚子狩于州来，使荡侯、潘子、司马督、嚻尹午、陵尹喜围徐，以惧吴。于时有吴师。"

综上，可见当代所提到的训诂方法，绝大部分在东汉郑玄时代已经开始使用了。有的是郑玄首创的，有的也是郑玄从前代学者继承而来［限于篇幅，本篇不赘，部分方法来源可参看李云光（1966/2012）］。郑玄遍注群经，取得辉煌的成就是与其正确的训诂方法密切相关的。郑玄对后世影响巨大而深远，总结其所用训诂方法对指导当前训诂实践和理论总结都是有积极意义的。

本章参考文献

［1］白兆麟：《简明训诂学》，浙江教育出版社1984年版。

［2］邓军、李萍：《郑玄随文释义的语境研究》，《古籍整理研究学刊》2000年第6期。

［3］邓声国：《〈毛诗笺〉因声求义法释义例撰析》，《镇江师专学报》（社会科学版）2001年第1期。

［4］段虹羽：《郑玄〈毛诗笺〉训诂研究》，硕士学位论文，沈阳师范大学，2015年。

［5］范江兰：《郑玄经注声训研究》，硕士学位论文，湖南师范大学，2009年。

[①] 李云光：《三礼郑氏学发凡》，华东师范大学出版社2012年版，第281—286页。

［6］方一新：《训诂学概论》，江苏古籍出版社 2008 年版。

［7］冯浩菲：《毛诗训诂研究》（下册），华中师范大学出版社 1988 年版。

［8］郭在贻：《训诂学》（修订本），中华书局 2005 年版。

［9］华学诚：《周秦汉晋方言研究史》（修订本），复旦大学出版社 2007 年第 2 版。

［10］黄金贵：《论古代文化词语的训释》，《天津师大学报》1993 年第 3 期。

［11］黄金贵：《训诂方法研究》，中华书局 2012 年版。

［12］洪丽娣：《郑玄"因文为训"释词方法浅谈》，《辽宁教育学院学报》1997 年第 2 期。

［13］李方桂：《上古音研究》，商务印书馆 1980 年版。

［14］李建国：《汉语训诂学史》，安徽教育出版社 1986 年版。

［15］李恕豪：《郑玄的方言研究》，《天府新论》1997 年第 3 期。

［16］李玉平：《郑玄〈周礼注〉对字际关系的沟通》，硕士学位论文，北京师范大学，2003 年。

［17］李玉平：《简析郑玄〈周礼注〉"之言"类术语》，《现代语文》，2007 年第 7 期。

［18］李玉平：《郑玄〈周礼注〉从历时角度对字际关系的沟通》，《古汉语研究》2009 年第 3 期。

［19］李玉平：《郑众、郑玄的"谐声"观及其对后世的影响》，《语言科学》2011 年第 2 期。

［20］李玉平：《郑众、郑玄"六书"观探隐》，《天津师范大学学报》（社会科学版）2013 年第 3 期。

［21］李玉平：《论郑玄〈周礼注〉从泛时角度对字际关系的沟通》，《励耘学刊》（语言卷）2013 年第 2 期。

［22］李玉平、解植永：《郑玄的注释用语"谓若"及其对后代的影响考察》，《宁夏大学学报》（人文社会科学版）2013 年第 4 期。

［23］李玉平：《郑玄的方言观、方言研究材料和方言分区观新考》，《天津大学学报》（社会科学版）2016 年第 2 期。

［24］李云光：《三礼郑氏学发凡》，华东师范大学出版社 2012 年版。

［25］李运富：《"余予古今字"考辨》，《古汉语研究》2008 年第

4 期。

［26］李运富：《早期有关"古今字"的表述用语及材料辨析》，《励耘学刊》（语言卷）2007 年第 2 期。

［27］梁启超：《清代学术概论》，上海古籍出版社 1998 年。

［28］陆宗达：《训诂简论》，北京出版社 1980 年版。

［29］陆宗达、王宁：《训诂方法论》，中国社会科学出版社 1983 年版。

［30］马君花：《郑玄"因声求义"的训诂实践及其训诂原则》，《宁夏大学学报》（人文社会科学版）2005 年第 2 期。

［31］马君花：《论郑玄〈礼记注〉在训诂学史上的成就》，硕士学位论文，宁夏大学，2005 年。

［32］钱慧真：《郑玄的语源学思想探析——与其同时代其他语言学家的比较研究》，《绥化学院学报》2007 年第 2 期。

［33］唐文：《简论郑玄在训诂学上的成就》，《苏州铁道师范学院学报》1987 年第 1 期。

［34］王浩：《郑玄〈三礼注〉同源词研究》，博士学位论文，河北师范大学，2008 年。

［35］王力：《训诂学上的一些问题》，《中国语文》1962 年 1 月号。

［36］吴凯：《郑玄〈古文尚书注〉训诂研究》，硕士学位论文，扬州大学，2010 年。

［37］吴泽顺：《论郑玄的音转研究》，《青海师范大学学报》（哲学社会科学版），2004 年第 4 期。

［38］徐刚：《训诂方法论》，北京大学出版社 2015 年版。

［39］杨琳：《训诂方法新探》，商务印书馆 2011 年版。

［40］杨天宇：《郑玄三礼注研究》，天津人民出版社 2007 年版。

［41］姚书平：《从郑玄〈毛诗笺〉看汉代训诂学的发展》，硕士学位论文，山东师范大学，2011 年。

［42］张国良：《郑玄训诂方法"以类证义"发微——兼谈刘熙〈释名〉对郑注的继承》，《古汉语研究》2016 年第 2 期。

［43］张鹏飞：《〈周礼〉郑注"若今"例研究》，《古籍整理研究学刊》2009 年第 3 期。

［44］张舜徽：《郑学丛著》，齐鲁书社 1984 年版。

第五章

郑玄的训诂术语

训诂术语，王宁先生《关于训诂学术语的定称和定义》①中称"指与训诂学原理有关的科学专门用语"，涵盖的范围较广泛，"旧训诂学中提到术语，一般是指注释书的训释条例用语"。她也曾称这些训诂术语准确地说应该叫"程序化用语"，意在说明这些训诂术语的含义可能并不纯粹单一。刘世俊《论训诂学术语及其规范》②主要讨论训诂术语的规范性问题，未明确定义。训诂术语的使用大体可以分为萌芽阶段和自觉使用两个阶段。

萌芽阶段是训诂术语的初始使用阶段。训释字词术语的产生年代已经很悠久了。先秦一些著作中，已经出现了训诂的萌芽，与此同时，相关的术语也就产生了。比如"某，某也"的格式，在《春秋三传》《易传》等著作中就早已出现。

《春秋经·桓公三年》："秋七月壬辰朔，日有食之，既。"《公羊传》："既者何？尽也。"

《春秋经·僖公二十年》："二十年春，新作南门。"《穀梁传》："作，为也。有加其度也。"

《春秋左传·庄公十一年》："凡师，敌未陈曰败某师，皆陈曰战，大崩曰败绩。"

《荀子·修身》："是是、非非谓之知，非是、是非谓之愚。伤良曰谗，害良曰贼。""窃货曰盗，匿行曰诈，易言曰诞，趣舍无定谓之无常，保利弃义谓之至贼。"其中的"谓之""曰"的用法和后代训诂学家的用法已无二致。

---

① 王宁：《关于训诂学术语的定称和定义》，《辽宁教育学院学报》1983年第2期。
② 刘世俊：《论训诂学术语及其规范》，《宁夏大学学报》（社会科学版）1996年第1期。

第五章　郑玄的训诂术语

自觉阶段是术语大量自觉使用阶段。特别是汉代以来的训诂学家，包括注释家、训诂专书的作者，在诠释词句时，都会采用一些术语，用以区别纷繁复杂的训诂现象。

郑玄在笺注中使用了大量的训诂术语，由此可见郑玄训诂开始追求文献训释的精确性。关于郑玄训诂术语的功用研究很早就开始了。唐代学者曾对郑玄训诂术语的含义及其作用进行过研究，如贾公彦《周礼注疏》《仪礼注疏》及孔颖达的《五经正义》都有过说明。清代学者的研究更为深入，如顾炎武的《日知录》、段玉裁的《说文解字注》及《周礼汉读考》、阮元《经籍籑诂·凡例》、陈寿祺的《左海经辨·汉读举例》等。

现代以来，一些训诂学通论教材中谈到训诂术语时都或多或少地涉及郑玄的训诂术语问题。例如齐佩瑢《训诂学概论》将阮元《经籍籑诂》"凡例"中28类训诂术语扩展为40类，并单列"术语"一节进行论述；王力《古代汉语》论述古书注释的术语7组，洪诚的《训诂学》"几种常见的训诂方式"下论及"改读校字"的5种术语；周大璞的《训诂学初稿（第三版）》中"训诂条例"下列有"常用术语"61个；郭在贻的《训诂学》中介绍了五组20个术语；杨端志《训诂学》列"训诂常用术语"76个；等等。专门研究郑玄训诂术语的论著，例如李林《论郑玄的训诂术语》（硕士学位论文，北京师范大学，1985年）、李玉平《郑玄〈周礼注〉对字际关系的沟通》（硕士学位论文，北京师范大学，2003年）、耿天勤主编《郑玄志》（山东人民出版社2003年版）、陈炳哲《〈毛传〉、〈郑笺〉训诂术语比较研究》（硕士学位论文，首都师范大学，2005年）、杨天宇《郑玄〈三礼注〉研究》（天津人民出版社2007年版）等。郑玄的训诂术语很多，综合以往研究，按其性质和作用可以分为以下十九组。

一　某，某也

这是古书注解和训诂专书中最为常见的训诂术语。特点：直接用一个词来解释另一个词。从本质上说，"某，某也"形式，是注释家借用古汉语判断句式的形式作为词语训诂的程序化用语。例如：

第一，某，某也。《小雅·谷风》："将恐将惧，维予与女。"郑笺："将，且也。"

第二，某，某也，某也。《周礼·天官·大宰》："掌建邦之六典"郑

注："典，常也，经也，法也。"

第三，某也者，某也。《礼记·杂记》："子贡观于蜡"郑注："蜡也者，索也。"

第四，某，某。即将"某，某也"的"也"字省去。例如《礼记·檀弓上》："若是其靡也，死不如速朽之愈也。"郑注："靡，侈。"

二 曰、为、谓之

（一）被解释的词都是放在术语的后面，基本用法都是用下定义的方式解释词义。此类术语常用来指明其义，定出义界，所释对象在后。如《周礼·天官·大宰》："六曰商贾，阜通货贿。"郑注："行曰商，处曰贾。阜，盛也。金玉曰货，布帛曰贿。"

1. 使用"曰"的例子。

（1）《周南·关雎》："辗转反侧"笺云："卧而不周曰辗。"

（2）《周礼·天官·叙官》："膳夫"注："膳之言善也，今时美物曰珍膳。"

（3）《仪礼·乡饮酒礼》："举觯于宾"注："发酒端曰举。"

（4）《礼记·王制》："不杀胎，不殀夭"注："重伤未成物。殀，断杀。少长曰夭。"

2. 使用"为"的例子。

（1）《周南·关雎》："窈窕淑女，琴瑟友之。"笺："同志为友。"

（2）《周礼·地官·媒氏》："媒氏掌万民之判"注："判，半也。得耦为合。主合其半成夫妇也。"

（3）《礼记·坊记》："都城不过百雉"注："雉，度名也。高一丈长三丈为雉。"

3. 使用"谓之"的例子。"谓之"和"谓"的区别是，"谓"所释的对象在前，"谓之"所释的对象在后。如《大雅·公刘》："彻田为粮。"郑笺："什一而税谓之彻。"还常释古今名称同异。如《周礼·天官·叙官》："奄十人。"郑注："奄，精气闭藏者，今谓之宦人。"

（1）《大雅·桑柔》："既之阴女，反予来赫。"郑笺："口距人谓之赫。"

（2）《周礼·天官·腊人》"腊人掌干肉"注："大物解肆干之，谓之干肉，若今凉州乌翅矣。"

(3)《仪礼·公食大夫礼》："羹定"注："肉谓之羹，定犹孰也。"

(4)《礼记·曲礼上》："右手执箫"注："箫，弭头也。谓之箫，箫，邪也。"

(二) 经常用以区别同义词间的意义差别。例如：《仪礼·乡饮酒礼》："宾厌介，入门左"注："推手曰揖，引手曰厌。"《周礼·地官·县师》："而辨其夫家人民田莱之数"注："莱，休不耕者。郊内谓之易，郊外谓之莱。"《甫田之什·瞻彼洛矣》："君子至止，福禄如茨。"笺："爵命为福，赏赐为禄。"

(三) 因为这几个术语所指的内容大体相当，所以也常有交错使用的情况，例如：《鱼藻之什·何草不黄》："何人不矜"笺："无妻曰矜。从役者皆过时不得归，故谓之矜。"《周颂·丝衣序》："绎，宾尸也"笺："绎，又祭也。天子诸侯曰绎，以祭之明日；卿大夫曰宾，尸与祭同日。周曰绎，商谓之肜。"

三　谓、言

(一) 二术语使用范围较广泛，既可以解释字词，也可以解释句子；其基本用法相似，都是把被释词放在术语的前面。例：

1. "谓"例。

《邶风·击鼓》："击鼓其镗，踊跃用兵。"郑笺："此用兵，谓治兵时。"

《周礼·天官·小宰》："以法掌祭祀。"郑注："法谓其礼法。"

《仪礼·觐礼》："坛十有二寻，深四尺。"郑注："深谓高也。"

《礼记·曲礼上》："拾级聚足，连步以上。"郑注："连步，谓足相随不相过也。"

2. "言"例。

《邶风·谷风》："匍匐救之。"郑笺："匍匐，言尽力也。"

《周礼·考工记·轮人》："凿深而辐小，则是固有馀而强不足也。"郑注："言辐弱不胜毂之所任也。"

《仪礼·士冠礼》："委貌，周道也。章甫，殷道也。"注："委犹安也，言所以安正容貌。章，明也。殷质，言以表明丈夫也。"

《礼记·曲礼》："在床曰尸"注："尸，陈也。言形体在也。"

(二) "谓"的用法特点：用以说明甲词专指或影射某一特定的事物。

一般以具体释抽象或以一般释特殊。大体相当于"就是"或"指某而言"。例如：

1. 有时用同义词或近义词指出经文词语所指具体含义，如：

《邶风·谷风》："既生既育。"郑笺："生谓财业也，育谓长老也。"

《仪礼·觐礼》："坛十有二寻，深四尺。"郑注："深谓高也。"

2. 有时指明经文词语所指的具体义项，如《周礼·天官·小宰》："以法掌祭祀。"郑注："法谓其礼法。"

3. 有时用以指明经文中人物的具体所指对象，如《小雅·天保》："天保定尔，俾尔戬谷，罄无不宜，受天百禄。"郑笺："天使女所福禄之人谓群臣也。"

4. 有时用比较直接的意义来说明文中比较迂曲的含义，如《豳风·东山》："制彼裳衣，勿士行枚。"郑笺："女制彼裳衣而来，谓兵服也。"

《小雅·雨无正》："哿矣能言，巧言如流，俾躬处休。"郑笺："巧犹善也。谓以事类风切劘微之言如水之流，忽然而过，故不悖逆，使身居安休休然。"

（三）"言"侧重说明言外之意，句外之旨，经常有串讲词义、句意和文意的意思。此术语应用很广。例如：

《秦风·驷铁》："公之媚子，从公于狩。"毛传："能以道媚于上下者。"郑笺："媚于上下，谓使君臣和合也。此人从公往狩，言襄公亲贤也。"串讲句意。

《小雅·吉日》："发彼小豝，殪此大兕。"毛传："殪，壹发而死。言能中微而制大也。"串讲词义。

《周南·卷耳》："陟彼砠矣，我马瘏矣，我仆痡矣，云何吁矣！"郑笺："此章言臣既勤劳于外，仆、马皆病，而今云何乎？"串讲章意。

"言"使用更为广泛，经常是在解释词语的基础上对句意作出进一步的阐发，例：

《论语·子罕》："牢曰：'子云："吾不试，故艺。"'"郑曰："牢，弟子子牢也。试，用也。言孔子自云我不见用，故多技艺。"

《论语·先进》："子曰：'从我于陈、蔡者，皆不及门也。'"郑曰："言弟子之从我而厄于陈、蔡者，皆不及仕进之门，而失其所。"

《论语·颜渊》："在邦必闻，在家必闻。"郑曰："言士之所在，皆能有名誉。"

四 犹、亦

这两个术语时，被释词都处于术语的前面，释词和被释词之间有同义、近义或某种对应的关系。

（一）"犹"，常指出被释词和释词在词义上的某种联系。在只据本义不能说明其意时，则取义近者比况言之。清代段玉裁在《说文解字注》中曾对"犹"的功能作精辟的概括及例释。《说文·言部》"雠，犹膺也"下，段玉裁注："凡汉人作注云犹者，皆义隔而通之。如《公（羊传）》、《穀（梁传）》皆云'孙犹孙也'，谓此子孙字同孙遁之孙。《郑风传》：'漂犹吹也'，谓漂本训浮，因吹而浮，故同首章之'吹'。凡郑君（即郑玄）、高诱等每言犹者皆同此。许造《说文》不比注经传，故径说字义不言'犹'，惟'寏'字下云，'珜犹齐也'。此因珜之本义'极巧视之'，于寏从珜义隔，故通之曰'犹齐'，此以膺释雠甚明，不当曰'犹膺'。盖浅人但知雠为怨词，以为不切，故加之耳。然则'尔'字下云：丽尔犹'靡丽'也，此'犹'亦可删与？曰此则通古今之语示人，'丽尔'古语，'靡丽'今语。《魏风传》：'纠纠犹缭缭，掺掺犹纤纤'之例也。"乌兰（2001）[1] 中曾对"犹"的发展有较好的研究。又据刘英波（2005）[2] 统计，郑玄《三礼注》中用"犹"字进行注解的内容共出现了1323次，其中《周礼注》中出现了311次，《仪礼注》中出现了292次，《礼记注》中出现了720次。陈炳哲《〈毛传〉、〈郑笺〉训诂术语比较研究》（硕士学位论文，首都师范大学，2005年）统计《郑笺》中用"犹"的训例共260例。

在先秦文献正文的训诂中就已出现"犹"这个术语。如：

《礼记·礼器》："礼也者，犹体也。"

《公羊传·隐公元年》："会犹最也。"

"犹"在西汉毛亨传中已经使用。如：

《豳风·九罭》："公归不复，于女信宿。"毛传："再宿曰信。宿，犹处也。""宿"和"处"在住宿义上意思相近。

---

[1] 乌兰：《简析训诂术语"犹"》，《内蒙古社会科学》（汉文版）2001年第5期。

[2] 刘英波：《郑玄〈三礼注〉中"犹"字用法探究》，《聊城大学学报》（社会科学版）2005年第4期。

《大雅·卷阿序》："《卷阿》，召康公戒成王也。言求贤用吉士也。"毛传："吉，犹善也。""吉"和"善"都有好义。

司马迁《史记》中使用。《史记》卷八十四："屈平疾王听之不聪也，谗谄之蔽明也，邪曲之害公也，方正之不容也，故忧愁幽思而作《离骚》。离骚者，犹离忧也。"

郑玄注释中使用也极其普遍，例如：

《豳风·鸱鸮》："绸缪牖户。"郑笺："绸缪犹缠绵也。"

《周礼·天官·疾医》："以五味、五谷、五药养其病。"郑注："养犹治也。"

《仪礼·大射仪》："笙磬西面"注："笙犹生也。"

《礼记·中庸》："故君子语大，天下莫能载焉；语小，天下莫能破焉。"郑注："语，犹说也。"

《礼记·内则》："后王命冢宰，降德于众兆民。"注："德犹教也。"

（二）有时候，被释词和释词本来在意义上并无必然的联系，由于上下文等的影响，而得以训释。

毛亨使用的例子，如：

《魏风·伐檀》："坎坎伐辐兮，置之河之侧兮。"毛传："侧犹厓也。""侧"和"厓"本来在意义上并不相关，只因上一章是"坎坎伐檀兮，置之河之干兮"，毛传："干，厓也。"这是承接上章作释，所以用"犹"字。

郑玄使用的例子[①]，如：

《礼记·王制》："必察小大之比以成之。"注："小大犹轻重也。"小大指的是大大小小的案件，小则轻，大则重。

《礼记·月令》："命有司大难，旁磔，出土牛，以送寒气。"注："送犹毕也。"送寒气即送走寒气，也就意味着寒气结束，因此用"毕"释"送"。

（三）"犹"还可以指出文字通假的情况。例如：

西汉毛亨使用的例子，如：

《魏风·葛屦》："掺掺女手，可以缝裳。"毛传："掺掺，犹纤纤也。"《小雅·皇皇者华》："皇皇者华，于彼原隰。"毛传："皇皇，犹煌

[①] 马君花：《论郑玄〈礼记注〉在训诂学史上的成就》，硕士学位论文，宁夏大学，2005年。

煌也。""掺掺"通"纤纤"、"皇皇"通"煌煌",毛传是用本字来解释借字。其目的主要是指出二者的同义关系。

郑玄使用的例子①,例如:

《礼记·曲礼》:"有忧者侧席而坐,有丧者专席而坐。"注:"侧犹特也。""侧"与"专"相对应,郑玄释"专"为"单",当是"特"的借字。侧,古音庄母职部;特,古音定母职部。侧、特叠韵。

《礼记·王制》:"丧祭用不足曰暴,有余曰浩。"注:"暴犹耗也。浩犹饶也。"根据上文"用地小大,视年之丰耗"的意思,"丰"指的是年成好,"耗"指的是年成不好,"暴"无此义,郑玄以本字"耗"释之;"浩"指水大,与物品的多少不是一回事,故释之以本字"饶"。耗,古音晓母宵部,暴,古音并母药部,宵、药对转,耗、暴叠韵。浩,古音匣母幽部,饶,古音日母宵部,幽、宵旁转,浩、饶叠韵。

《礼记·礼器》:"是故年虽大杀,众不匡惧。"注:"匡犹恐也。"按:匡,古音溪母阳部,恐,古音溪母东部。东、阳旁转,匡、恐双声,韵转。

(四)"亦"。使用术语"亦"的时候,释词通常已经出现于上文,并且其义也是明白易晓的。大体相当"也就是"。如:

《礼记·文王世子》:"其罪死,则曰某之罪在大辟。"郑注:"辟亦罪也。"此就本句而得其义。

《周礼·天官·大宰》:"以八法治官府……以八则治都鄙。"郑注:"则亦法也。"此求之上下文而为释。

《毛传》中用"亦"释词的训例共3例②。如:

《周南·卷耳》:"我马瘏矣,我仆痡矣。"传:"瘏,病也。痡,亦病也。""亦"指出"痡"和前文中"瘏"的意义一致,都是"病"的意思。

《王风·中谷有蓷》:"既其叹矣,遇人之艰难矣。"传:"艰亦难也。"此处"艰"用前面出现的"难"来训释,表明两者意义一致。

《郑笺》中用"亦"释词的训例共5例。例如:

---

① 马君花:《论郑玄〈礼记注〉在训诂学史上的成就》,硕士学位论文,宁夏大学,2005年。

② 参看陈炳哲《〈毛传〉、〈郑笺〉训诂术语比较研究》,硕士学位论文,首都师范大学,2005年。

《郑风·大叔于田》："叔善射忌，又良御忌。"笺："良亦善也。"

《郑风·遵大路》："无我魗兮，不寁好也！"笺："魗亦恶也，好犹善也。"

五　犹言、犹云

（一）"犹言"功能即前面术语"犹"和"言"组合的含义。意思相当于"如同说"。郑玄《毛诗笺》使用有9例，例如：

《召南·采苹》："于以采苹。"笺："于以，犹言往以也。"

《王风·葛藟》："终远兄弟。"笺："兄弟，犹言族亲也。"

（二）"犹云"作用与"犹言"相当，也可译为"如同说、等于说"。郑玄明确使用的例子有2例。即：

1.《小雅·湛露》："厌厌夜饮，不醉无归。"传："厌厌，安也。夜饮，燕私也。宗子将有事，则族人皆侍。不醉而出，是不亲也。醉而不出，是渫宗也。"笺云："天子燕诸侯之礼亡，此假宗子与族人燕为说尔。族人犹群臣也，其醉不出，不醉出，犹诸侯之义也。饮酒至夜，犹云'不醉无归'，此天子于诸侯之义。燕饮之礼，宵则两阶及庭门皆设大烛焉。"郑笺："饮酒至夜，犹云'不醉无归'"，意思就是："饮酒至夜，就如同说'不醉无归'。"

2.《礼记·郊特牲》："天子之元子，士也，天下无生而贵者也。"注："储君、副主[①]，犹云士也。明人有贤行著德，乃得贵也。"该条中，"副主"也是"储君"的意思。《汉语大词典》："副主：储君。谓太子。"那么郑玄注释中的解释意思就是说，太子（是储君）等于说就是"士"。

六　变言、变……言……

所谓"变言"，就是在分析词语选择或变化的原因。词异义同，变换使用，郑玄注释中都明其所以然。

（一）"变言"例

《周礼·天官·司书》："司书掌邦之六典、八法、八则、九职、九正、九事邦中之版"注："九事谓九式，变言之者，重其职。"

[①] 李学勤等《十三经注疏·礼记正义》（上、中、下）（北京大学出版社1999年版）"副主"误作"副王"。

《周礼·地官·大司徒》："辨十有二壤之物而知其种"郑注："壤亦土也，变言耳。以万物自生焉则言土，土犹吐也。以人所耕而树蓺焉则言壤，壤，和缓之貌。"

（二）"变……言……"例

1. 《周礼·地官·乡大夫》："三年则大比，考其德行道艺，而兴贤者能者。乡者及卿大夫帅其吏，与其众寡，以礼礼宾之。"郑注："郑司农云：'兴贤者谓若今举孝廉；兴能者谓若今举茂才。宾，敬也，敬所举贤者能者。'玄谓变'举'言'兴'者，谓合众而尊宠之，以乡饮酒之礼，礼而宾之。""举"和"兴"都是"选贤任能"之义，但在修辞上，"兴"则更能揭示时人"宾之"的盛况。

2. 《周礼·天官·叙官》："治官之属，大宰卿一人。"郑注："变'冢'言'大'，进退异名也。百官总焉则谓之'冢'，列职于王，则称'大'。冢，大之上也。山顶曰冢。"这是因为语境不同，而选择的词义替换。

七 之为言、之言

使用这两个术语时，采取的是声训的方法，也就是说，被释词和释词之间，必然具有音近或音同的关系。《说文·示部》："祼，灌祭也。"段玉裁注："凡云'之言'者，皆通其音义以为诂训。非如'读为'之易其字，'读如'之定其音。"张舜徽云："郑氏（指郑玄）经注中凡云'之言'者，多依声以通其义"，被释词都处在术语的前面。关于"之言"和"之为言"术语的发展脉络问题，李玉平《试析郑玄注释术语"之言"的来源》[①] 一文中有较为详细的总结。

（一）"之为言"

1. 凝固化的"之为言"由一般地表达"说"或"谈"的含义发展出专门用来表示解释性的含义。最初的"之为言"表示一般性的体词性的"说话"，如：

《唐风·采苓》："采苓采苓，首阳之巅。人之为言，苟亦无信。舍旃舍旃，苟亦无然。人之为言，胡得焉。"

[①] 李玉平：《试析郑玄注释术语"之言"的来源》，《古籍研究》2006卷上，总第49期，安徽大学出版社2006年版。

2. 后来发展出用"之为言"表示解释主语的含义，如：

《易·乾·文言》："潜之为言也，隐而未见，行而未成，是以君子弗用也。"

《易·乾·文言》："亢之为言也，知进而不知退，知存而不知亡，知得而不知丧。"

《春秋穀梁传·僖公四年》："蔡溃。溃之为言，上下不相得也。"

3. 到用来解释语词的含义，如：

《孟子·尽心章下》："征之为言正也，各欲正己也，焉用战？"

《春秋穀梁传·僖公三十三年》："李梅实。实之为言，犹实也。"

《春秋穀梁传·昭公元年》："叔弓帅师疆郓田，疆之为言，犹①竟（按：即古'境'字）也。"

《春秋穀梁传·文公十四年》："秋，七月，有星孛入于北斗。孛之为言，犹茀也。"

《尔雅·释训》："鬼之为言归也。"

《礼记·射义》曰："射之为言者，绎也。或曰，舍也。绎者，各绎己之志也。"

《礼记·乡饮酒义》："春之为言蠢也……夏之为言假也……秋之为言愁也……冬之为言中也"等等。

4. "之为言"用于解释语词的用法为后来东汉训诂学家所沿用，并用到注释当中解释词语。这一工作许慎已经开始做了。如许慎《说文解字》："粜（即'粟'），嘉谷实也。从卤从米。孔子曰：'粜之为言续也。'""貉，北方豸穜。从豸各声。孔子曰：'貉之为言恶也。'""狄，赤狄。本犬种。狄之为言淫辟也。从犬赤省声。""林，葩之总名也。林之为言微也。微纖为功，象形。凡林之属皆从林。"

5. 郑玄继承了前人用"之为言"解释语词的用法，并对该用语做了进一步的调整，将"之为言"解释词义或沟通字际关系的功能改由"之言"来承担，而很少或尽量不用"之为言"。郑注中使用的"之为言"：《毛诗笺》1例，《周礼注》2例（含引用文献1例），《仪礼注》4例（含引用文献1例），《礼记注》无"之为言"用例。

---

① 《春秋穀梁传》中的用例，马文熙、张归璧主编《古汉语知识详解辞典》（中华书局1996年版，第457页）将"之为言犹"连在一起作为一个用语看待的，但我们认为这种情况也可以看作是"之为言"的一种特例，实则为"之为言"与"犹"的组合使用。

《郑风·小宛》："题彼脊令，载飞载鸣。"郑笺："题之为言视睇也。"

《周礼·夏官·叙官》："校人"注："校之为言校也，主马者必仍校视之。"

《周礼·地官·州长》："以礼会民而射于州序"注："《射义》曰：'射之为言绎也，绎者，各绎己之志。'"

《仪礼·觐礼》："侯氏裨冕"注："裨之为言埤也。"

《仪礼·士丧礼》："醫笲用桑"注："桑之为言丧也，用为笲，取其名也。"

《仪礼·特牲馈食礼》："佐食升肵俎"注："肵谓心舌之俎也。《郊特牲》曰：'肵之为言敬也。'言主人之所以敬尸之俎。"

《仪礼·少牢馈食礼》："心舌载于肵俎"注："肵之为言敬也，所以敬尸也。"

（二）"之言"例

"之为言"被用于解词或沟通字际关系虽然要比"之言"早，但从郑玄的训诂术语系来说则是非典型形式，因为郑玄使用这种形式远远少于使用"之言"的数量。这样大量的使用，也足以说明这一阶段的"之言"与以往各阶段性质完全不同的，已经属于训诂术语。郑玄使用的"之言"用例：张舜徽《郑学丛著·郑氏注经释例》[①]罗列了较详细的例子，可供参看。我们统计郑玄使用的"之言"，《毛诗笺》57例，《周礼注》52例，《仪礼注》17例，《礼记注》107例。例如：

《郑风·叔于田序》："叔处于京，缮甲治兵"郑笺："缮之言善也。"

《周南·关雎传》："雎鸠，王雎也。鸟挚而有别"郑笺："挚之言至也。谓王雎之鸟，雌雄情意至然而有别。"

《周礼·天官·序官》："寺人，王之正内五人。"郑注："寺之言侍也。"

《周礼·天官·序官》："膳夫，上士二人，中士四人……"郑注："膳之言善也。今时美物曰珍膳。"

《仪礼·士冠礼》："青絇繶纯"注："絇之言拘也。以为行戒，状如刀衣鼻，在屦头。"

---

① 见《张舜徽集》第二辑，华中师范大学出版社2005年版，第70—75页。

《仪礼·士昏礼》："酳酢主人"注："酳，漱也。酳之言演也，安也。漱，所以洁口，且演安其所食。"

《礼记·曲礼下》："天子之妃曰后，诸侯曰夫人，大夫曰孺人，士曰妇人，庶人曰妻。"郑玄分别注云："后之言後也。""夫之言扶。""孺之言属。""妇之言服。""妻之言齐。"

《礼记·王制》："古者公田藉而不税"注："藉之言借也，借民力治公田，美恶取于此，不税民之所自治也。"

《礼记·檀弓下》："穆公召县子而问然"注："然之言焉也。"

古书中使用"之言""之为言"来从声音上阐明词义关系，对了解词义来源，推求语源是有好处的。但这类训释有时也会显得牵强。如郑玄"后之言後也"的解释，需要加以甄别。

八 貌、之貌

"貌"，通常放在形容词、动词等之后，用来说明人或事物的一定性质或状态。被释词处于术语的前面。主要有"貌"和"之貌"两种形式。

（一）《毛传》中已经使用。陈炳哲《〈毛传〉、〈郑笺〉训诂术语比较研究》统计《毛传》中用"貌"的训例数量很多，有220例。如：

《卫风·淇奥》："瞻彼淇奥，绿竹猗猗。"毛传："猗猗，美盛貌。"

《郑风·丰》："子之昌兮，俟我乎堂兮"毛传："昌，盛壮貌。"

《周南·葛覃》："维叶莫莫"毛传："莫莫，成就之貌。"

（二）郑玄使用"貌"的例子，我们统计《郑笺》中用共36[①]例，其中"之貌"共14例；《周礼注》"貌"14[②]例，其中"之貌"3例；《仪礼注》"貌"6例，其中"之貌"4例；《礼记注》"貌"53[③]例，其中"之貌"20例。例如：

1."貌"例。

《邶风·谷风》："泾以渭浊，湜湜其沚。"笺："湜湜，持正貌。"

《齐风·还》："子之昌兮，遭我乎峱之阳兮。"笺："昌，佼好貌。"

《周礼·地官·遂人》："凡治野，以下剂致甿"注："甿犹懵，懵，

[①] 李林《郑玄训诂术语研究》统计为34例，陈炳哲《〈毛传〉、〈郑笺〉训诂术语比较研究》统计《郑笺》使用为44例。

[②] 李林统计为8例，不当。

[③] 李林统计为70例，不当。

无知貌也。"

《周礼·考工记·叙官》:"欲其朴属而微至"注:"朴属,犹附著,坚固貌也。"

《仪礼·士相见礼》:"至下,容弥蹙。"注:"蹙犹促也。促,恭悫貌也。"

《仪礼·聘礼》:"荐脯五膱,祭半膱横之。"注:"膱,脯如版然者,或谓之脡,皆取直貌焉。"

《礼记·曲礼上》:"衣毋拨,足毋蹶。"郑注:"拨,发扬貌。蹶,行遽貌。"

《礼记·玉藻》:"君子之饮酒也,受一爵而色洒如也。"郑注:"洒如,肃敬貌。"

《礼记·祭义》:"孝子之祭可知也,其立之也,敬以诎,其进之也,敬以愉,其荐之也,敬以欲。"注:"诎,充诎,形容喜貌也。""愉,颜色和貌。""欲,婉顺貌。"

2. "之貌"例。

《齐风·敝笱》:"其鱼唯唯"笺:"唯唯,行相随顺之貌。"

《鄘风·鹑之奔奔》:"鹑之奔奔,鹊之强强。"笺:"奔奔、强强,言其居有常匹,飞则相随之貌。"

《小雅·谷风》:"习习谷风,维风及雨。"郑笺:"习习,和调之貌。"

《周礼·地官·大司徒》:"辨十有二壤之物"注:"壤亦土也,变言耳。以万物自生焉则言土,土犹吐也。以人所耕而树蓺焉则言壤,壤,和缓之貌。"

《周礼·春官·典瑞》:"璧羡以起度"注:"羡,不圆之貌。"

《仪礼·士冠礼》:"旨酒令芳,笾豆有楚。"注:"楚,陈列之貌。"

《仪礼·士昏礼》:"妇疑立于席西"注:"疑,正立自定之貌。"

《礼记·学记》:"发然后禁,则扞格而不胜。"郑注:"扞格,坚不可入之貌。"

《礼记·坊记》:"贵不慊于上。"郑注:"慊,恨不满之貌也。"

《礼记·表记》:"俛焉日有孳孳。"郑注:"俛焉,勤劳之貌。"

九 属(之属)、之别、之类

"属"和"别"是两个说明事物种类的术语。例如:

（一）之属；属

毛亨和许慎都曾使用，例如：

《墉风·定之方中》："树之榛栗，椅桐梓漆，爰伐琴瑟。"毛传："椅，梓属。"

《说文·艸部》："蘭，莞属。"《豸部》："豺，狼属。""貊，鼠属。"《鹿部》："麋，鹿属。"

郑玄使用的例子，如：

凡曰"之属"者，是以别名释总名。如：

《周礼·秋官·翨氏》："掌攻猛鸟。"郑注："猛鸟，鹰隼之属。"

凡曰"属"者，是以总名释别名。如：

《周礼·春官·司尊彝》："凡四时之间祀、追享、朝享，祼用虎彝、蜼彝，皆有舟。"注："蜼，禺属卬鼻而长尾。"

（二）别，之别

对"属"和"别"的异同区别，段玉裁有很明晰的解释。《说文·禾部》："秔，稻属。"段注："凡言属者，以属见别也；言别者，以别见属也。重其同则言属，'秔'为'稻属'是也。重其异则言别，'稗'为'禾别'是也。"《尾部》："属，连也。"段注："凡异而同者曰属。……凡言属而别在其中，如'秔'曰'稻属'、'秏'曰'稻属'是也；言别而属在其中，如'稗'曰'禾别'是也。"

许慎《说文·糸部》："紀，丝别也。"《禾部》："稗，禾别也。"段玉裁注："谓禾类而别于禾也。"

郑玄使用的例子：

《周礼·地官·叙官》："遂大夫，每遂中大夫一人，县正，每县下大夫一人，鄙师，每鄙上士一人，酇长，每酇中士一人，里宰，每里下士一人，邻长，五家则一人。"注："县、鄙、酇、里、邻，遂之属别也。"

《周礼·秋官·叙官》："闽隶，百有二十人"注："闽，南蛮之别。"

《周礼·夏官·职方氏》："八蛮、七闽"注："闽，蛮之别也。《国语》曰：'闽，芈蛮矣。'"

（三）之类

指出某事物所属类别或用同类事物注释说明。类、属含义相当。例如：

《小雅·谷风》："采葑采菲，无以下体。"郑笺："此二菜者，蔓菁与蕡之类也。皆上下可食，然而其根有美时，有恶时，采之者，不可以根恶时，并弃其叶。"

《大雅·旱麓》："鸢飞戾天，鱼跃于渊"笺："鸢，鸱之类，鸟之贪恶者也。"

《唐风·蟋蟀序》："本其风俗，忧深思远。"郑笺："忧深思远，谓宛其死矣、百岁之后之类也。"

《大雅·既醉》："既醉以酒，既饱以德。"传："既者，尽其礼，终其事。"笺："礼谓旅酬之属。事谓施惠先后及归俎之类。"

《周礼·地官·掌荼》："掌荼"注："荼，茅莠，疏材之类也。"

《周礼·天官·叙官》："食医，中士二人"注："食，有和齐药之类。"

《周礼·天官·叙官》："兽医，下士四人"注："兽，牛马之类。"

《仪礼·乡射礼》："龙首，其中蛇交"注："蛇、龙，君子之类也。"

《仪礼·士虞礼》："升腊左胖，髀不升，实于下鼎"注："腊亦七体、牲之类。"

《礼记·檀弓下》："涂车刍灵，自古有之"注："刍灵，束茅为人马。谓之灵者，神之类。"

《礼记·月令》："道路不通，暴兵来至"注："盗贼功劫，亦雹之类。"

十　之称、之名

此术语可以用以解释名词。如：

（一）之称

《郑风·蘀兮》："叔兮伯兮，倡予和女。"郑笺："叔、伯，群臣相谓也。……叔伯，兄弟之称。"

《周礼·天官·叙官》："内饔，中士四人，下士八人。"郑注："饔，割亨煎和之称。"

《周礼·天官·叙官》："内竖，倍寺人之数。"郑注："竖，未冠者之官名。"

《仪礼·丧服》："谓弟之妻妇者，是嫂亦可谓之母乎？"注："嫂者，尊严之称。嫂犹叟也。叟，老人称也。是为序男女之别尔。"

《礼记·曲礼》"死曰考、曰妣、曰嫔"注："嫔，妇人有法度者之称也。《周礼》：'九嫔，掌妇学之法以教九御妇德、妇言、妇容、妇功。'"

（二）之名

《小雅·桑扈》："君子乐胥，受天之祜。"郑笺："胥，有才知之名也。"

《周礼·天官·叙官》："追师"郑注："追，治玉石之名。"

《仪礼·聘礼》："出祖释軷"注："《春秋传》曰：'軷涉山川。'然则軷，山行之名也。"

《礼记·王制》："出祖释軷"注："天子诸侯宗庙之祭，春曰礿，夏曰禘，秋曰尝，冬曰烝。"注："此盖夏殷之祭名，周则改之，春曰祠，夏曰礿，以禘为殷祭。《小雅》曰：'礿祠烝尝，于公先王。'此周四时祭宗庙之名。"

十一　辞、词、语助

此类术语解释虚词。古代的虚词比我们今天界定的"虚词"意义更加宽泛，代词甚至有些动词、形容词也可以列为"辞"。如：

（一）郑玄之前学者已经开始使用

据陈炳哲统计，《毛传》中用"辞"的训例共14例，基本格式："甲，辞也"，共8例，"甲"代表被释词；其他格式："甲，乙辞"，共6例。例如：

《周南·芣苢》："采采芣苢，薄言采之。"毛传："薄，辞也。"

《大雅·文王》："思皇多士，生此王国。"毛传："思，辞也。"

《召南·草虫》："亦既见止，亦既觏止。"传："止，辞也。"

《墉风·载驰》："载驰载驱"传："载，辞也。"

《郑风·大叔于田》："叔善射忌，又良御忌。"传："忌，辞也。"

《郑风·山有扶苏》："不见子都，乃见狂且。"传："且，辞也。"

《小雅·出车》："执讯获丑，薄言还归。"传："讯，辞也。"

《周南·麟之趾》："于嗟麟兮！"传："于嗟，叹辞。"

《召南·摽有梅》："求我庶士，迨其今兮。"传："今，急辞也。"

许慎《说文解字》中也使用。王贵元[①]指出，《说文》中的"词"除包括语气词、助词、连词等后代所谓虚词外，还包括后代归属于实词的一部分副词、叹词、形容词和代词。例如：

---

① 参看王贵元《〈说文解字〉中的"词"》，《辞书研究》2011年第4期。

《说文·只部》:"只,语已词也。"

《矢部》:"矤,况也,词也。从矢,引省声。从矢,取词之所之如矢也。""矤"同"矧"。又:"矣,语已词也。"

《八部》:"尔,词之必然也。"

《八部》:"曾,词之舒也。"

《白部》:"皆,俱词也。"

《白部》:"者,别事词也。"

郑司农使用过。例如:

《周礼·地官·司市》:"上旌于思次以令市"注:"郑司农云:'思,辞也。次,市中候楼也。'"

(二) 郑玄使用的例子

"辞"含有"话"的意思,古人在表达时,意义比较虚的词,在什么语境下使用,或要表达什么样的含义,常用这个术语说明。如果只是说明其属于"辞",那么被解释的词一般意义较虚,没有具体实在的意义。

《郑笺》中用术语"辞"的训例共 8 例。

1. "甲,辞也"格式,共 4 例。这种格式直接表明被释词是无实在意义的语助词,即虚词。例如:

《小雅·頍弁》:"有頍者弁,实维何期?"笺:"期,辞也。"

《小雅·都人士》:"匪伊垂之,带则有余。"笺:"伊,辞也。"

《大雅·抑》:"于乎小子,告尔旧止。"笺:"止,辞也。"

《大雅·崧高》:"往近王舅,南土是保。"笺:"近,辞也。声如'彼记之子'之记。"

2. "甲,某辞(也)""甲,某某之辞""甲,辞。""某,语助。"具体点明被释虚词的语法意义或语法功能。如:

《邶风·泉水》:"娈彼诸姬,聊与之谋。"笺:"聊,且略之辞。"

《魏风·园有桃》:"心之忧矣,聊以行国。"笺:"聊,且略之辞也。"

《鲁颂·閟宫》:"莫敢不诺,鲁侯是若。"笺:"诺,应辞也。"

《小雅·角弓》:"毋教猱升木,如涂涂附。"郑笺:"毋,禁辞。"

《仪礼·原目》:"丧服第十一〇子夏传"注:"天子以下,死而相丧,衣服、年月、亲疏、隆杀之礼。不忍言死而言丧,丧者,弃亡之辞,若全存居于彼焉,已亡之耳。"

《仪礼·士冠礼》："愿吾子之教之也。"郑注："吾子，相亲之辞。"①
《仪礼·乡射礼》："司射犹挟乘矢，以命三耦"郑注："犹，有故之辞。"
《仪礼·乡射礼》："司射犹挟一个，去扑"郑注："犹，有故之辞。"
《仪礼·大射》："易，有故之辞。"
《孝经·天子章》："盖天子之孝也。"郑注："盖者，谦辞。"（引自《郑氏佚书·孝经注》）
《周易·系辞下传》："则居可知矣。"郑注："居，辞。"
郑玄称"不辞"，即不成话，不符合语言正常表达规律。
《周礼·春官·御史》："掌赞书，凡数从政者"注："自公卿以下至胥徒凡数，及其见在空缺者。郑司农读言'掌赞书数'。书数者，经礼三百，曲礼三千，法度皆在。玄以为不辞，故改之云。"

3."语助"。如：《礼记·檀弓上》："檀弓曰：'何居？我未之前闻也。'"郑注："'居'读为姬姓之姬，齐鲁之间语助也。"
《礼记·檀弓下》："尔毋从从尔，尔毋扈扈尔。"注："从从谓大高，扈扈谓大广。尔，语助。"

十二　读如、读若、谓若②

（一）读如

我们统计郑玄在笺注中明确使用"读如"共109例，其中《毛诗笺》6例，《仪礼注》9例，《礼记注》35例，《周礼注》59例③。如果加上省略了"读"的"读如"形式3条，则我们统计《周礼注》使用"读如"共有62例。

"读如"类术语的主要功能有以下四个。

---

① 按，郑玄《周礼·天官·小宰》："六曰以叙听其情"注："情，争讼之辞。"例中的"辞"与其他的"某某之辞"有些差别，当是"情"在语境中的临时意义，指一些话语，而非对"情"的词义解释。

② 以下术语详参看李玉平《论郑玄〈周礼注〉从泛时角度对字际关系的沟通》，《励耘学刊》（语言卷）2013年第2期。

③ 统计数据借助文渊阁《四库全书》电子版（上海人民出版社和迪志文化出版有限公司，1999），下同，不再标注。《周礼注》中"读如"的使用次数，后文中李林（1985）、江中柱（1994）、杨天宇（2007）皆统计为58例，张能甫（1998）统计为56例，李玉平（2003/2006）统计为62例。这些数据都不含杜子春使用的2例和郑众使用的26例"读如"。

1. 沟通字际关系术语。例如可以沟通假借字和本字关系。如《天官·叙官》："胥十有二人"注："胥读如谞，谓其有才智。"胥本义是蟹酱（《说文》："胥，蟹醢也。从肉、疋声。"），表示"有才智"义，"胥"是个假借字，而"谞"是后造本字（《说文》："谞，知也。从言，胥声。"）又如可以沟通通假字和本字关系。《天官·大宰》："八曰斿贡"注："斿，读如囿游之游。游贡，燕好珠玑琅玕。"阮元校勘记引段玉裁《周礼汉读考》云："燕好、珠玑、琅玕，皆游观之物"，先秦旌旗之流字作"斿"，游观字作"游"。因而经文的"斿"是通假字，郑玄列出其本字"游"字。

2. 拟音术语。读如字只是为帮助读出被读如字的读音。如《春官·甸祝》："禂牲禂马"注："禂读如伏诛之诛，今侏大字也。为牲祭，求肥充；为马祭，求肥健。"贾公彦疏："'玄谓禂读如伏诛之诛'者，此俗读也。……此从音为诛。"后面的"今侏大字也"中的"侏"才具体沟通"禂"所要取的含义。阮元《校勘记》中举例证明"侏"有"大"的含义，可能是"俦"的异体字。

3. 释义术语。这类"读如"的特点是读如字和被读如字是同一个字，这种字大都是一音多义，并且都是在具体语境中确定被读如字的意义。如《天官·大宰》："六曰主以利得民"注："利读如上思利民之利，谓以政教利之。""利"字单音多义，"上思利民"之"利"与"以利得民"之"利"同义，这类"读如"是释义。

4. 拟音兼释义的术语。读如字与被读如字相同，既拟音又释义。如《地官·小司徒》："四丘为甸"注："甸之言乘也，读如衷甸之甸。""甸"字多音多义①，这里是读成《左传·哀公十七年》"良夫乘衷甸两牡"之"甸"的读音，并取其意义。"衷甸"即"中乘"，古代指两马一辕的卿车，是对前面"甸之言乘也"的具体解释。

（二）读若

"读若"可视作"读如"的变体。郑玄一共在注释中使用了4次"读若"。其中《周礼注》1次，《仪礼注》中3次。《周礼注》中的"读若"属于沟通字际关系术语。《考工记·梓人》："上两个与其身三，下两个半

---

① 读音1：《说文》："甸，天子五百里，从田，包省。"林义光《文源》："《说文》从勹之字，古作从人，甸当与佃同字……从人田，田亦声。"读音2：《周礼》："若大甸"郑玄注："甸读曰田"。

之"注:"个读若齐人撹干之干,上个、下个皆谓舌也。""读若"指出"个"是个通假字,本字当是《公羊传·庄公元年》中"(齐侯)使公子彭生送之,于其乘焉,撹干而杀之"中的"干"字,音义都当按照"干"字理解,唐贾公彦疏持此说。孙诒让《周礼正义》①中也称:"后郑意,此上下两个夹身为之,若两臂然,故以撹干拟其音,而其义亦现"。可见"读若"确实沟通了通假字和本字。

(三)谓若

郑玄注释中使用"谓若"54例。我们总结"谓若"的用法有以下四种。

1. 表示用具体解释抽象或用一般解释特殊时的举例说明。例如《大雅·荡》:"虽无老成人,尚有典刑"笺:"老成人,谓若伊尹、伊陟、臣扈之属。虽无此臣,犹有常事故法可案用也。"该例中,郑注今译意思是:老成人,指的是像伊尹、伊陟、臣扈之类的人。在说明解释"老成人"这个比较特殊的概念时,郑玄要用一般的词语去解释,因此要用术语"谓",可是仍然找不到一个恰当的含义对当或相近的词语,就只好用举例的办法来说明。就使用了"谓""若"组合,列举"伊尹、伊陟、臣扈"一类的人作为例子,来说明概念"老成人"的特点。

2. 表示用具体解释抽象或用一般解释特殊时的类比训释。例如:《周礼·天官·职内》:"凡受财者,受其贰令而书之"注:"受财,受于职内以给公用者。贰令者,谓若今御史所写下本奏,王所可者,书之。若言某月某日某甲,诏书出某物若干,给某官某事。"解释其中"贰令"时,找不到同时代相应例子解释,就举注家所处时代的例子"今御史所写下本奏,王所可者,书之"的情况去类比解释,读者豁然通晓。并进一步说明具体所写内容是比如说(用"若言")"某月某日某甲,诏书出某物若干,给某官某事"之类的,这就更加具体了。

3. 表示推测判断。例如:《大雅·生民》:"诞后稷之穑,有相之道"笺:"相,助也。笺云:大矣,后稷之掌稼穑,有见助之道,谓若神助之力也。"该例中,郑玄的意思用今天的话说就是:"后稷执掌稼穑之事非常盛大,有(总是)被保佑的规律,指的是就好像有神灵帮助的力量一样。"

---

① (清)孙诒让:《周礼正义》,中华书局1987年版,第3394页。

4. 具有沟通字际关系功能。《考工记·庐人》："刺兵欲无蜎"注："（故书）蜎或作绢……蜎亦掉也，谓若井中虫蜎之蜎。"其中"谓若"的功能是拟音兼释义。"蜎"有两个读音：yuān，xuān。这里是明确了"蜎"读第一个读音，即孑孓，蚊子的幼虫，通称"跟头虫"，在水中动摇不定，不时地作掉头掉尾之状。因而，郑玄称"蜎亦掉也"，可见术语"谓若"既有拟音又有释义的作用。

从本质上说，"谓若"属于郑玄所用训诂方法"比况例释法"中的术语之一。郑玄的注释用语"谓若"影响很大，为后代众多注释家如高诱、何晏、王肃、韦昭、杜预、范宁、裴骃、刘孝标、皇侃、陆德明、孔颖达、颜师古、杨士勋、贾公彦、李贤、司马贞、杨倞、徐彦、段玉裁等所沿用[①]。

十三 读为、读曰

（一）读为类

我们统计郑玄在笺注中明确使用"读为"共157例，其中《毛诗笺》7例，《仪礼注》16例，《礼记注》63例，《周礼注》71[②]例。如果加上"读为"省略形式及变体10例，则我们统计《周礼注》使用"读为"共有81例。

"读为"类术语的功能分析。

1. 沟通字际关系术语：如沟通通假字和本字。《天官·宫伯》："以时颁其衣裘"注："颁读为班，班，布也。""颁"本义是大头貌（《说文》："颁，大头也，从页，分声。"），这里表示"公布"的意思，是个通假字；"班"本义是分瑞玉，引申可以指分开、公布的意思。可见表示"公布"这个义项时，"颁"是通假字，"班"是本字，"读为"起了沟通通假字和本字的作用。又可以沟通假借字和后造本字。如《春官·大宗伯》："则摄而载果"注："果读为祼"。"果"本义是指果实，这里记录的是"祼祭"的含义，是假借字；后来又造了"祼"字专门记录这个含

[①] 参看李玉平、解植永《郑玄的注释用语"谓若"及其对后代的影响考察》，《宁夏大学学报》（社会科学版）2013年第5期。

[②] 以往统计郑玄《周礼注》"读为"数据：李林（1985）为92例（含"读曰"）、江中柱（1994）为75例、张能甫（1998）为79例，李玉平（2003）为80例。这些数据都不含杜子春、郑兴和郑众使用的"读为"。

义。因此"读为"起了沟通假借字和后造本字的作用。《周礼·大行人》:"王礼再裸而酢"注:"故书裸作果"也是佐证。

2. 拟音术语。读为字只是比拟被读为字的读音,而不是解释其意义。如《秋官·掌客》:"米百有二十筥"注:"米禾之秉筥,字同数异。禾之秉,手把耳;筥读为栋梠之梠,谓一稯。""筥"本义指圆筲箕,一种盛米饭等的竹器。该处注文的前面有"米横陈于中庭,十为列,每筥半斛。"句中的"筥"用的就是本义。这里是量词,相当于"稯"。"梠"的本义是屋檐(《说文》:"梠,楣也。")与表示"禾稻"数量的词无关,因而此处"读为"只是拟音。

3. 释义术语。读为字和被读为字是同一个字。如《天官·外府》:"外府掌邦布之入出"注:"布,泉也。布读为宣布之布,其藏曰泉,其行曰布,取名于水泉,其流行无不徧。"这里的"读为"是释义,取"宣布"的"布"(使政令流传四方)与表示"钱币"的"布"(钱币流通)有共通之处"流布"之义。

4. 拟音兼释义术语。出现在"A读为'……A……'之A"句式中。如《春官·典同》:"陂声散"注:"玄谓……陂读为险陂之陂,陂谓偏侈,陂则声离散也。""陂"字多音多义,这里当读今音"bì",义"倾斜","读为"兼有拟音和释义的作用。

"读为"最主要的功能就是沟通通假字和本字的关系,其次是沟通假借字和后造本字,另外还有拟音、释义、拟音兼释义等功能。

(二) 读曰类

我们统计郑玄在笺注中明确使用"读曰"共27例,其中《毛诗笺》6例,《仪礼注》2例,《礼记注》9例,《周礼注》10例[①]。

"读曰"类术语的功能分析。

1. 沟通通假字和本字。这是"读曰"最主要的功能。如:《春官·小宗伯》:"若大甸"注:"甸读曰田"。根据上下文判断,这里的"甸"指的是"畋猎"的意思,这个含义在当时是用"畋"的古字"田"表示的,在表示这个含义上"田"是本字,而"甸"则是通假字。"读曰"就是要指出二者关系。

[①] 以往统计郑玄《周礼注》"读曰"数据:江中柱(1994)、李玉平(2003)为10例、张能甫(1998)为9例。这些数据都不含杜子春使用的"读曰"1例。

2. 沟通源本字和分化本字。如：《春官·大司乐》："兴、道、讽、诵……"注："道读曰导，导者，言古以剀今也。""道"本义是指道路，引申可以指"导引"。这里的"道"就是这个含义，后来这个含义就专门造一个"导"字来表示。在表示这个义项上，"道"是源本字，"导"是分化本字。"读曰"沟通了这两个字的关系。

十四　假借字

郑玄在其注释中共使用"假借字"术语 6 例，除《周礼注》中 4 例外，《礼记注》中还有 2 例。

"假借字"类术语的具体表述形式。一共有 6 条。其中《周礼注》中 4 条：如：《考工记·玉人》："衡四寸"注："衡，古文横假借字也。衡谓勺径也。"《考工记·矢人》："以其笴①厚为之羽深"注："笴读为藁，谓矢干，古文假借。"《礼记注》中 2 条：《礼记·缁衣》："《君雅》"注："雅，《书序》作牙，假借字也。《君雅》，周穆王司徒作，《尚书》篇名也。"《礼记·儒行》："起居竟信其志"注："信读如屈伸之伸，假借字也。……信或为身。"

"假借字"类术语的功能分析。关于假借字，郑玄自己曾经有相关论述，唐代陆德明与张守节都曾引用，文字稍有不同②。陆德明《经典释文·序录》："郑康成云：'其始书之也，仓卒无其字，或以音类比方假借为之，趣于近之而已，受之者非一邦之人，人用其乡，同言异字，同字异言，于兹遂生矣。'"总结郑玄的"假借字"所沟通的字际关系包括以下三种情况。

（一）沟通假借字和后造本字

如：《考工记·匠人》："置槷以县"注："故书槷或作弋，杜子春云：'槷当为弋，读为杙。'玄谓，槷，古文臬假借字。于所平之地中央，树八尺之臬，以县正之，视之以其景，将以正四方也。《尔雅》'在墙者谓之杙，在地者谓之臬。'"郑玄同意《尔雅》之说，认为"臬"是"表示测量日影的标杆"这一含义的本字，"槷"（即杜子春所说的"杙"

---

① "笴"原书作"笴"，从阮元所引段玉裁《周礼汉读考》说改。
② 张守节《史记正义论例谥法解·论音例》稍异，文作："郑康成云：'其始书之也，仓卒无字，或以音类比方假借为之，趣于近之而已，受之者非一邦之人，其乡同言异，字同音异，于兹遂生。'"

字）是个借字，但"埶"字早于"臬"字记录这一义项。

（二）沟通通假字和本字

如《考工记·矢人》："以其笴厚为之羽深"注："笴读为藁，谓矢干，古文假借字。""笴"本指一种竹制的捕鱼工具，这里被临时借用来表示"矢干"；"藁"的本义是"禾秆"，引申可以指"箭干"。"笴"古音属侯部[1]，"藁"古音属宵部，音近可相通假。郑玄即是认为在记录"箭干"这个含义上，本字当是"藁"，"笴"是个通假字，因而称其为"假借字"。

（三）沟通同义字

如：《考工记·玉人》："衡四寸"注："衡，古文横假借字也。衡谓勺径也。"郑玄认为是"假借字"关系，实则不然。"衡"本义是古代绑在牛角以防触人的横木，引申指平衡等含义，也引申出表示与"纵"相对的"横"的含义，自然也可以表示横跨某个空间的含义；"横"本义是门前的栏木，引申可以指与"纵"相对的"横"，也可以指横穿或跨越某个空间。这里郑玄称"衡谓勺径也"，就是指勺子的直径长度，这个含义既可以用"横"，也可以用"衡"来记录，可以说这两个字是经引申后形成的同义字关系。

十五　字之误

我们统计郑玄在其笺注中共使用"字之误"类术语55例，除了《周礼注》中使用19例外，还有《毛诗笺》3例，《仪礼注》3例，《礼记注》30例[2]。

术语"字之误"的功能分析。这个术语一般是不单独使用的，主要还是作为"当为"和"读为"类术语的辅助性术语使用。"字之误"术语在沟通字际关系上的主要功能有以下三个。

（一）沟通因形近而讹误的正误字关系

《周礼注》中提到的"绥—緌"、"匪—篚"、"八—六"、"九磬—大韶"、"昨—酢"、"褖—缘"、"裸—埋"、"希—黹"、"巫—筮"、"庐

---

[1] 本文分析上古音依据郭锡良《汉字古音手册》，北京大学出版社1986年版。下同。
[2] 李云光（1966/2012）第二章第五节"以字形校之"中曾集中关注，李玉平（2003）曾搜集分析《周礼注》"字之误"术语18例，杨天宇（2007）曾分析郑玄《三礼注》中"字之误"类术语34例，其中分析《周礼注》中"字之误"术语10例。

维—雷雍"、"暴—恭"、"搏—膊"等都是因形近而误。如：《春官·肆师》："共设匪瓮之礼"注："匪，其筐字之误与？"《夏官·校人》："八丽一师，八师一趣马，八趣马一驭夫"注："八皆宜为六，字之误也。"

（二）沟通因上下文有相关干扰信息而导致舛误的正误字关系

如《天官·疡医》："以五气养之"注："五气当为五谷，字之误也。"经上文已经有"以五味、五谷、五药养其病"之语，又有"以五气、五声、五色视其死生"之文，下文叙述"以五（谷或气）养之，以五药疗之，以五味节之"时出现错误。

（三）沟通通假字与本字的关系

如《春官·男巫》："春招弭"注："弭读为敉，字之误也"。"弭"与"敉"声音相同（都是上古明纽支部字），古可通用。"弭"本义是指没有装饰的弓，这里借来表示"安抚"的意思，是通假的用法，本字当作"敉"。如果说是"误"的话，当属郑玄所说的"声之误"类。

十六 声之误

我们统计郑玄在其笺注中共使用"声之误"类术语82例，除了《周礼注》中使用22例外，还有《毛诗笺》1例，《礼记注》59例①。

"声之误"术语的使用如：

（一）与"当为"合用的类型

《天官·内饔》："豕盲视而交睫腥"注："腥当为星，声之误也。肉有如米者似星。"《天官·疡医》："疡医掌肿疡、溃疡、金疡、折疡之祝"注："祝当为注，读如注病之注，声之误也。注谓附著药。"等。

（二）与"读为"合用的类型

如：《地官·旅师》："而用之"注："而读为若，声之误也。"《春官·司尊彝》："郁齐献酌"注："献读为摩莎之莎，齐语声之误也。"

（三）单独使用的较少

如：《春官·郁人》："与量人受举斝之卒爵而饮之"注："斝，受福之嘏，声之误也。"

术语"声之误"的功能分析。从《周礼注》用例来看，"声之误"

---

① 李云光（1966/2012）第二章第六节"以字音校之"中曾集中关注，李玉平（2003）统计分析《周礼注》"声之误"术语为23例，杨天宇（2007）曾分析郑玄《三礼注》中"声之误"类术语65例，其中分析《周礼注》中"声之误"术语20例。

最主要是和术语"当为"结合起来使用，其次是和术语"读为"结合使用，单独使用例子极少，可以看作前两种情况的特例。这个术语明确指出了"当为"和"读为"所沟通的两个字之间具有在声音上的相同相近关系，因而才会产生误用。这里的所谓"误"实际上就是"通假"，因而"声之误"的主要功能就是沟通通假字和本字，不过把通假的原因解释为"声之误"而已。《周礼注》22 例"声之误"所涉及的两个字之间的古音关系，如：腥（心纽耕部）—星（心纽耕部）、豆（定纽侯部）—羞（心纽幽部）、祝（章纽觉部）—注（章纽侯部）、授（禅纽幽部）—受（禅纽幽部）、思（心纽之部）—司（心纽之部）、牲（山纽耕部）—腥（心纽耕部）、豆（定纽侯部）—斗（端纽侯部）等。可以看出"声之误"沟通的字之间都具有音同或音近的特点：或是声韵全同，或是声同韵近，或是声近韵同，或是声近韵通。正是具备声音上的相同相近关系，因而才能够导致误用或相通假。

十七　当为、当作

我们统计郑玄在其笺注中共使用"当为/当作"类术语 240 例，其中主要包括"当为""当作""宜为"三种形式。1."当为"用例：《周礼注》郑玄使用 46 例（另引用杜子春 104 例，引用郑司农 30 例），《毛诗笺》20 例，《仪礼注》15 例，《礼记注》100 例。2."当作"用例：《周礼注》郑玄使用 2 例（另引用杜子春 4 例，引用郑司农 3 例），《毛诗笺》43 例，《仪礼注》6 例，《礼记注》6 例。3."宜为"用例：《周礼注》中使用 2 例①。

"当为/当作"类术语的具体表述形式，以《周礼注》为例。1."当为"。共 46 例。（1）单独使用。如：《天官·内饔》："凡掌共羞、修、刑……"注："共，当为具。"《春官·肆师》："及其祈珥"注："祈当为进㡭之㡭。"（2）与"字之误"合用。如：《天官·疡医》："以五气养之"注："五气当为五谷，字之误也。"《天官·典丝》："则受良功而藏之"注："良当为苦字之误。"（3）与"声之误"合用。如：《天官·内饔》："豕盲视而交睫腥"注："腥当为星，声之误也。肉有如米者似星。"

---

① 郑玄《周礼注》使用"当为/当作"类术语，李林（1985）统计为 37 例，李玉平（2003）统计为 49 例。杨天宇（2007）分析了《三礼注》中 130 条"当为"类术语材料，其中《周礼注》39 条。

(4) 与"字、声之误"合用。如：《考工记·梓人》："觑三升……则一豆矣"注："觑、豆，字、声之误，觑当为觯，豆当为斗。" 2. "当作"。共2例。(1) 单独使用。如：《地官·小司徒》："施其职而平其政"注："政当作征。" (2) 与"字之误"合用。如：《天官·夏采》："以乘车建绥复于四郊"注："故书绥作襊……则旌旗有是绥者，当作矮，字之误也。" (3) "宜为"。共2例。如：《夏官·校人》："八丽一师，八师一趣马，八趣马一驭夫"注："八皆宜为六，字之误也。"《秋官·掌客》："铏四十二"注："铏四十二宜为三十八，盖近之矣。"

"当为/当作"类术语功能分析，以《周礼注》为例。

术语"当为/当作"与"字之误""声之误"合用所沟通的字之间的关系情况已见前文分析；考察《周礼注》"当为/当作"类术语单独使用的情况，发现这23条术语所沟通的字之间：1. 要么具有音同音近的特点，共16例，占70%。如：(1) 声韵全同的有"政—正"（章纽耕部）、"狄—翟"（定纽锡部）、"右—侑"（匣纽之部）、"授—受"（禅纽幽部）等。(2) 声音相近的有"展（端纽元部）—襢（禅纽元部）"、"祈（群纽文部）—譏（群纽微部）"、"运（匣纽文部）—辉（晓纽微部）"；2. 要么具有形近的特点，有2例，约占8%。如"書—畫""四十二—三十八"；3. 甚至有的是形、音皆近，共5例，占22%。如"共（群纽东部）—具（群纽侯部）"、"齊（从纽脂部）—齍（精纽脂部）"、"施—弛"（皆书纽歌部，声韵全同）、"珥—衈"（皆日纽之部，声韵全同）等。

结合上面"字之误""声之误"以及单独使用的"当为/当作"类术语的分析，我们总结"当为/当作"类术语的功能如下三个。1. 沟通形近而讹的误字和正字关系。凡是形近的皆属于这一类。被释字是形近而误的误字，训释字是记录词项的正字。2. 沟通通假字和本字。凡是音同音近或形音皆近的都属于此类。这一类的被释字是由于音近而通假的字，郑玄指出是音近而误，实际上是指出了两个字具备通假的条件——声音相近。3. 沟通因上下文有相关干扰信息而导致舛误的正误字关系。

"当为"类术语的变体："某实（作）某"。

1. "A，实B字（也）"式。如：《地官·媒氏》："入币纯帛"注："纯，实缁字也。古缁以才为声。"《地官·泉府》："买者各从其抵"注："抵实柢字。"

2. "AC 实作 BC" 式。如：《天官·内司服》："緣衣"注："言緣衣者甚众，緣字或作税，此緣衣者实作褖衣也。……緣，字之误也。"

"某实（作）某"式的功能与术语"当为"的功能基本相当，但语气上比"当为"更为肯定。

十八 某与某音声相似（近）类术语

我们统计郑玄在其笺注中共使用某与某音相似（近）类术语14例。这类术语包括"音声相近""声相近""音声相似""音相似""声相似""读声相似""声如"等形式。具体可以分为三类：（一）"（音）声相近"用例：《毛诗笺》1例，《周礼注》1例，《礼记注》4例，《仪礼注》1例；（二）"（读）（音）声相似"用例：《毛诗笺》1例，《周礼注》2例（另引用郑司农4例，杜子春1例）；（三）"声如"用例：《毛诗笺》1例，《周礼注》2例（另引用郑司农1例），《礼记注》1例。

某与某音声相似（近）类术语的功能分析。这类术语作用很明显，就是要说明某两个或几个字之间具有声音相近关系，因而可相通假。具体来说其功能有以下三个。

（一）沟通本字和假借字关系

如：《天官·酒正》："辨四饮之物：一曰清，二曰医，三曰浆，四曰酏"注："糟音声与涚相似，医与臆亦相似，文字不同，记之者各异耳，此皆一物。"郑玄目的是要说明，这里的"医"是指酒醴一类的东西，用的是本字，与郑司农所说的《礼记·内则》"饮重醴，稻醴清涚，黍醴清涚，粱醴清涚，或以酏为醴，浆、水、臆"中的"臆"是同一种东西，但在记录这一词义上，"臆"是个假借字。郑玄不但说明二者是本字和假借字的关系，而且说明了他们能够相假借的条件——声音相近。

（二）沟通假借字和本字关系

如：《天官·内司服》："祎衣、揄狄、阙狄、鞠衣、展衣"注："玄谓，狄当为翟。祎衣，画翚者；揄翟，画摇者；阙翟，刻而不画。此三者皆祭服。……展衣以礼见王及宾客之服，字当为襢，襢之言亶，亶，诚也。……祎、揄、狄、展，声相近。"综合注文的上下文看，这里的"祎、揄、狄、展，声相近。"不是说"祎、揄、狄、展"几个字声音相近，而是说这几个字分别与"翚、摇、翟、襢"声音相近，因而可相通假。也就是有这样几对关系：翚（本字）——祎（假借字）、摇（本字）——揄（假借字）、翟（本字）——狄（假借字）、禪（本字）——展（假借字）。"声相近"则指出了这些字可以相通假的条件——声音相近。又《天官·醢人》："豚拍"注："郑大夫、杜子春皆以'拍'为'膊'，谓胁也。或曰豚拍，肩也。今河间名'豚胁'声如'锻镈'。"这里的"声如"也是如此，目的是用方音证明"胁"与"镈"音近，因而与"膊"音近，因而可相通假，即"膊"是本字，而经文的"拍"字是个假借字。

（三）沟通同源字

如：《春官·小宗伯》："甫竁"注："郑大夫读'竁'为'穿'，杜子春读'竁'为'毳'，皆谓葬穿圹也。今南阳名穿地为竁，声如腐脆之脆。""脆"字有的版本作"脃"（《说文》："小耎易断也，从肉从绝省。""脃"与"脆"是异体字关系）有的版本作"膬"（《说文》："耎易破也，从肉毳声。"）又《说文》："穿，通也。竁，穿地也。从穴毳声。"可见，穿、脆、脃、竁、膬声近义通。郑玄同意郑兴、杜子春的意见，皆谓"竁"是指穿圹，而且称"今南阳名穿地为竁"。可见其字取"脆（或脃、膬）"字"易破"的含义。因而这里的"声如"用南阳方音指出了这几个同源字具备声近的条件，因而引出同源字，帮助读者理解文意。

十九　其他类术语

某些沟通字际关系术语使用次数很少，只有一两次。在郑玄注释书中不多见。我们不将其单独列为一类，都归入"其他类"。以往学者关注不多。下面分析这类术语的具体表述形式及其功能。

（一）"AB 同"形式

除了《周礼注》2 例外，"AB 同耳"形式，郑玄还在《仪礼注》中使用 1 例，《礼记注》中使用 2 例；"AB 似同矣"只有《周礼注》中使用；类似形式还有"AB 同也"的使用：《毛诗笺》《仪礼注》中各 2 例，《礼记注》中 1 例。共 2 例。例如《天官·外府》："共其财用之币赍"注："赍、资同耳。其字以齐次为声，从贝变易。"《考工记·冶氏》："重三锊"注："许叔重《说文解字》云：'锊，锾也。'…锊、锾似同矣。"

《周礼注》"AB 同"式功能分析：这类术语的作用是沟通异体字的关系，郑玄认为某两个字只是字形书写不同，实际上都是记录某一义项的本字，因而称其"某某同"。

（二）"A 即 B"形式

主要沟通同义词之间的关系，因此不仅仅是沟通字际关系，类似用例郑玄在注释中使用共约 21 例。其中《毛诗笺》1 例，《仪礼注》1 例，《礼记注》6 例，《周礼注》13 例，但就只沟通单音节同义字（词）的字际关系而言，则只有《周礼注》中 2 例，《礼记注》中 2 例。例如（1）《春官·大胥》："春入学舍采"注："舍即释也。"（2）《考工记·韗人》："韗人为皋陶"注："郑司农云：'韗，书或为鞠，皋陶，鼓木也。'玄谓鞠者，以皋陶名官也。鞠即陶，字①从革。"

《周礼注》"A 即 B"式的功能分析：这一术语的作用是沟通同义字的关系。从文中这两个例子来看，郑玄使用这样的术语时，目的不过是说某两个字含义相当，可以置换进经文中去，理解文义。

1. 《春官·大胥》文中的"采"是"菜"的假借字，"舍采"即"释菜"。古书中"舍"与"释"经常互换使用，意义相当。如《周礼注》中，已有多次说明。《春官·占梦》："乃舍萌于四方"注："舍读为释，古书'释菜''释奠'多作'舍'字。"又《春官·甸祝》："舍奠于祖庙"注："舍读为释"，又《春官·大史》："舍筭"注："舍读曰释。"又《礼记·月令》："仲春之月，命乐正习舞释菜。"《礼记·文王世子》："始立学者既兴器用币，然后释菜。"可见"舍"与"释"可以互换，在语境中是同义字关系，郑玄的注释"舍即释"也就是要指明二字是同义字。

2. "鞠即陶"一例中，郑玄的意见是"鞠"与"陶"就是同义字，只不过"陶（制品）"用在鼓上，因而"字从革"作"鞠"。此二字现在也有的称之为广义分形字。郑玄这里的目的只是想要说明二者的同义关系。

（三）互言

郑玄在注释中共使用"互言"24 例，其中《毛诗笺》2 例，《周礼注》7 例，《仪礼注》4 例，《礼记注》11 例。其中涉及沟通单字之间关系的用例，《周礼注》1 例，《仪礼注》中 2 例，《礼记注》中 1 例。如

---

① 李学勤主编标点本《周礼注疏》"鞠即陶字"，"即"原作"则"，按阮校："贾《疏》述注云'鞠即陶字'，《仪礼·大射仪》疏引此注同，当据正。"据改。北京大学出版社 1999 年版，第 1112 页。

《秋官·柞氏》："夏日至，令刊阳木而火之。冬日至，令剥阴木而水之"注："刊、剥互言耳。"根据该例分析，"互言"就是指明在上下文语境中"刊"与"剥"是同义字关系，为行文有所变化而换字，二字互换位置句意相当。

（四）《周礼注》"A，B字磨灭之余"式

共1例。《春官·司几筵》："其柏席用萑黼纯"注："柏，椁字磨灭之余。"郑玄在其他注书中没有同样表达，类似的表达还有1例，即"坏字"。例如《礼记·檀弓下》："衣衰而缪绖"注："衣当为齐，坏字也。"

《周礼注》"A，B字磨灭之余"式功能分析：沟通因形近而误的正误字关系。根据该例分析，郑玄是要说明"柏"与"椁"是形近字，本为"椁"，因长时间磨损以致误识读成"柏"字。段玉裁《周礼汉读考》云："郑君谓'椁'字磨灭成柏，亦字之误也。"因此这例说明也可以列入前面"字之误"一类中。

第六章

郑玄的训诂方式

训诂方式[①]：指古代解释词义的方式。准确地说，应该是：解释词义时，对词义的表述方式。

我们参考胡明扬、黄建华、李运富等先生的分类[②]，将训诂方式分为词训、句训和综合训释三大类，根据这个分类我们考察郑玄的训诂方式[③]如下。

一　词训

词训，相当于以往的直训，用意义相当、相关或所指类同的单词（包括复音词）作训。包括以下五种。

（一）用同义词训释

目的在确定被释词的对应义项。

1. 用单音词训释。

（1）用一个单音词解释一个单音词。如《礼记·曲礼上》："主人肃客而入"注："肃，进也。"

（2）多个单音词解释一个单音词。因为一个字解释不能完全解释清楚被释词。例如"A者，B也，C也"。《天官·大宰》："以八柄诏王驭群臣"注："诏，告也，助也。""A者，B也，C也，D也"。《天官·

[①] 训诂方式与训诂方法如何区分，学界意见不统一。有的干脆不区分。我们同意《中国语言学大辞典》（江西教育出版社1991年版，第173页）的观点，主张区分二者，前者属于词义表述方式，后者重在词义考释方法。

[②] 参看李玉平《〈周礼〉复音词郑玄注研究》，天津社会科学院出版社2007年版，第44—47页。

[③] 张舜徽《郑氏经注释例》之《循文立训》上、下二节对郑玄的训诂方式论述较详细，本文多所参考。见张舜徽《郑学丛著》，华中师范大学出版社2005年版，第53—578页。

大宰》："大宰之职，掌建邦之六典"注："典，常也，经也，法也。"

（3）单音词释复音词。《周颂·敬之》："佛时仔肩，示我显德行"笺："仔肩，任也。"使用术语"犹"。《礼记·大传》："五者一物纰缪，民莫得其死"注："纰缪犹错也。"

（4）用术语"犹"解释。例如《秋官·柞氏》："若欲其化也，则春秋变其水火"注："化犹生也。"

（5）用术语"谓"解释。《仪礼·觐礼》："坛十有二寻，深四尺"注："深谓高也，从上曰深。"

（6）用术语"亦"解释。与本句或上下文某字相同。《地官·叙官》："以佐王安扰邦国"注："扰亦安也，言饶衍之。"

（7）用术语"谓之"解释。《仪礼·乡饮酒礼》："羹定"注："肉谓之羹。"

2. 用复音词训释。

（1）用复音词训释单音词。《天官·大宰》："八曰诛，以驭其过"注："诛，责让也。"

（2）用复音词训释单音词，使用术语"曰"。《大雅·桑柔》："民靡有黎，具祸以烬"注："灾余曰烬"。用复音词"灾余"解释单音词"烬"。

（3）用复音词训释单音词，使用术语"为"。《小雅·菁菁者莪》："既见君子，锡我百朋"笺云："古者货贝，五贝为朋。"用复音词"五贝"解释单音词"朋"。

（4）用复音词训释单音词，使用术语"谓之"。《仪礼·公食大夫礼》："实于镫"注："瓦豆谓之镫。"用复音词"瓦豆"解释单音词"镫"。

（5）复音词训释单音词，使用术语"犹"。《礼记·曲礼上》："效马效羊者，右牵之。"注："效犹呈见。"

（6）复音词训释单音词，使用术语"谓"。《小雅·谷风》："既生既育"笺："生谓财业也，育谓长老也。"

（7）用复音词训释复音词。用同义词训释。《春官·诅祝》："以质邦国之剂信"注："邦国，诸侯国也。"《天官·内宰》："禁其奇衺"注："奇邪，若今媚道。"《天官·宰夫》："以牢礼之法掌其牢礼、委积、膳献、饮食、宾赐之飧牵"注："饮食，燕飨也。"

用复音词训释复音词。用异形词训释。即用同音、同义而词形不同的复音词解释。类似异体字。《天官·小宰》："傅别"注："傅别,故书作傅辨。郑大夫读为符别。"

（8）用复音词训释复音词。使用术语"犹"。《秋官·司仪》："从其爵而上下之"注："上下犹丰杀也。"

（9）用复音词训释复音词。使用术语"谓"。《礼记·檀弓上》："尔毋从从尔,尔毋扈扈尔"注："从从谓大高,扈扈谓大广。"

（二）用同源词训释

目的在揭示被释词的音义来源或意义特征（特征义素）。属于声训,即从语词的声音方面揭示词的含义。

1. 用术语"之言"。"A 之言 B"。如《天官·叙官》："膳夫"注："膳之言善也。"

2. 用术语"之言"。"A 之言 B 也, C 也。"如《礼记·学记》："不兴其艺,不能乐学"注："兴之言喜也,歆也。"

3. 用术语"之言"。"A 之言 BC 也。"《礼记·玉藻》："疾趋则欲发而手足毋移"注："移之言靡迤也。"

（三）用类属词训释

目的在点明被释词所属的范围。如：

1. 指出为名词类。

《小雅·采菽》："言采其芹"笺："芹,菜也。"

（1）之属。

《仪礼·既夕礼》："载旜"注："旜,旌旗之属。"

（2）之名。

《礼记·乐记》："故乐者,天地之命,中和之纪"注："纪,总要之名也。"

《周易·遯卦》："遯"注："遯,逃去之名也。"

2. 指出为形容词类。

（1）貌。

《小雅·四月》："冬日烈烈,飘风发发"注："发发,疾貌。"

《邶风·谷风》："习习谷风"注："习习,和调之貌。"

（2）意。

《大雅·皇矣》："王赫斯怒"笺："赫,怒意。"

《卫风·考槃》："考槃在阿，硕人之薖。"笺："薖，饥意。"
《郑风·羔裘》："羔裘晏兮，三英粲兮"笺："粲，众意。"
（3）之意。
《大雅·卷阿》："伴奂尔游矣"笺："伴奂，自纵弛之意也。"
《易·家人卦》："家人嗃嗃"郑注："嗃嗃，苦热之意。"①
《易·家人卦》："妇子嘻嘻"郑注："嘻嘻，骄佚喜笑之意。"②
《曹风·下泉》："忾我寤叹，念彼周京。"笺："忾，叹息之意。"
《易·蹇卦》："六四，往蹇来连。"注："连，如字，迟久之意。"③
（4）之言。
《礼记·月令》："天地始肃，不可以赢。"注："肃，严急之言。"
《周颂·闵予小子》："闵予小子，遭家不造。"笺："闵，悼伤之言。"

3. 指出为动词类。
《仪礼·士相见礼》："不疑君"注："疑，度之。"
《礼记·王制》："天子杀则下大绥，诸侯杀则下小绥。"注："下谓弊之。"

4. 指出为虚词类。
（1）辞。
《小雅·角弓》："毋教猱升木"笺："毋，禁辞。"
《鲁颂·閟宫》："莫敢不诺，鲁侯是若。"笺："诺，应辞也。"
《孝经·天子章》："盖天子之孝也。"郑注："盖者，谦辞。"（引自《郑氏佚书·孝经注》）
（2）之辞。
《仪礼·士虞礼》："敢用絜牲、刚鬣"注："敢，昧冒之辞。"
《仪礼·大射》："易觯兴洗"注："易，有故之辞也。"
《礼记·檀弓上》："曾子曰：'夫祖者，且也。'"注："且，未定之辞。"
《邶风·泉水》："娈彼诸姬，聊与之谋"笺："聊，且略之辞。"（亦

---

① 一本作"嗃嗃"。（宋）王应麟辑：《郑氏周易注》，丛书集成初编本，中华书局1985年版，第30页。
② （宋）王应麟辑：《郑氏周易注》，丛书集成初编本，中华书局1985年版，第30页。
③ 同上书，第31页。

见《魏风·园有桃》"心之忧矣，聊以行国。"笺)

《周易·萃卦》："赍咨涕洟"注："赍咨，嗟叹之辞也。"①

（3）发声。

《礼记·射义》："又使公罔之裘序点扬觯而语"注："之，发声也。"

《仪礼·士冠礼》："毋追夏后氏之道也"注："毋，发声也。追犹堆也。"

《周礼·秋官·行夫》："使则介之"注："使谓大小行人也。故书曰'夷使'。……玄谓，夷，发声。"

《礼记·檀弓上》："予畴昔之夜，梦坐奠于两楹之间"注："畴，发声。"

《礼记·射义》："又使公罔之裘序点扬觯而语"注："之，发声。"

《邶风·式微》："式微式微，胡不归"笺："式，发声也。"

《尚书略说》："禹其跳"郑注："其，发声也。"②

（4）之声。

《大雅·瞻卬》："懿厥哲妇，为枭为鸱。"笺云："懿，有所痛伤之声也。"

《周颂·噫嘻》："噫嘻成王，既昭假尔。"郑笺："噫嘻，有所多大之声也。"

（四）用同音的假借字解释（也属于声训）

如：《考工记·匠人》："置槷以县"注："故书槷或作弋，杜子春云：'槷当为弋，读为杙。'玄谓槷，古文臬假借字。于所平之地中央，树八尺之臬，以县正之，视之以其景，将以正四方也。《尔雅》曰：'在墙者谓之杙，在地者谓之臬。'"《考工记·弓人》："宽缓以荼"注："荼，古文舒假借字。郑司农云：'荼读为舒'。"

《诗经·卫风·氓》："淇则有岸，隰则有泮。"郑笺："泮读为畔。"

《礼记·儒行》："起居竟信其志"注："信读如屈伸之伸，假借字也。……信或为身。"

（五）共训

一个单音词释多个单音词。

---

① （宋）王应麟辑：《郑氏周易注》，丛书集成初编本，中华书局1985年版，第35页。
② 安作璋主编：《郑玄集（下）·尚书略说》，齐鲁书社1997年版，第564—565页。

《礼记·月令》："夜分则同度量，钧衡石，角斗甬，正权概。"注："因昼夜等，而平当平也。同、角、正皆谓平之也。"

《鲁颂·閟宫》："不亏不崩，不震不腾，三寿作朋。"郑笺："亏、崩皆谓毁坏也。震、腾皆谓僭踰相侵犯也。"

二　句训

句训，用短语、句子或语段说明词语的意义或内容。包括以下八种。

（一）定义式

界定词义的类属和特点（义差+义类）

1. 标准式（有上位词、泛义词作义类）。如表1-6-1。

表1-6-1

页码	复音词	郑玄注释	出处
13	女酒	女酒，女奴晓酒者	《天官·冢宰注》
13	女浆	女浆，女奴晓浆者	《天官·冢宰注》
14	女笾	女笾，女奴之晓笾者	《天官·冢宰注》
14	女醢	女醢，女奴晓醢者	《天官·冢宰注》
14	女醯	女醯，女奴晓醯者	《天官·冢宰注》
15	女盐	女盐，女奴晓盐者	《天官·冢宰注》
15	女幂	女幂，女奴晓幂者	《天官·冢宰注》
21	女祝	女祝，女奴晓祝事者	《天官·冢宰注》
21	女史	女史，女奴晓书者	《天官·冢宰注》
22	女工	女工，女奴晓裁缝者	《天官·冢宰注》
239	女舂抗	女舂抗，女奴能舂与抗者。抗，抒臼也	《地官·司徒注》
437	女祧	女祧，女奴有才知者	《春官·宗伯注》
438	女府	女府、女史，女奴有才知者	《春官·宗伯注》
438	女史	女府、女史，女奴有才知者	《春官·宗伯注》

注：页码为李学勤主编《十三经注疏（标点本）·周礼注疏》，北京大学出版社1999年版。

上述注释对复音词的解释所用释义方式都是定义式，训释模式都是"女奴（晓/能/有）……者"。这些词义训释是十分规整、严密、成系统的，并非是杂乱的、随意的随文训释，也反映了郑玄训释词义的系统观和对复音词构词方式的理解与认识。

2. 省变式（省略或隐代义类）。如：

《周礼·天官·叙官》："稍人"注："主为县师令都鄙丘甸之政也。距王城三百里曰稍。家邑、小都、大都，自稍以出。"《周礼·地官·稍人》："稍人，掌令丘乘之政令。"郑注："掌令都鄙修治井邑丘甸县都之沟涂。"郑玄注中省略了"稍人"的主训词"官职"。孙诒让正义："稍人者，主公邑军赋之官……稍人掌公邑丘乘之政令，以公邑亦制井田也。"孙诒让的解释中就补充出"稍人"所属的主训词了。

行曰商，处曰贾。（《周礼·天官·大宰》："商贾阜通货贿"郑注）这里也是省略的表达形式。比较全面的表达是"通物曰商，居卖物曰贾"（《周礼·地官·司市》："以商贾阜货而行布"郑注）

勺、尊、升，所以酌酒也。（《仪礼·士冠礼》："勺觯角柶"注）

筮，所以问吉凶，谓蓍也。（《仪礼·士冠礼》："筮与席所卦者"注）

扃，所以扛鼎。（《仪礼·士昏礼》："设扃鼏"注）

绥，所以引升车者。（《仪礼·士昏礼》："婿御妇车授绥"注）

匕，所以别出牲体也。俎，所以载也。（《仪礼·士昏礼》："匕俎从设"注）

户牖之间谓之依。（《仪礼·士虞礼》注）省略主训词"屏风"，或者"似屏风之物"。《仪礼·觐礼》："天子设斧依于户牖之间。"注："依，如今绨素屏风也，有绣斧纹，所示威也。"《周礼·司几筵》注："依，其制如屏风然。"《礼记·明堂位》注："斧依，为斧文屏风于户牖之间。"

（二）描述式

描写事物形制、述说事物缘由或相关属性等。如：

《春官·大宗伯》："王执镇圭"郑注："镇圭者，盖以四镇之山为瑑饰，圭长尺有二寸。"

《秋官·叙官》："衔枚氏"注："枚，如箸，横衔之，为繣结于项。"

《天官·掌舍》："辕门"注："仰车以其辕表门。"

狸，善博者也。行则止也，行则止而拟度焉，其发必获。（《周礼·射人》注）

蜼，禺属。印鼻而长尾。（《周礼·司尊彝》注）

（三）比较式

用类似的或相反的词语或事物加以比较。通过比较解释词义。

1. 模拟。用类似或相当的事物作比。如：

星，肉中如米者。(《礼记·内则》注)

䴦，兽名。如驴一角，或曰如驴歧蹄。(《仪礼·乡射礼记》注)

兕，兽名。似牛一角。(《仪礼·乡射礼记》注)

鱮音绪，似鲂而弱鳞。(《齐风·敝笱》注)

榛实似栗而小。(《礼记·曲礼下》) 榛，似栗而小。(《周礼·笾人》注)

萑，如苇而细者。(《周礼·司几筵》注)

秬，如黑黍，一稃二米(《周礼·鬯人》注)

古今事物的模拟。如《周礼·天官·大宰》："以八法治官府，一曰官属，以举邦治。二曰官职，以辨邦治。……八曰官计，以弊邦治。"注："百官所居曰府，弊，断也。郑司农云：'官属，谓六官，其属各六十，若今博士、大史、大宰、大祝、大乐，属大常也。'"

《秋官·行夫》："传遽"注："传遽，若今时乘传骑驿而使者也。"将经文中的"传遽"与汉代的事物"乘传骑驿而使者"模拟，达到解释"传遽"的目的。

2. 对比。包括用同义词或近义词对比，用反义词对比。

(1) 同义词对比。

争罪曰狱，争财曰讼。(《周礼·大司徒》注)

于天子曰朝，于诸侯曰问。(《仪礼·聘礼记》注)

凡染绛，一入谓之縓，再入谓之赪，三入谓之纁，朱则四入与？(《仪礼·士冠礼》注)

浴用汤，沐用潘。(《礼记·王制》注)

《春官·典瑞》："典瑞"注："人执以见曰瑞，礼神曰器。瑞，符信也。"将同义词"瑞"与"器"对比训释。

(2) 反义词或相对事物对比。用相反相对的事物从否定的角度作比。如：

需谓不充满。(《考工记·弓人》注)

留，不至也。(《仪礼·大射礼》注)

躁，不安静也。(《论语·季氏》注)

盬，不坚固也。(《小雅·采薇》注)

黎，不齐也。(《大雅·桑柔》注)

否，不通也。(《小雅·何人斯》注)

贰，不壹也。(《礼记·缁衣》注)

僭，不信也。(《小雅·巧言》注)

(四) 说明式

一般地对事物相关信息的说明介绍。信息量小，不全面。

《天官·叙官》："内饔"注："饔，割亨煎和之称。内饔，所主在内。"

《天官·叙官》："外饔"注："外饔，所主在外。""所主在外"是对"外饔"所表示职官的职能特点的说明。

《夏官·射鸟氏》"射鸟氏"注："鸟谓中膳羞者，凫、雁、鸨、鹗之属也。"对"射鸟氏"中的"鸟"的特点的说明，不是对"鸟"这一事物的解释。

(五) 列举式

把属于词义范畴的事物一一列举出来，或者举几个例子。

1. 穷举式。穷尽列举被释词所包含的事物。也称"枚举式"。如：

《地官·牧人》："掌牧六牲"注："六牲，谓牛马羊豕犬鸡。"

《夏官·职方氏》："五种"注："五种，黍、稷、菽、麦、稻。"

《天官·疾医》："五谷"注："五谷，麻黍稷麦豆也。"

《礼记·王制》："天子祭天地，诸侯祭社稷，大夫祭五祀。"注："五祀，谓司命也，中溜也，门也，行也，厉也。"

《礼记·月令》："田猎、罝罘、罗网、毕翳、馁兽之药，毋出九门。"注："天子九门者，路门也，应门也，雉门也，库门也，皋门也，城门也，近郊门也，远郊门也，关门也。"

《礼记·月令》："五者备当，上帝其飨。"注："五者，谓所视也，所案也，所瞻也，所察也，所量也。此皆得其正，则上帝飨之，上帝飨之而无神不飨也。"

2. 例举式。部分列举被释词所包含的事物。

《地官·叙官》："掌染草"注："染草，蓝、蒨、象斗之属。"

《地官·掌染草》："掌染草"注："染草，茅搜、橐芦、豕首、紫茢之属。"

《春官·小宗伯》："则帅有司而馌兽于郊"注："有司，大司马之属。"

《天官·大宰》："祀贡"注："郑司农云：'祀贡，牺牲、包茅之属。'"

（六）组嵌式

给出包含所解释的词（或复音词的词根、词缀等）的某个句子或短语，帮助解释词的含义（通过词语的组合提供语境来显示被释词的具体意义）。给出的句子或短语，可以是注释者自己造的，也可以是引用文献例证或俗语、方言、古语等。由于主训词难找，将被释词本身嵌入解释用语中。

《春官·司巫》："道布"注："玄谓道布者，为神所设巾，《中霤礼》曰'以功布为道布，属于几'也。"郑玄引用《中霤礼》中的语句，意思"道布"与语句中含义相同，达到解释复音词的目的。又《考工记·弓人》："小简"注："玄谓读如'简札'之简，谓筋条也。"就是给出包含"复音词"词根"简"的组合"简札"，意思是"小简"的"简"与"简札"的"简"含义相同。

《地官·稻人》："芟夷"注："郑司农说芟夷以《春秋传》曰'芟夷蕴崇之'。今时谓禾下麦为荑下麦，言芟刈其禾，于下种麦也。""芟夷"一词被引用于经典文献的句中，相当于用组嵌的方式解释了这个词语的含义。

《天官·叙官》："寺人"注："寺之言侍也。《诗》云：'寺人孟子。'"将"寺人"组嵌到《诗经》的句子"寺人孟子"中，意谓其含义相当。

泽，泽宫也，所以择贤之宫也。（《礼记·郊特牲》注）

井，漏井，所以受水潦。（《周礼·宫人》注）

梜，犹箸也，今人或谓箸为梜提。（《礼记·曲礼上》注）

（七）分析构形式

主要是用于解释字词的本义。即通常所说的形训。

《仪礼·大射仪》："膳尊两甒在南，有豊"注："豊以承尊也。说者以为若井鹿卢，其为字从豆曲声，近似豆，大而卑矣。"郑玄分析"豊"为谐声字。

《天官·外府》"共其财用之币齎"注："玄谓齎、资同耳，其字以齊次为声，从贝变易，古字亦多或。"郑玄明确分析齎、资二字皆为谐声字，声符分别是齊、次，义符都是贝。

《地官·封人》"置其絼"注："玄谓……絼字当以豸为声。"又《秋官·叙官》："庶氏"注："庶读如药蔗之蔗，驱除毒蛊之言。书不作蛊者，字从声。"

（八）分合式

这是注释复音词专用的一种方式，"分"指分别解释复音词的构词语素，"合"指整体解释复音词。

1. 先分后合。如：

《春官·序官》："冯相氏"注："冯，乘也；相，视也。世登高台，以视天文之次序。"

《天官·叙官》："典妇功"注"典，主也。典妇功者，主妇人丝枲功官之长。"

《春官·巾车》："小服"注"服读为箙，小箙，刀剑短兵之衣。"

2. 先合后分。如：

《地官·牛人》："牵彷"注："牵彷，在辕外挽牛也。人御之，居其前曰牵，居其旁曰彷。"

《天官·大宰》："疏材"注"疏材，百草根实可食者。疏不熟曰馑。"

三 综合训释

综合训释，即两种以上的方式同时运用。如：

《地官·牛人》："牵彷"注："牵彷，在辕外挽牛也。人御之，居其前曰牵，居其旁曰彷。"定义式+同义词对比式+分合式。

《夏官·司戈盾》："设藩盾"注："藩盾，盾可以藩卫者，如今之扶苏与?"综合使用了定义式、类比式两种释义方式。

《地官·大司徒》："树艺"注："以人所耕而树艺焉则言壤，壤，和缓之貌。《诗》云：'树之榛栗。'又曰：'我艺黍稷。'艺犹莳也。"释义方式是：整体训释（串讲式）+局部训释（组嵌+组嵌+单音词对释）。

《春官·丧祝》："劝防"注："郑司农云：'劝防，引柩也。'杜子春云：'防当为披。'玄谓劝犹倡帅前引者，防谓执披备倾戏。"（按：孙诒让称："先郑以劝防总为引柩之事，谓劝助其力，防其危险。然其义未析，故后郑分别释之。"[①]）释义方式是整体训释（描述式）+局部训释

[①] （清）孙诒让：《周礼正义》，中华书局1987年版，第2043页。

(字际关系沟通式+描述式+描述式)。

《天官·叙官》:"典妇功"注:"典,主也。典妇功者,主妇人丝枲功官之长。"是"局部训释(单音词对释)+整体训释(定义式)"方式解释词义。

《春官·叙官》:"典瑞"注:"瑞,节信也。典瑞,若今符玺郎。"是"局部训释(双音词对释)+整体训释(类比式)"方式解释词义。

第二编

郑玄的文字学研究

郑玄的文字学研究主要体现在两个方面：一、郑玄对汉字构形的研究；二、郑玄对字际关系的研究。我们分六章来讨论这个问题。

第一章

郑玄对汉字构形的研究[①]

郑玄曾经对汉字构形进行研究，这主要体现在他的"六书"观上，郑玄的"六书"观是和之前东汉郑众的"六书"观一脉相承的，因此我们可以放在一起讨论。

"六书"是中国古代关于汉字构形分析的重要理论，关于"六书"观念的产生及发展情况，学者们也有过许多深入的探讨。古代"六书"具体内容的明确记载最早见于东汉典籍，即班固《汉书·艺文志》、郑众《周礼注》（郑玄《周礼注》所引）和许慎的《说文解字·叙》[②]，孙钧锡《中国汉字学史》指出三家观点都来自西汉的刘歆[③]。三家中只有许慎对"六书"的内容解释最为详细，而其他二家则只是列出了"六书"的具体名称。班固的观点如何且不论，就郑众的观点而言则有径可寻，学界所论尚不足。尽管郑众的书已亡佚，然其后学郑玄的著作仍在，继承其学尤多，可以据以探求。

关于郑玄的"六书"观以及他对汉字构形的分析情况，以往关注不多[④]，郑玄本人也未对此集中详论。郑玄在其零散论述中体现了对"六书"的基本认识。

首先郑玄认同《周礼》的讲法，认为"六书"属于"六艺"之一，是与五礼、六乐、五射、五御、九数地位相当的教学科目之一，而这些科目共同的特点应该都带有技艺性质。这在《礼记注》中有所体现，如

[①] 本章曾以《郑众、郑玄"六书"观探隐》为题发表于《天津师范大学学报》（社会科学版）2013年第3期。

[②] 王力：《古代汉语》，中华书局1999年版，第160—161页。

[③] 孙钧锡：《中国汉字学史》，学苑出版社1991年版，第23—24页。

[④] 李林曾集中关注过郑玄说解字形的形式，但很简略，只举4例。参看李林《论郑玄的训诂术语》，硕士学位论文，北京师范大学，1985年。

《礼记·少仪》："士依于德，游于艺。"注："艺，六艺也。一曰五礼，二曰六乐，三曰五射，四曰五御，五曰六书，六曰九数。"

其次，郑玄对六门科目的解释赞同郑众的意见。《周礼·地官·保氏》："（保氏）养国子以道，乃教之六艺：……五曰六书"注："郑司农云：'六书，象形、会意、转注、处事、假借、谐声也。'"郑玄这里只引郑众说，可见郑玄采取了郑众的意见而没有采取班固、许慎的意见。而且，"六书"中的数字应该是具有概括性和代表性，实际内容可能并不一定仅限于6类，因为看郑众对与"六书"并列的"九数"的解释①，原本只包含9类内容，后来已经增加到12类了，但仍称"九数"。

再者，郑玄认为"六艺"各科目的性质也有所不同。《周礼·地官·大司徒》："以乡三物教万民而宾兴之：……三曰六艺，礼、乐、射、御、书、数。"郑注："物犹事也，兴犹举也。民三事教成，乡大夫举其贤者能者，以饮酒之礼宾客之，既则献其书于王矣。……礼，五礼之义。乐，六乐之歌舞。射，五射之法，御，五御之节。书，六书之品。数，九数之计。"这里，郑玄把"六艺"也看成是一种"事"，可以用来教育百姓，"六书"自然也属于"事"一类；郑玄也揭示了礼、乐、射、御、书、数之间的细微差别：即习"礼"重在"义（不同礼的内涵不同）"，习"乐"则兼含"歌"和"舞"，习"射"则重在"射法（射的方法）"，习"御"则要重视"驾驭车的节奏和尺度"，习"书"重视的是"（六书的）分类"，习"数"则重视的是"计算（方法）"。

至于"六书"各分类名称的含义到底是什么，郑玄没有具体解说，我们难得其详②。本文尝试从郑玄众多注释中钩稽他对"六书"分类名称的认识观念，进而管窥郑众的"六书"观。"六书"排列次序依照郑众、郑玄所列。

一 郑玄的"象形字"观

郑玄除《周礼·地官·保氏》注下引郑众"六书"观时（以下省称

---

① 郑注："九数，方田、粟米、差分、少广、商功、均输、方程、赢不足、旁要。今有重差、夕桀、句股也。"

② （唐）贾公彦《周礼注疏》曾解释郑众、郑玄关于六书的观点［可参看李学勤《十三经注疏·周礼注疏》（标点本），北京大学出版社1999年版，第354页］，此不赘引。贾氏认为郑众、郑玄与许慎"六书"观相同，而对于二郑同许慎观点的差异则语焉不详。

为"《保氏》注下")提到"象形"外，无对"象形字"的直接说明。其以下注释材料体现出他对"象形字"的认识。

（一）《乾坤凿度》卷上："☳，古'雷'字，今为震动雷之声形，能鼓万物，息者起之，闭者启之。☱，古'泽'之（'之'当为'字'），今之'兑'，兑泽万物，不有拒，上虚下实，理之。泽万物，象断流曰泽。"① 此条郑玄认为八卦符号"☳""☱"分别是"雷""泽"的古字，并将今字"雷"作为象形字分析，认为象震动雷的声音和形象。

（二）《周礼注疏》卷二十四："大卜掌三兆之法：一曰玉兆、二曰瓦兆、三曰原兆。"注："兆者，灼龟发于火，其形可占者，其象似玉、瓦、原之罅鏬，是用名之焉，上古以来，作其法可用者有三。"此条郑玄当是把"兆"作为象形字分析，"兆"即"兆"的古字，其字形中的"兆"和"卜"都是象占卜时灼烧龟壳后的裂纹形象，因此命名。

（三）《诗经·小雅·采菽》："赤芾在股，邪幅在下。"笺云："芾，大古蔽膝之象也。冕服谓之芾，其他服谓之韠，以韦为之。"芾，即后来的"韨"字，《礼记》中的"韠"②，古代礼服上的蔽膝。郑玄分析"芾"为"大古蔽膝之象"，则"芾"字当为象形之字。《说文》未收"芾"，收"市"，《市部》："市，韠也。上古衣蔽前而已，市以象之。天子朱市，诸侯赤市，大夫葱衡。从巾，象连带之形。凡市之属皆从市。韍，篆文市从韦从犮。"许慎认为"市"才是表示"大古蔽膝之象"的本字，郑玄未从其说。

可见，郑玄的"象形字"认识观念与班固、许慎基本相同，班、许、郑（众）三家的名称都叫"象形"，这也不是偶然的，因此可以按照许慎的定义："象形者，画成其物，随体诘诎。"来理解。郑玄的分析形式与许慎也类似，有"某字，为……之声形""某字，其象似……""某字，……之象也"几种。

不过，郑众、郑玄将"象形"列于"六书"之首，与班固观点相同，这说明班、郑两家认为"象形"才是汉字最基本的构形方式，是最基础

---

① 迪志文化出版有限公司、书同文计算机技术开发有限公司：文渊阁《四库全书》电子版，上海人民出版社和迪志文化出版有限公司1999年版。

② 《礼记正义》卷三十："韠，君朱，大夫素，士爵韦"注："此玄端服之韠也，韠之言蔽也，凡韠，以韦为之，必象裳色。"

的，这与许慎首列"指事"不同。在次序上，今人多从班、郑的意见，而不取许慎的意见。

二 郑玄的"会意字"观

郑玄除了《保氏》注下提到"会意"外，也无对"会意"进一步说明，我们在其注释中找到这样一则材料：

《周礼·天官·酒正》："辨四饮之物，一曰清，二曰医，三曰浆，四曰酏。"注："清，谓醴之沛者。医，《内则》所谓或以酏为醴。凡醴浊，酿酏为之，则少清矣。医之字，从殹从西省也。"

对此，我们同意孙诒让《周礼正义》① 对唐陆德明、清臧琳、惠栋、段玉裁等的分析意见，也认为郑玄此处是把"医"当作会意字分析的，表述当为"从殹从酒省也"。

郑玄此条材料可与许慎《说文》互补。《说文·酉部》："医，治病工也。殹，恶姿也；医之性然。得酒而使，从酉。王育说。一曰殹，病声。酒所以治病也。《周礼》有医酒。古者巫彭初作医。"

可见，郑众、郑玄对"会意字"的认识观念与许慎相当、分析体例相同（"某字，从某从某"）、名称一样，可参考许慎的定义"会意者，比类合谊，以见指㧑。"来理解。

从次序上看，郑众、郑玄将"会意"排在第二位，与班固、许慎不同。许慎将"象形"排在第二位是因为他认为"象形之字生于指事"；班固将"象事"列于第二位的原因，如清·孔广居《说文疑疑·论象事》所说："事与形校，则事虚而形实，事与意校，则事实而意虚。故班氏次象事于（象）形、（象）意之间也。"② 今之学者多从班固的次序。那么郑众、郑玄为何将"会意"列在第二位呢？近代刘师培《小学发微补》中的观点可作解释："会意者，即两形并列之谓也，亦即古代之图画也，故会意出于象形。……会意虽以意为主，然每字之意皆起于字形。……会意一体，即象形中复杂之字。"③

---

① （清）孙诒让：《周礼正义》，中华书局1987年版，第350—352页。
② 张斌、许威汉：《中国古代语言学资料汇纂·文字学分册》，福建人民出版社1993年版，第137页。
③ 同上书，第166—168页。

三　郑玄的"转注字"观

郑玄除在《保氏》注下提到"转注"外，并未明确谈何为"转注字"。不过在清人辑佚本郑注中有一则"转注"连用的材料。清·黄奭辑《易纬稽览图》卷下，郑玄注："右六十四卦流转注十二之辰。"[1] 若该文属实，据上文"其下初合六十四卦流转……"来判断，其中"流转"结合较紧密，应表示"轮流变迁"之义，而"注"则单独成词。这段文字是讲如何用"乾、坤、屯、蒙……中孚、小过、既济"等六十四卦轮流变迁、辗转解说注释十二个月的[2]。虽说"流转"一般表示"轮流变迁"，但"流转注"则含有"轮流辗转解说注释"之义。那么郑玄六书之"转注"是否与此含义相关呢？

从郑玄注中提到的"注"的含义来看，主要有四种。（1）表示"注释"。此义在《三礼》注中应用最多。（2）表示"灌注"。如《周礼·考工记·函人》："犀甲七属"注："属读如灌注之注，谓上旅下旅札续之数也。"（3）表示"敷（药）"、"涂抹"。如《周礼·天官·疡医》："祝药劀杀之齐。"注："祝当为注，读如注病之注，声之误也。注谓附著药。"（4）表示"弯曲深浅适中"[3]。《周礼·考工记·辀人》："辀注则利准"注："玄谓利水重读，似非也。注则利，谓辀之揉者形如注星，则利也。"

其中含义（3）（4）都属于行业专门用语，与"六书""转注"无关；其余两种含义中，我们认为含义（1）比（2）更符合"转注"的内涵。理由如下五个。

---

[1]《续修四库全书》编委会编：《续修四库全书》（第1208册），上海古籍出版社2001年版，第444—445页。

[2] 按，其中辗转反复注释解说体现在：分别以蒙、小过二卦解说正月，分别以豫、随、解、震、渐四卦解说二月，分别以讼、临、大状三卦解说三月，分别以需、师、小畜、大有、蛊、晋、井、巽八卦解说四月，分别以噬嗑、贲、咸、家人、夬、姤、鼎、涣八卦解说五月，分别以坤、履、否、革、节五卦解说六月，用同人卦解说七月，分别以观、贲人、大畜、兑四卦解说八月，分别以剥、无妄、萃、困、既济五卦解说九月，分别以泰、益二卦解说十月，分别以屯、复、习坎、归妹四卦解说十一月，分别以谦、颐、大过、明夷、睽、蹇、损、升、艮、中孚十卦解说十二月等。

[3] 参看汤斌主编《十三经辞典·周礼卷》，陕西出版集团、陕西人民出版社2010年版，第182页。

（一）文献考察结果表明，"注"表示"注释"的含义正是伴随着"转注"应用的时代而产生的，而之前文献中的"注"一般都是表示"灌注"之义①，而没有表示"注释"的含义，也没有文献注释训解以"注"命名的。

文献中"注"最早表示"注释"含义当是下面的例子。东汉荀悦《前汉纪》卷十九："延年次弟彭祖，有才艺，学春秋，明传、经、注、记，即名《严氏春秋》也。"②这里谈及西汉严延年的弟弟严彭祖，其中"注"与"传""经""记"相并列，当指"注释"类文字。又《前汉纪》卷二十五："中兴之后，大司农郑众、侍中贾逵各为《春秋左氏传》作解注。"③荀悦与郑玄大致时代相同，对之前的董仲舒、刘向、刘歆以及后来的郑众、贾逵、马融等的情况都是十分熟悉的，他称当时的大司农郑众、侍中贾逵各为《春秋左氏传》作"解注"，更明确说明"注"表示"注释""说解"的含义，并成为一种注释名称，与"解""传"等并称，这些用法都早于许慎《说文解字》和后来的郑玄《三礼注》。而解释"转注"的许慎是贾逵的弟子，郑众自己又在《周礼注》中讲到"转注"，且"转注"的名称与语言文字有关，则其中的"注"与郑众、贾逵曾经作的《春秋左氏传》之"解注"的含义很难说意义没有联系。就拿贾逵的弟子许慎来说，他对"转注"的定义"转注者，建类一首，同意相授，考老是也。"中也能够体现出"注"与"注释""说解"含义更近，而与"灌注"义相距较远。

（二）其他相关记载也谈到郑众及许慎的老师贾逵、郑玄的老师马融都曾作了很多"注""解"工作，这应该是"转注"的"注"义的来源。如南朝宋·范晔的《后汉书·马融列传》："（马）融才高博洽，为世通儒……尝欲训《左氏春秋》及见贾逵、郑众注，乃曰：'贾君精而不博，郑君博而不精，既精既博，吾何加焉？'但著《三传异同说》，注《孝经》《论语》《诗》《易》《三礼》《尚书》《列女传》《老子》《淮南子》《离骚》。"可见"注"表示"注释""说解"的含义当时是很盛行普遍的，也是与以往表示"灌注"义相区分的一个意义。如果说"六书"中与语

---

① 例子很多，如《诗经·大雅·泂酌》："挹彼行潦，挹彼注兹，可以濯溉。"此不赘举。
② 迪志文化出版有限公司、书同文计算机技术开发有限公司：文渊阁《四库全书》电子版，上海人民出版社和迪志文化出版有限公司1999年版。
③ 出处同上。

言文字紧密相关的词语"转注"之"注"不表示"注释""说解"的意思，而仍表示与液体密切相关的"灌注"之义，反倒有些迂曲了，毕竟这应该是有意义联系但却截然不同的两个义项。

（三）郑众、贾逵等曾有近似于"转注"的表达"转相证明为解"，这种观念被郑玄及后来者所继承。唐代贾公彦《序〈周礼〉废兴》："是以《马融传》云：'郑众、贾逵往受业焉。众、逵洪雅博闻，又以经书记转[1]相证明为解，逵解行于世，众解不行。兼揽二家，为备多所遗阙。然众时所解说，近得其实。'"此"转相证明为解"就不仅解释了"注"的含义，还提到"转"了，应该就是近似于"转注"的另一种表达形式。

郑玄继承了郑众等人的意见。如《文选·应吉甫〈晋武帝华林园集诗〉》："越裳重译充我皇家。"李善注："《尚书大传》曰：'成王之时，越裳重译而来朝，曰："道路悠远，山川阻深，恐使之不通，故重三译而朝也。"'郑玄曰：'欲其转相晓也。'"[2] 唐李善引用郑玄观点"欲其转相晓也"解释古代南海国越裳前往中原朝拜，因为相隔遥远、山川阻隔而致其使臣无法与中原使节直接交流，因此需要辗转翻译（重译）才能交流，[3] 郑玄正是说想要通过辗转解释使得对方能够明白。

（四）郑众"转相证明为解"和郑玄的"转相晓"的"转注"观，被其后晋代郭璞继承和应用。郭璞注中曾多次谈到"转相训""转相解""展转相解""转相释"。如：（1）提到"转相训"共5次，其中《尔雅注》中4次，《方言注》中1次。例如《尔雅·释诂》："永、悠、迥、违、遐、逷、阔，远也。永、悠、迥、远，遐也。"注："遐亦远也。转相训。"（2）提到"转相解"3次。如《尔雅·释器》："繴谓之罿。罿，罬也。罬谓之罦。罦，覆车也。"注："今之翻车也。有两辕，中施罥以捕鸟。展转相解，广异语。"《尔雅·释鱼》："蝾螈，蜥蜴；蜥蜴，蝘蜓；

---

[1] 此"转"，阮元校勘记校作"传"，未必为确论。宋代的王应麟《玉海》卷三十九、章如愚《群书考索》卷四，明代的王应电《周礼翼传》卷一、章潢《图书编》卷十三、朱睦㮮《授经图义例》卷十九、柯尚迁《周礼全经释原》卷首，清代的江永《礼书纲目》卷首上、朱彝尊《经义考》卷一、秦蕙田《五礼通考》卷首第二等多书中提到此段文字，皆作"转相证"。

[2] 参见安作璋主编《郑玄集·郑玄佚注·尚书大传注》三，《齐鲁文化丛书6·文献集成·郑玄集》（下），齐鲁书社1997年版，第545页。

[3] 又参《汉书·平帝纪》："元始元年春正月，越裳氏重译献白雉一，黑雉二，诏使三公以荐宗庙。"颜师古注："译谓传言也。道路绝远，风俗殊隔，故累译而后乃通。"

螈蜓，守宫也。"注："转相解，博异语，别四名也。"（3）提到"转相释"1次。《方言》卷五："盂，宋楚魏之闲或谓之盌。盌谓之盂，或谓之铫锐。盌谓之棹，盂谓之柯。"郭注："转相释者，广异语也。"

不难看出，郭璞的意见与郑众、郑玄的意见具有一致性。分析郭璞的"转训"观，即凡是《尔雅》《方言》中几个词如A、B、C之间具有辗转相训的特点，就可以叫作转注，或叫"转训""转相训""转相解""转相释"。郭璞注还暗示了语言文字领域的"转训（注）"与水流相关的"转相灌注"之间的联系和区别。如《尔雅·释水》："水注川曰溪，注溪曰谷，注谷曰沟，注沟曰浍，注浍曰渎。"郭注："此皆道水转相灌注所入之处名。"这里的"转相灌注"是讲同一个"水"先后注入渎、浍、沟、谷、溪、川，但名称不同，而这些名称之间具有递相承接的特点，因此叫作"转相灌注"，这个特点，与"转训（注）"类似，但描述对象不同。

郑玄有两条材料也证明郭璞的转注观由二郑观点发展而来。（1）《礼记·文王世子》："庶子以公族之无事者守于公宫，正室守太庙。诸父守贵宫贵室，诸子诸孙守下宫下室。"郑注："下宫，亲庙也。下室，燕寝也。或言宫，或言庙，通异语。"（2）《礼记·内则》："炮，取豚若将，刲之刳之……为稻粉，糔溲之以为酏"注："刲、刳，博异语也。……糔、溲，亦博异语也。"郑玄的"通异语""博异语"，和后来郭璞的"展转相解，广异语""转相解，博异语，别四名也""转相释者，广异语也"含义基本相当。只是郭璞更明确地指出"博异语""广异语"的解释方式都是属于转训（注）；而且郑玄的"博异语"还仅限于互训，而郭璞注则强调只有互训中的递训才属于转注。

（五）郑玄的"转注"观并非郑注中的"声转"。《诗经·周颂·有瞽》："应田县鼓，鼗磬祝圉。"笺云："'田'当作'朄'。小鼓在大鼓旁，应鞞之属也，声转字误，变而作田。"此"声转"，当与西汉扬雄所说的"声转"相当，郭璞也曾在其《方言注》和《尔雅注》中多次谈及"语转""语声转""声转""声之转"[1]，但明显与他所提到的"转相训"等不同。郭璞有意区分"转注"和"声转"，应当是与郑玄的观念一脉相

---

[1] 参看吴吉煌《古代"转语"各说析评》，《励耘学刊》（语言卷）2011年第1辑，学苑出版社2011年版。

承的。

　　郑众、郑玄、郭璞的以辗转相解、递相训释为转注的观念，后代学者遵从者很多。如唐贾公彦《周礼注疏》[①]、宋毛晃《增修互注礼部韵略》卷三"考"字下[②]、清代江声[③]、戴震[④]、段玉裁[⑤]、洪亮吉[⑥]、王筠《说文释例》[⑦]、陈庆镛[⑧]、刘师培《转注说》[⑨] 等等。其中段玉裁[⑩]的观点很具有代表性："刘歆、班固、郑众亦曰转注。转注犹言互训也。注者，灌也。数字展转相为训，如诸水相为灌注，交输互受也。转注者，所以用指事、象形、形声、会意四种文字者也。数字同义，则用此字可，用彼字亦可。汉以后释经谓之注，出于此，谓其引其义使有所归，如水之有所注也。……转注之说，晋卫恒、唐贾公彦、宋毛晃皆未误，宋后乃异说纷然。戴先生《答江慎修书》正之。"总体来看，唐以后诸家研究对郑众、郑玄及其后郭璞的转注观尚重视不够。

　　至于郑众、郑玄列"转注"于"会意"之后的原因，段玉裁称"所言非其叙"[⑪]。结合郭璞、毛晃、戴震、段玉裁等的意见，我们认为，如果先、后郑这样的排序很有可能用"转注"说明：可以用同义类聚的办法汇聚同义字词，也就是"博异语"，类聚的字词之间具有辗转互训的关系[⑫]。

---

　　① 李学勤：《十三经注疏·周礼注疏》（标点本），北京大学出版社1999年版，第354页。
　　② 迪志文化出版有限公司、书同文计算机技术开发有限公司：文渊阁《四库全书》电子版，上海人民出版社和迪志文化出版有限公司1999年版。
　　③ 张斌、许威汉：《中国古代语言学资料汇纂·文字学分册》，福建人民出版社1993年版，第200页。
　　④ 同上书，第200—201页。
　　⑤ （清）段玉裁：《说文解字注》，上海书店1992年版，第755—756页。
　　⑥ 张斌、许威汉：《中国古代语言学资料汇纂·文字学分册》，福建人民出版社1993年版，第211页。
　　⑦ 王筠：《说文释例》，中华书局1987年版，第8—9页。
　　⑧ 张斌、许威汉：《中国古代语言学资料汇纂·文字学分册》，福建人民出版社1993年版，第225页。
　　⑨ 刘梦溪主编：《中国现代学术经典·黄侃刘师培卷》，河北教育出版社1996年版，第659页。
　　⑩ （清）段玉裁：《说文解字注》，上海书店1992年版，第755—756页。
　　⑪ 同上书，第756页。
　　⑫ 参看李运富《〈说文解字〉的析字方法和结构类型非"六书"说》，《中国文字研究》第十四辑，大象出版社2011年版；陈燕：《〈说文解字〉"同意"说》，《语言科学》2012年第5期。

四 郑玄的"处事字"观

郑玄除了《保氏》注下提到"处事"外,并没有明确谈什么是处事字。我们想,如果名为"处事",班固称为"象事",许慎称为"指事"。三个名称都是与"事"相关。许慎的解释是:"指事者,视而可识,察而见义,上下是也。"但并未明言何为"事"。贾公彦《周礼注疏》中疏解郑众的"处事"为:"云'处事'者,上下之类也,人在一上为上,人在一下为下,各有其处,事得其宜,故名处事也。"① 经考察,郑玄注释中谈到的"处"的内容与其"处事字"观念多无关系,谈到"事"的材料,可能体现其"处事"字观念的材料主要有如下四条。

(一)《周礼注疏》卷三:"傅别……质剂"注:"傅别、质剂,皆今之券书也,事异,异其名耳。"又卷二十七:"皆画其象焉,官府各象其事,州里各象其名,家各象其号。"注:"事、名、号者,徽识,所以题别众臣,树之于位,朝者各就焉。……或谓之事,或谓之名,或谓之号,异外内也。三者,旌旗之细也。……徽识之书,则云某某之事,某某之名,某某之号。今大阅礼象而为之。兵,凶事,若有死事者,亦当以相别也。"类似意见又见同书卷二十九:"辨旗物之用……各书其事与其号焉。"注。

(二)《仪礼注疏》卷十一《乡射礼》:"司马又命获者倚旌于侯中"注:"为当负侯也,获者亦弟子也。谓之获者,以事名之。"卷三十六《士丧礼》:"设冒,櫜之,幠用衾。"注:"櫜,韬盛物者,取事名焉。"卷四十五《特牲馈食礼》:"三献作止爵"注:"宾也,谓三献者,以事命之。"

(三)《礼记正义》卷十二:"五方之民,言语不通……东方曰寄,南方曰象,西方曰狄鞮,北方曰译。"注:"皆俗间之名,依其事类耳。"卷五十三:"诚者物之终始,不诚无物。"注:"物,万物也,亦事也。"

分析以上各例可知,郑玄所谓"处事"的"事"就是"万物"的"物",即"事物"。如宋·张有曾说:"事犹物也,指事者,加物于象形之文,直著其事,指而可识也。如本、末、叉、叉之类。"② 明·王应电也说:"从形以意,合数文而为经纬之象。又持肉于示为祭事,从又持弓

---

① 李学勤:《十三经注疏·周礼注疏》(标点本),北京大学出版社1999年版,第354页。
② 张斌、许威汉:《中国古代语言学资料汇纂·文字学分册》,福建人民出版社1993年版,第130页。

矢为射事，从哭亡为丧事，从目加木为相度之事，故曰处事，谓以人处事；又曰指事，谓指人之事，即古语象事之谓也。"① 张、王二说，可以作郑众、郑玄"处事"说的注脚。

从次序来说，郑众、郑玄之所以将"处事"列于此，可能因为：前面的"转注"字是一义可以用数字表示，也就是一个事物可以有多个名称；相对而言，"处事"字则强调的是造字命名时还要遵循一个原则，就是不同的事物命名（号）和造字要"依其事类"，而不是随意的。事物命名要"事异，异其名"。上面提到的"谓之获者，以事名之""橐，韬盛物者，取事名焉""宾也，谓三献者，以事命之""皆俗间之名，依其事类耳"等皆是此意。

五 郑玄的"假借字"观

关于"假借字"，郑玄曾经有论述。陆德明《经典释文·序录》："郑康成云：'其始书之也，仓卒无其字，或以音类比方假借为之，趣于近之而已，受之者非一邦之人，人用其乡，同言异字，同字异言，于兹遂生矣。'"② 郑玄此文，为探讨假借字产生原因者所常称引。

郑玄对假借字材料的分析在其注释中有很多，可分为以下三种情况。

（一）明确指出某两个字是"假借字"关系。共有 6 条。其中《周礼·考工记》注中 4 条。例如《考工记·玉人》："衡四寸"注："衡，古文横假借字也。衡谓勺径也。"《礼记注》中 2 条：例如《礼记·缁衣》"《君雅》"注："雅，《书序》作牙，假借字也。"

（二）用其他训诂术语加以分析的。材料很多，吴泽顺③总结为 7 种：1."甲读为（曰）乙"式。如《周礼·天官·宫伯》："以时颁其衣裘。"注："颁读为班。班，布也。" 2."甲读如乙"式。如《仪礼·士冠礼》：

---

① 张斌、许威汉：《中国古代语言学资料汇纂·文字学分册》，福建人民出版社 1993 年版，第 130—131 页。

② 迪志文化出版有限公司、书同文计算机技术开发有限公司：文渊阁《四库全书》电子版，上海人民出版社和迪志文化出版有限公司 1999 年版。（唐）张守节《史记正义论例谥法解·论音例》所引文字稍异："郑康成云：'其始书之也，仓卒无字，或以音类比方假借为之，趣于近之而已，受之者非一邦之人，其乡同言异，字同音异，于兹遂生。'"

③ 吴泽顺：《论郑玄的音转研究》，《青海师范大学学报》（哲学社会科学版）2004 年第 4 期。

"缁布冠缺项，青组缨属于缺"注："缺读如'有頍者弁'之頍。" 3. "甲当为乙"式。《礼记·文王世子》："《兑命》曰"注："兑当为说，《说命》，《书》篇名。" 4. "甲犹乙也"式。《周礼·考工记·玉人》："土圭尺有五寸，以致日，以土地。"注："土犹度也。" 5. "甲之言乙"式。《诗·小雅·十月之交》："抑此皇父"注："抑之言噫。" 6. "甲与乙字本同"式。《礼记·檀弓下》："尔以人之母尝巧则岂不得以"注："以，已字。……'以'与'已'字本同尔。" 7. "古声甲乙同"式。《诗·豳风·东山》："有敦瓜苦，烝在栗薪。"注："栗，析也。……古者声栗、裂同也。"

（三）不用术语，直接用本字加以解释。即"甲，乙也"式。如《诗·大雅·板》："则莫我敢葵"笺："葵，揆也。"

可见，郑玄认为"假借"字属于语言使用或文献中的用字问题；从次序上说，郑众、郑玄将"假借"字列于此，则意在说明，指称同一事物的字，除了"转注"（一义可以造数字，一物数名）、"处事"（造字命名要"依其事类""事异，异其名"）之外，还可以借用同音字或音近字来表示，即假借字。

六 郑玄的"谐声字"观

"谐声"首见于郑玄《保氏》注。郑玄不用许慎"形声"之名，而只引郑众之说，可见郑玄与郑众观点相同。谐声与形声，虽一字之差，却有其优点，清人黄承吉就称，"以形、声二字对待，则是左自然为形，而右自为声，而并无相谐相象、两相关合之义"，而称为谐声方始恰当，"谐声者，谐其声也，正谓以义与声相和相适，而知所加偏旁又与此声义相和相适，是以谓之谐"，"故必当正形声之名，如《周礼注》《汉书》之所谓谐声、象声者，而因声起义之说乃明。"（《梦陔堂文集》卷二《字义起于右旁之声说》）[①] 黄氏之说可为郑玄观点的注脚。郑玄的"谐声"观，笔者曾专文讨论过[②]，这里只略举其例。

郑玄注中有多条对谐声字的分析：（1）《仪礼注》中有3条。如《大射仪》："膳尊两甒在南，有豐"注："豐以承尊也。说者以为若井鹿卢，

[①] 马文熙、张归璧：《古汉语知识详解辞典》，中华书局1996年版，第48页。
[②] 李玉平：《郑众、郑玄的"谐声"观及其对后世的影响》，《语言科学》2011年第2期。

其为字从豆曲声,近似豆,大而卑矣。"郑玄分析"豐"为谐声字。《说文·丰部》:"豐,豆之豊满者也。从豆,象形。"许慎只说明了"豐"当属于象形字,但郑玄则很明确认为"豐"是谐声字,从豆曲声。又如《仪礼·士虞礼》:"取诸左膉上"注:"膉,脀肉也。古文曰:'左股上',此字从肉、殳(殳矛之殳)声。"[1] 按,郑玄分析"膉"的古文"股"为谐声字,从从肉殳声。《说文·肉部》:"股,髀也。从肉殳声。"《说文》中无"膉"字,《玉篇·肉部》有"膉,脀肉也",《玉篇》是收入了郑玄对"膉"字的解释。(2)《周礼注》中有9条。如《天官·外府》:"共其财用之币赍"注:"玄谓赍、资同耳,其字以齐次为声,从贝变易,古字亦多或。"郑玄明确分析赍、资二字皆为谐声字,声符分别是齐、次,义符都是贝。与《说文》相同,见"贝部":"赍,持遗也。从贝齐声。""资,货也。从贝次声。"又《地官·封人》"置其絼"注:"玄谓……絼字当以豸为声。"又《秋官·叙官》"庶氏"注:"庶读如药煑之煑,驱除毒蛊之言。书不作蛊者,字从声。"郑玄此条虽言"字从声",但未言"从某声"。此处解释"庶氏"命名,当如贾公彦疏中所说,重在以行事之动作"煑('煮'的异写)""驱除"为名,故从其本字"煑"的读音,意思就是用蒸煮消除毒害。孙诒让《周礼正义》:"段玉裁云:'读如煑,拟其音耳。'云'驱除毒蛊之言'者,以蛊与庶同音为训,必先云读如煑而后庶与蛊同音也。""庶"即"煑"的古本字,从火石、石亦声,会意兼形声,本义是以火燃石而煮。于省吾先生[2]曾说,郑玄可能尚不知"庶"是谐声字,否则,当言"从某声"。我们倒认为至少郑玄意在说明"庶"与"煑"音近,因此取其音谐而命名,因此可以算作谐声之一种。又如《秋官·叙官》"薙氏"注:"书'薙'或作'夷',郑司农云:'掌杀草,故《春秋传》曰:"如农夫之务去草,芟夷蕴崇之。"又今俗间谓麦下为夷下,言芟夷其麦,以其下种禾豆也。'玄谓'薙'读如髴小儿头之髴,书或作'夷',此皆剪草也,字从类耳。《月令》曰:'烧薙行水',谓烧所芟草乃水之。"此条郑玄当是认为"薙"与"髴"都是谐声字,分别从声符"雉"和"弟"得声。雉、弟二字音同(都是

---

[1] 据阮元《校勘记》意见标点,参李学勤标点本《仪礼注疏》,北京大学出版社1999年版,第814页。

[2] 于省吾:《甲骨文字释林》,中华书局1979年版,第431—435页。

定母脂部①字），故"薙""鬀"音同（都是透母脂部字），意义相通，表示同类事物。"薙""鬀"二字关系，现在训诂学上称之为"广义分形字"，也是同源字。二字共同的含义是"剪除使短平"，前者剪草，故字形从"艹"，后者剪发，故字形从"髟"，因此郑玄称"字从类"②；"薙"有的版本作"夷"，郑玄认为"夷"与"薙""鬀"也音近义通。"夷"（余母脂部字）即芟夷、剪平之义。《说文·艸部》："薙，除艸也。《明堂月令》曰：'季夏烧薙。'从艸雉声。"又《秋官·叙官》："硩蔟氏"注："玄谓硩③，古字。从石，折声。"《秋官·叙官》"蝈氏"注："玄谓蝈，今御所食蛙也。字从虫，国声也。蜮乃短狐与。"郑玄分析"蝈"为谐声字，与《说文》一致。《说文·虫部》："蜮，短狐也。……从虫或声。蜮，蜮又从国。"又《考工记·轮人》："则无蓻而固。"注："玄谓蓻读如涅，从木熱④省声。"郑玄分析"蓻"为谐声字，与《说文》稍异。《说文·木部》："槷，木相摩也。从木埶声。𣟪，槷或从艹。"（3）《礼记注》中有2条。如《儒行》："鸷虫攫搏"注："鸷虫，猛鸟、猛兽也。字从鸟埶⑤省声也。"

据郑玄的分析可知：（1）总体上说，郑玄对谐声字观念与许慎基本相当，认为形声字的字形可以分为表意部分和表声部分。如"玄谓赍、资同耳，其字以齐次为声，从贝变易"；"硩，古字。从石，折声"；"蝈……字从虫，国声也"等。（2）郑玄对谐声字的分析受到许慎《说文》的影响，继承了许慎的分析体例。如某字"从某、某声""从某、某省声"；郑玄也有其独特的表述体例，如某字"以某为声"。（3）郑玄的"谐声"观，有时揭示形声字字义与其声符所示声音或音近字之间的联系。如"庶读如药煮之煮，驱除毒蛊之言。书不作蛊者，字从声。""庶"与"蛊"声音相谐，意义相关；"薙读如鬀小儿头之鬀，书或作'夷'，此皆剪草也，字从类耳。""薙"与"鬀""夷"声音相谐，意义相通。（4）郑玄的分析材料，对许慎《说文》的汉字构形分析有所补充，对研究

---

① 古音分析参考郭锡良《汉字古音手册》，北京大学出版社1986年版。
② （唐）贾公彦疏："云'字从类'者，人髮之鬀从髮，薙草还草下为之，故云类也。"
③ 李学勤标点本《周礼注疏》引段玉裁《汉读考》称："硩"当为"𥑠"，"折"当为"析"。北京大学出版社1999年版，第897页。
④ 此条在拙文[13]中"熱"误作"埶"，此订正。
⑤ 原书作"鷙"，据阮元《校勘记》改为"埶"。

汉字发展史和古文字研究可以提供重要的参考。如于省吾考"庶"为"煮"。①

从次序上说，郑众、郑玄将"谐声"字列于此，意在说明：指称同一事物的汉字还常常有这样的规律，即一部分构件表示事物的类别（即义符），另一部分构件表示事物命名定称的声音（即声符）。"声符"是有所取意的②，同类事物所依据的声音是相同或相近的，上所举的例子"'薙'读如鬀小儿头之鬀，书或作'夷'，此皆剪草也，字从类耳。"其意正如此。

综上，统观二郑的"六书"的排序和着眼点，其中象形、会意侧重关注字形，转注、指事侧重关注字义，而假借、形声则关注字音，形、义、音三者正是文献用字（词）的三要素。郑众、郑玄的"六书"观丰富了我们对东汉时期学者对"六书"的认识，一方面说明当时学者对"六书"的基本认识具有一致性，另一方面说明当时学者对"六书"所包含的具体内容的理解存在差异。但无论是他们的共识还是他们的分歧，都对后来学者有着很大的影响。比如"象形"为文字的基础，当时学者意见趋同，后来至当代学者也都认同；二郑的"会意"说，近代的刘师培就持赞同意见，一些当代著名学者也认同其合理性③；"转注"说，影响更大，历代遵从二郑观点的学者都不乏其人，前述已详。应当说从汉字的造字方法角度来讲，遵从许慎的观点较多，从文献注释研究角度而言，则从二郑观点的为多；二郑的"处事"观反映汉语汉字中为不同的事物命名（号）和造字要"依其事类"的原则，至今仍然有效；二郑的"假借"字观，反映了文献典籍用字中多假借的情况，属于用字通假，其观点至今为学者所普遍接受，而从造字假借的角度而言，目前则遵从许慎的观点为多；就二郑的"谐声"观来看，不同时代学者意见有所不同④，而就当代学者而言，讲解汉字构形分析的时候，专家们多用"形声"这一

---

① 于省吾：《甲骨文字释林》，中华书局1979年版，第431—435页。

② 胡从曾：《郑注谐声字例与〈释名〉声训》，《辞书研究》1989年第4期。

③ 如著名语言文字学家陈梦家和刘又辛主张的"三书说"中都只列象形（表形）、假借、形声三类，实质把"六书"中的"会意"看作象形一类。详参陈梦家《殷墟卜辞综述》（中华书局1988年版）"甲骨文和汉字的构造"一节和刘又辛《关于汉字发展史的几个问题》（见《刘又辛语言学论文集》，商务印书馆2005年版）。

④ 李玉平：《郑众、郑玄的"谐声"观及其对后世的影响》，《语言科学》2011年第2期。

名称，涉及汉语音韵学领域的问题时，如归纳上古韵部、上古声母相关问题时，则多用"谐声"的讲法，如果不特别强调的时候，谐声和形声所指则基本没有区别。可见郑众、郑玄的"六书"观对后世乃至当代的影响都是很大的。

本章参考文献

［1］王力：《古代汉语》，中华书局1999年第3版。

［2］孙钧锡：《中国汉字学史》，学苑出版社1991年版。

［3］迪志文化出版有限公司、书同文计算机技术开发有限公司：文渊阁《四库全书》电子版，上海人民出版社、迪志文化出版有限公司1999年版。

［4］李学勤：《十三经注疏·周礼注疏》（标点本），北京大学出版社1999年版。

［5］（清）孙诒让：《周礼正义》，中华书局1987年版。

［6］张斌、许威汉：《中国古代语言学资料汇纂·文字学分册》，福建人民出版社1993年版。

［7］《续修四库全书》编委会编：《续修四库全书》（第1208册），上海古籍出版社2001年版。

［8］（清）段玉裁：《说文解字注》，上海书店1992年版。

［9］王筠：《说文释例》，中华书局1987年版。

［10］刘梦溪主编：《中国现代学术经典·黄侃刘师培卷》，河北教育出版社1996年版。

［11］吴泽顺：《论郑玄的音转研究》，《青海师范大学学报》（哲学社会科学版）2004年第4期。

［12］马文熙、张归璧：《古汉语知识详解辞典》，中华书局1996年版。

［13］李玉平：《郑众、郑玄的"谐声"观及其对后世的影响》，《语言科学》2011年第2期。

［14］于省吾：《甲骨文字释林》，中华书局1979年版。

［15］胡从曾：《郑注谐声字例与〈释名〉声训》，《辞书研究》1989年第4期。

［16］周祖谟：《方言校笺》，中华书局1993年版。

［17］李运富：《〈说文解字〉"含形字"分析》，《民俗典籍文字研究》第6辑，商务印书馆2010年版。

［18］（清）阮元：《校勘本〈十三经注疏〉》（上，下），上海古籍出版社1997年版。

第二章

郑众、郑玄的"谐声"观及其对后世的影响[①]

一 引言

谈到谐声字或形声字观念,学者不约而同要想到东汉许慎《说文解字·叙》中关于"六书"的说解,且多承许氏之说,再上溯其源到《周礼·地官·保氏》中所提到的:"(保氏)养国子以道,乃教之六艺:一曰五礼……五曰六书"。如从此说,则"六书"说当从战国以迄东汉相沿已久。然其间历时相隔数百载,除许叔重之外竟无提及"六书"者,着实不能不令人生疑。这一疑问吕思勉[②]先生早在20世纪20年代就在《字例略说·论六书》中提到并详论。吕思勉[③]认为,六书之说"当出于西汉之世","《周官》六书,殆亦萧何六体之类。两汉之间,指事、象形之说既出,郑司农乃以之释《周官》,实属谬误。而许君沿之,而班《志》则又后人据许、郑一类之说窜入者也。"本文赞同吕先生的观点,认为"六书"说出于西汉,东汉学者才开始有明确的表述,代表性的观点即班固、郑众、许慎三家。既然"六书"说为当时的观点,那么各家存在分歧是很自然的事了。许慎"六书"说,自有详述;班固"六书"说,无从可考;郑众"六书"观则有后郑郑玄注释中相承甚多,可据以考察。本文就是立足郑玄的注释,来考察郑玄"六书"观之一——"谐声"观,亦可窥知先郑郑众的"谐声"观。

谐声字中的"谐声",首见于《周礼·地官·保氏》"六书"郑玄所引郑众注中,《周礼·地官·保氏》:"(保氏)养国子以道,乃教之六艺:一曰五礼……五曰六书"注:"郑司农云:'六书,象形、会意、转注、处事、假借、谐声也。'"一般认为即相当于班固《汉书·艺文

[①] 本文原载《语言科学》2011年第2期。收入本书时,格式略作调整。
[②] 吕思勉:《文字学四种》,上海古籍出版社2009年版,第108—109页。
[③] 同上书,第109、111页。

志》中的"象声"和许慎《说文解字·叙》中所称的"形声"。郑玄未用班固"象声"和许慎"形声"之名，而只引郑众之说，可见郑玄是同意郑众的观点的。谐声与形声，虽一字之差，但却有其优点，清人黄承吉在《梦陔堂文集》卷二《字义起于右旁之声说》中就曾称，"以形、声二字对待，则是左自然为形，而右自为声，而并无相谐相象、两相关合之义"，而称为谐声方始恰当，"谐声者，谐其声也，正谓以义与声相和相适，而知所加偏旁又与此声义相和相适，是以谓之谐"，"故必当正形声之名，如《周礼注》《汉书》之所谓谐声、象声者，而因声起义之说乃明。"① 黄氏之说也可为郑玄观点的注脚。由此也可推断，郑玄不用许慎"形声"之名是有其用意的，并非只是名称上不同而已，在名称所指内涵上也有所考虑。目前关于这方面研究仅见胡从曾（1989）一文②，且未关注郑玄的汉字构形分析用例。为了更深入全面了解郑玄的谐声字观念，我们穷尽考察了郑玄对谐声字的分析材料，这些材料主要集中在"三礼注"中。

二 郑玄分析谐声字的全部材料14条

（一）郑玄《周礼注》中对谐声字的分析

1.《周礼·天官·外府》："共其财用之币齎"注："齎，行道之财用也。《聘礼》曰：'问几月之齎。'郑司农云：'齎或为资，今礼家定齎作资。'玄谓齎、资同耳，其字以齐次为声，从贝变易，古字亦多或。"③

按，这里，郑玄明确分析了齎、资二字皆为谐声字，声符分别是齐、次，义符都是贝。《说文·贝部》："齎，持遗也。从贝齐声。""资，货也。从贝次声。"

2.《周礼·地官·封人》："置其絼"注："郑司农云：'楅衡，所以楅持牛也。絼，着牛鼻绳，所以牵牛者，今时谓之雉，与古者名同。皆谓夕牲时也。玄谓，……絼字当以豖为声。"④

---

① 马文熙、张归璧：《古汉语知识详解辞典》，中华书局1996年版，第48页。
② 潘斌：《近二十多年来郑玄〈三礼注〉研究综述》，《古籍整理研究学刊》2007年第5期。
③ （清）阮元：《校勘本〈十三经注疏〉》（上、下），上海古籍出版社1997年版，第679页。
④ 同上书，第720页。

按，郑玄分析"绤"字为谐声字，形符为"糸"，声符为"豸"。《玉篇·糸部》："绤，同綌。"陆德明《经典释文》："绤，本又作綌。"《说文》中无"绤"字。《说文·糸部》："綌，牛系也。从糸引声。读若驯。"

3.《周礼·地官·媒氏》："凡嫁子娶妻，入币纯帛"注："纯，实缁字也，古缁以才为声。纳币用缁，妇人阴也。凡于娶礼，必用其类。"①

按，郑玄分析了"缁"的古文字形"紂"为谐声字。《释文》："纯，则其反，依字从糸才。"才、屯二字小篆分别作才、屯，可致形近而讹。《说文·糸部》："缁，帛黑色。从糸甾声。"

4.《周礼·秋官·叙官》："庶氏"注："庶读如药煮之煮，驱除毒蛊之言。书不作蛊者，字从声。"②

按，郑玄此条，虽言"字从声"，但未言"从某声"，从注中推知，当是从接近"煮"之声，表示类似的含义。若郑氏知道"庶"是谐声字，则当言"从某声"，当如于省吾先生所说，郑玄尚不知"庶"是从火石、石亦声的谐声字（详下）。

贾公彦疏曰："在此者，案其职云'掌除毒蛊'，是除恶之事，故在此也。注云'庶读如药煮之煮'者，俗读，意取以药煮去病，去毒蛊亦如是。云'书不作蛊者，字从声'者，除蛊者，'庶'是'去'之意，故为'庶'不为'蛊'也，是其取声。"孙诒让《周礼正义》引段玉裁的观点云："读如煮，拟其音耳。云'驱除毒蛊之言'者，以'蛊'与'庶'同音为训，必先云'读如煮'，而后'庶'与'蛊'同音也。'蛊'今音读如'古'，古音读如'居'上声，是以与'煮'略同。庶氏既掌除毒蛊，则其官曰蛊氏可矣，而书不作'蛊'字者，'庶'与'蛊'音同，是以作'庶氏'。云'字从声'者，谓古人用字，但取其同声者，六书之假借如是也。"

按，对郑注"书不作蛊者，字从声"的解释，贾公彦说接近实际情况，但所论不详；段、孙之说不妥。此处解释，"庶氏"命名，如贾公彦说，重在以行事之动作"煮（'煮'的异写）""驱除"为名，故从其本字"煮"的读音。《说文·广部》："庶，屋下众也。从广、炗。炗，古文

---

① （清）阮元：《校勘本〈十三经注疏〉》（上、下），上海古籍出版社1997年版，第733页。

② 同上书，第868页。

火光字。"于省吾①先生认为"庶"字是从火石、石亦声的会意兼形声字，即古文"煮"之本字，本意是以火燃石而煮，是根据古人实际生活而象意依声以造字的。因古籍中每借"庶"为"众庶"之"庶"，又别制"煮"字以代之。由此可知郑玄注"庶"字，"书不作蛊者，字从声"，正是要按"煮"本字的读音读，而不是要读与"蛊"的近音。应该说，郑玄的这一条注释，也是于省吾先生考定"庶"字为"煮"的本字的最重要的一条传世文献证据，也足见郑玄汉字构形分析资料对古文字学研究的重要价值。

5.《周礼·秋官·叙官》："薙②氏"注："书'薙'或作'夷'，郑司农云：'掌杀草，故《春秋传》曰："如农夫之务去草，芟夷蕴崇之。"又今俗间谓麦下为夷下，言芟夷其麦，以其下种禾豆也。'玄谓'薙'读如鬀小儿头之鬀，书或作'夷'，此皆剪草也，字从类耳。《月令》曰：'烧薙行水'，谓烧所芟草乃水之。"

按，此条郑玄当认为"薙"（透母脂部③）与"鬀"（透母脂部）二字都是谐声字，二者分别从声符"雉"（定母脂部）和"弟"（定母脂部）得声，二字音同。故"薙""鬀"音同音近，意义相通，表示同类事物，所取命名声音相同，因此说"字从类"。"薙""鬀"二字关系，现在训诂学上称之为"广义分形字"，也是同源字。二字共同的源义素是"剪除使短平"，前者剪草，故字形从"艹"，后者剪发，故字形从"髟"，因此郑玄称"字从类"④；"薙"有的版本作"夷"，郑玄认为"夷"（余母脂部）与"薙""鬀"也音近义通。"夷"即芟夷、剪平之义，其释义由另一处注释可知。《周礼·地官·稻人》："凡稼泽，夏以水殄草而芟夷⑤之"注："殄，病也，绝也。郑司农说'芟夷'以《春秋

---

① 于省吾：《甲骨文字释林》，中华书局1979年版，第431—435页。
② 薙，唐石经、诸本同。《经典释文》："薙氏，李或作雉，同。"段玉裁《周礼汉读考》经、注"薙"皆作"雉"，谓浅人加艹于雉为"薙"，犹《稻人》加艹于夷为"荑"也。此"薙"或作"夷"，为同音同字。参看李学勤主编标点本《十三经注疏·周礼注疏》，北京大学出版社1999年版，第896页。
③ 上古音分析参考郭锡良《汉字古音手册》，北京大学出版社1986年版，本章下同。
④ （唐）贾公彦疏："云'字从类'者，人髪之鬀从髪，薙草还草下为之，故云类也。"
⑤ "夷"，宋本同，唐石经、余本、嘉靖本、闽、监、毛本作"荑"，《释文》作"荑，音夷"。宋本注无。阮校："案《秋官·薙氏》经注皆作'夷'，《汉制考》引此经'芟夷'注为'夷'，皆与宋本同。"参看李学勤主编标点本《十三经注疏·周礼注疏》，北京大学出版社1999年版，第412页。

传》曰："芟夷蕴崇之。"今时谓"禾下麦"为"荑①下麦"，言芟刈其禾，于下种麦也。玄谓将以泽地为稼者，必于夏六月之时，大雨时行，以水病绝草之后生者，至秋水涸，芟之，明年乃稼。"《说文·艸部》："薙，除艸也。《明堂月令》曰：'季夏烧薙。'从艸雉声。"

6.《周礼·秋官·叙官》："硩蔟氏"注："郑司农云：'硩读为摘②，蔟读为爵蔟之蔟，谓巢也。'玄谓硩③，古字。从石，折声。"④

按，郑注分析"硩"为谐声字，其说可补《说文》。《说文·石部》："硩，上摘岩空青、珊瑚堕之。从石，折声。《周礼》有硩蔟氏。"

7.《周礼·秋官·叙官》："蝈氏"注："郑司农云：'蝈读为蜮⑤，蜮，虾蟆也。'《月令》曰：'蝼蝈鸣'，故曰'掌去鼃黾'。鼃黾，虾蟆属。书或为'掌去虾蟆。'玄谓蝈，今御所食蛙也。字从虫，國声也。蜮乃短狐与。"⑥

按，郑玄分析"蝈"为谐声字，其说可补《说文》。《说文·虫部》："蜮，短狐也。似鳖，三足，以气射害人。从虫或声。蝈，蜮又从國。"徐铉曰："今俗作古获切，以为虾蟆之别名。"

---

① "荑"，宋本、嘉靖本作"夷"。参看李学勤主编标点本《十三经注疏·周礼注疏》，北京大学出版社1999年版，第412页。

② （清）阮元：《校勘本〈十三经注疏〉》（上、下），上海古籍出版社1997年版，第897页。"摘"，孙（诒让）校："蜀石经'摘'作'摘'。"

③ 同上书，第897页。《汉读考》云："折当作析，析声、適声同在古音十六部，折声在十五部，'硩'为'摘'之古字，则知必析声也。《释文》'硩，他历反，李又思亦反'，此从析；又云'徐丈列反，沈勑彻反'，此从折。《说文》曰：'硩，上摘山岩空青、珊瑚隋之。从石，折声。《周禮》有硩蔟氏。'许以'摘'训'硩'，取其同音，篆文必作'硩，析声'，今本作'硩，折声'，亦谬。"孙校："'折'，蜀石经误'硩'。"

④ 同上书，第869页。

⑤ 同上书，第898页。"蝈读为蜮蜮蝦蟆也"，诸本同。阮校："按此当作'蝈读为蝈蝈蝦蟆也'。故下引《月令》'蝼蝈鸣'证之古文经当本作'蜮氏'，司农读为'蝈'，盖'蜮'古文，'蝈'今文，故《夏小正》《周官》作'蜮'，《月令》《吕览》作'蝈'，《释名》'蝈氏，古获反，刘音或'，刘昌宗本经当作'蜮氏'。按此当依《汉读考》。"

⑥ （清）阮元：《校勘本〈十三经注疏〉》（上、下），上海古籍出版社1997年版，第869页。

第二章 郑众、郑玄的"谐声"观及其对后世的影响　　151

8.《周礼·考工记·轮人》："直以指牙，牙得，则无黎①而固。"注："郑司农云：'黎，掜也。蜀人言椴②曰黎。'玄谓黎读如涅，从木热省声。"③

按，郑玄分析"黎"为谐声字，与《说文》稍异。《说文·木部》："黎，木相摩也。从木埶声。槷，槷或从艹。"

9.《周礼·考工记·韗人》："韗人为皋陶"注："郑司农云：'韗，书或为鞠，皋陶，鼓木也。'玄谓鞠者，以皋陶名官也。鞠即陶，字④从革。"⑤

按，郑玄分析"鞠"为谐声字，声符为匋，义符为革。《说文·革部》："韗，攻皮治鼓工也。从革軍声。读若运。韗，韗或从韋。"《说文解字》无"鞠"字。《说文·自部》："陶，再成丘也，在济阴。从自匋声。《夏书》曰：'东至于陶丘。'陶丘有尧城，尧尝所居，故尧号陶唐氏。"

（二）郑玄《仪礼注》中对谐声字的分析

10.《仪礼·大射》："膳尊两甒在南，有豐"注："膳尊，君尊也。后陈之，尊之也。豐以承尊也。说者以为若井鹿卢，其字从豆曲声，近似豆，大而卑矣。"⑥

按，郑玄分析"豐"为谐声字。《说文·豐部》："豐，豆之豐滿者也。从豆，象形。一曰《乡饮酒》有豐侯者。凡豐之属皆从豐。𣍈，古文豐。"可见，郑玄对"豐"的构形分析与许慎不尽相同，许慎只说明了"豐"当属于象形字，但郑玄的分析，则很明确认为"豐"是谐声字，从

---

① 李学勤主编：《十三经注疏·周礼注疏》（标点本），北京大学出版社1999年版，第1076页。阮校："唐石经、余本、嘉靖本、毛本同。下及注疏同，叶钞《释文》亦作'黎'。闽、监本、今通志堂误作'槷'。"

② 同上书，第1076页。椴，阮校："余本、嘉靖本同。《释文》、徐本、叶钞本亦同。闽、监、毛本及《汉制考》从手，讹。"

③（清）阮元：《校勘本〈十三经注疏〉》（上、下），上海古籍出版社1997年版，第909页。

④ 李学勤主编：《十三经注疏·周礼注疏》（标点本），北京大学出版社1999年版，第1112页。"鞠即陶字"，"即"原作"则"，按阮校："贾《疏》述注云'鞠即陶字'，《仪礼·大射仪》疏引此注同，当据正。"据改。

⑤（清）阮元：《校勘本〈十三经注疏〉》（上、下），上海古籍出版社1997年版，第918页。

⑥ 同上书，第1029页。

豆曲声。许、郑二说结合起来看，则"豐"字古文当作"豊"，后来加形符"豆"。

11.《仪礼·士虞礼》："取诸左脽上"注："脽，脰肉也。古文曰：'左股上'，此字从肉殳，殳矛之殳声①。"②

按，此处"左脽上"的古文经作"左股上"，郑玄分析"股"为谐声字，从肉殳声。《说文·肉部》："股，髀也。从肉殳声。"《说文》中无"脽"字，《玉篇·肉部》有"脽，脰肉也。"可见，《玉篇》是收入了郑玄对"脽"字的解释。

12.《仪礼·燕礼》："宾降洗，升媵觚于公"注："此当言媵觯，酬之礼皆用觯，言觚者，字之误也。古者觯字或作角旁氏，由此误尔。"③

按，郑玄分析"觯"的古字"觚"作"角旁氏"。郑玄知"觯"（《说文》就有分析）为谐声字，当意谓"觚"为从角、氏声的谐声字。《说文·角部》："觯，乡饮酒角也。《礼》曰：'一人洗，举觯。'觯受四升。从角單声。觚，觯或从辰。觚，礼经觯。"（宋徐鉉曰："当从戰省乃得声。"）此注分析"觯"的占字字形"觚"为两部分"角"和"氏"，左右结构，正与《说文》相同，但郑注未分析二者的结构类型属于形声字还是会意字等。

（三）郑玄《礼记注》中对谐声字的分析

13.《礼记·玉藻》："大夫佩水苍玉而純组绶"注："玉有山玄、水苍者，视之文色所似也。绶者，所以贯佩玉相承受者也。'純'当为'緇'，古文'緇'字，或作糸④旁才。"⑤

按，郑玄分析了"緇"的古文字形"material"的构形，结合《周礼·地

---

① 李学勤：《十三经注疏·仪礼注疏》（标点本），北京大学出版社1999年版，第814页。"此字从肉殳殳矛之殳声"，徐本、《集释》"字"前俱有"此"字，与疏合。"肉"后俱无"从"字，与单疏述注合。毛本、《通解》无"此"字，"肉"后有"从"字。阮校："按此句当云'此字从肉殳声'，复于'殳'下加'殳矛之殳'四字，乃注中之注也。后人连读，更衍一'从'字，则'声'字如赘瘤然。"

② （清）阮元：《校勘本〈十三经注疏〉》（上、下），上海古籍出版社1997年版，第1170页。

③ 同上书，第1023页。

④ 李学勤：《十三经注疏·礼记正义》（标点本），北京大学出版社1999年版，第914页。"糸"原作"絲"，按孙校："'絲'当为'糸'。"据改。

⑤ （清）阮元：《校勘本〈十三经注疏〉》（上、下），上海古籍出版社1997年版，第1482页。

官·媒氏》注，意谓"𢽎"为谐声字。才、屯二字小篆分别作才、屯，可致形近而讹。

14.《礼记·儒行》："鸷虫攫搏，不程勇者"注："鸷虫，猛鸟、猛兽也。字从鸟鸷①省声也。程犹量也。"②

按，郑玄分析"鸷"为谐声字，从鸟蟄省声。《说文·鸟部》："鸷，击杀鸟也。从鸟執声。"

三 对郑玄分析谐声字材料的总结

（一）郑玄对谐声字的分析体例。这方面，我们认为郑氏一方面受到许慎《说文解字》的影响，继承了许慎分析形声字的体例；另一方面，郑玄也有其不同于许慎的地方。

从继承方面来看，郑玄分析谐声字的体例大部分是与许慎分析形声字的体例一致的。体现在：

1. 称"某字，从某、某声"。如例（6）"砮，古字。从石，折声。"例（7）"蝈，……字从虫，國声也"例（10）"豐……其为字从豆曲声"例（11）"股……此字从肉殳，殳矛之殳声。"

2. "从某、某省声"。如例（8）"𤏳……从木熱省声。"例（14）"鸷……字从鸟蟄省声也。"

这两种模式，都是许慎《说文解字》中分析形声字的典型模式。或许有人要问，你说郑玄继承许慎，郑玄看过许慎《说文解字》吗？这一点毋庸置疑。首先，郑玄在许慎之后，他对汉字形体分析的观点受到许慎《说文解字》影响，是完全可能。其次，不算间接引用，郑玄在注释中明确引用许慎《说文解字》的观点就有3次。如《周礼·考工记·冶氏》："重三锊"注："郑司农云：'锊，量名也。读为刷。'玄谓许叔重《说文解字》云：'锊，锾也。'今东莱称或以大半两为钧，十钧为环，环重六

---

① 李学勤：《十三经注疏·礼记正义》（标点本），北京大学出版社1999年版，第1579页。"鸷"，闽、监、毛本、岳本、嘉靖本、卫氏《集说》同。按阮校："'鸷'字有误，郭忠恕《佩觿》云：郑注《儒行》鸷从鸟蟄省声，据此'鸷'当作'蟄'。卢文弨云：似当作'蟄省'。足利古本'鸷'后有'蟄'字。"

② （清）阮元：《校勘本〈十三经注疏〉》（上、下），上海古籍出版社1997年版，第1669页。

两大半两。鋂、锊似同矣①，则三锊为一斤四两。"②《仪礼·既夕礼》："遂匠纳车于阶闲"注："车，载柩车。《周礼》谓之蜃车，《杂记》谓之圑，或作輇，或作槫，声读皆相附耳，未闻孰正。其车之轝，状如床，中央有辕，前后出，设前后辂，举上有四周，下则前后有轴，以輇为轮。许叔重说：'有辐曰轮，无辐曰輇。'"③《礼记·杂记上》："载以輲车，入自门"注："言'载以輲车，入自门'，明车不易也。輲读为輇，或作槫，许氏《说文解字》曰：'有辐曰轮，无辐曰輇。'④《周礼》又有蜃车，天子以载柩。蜃、輇声相近，其制同乎。輇崇盖半乘车之轮。"⑤ 由此可见，郑玄在汉字构形分析方面，会受到许慎《说文解字》影响是完全可能的。我们也可以说郑玄在谐声字分析体例方面是继承了许慎分析形声字的体例。

当然，郑玄也有其独特的表述体例，是许慎分析体例中所无的。如某字"以某为声"，《说文解字》中就没有这样的形式。如例（1）："齍、资同耳，其字以齐、次为声，从贝变易，古字亦多或。"例（2）："綡字当以豸为声。"例（3）："古缁（即'紂'）以才为声。"

此外，还有少部分非典型形式。如例（4）："庶，……书不作蛊者，字从声。"例（5）："'薙'读如鬀小儿头之鬀，书或作'夷'，此皆剪草也，字从类耳。"例（6）："鞠即陶，字从革。"

郑玄对谐声字的分析材料，是对许慎《说文》汉字构形分析的补充，对研究汉字发展史和古文字研究可提供重要的参考。前文分析材料相应处已经指出，此不赘述。

郑玄对谐声字的分析材料，反映了郑玄对谐声字的认识观念不同于许

---

① 李学勤：《十三经注疏·周礼注疏》（标点本），北京大学出版社1999年版，第1100页。"鋂锊似同"，《汉读考》云："当作'環鋂似同'。"《说文·金部》："锊，十铢二十五分之十三也。从金寽声。《周礼》曰：'重三锊。'北方以二十两为锊。"《说文·金部》："鋂，锊也。从金爰声。《罚书》曰：'列百鋂。'"

② （清）阮元：《校勘本〈十三经注疏〉》（上、下），上海古籍出版社1997年版，第915页。

③ 同上书，第1164页。

④ 《说文·车部》："輪，有辐曰轮，无辐曰輇。从车侖声。"《说文·车部》："輇，蕃車下庳輪也。一曰无辐也。从车全声。读若馔。"

⑤ （清）阮元：《校勘本〈十三经注疏〉》（上、下），上海古籍出版社1997年版，第1549页。

慎。如例（4）"庶"和例（5）"薙"二字，按郑玄的分析，当属谐声字，这与许慎的"形声字"的分析是不同的。"庶"谐的是"煮"声，"薙"谐的是"夷"声，皆属于因声得义，这比一般意义上的"形声字"的范围要大。由此也可以看出东汉郑玄时就认为"形声"之名并不能涵盖某形声字"因声得义"的内容，而用"谐声"的名称就可以弥补这一缺憾。

四　郑众、郑玄的"谐声"观对后世形声字分析观念的影响

结合前面分析材料，我们认为，郑玄在注释中取郑众"六书"的名称和说解，而不取班固和许慎之说，是有其用意的，郑玄的"谐声"观不同于许慎的"形声"观，其关于谐声字的注释是对先郑郑众"谐声"观的具体阐释，对后世形声字构形分析观念有着重要的影响。

东汉以后，关于形声字的分析和定称主要有以下三派意见。

（一）认为郑众、郑玄所称的"谐声"和许慎所称的"形声"一样，二者不过是称谓不同。代表性的观点，如唐代的贾公彦："谐声者，即形声，一也。江、河之类是也，皆以水为形，以工、可为声。"[1] 明·王应电："主一字之形，而以他字之声合之：因其形之同，而知为是类；因其声之异，而知为是物是义。故曰形声。非本声而谐之，故又曰谐声。"[2] 清·黄以周《六书通故》："形声，先郑谓之谐声，与象形、指事、会意、谐声皆上字虚下字实，文法一律。许谓之形声者，名之形于声者也。《乐记》云：'感于物而动，故形于声'，又云：'情动于中，故形于声'，形声二字处诸此，与谐声之义一也。旧解以形声为半主形半主声，非许意。许举'江'、'河'为例者，江河为有声之物，字从工、可，最初之谐声字也。顾古人字少，往往音近为之。未有专字。"[3]

（二）认为郑众、郑玄的"谐声"与许慎所称的"形声"不同，二郑的观点更合理，因而取"谐声"之名而不取"形声"。如宋·张有《复古编》："谐声者，或主母以定形，或因母以主意，而附他字为子，以调

---

[1]　李学勤：《十三经注疏·周礼注疏》（标点本），北京大学出版社1999年版，第354页。
[2]　胡朴安：《中国文字学史》，商务印书馆1998年版，第204页。
[3]　张斌、许威汉：《中国古代语言学资料汇纂·文字学分册》，福建人民出版社1993年版，第184页。

合其声者也。如鹅、鸭、江、河之类。"① 宋·郑樵则称："谐声与五书同出。五书有穷，谐声无穷。五书尚义，谐声尚声。天下有有穷之义，而有无穷之声。……五书，作者也；谐声，述者也。谐声者，触声成字，不可胜举。……五曰谐声，母主形，子主声者，谐声之义也。然有子母同声者，有母主声者，有主声不主义者，有子母互为声者，有三体主声者，有谐声而兼会意者则曰'声兼意'。"② 元·戴侗："何谓谐声？从一而谐以白声为'百'，从晶而谐以生声为'星'，从'甘'而谐以匕声为'旨'，从又而谐以卜声为'支'，此类是也。"其后还有如元·刘泰："谐声者，物之形意非转注所能尽，故于形之旁附之以文，因声以明之。"③；明·赵撝谦（字古则）："六书之要，在乎谐声。声原于虚，妙于物而无不谐也。"④ 其后还有明代的朱谋㙔⑤、张位⑥、吴元满⑦，清代的何琇⑧、姚文田⑨等等，其中清·孔广居的观点很具有代表性，其《说文疑疑·论象声》中说："象声，《说文》谓之形声，《周礼》郑注谓之谐声。谐声之字，半主义，半主声。其主义者，即许注所云：'从某'也；其主声者，即许注所云：'某声'也。主义之半，象形居多，故合一字言之则谓之象声、形声，专指其半言之则谓之'谐声'也。谐声之字有三类……"⑩。

（三）认为郑众、郑玄的"谐声"与许慎所称的"形声"不同，许慎的观点更合理，因而取"形声"之名而不取"谐声"。凡是不用"谐声"之名的学者，都可归入此类。如元代杨桓的《六书统》⑪ 清·江声

---

① 胡朴安：《中国文字学史》，商务印书馆 1998 年版，第 201 页。
② 张斌、许威汉：《中国古代语言学资料汇纂·文字学分册》，福建人民出版社 1993 年版，第 172—173 页。
③ 胡朴安：《中国文字学史》，商务印书馆 1998 年版，第 202 页。
④ 同上书，第 202—204 页。
⑤ 同上书，第 205 页。
⑥ 同上书，第 205 页。
⑦ 同上书，第 205 页。
⑧ 张斌、许威汉：《中国古代语言学资料汇纂·文字学分册》，福建人民出版社 1993 年版，第 177 页。
⑨ 同上书，第 179 页。
⑩ 同上书，第 179—180 页。
⑪ 胡朴安：《中国文字学史》，商务印书馆 1998 年版，第 201—202 页。

《六书说》①皆主此说，而以清段玉裁②《说文解字注》的观点最具代表性："形声即象声也。其字半主义、半主声。半主义者，取其义而形之；半主声者，取其声而形之；不言义者，不待言也。得其声之近似，故曰象声，曰形声。郑众作谐声。'谐，詥也。'非其义。"此后，还有清代许槭、王筠、张度，近代廖登廷、徐绍桢、叶德辉、胡韫玉（即胡朴安）等皆主此说。③

由上面三派意见，我们可以看出，主张形声、谐声一致论者人数上并不占优势，而且他们自己往往也承认形声、谐声命名上是存在不同的；主张用郑众、郑玄的"谐声"名称的人数为数不少，尤其是在宋、元、明三代更为突出，这说明二郑的"谐声"观在当时的影响之大；主张用许慎"形声"名称者，虽自元代开始，但该派真正影响巨大还是在清代、近代以后，尤其是段玉裁之后，这和段氏《说文解字注》所取得巨大成就和影响紧密相关，而且这一派的影响对当代汉字构形分析的影响也很大，比如当代唐兰、陈梦家、裘锡圭三家的"三书说"中都列"形声"一类，而不称"谐声"即可见一斑。

就当前学界对"谐声""形声"的使用来看，讲解汉字构形分析的时候，专家们多用"形声"这一名称，即属于第三派意见；涉及汉语音韵学领域的问题时，如归纳上古韵部、上古声母相关问题时，多称为谐声字。但如果不特别强调的时候，谐声和形声所指则基本没有区别。可见郑众、郑玄的"谐声"观对后世乃至当代的影响都是很大的。

本章参考文献

[1] 迪志文化出版有限公司、书同文计算机技术开发有限公司：《文渊阁〈四库全书〉电子版》，上海人民出版社、迪志文化出版有限公司1999年版。

[2]（清）段玉裁：《说文解字注》，上海书店1992年版。

[3] 郭锡良：《汉字古音手册》，北京大学出版社1986年版。

---

① 张斌、许威汉：《中国古代语言学资料汇纂·文字学分册》，福建人民出版社1993年版，第177页。
② （清）段玉裁：《说文解字注》，上海书店1992年版，第178页。
③ 张斌、许威汉：《中国古代语言学资料汇纂·文字学分册》，福建人民出版社1993年版，第182—190页。

［4］胡从曾：《郑注谐声字例与〈释名〉声训》，《辞书研究》1989年第4期。

［5］胡朴安：《中国文字学史》，商务印书馆1998年版。

［6］李学勤：《十三经注疏·礼记正义》（标点本），北京大学出版社1999年版。

［7］李学勤：《十三经注疏·仪礼注疏》（标点本），北京大学出版社1999年版。

［8］李学勤：《十三经注疏·周礼注疏》（标点本），北京大学出版社1999年版。

［9］吕思勉：《文字学四种》，上海古籍出版社2009年版。

［10］马文熙、张归璧：《古汉语知识详解辞典》，中华书局1996年版。

［11］潘斌：《近二十多年来郑玄〈三礼注〉研究综述》，《古籍整理研究学刊》2007年第5期。

［12］（清）阮元：《校勘本〈十三经注疏〉》（上、下），上海古籍出版社1997年版。

［13］（清）许慎：《说文解字》，中华书局1963年版。

［14］于省吾：《甲骨文字释林》，中华书局1979年版。

［15］张斌、许威汉：《中国古代语言学资料汇纂·文字学分册》，福建人民出版社1993年版。

第三章

郑玄从历时角度对字际关系的沟通
——以《周礼注》为例[①]

郑玄在《周礼注》中直接使用了大量的沟通字际关系用语[②]对经文用字进行沟通,对这些用语进行全面考察分析可以进一步揭示郑玄关于字际关系沟通的观念,为科学的汉字字际关系研究提供有价值的借鉴经验。所谓沟通字际关系的用语是训诂用语中的一种,训诂用语除了用来沟通字际关系外,还包括校勘、注音、释义、解句、分析篇章等用语。沟通字际关系的用语特点是不直接注音释义,而是提出相关的字来间接达到注音释义以解读文献的目的。因为它提到相关的字,我们可以从中归纳相关字的字际关系和分析注家对字际关系的认识,所以提出来做专题研究[③]。

《周礼注》中的沟通字际关系用语就其沟通角度来说可以分为从泛时角度沟通的字际关系用语和从历时角度沟通的字际关系用语两种。所谓的从历时角度的沟通字际关系用语就是郑玄着眼于沟通经文用字和注文用字之间具有历时使用关系的用语,除此之外的沟通字际关系用语我们都统称之为从泛时角度沟通的字际关系用语[④]。

由于郑玄用来沟通字际关系的用语往往不是专门的术语,而是兼有其他的训释功能,因而在具体分析其沟通字际关系用语功能时,我们的做法是将其相关材料都先选取出来,形成语料库,然后从各类用语中离析出其

---

① 本文曾以《郑玄〈周礼注〉从历时角度对字际关系的沟通》为题发表于《古汉语研究》2009年第3期。

② 本文不称"沟通字际关系术语"是因为郑玄的沟通字际关系用语中还包括很多算不上术语的程式化用语。

③ 参看李运富《论汉字的字际关系》,载《语言》(第3卷),首都师范大学出版社2002年版。

④ 历时和泛时的称法源自王宁先生在训诂学课上所讲。

用于沟通字际关系的用语功能。

根据我们的测查，《周礼注》中郑玄直接使用的从历时角度沟通的训诂用语（我们称为"古今沟通类用语"）共有18例，从形式上大致可以分为以下六种类型。

A."A，今之B"型（共4例）

（1）《天官·亨人》："职外内饔之爨亨煮"注："爨，今之灶。"①

（2）《天官·酒正》："四曰酏"注："酏，今之粥。《内则》有黍酏，酏饮，粥稀者之清也。"

（3）《地官·叙官》："囿人"注："囿，今之苑。"

（4）《夏官·叙官》："司甲"注："甲，今之铠也。"

B."A古文为B"型（共7例）

1."A，古文B"式（1例）

（5）《春官·保章氏》："以志星辰日月之变动"注："志，古文识。识，记也。"

2."A，古文为B"式（1例）

（6）《天官·庖人》："宾客之禽献"注："献，古文为兽。杜子春云：'当为献'。"

3."A，古文或作B"式（1例）

（7）《考工记·㮚氏》："㮚氏"注："㮚，古文或作历。"

4."A，古文B假借字"式（4例）

（8）《考工记·玉人》："衡四寸"注："衡，古文横假借字也。衡谓勺径也。"

（9）《考工记·矢人》："以其笴厚为之羽深"注："笴读为藁，谓矢干，古文假借字。"

（10）《考工记·匠人》："置槷以县"注："故书槷或作弋，杜子春云：'槷当为弋，读为杙。'玄谓槷，古文臬假借字。于所平之地中央，树八尺之臬，以县正之，视之以其景，将以正四方也。《尔雅》曰：'在墙者谓之杙，在地者谓之臬。'"

（11）《考工记·弓人》："宽缓以荼"注："荼，古文舒假借字。郑

---

① 为节约篇什，例证出处略去书名号中"周礼"二字，只列其下具体篇名，如《周礼·天官·亨人》，省称为《天官·亨人》，下同。本章所引语料皆出（唐）贾公彦《周礼注疏》，见（清）阮元主编《校勘本〈十三经注疏〉》，上海古籍出版社1997年版。语料出处页码从略。

司农云：'荼读为舒'。"

C."A，今B字"型（共2例）

1."A……，今'……B……'字也。"式（1例）

（12）《春官·甸祝》："禂牲、禂马"注："禂读如伏诛之诛，今侏大字也。为牲祭，求肥充；为马祭，求肥健。"

2."A，今B字也"式（1例）

（13）《考工记·辀人》："左不楗"注："书楗或作券。玄谓券，今倦字也。"

D."古者，A为B"型（共2例）

1."古者A与B同字"式（1例）

（14）《春官·肆师》："凡师不功"注："故书功为工，郑司农'工'读为'功'。古者工与功同字。"

2."古者书A但为B"式（1例）

（15）《春官·肆师》："治其礼仪"注："故书仪为义，郑司农云'义'读为'仪'。古者书'仪'但为'义'，今时所谓'义'为'谊'。①"

E."故字A为B"型（共2例）

1."故字A为B"式（1例）

（16）《夏官·圉师》："夏庌马"注："故字②庌为犴。郑司农云：'当为庌。'玄谓庌，庑也。庑，所以庇马者也。"

2."A，其故B字也"式（1例）

（17）《秋官·掌客》："牲三十有六"注："牲当为腥，声之误也。腥谓腥鼎也。于侯伯云'腥二十有七'，其故腥字也。"

F."古书'……A……'多作B字"型（共1例）

（18）《春官·占梦》："乃舍萌于四方"注："玄谓舍读为释，舍萌犹释菜也。古书'释菜''释奠'多作'舍'字。"

下面我们来分析以上所列古今沟通类用语的功能。

---

① 此处注文有争议，有的学者认为是郑玄引用郑司农的注释，本文不同意其说，遵从李学勤主编点校本《周礼注疏》第508页中的观点，认为是郑玄直接使用的沟通用语。

② 阮元校勘记引段玉裁《周礼汉读考》的观点："'字'当为'書'。"我们遵从李学勤主编点校本《周礼注疏》第868页中的观点，保留经文原字，不将"字"改为"書"。

A 型

从中不难看出，郑玄是在说明这样的一个事实，由于时代不同了，人们指称同一事物所使用的词也发生了变化。换言之，指称同样一个事物汉代以前用甲词表示，到了郑玄时代则用乙词表示。例（1）中同样是指称用砖、坯、金属等制成的生火做饭的设备，汉代以前就叫作"爨"，而郑玄时代则叫作"灶"；例（2）中同样指称围在人体外面起保护作用的、用金属、皮革等制成的装备，汉代以前叫作"甲"，而郑玄时代可能一般就叫作"铠"。因此郑玄就用"古之……，今之……"这种用语来加以沟通，实际上是沟通指称同一事物古今使用的不同的词。例（3）（4）亦如此。

B 型

该类型是我们搜集的所有《周礼注》中使用的"古文"例子。其中有四条都是与"假借字"一起搭配使用的。例（5）是说"志"是古文的"识"，"识"就是"记"的意思；例（6）是说"献"古文写作"兽"，杜子春认为应当写作"献"；例（7）是说"枣"，古文有的写作"历"，但并不是所有的"古文"都这么写。例（8）（9）（10）（11）中"古文"虽与"假借字"搭配使用，但实际各自承担的职能是不同的。"古文"指出了古文用的字与郑玄时代的字不同，着眼的是从历时角度的沟通，帮助读者理解文献，目的是告诉读者，文献中用这两个不同的字要表达的含义是相同的，也就是说语境中的两个字在记录某个义项上具有历时使用关系；而"假借字"则着眼的是从泛时角度沟通两个字的关系，目的是要告诉读者，之所以会造成这两个字使用不同的原因。因为关于"假借字"，郑玄自己曾经有过论述（陆德明《经典释文》及张守节《史记正义·论音例》都曾引用过）："其始书也，仓促无其字，或以音类比方，假借为之，趣于近而已。受之者非一邦之人，人用其乡，同言异字，同字异言，于兹遂生矣。"这段论述正是说明"假借字"形成的原因。

关于《周礼注》中"古文"的含义，学界有争议，主要有两种观点。一种意见认为《周礼注》中"古文"与《仪礼注》《礼记注》中的相同，即指所谓的古文经的文字，或称"孔氏古文""孔子壁中书""东方六国文字""六国文字"等，这种"古文"主要来源为汉武帝时鲁恭王坏孔子宅所得壁中书。代表者如张舜徽《郑学丛著·郑学叙录》[1]、孟世凯《务

---

[1] 张舜徽：《郑学丛著》，齐鲁书社1984年版，第7页。

实经学大师郑玄》①、李林先生《论郑玄的训诂术语》②等。另一种意见认为《周礼注》中的"古文"是"古本故书"的意思,与《仪礼》《礼记》中的"古文"不同。代表者如齐佩瑢《训诂学概论》③。

应当说,仅仅从《周礼注》中的材料来看,我们很难证实《周礼注》中的"古文"与《仪礼注》《礼记注》中"古文"的含义有什么区别和联系,这是需要更进一步的考察才能作出结论。但从《周礼注》文本材料中至少能够推断出"古文"是古汉字的一种,与郑玄时所见的经文本用字不同,而且两种文字具有在记录某一义项或词项上的历时使用关系。再有,《周礼注》中"古文"与其中大量使用的"故书"应当说是判然有别的,我们不同意李林先生将二者功用等同的观点④。一个明显的例证就是上面所列的第(10)条,里面同时有"故书"和"古文"两个术语出现,假如二者功能相同的话,还有必要同时使用两次吗?显然不是这样的。从我们对《周礼注》中涉及沟通字际关系的216条故书类术语用例⑤的考察结果来看,《周礼注》中的"古文"与"故书"的含义也是不相同的,测查结果如下。

故书类术语的类型(共216例)主要有三大类型:"故书"类、"今书"类和"A,书或作B"类。

一 "故书"类(共211例)

该类又可分为两大类型13种具体形式。

(一)"故书A(或)作B"型

1."A故书作B"式。如《天官·太宰》:"二曰嫔贡"注:"嫔,故书作宾。" 2."故书A作B"式。如《天官·笾人》:"羞笾之实,糗饵、粉餈。"注:"故书餈作茨,郑司农云:'……茨字或作餈,谓干饵饼之也。'" 3."CA故书作CB"式。如《天官·小宰》:"四曰听称责以傅别"注:"傅别,故书作傅辨。郑大夫读为'符别',杜子春读为'傅

---

① 载工振民主编《郑玄研究文集》,齐鲁书社1999年版,第2页。
② 李林:《论郑玄的训诂术语》,硕士学位论文,北京师范大学,1985年。
③ 齐佩瑢:《训诂学概论》,中华书局1984年版,第169—170页。
④ 李林:《论郑玄的训诂术语》,硕士学位论文,北京师范大学,1985年。
⑤ 统计数字并非所有《周礼注》中的"故书"用例,而是"故书"前后的语言单位中具有某个单字的形音义对应关系或正误对应关系的例子。

别'。玄谓……傅别,谓为大手书于一扎,中字别之。"4."故书A或作B"式。如《地官·师氏》:"使其属帅四夷之隶"注:"故书隶或作肆,郑司农云:'读为隶。'"5."A,故书或作B"式。如《考工记·鲍人》:"鲍人之事"注:"鲍,故书或作鞄"。

(二)"故书A(或)为B"型

1."故书A为B"式。如《天官·凌人》:"凌人掌冰正"注:"故书正为政……政当为正,正谓夏正。"2."A故书为B"式。如《夏官·羊人》:"凡沈辜、侯、禳、衈、积"注:"积,故书为眦。郑司农云:'眦读为渍,谓渳国宝、渍军器也。'玄谓积,积材,禋祀、栖燎,实材。"3."AC故书为BC"式。如《天官·小宰》:"七事者,令百官府共其财用"注:"'七事',故书为'小事'。杜子春云:'当为七事,书亦或为七事。'"4."故书CA为CB"式。如《春官·巾车》:"孤乘夏篆"注:"故书夏篆为夏缘。郑司农云:'夏,赤色。缘,缘色。或曰:夏篆,篆读为圭瑑之瑑,夏篆,毂有约也。'玄谓夏篆,五彩画毂约也。"5."故书AC为B"式。如《春官·巾车》:"锡面朱緫"注:"故书朱緫为繶……郑司农云:'繶当为緫,书亦或为緫。'"6."故书A或为B"。如《天官·醢人》:"鴈醢"注:"故书鴈或为鹑。杜子春云:'当为鴈。'"7."故书A或为B……,今书多为A…"式。如《地官·乡师》:"巡其前后之屯"注:"故书屯或为臀。郑大夫读屯为课殿,杜子春读为在后曰殿,谓前后屯兵也。玄谓前后屯,车徒异部也。今书多为屯,从屯。"8."故书AC或为BC"式。如《春官·大宗伯》:"以实柴祀日、月、星、辰"注:"实柴,实牛上柴也。故书'实柴'或为'宾柴'"。

二 "今书"类(共3例)

即:《地官·乡师》:"巡其前后之屯"注:"故书屯或为臀……今书多为屯,从屯。"《地官·均人》:"则公旬用三日焉"注:"旬,均也。读如营营原隰之营。《易》'坤为均',今书亦有作旬者。"《春官·小祝》:"置铭"注:"铭,今书或作名。郑司农云:'铭,书死者名于旌,今谓之柩。'"

三 "A,书或作B"类(共2例)

即:《秋官·叙官》:"薙氏"注:"书薙或作夷……玄谓薙读如鬀小

第三章 郑玄从历时角度对字际关系的沟通

儿头之鬃,书或作夷,此皆剪草也,字从类耳。"《考工记·叙官》:"无以为戚速也"注:"速,疾也。书或作数。"

关于郑玄"故书"术语的含义,观点不一,主要有唐·贾公彦《周礼注疏》之"'古文'即'故书'"说①、清·阮元《周礼注疏校勘记序》之"'故书'谓初献于秘府所藏之本"说、清·宋世荦《周礼故书疏证》之"'故书'即秘府所藏之古文"说②、清·徐养源《周官故书考》之"'故书'犹言'旧本',也是校过的本子,有杜子春及郑兴父子所据之本,有郑玄所据之本,都不一定是秘府旧本,只不过比'今书'所出略前"说③、今人王锷"'故书'是刘歆校勘以前的本子"说④等等,此不详列。

结合前面对《周礼注》中具体用例的考察,我们可以看出,《周礼注》中的"故书""今书"目的都是要展示旧本和新本在用字上的不同,郑玄在此基础上择优而从,同时提供学者以选择判断的余地。其中"书或作"则当是无法判定是"故书"还是"今书"的本子所从之字。"故书"类术语并不是要沟通字之间的同功能关系,因为在郑玄使用了术语"故书"后,一般都还会用其他沟通术语进行专门的字际关系沟通。如《天官·凌人》:"凌人掌冰正"注:"故书正为政,政当为正,正谓夏正。"虽然使用了"故书"术语,但目的并非在沟通字际关系,而后面的"政当为正,正谓夏正"才是在沟通字际关系;《天官·职币》:"皆辨其物而奠其录"注:"故书录为禄"⑤下,郑玄又引用杜子春的沟通意见:"杜子春云:'禄当为录,定其录籍。'"可见郑玄所引用的意见才是在沟通字际关系;又《天官·染人》:"夏纁玄"注:"故书纁作黛"⑥下,郑玄又引用郑司农的意见:"郑司农云:'黛读当为纁,纁谓绛也。'"沟通字际关系。例皆如此,这与我们前面所列"古文"的使用情况截然不同。

---

① (唐)贾公彦:《周礼注疏》,见(清)阮元主编《校勘本〈十三经注疏〉》,上海古籍出版社1997年版,第648页。
② 王锷:《三礼研究论著提要》,甘肃教育出版社2001年版,第96页。
③ (清)徐养源:《周官故书考》,皇清经解续编卷五百十六;王锷:《三礼研究论著提要》,甘肃教育出版社2001年版,第99页。
④ 同上书,第99页。
⑤ (唐)贾公彦:《周礼注疏》,见(清)阮元主编《校勘本〈十三经注疏〉》,上海古籍出版社1997年版,第683页。
⑥ 同上书,第692页。

由此，我们认为清代徐养源之说比较可信，王锷之说大体与之相同。"故书"是郑玄使用的校勘术语，其本质上属于文献学术语；"古文"则是沟通历时使用的字际关系术语，其本质上属于训诂学术语。二者功能不同。

C 型

例（12），郑玄意在言，"券"字在这里记录词义的职能现在是用"倦"字承担录的，应当按照"倦"的义项去理解文献。"×，今×字也"意在沟通这两个字在某个义项上的历时使用关系；例（13），注下贾公彦疏："'玄谓裯读如伏诛之诛'者，此俗读也。…此从音为诛。"可见后面的"今侏大字也"中的"侏"才具体沟通"裯"所要取的含义。阮元《校勘记》中举例证明"侏"有"大"的含义，可能是"俦"的异体字。也就是说"裯"读音和"伏诛"的"诛"相同（"读如"是拟音），就是现在的"侏大"的"侏"字，只不过以前用"裯"（章母幽部），现在用"侏"（章母侯部），二字古音相近，在记录"肥大"这一义项上，具有历时使用关系。

D 型

例（14），"故书功为工"，即先列出版本用字有"工"与"功"之别，而且"工"的版本比较早一些；再引郑司农将"工"读为"功"，说明"功"是郑玄时代前后的用字；最后才说"古者工与功同字"，明确地说明了古代"工"与"功"是同一字，这样实际上是说"工"与"功"字具有历时使用关系。例（15）说得更明白，古代写"仪"只写作"义"，而今天所说的"义"在古代则相当于"谊"的含义。那么"义"与"仪"、"谊"与"义"都分别在记录不同的义项上构成历时使用关系。

E 型

例（16），按段玉裁的观点是应当把"故字"改为"故书"的，虽然这样改可以，但我们认为不改也可以，"故字"意思就是说"以前的字"，很清楚是在沟通"序"与"讶"之间具有的历时使用关系。否则例（17）中"牲……，其故腥字也"也得改成"其故……书"，显然是不适合的。因此我们主张不改，认为这两条也是郑玄沟通历时使用的字际关系用语。

F 型

例（18），郑玄用"读为"从泛时角度沟通"舍"和"释"的关系，而用"古书'……A……'多作B字'"的形式从历时角度来沟通"舍"和"释"的关系。舍（书母鱼部），释（书母铎部），二字古音相近，应当是同词异字关系，后来分化各自表示不同的词，二者就成了同义词了。如现在铎、择、箨等声音仍然与"舍"声音很近。因此我们认为郑玄这里的"古书……"目的仍然在于沟通两个字的历时使用关系。

经过上面分析我们可以看出，除了A型之外，其他五种形式都是郑玄直接使用的从历时角度对字际关系进行沟通的用语。这些用语总体上有以下两个特点。

1. 形式不一，缺乏概括。

同样是沟通两个字在记录某一义项上具有历时使用关系，却用了"A古文（为）B"、"A，今B字"、"古者，A为B"、"故字A为B"、"古书'……A……'多作B字"五类用语，而且每类下面又分若干小的形式。尤其是后四种类型基本上没有实质上的区别，只是个别例子提供了郑玄判断的两个字有历时使用关系的依据，如例（15）（18）。这说明郑玄对这方面的用语概括是不够的，随文注释时的体例还不成熟，而这是不利于读者帮助读者阅读经文的。因为每使用一次新的注释用语，读者就要分析一下其含义，妨碍理解效率。

2. 对所用沟通字际关系用语，缺乏必要的说明。

郑玄《周礼注》中所用沟通字际关系用语，多无相关说明，这也说明了当时注释体例还不够成熟。而在其他注书中有部分例外，如《礼记·礼运》："故圣人耐以天下为一家"郑注："耐，古'能'字。传书世异，古字时有存焉，则亦有今误矣。"郑玄对"A，古B字"的形式作了相关说明；另郑玄曾对从泛时角度沟通字际关系的术语"假借字"也有过说明（见前文）。

可见，东汉时代的郑玄已经很关注历时角度的字际关系沟通了，并且有了明确的相关用语，这是十分可贵的。那么他是否是第一个关注历时角度沟通的人呢？回答是否定的，这从他在注释中引用前人的沟通材料就可断定，其注释中曾经引用比他早的郑众（郑司农）的从历时角度沟通的材料共5条：①"古书A作B"式。《天官·大宰》："三曰官联"注："郑司农云：'联读为连，古书连作联。联谓连事通职，相佐助也。'"②"A，今时谓之B"式。《地官·封人》："置其绋"注："郑司农云：'绋，著牛鼻绳，所以牵牛者，今时谓之雉，与古者名同。皆谓夕牲时也。'"③"古者 AB 同字"式。《春官·小宗伯》:"掌建国之神位"注:"故书位作立,郑司农云:'立读为位,古者立、位同字。古文春秋经"公即位"为"公即立"。'"④"A 读为 B,书亦或为×,古文也"式。《春官·小史》:"叙昭穆之俎簋"注:"郑司农云:'几读为轨,书亦或为簋,古文也。'"⑤"A,古字也,B,今字也,同物同音"式。《夏官·弁师》:"诸侯之繅斿九就"注:"郑司农云:'繅当为藻。繅,古字也,藻,今字也,同物同音。'"

很明显,郑众已经明确使用了从历时角度沟通字际关系和词际关系的用语。其中①③④⑤条属于沟通字际关系的例子,应当说就是郑玄从历时角度沟通字际关系用语的第 B. C. D. F 几种类型的来源;第②条则是郑玄从历时角度沟通词际关系用语 A 型的来源。可见郑玄是继承了郑众的从历时角度沟通字(词)际关系的观念及训释用语。

而且,在第③④条中,郑众已经使用了"古文"这一术语。只不过他第③条中所指称的对象应当是汉代今古文之争中的"古文经",第④条中则与郑玄所用含义相同。不管怎样,在这两条中,郑众也利用术语"古文"进行了历时的字际关系沟通,这就应当是郑玄注《周礼》使用几处"古文"的来源。

综上研究,我们认为郑玄在《周礼注》中继承了以往注释家(主要是郑众)的历时沟通观念,继续使用或改造其历时沟通用语,并以此在注文中对经文用字进行历时沟通,也为后来明确创造术语"古今字"① 来沟通这类字际关系奠定了基础。当然这类用语还很不完善,反映了这类沟通字际关系用语的初期发展过程。其用语主要形式有"A 古文(为)B"、"A,今 B 字"、"古者,A 为 B"、"故字 A 为 B"、"古书'……A……'多作 B 字"。其中"古文"不同于《仪礼注》和《礼记注》中的"古文",应当是比郑玄所见古文经《周礼》文字更早的文字,但不一定是《周礼》的更早版本中的文字,因为不同版本的文字沟通职能郑玄另有术语"故书"承担。"古文"与"故书"职能不同,前者是历时沟通字际关系术语,后者是郑玄使用的沟通《周礼》不同版本用字的术语。

【附记】本文写作曾受到业师李运富先生的指导,谨致谢忱。

---

① 郑玄只使用过 1 次"古今字"术语,见《礼记·曲礼》"曰予一人"注:"《觐礼》曰:'伯父实来,余一人嘉之。'余、予,古今字。"该术语为后来注家广为使用。

本章参考文献

［1］李运富：《论汉字的字际关系》，载《语言》（第3卷），首都师范大学出版社2002年版。

［2］（唐）贾公彦：《周礼注疏》，见（清）阮元主编《校勘本〈十三经注疏〉》，上海古籍出版社1997年版。

［3］李学勤：《周礼注疏》（标点整理本），《十三经注疏》（标点整理本），北京大学出版社1999年版。

［4］张舜徽：《郑学丛著》，齐鲁书社1984年版。

［5］王振民主编：《郑玄研究文集》，齐鲁书社1999年版。

［6］李林：《论郑玄的训诂术语》，硕士学位论文，北京师范大学，1985年。

［7］齐佩瑢：《训诂学概论》，中华书局1984年版。

［8］（清）徐养源：《周官故书考》，皇清经解续编本，卷五百十六。

［9］王锷：《三礼研究论著提要》，甘肃教育出版社2001年版。

［10］（清）孙诒让：《周礼正义》，中华书局1987年版。

［11］陆宗达、王宁：《训诂与训诂学》，山西教育出版社1994年版。

［12］（清）段玉裁：《周礼汉读考》，皇清经解刻本。

［13］王宁：《训诂学原理》，中国国际广播出版社1996年版。

［14］李运富：《论汉字职能的变化》，《古汉语研究》2001年第4期。

第四章

郑玄从泛时角度对字际关系的沟通
——以《周礼注》为例[①]

郑玄在《周礼注》中直接使用了大量的术语对经文用字进行沟通，这些术语沟通的字际关系或是性质不同（有的沟通的是文字系统的字际关系、有的是文献系统的字际关系[②]），或是字际关系类别不同（如通假字、假借字、异体字、同源字等），或是沟通角度不同（有的是从泛时角度沟通的字际关系术语，有的是从历时角度沟通的字际关系术语[③]）。本文属于从郑玄的沟通角度研究他对文献字际关系的分析。

我们曾经专文讨论过郑玄从历时角度对字际关系的沟通[④]，这里则专门讨论郑玄从泛时角度对字际关系的沟通。希望通过历时和泛时两个角度的分析，能够全面揭示东汉学者郑玄关于字际关系的分析观念。

探讨古代学者对字际关系的研究，主要是要探讨当时学者使用了何种术语或用语对字际关系进行了怎样的揭示。由于郑玄用来沟通字际关系的术语往往不是专职的术语，而是兼有其他的训释功能，因而，在具体分析其沟通字际关系术语功能时，我们不得不将其相关材料都先选取出来，形

[①] 本文初稿完成于 2003 年 6 月，属于硕士学位论文《郑玄〈周礼注〉对字际关系的沟通》中一部分。文章曾受业师李运富先生指导，谨致谢忱。后该文曾以《论郑玄〈周礼注〉从泛时角度对字际关系的沟通》为题发表于《励耘学刊》（语言卷）2013 年第 2 辑。

[②] 本文赞同李运富《论汉字的字际关系》（载《语言》第 3 卷，首都师范大学出版社 2002 年版；又收入李运富《汉字汉语论稿》，学苑出版社 2008 年版）中关于"汉字的字际关系应该分别从文字系统（构形系统）和文献系统（字用系统）两个角度来描述"的意见，本文的分析术语及术语内涵也参考该文，文中不赘述。

[③] 初稿写作时我们"泛时"和"历时"的概念源于王宁先生的训诂学课，现查更早提出"泛时"概念的是陈宝亚《论语言研究的泛时观念》，见《思想战线》1991 年第 1 期。

[④] 李玉平：《郑玄〈周礼注〉从历时角度对字际关系的沟通》，《古汉语研究》2009 年第 3 期。

成语料库，然后从某类术语中离析出其沟通字际关系功能。

郑玄从历时角度对字际关系进行沟通是很明确的，在《周礼注》中主要用语有"A 古文（为）B"、"A，B 字"、"古者，A 为 B"、"故字 A 为 B"、"古书'……A……'多作 B 字"等几种①，与历时观念相应，郑玄《周礼注》中从泛时角度（即不强调文字使用的历时关系，而是共时或共时历时相结合的研究）进行字际关系沟通时也使用了不少沟通术语，从名称上总结大致有读如类、读为类、读曰类、之言类、假借字类、字之误类、声之误类、当为/当作类、某与某音相似（近）类、其他类 10 类②。这些术语的具体表述形式如何、功能如何、沟通了怎样的字际关系等等，下面我们分别进行分析。

一 读如类

62 例，约占郑玄笺注中使用"读如"总数的 57%。我们统计郑玄在笺注中明确使用"读如"共 109 例，其中《毛诗笺》6 例，《仪礼注》9 例，《礼记注》35 例，《周礼注》59 例③。如果加上省略了"读"的"读如"形式 3 条，则我们统计《周礼注》使用"读如"共有 62 例。

（一）《周礼注》"读如"的具体表述形式

读如类术语在郑玄注释的使用过程中有所变化，从形式上分又可分为以下 9 小类。

1. "A 读如 B"式。共 3 例。如《天官·叙官》④："胥十有二人"注："胥读如谞，谓其有才智。"

2. "A 读如'……B……'之 B"式。共 28 例。如《天官·大宰》："八曰斿贡"注："斿，读如囿游之游。"

3. "（A）读如'……B……'之 B"式。共 2 例。如《秋官·叙

---

① 李玉平：《郑玄〈周礼注〉从历时角度对字际关系的沟通》，《古汉语研究》2009 年第 3 期。

② 凡 3 例以上的单独列类，否则都归入其他类。统计数据依照我们所选字表。

③ 统计数据借助文渊阁《四库全书》电子版（上海人民出版社和迪志文化出版有限公司，1999），下同，不再标注。《周礼注》中"读如"的使用次数，后文中李林（1985）、江中柱（1994）、杨天宇（2007）皆统计为 58 例，张能甫（1998）统计为 56 例，李玉平（2003/2006）统计为 62 例。这些数据都不含杜子春使用的 2 例和郑众使用的 26 例"读如"。

④ 为节约表述，本文材料皆略去《周礼》书名而直接称引其中篇目。如《周礼·天官·叙官》简称为《天官·叙官》，下同。

官》："萍氏"注："郑司农云：'萍读为蛢，或为萍号起雨之萍'，玄谓今《天问》'萍号'作'萍'。《尔雅》曰：'萍，蓱，其大者曰苹。'（萍）读如'小子言平'之平。"

4. "（A读）如'……B……'之B"式。共2例。《夏官·大司马》："擩铎"注："（擩）读如涿鹿之鹿"。

5. "A……读如'……B……'之B"式。共4例。如《天官·疡医》："疡医掌肿疡、溃疡、金疡、折疡之祝药劀杀之齐"注："祝当为注，读如注病之注，声之误也。注谓附著药。"

6. "A读如'……A……'之A"式。共18例。《天官·大宰》："六曰主以利得民"注："利读如上思利民之利，谓以政教利之。"

7. "A……读如'……A……'之A"式。共1例。即《地官·小司徒》："四丘为甸"注："甸之言乘也，读如衷甸之甸。"

8. "（A）读如'……A……'之A"式。共3例。如《春官·叙官》："鞮师"注："（鞮）读如鞮鞻之鞮"。

9. "A……（读）如'……A……'之A"式。共1例。即《考工记·鲍人》："则是以博为帴也"注："郑司农云：'帴读为翦，谓以广为狭也。'玄谓，翦者，（读）如俴浅之浅，或者读为羊猪戋之戋。"

（二）《周礼注》"读如"类术语的功能分析

关于"读如"的功能研究常常是与"读为"放在一起的，乾嘉以来许多学者都曾对此有过研究，已颇尽郑意，但也有不足。当代张舜徽[①]汇集《周礼注》"读如"材料33例，洪诚先生[②]的论述也很公允，李林[③]、江中柱[④]、张能甫[⑤]、李玉平[⑥]、刘忠华[⑦]、杨天宇[⑧]后又有进一步的分析。本文在以往研究基础上，结合上面统计数据，分析郑玄"读如"类术语的四

---

① 张舜徽：《郑学丛著》，华中师范大学出版社2005年版，第66—70页。
② 洪诚；《洪诚文集》，江苏古籍出版社2000年版，第173—182页。
③ 李林：《论郑玄的训诂术语》，硕士学位论文，北京师范大学，1985年。
④ 江中柱：《〈周礼〉汉注"读为（曰）"、"读如（若）"新探——略兼及〈说文〉"读若"例》，《湖北大学学报》（社会科学版）1994年第3期。
⑤ 张能甫：《关于郑玄注释中"读为""读如"的再思考》，《古汉语研究》1998年第3期。
⑥ 李玉平：《郑玄〈周礼注〉对字际关系的沟通》，硕士学位论文，北京师范大学，2003年；李玉平：《郑玄〈周礼注〉"读如"类沟通字际关系术语分析》，《台州学院学报》2006年第1期。
⑦ 刘忠华：《"读如"的训诂作用再探》，《古籍整理研究学刊》2004年第6期。
⑧ 杨天宇：《郑玄三礼注研究》，天津人民出版社2007年版，第634—670页。

种功能如下。

1. 沟通字际关系术语。共 32 例。约占总数的 51.6%。其中包括以下 6 种。(1) 沟通假借字和后造本字。共 5 例，约占 8.1%。如《天官·叙官》："胥十有二人"注："胥读如谞，谓其有才智。"胥本义是蟹酱（《说文》："胥，蟹醢也。从肉、疋声。"），表示"有才智"义，"胥"是个假借字，而"谞"是后造本字（《说文》："谞，知也。从言，胥声。"）(2) 沟通通假字和本字。共 23 例，这是"读如"在《周礼注》中最主要的沟通字际关系功能，约占 37.1%。如《天官·大宰》："八曰斿贡"注："斿，读如囿游之游。游贡，燕好珠玑琅玕。"阮元校勘记引段玉裁《周礼汉读考》云："燕好、珠玑、琅玕，皆游观之物"[①]，先秦旌旗之流字作"斿"，游观字作"游"。因而经文的"斿"是通假字，郑玄列出其本字"游"字。(3) 沟通本字和通假字。共 1 例。如《夏官·叙官》："司爟"注："故书爟为燋……爟读如予若观火之观。今燕俗名汤热为观，则爟火谓热火与？"本来"爟"应当为"热火"的本字，但可能该字生僻，因而郑玄引用人们熟知的文献通行用字"予若观火"中的"观"来解读，反而会更容易理解，而在表示这个含义上，"观"字却是个通假字，郑玄后面又引用了"今燕俗名汤热为观"进一步说明。(4) 沟通通假字和通假字。共 1 例。如《夏官·司弓矢》："恒矢、庳矢"注："庳读如痺病之痺，痺之言伦比。"这里的"庳"读如"痺"（"痹"的俗字），两个字都是借字；"痺"与"比"音近通假，因此后面的"痺之言伦比"所沟通的"比"字才是本字。(5) 沟通古本字和重造本字。共 1 例。如《秋官·叙官》："庶氏"注："庶读如药煮之煮，驱除毒蛊之言。"贾公彦疏曰："意取以药煮饭去病，去毒蛊亦如是"。许慎《说文解字》："庶，屋下众也。从广、炗。炗，古文火光字。"于省吾[②]认为"庶"字是从火石、石亦声的会意兼形声字，即古文"煮"之本字，本意是以火燃石而煮，根据古人实际生活而象意依声以造字。因古籍中每借"庶"为"众庶"之"庶"，又别制"煮"字以代之。因此在"煮"这个义项上，"庶"是古本字，而"煮"则是重造本字。(6) 沟通同源字。共 1 例。《秋官·叙官》："薙氏"注："书薙或作夷……薙读如髤小儿头之髤，书或作

---

① （清）阮元：《校勘本〈十三经注疏〉》（上，下），上海古籍出版社 1997 年版，第 651 页。

② 于省吾：《甲骨文字释林》，中华书局 1979 年版，第 431—435 页。

夷，此皆剪草也，字从类耳。"这里"读如"给出"薙"的同源字"鬀"，让读者明确二字具有的共同的词源意义。剪草称"薙"，剪头称"鬀"，同样一个动作只是在不同事物上的应用，因而后面郑玄说"字从类耳"。同源字不是同功能字，沟通同源字的目的不是要按相关的同源字去解读原文，这里的"薙氏"就不能按"鬀氏"来理解。因而同源字关系不是同功能的文献用字关系，注释中沟通这种关系意在帮助读者更好地理解被释字，这跟前几种字际关系需要易字来解读原文显然是不同的。

2. 拟音术语。共10例，约占17.7%。这类"读如"的特点是读如字只是为帮助读出被读如字的读音。读如的字大都是为时人所熟知读音的字，而且常常还指出是在某个明确语句中的某个字的读音。如《春官·甸祝》："禂牲禂马"注："禂读如伏诛之诛，今侏大字也。为牲祭，求肥充；为马祭，求肥健。"贾公彦疏："'玄谓禂读如伏诛之诛'者，此俗读也。……此从音为诛。"后面的"今侏大字也"中的"侏"才具体沟通"禂"所要取的含义。阮元《校勘记》中举例证明"侏"有"大"的含义，可能是"侅"的异体字。

3. 释义术语。这类术语共7例，约占11.3%。这类"读如"的特点是读如字和被读如字是同一个字，这种字大都是一音多义，并且都是在具体语境中确定被读如字的意义。如《天官·大宰》："六曰主以利得民"注："利读如上思利民之利，谓以政教利之。""利"字单音多义，"上思利民"之"利"与"以利得民"之"利"同义，这类"读如"是释义。

4. 拟音兼释义的术语。共13例，约占21.0%。该类特点也是读如字与被读如字相同，但这种字是多音多义的①，因而该类"读如"是既拟音又释义的，因为读音不同，意义也就有差别。如《地官·小司徒》："四丘为甸"注："甸之言乘也，读如衷甸之甸。""甸"字多音多义②，这里是读成《左传·哀公十七年》"良夫乘衷甸两牡"之"甸"的读音，并取其意义。"衷甸"即"中乘"，古代指两马一辕的卿车，是对前面"甸之言乘也"的具体解释。

---

① 我们判断某字是否多音，主要根据该字在东汉以前的文献用例，后出的音义用例不算在内。

② 读音1：《说文》："甸，天子五百里，从田，包省。"林义光《文源》："《说文》从勹之字，古作从人，甸当与佃同字……从人田，田亦声。"读音2：《周礼》："若大甸"郑玄注："甸读曰田"。

(三)《周礼注》"读如"类术语的两个变体:"读若"和"谓若"

1. "A 读若'……B……'之 B"式。共 1 例。郑玄一共在注释中使用了 4 次"读若"。其中《周礼注》1 次,《仪礼注》3 次。《周礼注》中的"读若"属于沟通字际关系术语。《考工记·梓人》:"上两个与其身三,下两个半之"注:"个读若齐人擌干之干,上个、下个皆谓舌也。""读若"指出"个"是个通假字,本字当是《公羊传·庄公元年》中"(齐侯)使公子彭生送之,于其乘焉,擌干而杀之"中的"干"字,音义都当按照"干"字理解,唐贾公彦疏持此说。孙诒让《周礼正义》中也称:"后郑意,此上下两个夹身为之,若两臂然,故以擌干拟其音,而其义亦现"①。可见"读若"确实沟通了通假字和本字。

2. "A 谓若'……A……'之 A"式。共 1 例。郑玄注释中使用"谓若"54 例②,其中《周礼注》中有 11 次。其中只有 1 次具有沟通字际关系功能。《考工记·庐人》:"刺兵欲无蜎"注:"(故书)蜎或作绢…蜎亦掉也,谓若井中虫蜎之蜎。"其中"谓若"的功能是拟音兼释义。"蜎"有两个读音:yuān, xuān。这里是明确了"蜎"读第一个读音,即孑孓,蚊子的幼虫,通称"跟头虫",在水中动摇不定,不时地作掉头掉尾之状。因而,郑玄称"蜎亦掉也",可见术语"谓若"既有拟音又有释义的作用。

由上面的分析可以看出,"读如"类术语的功能比较多。但最主要的还是充当沟通字际关系术语;其次是拟音兼释义、拟音,再次是释义。在作为沟通字际关系术语的"读如"中又以沟通通假字和本字的居多。

二 读为类

共 81 例,约占郑玄笺注中使用"读为"总数的 52%。我们统计郑玄在笺注中明确使用"读为"共 157 例,其中《毛诗笺》7 例,《仪礼注》16 例,《礼记注》63 例,《周礼注》71③ 例。如果加上"读为"省略形式

---

① (清)孙诒让:《周礼正义》,王文锦、陈玉霞点校本,中华书局 1987 年版,第 3394 页。
② 李玉平:《郑玄的注释用语"谓若"及其对后代的影响考察》,《宁夏大学学报》(社会科学版),2013 年第 5 期。
③ 以往统计郑玄《周礼注》"读为"数据:李林(1985)为 92 例(含"读曰")、江中柱(1994)为 75 例、张能甫(1998)为 79 例,李玉平(2003)为 80 例。这些数据都不含杜子春、郑兴和郑众使用的"读为"。

及变体10例，则我们统计《周礼注》使用"读为"共有81例。

（一）《周礼注》"读为"的具体表述形式

1. "读为"型。共78例。（1）"A读为B"式。共45例。如《天官·大宰》："以时颁其衣裘"注："颁读为班。班，布也。"（2）"A读为'……A……'之A"式。共6例。如《天官·外府》："外府掌邦布之入出"注："布…读为宣布之布"。（3）"（A读为）'……A……'之A"式。共2例。这2例我们认为是承上文省略沟通术语和被沟通字。《秋官·叙官》："䝉氏"注："郑司农云：'䝉读为䝉氏春秋之䝉'，玄谓（䝉读为）䝉方之䝉，以绳縻取禽兽之名。"《秋官·壶涿氏》："以炮土之鼓驱之"注："故书炮作泡，杜子春读'炮'为'苞有苦叶'之'苞'，玄谓（炮读为）'燔之炮之'之'炮'，炮土之鼓，瓦鼓也。"（4）"A读为'……B……'之B"式。共14例。如《春官·肆师》："祭表貉"注："貉读为十百之百"。（5）"A（读为）'……B……'之B"式，共1例。该例我们认为是承上省略术语"读为"之例。《考工记·弓人》："凡昵之类不能方"注："故书昵或作䵑，杜子春云：'䵑读为不义不昵之昵，或作䵑，䵑，黏也。'玄谓䵑（读为）脂膏胒败之胒，胒亦黏也。"（6）"A读亦为B也"式。共3例。如《地官·土均》："与其施舍"注；"施读亦为弛也。"这种形式主要是上文有"A读为B"的内容，承上而言才有"A读亦为B也"这种形式。（7）"A读为B，声之误也"式。共3例。如《地官·旅师》："而用之"注："而读为若，声之误也。"（8）"A读为'……B……'之B，齐语声之误也"式。共1例。《春官·司尊彝》："郁齐献酌"注："献读为摩莎之莎，齐语声之误也。"（9）"A读为B，字之误也"式。共2例。如《春官·男巫》："春招弭"注："弭读为敉，字之误也。"（10）"A读'……B……'之B"式。共1例。《考工记·弓人》："老牛之角紾而昔"注："郑司农云：'紾读为抮缚之抮，昔读为交错之错，谓牛角䚡理错也。'玄谓昔读履错然之错。"

2. "读当为"型。共3例。（1）"A读当为B"式。共1例。《考工记·鞞人》："上三正"注："三读当为参"。（2）"A读当亦为B"式。共1例。《春官·大祝》："右亦如之"注："右读亦当为侑"。（3）"AC读当为BC，字之误也"式。共1例。《春官·大司乐》："九磬之舞"注："九磬读当为大韶，字之误也。"

（二）《周礼注》"读为"类术语的功能分析

上面已经提到关于"读为"的功能研究很多，当代比较集中研究郑玄《周礼注》中的"读为"的有张舜徽①、洪诚《训诂学》②、李林③、宋秀丽④、江中柱⑤、张能甫⑥、李玉平⑦、杨天宇⑧、刘忠华⑨等，目前以张能甫、杨天宇二先生的分析最为翔实细致，但杨先生只分析了郑玄《周礼注》使用的"读为"材料43例。我们分析"读为"的功能如下4种。

1. 沟通字际关系术语。（1）沟通通假字和本字。共57例，约占总数的72%。如《天官·宫伯》："以时颁其衣裘"注："颁读为班，班，布也。""颁"本义是大头貌（《说文》："颁，大头也，从页，分声。"），这里表示"公布"的意思，是个通假字；"班"本义是分瑞玉，引申可以指分开、公布的意思。可见表示"公布"这个义项时，"颁"是通假字，"班"是本字，"读为"起了沟通通假字和本字的作用。再如，《考工记·弓人》："老牛之角紾而昔"注："郑司农云：'紾读为抮缚之抮，昔读为交错之错，谓牛角觕理错也。'玄谓昔读履错然之错。"这一单用术语"读"的例子，是术语"读为"的省略。因为上文有郑司农用"读为"沟通的材料，下文承上省略"为"字。这里是指出"昔"当读成本字"履错然"的"错"字，即后来"皵"的源字⑩，本义是树皮粗糙而坼裂后引申指各种表皮的皲裂。在这个义项上，"昔"是个通假字，而"错"字则是本字。（2）沟通假借字和后造本字。共11例，约占总数的14%。如《春官·大宗伯》："则摄而载果"注："果读为祼"。"果"本义是指果实，这里记录的是"祼祭"的含义，是假借字；后来又造了"祼"字

---

① 张舜徽：《郑学丛著》，华中师范大学出版社2005年版，第75—77页。
② 洪诚：《洪诚文集》，江苏古籍出版社2000年版，第173—182页。
③ 李林：《论郑玄的训诂术语》，硕士学位论文，北京师范大学，1985年。
④ 宋秀丽：《"读为、读曰"考》，《贵州大学学报》1986年第2期。
⑤ 江中柱：《〈周礼〉汉注"读为（曰）"、"读如（若）"新探——略兼及〈说文〉"读若"例》，《湖北大学学报》（社会科学版）1994年第3期。
⑥ 张能甫：《关于郑玄注释中"读为""读如"的再思考》，《古汉语研究》1998年第3期。
⑦ 李玉平：《郑玄〈周礼注〉对字际关系的沟通》，硕士学位论文，北京师范大学，2003年。
⑧ 杨天宇：《郑玄三礼注研究》，天津人民出版社2007年版，第591—633页。
⑨ 刘忠华：《"读为"的训诂作用再探》，《陕西理工学院学》（社会科学版）2007年第4期。
⑩ 段玉裁就认为"错"字"蓋读同皲皵之皵"，见《周礼正义》，第3536页，孙诒让引。

专门记录这个含义。因此"读为"起了沟通假借字和后造本字的作用。《周礼·大行人》："王礼再祼而酢"注："故书祼作果"也是佐证。

2. 拟音术语。共 2 例，约占总数的 3%。读为字只是比拟被读为字的读音，而不是解释其意义。如《秋官·掌客》："米百有二十筥"注："米禾之秉筥，字同数异。禾之秉，手把耳；筥读为栋梠之梠，谓一稯。""筥"本义指圆筥箕，一种盛米饭等的竹器。该处注文的前面有"米横陈于中庭，十为列，每筥半斛。"句中的"筥"用的就是本义。而此处注文又说明了指称"米"与"禾"的量词"筥"文字相同，但实际上所指的数量是不一样的，因而称用于"禾"的"筥"读音与"栋梠"的"梠"字相同，其数量是"一稯"。"梠"的本义是屋檐（《说文》："梠，楣也。"）与表示"禾稻"数量的词无关，因而此处只是拟音。"读为"起拟音的作用。

3. 释义术语。共 4 例，约占总数的 5%。该类出现在"A 读为'……A……'之 A"式中，是在具体的语境中解释意义。这类"读为"的特点是读为字和被读为字是同一个字，这种字或是单音单义，或是单音多义。如《天官·外府》："外府掌邦布之入出"注："布，泉也。布读为宣布之布，其藏曰泉，其行曰布，取名于水泉，其流行无不徧。"这里的"读为"并不是拟音，因为"布"是单音字，又是个常用字，不存在读音误读的问题。这里的"读为"是释义，取"宣布"的"布"（使政令流传四方）与表示"钱币"的"布"（钱币流通）有共通之处"流布"之义。

4. 拟音兼释义术语。共 5 例，约占总数的 6%。该类也出现"A 读为'……A……'之 A"式中。这种字一般是多音多义的，因而在具体的语境中确定其读音也就明确了其意义，因为义随音转。如《春官·典同》："陂声散"注："玄谓……陂读为险陂之陂，陂谓偏侈，陂则声离散也。""陂"字多音多义，这里当读今音"bì"，义"倾斜"。因而这里的"读为"兼有拟音和释义的作用。

由上面的分析我们可以看出，"读为"最主要的功能就是沟通通假字和本字的关系，其次是沟通假借字和后造本字，另外还有拟音、释义、拟音兼释义等功能，目的都是要帮助读者阅读和理解文献。

另外，我们认为，"读为"与"声之误""字之误""当为"合用的情况，往往是"读为"的功能和其他术语的功能结合的结果。这几个术语的功能，详参下文论述。

三 读曰类

共 10 例，占郑玄笺注中使用"读曰"总数的 37%。我们统计郑玄在笺注中明确使用"读曰"共 27 例，其中《毛诗笺》6 例，《仪礼注》2 例，《礼记注》9 例，《周礼注》10 例[①]。

（一）《周礼注》"读曰"的具体表述形式

1. "A 读曰 B"式。共 9 例。如《春官·小宗伯》："若大甸"注："甸读曰田"。

2. "A 读亦曰 B"式。共 1 例。这种情况中的"亦"字一般是承接上文而加入的。《春官·司几筵》："昨席莞筵纷纯"注："昨读亦曰酢"。

（二）《周礼注》"读曰"类术语的功能分析

《周礼注》中"读曰"的研究，一般与"读为"的研究紧密相关。张舜徽[②]、洪诚《训诂学》[③]、李林[④]、宋秀丽[⑤]、江中柱[⑥]、张能甫[⑦]、李玉平[⑧]、杨天宇[⑨]等，我们根据实际例证归纳，证明《周礼注》中的"读曰"全都是沟通字际关系术语，具体包括以下两种。

1. 沟通通假字和本字。共 9 例。这是"读曰"最主要的功能。如《春官·小宗伯》："若大甸"注："甸读曰田"。根据上下文判断，这里的"甸"指的是"畋猎"的意思，这个含义在当时是用"畋"的古字"田"表示的，在表示这个含义上"田"是本字，而"甸"则是通假字。

[①] 以往统计郑玄《周礼注》"读曰"数据：江中柱（1994）、李玉平（2003）为 10 例、张能甫（1998）为 9 例。这些数据都不含杜子春使用的"读曰"1 例。

[②] 张舜徽：《郑学丛著》，华中师范大学出版社 2005 年版，第 77 页。

[③] 洪诚：《洪诚文集》，江苏古籍出版社 2000 年版，第 178 页。

[④] 李林：《论郑玄的训诂术语》，硕士学位论文，北京师范大学，1985 年。

[⑤] 宋秀丽：《"读为、读曰"考》，《贵州大学学报》1986 年第 2 期。

[⑥] 江中柱：《〈周礼〉汉注"读为（曰）"、"读如（若）"新探——略兼及〈说文〉"读若"例》，《湖北大学学报》（社会科学版）1994 年第 3 期。

[⑦] 张能甫：《关于郑玄注释中"读为""读如"的再思考》，《古汉语研究》1998 年第 3 期。

[⑧] 李玉平：《郑玄〈周礼注〉对字际关系的沟通》，硕士学位论文，北京师范大学，2003 年。

[⑨] 杨天宇：《郑玄三礼注研究》，天津人民出版社 2007 年版，第 591—633 页。

"读曰"就是要指出二者关系。类似的例子又如《春官·鬯人》："庙用修"注："修读曰卣，卣，中尊，谓献象之属。"《春官·司几筵》："昨席莞筵纷纯"注："昨读亦曰酢"。

2. 沟通源本字和分化本字。共1例。《春官·大司乐》："兴、道、讽、诵…"注："道读曰导，导者，言古以刲今也。""道"本义是指道路，引申可以指"导引"。这里的"道"就是这个含义，后来这个含义就专门造一个"导"字来表示。在表示这个义项上，"道"是源本字，"导"是分化本字。"读曰"沟通了这两个字的关系。

"读曰"类术语全都是沟通字际关系术语，而其中又以沟通通假字和本字的功能为主，占总数的90%。

四 之言类

共54例。占郑玄笺注中使用"之言"类术语总数的23%。我们统计郑玄在笺注中明确使用"之言"类术语共234例，其中含"之为言"[①] 7例：《毛诗笺》1例，《周礼注》2例（含引用文献1例），《仪礼注》4例（含引用文献1例），《礼记注》无"之为言"用例；含"之言"227例：《毛诗笺》51例，《周礼注》52例，《仪礼注》17例，《礼记注》107例[②]。

（一）《周礼注》"之言"类术语的具体表述形式

1. "之言"型。共52例。（1）"A之言B也"式。共38例。如《天官·叙官》："膳夫"注："膳之言善也，今时美物曰珍膳。"（2）"A之言B也，C也"式。共3例。如《天官·宰夫》："以待宾客之令，诸侯之复"注："复之言报也，反也。"（3）"A之言B"式。共10例。如《春官·大宗伯》："以禋祀祀昊天上帝"注："禋之言烟。"（4）"A之言

[①] "为言"也就是"言"，因而"之为言"与"之言"含义相同。该形式可能要比"之言"早出（详参拙文《试析郑玄注释术语"之言"的来源》，《古籍研究》2006卷上，安徽大学出版社2006年版）。但作为训诂术语来说则是非典型形式，因为郑玄使用这种形式较少。

[②] 李云光（1966/2012）曾罗列"之言"类术语用例不少，但没有统计使用数量；张舜徽（1984）曾罗列"之言"用例：《仪礼注》17条，《周礼注》33条，《礼记注》83条，《毛诗笺》39条；李林（1985）统计"之言"（含"之为言"）用例：《仪礼注》21条，《周礼注》50条，《礼记注》102条，《毛诗笺》52条；李玉平（2003/2007）总结《周礼注》"之言"类术语共53例，李玉平（2007）曾统计郑玄各注释书中"之言""之为言"的使用数据，但仍不够准确。

'……B……'"式。共1例。《夏官·司弓矢》:"恒矢、庳矢"注:"庳读如痹病之痹,痹之言'伦比'。"

2. "之为言"型。共2例。《夏官·叙官》:"校人"注:"校之为言校也,主马者必仍校视之。"《地官·州长》:"以礼会民而射于州序"注:"《射义》曰:'射之为言绎也,绎者,各绎己之志。'"

(二)《周礼注》"之言"类术语的功能分析

段玉裁说:"凡云'之言'者,皆通其音义以为诂训,非如'读为'之易其字,'读如'之定其音。"① 又云"凡云'之言'者,皆就其双声叠韵以得其转注假借之用。"② 孙诒让《周礼正义》中也说,郑玄的"之言"皆"以声类为训","并取声义相实"③。台湾学者李云光④、张舜徽⑤等的研究比较深入,李玉平⑥曾专门分析《周礼注》"之言"类术语的功用,这里简要总结如下两点。

1. 沟通字际关系术语。(1) 沟通通假字和本字。共13例,约占总数的25%。如《春官·大卜》:"三曰咸陟"注:"陟之言得也,读如王德翟人之德"。这里的"陟"与"得"古音相同,记录的是"得到、应验"的意思,其本字应当是"得"字。"之言"起沟通通假字和本字的作用。(2) 沟通异体字和通行字。共1例。如《地官·叙官》:"迹人"注:"迹之言跡也,知禽兽处。"其中"迹"与"跡"都是表示足迹、踪迹的本字,二者是异体字的关系。但可能汉代"跡"字更通行,因而郑玄使用"之言"进行沟通。(3) 沟通假借字和后造本字。共2例。约占总数的4%。如《地官·叙官》:"丱人"注:"丱之言矿也,金玉未成器曰矿。""丱"本义可以指古时儿童束发成两角的样子(《汉语大字典》),读音冠;段玉裁《周礼汉读考》中则认为"丱"本古文"卵"字,古音如"关"或"鲲",又被假借来表示"矿石"的含义。由于"丱"字形

---

① 参段玉裁《说文解字注》第3页"裸"字注。
② 参段玉裁《周礼汉读考》(《皇清经解》卷六百三十五,皇清经解刻本,第159、160册,卷二)第2页《周礼·地官·丱人》"丱人中士二人"注下文。
③ (清)孙诒让:《周礼正义》,王文锦、陈玉霞点校本,中华书局1987年版,第25页。
④ 李云光:《三礼郑氏学发凡》,(台湾)嘉新水泥公司文化基金会1966年版;又华东师范大学出版社2012年版,第361—395页。
⑤ 张舜徽:《郑学丛著》,华中师范大学出版社2005年版,第71—72页。
⑥ 李玉平:《郑玄〈周礼注〉对字际关系的沟通》,硕士学位论文,北京师范大学,2003年;李玉平:《简析郑玄〈周礼注〉"之言"类术语》,《现代语文》2007年第7期。

记录职能过多，因此后来为这一含义专门造了本字"矿"字。因而这里"之言"起了沟通假借字和后造本字的作用。(4)沟通同源字。共35例，约占总数的66%。如《天官·叙官》："膳夫"注："膳之言善也，今时美物曰珍膳。""膳夫"的"膳"本义应当是指精美的食物，"善"字是它的同源字，这里用术语"之言"来沟通二字的关系，目的是要揭示"膳"字所取的词源意义，而不是文献中所使用了的意义。

2. 拟音兼释义的术语。共2例，约占总数的4%。这种情况的"之（为）言"沟通用字与被沟通字相同，但后面一般有对语句的进一步说明，以确定被沟通字的读音和意义。如《夏官·叙官》："校人"注："校之为言校也，主马者必仍校视之。""校"是个多音多义字，《汉语大字典》列有较早的读音四个：jiào, xiào, jiǎo, qiāo。要明确其具体读音也就明确了其意义，而且后面又有"主马者必仍校视之"的说明。"校视"的"校"字后来有的写作"挍"，即"比挍"之"挍"的本字，读jiào。这样就既明确了"校人"的"校"的读音又明确了其意义。陆德明、阮元也都认为作"校之为言挍也，主马者必仍校视之。"文理更明。但"挍"字分化出来专门表示"比挍"之义，出现较晚，《说文》未收此字。钱大昕《十驾斋养新录》卷三《陆氏释文多俗字》中说："《说文·手部》无挍字，汉碑木旁字多作手旁，此隶体之变，非别有挍字。"① 可见这里的"之为言"的作用兼有拟音和释义的作用。

从我们的统计分析可以看出，《周礼注》中"之言"类术语的最主要功能是沟通字际关系术语，其中又以沟通同源字最多，其次是沟通通假字和本字。沟通同源字的"之言"目的是要揭示被释字的词源意义，这种情况不属于沟通文献使用中的字际关系术语，它指出的是储存状态下的文字系统的字际关系，与"之言"的其他几种沟通字际关系功能不同，处于不同的系统中。"之言"除了作沟通字际关系术语外，还有拟音兼释义的功能，只占4%。

五 假借字类

共4例。约占郑玄笺注中使用假借字类术语总数的67%。郑玄在其注

---

① 参看钱大昕《十驾斋养心录》第62页，上海书店出版社，1983年影印商务印书馆1937年版。

释中共使用"假借字"术语6例,除《周礼注》中4例外,《礼记注》中还有2例。

(一)《周礼注》"假借字"类术语的具体表述形式

1. "A,古文B假借字也"式。共1例。《考工记·玉人》:"衡四寸"注:"衡,古文横假借字也。衡谓勺径也。"

2. "A,古文B假借字"式。共2例。《考工记·匠人》:"置槷以县"注:"故书槷或作弋…槷,古文臬假借字。"《考工记·弓人》:"宽缓以茶"注:"茶,古文舒假借字。郑司农云'茶读为舒'。"

3. "A读为B……古文假借字"式。共1例。《考工记·矢人》:"以其笴[①]厚为之羽深"注:"笴读为槀,谓矢干,古文假借字。"

(二)《周礼注》"假借字"类术语的功能分析

关于假借字,郑玄自己曾经有相关论述,唐代陆德明与张守节都曾引用,文字稍有不同[②]。陆德明《经典释文·序录》:"郑康成云:'其始书之也,仓卒无其字,或以音类比方假借为之,趣于近之而已,受之者非一邦之人,人用其乡,同言异字,同字异言,于兹遂生矣。'"[③] 当代李云光(1966/2012)[④]、李玉平(2003/2013)[⑤] 等曾集中关注郑玄假借字术语的用例。总结郑玄的"假借字"所沟通的字际关系包括以下三种情况。

1. 沟通假借字和后造本字。如《考工记·匠人》:"置槷以县"注:"故书槷或作弋,杜子春云:'槷当为弋,读为杙。'玄谓,槷,古文臬假借字。于所平之地中央,树八尺之臬,以县正之,视之以其景,将以正四

---

① 原书作"笴"作"箇",从阮元所引段玉裁《周礼汉读考》说改。孙诒让《周礼正义》依"笴"字训解,认为"笴"字别有本义,但不可考,也是通假为"槀",不直训为"矢幹",其说亦通。但我们认为"笴"(古音歌部)与"槀"(宵部)相差较远,不从其说。

② 张守节《史记正义论例谥法解·论音例》稍异,文作:"郑康成云:'其始书之也,仓卒无字,或以音类比方假借为之,趣于近之而已,受之者非一邦之人,其乡同言异,字同音异,于兹遂生。'"

③ 迪志文化出版有限公司、书同文计算机技术开发有限公司:文渊阁《四库全书》电子版,上海人民出版社、迪志文化出版有限公司1999年版。

④ 李云光:《三礼郑氏学发凡》,(台湾)嘉新水泥公司文化基金会1966年;又华东师范大学出版社2012年版,第146—149页。

⑤ 李玉平:《郑玄〈周礼注〉对字际关系的沟通》,硕士学位论文,北京师范大学,2003年。李玉平:《郑众、郑玄"六书"观探隐》,《天津师范大学学报》(社会科学版)2013年第3期。

方也。《尔雅》'在墙者谓之杙，在地者谓之臬。'"郑玄同意《尔雅》之说，认为"臬"是"表示测量日影的标杆"这一含义的本字，"槷"（即杜子春所说的"杙"字）是个借字，但"槷"字早于"臬"字记录这一义项。

2. 沟通通假字和本字。如《考工记·矢人》："以其笴厚为之羽深"注："笴读为槀，谓矢干，古文假借字。""笴"本指一种竹制的捕鱼工具，这里被临时借用来表示"矢干"；"槀"的本义是"禾秆"，引申可以指"箭干"。"笴"古音属侯部①，"槀"古音属宵部，音近可相通假。郑玄即是认为在记录"箭干"这个含义上，本字当是"槀"，"笴"是个通假字，因而称其为"假借字"。再如：《考工记·弓人》："宽缓以荼"注："荼，古文舒假借字。郑司农云'荼读为舒'。""荼"本义是苦荼，被临时通假来表示"徐缓、舒缓"的含义，这个含义的本字是"舒"，古文中多相假借，因而郑玄称"荼"为"古文假借字"，并引用郑司农的沟通材料加以证明。

3. 沟通同义字。如《考工记·玉人》："衡四寸"注："衡，古文横假借字也。衡谓勺径也。"郑玄认为是"假借字"关系，实则不然。"衡"本义是古代绑在牛角以防触人的横木，引申指平衡等含义，也引申出表示与"纵"相对的"横"的含义，自然也可以表示横跨某个空间的含义；"横"本义是门前的栏木，引申可以指与"纵"相对的"横"，也可以指横穿或跨越某个空间。这里郑玄称"衡谓勺径也"，就是指勺子的直径长度，这个含义既可以用"横"，也可以用"衡"来记录，可以说这两个字是经引申后形成的同义字关系。只不过记录这一含义"衡"字可能要早于"横"字。据《汉语大字典》和何琳仪《战国古文字字典》举例，"衡"字金文及战国文字都有大量使用，但却没有同一时期的"横"字用例，由此推测，"横"字可能出现较晚②。但郑玄可能没有弄清二字的引申同义关系，二字声音相同（匣纽阳部），便称之为"假借"。

我们认为前两种情况都属于郑玄用"假借字"术语所要沟通的内容，第三种情况应当是郑玄对"衡"与"横"字际关系分析的失误，才列入"假借字"中的，而并不是郑玄主观上要用"假借字"这个术语来沟通同

---

① 本章分析上古音都依据郭锡良《汉字古音手册》，北京大学出版社1986年版。下同。

② 何琳仪：《战国古文字典——战国文字声系》（中华书局1998年版）中收有"衡"字多种字形，但却没有收"横"字字形。

义字关系。

六 字之误类

共 19 例。约占郑玄笺注中使用"字之误"类术语总数的 35%。我们统计郑玄在其笺注中共使用"字之误"类术语 55 例，除了《周礼注》中使用外，还有《毛诗笺》3 例，《仪礼注》3 例，《礼记注》30 例①。

（一）《周礼注》"字之误"术语的具体表述形式

1. 单独使用。共 1 例。"A，其 B 字之误与？"式。《春官·肆师》："共设匪瓮之礼"注："匪，其筐字之误与？"

2. 与"当为"类术语合用。共 12 例。其中与"当为"合用 10 例，与"当作"合用 1 例，与"宜为"合用 1 例。（1）"AB 当为 AC，字之误也"式。如《天官·疡医》："以五气养之"注："五气当为五谷，字之误也。"（2）"A 当为 B，字之误也"式。如《地官·大司徒》："其植物宜膏物"注："膏当为櫜，字之误也。"（3）"A 当作 B，字之误也"式。如《天官·夏采》："以乘车建绥复于四郊"注："故书绥作禭……则旌旗有是绥者，当作矮，字之误也。"（4）"A 皆宜为 B，字之误也"式。如《夏官·校人》："八丽一师，八师一趣马，八趣马一驭夫"注："八皆宜为六，字之误也。"（5）"AB 读当为 BC，字之误也"式。如《春官·大司乐》："九磬之舞"注："九磬读当为大韶，字之误也。"

3. 与"读为"合用。共 2 例。《春官·男巫》："春招弭"注："弭读为敉，字之误也。"《春官·司尊彝》："诸臣之所昨也"注："昨读为酢，字之误也。"

4. 与其他术语合用。共 4 例。（1）"AC 实作 BC，A，字之误也"式。《天官·内司服》："缘衣"注："言缘衣者甚众，缘字或作税，此缘衣者实作椽衣也。……缘，字之误也。"（2）"变 A 言 B，字之误"式。《考工记·弓人》："引如终绁"注："变'臂'言'引'，字之误。"（3）"A，或作 B，字之误也"式。《春官·司服》："则希冕"注："希读为絺，或作黹，字之误也。"（4）"A、B……字、声之误，A 当为 C，B 当为 D。"式。共 1 例。如《考工记·梓人》："觚三升……则一豆矣"注：

---

① 李云光（1966/2012）第二章第五节"以字形校之"中曾集中关注，李玉平（2003）曾搜集分析《周礼注》"字之误"术语 18 例，杨天宇（2007）曾分析郑玄《三礼注》中"字之误"类术语 34 例，其中分析《周礼注》中"字之误"术语 10 例。

"觓、豆，字、声之误，觓当为觯，豆当为斗。"

（二）术语"字之误"的功能分析

关于术语"字之误"的功能分析，李玉平[①]、杨天宇[②]中曾集中深入关注。我们考察《周礼注》中"字之误"术语最主要是首先和"当为"类术语结合使用的，约占总数的67%（其中包括"读当为"1例），其次是和"读为"合用约占11%，与其他术语合用的情况占17%，单独使用的只有1例。可见这个术语一般是不单独使用的，主要还是作为"当为"和"读为"类术语的辅助性术语使用。"字之误"术语在沟通字际关系上的主要功能有三种。

1. 沟通因形近而讹误的正误字关系。表中这类情况共有13例，占总数的68%。其中"字之误"单独使用1例。其余的与"读为"或"当为"结合使用。如上文提到的"绥—矮"、"匪—筐"、"八—六"、"九磬—大韶"、"昨—酢"、"祿—緣"、"裸—埋"、"希—斋"、"巫—筮"、"庐维—雷雍"、"暴—恭"、"搏—膊"等都是因形近而误。

2. 沟通因上下文有相关干扰信息而导致舛误的正误字关系。共4例，约占21%。其中与"当为"结合使用3例，其他1例。如《天官·疡医》："以五气养之"注："五气当为五谷，字之误也。"经上文已经有"以五味、五谷、五药养其病"之语，又有"以五气、五声、五色视其死生"之文，下文叙述"以五（谷或气）养之，以五药疗之，以五味节之"时出现错误。又如《考工记·弓人》："引如终绁"注："变'譬'言'引'，字之误。"上文有"譬如终绁"，上下文又都有"引"字出现，下文再出现"（引或譬）如终绁"时，重述出现字误。

3. 沟通通假字与本字的关系。共2例，约占11%。这类"字之误"实为"声之误"。与"读为""当为"合用各1次。如《春官·男巫》："春招弭"注："弭读为敉，字之误也"。"弭"与"敉"声音相同（都是上古明纽支部字），古可通用。"弭"本义是指没有装饰的弓，这里借来表示"安抚"的意思，是通假的用法，本字当作"敉"。如果说是"误"的话，当属郑玄所说的"声之误"类。《地官·大司徒》："其植物宜膏物"注："膏当为櫜，字之误也。"也当属"声之误"，膏（见纽宵部）

[①] 李玉平：《郑玄〈周礼注〉对字际关系的沟通》，硕士学位论文，北京师范大学，2003年。

[②] 杨天宇：《郑玄三礼注研究》，天津人民出版社2007年版，第749—763页。

第四章　郑玄从泛时角度对字际关系的沟通　　187

纍（见纽幽部）声同韵近，可相通假。

七　声之误类

共 22 例。约占郑玄笺注中使用"声之误"类术语总数的 27%。我们统计郑玄在其笺注中共使用"声之误"类术语 82 例，除了《周礼注》中使用外，还有《毛诗笺》1 例，《礼记注》59 例①。

（一）《周礼注》"声之误"术语的具体表述形式

1. 与"当为"合用的类型：共 16 例，约占 74%。（1）"A 当为 B，声之误也"式。共 12 例。如《天官·内饔》："豕盲视而交睫腥"注："腥当为星，声之误也。肉有如米者似星。"（2）"A 当为 B，读如'……B……'，声之误也。"式。共 1 例。《天官·疡医》："疡医掌肿疡、溃疡、金疡、折疡之祝"注："祝当为注，读如注病之注，声之误也。注谓附著药。"（3）"A 亦当为 B，声之误也"式。共 1 例。《秋官·掌客》："受牲礼"注："牲亦当为腥，声之误也。"（4）"A、B……字、声之误，A 当为 C，B 当为 D。"式。共 1 例。如《考工记·梓人》："觓三升……则一豆矣"注："觓、豆，字、声之误，觓当为觯，豆当为斗。"（5）"'……A……'，又声之误，当为 B"式。共 1 例。《考工记·梓人》："饮一豆酒"注："一豆酒，又声之误，当为斗。"

2. 与"读为"合用的类型：共 5 例，约占 22%。（1）"A 读为 B，声之误也"式。共 4 例。如《地官·旅师》："而用之"注："而读为若，声之误也。"（2）"A 读为'……B……'，齐语声之误也。"式。共 1 例。《春官·司尊彝》："郁齐献酌"注："献读为摩莎之莎，齐语声之误也。"

3. 单独使用的类型：共 1 例，约占 4%。"A，'……B……'，声之误也"式。共 1 例。《春官·郁人》："与量人受举斝之卒爵而饮之"注："斝，受福之嘏，声之误也。"

（二）《周礼注》术语"声之误"的功能分析

关于术语"声之误"的功能分析，李玉平（2003）②、杨天宇

---

① 李云光（1966/2012）第二章第六节"以字音校之"中曾集中关注，李玉平（2003）统计分析《周礼注》"声之误"术语为 23 例，杨天宇（2007）曾分析郑玄《三礼注》中"声之误"类术语 65 例，其中分析《周礼注》中"声之误"术语 20 例。

② 李玉平：《郑玄〈周礼注〉对字际关系的沟通》，硕士学位论文，北京师范大学，2003 年。

(2007)① 中曾集中深入关注。总体来看，《周礼注》中"声之误"最主要是首先和术语"当为"结合起来使用，其次是和术语"读为"结合使用，单独使用例子极少，可以看作是两种情况的特例。这个术语明确指出了"当为"和"读为"所沟通的两个字之间具有在声音上的相同相近关系，因而才会产生误用。这里的所谓"误"实际上就是"通假"，因而"声之误"的主要功能就是沟通通假字和本字，不过把通假的原因解释为"声之误"而已。我们可以看一下这《周礼注》22 例"声之误"所涉及的两个字之间的古音关系对比。出现一次的如：腥（心纽耕部）—星（心纽耕部）、豆（定纽侯部）—羞（心纽幽部）、祝（章纽觉部）—注（章纽侯部）、授（禅纽幽部）—受（禅纽幽部）、句（见纽侯部）—絇（见纽侯部）、思（心纽之部）—司（心纽之部）、而（日纽之部）—若（日纽铎部）、余（余纽鱼部）—余（余纽鱼部）、信（心纽真部）—身（书纽真部）、罦（见纽鱼部）—罠（见纽鱼部）、献（晓纽元部）—莎（心纽歌部）、𩥇（从纽鱼部）—组（精纽鱼部）、炮（并纽幽部）—包（帮纽幽部）、祊（帮纽阳部）—方（帮纽阳部）、辩（并纽元部）—贬（帮纽谈部）、里（来纽之部）—已（余纽之部）；出现 2 次的，如：衍（余纽元部）—延（余纽元部）、牲（山纽耕部）—腥（心纽耕部）、豆（定纽侯部）—斗（端纽侯部）。

由上面统计我们可以看出"声之误"沟通的字之间都具有音同或音近的特点：或是声韵全同（13 例），或是声同韵近（2 例），或是声近韵同（4 例），或是声近韵通（3 例）。正是具备声音上的相同相近关系，因而才能够导致误用或相通假。

八　当为/当作类术语

共 50 例。约占郑玄在笺注中使用"当为/当作"类术语总数的 21%。我们统计郑玄在其笺注中共使用"当为/当作"类术语 240 例，其中主要包括"当为""当作""宜为"三种形式。(1)"当为"用例：《周礼注》郑玄使用 46 例（另引用杜子春 104 例，引用郑司农 30 例），《毛诗笺》20 例，《仪礼注》15 例，《礼记注》100 例。(2)"当作"用例：《周礼注》郑玄使用 2 例（另引用杜子春 4 例，引用郑司农 3 例），《毛诗笺》

---

① 杨天宇：《郑玄三礼注研究》，天津人民出版社 2007 年版，第 724—763 页。

43例,《仪礼注》6例,《礼记注》6例。(3)"宜为"用例:《周礼注》中使用2例①。

(一)《周礼注》"当为/当作"类术语的具体表述形式

1. "当为"。共46例。(1)单独使用。共21例。①"A当为B"式。如《天官·内饔》:"凡掌共羞、修、刑……"注:"共,当为具。"②"A当为'……B……'之B"式。如《春官·肆师》:"及其祈珥"注:"祈当为进機之機。"③"A读亦当为B"式。如《春官·大祝》:"右亦如之"注:"右读亦当为侑。"(2)与"字之误"合用。共9例。①"AB当为AC,字之误也"式。如《天官·疡医》:"以五气养之"注:"五气当为五谷,字之误也。"②"A当为B字之误"式。如《天官·典丝》:"则受良功而藏之"注:"良当为苦字之误。"③"A当为B,字之误也"式。如《地官·大司徒》:"其植物宜膏物"注:"膏当为蘽,字之误也。"④"A皆当为B,字之误也"式。如《春官·簭人》:"一曰巫更…九曰巫环"注:"此九'巫'皆当为筮,字之误也。"(3)与"声之误"合用。共15例。①"A当为B,声之误也"式。如《天官·内饔》:"豕盲视而交睫腥"注:"腥当为星,声之误也。肉有如米者似星。"②"A字当为B,声之误也"式。如《春官·大祝》:"二曰衍祭"注:"衍字当为延…声之误也。"③"A亦当为B,声之误也"式。如《秋官·掌客》:"受牲礼"注:"牲亦当为腥,声之误也。"④"'……A……',又声之误,当为B"式。共1例。《考工记·梓人》:"饮一豆酒"注:"一豆酒,又声之误,当为斗。"(4)与"字、声之误"合用。共1例。"A、B……字、声之误,A当为C,B当为D。"式。共1例。如《考工记·梓人》:"觓三升……则一豆矣"注:"觓、豆,字、声之误,觓当为觯,豆当为斗。"

2. "当作"。共2例。(1)单独使用。共1例。"A当作B"式。《地官·小司徒》:"施其职而平其政"注:"政当作征。"(2)与"字之误"合用。共1例。"A当作B,字之误也"式。《天官·夏采》:"以乘车建绥复于四郊"注:"故书绥作穟……则旌旗有是绥者,当作緌,字之误也。"

3. "宜为"。共2例。(1)"A皆宜为B,字之误也"式。例如《夏

---

① 郑玄《周礼注》使用"当为/当作"类术语,李林(1985)统计为37例,李玉平(2003)统计为49例。杨天宇(2007)分析了《三礼注》中130条"当为"类术语材料,其中《周礼注》39条。

官·校人》:"八丽一师,八师一趣马,八趣马一驭夫"注:"八皆宜为六,字之误也。"(2)"ABC 宜为 DBE,盖近之矣"式。如《秋官·掌客》:"铏四十二"注:"铏四十二宜为三十八,盖近之矣。"

(二)《周礼注》"当为/当作"类术语功能分析

关于郑玄《周礼注》中"当为/当作"类术语的研究,李林[①]、李玉平[②]、杨天宇[③]中曾集中深入关注。我们分析认为,该类术语是以"当为"的使用为主,约占92%,"当作"与"宜为"都用的比较少,都各占4%。就整体来看,"当为/当作"类术语与"字之误"合用的约占22%,与"声之误"合用的约占30%,与"字、声之误"合用的只有1次,占约2%,单独使用的最多,占约46%。

术语"当为/当作"与"字之误""声之误"合用所沟通的字之间的关系情况已见前文分析;考察"当为/当作"类术语单独使用的情况,发现这23条术语所沟通的字之间有三个特点。(1)要么具有音同音近的特点,共16例,占70%。如①声韵全同的有"政—正"[④](章纽耕部)、"狄—翟"[⑤](定纽锡部)、"右—侑"[⑥](匣纽之部)、"授—受"(禅纽幽部)[⑦]、"宾—傧"[⑧](帮纽真部)、"三—参"(心纽侵部)[⑨]、"政—征"[⑩](章纽耕部),②声音相近的有"展(端纽元部)—襢(禅纽元部)"[⑪]、"祈(群纽文部)—幾(群纽微部)"[⑫]、"运(匣纽文部)—辉(晓纽

[①] 李林:《论郑玄的训诂术语》,硕士学位论文,北京师范大学,1985年。

[②] 李玉平:《郑玄〈周礼注〉对字际关系的沟通》,硕士学位论文,北京师范大学,2003年。

[③] 杨天宇:《郑玄注〈三礼〉所用"当为"术语释例》,载《社会·历史·文献——传统中国研究国际学术讨论会论文集》,上海人民出版社2006年版。杨天宇:《郑玄三礼注研究》,天津人民出版社2007年版,第724—763页。

[④] (清)阮元:《校勘本〈十三经注疏〉》(上,下),上海古籍出版社1997年版,第671页。

[⑤] 同上书,第691页。

[⑥] 同上书,第811页。

[⑦] 同上书,第897页。

[⑧] 同上书,第897、898页。

[⑨] 同上书,第918页。

[⑩] 同上书,第713页。

[⑪] 同上书,第691页。

[⑫] 同上书,第768页。

微部）"、"付（帮纽侯部）—衬（并纽侯部）"①、"蚤（庄纽幽部）—爪（精纽幽部）"②；（2）要么具有形近的特点，有2例，约占8%。如"书—画"③"四十二—三十八"；（3）甚至有的是形、音皆近，共5例，占22%。如"共（群纽东部）—具（群纽侯部）"④、"齐（从纽脂部）—齍（精纽脂部）"⑤、"施—弛"⑥（皆书纽歌部，声韵全同）、"珥—衈"⑦（皆日纽之部，声韵全同）等。

结合上面"字之误""声之误"以及单独使用的"当为/当作"类术语的分析，我们总结"当为/当作"类术语的功能分析如下三点。

1. 沟通形近而讹的误字和正字关系。凡是形近的皆属于这一类。被释字是形近而误的误字，训释字是记录词项的正字。共10例，约占总数的20%。其形式有"当为/当作"和"宜为"单独使用的各1例、有与"字之误"合用的8例。

2. 沟通通假字和本字。凡是音同音近或形音皆近的都属于此类。这一类的被释字是由于音近而通假的字，郑玄指出是音近而误，实际上是指出了两个字具备通假的条件——声音相近。共37例，约占74%。其中有"当为/当作"单独使用的20例，有与"声之误"合用的15例，有与"字、声之误"合用的1例，有与"字之误"合用的1例。

3. 沟通因上下文有相关干扰信息而导致舛误的正误字关系。共3例，约占总数的6%。都是与"字之误"合用的例子。

（三）"当为"类术语的变体

1. "A，实B字（也）"式。共2例。《地官·媒氏》："入币纯帛"注："纯，实缁字也。古缁以才为声。"又如《地官·泉府》："买者各从其抵"注："抵实柢字。"

2. "AC实作BC"式。共1例。《天官·内司服》："緣衣"注："言

---

① （清）阮元：《校勘本〈十三经注疏〉》（上，下），上海古籍出版社1997年版，第811页。

② 同上书，第907、910页。

③ 同上书，第837页。

④ 同上书，第662页。

⑤ 同上书，第675页。

⑥ 同上书，第710页。

⑦ 同上书，第768、882页。

緣衣者甚众，緣字或作稅，此緣衣者实作褖衣也。……緣，字之误也。""某实（作）某"式的功能与术语"当为"的功能基本相当，但语气上比"当为"更为肯定。

九　某与某音声相似（近）类术语

共 5 例。约占郑玄在笺注中使用某与某音相似（近）类术语总数的 36%。我们统计郑玄在其笺注中共使用某与某音相似（近）类术语 14 例。这类术语包括"音声相近""声相近""音声相似""音相似""声相似""读声相似""声如"等形式。具体可以分为三类：（1）"（音）声相近"用例：《毛诗笺》1 例，《周礼注》1 例，《礼记注》4 例，《仪礼注》1 例；（2）"（读）（音）声相似"用例：《毛诗笺》1 例，《周礼注》2 例（另引用郑司农 4 例，杜子春 1 例）；（3）"声如"用例：《毛诗笺》1 例，《周礼注》2 例（另引用郑司农 1 例），《礼记注》1 例。

（一）《周礼注》某与某音声相似（近）类术语的具体表述形式

1. "A、B、C、D，声相近"式。共 1 例。《天官·内司服》："袆衣、揄狄、阙狄、鞠衣、展衣"注："玄谓，袆、揄、狄、展，声相近。"

2. A，声如 B 式。共 2 例。例如《春官·小宗伯》："甫竁"注："郑大夫读'竁'为'穿'，杜子春读'竁'为'毳'，皆谓葬穿圹也。今南阳名穿地为竁，声如腐脆之脆。"又《天官·醢人》："豚拍"注："郑大夫、杜子春皆以'拍'为'膊'，谓胁也。或曰豚拍，肩也。今河间名'豚胁'声如'锻镈'。"

3. "A 音声与 B 相似"式。2 例。如《天官·酒正》："辨四饮之物：一曰清，二曰医，三曰浆，四曰酏"注："糟音声与酒相似，医与臆亦相似，文字不同，记之者各异耳，此皆一物。"

（二）《周礼注》某与某音声相似（近）类术语的功能分析

这类术语作用很明显，就是要说明某两个或几个字之间具有声音相近关系，因而可相通假。具体来说其功能有以下三种。

1. 沟通本字和假借字关系。如《天官·酒正》："辨四饮之物：一曰清，二曰医，三曰浆，四曰酏"注："糟音声与酒相似，医与臆亦相似，文字不同，记之者各异耳，此皆一物。"郑玄目的是要说明，这里的"医"是指酒醴一类的东西，用的是本字，与郑司农所说的《礼记·内则》"饮重醴，稻醴清糟，黍醴清糟，粱醴清糟，或以酏为醴，浆、水、臆"中的"臆"是同一种东西,但在记录这一词义上,"臆"是个假借字。郑玄不但说明二者是本字和假借字的关系,而且说明了他们能够相假借的条件——声音相近。

2. 沟通假借字和本字关系。如《天官·内司服》:"袆衣、揄狄、阙狄、鞠衣、展衣"注:"玄谓,狄当为翟。袆衣,画翬者;揄翟,画摇者;阙翟,刻而不画。此三者皆祭服。……展衣以礼见王及宾客之服,字当为襢,襢之言亶,亶,诚也。……袆、揄、狄、展,声相近。"综合注文的上下文看,这里的"袆、揄、狄、展,声相近。"不是说"袆、揄、狄、展"几个字声音相近,而是说这几个字分别与"翬、摇、翟、襢"声音相近,因而可相通假①。也就是有这样几对关系:翬(本字)——袆(假借字)、摇(本字)——揄(假借字)、翟(本字)——狄(假借字)、襢(本字)——展(假借字)。"声相近"则指出了这些字可以相通假的条件——声音相近。又《天官·醢人》:"豚拍"注:"郑大夫、杜子春皆以'拍'为'膊',谓胁也。或曰豚拍,肩也。今河间名'豚胁'声如'锻镈'。"这里的"声如"也是如此,目的是用方音证明"胁"与"镈"音近,因而与"膊"音近,因而可相通假,即"膊"是本字,而经文的"拍"字是个假借字。

3. 沟通同源字。如《春官·小宗伯》:"甫竁"注:"郑大夫读'竁'为'穿',杜子春读'竁'为'毳',皆谓葬穿圹也。今南阳名穿地为竁,声如腐脆之脆。""脆"字有的版本作"胞"(《说文》:"小耎易断也,从肉从绝省。""胞"与"脆"是异体字关系)有的版本作"臞"(《说文》:"耎易破也,从肉毳声。")又《说文》:"穿,通也。竁,穿地也。从穴毳声。"可见,穿、脆、胞、竁、臞声近义通。郑玄同意郑兴、杜子春的意见,皆谓"竁"是指穿圹,而且称"今南阳名穿地为竁"。可见其字取"脆(或胞、臞)"字"易破"的含义。因而这里的"声如"用南阳方音指出了这几个同源字具备声近的条件,因而引出同源字,帮助读者理解文意②。

---

① (清)孙诒让:《周礼正义》,王文锦、陈玉霞点校本,中华书局1987年版,第587页。
② (清)孙诒让:《周礼正义》,王文锦、陈玉霞点校本,中华书局1987年版,第1456—1459页。

十　其他类术语

共 6 例。某些沟通字际关系术语使用次数很少，只有一两次。在郑玄其他注释书中也不多见。我们不将其单独列为一类，都归入"其他类"。以往学者关注不多。下面分析这类术语的具体表述形式及其功能。

1. 《周礼注》"AB 同"式。共 2 例。约占郑玄注释中使用数量的 20%。《天官·外府》："共其财用之币赍"注："赍、资同耳。其字以齐次为声，从贝变易。"《考工记·冶氏》："重三垸"注："许叔重《说文解字》云：'垸，锾也。'……垸、锾似同矣。"除了《周礼注》外，"AB 同耳"形式，郑玄还在《仪礼注》中使用 1 例，《礼记注》中使用 2 例；"AB 似同矣"只有《周礼注》中使用；类似形式还有"AB 同也"的使用：《毛诗笺》《仪礼注》中各 2 例，《礼记注》中 1 例。

《周礼注》"AB 同"式功能分析。

这类术语的作用是沟通异体字的关系，郑玄认为某两个字只是字形书写不同，实际上都是记录某一义项的本字，因而称其"某某同"。

2. 《周礼注》"A 即 B"式。共 2 例。约占郑玄注释"A 即 B"式用例的 50%。（1）《春官·大胥》："春入学舍采"注："舍即释也。"（2）《考工记·韗人》："韗人为皋陶"注："郑司农云：'韗，书或为鞠，皋陶，鼓木也。'玄谓鞠者，以皋陶名官也。鞠即陶，字[①]从革。""A 即 B"形式主要沟通同义词之间的关系，因此不仅仅是沟通字际关系，类似用例郑玄在注释中使用共约 21 例。其中《毛诗笺》1 例，《仪礼注》1 例，《礼记注》6 例，《周礼注》13 例，但就只沟通单音节同义字（词）的字际关系而言，则只有《周礼注》中 2 例，《礼记注》中 2 例。

《周礼注》"A 即 B"式的功能分析。

这一术语的作用是沟通同义字的关系。从文中这两个例子来看，郑玄使用这样的术语时，目的不过是说某两个字含义相当，可以置换进经文中去，理解文义。（1）《春官·大胥》文中的"采"是"菜"的假借字，"舍采"即"释菜"。古书中"舍"与"释"经常互换使用，意义相当。

[①] 李学勤主编标点本《周礼注疏》，北京大学出版社 1999 年版，第 1112 页。"鞠即陶字"，"即"原作"则"，按阮校："贾《疏》述注云'鞠即陶字'，《仪礼·大射仪》疏引此注同，当据正。"据改。

如《周礼注》中，已有多次说明。《春官·占梦》："乃舍萌于四方"注："舍读为释，古书'释菜''释奠'多作'舍'字。"又《春官·甸祝》："舍奠于祖庙"注："舍读为释"又《春官·大史》："舍筭"注："舍读曰释。"又《礼记·月令》："仲春之月，命乐正习舞释菜。"《礼记·文王世子》："始立学者既兴器用币，然后释菜。"可见"舍"与"释"可以互换，在语境中是同义字关系，郑玄的注释"舍即释"也就是要指明二字是同义字。① （2）"鞠即陶"一例中，郑玄的意见是"鞠"与"陶"就是同义字，只不过，"陶（制品）"用在鼓上，因而"字从革"作"鞠"。此二字现在也有的称之为广义分形字。郑玄这里的目的只是想要说明二者的同义关系。

3.《周礼注》"A、B互言"式。共1例。约占郑玄"A、B互言"用例的25%。《秋官·柞氏》："夏日至，令刊阳木而火之。冬日至，令剥阴木而水之"注："刊、剥互言耳。"郑玄在注释中共使用"互言"24例，其中《毛诗笺》2例，《周礼注》7例，《仪礼注》4例，《礼记注》11例。其中涉及沟通单字之间关系的用例，《周礼注》1例，《仪礼注》中2例，《礼记注》中1例。

《周礼注》"A、B互言"式功能分析。

根据该例分析，"互言"就是指明在上下文语境中"刊"与"剥"是同义字关系，为行文有所变化而换字，二字互换位置句意相当。

4.《周礼注》"A，B字磨灭之余"式。共1例。《春官·司几筵》："其柏席用萑黼纯"注："柏，椁字磨灭之余。"郑玄在其他注书中没有同样表达，类似的表达还有1例，即《礼记·檀弓下》："衣衰而缪绖"注："衣当为赘，坏字也。"

《周礼注》"A，B字磨灭之余"式功能分析。

沟通因形近而误的正误字关系。根据该例分析，郑玄是要说明"柏"与"椁"是形近字，本为"椁"，因长时间磨损以致误识读成"柏"字。段玉裁《周礼汉读考》云"郑君谓'椁'字磨灭成柏，亦字之误也。"因此这例说明也可以列入前面"字之误"一类中。

综合上面我们对郑玄《周礼注》中10类从泛时角度进行字际关系沟

---

① （清）孙诒让：《周礼正义》，王文锦、陈玉霞点校本，中华书局1987年版，第1815—1817页。

通的术语及其功能分析,我们发现如下一些规律和特点。

一是郑玄从泛时角度沟通字际关系术语涉及的字际关系种类是多样的(如假借字和后造本字关系、通假字和本字关系、通假字和通假字关系、古本字和重造本字关系、同源字关系、同音字关系、同义字关系、源本字和分化字关系、异体字和通行字关系、正误字关系、异体字关系等),因此所用沟通术语种类及其具体形式也是多样的,不如从历时角度沟通字际关系那样单一。

二是除了读为、读曰、假借字、字之误等外,许多术语功能常常不是单一的从泛时角度沟通字际关系的术语,而是兼有沟通字际关系和词际关系功能。如读如、之言、当为/当作、声之误、某与某音相似(近)、其他类等等。

三是郑玄从泛时角度沟通字际关系的术语大多是从语音角度关注的字际关系类型,如读为、读曰、读如、之言、假借字、声之误、某与某音相似(近)等,而从字形角度关注的术语相对较少,如字之误、当为/当作、其他类等。

四是郑玄从泛时角度沟通字际关系术语沟通某种字际关系常常使用多种术语,如同样沟通通假字和本字之间的关系,除了使用"假借字"之外,还使用了读为、读曰、读如、当为/当作、声之误等术语。

五是同从历时角度沟通字际关系术语一样,郑玄从泛时角度沟通字际关系的术语,除了"假借字""字之误""声之误"和其他类术语为首次使用外,都是从之前学者那里继承而来的。如读如类术语、读曰类术语和当为/当作类术语都源自杜子春,读为类术语始于郑兴,之言类术语来源于《礼记》等经典文献及许慎《说文解字》中的"之为言",某与某声相似(近)类术语来源于郑司农等等。

总体来看,郑玄在沟通字际关系理论和实践方面,吸收了以往学者的宝贵经验,在继承的基础上又有所发展,取得了令人瞩目的成就。沟通字际关系术语的体系,到郑玄时已经初具规模了,沟通字际关系的实践,在此时也已达到较高的水平。郑玄兼收并蓄,博采众长,成为汉代训诂学的集大成者,也是当时沟通字际关系研究的集大成者。其沟通字际关系的观念、理论、术语、方法、沟通实践等各个方面无论是在当时,还是对以后,都产生了极其巨大的影响。他所使用的术语、方法等许多都为后人所沿用发展,有的甚至到今天还在沿用。如"古今字"

"假借字"等等。

但是，同时我们也应当看到，由于郑玄的沟通字际关系理论和实践还处于初期阶段，因而有许多不完善的地方，有待进一步的发展。如：1. 有的一个术语可以指称多种字际关系，同时还可以指称非字际关系的其他内容，有的是沟通同一种字际关系却使用了多种术语，因而让读者对术语的功用容易产生混淆。2. 没有相应的沟通字际关系术语的说明，不便于对字际关系沟通的理解。3. 沟通字际关系形式不规整，变化太多，使读者很难准确把握其形式规律。4. 沟通字际关系的表述不完整，有省略的情况，给读者理解字际关系沟通造成障碍。

我们也发现，系统的、科学的术语体系对于清楚准确地描写文献字际关系、文字系统字际关系是至为重要的。郑玄术语虽然已经初步形成体系，但内部存在着许多混乱，或是术语有交叉，或是术语层次不清，或是术语功能过多，这都给沟通实践和字际关系描写带来巨大不便。因此，我们对《周礼注》沟通字际关系工作的研究结果，最重要的是能够对当前的沟通字际关系研究提供指导和借鉴，以及对当前字用学术语建设、理论研究、沟通字际关系工作有所启迪。因此我们建议，1. 现代沟通字际关系术语应当力求科学化、系统化、功能单一化。不成系统的术语很难将复杂的字际关系表述清楚，科学化、功能单一化的术语才能准确表述各种字际关系。这方面业师李运富先生做了不少创建性的工作[1]，对推进现代字际关系研究起到了重要作用。2. 沟通字际关系方面的系统科学研究还很缺乏，需要用科学化、系统化的术语将以往的沟通字际关系成果整理出来。我们通过对郑玄一部注释书中的沟通字际关系材料的研究，进一步了解了郑玄在沟通字际关系理论、术语、方法等方面的成就和不足，能够从中获取字际关系研究的许多经验教训，总结出许多规律，对未来的字际关系研究有着重要的指导意义。3. 进行沟通字际关系操作时，应当对自己所用术语有明确说明或凡例。不论是训诂专书还是注释书中的沟通字际关系操作，都应当有沟通者的术语说明，或是发凡体例，并且在具体操作时严格按照这些标准去执行，这样，不论是对读者还是沟通者来说，都能够

---

[1] 李运富：《论汉字的字际关系》，载《语言》第 3 卷，首都师范大学出版社 2002 年版；又收入李运富：《汉字汉语论稿》，学苑出版社 2008 年版。李运富：《汉字语用学论纲》，《励耘学刊》（语言卷），2005 年第 1 期；又收入李运富《汉字汉语论稿》，学苑出版社 2008 年版。李运富：《汉字学新论》（第九章《汉字关系》），北京师范大学出版社 2012 年版。

做到有据可依，避免歧解。

本章参考文献

[1] 李运富：《论汉字的字际关系》，载《语言》第 3 卷，首都师范大学出版社 2002 年版；又收入李运富《汉字汉语论稿》，学苑出版社 2008 年版。

[2] 李玉平：《郑玄〈周礼注〉从历时角度对字际关系的沟通》，《古汉语研究》2009 年第 3 期。

[3]（清）阮元：《校勘本〈十三经注疏〉》（上，下），上海古籍出版社 1997 年版。

[4] 张舜徽：《郑学丛著》，华中师范大学出版社 2005 年版。

[5] 洪诚：《洪诚文集》，江苏古籍出版社 2000 年版。

[6] 李林：《论郑玄的训诂术语》，硕士学位论文，北京师范大学，1985 年。

[7] 江中柱：《〈周礼〉汉注"读为（曰）"、"读如（若）"新探——略兼及〈说文〉"读若"例》，《湖北大学学报》（社会科学版）1994 年第 3 期。

[8] 张能甫：《关于郑玄注释中"读为""读如"的再思考》，《古汉语研究》1998 年第 3 期。

[9] 李玉平：《郑玄〈周礼注〉对字际关系的沟通》，硕士学位论文，北京师范大学，2003 年。

[10] 李玉平：《郑玄〈周礼注〉"读如"类沟通字际关系术语分析》，《台州学院学报》2006 年第 1 期。

[11] 刘忠华：《"读如"的训诂作用再探》，《古籍整理研究学刊》2004 年第 6 期。

[12] 杨天宇：《郑玄三礼注研究》，天津人民出版社 2007 年版。

[13] 于省吾：《甲骨文字释林》，中华书局 1979 年版。

[14] 李玉平：《郑玄的注释用语"谓若"及其对后代的影响考察》，《宁夏大学学报》（社会科学版），2013 年第 5 期。

[15] 宋秀丽：《"读为、读曰"考》，《贵州大学学报》1986 年第 2 期。

[16] 刘忠华：《"读为"的训诂作用再探》，《陕西理工学院学》（社会科学版）2007 年第 4 期。

［17］（清）孙诒让：《周礼正义》，王文锦、陈玉霞点校本，中华书局1987年版。

［18］李云光：《三礼郑氏学发凡》，（台湾）嘉新水泥公司文化基金会1966年版；又华东师范大学出版社2012年版。

［19］李玉平：《简析郑玄〈周礼注〉"之言"类术语》，《现代语文》2007年第7期。

［20］迪志文化出版有限公司、书同文计算机技术开发有限公司：文渊阁《四库全书》电子版，上海人民出版社、迪志文化出版有限公司1999年版。

［21］李玉平：《郑众、郑玄"六书"观探隐》，《天津师范大学学报》（社会科学版）2013年第3期。

［22］杨天宇：《郑玄注〈三礼〉所用"当为"术语释例》，载《社会·历史·文献——传统中国研究国际学术讨论会论文集》，上海人民出版社2006年版。

［23］李运富：《汉字语用学论纲》，《励耘学刊》（语言卷），2005年第1期；又收入李运富：《汉字汉语论稿》，学苑出版社2008年版。

［24］李运富：《汉字学新论》（第九章《汉字关系》），北京师范大学出版社2012年版。

第五章

郑玄对"正""匹"字际关系的说明及其意义

郑玄对字际关系的沟通说明对于文献解读有着重要的作用，借助其分析才能够真实地理解文本真意，避免望文生义。而当前盛行的一些注本正是因为没有重视郑玄的字际关系沟通意见，才导致对文本的误解。这里试举一例。

《礼记·缁衣》："子曰：'唯君子能好其正，小人毒其正。'"郑注："正当为匹字之误也，匹谓知识朋友。"此处，郑玄指出《缁衣》正文中"正"当为"匹"之误。唐陆德明《经典释文·毛诗音义》："正音匹，出注下同。"唐孔颖达《礼记正义》："此一节明其朋匹之事。君子能好其正者，匹，匹偶。言君子能爱好其朋友匹偶，以下云君子好仇，故此正为匹也。"可见陆、孔二氏皆赞同郑说。后来遵从此派意见的有清王念孙[1]，清朱彬[2]，俞樾[3]，虞万里，彭裕商，陈成国[4]等。

然而唐代以后，长时间盛行的意见都是认为"正"是正字，而不从东汉郑玄的意见。代表性的学者如宋卫湜及其所引许多观点[5]，

---

[1] 王念孙：《读书杂志》，江苏古籍出版社2000年版，第579页。

[2] （清）朱彬《礼记训纂》："正，音匹。"中华书局1996年版，第814页。

[3] 俞樾：《礼记郑读考》第5册，《皇清经解续编》卷1356，上海书店1988年影印本，第1004页中。

[4] 陈成国（陈成国：《四书五经校注本·礼记校注》，岳麓书社2006年版，第742页）引用了云庄先生（南宋学者刘熽，著有《礼记解》）、船山（王夫之，著有《礼记章句》）、孙敬轩（清孙希旦的号，著有《礼记集解》）诸说后称："楚简作'駜'，'駜'者可为'匹'之借，但无法讲成'正'字。楚竹书正作'匹'。看来这里注疏不误。"则是赞成郑玄的意见。晁福林（2013）将陈成国此处论述算作支持"正"为本字的观点，不确。

[5] （宋）卫湜《礼记集说》卷142"唯君子能好其正，小人毒其正"下引观点多按"正"字理解。如蓝田吕氏："盖君子所好者皆正，小人所恶亦皆正，故曰君子能好其正，小人毒其正。好恶既明，亦归于一，此远迩所以不疑惑也。诗云'君子好仇'，仇，匹也。其匹者皆好也。先

宋黄震①，元吴澄《礼记纂言》卷33，元陈澔③，明胡广等《礼记大全》卷27，明湛若水③，明黄道周④，明王夫之⑤，清李光坡⑥，清鄂尔泰、张廷玉等⑦，清鄂尔泰等《钦定礼记义疏》⑧，清齐召南等⑨，清孙希旦⑩，

儒以好其正毒其正皆当为匹，恐只作正字亦可。"长乐陈氏曰："君子周而不比，其取友也必端，故言能好其正。小人比而不周，其交也皆其类而已，故毒其正。"严陵方氏曰："君子非特其身正，而已于正人又能好而与之。小人非特身不正，而已于正人又且毒而害之，此君子小人好恶之辨也。"山阴陆氏曰："正，正己者也，读如字。朋友亦是矣。"庐陵胡氏曰："君子正直是与，故好之，小人恶直丑正，故毒之。故曰君子居必择乡，游必择士，所以防邪辟而近中正也。"

① （宋）黄震《黄氏日抄》卷27："正谓正人君子，取友必端，故好其正。小人党邪丑正，故毒其正。君子友其正者，恶其不正者，远近晓然，知其心。引《诗》明君子之仇匹皆好。"

② （元）陈澔（凤凰出版社2010年版，第432页）《礼记集说》卷9："旧读正为匹，今从吕氏说读如字。盖君子与君子以同道为朋，小人与小人以同利为朋。君子固好其同道之朋矣，小人亦未尝不好其同利之朋。不当言毒害其匹也，小人视君子如仇雠，常有祸之之心，此所谓毒其正也。"

③ （明）湛若水《格物通》卷63："乡，向也天下之治乱邪正而已矣。正人进者，治之表也。君子以正感正，与同类同道，故好其正。小人以邪召邪，而异类异道，故害其正。君子之所以好其正者，以其好同向，恶同方也。"

④ （明）黄道周《缁衣集传》卷3："好恶之难也，君子而无好恶则无以别邪正、肃纪纲、整风俗，一有好恶，则朋党之论随之矣。"

⑤ （清）王夫之《礼记缁衣》章句："君子言行壹于正则气类相孚，小人反是。"参看王夫之《船山全书·礼记章句》，岳麓书社2011年版，第1378页。

⑥ （清）李光坡《礼记述注》卷24："集说曰：'小人视君子如仇雠，常有祸之之心，此所谓毒其正也。'"

⑦ （清）鄂尔泰、张廷玉等编撰《日讲礼记解义》卷58："君子好其正则德业相资，小人毒其正，岂惟恶之，或且从而戕贼之矣。"

⑧ 清代《钦定礼记义疏》罗列以往诸说后，云："案郑氏以正为匹，然小人亦有同恶相济者，宁尽相毒耶，不如陈说明确。"

⑨ （清）齐召南等《礼记注疏卷五十五考证》则不从郑玄的观点，云："陈澔从吕氏说，读如字。臣召南按，经文正字不误。正人君子之所好，而小人之所毒也。若作匹字，意义反浅。"参看齐召南《礼记注疏考证》卷五，文渊阁《四库全书》第116册，台湾商务印书馆1983年版，第420页下。

⑩ （清）孙希旦《礼记集解》（中华书局1989年版，第1330—1331页）："今按：'正'如字。……正，谓益者之友，能正己之失者，唯君子能好之，若小人则反毒害之矣。"

当代王梦鸥①，杨天宇②，王文锦③，余小调④，西山尚志⑤，聂富博⑥等。

折中派。代表学者为晁福林先生。晁福林引用大量资料证据后认为："从文字发展源流上看，战国秦汉时期的'匹'字与'正'因形近而致误或音近而通的可能性都很小。《缁衣》此章文本的变化应当是编定《缁衣》篇的战国秦汉时期的儒者更动了早期文本的结果。这一更动，反映了儒家思想发展与调整的一个侧面。"晁先生实际是认为"匹"和"正"二字皆可为正字。

这三派代表性意见，何者为是？我们认为，既然最早的文献版本是"匹"或"匹"的通假字"駜"，而且关于此句最早的注释郑玄注也认为正字为"匹"，这已经提供给我们最好的评判依据了。正如陈戍国⑦所云："楚简作'駜'，'駜'者可为'匹'之借，但无法讲成'正'字。楚竹书正作'匹'。看来这里注疏不误。"况且"匹"被讹写为"正"或形近之字，不少学者已经都举出了相关旁证。如：

（1）清王念孙⑧于《墨子·节葬》"正夫"条下云："'正'当为'匹'。《白虎通义》曰'庶人称匹夫'。上文王公、大人为一类，此文匹夫、贱人为一类，无取于征夫也。隶书'匹'字或作'疋'，与'正'相似而误。《礼器》'匹士大牢而祭谓之攘'，《释文》'匹，本或作正'。

---

① 王梦鸥译为："只有君子能爱好正直的德性，也只有小人最讨厌正直的德性。"见王梦鸥：《礼记今注今译》，商务印书馆1979年版，720页。
② 杨天宇《礼记译注》（上海古籍出版社1997年版，第742页）译为："只有君子能够喜欢指正自己的人，小人记恨指正自己的人。"
③ 王文锦译为："唯有君子能够喜好正直、正派，而小人憎恨正直、正派。"参看王文锦《礼记译解》，中华书局2001年版，第834页。
④ 余小调：《上博简〈缁衣〉〈民之父母〉与相关文献的异文研究》，硕士学位论文，华南师范大学，2007年。
⑤ 西山尚志：《可以和传世文献相对照的先秦出土文献研究》，博士学位论文，山东大学，2009年。
⑥ 聂富博：《简本〈缁衣〉与传世本〈缁衣〉异文汇释》，硕士学位论文，辽宁师范大学，2015年。
⑦ 陈戍国：《四书五经校注本·礼记校注》，岳麓书社2006年版，第742页。
⑧ 王念孙：《读书杂志》，江苏古籍出版社2000年版，第579页。

《缁衣》'唯君子能好其正'，注'正当为匹'。"①

（2）俞樾《礼记郑读考》："按《周易·姤》象传注'正乃功成也'释文云：'正亦作匹。'据王氏（即王弼，著有《周易注》）此注本解说天地相遇，品物咸章，则当以作匹为是，正亦匹字之误，与此一例。"②

（3）《墨子·大取》"正夫辞恶者，人右以其请得焉"清孙诒让间诂："'正'当为'匹'。'右'疑'有'之误，'有'与'或'义同。'请'亦读为'情'，下同。……言匹夫虽贱，而不肯受屈，必欲自明其指，则可以得其情实。"③

（4）郭店简《缁衣》："唯君子能李（好）其䇇（駜/匹），少（小）人剀（岂）能李（好）丌（其）䇇（駜/匹）。"④

（5）郭店简《唐虞之道》简十八有"不以尽（仄）夫为巠"句，裘锡圭先生按语云："据文义'仄夫'似应为'匹夫'之误写。"⑤

（6）上博简《缁衣》："隹（唯）君子能䍃（好）其尽（匹），少（小）人敓（岂）能䍃（好）丌（其）尽（匹）。"⑥

（7）彭裕商（2005）结合上博简、郭店简中《礼记·缁衣》句子，认为《礼记·缁衣》："唯君子能好其正，小人毒其正。"郑注意见是对的，"正"当为"匹"之误，且认为《文子·道原》："无形者，一之谓也。一者，无心合于天下也。"中的"心"有的版本或作"正""止"，皆当为"匹"的形近而误。王利器《文子疏义》注18即认为"心"当为"匹"。该句默希子注云："正者，定也。言无定形，行于天下，周于万物，而无穷也。"是"心"本为"正"，该句《道藏》朱弁注七卷本作"无止"，李定生、徐慧君（1988）从之。

---

① 参看晁福林《〈礼记·缁衣〉文本的一桩历史公案——早期儒家思想变迁的一个例证》，《山西大学学报》（哲学社会科学版）2013年第1期。

② 俞樾：《礼记郑读考》第5册，《皇清经解续编》卷1356，上海书店1988年影印本，第1004页中。亦参看虞万里《上博简、郭店简〈缁衣〉与传本合校补证》（下），《史林》2004年第1期。

③ （清）孙诒让：《墨子间诂》，中华书局2001年版，第411页。亦参看晁福林《〈礼记·缁衣〉文本的一桩历史公案——早期儒家思想变迁的一个例证》，《山西大学学报》（哲学社会科学版）2013年第1期。

④ 荆门市博物馆：《郭店楚墓竹简》，文物出版社1998年版，第131页，第42简。

⑤ 同上书，第40、159页。

⑥ 马承源：《上海博物馆藏战国楚竹书》（一），上海古籍出版社2001年版，第196页。

关注此问题的还有李零[①]、王锷[②]、冯胜君、刘传宾[③]、王君[④]、吕友仁[⑤]、谢科峰[⑥]、王淑琴[⑦]等，不一一缀引。

结合以往研究及相关证据，我们认为虞万里（2004）总结的意见略近其实。"今以上博简两'丌'字参证，楚系文字'匹'或即书作'丌'。此字亦可认作'鴄'之省体。唯郑注云：'正当作匹，字之误也。'匹、正声韵无涉，今见战国文字字形绝不相近，如楚系文字正作'㞷'，匹作'𠃊'，唯居延汉简、马王堆帛书、银雀山汉简中字形极近，几不能区分。居延、马王堆、银雀山简帛字形是秦篆、秦隶或六国文字过渡到汉隶的转变时期，故正、匹相混似应定在文景或武帝以后。由此可推测郑玄所据本《礼记》是经过礼家辗转传抄之本。……王弼年代稍后于郑玄半个世纪，可见正、匹之淆乱至魏晋六朝犹在滋生。然康成虽明云正当作'匹'，唯孔疏守之。宋儒多仍作'正'字解。……用心虽善，对照简本，恐非先秦七十子后学纂述夫子之意也。"结合虞万里先生的意见，我们对汉代简帛文字做了一下考察，结果如下。

秦末汉初材料，《马王堆简帛文字编》："正"（61 页）：正、正、正；"匹"（512 页）：匹、匹。

西汉文帝时期材料，《张家山汉简文字编》："正"（34 页）：正、正、正、正等；"匹"（333 页）：匹、匹等。

西汉文景时期至武帝初期材料，《银雀山汉简文字编》："正"（51—52 页）：正、正、正、正、正、正、正等；"匹"（406 页）：匹、匹。

汉代材料，《汉简文字类编》："正"（57 页）：正（居图四八〇 456.5A）、正（武燕 32）、正（居图二二一 28.13）、正（居图四八〇 488.2）、正（居图一七五 264.15A）、正（武燕 31）等；"匹"（15 页）：匹（居图二二一 28.16）、匹（敦屯一五反 4）、匹（斯三

---

① 李零：《上博楚简三篇校读记》，中国人民大学出版社 2007 年版，第 49 页。
② 王锷：《〈礼记〉成书考》，中华书局 2007 年版，第 92 页。
③ 刘传宾：《郭店竹简研究综论》（文本研究篇），博士学位论文，吉林大学，2010 年。
④ 王君：《新出竹简与〈礼记〉研究》，硕士学位论文，山东师范大学，2010 年。
⑤ 吕友仁：《校点本〈礼记正义〉诸多失误的自我批评》，载《儒家典籍與思想研究》，北京大学出版社 2014 年版，第 143 页。
⑥ 谢科峰：《早期古书流传问题研究——以相关出土文献与传世文献的比较为例》，博士学位论文，上海大学，2015 年。
⑦ 王淑琴：《中国古代儒家"友"观念研究》，博士学位论文，山东大学，2016 年。

228)、󱀀（敦屯一五反 3）、󱀀（居图二四〇176.54）。（敦——流沙坠简，居图——居延汉简，斯——斯坦因第三回所得汉简，武——武威汉简）。

汉武中期至东汉建武初年材料，《〈肩水金关汉简（壹）〉文字编》："正"（35 页）：󱀀、󱀀、󱀀、󱀀、󱀀、󱀀、󱀀、󱀀、󱀀、󱀀、󱀀等；"匹"（297 页）：󱀀、󱀀、󱀀、󱀀、󱀀、󱀀、󱀀、󱀀等。

西汉武帝至东汉中期材料，《居延旧简文字编》："正"（95 页）：󱀀、󱀀、󱀀、󱀀、󱀀等；"匹"（781—783 页）：󱀀、󱀀、󱀀、󱀀、󱀀、󱀀等。

西汉末材料，《额济纳汉简文字编》："正"（32 页）：󱀀、󱀀、󱀀、󱀀、󱀀等；"匹"（177 页）：󱀀、󱀀、󱀀等。

综合以上材料，我们认为虞万里先生的意见是基本可信的，秦末至东汉时代隶书阶段"正"与"匹"字形是比较接近的，如虞万里先生所说的有的"字形极近，几不能区分"，而晁福林先生（2013）的意见认为二字至汉代仍不易混淆，似乎难以令人信服。李运富先生[①]曾阐发他[②]关于文本用字的同时和异时职用比较、出土文献和传世文献用字比较、文本用字变化规律及成因等的观点，称："如果某种文献只有后出文本流传，而我们却希望研究该文献产生时原始文本的用字面貌，并考证流传文本和后出文本中的改字现象，那最有效的材料不是该文献的内容，也不是该文献的后出文本，而是跟该文献产生同时代的其他文献的同时文本。""在考证文献的原始文本用字和后出文本改字情况时，古代的某些文献注释材料也是可以利用的。因为原文献的用字一经注释家选为注释对象而出注，就相当于加了一层'保鲜膜'，通常能体现用字的原貌。"如此，根据秦末至东汉时期"匹""正"形近易混的事实，而东汉时期郑玄就已经指出《缁衣》文本"正"当为"匹"之讹，那么原本当作"匹"是可信的。

综上，我们认为东汉郑玄指出《礼记·缁衣》"匹"与"正"形近

[①] 李运富：《论汉字职用的考察与描写》，《上海师范大学学报》（哲学社会科学版）2017 年第 1 期。

[②] 李运富主编：《汉字职用研究·理论与应用》，中国社会科学出版社 2016 年版，李运富主编：《汉字职用研究·使用现象考察》，中国社会科学出版社 2016 年版。第 3 页，"前言"部分。

而误的意见是可信的，经文原字当作"匹"，可译《礼记·缁衣》章："子曰：'唯君子能好其正（匹），小人毒其正（匹）。故君子之朋友有乡，其恶有方。是故迩者不惑而远者不疑也。'《诗》云：'君子好仇。'"为："孔子说：'只有君子能够喜欢真知朋友，小人会毒害其真知朋友。因此君子的真知朋友是有一定标准的，君子厌恶的人的标准也是一定的。因此接近他的人不感到迷惑，远离他的人也不感到怀疑。'《诗经》说：'君子喜欢真知朋友。'"

本章参考文献

[1] 晁福林：《〈礼记·缁衣〉文本的一桩历史公案——早期儒家思想变迁的一个例证》，《山西大学学报》（哲学社会科学版）2013年第1期。

[2] （元）陈澔：《礼记集说》，凤凰出版社2010年版。

[3] 陈成国：《四书五经校注本·礼记校注》，岳麓书社2006年版。

[4] 陈松长：《马王堆简帛文字编》，文物出版社2001年版。

[5] 冯胜君：《郭店简与上博简对比研究》，线装书局2007年版。

[6] 荆门市博物馆：《郭店楚墓竹简》，文物出版社1998年版。

[7] 李定生、徐慧君：《文子要诠》，复旦大学出版社1988年版。

[8] 李零：《上博楚简三篇校读记》，中国人民大学出版社2007年版。

[9] 李明晓：《战国楚简连词新证三则》，《汉语史学报》2006年第6期。

[10] 李瑶：《居延旧简文字编》，博士学位论文，吉林大学，2014年。

[11] 李运富：《汉字职用研究·理论与应用》，中国社会科学出版社2016年版。

[12] 李运富：《汉字职用研究·使用现象考察》，中国社会科学出版社2016年版。

[13] 李运富：《论汉字职用的考察与描写》，《上海师范大学学报》（哲学社会科学版）2017年第1期。

[14] 刘传宾：《郭店竹简研究综论》（文本研究篇），博士学位论文，吉林大学，2010年。

［15］吕友仁：《校点本〈礼记正义〉诸多失误的自我批评》，载《儒家典籍与思想研究》，北京大学出版社2014年版。

［16］马承源：《上海博物馆藏战国楚竹书》（一），上海古籍出版社2001年版。

［17］聂富博：《简本〈缁衣〉与传世本〈缁衣〉异文汇释》，硕士学位论文，辽宁师范大学，2015年。

［18］彭裕商：《古文字材料在古书释读中的重要作用举例》，《四川大学学报》（哲学社会科学版）2005年第5期。

［19］骈宇骞：《银雀山汉简文字编》，文物出版社2001年版。

［20］齐召南：《礼记注疏考证》卷五，文渊阁《四库全书》第116册，台湾商务印书馆1983年版。

［21］任达：《〈肩水金关汉简（壹）〉文字编》，硕士学位论文，吉林大学，2014年。

［22］（清）孙希旦：《礼记集解》，中华书局1989年版。

［23］（清）孙诒让：《墨子间诂》，中华书局2001年版。

［24］王锷：《〈礼记〉成书考》，中华书局2007年版。

［25］王夫之：《船山全书·礼记章句》，岳麓书社2011年版。

［26］王君：《新出竹简与〈礼记〉研究》，硕士学位论文，山东师范大学，2010年。

［27］王凯博：《额济纳汉简文字编》，硕士学位论文，吉林大学，2014年。

［28］王利器：《文子疏义》，中华书局2000年版。

［29］王梦鸥：《汉简文字类编》，艺文印书馆1974年版。

［30］王梦鸥：《礼记今注今译》，商务印书馆1979年版。

［31］王念孙：《读书杂志》，江苏古籍出版社2000年版。

［32］王淑琴：《中国古代儒家"友"观念研究》，博士学位论文，山东大学，2016年。

［33］王文锦：《礼记译解》，中华书局2001年版。

［34］（宋）卫湜：《礼记集说》，文渊阁《四库全书》电子版，上海人民出版社和迪志文化出版有限公司1999版。

［35］西山尚志：《可以和传世文献相对照的先秦出土文献研究》，博士学位论文，山东大学，2009年。

［36］谢科峰：《早期古书流传问题研究——以相关出土文献与传世文献的比较为例》，博士学位论文，上海大学，2015年。

［37］杨天宇：《礼记译注》，上海古籍出版社1997年。

［38］俞樾：《礼记郑读考》第5册，《皇清经解续编》卷1356，上海书店1988年影印本。

［39］虞万里：《上博简、郭店简〈缁衣〉与传本合校补证》（下），《史林》2004年第1期。

［40］余小调：《上博简〈缁衣〉〈民之父母〉与相关文献的异文研究》，硕士学位论文，华南师范大学，2007年。

［41］张守中：《张家山汉简文字编》，文物出版社2012年版。

［42］（清）朱彬：《礼记训纂》，中华书局1996年版。

第六章

郑玄的"正""匹"形近而误说与东晋时期有新兴量词"邊"说①

第五章我们举了大量汉代"正""匹"形体相近，容易造成二字混讹的例子，证明郑玄《礼记·缁衣》注"正""匹"形近而误说的合理性。也正因如此，才会导致文献中"百匹"二字被误解为近似于"百正"的形体，从而将"百匹"合在一起误读为"邊"字。试说明如下。

自史树青将东晋《潘氏衣物券》（1954 年出土于湖南长沙北门桂花园）中的"襦繒二邊"一语释作"雜繒二邊"之后，众多学者如高至喜②、刘艳③、黄景春④、何山⑤、杨明泽、郑邵林⑥⑦、刘敬林等都从其说，其中何山、杨明泽、郑邵林、刘敬林等学者则据此认为东晋时期存在一个新兴量词"边（邊）"，并从不同角度深入探讨了量词"边"的来源。我们认为此说值得商榷。

晋《潘氏衣物券》"襦繒二邊"一语中的"邊"字，最早发表于 1955 年第 11 期《文物参考资料》的《文物工作报导》，其文录作"🅔"，作者释文阙疑，未作解释；史树青中则改录作"🅡"，释为"邊（边）"，后

---

① 本章主体部分曾以《东晋时期有新兴量词"边"说质疑》为题，发表于《中国语文》2016 年第 3 期。《中国语文》匿名审稿专家和编辑部对本文提出了宝贵的指导和修改校正意见，谨此致以诚挚的谢意。文中疏误概由本人负责。
② 高至喜：《长沙两晋南朝隋墓发掘报告》，《考古学报》1959 年第 3 期。
③ 刘艳：《东晋南朝的工艺美术》，硕士学位论文，清华大学，2004 年。
④ 黄景春：《居延旧简文字编》，博士学位论文，华东师范大学，2004 年。
⑤ 何山：《词语札记两题》，《中国语文》2009 年第 5 期。
⑥ 郑邵林：《魏晋南北朝石刻名量词研究》，博士学位论文，华东师范大学，2013 年。
⑦ 郑邵琳：《魏晋南北朝石刻中的新兴名量词》，《中国文字研究》2014 年第 1 期。

来学者多认为"边"是量词。然杨明泽、郑邵林[①]都曾指出，量词"边"在晋之前以及后世文献中都不见其他用例，这很令人怀疑。今细考史树青、高至喜墓券原拓后，我们认为晋《潘氏衣物券》中的"遻"（史树青的拓片较为清楚，参看图1）并非"邊"字，而是"百匹"二字。原文应是在书写之前就已经在石面勒刻三条横线，将石面分成四栏，每栏纵向写11到12行，每行以"故"字领起写4到8个字不等[②]。第三栏首句为"故襟缯二遻"，与之并列数行分别为"故绮飛衣一雙""故要糸一具錢七枚""故嚴具馥一具""故櫛父母一雙"等。为形式上由"故"领起的整齐，故将首行末"百匹"二字写得比较紧密，不换行，字形上看上去好像是一个字，有点接近"邊"（按，《潘氏衣物券》中鑤［鑤］、随［陷］、還［還］等字中"辶"旁皆作近"凵"形）。但仔细察看，"遻"字下半部分与"邊"有点类似，但中间部分差别很大，而且从字的首笔来看，徐中舒[③]所列秦汉魏晋间"邊"的代表字形有邊、邊、邊、邊、邊、邊、邊、邊、邊、等，秦公[④]、秦公等[⑤]所录南朝宋至隋唐间的"邊"字诸多字形作邊、等，字形上部多作"白"或"自"形，但却没有在"白"或"自"形上加横笔"一"写作近似"百"的。又"邊"字，西晋《辟雍碑》作"邊"、甘肃玉门毕家滩出土东晋时期（377年）衣物疏 M26A 作"邊"（原图作邊，在张俊民 2010 所附衣物疏左图的第三栏第 3 行，与同篇的"百匹"不同，见后文"图3"）亦上从"自"形。细考原拓，"遻"正是上面一个"百"字，作"邊"，下面是一个写得不大规整的"匹"字，作"凵正"。原文因为有分栏横线穿过"匹"字，因而影响字形辨识，去掉该横线即可观察到"凵正"字基本形态了。

---

① 郑邵林：《魏晋南北朝石刻名量词研究》，博士学位论文，华东师范大学，2013年。郑邵琳：《魏晋南北朝石刻中的新兴名量词》，《中国文字研究》2014年第1期。
② 这种分栏后每行多以"故"字领起的书写形式，同时期墓券中常见（参看余家栋，1974；寇克红，2011；张俊民，2005、2010等）。
③ 徐中舒：《秦汉魏晋篆隶字形表》，四川辞书出版社1985年版，第119页。
④ 秦公：《碑别字新编》，文物出版社1985年版，第435—436页。
⑤ 秦公、刘大新：《广碑别字》，国际文化出版公司1995年版，第726—727页。

第六章 郑玄的"正""匹"形近而误说与东晋时期有新兴量词"邊"说　211

又据罗振鋆《碑别字》卷五第 6 页："疋、辶，匹也。"秦公①和秦公，刘大新②"匹"下都列有《汉武荣碑》的"疋"字（原拓作疋），徐中舒③亦列《流沙简》疋，又罗振玉、王国维（1983）《流沙坠简》所收主要是汉晋时期的材料，27 页第四简疋、50 页第五简疋、52 页第四简疋、第五简疋、疋，第六简疋，第七简疋，第八简疋，第九简疋，53 页第 12 简 4 例疋，61 页第 13 简疋等众多用例，皆当为《潘氏衣物券》中"辶"字的异写。

又考与晋《潘氏衣物券》时期相近的（A）《南昌晋墓出土木方》、（B）《武威旱滩坡十九号前凉墓出土木牍》、（C）东晋至十六国《甘肃玉门毕家滩出土的衣物疏》、（D）十六国之前凉《高台骆驼城前凉墓葬出土衣物疏》等出土墓券中的量词。（A）（B）（C）（D）都使用了与《潘氏衣物券》中功能相当的量词"枚"和"领"，且多数使用了量词"具""量""口""匹"等，但未见量词"边"字。除（A）外，（B）（C）（D）都使用了量词"匹"，且都有"百匹"的使用。如（B）中有"故黄白绢三百匹，故缥百匹"（图 2）④，（C）中有"故杂綵五百匹"（M26A，图 3）、"杂采百匹"（M37B、M51B），（D）中有"（锦绢）三千九百匹"（图 4）。另考西晋《徐美人墓志》（蒋若是等，1957）中有"绢布五百匹"（图 5），西凉《韩渠妻随葬衣物疏》（《吐鲁番出土文书》）有"正帛系绢百匹"（图 6）。可知在东晋时期墓券中确有不少"百匹"用例，且其中的"匹"的写法亦有类似辶、疋的，如图 4 的"疋"即是。也有数词与"匹"书写紧密的情况，如（D）中有"故雜綵五十匹"（图 7），"十"与"匹"就写得非常紧密，寇克红释为"十匹"。

"匹"（俗字作"疋"）是一个表示布帛长度单位的量词，可用来称量缯或杂缯无疑。《汉书·食货志》："布帛广二尺为幅，长四丈为匹。"《说文·匚部》："匹，四丈也。"李建平⑤、杨明泽已指出，用"匹"称量布帛类名物，先秦两汉时期已有用例。如：

---

① 秦公：《碑别字新编》，文物出版社 1985 年版，第 5 页。
② 秦公、刘大新：《广碑别字》，国际文化出版公司 1995 年版，第 8 页。
③ 徐中舒：《秦汉魏晋篆隶字形表》，四川辞书出版社 1985 年版，第 905 页。
④ 可参看何双全《简牍》，敦煌文艺出版社 2004 年版，第 82 页。
⑤ 李建平：《先秦两汉量词研究》，博士学位论文，西南大学，2010 年。

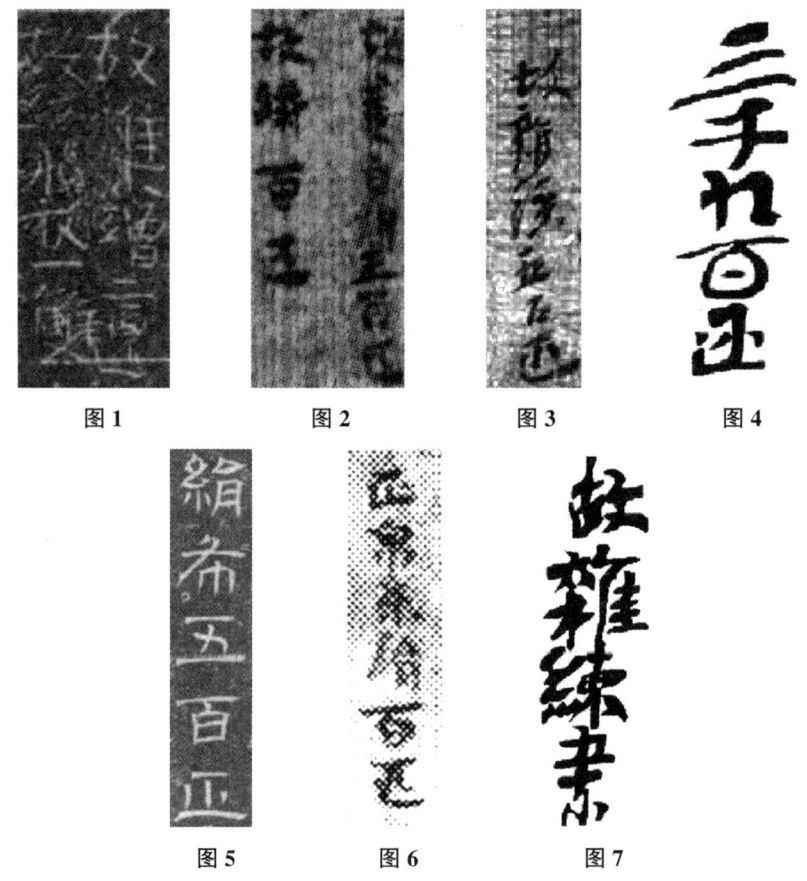

图1　　　　图2　　　　图3　　　　图4

图5　　　　图6　　　　图7

（1）因以文绣千匹，好女百人，遗义渠君。（《战国策·秦策二》）

（2）绣十匹，锦三十匹，赤绨、绿缯各四十匹，使中大夫意、谒者令肩遗单于。（《史记·匈奴列传》）

（3）明年，呼韩邪单于复入朝，礼赐如初，加衣百一十袭，锦帛九千匹，絮八千斤。（《汉书·匈奴传》）

（4）加赐锦绣缯帛二万匹，絮二万斤。（《汉书·匈奴传》）

（5）吴王大悦而赐太宰嚭杂缯四十疋。（《越绝书·外传记吴王占梦》）

杨明泽曾指出无论晋之前，还是晋之后，形容"杂缯"或"缯"的量词用"匹（疋）"都是占绝对多数的，这是对的，但文章结论认为"边"是个湖南方言量词，则仍袭前误，未明"边"实为"百匹"的误释。考晋以前传世文献，用"匹（疋）"称量"缯"的用例，除（5）之外，还有：

（6）赏赐前后黄金七千斤，钱六千万，杂缯三万疋。(《汉书·霍光金日䃅传》)

（7）岁给遗我蘖酒万石，稷米五千斛，杂缯万匹。……赐安车、鼓车各一，黄金千斤，杂缯千匹。(《汉书·匈奴传》)

（8）都护廉褒赐姑莫匿等金人二十斤，缯三百匹。(《汉书·西域传》)

魏晋南北朝时期，用"匹（疋）"称量"缯"的用例，如：

（9）诏卖厩马百余匹，御府大司农出杂缯二万匹（晋·袁宏《后汉纪·孝献皇帝纪第二十八》）

（10）嫁与同县施氏，薄命夫死，有杂缯帛百二十疋，及婢一人。(晋·干宝《搜神记》卷十六）

（11）今赍杂缯五百匹，弓鞬韥丸一，矢四发，遣遗单于。又赐献马左骨都侯、右谷蠡王杂缯各四百匹，斩马剑各一。(宋·范晔《后汉书·南匈奴传》)

（12）帝闻而嘉之，乃赐般缯钱百万，缯二百匹。(宋·范晔《后汉书·刘般传》)

（13）进封恪阳都侯，加荆扬州牧，督中外诸军事，赐金一百斤，马二百匹，缯布各万匹。(晋·陈寿《三国志·吴志·诸葛恪传》)

（14）上许之，给锦百匹，杂缯三百匹。(梁·沈约《宋书·列传第四十八》)

上述（8）（11）（12）（14）中都是以"百匹"来称量缯的。

晋代，以"百匹"计量缯、绢、帛、缣、布等十分常见。我们统计见有晋陈寿《三国志》2例、晋郭璞《尔雅注》1例、晋干宝《搜神记》1例、晋葛洪《抱朴子外篇》1例、晋常璩《华阳国志》1例、晋袁宏《后汉纪》6例，范晔《后汉书》16例等，此不赘举。

可见，自汉代至魏晋南北朝时期，用"匹（疋）"称量缯、绢、帛、缣、布等是很常见的，以"百匹"称"杂缯"亦为惯常表达，后世也有沿用。结合我们对拓本"遑"的字形分析，"遑"实不当释作"边"字，而是"百匹"二字，原句即"杂缯二百匹"。以往学者认为东晋时期有称量布帛的新兴量词"边"的观点是不足信的。

本章参考文献

[1] 高至喜：《长沙两晋南朝隋墓发掘报告》，《考古学报》1959年

第 3 期。

［2］国家文物局古文献研究室等：《吐鲁番出土文书》（第一册），文物出版社 1981 年版。

［3］何山：《词语札记两题》，《中国语文》2009 年第 5 期。

［4］何双全：《简牍》，敦煌文艺出版社 2004 年版。

［5］黄景春：《居延旧简文字编》，博士学位论文，华东师范大学，2004 年。

［6］蒋若是、郭文轩：《洛阳晋墓的发掘》，《考古学报》1957 年第 1 期。

［7］寇克红：《高台骆驼城前凉墓葬出土衣物疏考释》，《考古与文物》2011 年第 2 期。

［8］李建平：《先秦两汉量词研究》，博士学位论文，西南大学，2010 年。

［9］刘敬林：《〈词语札记两题〉辨正》，《中国语文》2015 年第 1 期。

［10］刘艳：《东晋南朝的工艺美术》，硕士学位论文，清华大学，2004 年。

［11］罗振鋆：《碑别字》，食旧堂丛书本。

［12］罗振玉、王国维：《流沙坠简》，中华书局 1983 年版。

［13］秦公：《碑别字新编》，文物出版社 1985 年版。

［14］秦公、刘大新：《广碑别字》，国际文化出版公司 1995 年版。

［15］史树青：《晋周芳命妻潘氏衣物券考释》，《考古通讯》1956 年第 2 期。

［16］徐中舒：《秦汉魏晋篆隶字形表》，四川辞书出版社 1985 年版。

［17］杨明泽：《文献小考三则》，《湖北广播电视大学学报》2010 年第 7 期。

［18］余家栋：《江西南昌晋墓》，《考古》1974 年第 6 期。

［19］张俊民：《武威旱滩坡十九号前凉墓出土木牍》，《考古与文物》2005 年第 3 期。

［20］张俊民：《甘肃玉门毕家滩出土的衣物疏初探》，《湖南省博物馆馆刊》2010 年第 7 期。

［21］郑邵林：《魏晋南北朝石刻名量词研究》，博士学位论文，华东

师范大学，2013年。

［22］郑邵琳：《魏晋南北朝石刻中的新兴名量词》，《中国文字研究》2014年第1期。

［23］《文物参考资料》编辑部：《文物工作报导》，《文物参考资料》1955年第11期。

第三编

郑玄的语源学研究

第一章

引　言

一　郑玄的语源学研究概观

（一）题解

要讨论"郑玄的语源学研究"情况，首先要了解什么是"语源学"。王力先生说："语源学（etymology）的原始意义应该是'真诠学'（希腊语 etymon，真的；logos，话）。西洋上古时代著名哲学家苏格拉底、柏拉图等都探讨过语词的真正意义……孟子也用过声训，但是讲得不多，并且也不是为了语源学的目的。到了汉代，人们才大量应用了声训，而且越来越明显地寻求'真诠'，即追究事物之所以得名的真正解释。"[1] 何九盈先生（1985/2013）[2] 也说："词源学（etymology）也叫语源学，是历史比较语言学的一个部分。它的任务就是要探索词的形式及意义的来源和演变历史。古代语言学家关于词的来源问题有两种不同的看法：一种意见认为词和它所反映的事物具有一致的本质的联系，这是本质论者；一种意见认为词和客观事物并不具有必然的联系，用某一词指称某一事物，乃是约定俗成所致，这是约定论者。……盛行于两汉时代的'声训'法，属于本质论的范围。"据王力、何九盈二先生的意见，汉代的"声训"之法是属于语源学研究性质的工作，因此，探讨评价东汉学者郑玄所做的语源学研究工作是可行的。

（二）以往关于郑玄语源学研究的讨论

以往学者已经做了不少关于郑玄语源学研究的讨论工作，这些工作概括起来可以分为两类。

一类是讨论郑玄的语源学研究问题，但所举例证多为郑玄《毛诗笺》

---

[1] 王力：《中国语言学史》（连载），《中国语文》1963 年第 4 期。
[2] 何九盈：《中国古代语言学史》（第 4 版），商务印书馆 2013 年版，第 121 页。

以外的注释材料,而尤以三礼注中材料居多。这一类中又可分为两小类,即一类是较为零散的举例式讨论,代表性的如王力(1963)提到郑玄在经注中使用了声训,何九盈(1985/2013)① 提到郑玄《周礼注》中有不少声训,其他如冯浩菲(1991)、邓声国(2002)、马君花(2005)②③、杨天宇(2007)④ 等;另一类是尽可能多地搜罗郑玄注释中的声训材料,例如李云光《三礼郑氏学发凡》(1966/2012)⑤ 第五章"郑玄对名物之考释"第五节"释所取之名"仿照清张金吾《广释名》体例分释天(附鬼神祭名)、释地、释山、释水、释丘、释道、释州国、释形体、释姿容、释长幼、释亲属、释言语、释饮食、释采帛、释首饰、释衣服、释宫室、释床帐、释书契、释典艺、释用品、释乐器、释兵、释车、释船(阙)、释疾病、释丧制、释官职等28类搜集郑玄三礼注中的材料,讨论郑玄《三礼注》中探求事物取名之由之例,其中大都是声训;张舜徽(1981,1984)⑥⑦ 分别列举了郑玄三礼注中不少用术语"读如""之言"注释的声训材料;徐复(1987)⑧ 罗列不少郑玄三礼注中"之言"注释的声训材料;杨阳(1998)⑨、傅华辰(2004)⑩、钱慧真(2006)、王浩(2010)、吴凯(2010)⑪、裴欢欢(2012)⑫ 等。

另一类是讨论郑玄的语源学研究问题,所举例证包含郑玄《毛诗笺》中的材料。这一类也可以分为两类,一类是简单的举例性质,另一类是罗列较多的声训材料性质。前者如唐文(1987)、崔淑萍(1987)、王一军(1988)、吴福祥(1989)、胡从曾(1989)、唐文(1990)、路红

---

① 何九盈:《中国古代语言学史》(第4版),商务印书馆2013年版,第125页。
② 马君花:《郑玄"因声求义"的训诂实践及其训诂原则》,《宁夏大学学报》(人文社会科学版)2005年第2期。
③ 马君花:《论郑玄〈礼记注〉在训诂学史上的成就》,硕士学位论文,宁夏大学,2005年。
④ 杨天宇:《郑玄三礼注研究》,天津人民出版社2007年版,第621—623页。
⑤ 李云光:《三礼郑氏学发凡》,华东师范大学出版社2012年版,第361—401页。
⑥ 张舜徽:《郑玄训诂学发微》,《华中师院学报》(社会科学版)1981年第3期。
⑦ 张舜徽:《郑学丛著》,齐鲁书社1984年版,第108—119页。
⑧ 徐复《郑玄辞典·序》,参唐文《郑玄辞典》第8页,文末标注日期为1987年11月。
⑨ 杨阳:《郑玄〈礼记〉注释研究》,硕士学位论文,西南师范大学,1998年。
⑩ 傅华辰:《〈礼记〉郑注训诂研究》,硕士学位论文,南京师范大学,2004年。
⑪ 吴凯:《郑玄〈古文尚书注〉训诂研究》,硕士学位论文,扬州大学,2010年。
⑫ 裴欢欢:《〈周礼〉郑注探源训诂研究》,硕士学位论文,苏州大学,2012年。

(1990)、邓声国（1998）、殷寄明（2000；2002）[1][2]、吴泽顺（2004）、陈锦春（2006）[3]、范江兰（2009）、李世萍（2010）[4]、姚书平（2011）[5]等；后者如张舜徽（1981；1984）[6]列举了郑玄《毛诗笺》中不少用术语"读如""之言"注释的声训材料，后来祝敏彻等（1983）、冯浩菲（1988）[7]、洪丽娣（1998；2006）、邓声国（1999；2001）、华敏（2005）[8]、陈炳哲（2005）[9]、刘卫宁（2005）[10]、张艳（2007）[11]、章舒娅（2012）、吴泽顺（2013）、魏启峰（2016）[12]等都比较集中地考察了《毛诗笺》中的声训同源情况。

在以往学者研究的基础上，我们以《毛诗笺》为材料讨论郑玄的语源学观念。

二 郑玄语源学观念的研究方法

关于探讨郑玄的语源学观念的研究方法问题，我们认为应该注意以下三方面问题。

---

[1] 殷寄明：《语源学概论》，上海教育出版社2000年版，第37—39页。
[2] 殷寄明：《中国语源学史》，吉林人民出版社2002年版，第53—57页。
[3] 陈锦春：《毛传郑笺比较研究》，硕士学位论文，山东大学，2006年。
[4] 李世萍：《郑玄〈毛诗笺〉研究》，知识产权出版社2010年版，第172—175页。本章下文标注"李世萍（2010）"的文献皆出自此页码范围，不再复注。
[5] 姚书平：《从郑玄〈毛诗笺〉看汉代训诂学的发展》，硕士学位论文，山东师范大学，2011年。本章下文标注"姚书平（2011）"的文献页码同此，不再复注。
[6] 张舜徽：《郑学丛著》，齐鲁书社1984年版，第108—119页。
[7] 参看冯浩菲《毛诗训诂研究》（上、下册）下册第一编《〈毛诗郑笺〉训诂研究》第二章第二节《声训例》，华中师范大学出版社，1988年，第20—23页。本章下文标注"冯浩菲（1988）"的文献皆出自此文献页码范围，不再一一复注。
[8] 华敏：《〈诗经〉毛传、郑笺比较研究》，硕士学位论文，南京师范大学，2005年。本章下文标注"华敏（2005）"的文献皆出自此文献页码范围，不再一一复注。
[9] 陈炳哲：《〈毛传〉〈郑笺〉训诂术语比较研究》，硕士学位论文，首都师范大学，2005年。本章下文标注"陈炳哲（2005）"的文献及页码皆出自此范围，不再复注。
[10] 刘卫宁：《〈毛诗故训传〉、〈毛诗笺〉与〈诗集传〉训诂比较研究》，硕士学位论文，暨南大学，2005年。本章下文标注"刘卫宁（2005）"的文献页码范围同此，不再复注。
[11] 张艳：《〈毛传〉、〈郑笺〉对〈诗经〉训诂之比较》，硕士学位论文，兰州大学，2007年。本章下文标注"张艳（2007）"的文献页码范围同此，不再复注。
[12] 魏启峰：《毛亨郑玄朱熹〈诗经〉注释研究》，博士学位论文，西北大学，2016年。本章下文标注"魏启峰（2016）"的文献皆为此出处，不再复注。

（一）探讨郑玄的语源学观念问题，实质是关于汉语语源学史研究的问题，而非汉语语源学的本体研究。以往探讨郑玄语源学观念的论著往往是借助郑玄笺注中的声训材料来进行汉语词源研究，而并非只是还原和揭示郑玄的语源学观念。这涉及语源学史研究方法的问题。

（二）声训是否等同于语源学研究问题。以往研究大多认为声训即是语源学性质的研究，我们不同意此观点。声训是一种训诂方法，着眼的是从声音角度训释词义，我们赞同洪诚先生（1984）[①]中的意见，即"声训的意义有三：（一）依音破字。（二）求语源，通转语。（三）从事物的状态或作用上说明其所以命名之意。"由此，我们可以确定，郑玄笺注中的声训并非都是探求语源的，只有属于洪诚先生所说的（二）（三）两种情况才是探求语源的。

我们赞同王一军（1988）的观点："从狭义上说，声训的目的是寻求语源，因此就得用音近义通的词去解释。这一观念是清人以后才完全树立起来的。对于汉以前的声训运用者来说，他们当时还不可能总结和掌握同源词的理论，并进而运用这个理论去指导他们去辨别哪些是同源词。他们虽然注意到了要利用声音相同相近这一线索去寻求语源，但对音义关系的认识是肤浅的。因此他们在使用声训方法时，势必存在着随意性，用于声训的训释词和被训释词，有一部分仅仅是语音相同或相近，而意义上毫无关系。郑注郑笺中就有许多这样的例子……"。

（三）郑玄笺注中的解释词语与经文中的词语是否同源，并非以今天的研究结果为判定标准，而是以郑玄的笺注中是否明确体现他探源意图为标准。这就要求要么郑玄使用了明确的探源术语，要么用语句表达了他的探源意图。否则只是一般的词语释义格式，则无法明确体现郑玄的探源观念。

我们认为郑玄有明确的声训观念。因为郑玄有关于声训方法的明确表述。郑玄《周礼注序》云："窃观二三君子之文章，顾省竹帛之浮辞，其所变易，灼然如晦之见明；其所弥缝，奄然如合符复析。斯可谓雅达广揽者也。然犹有参错，同事相违。则就其原文字之声类，考训诂，捃秘逸。"[②] 又如宋人邢昺在《论语·述而注疏》中引郑玄语曰："读先王法典，必正言其音，然后义全，故不可有所讳。"

[①] 洪诚：《训诂学》，江苏古籍出版社1984年版，第84—85页。
[②] 转引自（唐）贾公彦《序周礼废兴》，见李学勤主编标点本《周礼注疏》，北京大学出版社1999年版，第9页。

第二章

郑玄《毛诗笺》探源材料及形式

根据第二章我们研究郑玄语源学观念的方法和原则，我们考察以往学者关注的《毛诗笺》探源材料①，应该可以分为三大类：一、明确体现郑玄探源意图的表述材料；二、用探求名源的专门术语"之言""之为言"来说明事物、字词的名源；三、使用一般释义形式的材料。分述如下。

一 明确体现郑玄探源意图的表述材料

这类材料中，通常郑玄会在注释语句中直接对词语所表示的事物进行探源性的陈述和说明，说明某词语的命名依据。王浩（2010）②称之为郑玄探源范式的"陈述法"。遵照其例，我们考察《毛诗笺》中类似材料。如（下以探源语词的首字读音为序排列）：

1. 阿衡：……，故以为官名。

《商颂·长发》："实维阿衡"毛传："阿衡，伊尹也。"笺："阿，倚。衡，平也。伊尹，汤所依倚而取平，故以为官名。"章舒娅（2012）列为同源声训材料。

2. 鬯：谓之……者，……也。

《大雅·江汉》："厘尔圭瓒，秬鬯一卣。"笺："谓之鬯者，芬香条鬯也。"魏启峰（2016）列为郑玄探源材料。

3. 宠：……，……名之谓。

《商颂·长发》："何天之龙。"毛传："龙，和也。"笺："龙当作'宠'。宠，荣名之谓。"章舒娅（2012）列为同源声训材料。

4. 汾王：……，故……因以号之，犹言……也。

---

① 材料依据版本为李学勤主编标点本《毛诗笺》，北京大学出版社，1999年版。
② 王浩：《郑玄〈三礼注〉同源词研究》，博士学位论文，河北师范大学，2010年。

《大雅·韩奕》："韩侯娶妻，汾王之甥，蹶父之子。"笺："汾王，厉王也。厉王流于彘，彘在汾水之上，故时人因以号之，犹言莒郊公、黎比公也。"周国瑞（1989）列为郑玄探源材料。

5. 韩：……，故……以为……名焉。

《大雅·韩奕序》："《韩奕》，尹吉甫美宣王也能锡命诸侯。"笺："梁山于韩国之山最高大，为国之镇，所望祀焉，故美大其貌奕奕然，谓之韩奕也。梁山，今左冯翊夏阳西北。韩，姬姓之国也。后为晋所灭，故大夫韩氏以为邑名焉。"章舒娅（2012）列为同源声训材料。

6. 菅：……，名之为……。

《小雅·白华》："白华菅兮，白茅束兮。"毛传："白华，野菅也，已沤为菅。"笺："白华于野，已沤名之为菅，菅柔忍中用矣，而更取白茅收束之。茅比于白华为脆。"章舒娅（2012）列为同源声训材料。

7. 灵：……，故以名焉。

《大雅·灵台》："经始灵台"毛传："神之精明者称灵，四方而高曰台。"笺："义王应天命，度始灵台之基趾，营表其位。……观台而曰灵者，文王化行，似神之精明，故以名焉。"华敏（2005）、章舒娅（2012）列为郑玄探源材料。

8. 伶官：故后世多号……为……。

《邶风·简兮序》："《简兮》，刺不用贤也。卫之贤者仕于伶官，皆可以承事王者也。"笺："伶官，乐官也。伶氏世掌乐官而善焉，故后世多号乐官为伶官。"华敏（2005）列为郑玄探源材料。

9. 民：……，故于是乃附也。

《大雅·灵台序》："民始附也"笺："民者，冥也。其见仁道迟，故于是乃附也。"郑以冥释民，反映了他对"民"字得义的看法。魏启峰（2016）列为郑玄探源材料。

10. 瑱：或名为……，……。

《齐风·著》："充耳以素乎而"传："素，象瑱。"笺："……我视君子，则以素为充耳，谓所以悬瑱者，或名为紞，织之。人君五色，臣则三色而已。"说明"紞"的名称来源于"瑱"。章舒娅（2012）列为同源声训材料，并引《齐风·著》："尚之以琼华乎而"笺："尚犹饰也，饰之以琼华者，谓悬紞之末所谓瑱也，人君以玉为之。"语音上，紞，端母侵部。瑱，透母真部。二者古音端母透母旁纽，韵部通转。语义上，"紞"

指的是古时候冠冕上用来系瑱的带子,"瑱"即充耳,指的是古人冠冕上垂在两侧的装饰物,用玉、石头、贝壳等制成。郑玄这里正是说明"紞"的名称来源于"瑱"。

11. 校:……谓某为某,言……。

《郑风·子衿序》:"刺学校废焉。乱世则学校不修焉。"笺:"郑国谓学为校,言可校正道艺。""学校"之"校"与"校正"之"校",今音不同,但语音是随时变化、因地而不同,郑玄以动词"校正"解名词"学校",意在说明"学校"的得名理据。华敏(2005)、魏启峰(2016)等列为同源声训材料。

12. 胥:……,……之名也。

《小雅·桑扈》:"君子乐胥"笺:"胥,有才知之名也。"说明"胥"的名源。章舒娅(2012)曾列为同源声训材料。

13. 阳:……,故以名……为……。

《小雅·采薇》:"曰归曰归,岁亦阳止。"笺:"十月为阳。时坤用事,嫌于无阳,故以名此月为阳。"章舒娅(2012)、魏启峰(2016)等列为同源声训材料。

14. 营室:……,故谓之……。

《鄘风·定之方中》:"定之方中,作于楚宫。"笺:"定星昏中而正,于是可以营制宫室,故谓之营室。"王一军(1988)认为是臆造的声训,华敏(2005)、魏启峰(2016)列为郑玄探源材料。

15. 媛:……者,……也。

《鄘风·君子偕老》:"展如之人兮,邦之媛也。"笺:"媛者,邦人所依倚以为援助也。"以"援"释"媛"。崔淑萍(1987)、邓声国(2001)、华敏(2005)、张艳(2007)、李世萍(2010)、魏启峰(2016)等列为同源声训材料。

二 用探求名源的专门术语"之言""之为言"来说明事物、字词的名源

用来说明名源的词语可能与所释之名有语源关系,也可能没有语源关系而只是同音。但从郑玄的主观意图而言,使用"之言"应当是有说明词语的名源意图的,尽管用来解释的词语未必就一定与被释词语是同源词。因为"之言""之为言"用现在的意思对译"就是说""是说"。段

玉裁云："凡云'之言'者，皆通其音义以为诂训，非如'读为'之易字，'读如'之定其音。"① 又云"凡云'之言'者，皆就其双声叠韵以得其转注假借之用。"② 结合以往学者的研究，我们将郑玄《毛诗笺》中使用"之言""之为言"的材料按被释词音序分别讨论如下。

拜：拔

《召南·甘棠》："蔽芾甘棠，勿翦勿拜。"笺："拜之言拔也。"章舒娅（2012）认为郑玄用"之言"训释的是通假字。语音上，拜，帮母月部，拔，并母月部，二字帮、并母旁纽，月部叠韵，古音相近。意义上，"勿翦勿拜"与前文的"勿翦勿伐"和"勿翦勿败"相呼应，"伐"和"败"都为"毁坏"之义。因此，郑玄认为"拜"也对应是指"毁坏"的意思，因此以"拔"释之。"拜之言拔也"意思就是"拜就是说拔"。郑玄采用声训，找到"拜"这个词语的名源，只是这个名源"拔"与"拜"并无意义联系，不是同源词，二者只是声音几近相同。也就是郑玄找了个同音字探求名源。

妯（chōu）：悼

《小雅·鼓钟》："鼓钟伐鼛，淮有三洲，忧心且妯。"毛传："妯，悼也。"笺："妯之言悼也。"章舒娅（2012）列为同源声训材料。

语音上，妯（定母觉部）、悼（定母药部）定母双声，觉部药部旁转，语音相近。语义上，《桧风·羔裘》："岂不尔思？中心是悼！"毛传："悼，动也。"笺："悼犹哀伤也。"内心哀伤忧伤而有所触动谓之悼。《说文·女部》："妯，动也。从女，由声。"马瑞辰《毛诗传笺通释》："《方言》：'蹇、妯，扰也。人不静曰妯。秦晋曰蹇，齐宋曰妯。'《尔雅》、《说文》并曰：'妯，动也'。动之言变动，即恸也。"妯、悼③都与"心动"有关，是同源词关系。此为郑玄以同源词探源之例。

弗：祓

《大雅·生民》："生民如何，克禋克祀，以弗无子。"毛传："弗，去

---

① 参见段玉裁《说文解字》"祼"字注，中华书局2013年版，第6页。
② 见《周礼汉读考》卷二《周礼·地官·叙官》"廿人中士二人"注，续修四库全书本，上海古籍出版社2001年版，第277页。
③ 《说文·心部》："悼，惧也。陈楚谓惧曰悼。从心卓声。"《方言》卷一："……悼……，哀也。齐鲁之间曰矜。陈楚之间曰悼。赵魏燕代之间曰悈。自楚之北郊曰怃。秦晋之间或曰矜。或曰悼。"又《方言》卷一："……悼……，伤也。……秦谓之悼。"可见对于"悼"的本义或有争议，但皆含"内心震动"之义。

也。去无子，求有子，古者必立郊禖焉。"笺："弗之言祓也。姜嫄之生后稷，如何乎？乃禋祀于郊禖，以祓除其无子之疾，而得其福也。"李世萍（2010）、章舒娅（2012）列为郑玄探源材料。

语音上，弗（帮母物部）、祓（帮母月部），帮母双声，物部月部旁转，古音相近。语义上，毛亨认为"弗"是"除去"的意思。郑玄增成其义，认为"弗就是说祓"，《说文·示部》："祓，除恶祭也。从示友声。""祓"则有除去之义。《说文·丿部》："弗，撟也。从丿从乀，从韦省。"李孝定《甲骨文字集释》按语："字作弗，正象矫箭使直之形。""弗"文献多作否定副词，表示"不"义，与"祓"字并无意义联系。然"茀"有除草、除去之义。《大雅·生民》："茀厥丰草"传："茀，治也。"郑玄也是找同音字"祓"说明"弗"字所取之义，当是以通假字释名源。

茀：蔽

《小雅·采芑》："路车有奭，簟茀鱼服，钩膺鞗革。"笺："茀之言蔽也，车之蔽饰，象席文也。"邓声国（1999，2001）[①]、华敏（2005）、刘卫宁（2005）、张艳（2007）、章舒娅（2012）、魏启峰（2016）列为同源声训材料。

刘钧杰《同源字典补》165页曾证明蔽、茀同源。语音上，茀（滂母物部）、蔽（帮母月部），滂母帮母旁纽，物部月部旁转，语音相近。语义上，"蔽"是"遮盖"之意，"茀"是上古时期设于车前后以用来遮蔽的饰物。《齐风·载驱》："载驱薄薄，簟茀朱鞹。"传："簟，方文席也。车之蔽曰茀。"《卫风·硕人》："翟茀以朝。"疏："茀，车蔽也。妇人乘车不露见，车之前后设障以自隐蔽谓之茀。""蔽"和"茀"有共同的源义素"遮蔽"，二者为同源词。

又王力（1982）[②]、钱慧真（2006）[③]、王浩（2010）[④] 提到蔽、韠、韨同源。《小雅·采菽》："赤芾在股，邪幅在下。"笺："芾，太古蔽膝之象也。冕服谓之芾，其他服谓之韠。"《礼记·明堂位》："有虞氏服韨"注："韨，冕服之韠也。"《礼记·玉藻》："韠，君朱，大夫素，士爵韦。"郑注："此玄端服之韠也。韠之言蔽也。"《礼记·玉藻》："一命缊

[①] 此条邓声国（1999）原文"茀"误作"弗"。
[②] 王力：《同源字典》，商务印书馆1982年版，第498页。
[③] 钱慧真：《〈礼记〉郑玄注释中的同源词研究》，硕士学位论文，山东大学，2006年。
[④] 王浩：《郑玄〈三礼注〉同源词研究》，博士学位论文，河北师范大学，2010年。

韨幽衡，再命赤韨幽衡。"注："此玄冕爵弁服之韠，尊祭服异其名耳。韨之言亦蔽也。""韠"为蔽膝之服。《桧风·素冠》："庶见素韠兮。"朱熹集传："韠，蔽膝也，以韦为之，冕服谓黻，其余曰韠。"《玉篇·韦部》："韍，所以蔽前也。"《释名·释衣服》："韠，蔽膝也，所以蔽膝前也。"则"韠"（帮母质部）也有"遮蔽"义，与"芾""蔽"皆为同源。郑玄此条当亦是探源。

甫：夫

《小雅·甫田》："倬彼甫田，岁取十千。"笺："甫之言丈夫也。明乎彼太古之时，以丈夫税田也。岁取十千，于井田之法，则一成之数也。"

语音上，甫、夫皆帮母鱼部字，古音相同。

语义上，《说文》："夫，丈夫也。"《说文》："甫，男子美称也。"孔颖达疏云："甫田同训，故云'甫之言丈夫也'。《穀梁传》曰：'夫犹傅也。男子之美称。'《士冠礼》注亦云：'甫，丈夫之美称。甫或作父，是为丈夫也。'《易》曰：'师贞，丈人吉。'言以礼法长于人，可倚仗也。是夫者有傅相之德而可倚仗，谓之丈夫，通天下男子之辞。《丧服》曰：'丈夫妇人'是也。"夫、甫都指男子，当属于同源字。此处当是郑玄选用同源字"夫"探求"甫田"之"甫"之名源。

河：何

《商颂·玄鸟》："景员维河，殷受命咸宜，百禄是何。"笺："河之言何也。天下既蒙王之政令，皆得其所，而来朝觐贡献。其至也祁祁然众多。其所贡于殷大至，所以维言何乎。"崔淑萍（1987）认为"河之言何也"是说明河、何为通假字关系。

语音上，河、何古音相同，皆匣母歌部。语义上，孔颖达疏云："（转）河为何者，以《頍弁》、《既醉》言'维何'者皆是设问之辞，与下句发端。此下句言'殷受命咸宜'，是对前之语，则此言'维何'，当与彼同，不得为水傍河也，故知河当为何。……所云维言何乎，将欲述其美殷之言，故开其问端也。""河"本义为黄河，"何"本义为"担荷"，文献中借用作疑问代词"何"。郑玄是找了同音字"何"来说明"河"所取之义，二字非同源词，当为通假字关系。郑玄此解后来王肃、孔颖达疏、朱熹《诗集传》、马瑞辰（1989）[1]等皆不从其说，而以"河"本义

---

[1] 马瑞辰：《毛诗传笺通释》，中华书局1989年版，第1171页。

为解。

曷：何

《小雅·四月》："曷云能穀"笺："曷之言何也。"王力（1982）①、陈炳哲（2005）、章舒娅（2012）列为郑玄探源材料。又王力（1982）②列为同源材料的有：《召南·何彼秾矣》："曷不肃雍"笺："曷，何也。"《邶风·雄雉》："曷云能来"笺："曷，何也。"《王风·君子于役》："曷至哉"笺："曷，何也。"《唐风·鸨羽》："曷其有所"笺："曷，何也。"《唐风·有杕之杜》："曷饮食之"笺："曷，何也。"《小雅·渐渐之石》："曷其没矣"笺："曷，何也。"《大雅·云汉》："曷惠其宁"笺："曷，何也。"

语音上，曷（匣母月部）、何（匣母歌部）语音相近。二字文献中皆多借作疑问代词，表"什么"，二字同源。郑玄用一般语词"何"说明词义。

胡：何

《大雅·生民》："胡臭亶时，后稷肇祀。"笺："胡之言何也。"陈炳哲（2005）列为郑玄探源材料，邓声国（2001）认为是说明古今音转。又《大雅·桑柔》："匪言不能，胡畏斯忌。"笺："胡之言何也。"陈炳哲（2005）列为郑玄探源材料。

语音上，胡（匣母鱼部）、何（匣母歌部）音近，匣母双声，鱼部歌部通转。又王力（1982）③已经证明胡、何为同源词，列为同源用例的有：《鄘风·君子偕老》："胡然而天也，胡然而帝也。"笺："胡，何也。"《魏风·伐檀》："胡取禾三百廛兮"笺："胡，何也。"《大雅·瞻卬》："伊胡为慝"笺："胡，何也。"郑玄此处当以一般语词"何"释"胡"之义。

皇：暀

《小雅·信南山》："先祖是皇，报以介福，万寿无疆"笺："皇之言暀也。先祖之灵归暀是孝孙而报之以福。"章舒娅（2012）列为同源声训材料。

语音上，皇（匣母阳部）、暀（匣母阳部），古音相同。据《汉语大

---

① 王力：《同源字典》，商务印书馆1982年版，第435页。
② 同上书，第435页。
③ 同上书，第435—436页。

词典》"眭"下解释，可知郑玄还有其他处注释将"皇"释为"眭"。如《礼记·少仪》："祭祀之美，齐齐皇皇"郑玄注："皇皇读如归往之往。"《鲁颂·泮水》："烝烝皇皇"笺："皇皇当作眭眭，眭眭犹往往也……言多士之于伐淮夷皆劝之，有进进往往之心。"《信南山》："先祖是皇"下孔颖达疏也认为郑玄以"眭"释"皇"即以"往"释"皇"。《说文》："皇，大也。"《说文》："眭，光美也。"以"眭"表示归往之"往"义为假借用法，则"皇"表示"往"义也是通假字用法。然据《汉语大字典》引朱芳圃《殷周文字释丛》云："皇即煌之本字。"《说文》："煌，辉也。从火皇声。"则"皇"义与"眭"语义相关，皆可以有"光美"之义，当可同源。郑玄用了一个同源字进行了探源。

或：有

《小雅·天保》："如松柏之茂，无不尔或承。"笺："或之言有也。如松柏之枝叶，常茂盛青青，相承无衰落也。"列为郑玄探源材料的学者有冯浩菲（1988）、陈锦春（2006）[①]、章舒娅（2012）等。

语音上，或（匣母职部）、有（匣母之部）匣母双声，职、之部对转。语义上，《说文》："或，邦也。从口，从戈以守一。一，地也。""或"的本义是国家、邦国之意，后被假借作虚词。刘钧杰《同源字典再补》中证明或、有同源，指出"有"也可指邦国义，典籍中可用于"夏以前远古国名或部族名之前"[②]。郑玄未必确知或、有二字在表示"邦国"义上同源，不过至少二字在表示代词"有的（人或事物）"义上含义和用法相似、语音相近，郑玄当时是应当确知的。

稷：即

《小雅·楚茨》："既齐既稷，既匡既敕。"传："稷，疾。"笺："稷之言即也。"张艳（2007）列为同源声训材料。

语音上，稷（精母职部）、即（精母质部）音近，精母双声，职部质部旁转。

语义上，"稷"的本义为一种粮食作物。《毛传》："稷，疾也。"郑玄以"即"释"稷"，云"孝孙前就尸受之"，实则以"就"释"即"。郑玄实际是以同音字"即"解释此处"稷"的所取之义，"之言"形式

[①] 陈锦春：《毛传郑笺比较研究》，硕士学位论文，山东大学，2006年。
[②] 刘钧杰：《同源字典再补》，语文出版社1999年版，第3页。

上是说明名源，但实际上是说明通假字。

珈：加

《墉风·君子偕老》："君子偕老，副笄六珈。"笺："珈之言加也，副既笄加饰，如今步摇上饰。"崔淑萍（1987）、冯浩菲（1988）、王一军（1988）、洪丽娣（1998）、陈锦春（2006）①、李世萍（2010）、邓声国（2001）、华敏（2005）、陈炳哲（2005）、刘卫宁（2005）、张艳（2007）、姚书平（2011）、章舒娅（2012）、魏启峰（2016）等列为同源声训材料。

语音上，珈、加相同，皆见母歌部字。

语义上，"加"的意思是"迭""盖"，将一物放在另一物上叫"加"。古代妇女用头发编成一个假髻，称为"副"；再用簪子把"副"别在头上，加上玉饰，称作"珈"。郑玄认为"珈"取义自"加"，二者是同源字，郑玄选用了一个同源字说明名源，也包含有说明声符示义的意味。

籍（藉）：借

《周颂·载芟·序》："载芟，春籍田而祈社稷也。"笺："籍之言借也。籍民力治之，故谓之治田。"籍，通"藉"，本当为"藉"。陈炳哲（2005）、章舒娅（2012）列为郑玄探源材料。

刘钧杰（1999）②、钱慧真（2006）③、王浩（2010）④曾讨论"藉"与"借"同源关系。《礼记·王制》："古者公田藉而不税。"注："藉之言借也，借民力治公田，美恶取於此，不税民之所自治也。"公田又叫"藉田"，是借民力耕种的天地。又《周礼·天官·甸师》："甸师掌帅其属而耕耨王藉，以时入之，以共齍盛。"郑玄注："藉之言借也。王一耕之，使庶人耘芓终之。"王浩（2010）⑤列此为同源词材料。

语音上，籍（藉）（从母铎部）、借（精母铎部）音近，韵部相同，从母精母旁纽。

语义上，郑玄意在说明"籍（藉）"的名称源自"借"，即是暂时

---

① 陈锦春：《毛传郑笺比较研究》，硕士学位论文，山东大学，2006年。
② 刘钧杰：《同源字典再补》，语文出版社1999年版，第73页。
③ 钱慧真：《〈礼记〉郑玄注释中的同源词研究》，硕士学位论文，山东大学，2006年。
④ 王浩：《郑玄〈三礼注〉同源词研究》，博士学位论文，河北师范大学，2010年。
⑤ 同上书，第46页。

使用别人的某种东西或力量。藉、借是同源字关系。

敬：警

《大雅·常武》："既敬既戒"笺："敬之言警也。警戒六军之众以惠淮浦之旁国。"

王力（1982）[1]、胡从曾（1989）、洪丽娣（1998）、华敏（2005）、陈炳哲（2005）等列为郑玄探源材料。张艳（2007）、章舒娅（2012）列为同源声训材料。

语音上，敬、警，皆见母耕部字，古音相同。语义上，此处郑玄认为"敬"取义"警"，当是选择了同源字"警"来解释"敬"，则此处的"敬"实则当是个借字。王力（1982）曾论证敬、警二字是同源字。引证如《释名·释言语》："敬，恒自肃警也。"

骏：俊

《商颂·长发》："为下国骏厖"笺："骏之言俊也。"王力（1982）[2]、章舒娅（2012）列为同源声训材料。

语音上，骏、俊古音相同，皆精母文部。语义上，"骏"是优良的马，"俊"指的是人中之卓越超群者，"峻"为高峻之意，三字同源。王力（1982）有详细证明。郑玄选取了一个同源字"俊"解释文中的"骏"，实则说明"骏"在此处为借字，本字当作"俊"。

壸（kǔn）：捆

《大雅·既醉》："其类维何？室家之壸。"笺："壸之言捆也。其与女之族类。云何乎？室家先以相捆致，已乃及于天下。"章舒娅（2012）列为同源声训材料。

语音上，壸、捆皆溪母文部，二字古音同。

语义上，"壸"意思是"古时宫中道路。引申指内宫。亦泛指妇女居住的内室。"（《汉语大词典》）小篆作🖼，《说文》解释本义为："宫中道。从口，象宫垣道上之形。"壸的得名与"捆绑"的"捆"相似，捆绑是捆束在一起，而"壸"作为宫中道路的名称，其形状和声音，意在使宫室中的女眷相互团结，捆绑凝聚在一起，然后才延伸到对天下的治理。壸小篆作🖼，字形构造类似于🖼（橐，橐也）、🖼（橐，是束缚的束）、"🖼"

---

[1] 王力：《同源字典》，商务印书馆1982年版，第321页。
[2] 同上书，第520页。

第二章 郑玄《毛诗笺》探源材料及形式

上半部分加个"口"，口中加表示十字路"行（𻘲）"。这里郑玄认为"家室之壸"就是治理家室的准则规范。准则规范用以约束家室成员的行为，与"捆"的"捆绑""约束"之义相同。"壸"的名源来自"捆"。这是一则典型的郑玄探源材料。

烈：烂

《大雅·生民》："载燔载烈，以兴嗣岁。"毛传："傅火曰燔，贯之加于火曰烈。"笺："烈之言烂也。"吴福祥（1989）、路红（1990）、吴泽顺（2004，2013）、李世萍（2010）、章舒娅（2012）列为郑玄的探源材料。

语音上，烈（来母月部）、烂（来母元部），来母双声，月、元部对转。古音相近。

语义上，孔颖达疏："《说文》云：'烈，火猛也。烂，火孰也。'俱是火熟之意。故云'烈之言烂也'。"则"烈""烂"都有表示火势到达一定的程度之义，二字同源。此条可算作郑玄探求"烈"名源的例子。

论：伦

《大雅·灵台》："于论鼓钟，于乐辟廱。"笺："论之言伦也。……以为音声之道与政通，故合乐以详之，于得其伦理乎？"胡从曾（1989）、章舒娅（2012）列为同源声训材料。

语音上，论、伦皆来母文部，古音相同。

语义上，"论"分析事物的文章或阐明道理的言论，"伦"指的是社会的礼仪、风俗、制度等，二字同源，有共同的源义素"条理、秩序"。王宁（1996）[①]、章季涛（2000）[②]、王浩（2010）[③] 曾论证论、伦同源。又如《礼记·王制》："凡制五刑，必即天论。"郑注："论或为伦。"郑玄此处以同源字"伦"解释"论"字，实则认为"论"为借字，当读"伦"。

壐：门

《大雅·凫鹥》："凫鹥在壐，公尸来止熏熏。"毛传："壐，山绝水也。"笺："壐之言门也。燕七祀之尸于门户之外，故以喻焉其来也，不

[①] 王宁：《训诂学原理》，中国国际广播出版社1996年版，第51、106页。
[②] 章季涛：《实用同源字典》，湖北人民出版社2000年版，第392页。
[③] 王浩：《郑玄〈三礼注〉同源词研究》，博士学位论文，河北师范大学，2010年。

敢当王之燕礼,故变言'来止熏熏',坐不安之意。"王力(1982)①、华敏(2005)、陈炳哲(2005)、张艳(2007)、章舒娅(2012)列为郑玄探求同源词材料。

语音上,亹、门皆明母文部字,古音相同。

语义上,"门"是人所通过进出的地方,而"亹"是两座高山之间的流水,两岸的高山构成门一样的性状,流水就好像人,流水流过就好像人进出。王力(1982)② 曾论证亹、门同源。此处当是郑玄选择具有同源关系的"门"字探求"亹"的名源和所包含的意义。

庙：貌

《周颂·清庙·序》："清庙,祀文王也。"笺："庙之言貌也。死者精神不可得而见,但以生时之居,立宫室象貌为之耳。"崔淑萍(1987)、邓声国(2001)、华敏(2005)、陈炳哲(2005)、章舒娅(2012)、魏启峰(2016)等列为同源声训材料。

语音上,庙(明母宵部)、貌(明母药部)古音相近,明母双声,宵、药部对转。

语义上,庙、貌具有同源关系。唐文(1987)、钱慧真(2006)③、王浩(2010)④亦有分析。举例为《礼记·祭法》："设庙祧坛墠而祭之"郑注："庙之言貌也,宗庙者,先祖之尊貌也。"《说文·广部》："庙,尊先祖貌也。"段注："尊其先祖而以仪貌之,故云宗庙。诸书皆云:'庙,貌也。'"《仪礼》今本"庙"作"庿"。《说文》引古文作"庿","庿""苗"同源,"苗"与"貌"动静引申同源,则"庙"亦同源。此处郑玄认为宗庙是为纪念先人音容笑貌而建造的,因此以同源字"貌"说明"庙"的名源。

泮：半

《鲁颂·泮水》："思乐泮水,薄采其芹。"笺："泮之言半也。半水者,盖东西门以南通水,北无也。"崔淑萍(1987)、洪丽娣(1998,2006)、邓声国(2001)、华敏(2005)、陈炳哲(2005)、刘卫宁(2005)、张艳(2007)、李世萍(2010)、龚永标(2011)、章舒娅

---

① 王力：《同源字典》,商务印书馆1982年版,第527页。
② 同上。
③ 钱慧真：《〈礼记〉郑玄注释中的同源词研究》,硕士学位论文,山东大学,2006年。
④ 王浩：《郑玄〈三礼注〉同源词研究》,博士学位论文,河北师范大学,2010年。

(2012)、魏启峰（2016）曾作为同源声训材料关注。

语音上，泮（滂母元部）、半（帮母元部）古音相近，韵部相同，滂母帮母旁纽。

语义上，王力（1982）[1]曾经证明泮、半同源。"半"意思是物体的一半。《说文》："半，物中分也。""泮"取义自"半"，本义是古代天子诸侯举行宴会或作为学宫的宫殿，也称泮宫，西南为水，东北为墙，一半有水，一半无水。此条当为郑玄以同源字"半"说明"泮"之名源，亦有明声符表义作用。

蘋：宾

《召南·采蘋》："于以采蘋？南涧之滨。"毛传："蘋，大萍也。"笺："古者妇人先嫁三月，祖庙未毁，教于公宫；祖庙既毁，教于宗室。教以妇德、妇言、妇容、妇功。教成之祭，牲用鱼，芼用蘋藻，所以成妇顺也……蘋之言宾也。"王一军（1988）、邓声国（2001）列为用非同源关系的词作探源解释；范江兰（2009）[2]则认为是郑玄主观性和随意性较强的声训。章舒娅（2012）列为同源声训材料。

语音上，蘋（并母真部）、宾（帮母真部）古音相近，韵部相同，并母帮母旁纽。

语义上，毛亨认为"蘋"意为一种浮萍，《汉语大词典》："蘋，植物名。也称四叶菜、田字草。多年生草本。生浅水中，叶有长柄，柄端四片小叶成田字形。夏秋开小白花。全草入药，也可作猪饲料。""蘋"的特点是柔顺，字本作"薲"，《说文》："薲，大萍也。从艸賓聲。"《吕氏春秋·孝行览》："菜之美者，昆仑之蘋。"郑玄申发毛传之义，用"采蘋"喻教妇人以良好的妇德妇容。《说文》："宾（賓），所敬也。"本指是主人所敬重的带礼拜访贵客，引申可以有"宾服""顺从"之义。"蘋（薲）"与"賓"皆包含"顺从"之义，当属同源字。而王浩（2010）[3]曾讨论郑玄笺注材料中的萍、平同源关系。《周礼·秋官·叙官》："萍氏"注："玄谓今《天问》萍号作苹。《尔雅》曰：'苹，蓱，其大者蘋。'读如'小子言平'之平。萍氏主水禁，萍之草无根而浮，取名于其不沈溺。""萍"与"蘋"字形不同，取义角度不同。总之，郑玄此条训

---

[1] 王力：《同源字典》，商务印书馆1982年版，第524页。
[2] 范江兰：《郑玄经注声训研究》，硕士学位论文，湖南师范大学，2009年。
[3] 王浩：《郑玄〈三礼注〉同源词研究》，博士学位论文，河北师范大学，2010年。

释当是以"宾"探求"蘋"的名源之例，并非要用"宾"来解释"蘋"。

迁：讪

《小雅·巷伯》："岂不尔受，既其女迁。"毛传："迁，去也。"笺："迁之言讪也。王仓卒岂将不受女言乎，已则亦将复讪诽女。"章舒娅（2012）列为郑玄说明通假的材料。

语音上，迁（清母元部）、讪（山母元部）古音相近，清母山母准旁纽，韵部相同。

语义上，《说文》："迁（遷），登也。"毛传释为"去"，即离开之义。《说文》："讪，谤也。"迁、讪二字无意义联系，非同源字。孔颖达疏："郑以迁为讪，言王将讪谤汝以迁去，为理不安，故易之。"孔颖达疏认为郑玄用"讪"释"迁"是因为，主上使进谗言者离开于理不安，因此改释为"讪"。此例是郑玄以音近字"讪"解释"迁"，是说明通假字。

蹂：润

《大雅·生民》："诞我祀如何，或舂或揄，或簸或蹂。"笺："蹂之言润也。大矣，我后稷之祀天如何乎！美而将说其事也。舂而抒出之，簸之又湿润之，将复舂之，趣于凿也。"李世萍（2010）、章舒娅（2012）列为探源材料。

语音上，蹂（日母幽部）、润（日母真部）古音相近，日母双声，幽部真部旁对转。

语义上，《说文·内部》："内，兽足蹂地也。……蹂，篆文从足柔声。"蹂的意思是用脚持续用力践踏碾压某物。《说文》："润，水曰润下。""润"则是液体渐渐浸入使滋润。揉、蹂、润皆当有逐渐、持续的共同特点。当为同源字。详亦可参看王力（1982）[1]以"柔"为声符的一组同源字。"或簸或蹂"之"蹂"字现在一般认为本字当作"揉"，表示用手反复揉搓之义。[2]郑玄此条当是选择了同源字"润"说明此处"蹂"当作"润"解释，意在明通假。

芮：内

《大雅·公刘》："止旅乃密，芮鞫之即。"毛传："芮，水厓也。"

---

[1] 王力：《同源字典》，商务印书馆1982年版，第236—237页。
[2] 参程俊英《诗经译注》，上海古籍出版社2004年版，第440页。

笺："芮之言内也。水之内曰隩，水之外曰鞫。"陈炳哲（2005）列为郑玄探源材料。

语音上，芮（日母月部）、内（泥母物部），古音日母泥母准双声，月部物部旁转。二者存在音近关系。

语义上，"内"的本义是进入。《说文》："内，入也。""芮"本义是小草出生的样子。《说文》："芮芮，艸生皃。从艸内声"。"芮"表示"水厓"义当是借字，本字当作"隩"（影母觉部）。郑玄申发毛传的释义，以"内"释"芮"意在说明"芮"的名源在于"内"，即水涯深曲处。也有说明声符示义的作用。

缮：善

《郑风·叔于田·序》："叔处于京，缮甲治兵。"笺："缮之言善。"王力（1982）①、崔淑萍（1987）、冯浩菲（1988）、陈炳哲（2005）、章舒娅（2012）列为郑玄探源材料。张艳（2007）列为同源声训材料。

语音上，缮、善同音，皆禅母元部字。

语义上，王力（1982）②曾论证缮、善同源字关系。"善"义"好"和"美"，"缮"义"补"、"治"使之美好。王浩（2010）③分别讨论《周礼·天官·叙官》："膳夫"注："膳之言善也。今时美物曰珍膳。膳夫，食官之长也。"和《周礼·夏官·叙官》："缮人"注："缮之言劲也，善也。"裴欢欢（2012）④亦讨论了《周礼注》缮、善同源的材料。郑玄此例当是以同源字"善"说明"缮"的名源，亦有明声符示义作用。

舍：释

《大雅·行苇》："舍矢既均，序宾以贤。"笺："舍之言释也。"王力（1982）⑤、王一军（1988）、洪丽娣（1998）、华敏（2005）、张艳（2007）、章舒娅（2012）列此为郑玄的探源材料。

语音上，舍（书母鱼部）、释（书母铎部）古音相近，书母双声，鱼、铎部对转。

语义上，王力（1982）曾证明舍、释同源字关系。"舍"是"捨"

---

① 王力：《同源字典》，商务印书馆1982年版，第576页。
② 同上书，第574页。
③ 王浩：《郑玄〈三礼注〉同源词研究》，博士学位论文，河北师范大学，2010年。
④ 裴欢欢：《〈周礼〉郑注探源训诂研究》，硕士学位论文，苏州大学，2012年。
⑤ 王力：《同源字典》，商务印书馆1982年版，第164页。

古本字，《说文》："捨，释也。"又《说文》："释，解也。"二字都有解除、释放义。关于"舍"和"释"的关系说明，郑玄使用的术语有好几个。李玉平（2003）①曾指出《周礼注》中郑玄使用的术语就有"即""读为""读曰"三种。《周礼·春官·大胥》："春，入学，舍采合舞"注："舍即释也。"《周礼·春官·占梦》："乃舍萌于四方"注："玄谓舍读为释，舍萌犹释采也。古书释菜、释奠多作舍字。"《周礼·春官·甸祝》："舍奠于祖庙"注："舍读为释"。《春官·大史》："舍筭"注："舍读曰释。"王力（1982）引《周礼·秋官·司圜》："上罪三年而舍"郑注："舍，释之也。"王浩（2010）②讨论了郑玄的舍、释探源材料。由此可见郑玄以同源字"释"释"舍"为经常性的训释，用"之言"也是意在说明解释，而非单纯要探求名源。

韘（shè）：沓

《卫风·芄兰》："芄兰之叶，童子佩韘。"笺："韘之言沓，所以彄沓手指。"邓声国（2001）、华敏（2005）、姚书平（2011）、章舒娅（2012）、魏启峰（2016）等列为声训同源材料。

语音上，韘（书母叶部）、沓（定母缉部），古音书母定母准双声，叶、缉部旁转。

语义上，"韘"是古代射箭时戴在手上的扳指。《说文》："射决也。所以拘弦，以象骨，韦系，着右巨指。"《说文》："韘，沓，语多沓沓也。"其本义为话多如水流一样。又"沓"可表示"重叠"义（参看《汉语大词典》），如《庄子·田子方》："列御寇为伯昏无人射，引之盈贯，措杯水其肘上，发之，适矢复沓，方矢复寓。"成玄英疏："沓，重也……弦发矢往，复重沓前箭，所谓擘括而入者。"王力（1982）③又证明了"踏（蹋）"、"蹀""喋""蹑"等字同源，皆有"重叠""覆盖"义，"韘"与"蹀""喋"字声符相同，也有"覆盖"义，亦属同源。郑玄此例意在以"沓"说明"韘"的名源，是郑玄典型的探源材料。

实：适

《大雅·生民》："实覃实訏，厥声载路。诞实匍匐，克岐克嶷。"笺："实之言适也。覃谓始能坐也，訏谓张口鸣呼也，是时声音则已大矣。能

---

① 李玉平：《郑玄周礼注对字际关系的沟通》，硕士学位论文，北京师范大学，2003年。
② 王浩：《郑玄〈三礼注〉同源词研究》，博士学位论文，河北师范大学，2010年。
③ 王力：《同源字典》，商务印书馆1982年版，第601页。

匍匐则岐岐然意有所知也，其貌嶷嶷然有所识别也。以此至于能就众人口自食，谓六七岁时。"李世萍（2010）列为探源材料。

孔颖达注疏："'实覃实訏'，为'厥声载路'而言；'诞实匍匐'为'克岐克嶷'而设，取实之为义，不指覃訏匍匐之体，故云'实'之言'适'也。适覃訏而声已大，适匍匐而已能岐嶷，为早慧之势也。定本为'实之言是'。案《集注》并为'适'。"据孔颖达的分析，郑玄的意思是说，"实"是用来修饰两个动词"覃"和"訏"的，相当于"适"，即恰巧、正好、适逢的意思，属于说明通假。

夙：肃

《大雅·生民》："载震载夙，载生载育，时为后稷。"毛传："夙，早。"笺："夙之言肃也。……于是遂有身，而肃戒不复御。后生子而养长之，名曰弃。"列为郑玄探源材料的学者有冯浩菲（1988）、邓声国（2001）、陈锦春（2006）[①]、李世萍（2010）、姚书平（2011）、章舒娅（2012）等。

语音上，夙、肃皆心母觉部，古音相同。

语义上，《说文》："夙，早敬也。"文献中"夙"多表示"早"义。《说文》："肃，持事振敬也。"二字皆含"敬"义，属于同源字。这里郑玄以"肃"释"夙"，意在说明此"夙"取其"肃敬""肃戒"之义，既是解词，也有说明语源作用。

孙：孙

《豳风·狼跋》："公孙硕肤，赤舄几几。"笺云："公，周公也。孙读当如公孙于齐之孙，孙之言孙遁也。周公摄政七年，致太平，复成王之位，孙遁辟此，成功之大美。"

此条是郑玄用组嵌的方式对某字进行词义训释。"孙"有多个义项，可以表示子孙义、也可以表示逊遁义，是"逊"的古字，因此郑玄用"孙"组词"孙遁"来说明他认为此处"孙"所取含义。此条属于解释词义，不过也属于郑玄探求此处"公孙硕肤"之孙所取名源。

台（tái）：鲐

《大雅·行苇》："皇耇台背，以引以翼。"毛传："台背，大老也。"笺："台之言鲐也。大老则背有鲐文。"章舒娅（2012）列为同源声训

[①] 陈锦春：《毛传郑笺比较研究》，硕士学位论文，山东大学，2006年。

材料。

语音上，台、鲐皆溪母文部，二字古音相同。

语义上，"台"指老年人，其命名来源于"鲐"，《方言》第一："鲐，老也……秦晋之郊、陈兖之会曰耇鲐。"郭璞注："言背皮如鲐鱼。"郑玄此处申发毛传的释义，意在说明"台背"之"台"的名源来自"鲐"，因为老人背皮如鲐鱼皮。这是郑玄探求名源的典型材料。

题：睇

《小雅·小宛》："题彼脊令，载飞载鸣。"笺："题之为言视睇也。载之言则也。"崔淑萍（1987）认为"题之为言视睇也"是说明题、睇为通假字关系。

语音上，题（定母支部）、睇（定母脂部）古音相近，声母相同，支、脂旁转。

语义上，"题"本义为前额，引申指题写等义；"睇"本义为小视，斜着眼睛看。题、睇二字非同源字关系。孔颖达疏解释郑玄"题之为言视睇也"云："传已训题为视，此义言视睇者，以取之为节，当取傍视为义。《曲礼》注：'淫视，睇盼也。'《说文》云：'睇，小邪视也。'"由此可知郑玄此处"之为言"确系说明通假字。

忘：亡

《邶风·绿衣》："心之忧矣，曷维其亡"笺："亡之言忘也。"王力（1982）[1]、唐文（1990）、张艳（2007）、章舒娅（2012）列为郑玄同源材料。

语音上，亡、忘，皆明母阳部，古音相同。语义上，王力（1982）曾证明亡、忘同源字关系。"亡"义为消失，而"心之忧"之"消失"，实则就是从内心中"忘记"，因此称"亡之言忘也"。二字有共同的源义素"消失、失去"，是同源词。此条是能够体现郑玄探源意图的。

依：爱

《周颂·载芟》："有嗿其馌，思媚其妇，有依其士。"笺："依之言爱也。妇子来馈馕其农人于田野，乃逆而媚爱之。"王一军（1988）列为用非同源关系的词作解释；范江兰（2009）[2] 列为郑玄探源材料。

---

[1] 王力：《同源字典》，商务印书馆1982年版，第373页。
[2] 范江兰：《郑玄经注声训研究》，硕士学位论文，湖南师范大学，2009年。

第二章 郑玄《毛诗笺》探源材料及形式 241

语音上，依（影母微部）、爱（影母物部）古音相近，影母双声，微、物部对转。

语义上，《说文》："依，倚也。"王力《同源字典》（1982）[①]："《说文》：'㤅，惠也。'朱骏声曰：'经传皆以爱为之。'按，'爱、㤅'实同一词。""依""爱"二字无同源关系。此诗孔颖达疏："'依'文与'媚'相类，媚为爱，故知依亦爱也。"则此处，郑玄意在说明"依"的意思是"爱"，二字语音相近，"依"当是个借字，本字当为"爱"。

义：宜

《大雅·荡》："而秉义类，彊御多怼。"笺："义之言宜也。"王力（1982）[②]、陈炳哲（2005）、范江兰（2009）[③]、章舒娅（2012）列为郑玄探源材料。

语音上，义、宜，皆疑母歌部，古音相同。

语义上，王力（1982）曾证明义、宜同源关系。《说文》："宜，所安也。""宜"有"合适""适当"之意。"义"取义于"宜"，事之宜者谓之义。二字皆有"合适、适当"义。王浩（2010）[④]亦曾讨论郑玄义、宜探源材料。如《礼记·礼器》："丧祭之用，宾客之交，义也。"注："义之言宜也，人道之宜。"《周礼·地官·大司徒》："一曰六德，知、仁、圣、义、忠、和。"郑注："义，能断时宜。"此例郑玄也是以"宜"说明"义"的名源。

抑：噫

《小雅·十月之交》："抑此皇父，岂曰不时。"笺："抑之言噫。'噫是皇父'，疾而呼之。"邓声国（2001）认为是说明古今音转的；姚书平（2011）列为郑玄探源材料；章舒娅（2012）认为是说明通假字关系。

语音上，抑（影母质部）、噫（影母职部），二字古音相近，声母相同，质部、职部旁转。

语义上，"抑"是"按""压"的意思，"噫"是嗟叹之词，发音特点也是压抑声音，以抒发悲痛、感慨之情。二者都有"压抑"的含义，当属同源字。我们认郑玄这里是找了一个与"抑"同源的"噫"字来解

[①] 王力：《同源字典》，商务印书馆1982年版，第448页。
[②] 同上书，第433—434页。
[③] 范江兰：《郑玄经注声训研究》，硕士学位论文，湖南师范大学，2009年。
[④] 王浩：《郑玄〈三礼注〉同源词研究》，博士学位论文，河北师范大学，2010年。

释词义，意在说明"抑"为假借字，本字当为"噫"。

有：又

《商颂·长发》："武王载旆，有虔秉钺。"笺云："有之言又也。上既美其刚柔得中，勇敢不惧，于是有武功，有王德。及建旆兴师出伐，又固持其钺，志在诛有罪也。"

语音上，有、又皆匣母之部，古音相同。

语义上，"有"本义持有（参看《汉语大字典》引林义光《文源》说），假借可为连词用法。"又"本义右手，乃"右"之本字，"又"也可假借为连词用法，而且应用更广。有、又二字不算是同源字，二字的连词用法可通用。则此处，郑玄意在以"又"说明通假，"有"为借字，本当写作"又"。

载：则

《小雅·小宛》："题彼脊令，载飞载鸣。"笺："载之言则也。"《鄘风·载驰》："载驰载驱，归唁卫侯。"笺："载之言则也。"《豳风·七月》："春日载阳，有鸣仓庚。"笺："载之言则。"《小雅·湛露》："厌厌夜饮，在宗载考。"笺："载之言则。"《小雅·沔水》："鴥彼飞隼，载飞载止。"笺："载之言则。"《小雅·小宛》："题彼脊令，载飞载鸣。"笺："载之言则。"《小雅·楚茨》："神具醉止，皇尸载起。"笺："载之言则也。"《大雅·江汉》："时靡有争，王心载宁。"笺："载之言则。"《周颂·时迈》："载戢干戈，载櫜弓矢。"笺："载之言则也。"章舒娅（2012）等认为郑玄的"之言"是说明虚词通假的。

语音上，载（精母之部）、则（精母职部），古音相近，声母相同，之部职部对转。

语义上说，郑玄用"之言"说明这些"载"的用法与"则"相当，二字语音相近，当具有音转关系。在今天看来，二字表示虚词的用法（或认为是"词头"）都是假借字的用法，而"则"则更通用易懂。

藻：澡

《召南·采蘋》："于以采藻？于彼行潦。"笺："古者妇人先嫁三月，祖庙未毁，教于公宫；祖庙既毁，教于宗室。教以妇德、妇言、妇容、妇功。教成之祭，牲用鱼，芼用蘋藻，所以成妇顺也……藻之言澡也。妇人之行尚柔顺，自洁清，故取名以为戒。"王一军（1988）列为用非同源关系的词作探源解释；胡从曾（1989）、邓声国（1999，2001）、陈炳哲

（2005）、章舒娅（2012）列为郑玄探源材料；张艳（2007）列为同源声训材料，范江兰（2009）[①]则认为是郑玄主观性和随意性较强的声训。

语音上，藻、澡皆精母宵部，上古音同。

语义上，"藻"本义为在水中飘动的柔美水草，"采藻"比喻妇人良好的妇德妇容。"澡"意思是沐浴全身使清洁之义。"藻""澡"二字共同的源义素为"清洁"，水藻是清洁的水生植物，"澡"是使清洁，二字具有同源关系。郑玄此处意在以"澡"说明"藻"的名源，也包含说明"澡"有声符示义的功能。

旃：焉

《唐风·采苓》："舍旃舍旃，苟亦无然。"笺："旃之言焉也。舍之焉，舍之焉，谓谤讪人，欲使见贬退也。"邓声国（2001）认为是说明古今音转的。

语音上，旃（章母元部）、焉（影母元部），韵部相同，章母影母舌音喉音通转（此处语音关系较远）。

语义上，《说文》："旗曲柄也。"《说文》："焉，焉鸟，黄色，出於江淮。""焉"字在文献中多作代词。郑玄以"焉"释"旃"即以"焉"的代词用法解释"旃"，则"旃"亦为借字。"旃""焉"叠韵，然声母相差较远，故疑"旃"音乃"之焉"的合音，义也与"之焉"相当。则郑玄意在说明"旃"与"之焉"的意义和语音关系。

只：是

《小雅·南山有台》："乐只君子，邦家之基。乐只君子，万寿无期。"笺："只之言是。"《小雅·采菽》："乐只君子，天子命之。乐只君子，福禄申之。"笺："只之言是也。"章舒娅（2012）列为郑玄说明虚词通假作用。

语音上，只（章母支部）、是（禅母支部），古音相近，韵部相同，章母禅母旁纽。章舒娅（2012）认为郑玄是说明只、是二字为通假字关系。我们认为这里郑玄意在说明"只"的用法与"是"相当，读音也相近，二字当具有音转关系，目的是解词。在今天看来，二字表示代词的用法都是假借字的用法，而"是"则更通用。又如《周南·樛木》："乐只君子，福履绥之。"唐孔颖达正义曰："《南山有台》笺云'只之言是'，

[①] 范江兰：《郑玄经注声训研究》，硕士学位论文，湖南师范大学，2009年。

则此'只'亦为'是'。此笺云'乐其君子'犹言'乐是君子'矣。"

挚：至

《周南·关雎》："关关雎鸠，在河之洲。"毛传："雎鸠，王雎也。鸟挚而有别。"笺："挚之言至也。谓王雎之鸟，雌雄情谊至而有别。"刘钧杰（1999）[①]、邓声国（2001）、陈炳哲（2005）、章舒娅（2012）列为探源材料。

关于"挚""至"关系的揭示，《礼记·曲礼》："凡挚，天子鬯。"郑注："挚之言至也。"钱慧真（2006）[②]、王浩（2010）[③]亦曾论及"挚""至"关系。称"挚"为初次求见人时所带的礼物。《通典》："挚者，至也，信也。君子于其所尊，必执挚以相见，明其原心之至，以表忠信。不敢相亵也。"《仪礼·士相见礼》："挚，冬用雉，夏用脯。"郑玄注："挚，所执以至也。"《周礼·春官·大宗伯》："以禽作六挚，以等诸臣。"注："挚之言至，所执以自至。"则"挚"可以表示人至（到）。《周礼·冬官·函人》："凡甲锻不挚则不坚"注："玄谓挚之言致。"《礼记·礼器》："故曰礼也者，物之致也。"注："致之言至也。"

郑玄注释中多次用"至""致"说明"挚"的名称和"至"有关，挚是礼物，有礼物到了，足可以证明已"至"，表明心迹。语音上，挚，章母缉部。至，章母质部。"挚"和"至"古音为章母双声，缉、质部通转。二者有音转关系。

通过对《毛诗笺》"之言""之为言"用例穷尽分析之后，我们发现最多数情况，郑玄是在推求名源（23条，约占总数42条的52%），但也有相当多的内容是郑玄说明假借（19条，约占总数42条的45%），也有个别以本字的引申义解词的情况（1条，约占总数42条的0.02%）。可见以往学者称"之言"类术语必然是声训是正确的，但一定是郑玄主观上要探求名源则未必，虽然他客观上使用了一些具有同源关系的字，但在语境中可能目的是要说明通假来解释词义。

三 使用一般释义形式的材料

解释的词语与被释词具有音同（近）同源关系。但从郑玄的解释形

[①] 刘钧杰：《同源字典补》，商务印书馆1999年版，第150页。
[②] 钱慧真：《〈礼记〉郑玄注释中的同源词研究》，硕士学位论文，山东大学，2006年。
[③] 王浩：《郑玄〈三礼注〉同源词研究》，博士学位论文，河北师范大学，2010年。

式上看，无法直接判断郑玄的探源意图。以往以郑玄的笺注材料做同源词研究的学者则常将此类材料纳入考察范畴，然而就郑玄的语源学观念研究而言，这类材料则并非典型。以下亦按照郑玄所释词语的音序列举如下。

苞：《大雅·行苇》："方苞方体"笺："苞，茂也。"王一军（1988）列为郑玄探源材料。

忡：《召南·草虫》："未见君子，忧心忡忡。"笺："忡忡犹衝衝也。"章舒娅（2012）列为郑玄探源材料。刘钧杰（1999）① 列"忡""衝"同源。然而我们认为郑玄使用一般释义术语"犹"解释，目的不在于探源。

抽：《墉风·墙有茨》："中冓之言，不可读也。"毛传："读，抽也。"笺："抽犹出也。"章舒娅（2012）列为同源声训材料。我们认为郑玄使用训诂术语"犹"不属于探源术语，故无法反映郑玄的探源意图。

惮：《小雅·绵蛮》："岂敢惮行，畏不能趋。"笺："惮，难也。"刘钧杰（1999）②、章舒娅（2012）列为同源声训材料。

敦：《邶风·北门》："王事敦我，政事一埤遗我。"笺："敦犹投掷也。"姚书平（2011）列为同源声训材料。

讹：《小雅·沔水》："民之讹言，宁莫之惩。"笺："讹，伪也。言时不令小人好诈伪，为交易之言，使见怨咎，安然无禁止。"《小雅·正月》："民之讹言，亦孔之将。"笺："讹，伪也。人以伪言相陷，人使王行酷暴之刑……"刘钧杰（1999）③、章舒娅（2012）列为同源声训材料。

《小雅·节南山》："式讹尔心"笺："讹，化。"冯浩菲（1988）列为郑玄探源材料。

尔：《卫风·氓》："尔卜尔筮，体无咎言。"笺："尔，女也。"刘钧杰（1999：126）④、章舒娅（2012）列为同源声训材料。

又如《邶风·雄雉》："百尔君子，不知德行。"笺："尔，女也。"《桧风·羔裘》："岂不尔思？忧心忉忉"笺："尔，女也。"《豳风·七月》："昼尔于茅，宵尔索绹。"笺："尔，女也。"

---

① 刘钧杰：《同源字典补》，商务印书馆1999年版，第105页。
② 同上书，第213页。
③ 刘钧杰：《同源字典再补》，语文出版社1999年版，第125页。
④ 同上书，第126页。

匪：《大雅·烝民》："夙夜匪解，以事一人"笺："匪，非也。"张艳（2007）列为同源声训材料。

共：《小雅·小明》："靖共尔位"笺："共，具。"吴福祥（1989）、路红（1990）列为郑玄探源材料。

构：《小雅·青蝇》："谗人无极，构我二人。"笺："构，犹交乱也。"范江兰（2009）①列为同源声训材料。

皇：《小雅·楚茨》："先祖是皇，神保是飨。"笺："皇，暀也。"章舒娅（2012）列为同源声训材料。

遑：《邶风·谷风》："我躬不阅，遑恤我后。"笺："遑，暇。"章舒娅（2012）列为同源声训材料。语音上，遑、暇二字古音匣母双声，阳部鱼部对转。语音相近。刘钧杰（1999）②曾论证遑、暇同源。汉代官员休假也称休暇，"暇"是"假"由上声变去声而来。"遑"意思是空闲、闲暇、余裕。《诗·小雅·四牡》："王事靡盬，不遑启处。"毛传："遑，暇。"

亟：《豳风·七月》："亟其乘屋，其始播百谷。"笺："亟，急。"王力（1982）③、章舒娅（2012）列为同源声训材料。又《大雅·灵台》："经始勿亟"笺："亟，急也。"王力（1982）④列为同源声训材料。

棘：《小雅·采薇》："岂不日戒，玁狁孔棘。"笺："棘，急也。"《诗经·小雅·出车》："王事多难，维其棘矣。"笺："棘，急也。"王力（1982）⑤、章舒娅（2012）列为同源声训材料。

忌：《郑风·大叔于田》："叔善射忌"笺："忌读如彼己之子之己。"殷寄明（2000）⑥列为郑玄探源材料。

俴：《秦风·小戎》："俴驷孔群，厹矛鋈錞。"笺："俴，浅也。谓以薄金为介之札。"王力（1982）⑦、章舒娅（2012）列为同源声训材料。

---

① 范江兰：《郑玄经注声训研究》，硕士学位论文，湖南师范大学，2009年。
② 刘钧杰：《同源字典补》，商务印书馆1999年版，第19页。
③ 王力：《同源字典》，商务印书馆1982年版，第250页。
④ 同上。
⑤ 同上。
⑥ 殷寄明：《语源学概论》，上海教育出版社2000年版，第37页。
⑦ 王力：《同源字典》，商务印书馆1982年版，第577页。

王浩（2010）① 讨论过郑注关于俴、戈同源材料。《周礼·考工记·鲍人》："若苟自急者先裂，则是以博为帴也。"郑注："郑司农云：'帴读为翦，谓以广为狭也。'玄谓翦者，如'俴浅'之俴，或者读为'羊猪戈'之戈。"

疆：《小雅·楚茨》："万寿无疆"笺："疆，竟界也。"冯浩菲（1988）、邓声国（2001）、华敏（2005）列为郑玄探源材料。张艳（2007）列为同源声训材料。

介：《秦风·小戎》："俴驷孔群"传："俴驷，四介马也。"笺："介，甲也。"吴泽顺（2004，2013）列为郑玄探源材料。

旧：《大雅·抑》："告尔旧业"笺："旧，久也。"冯浩菲（1988）列为郑玄探源材料。

具：《大雅·行苇》："戚戚兄弟，莫远具尔。"笺："具，犹俱也。"张艳（2007）、章舒娅（2012）列为同源声训材料。王力（1982）② 认为具、俱同源，王浩（2010）③ 讨论过郑玄注具、俱同源的材料。《仪礼·士冠礼》："具馔于西塾。"郑注："具，俱也。"然我们认为此材料无法体现郑玄探源意图。

赉：《商颂·烈祖》："既载清酤，赉我思成。"毛传："赉，赐也。"笺云："赉读如往来之来。……既载清酒于尊，酌以裸献，而神灵来至。"章舒娅（2012）列为郑玄探源材料。章季涛（2000）④ 列"赉""来"同源。然而我们认为郑玄使用拟音兼释义术语"读如"解释，目的不在于探源，而在释义。

零：《郑风·野有蔓草》："零露漙兮"笺："零，落也。"冯浩菲（1988）列为郑玄探源材料。

蒙：《秦风·小戎》："蒙伐有苑"笺："蒙，厖也。讨，杂也，画杂羽之文于伐，故曰厖伐。"冯浩菲（1988）、华敏（2005）列为郑玄探源材料。

鞙鞃：《小雅·瞻彼洛矣》："鞙鞃有奭，以作六师。"传："鞙鞃者，茅蒐染韦也。一入曰鞙鞃，所以代鞸也。"笺："鞙者，茅蒐染也。茅蒐，

---

① 王浩：《郑玄〈三礼注〉同源词研究》，博士学位论文，河北师范大学，2010年。
② 王力：《同源字典》，商务印书馆1982年版，第184页。
③ 王浩：《郑玄〈三礼注〉同源词研究》，博士学位论文，河北师范大学，2010年。
④ 章季涛：《实用同源字典》，湖北人民出版社2000年版，第89—90页。

靺声也。韐，祭服之鞸，合韦为之。"冯浩菲（1988）、邓声国（2001）列为郑玄探源材料，认为是郑玄推明"靺韐"言"靺"的语源，"韐"字属于连引。姚书平（2011）① 列为郑玄探源材料。

莫：《小雅·采薇》："岁亦莫止。"笺："莫，晚也。"王力（1982）②、章舒娅（2012）列为同源声训材料。《周颂·臣工》："维莫之春"笺："莫，晚也。"王力（1982）③ 列为同源声训材料。

纳：《豳风·七月》："十月纳禾稼，黍稷重穋，禾麻菽麦。"笺："纳，内也。置于场而内之于囷仓也。"王力（1982）④、冯浩菲（1988）、邓声国（1999，2001）、华敏（2005）、章舒娅（2012）列为郑玄探源材料。张艳（2007）列为同源声训材料。王浩（2010）⑤ 曾讨论郑玄笺注中的纳、内同源材料。《礼记·曲礼上》："跪而迁屦，俯而纳屦。"郑注："纳，内也。"

惄（nì）：《周南·汝坟》："未见君子，惄如调饥。"笺："惄，思也。"章舒娅（2012）列为同源声训材料。

泮：《卫风·氓》："隰则有泮"笺："泮读为畔。畔，涯也。"殷寄明（2000）⑥ 认为是郑玄探源材料。

畔援：《大雅·皇矣》："帝谓文王，无然畔援。"笺："畔援，犹拔扈也。"范江兰（2009）⑦ 列为同源声训材料。

愆：《小雅·楚茨》："我孔熯矣，式礼莫愆。"笺："愆，过。"章舒娅（2012）列为同源声训材料。刘钧杰（1999）⑧ 曾论证过、愆同源关系。

戕：《小雅·十月之交》："曰予不戕"笺："戕，残也。"王力（1982）⑨、章舒娅（2012）列为同源声训材料。

---

① 姚书平：《从郑玄〈毛诗笺〉看汉代训诂学的发展》，硕士学位论文，山东师范大学，2011年。
② 王力：《同源字典》，商务印书馆1982年版，第293页。
③ 同上。
④ 同上书，第459页。
⑤ 王浩：《郑玄〈三礼注〉同源词研究》，博士学位论文，河北师范大学，2010年。
⑥ 殷寄明：《语源学概论》，上海教育出版社2000年版，第37页。
⑦ 范江兰：《郑玄经注声训研究》，硕士学位论文，湖南师范大学，2009年。
⑧ 刘钧杰：《同源字典再补》，语文出版社1999年版，第124页。
⑨ 王力：《同源字典》，商务印书馆1982年版，第368页。

乔：《周颂·般》："堕山乔嶽，允犹翕河"笺："乔，高。"范江兰（2009）① 列为郑玄探源材料。

柔：《大雅·烝民》："人亦有言，柔则茹之"笺："柔犹濡，毳也。"殷寄明（2000）② 列为郑玄探源材料。

驷：《郑风·清人》："清人在彭，驷介旁旁。"笺："驷，四马也。"胡从曾（1989）列为郑玄探源材料。

实：《大雅·韩奕》："实墉实壑，实亩实藉。"笺："实当作寔，赵魏之东实、寔同声。寔，是也。"龚永标（2011）列为郑玄探源材料。

矢：《卫风·考槃》："独寐寤言，永矢弗谖。"笺："矢，誓。谖，忘也。"龚永标（2011）列为郑玄探源材料。

士：《魏风·园有桃》："不知我者，谓我士也骄。"郑笺："士，事也。"唐文（1987，1990）、章舒娅（2012）列为郑玄探源材料。

式：《小雅·宾之初筵》："式勿从谓，无俾大怠"笺："式读曰慝。"张艳（2007）列为同源声训材料。

室：《豳风·鸱鸮》："既取我子，无毁我室。"笺："室犹巢也。"章舒娅（2012）列为同源声训材料。

夙：《召南·行露》："厌浥行露，岂不夙夜？谓行多露！"笺："夙，早。"《魏风·陟岵》："行役夙夜无已。"笺："夙，早。"王力（1982）③、章舒娅（2012）列为同源声训材料。

遏：《大雅·抑》："用遏蛮方"笺："遏读为剌。遏，治也。"殷寄明（2000）④ 列为郑玄探源材料。

田：《周颂·有瞽》："设业设簴，崇牙树羽。应田县鼓，鞉磬柷圉。"毛传："应，小鞞也。田，大鼓也。"郑笺："田，当作朄。朄，小鼓，在大鼓旁，应鞞之属也。声转字误，变而作田。"殷寄明（2000，2002）⑤⑥ 列为郑玄探源材料。

哈哈：《小雅·斯干》："哈哈其正，哕哕其冥。"笺："哈哈犹快快

---

① 范江兰：《郑玄经注声训研究》，硕士学位论文，湖南师范大学，2009 年。
② 殷寄明：《语源学概论》，上海教育出版社 2000 年版，第 38 页。
③ 王力：《同源字典》，商务印书馆 1982 年版，第 240 页。
④ 殷寄明：《语源学概论》，上海教育出版社 2000 年版，第 37 页。
⑤ 同上书，第 38 页。
⑥ 殷寄明：《中国语源学史》，吉林人民出版社 2002 年版，第 55 页。

也……哕哕犹煟煟也。"姚书平（2011）列为同源声训材料。

罔：《大雅·民劳》："以谨罔极"笺："罔，无也。"王力（1982）[1]、章舒娅（2012）列为同源声训材料。又如《大雅·抑》："罔敷求先王"笺："罔，无也。"王力（1982）列为同源声训材料。

吴：《鲁颂·泮水》："烝烝皇皇，不吴不扬。"笺："吴，譁也。"范江兰（2009）[2] 列为同源声训材料。

绣：《唐风·扬之水》："素衣朱襮，从子于沃。"毛传："襮，领也。诸侯绣黼丹于中衣。"笺："绣当为'绡'，绡黼丹朱中衣，中衣以绡黼为领，丹朱为纯也。"章舒娅（2012）列为同源声训材料。

燕：《小雅·蓼萧》："既见君子，孔燕岂弟。"笺："燕，安也。"张艳（2007）、章舒娅（2012）列为同源声训材料。王力（1982）[3] 曾论证燕、安同源。

贻：《周颂·思文》："贻我来牟，帝命率育"笺："贻，遗。"张艳（2007）列为同源声训材料。

以：《召南·江有汜》："不我以"笺："以，犹与也。"冯浩菲（1988）列为郑玄探源材料，邓声国（1999）则不认为是探源材料。

易：《大雅·板》："携曰无益，牖民孔易。"笺："易，易也。"邓声国（2001）列为郑玄探源材料，张艳（2007）列为同源声训材料。

御：《召南·鹊巢》："之子于归，百两御之。"笺："御，迎也。"范江兰（2009）[4] 列为同源声训材料。

于：《大雅·文王》："上帝既命，侯于周服。"笺："于，於也。"王力（1982）[5]、章舒娅（2012）列为同源声训材料。又如《小雅·正月》"于何从禄"笺："于，於也。"《小雅·都人士》："行归于周"笺："于，於也。"王力（1982）[6] 列为同源声训材料。

爰：《邶风·击鼓》："爰居爰处？爰丧其马。"笺："爰，於也。"王

---

[1] 王力：《同源字典》，商务印书馆1982年版，第179页。
[2] 范江兰：《郑玄经注声训研究》，硕士学位论文，湖南师范大学，2009年。
[3] 王力：《同源字典》，商务印书馆1982年版，第543页。
[4] 范江兰：《郑玄经注声训研究》，硕士学位论文，湖南师范大学，2009年。
[5] 王力：《同源字典》，商务印书馆1982年版，第122页。
[6] 同上。

力（1982）①、章舒娅（2012）列为同源声训材料。

《大雅·卷阿》："亦集爰止"笺："爰，于也。"王力（1982）② 列为同源声训材料。

瘵：《小雅·菀柳》："上帝甚蹈，无自瘵焉"笺："瘵，接也。"范江兰（2009）③ 列为郑玄探源材料。

正：《邶风·终风·序》："见侮慢，而不能正也"笺："正，犹止也。"冯浩菲（1988）列为郑玄探源材料，邓声国（1999）则不认为是探源材料。

陟：《大雅·公刘》："陟则在巘，复降在原。"笺："陟，升也。"王力（1982）④，章舒娅（2012）列为同源声训材料。《小雅·车舝》："陟彼高冈，析其柞薪。"笺："陟，登也。"章舒娅（2012）列为同源声训材料。又《周礼·夏官·羊人》："祭祀，割羊牲，登其首。"郑注："登，升也。升首，报阳也。升首于室。"

沚：《邶风·谷风》："泾以渭浊，湜湜其沚。"笺："小渚曰沚。"王力（1982）⑤、章舒娅（2012）列为同源声训材料。

崒（zú）：《小雅·十月之交》："百川沸腾，山冢崒崩。"笺："崒者，崔嵬。"范江兰（2009）⑥ 列为同源声训材料。

郑注上列材料多数具有同源关系，也有只是说明通假的。其中有的材料，结合其他的能够明显体现郑玄探源意图的笺注材料，则可纳入典型考察材料。如：《魏风·园有桃》："不知我者谓我士也骄。"郑笺："士，事也。"材料中无法直接体现郑玄的探源观念，但是《礼记·祭统》："乃考文叔，兴归耆欲，作率庆祝士，躬恤卫国。"郑注："士之言事也。"则明显属于郑玄的探源材料，因为"之言"为郑玄探源注释的专门术语。士、事，床纽之部字，古音相同，说明"士"得名于"事"。无法证明郑玄探源意图的材料则不宜作为郑玄语源学观念的典型材料。

---

① 王力：《同源字典》，商务印书馆1982年版，第122页。
② 同上。
③ 范江兰：《郑玄经注声训研究》，硕士学位论文，湖南师范大学，2009年。
④ 王力：《同源字典》，商务印书馆1982年版，第253页。
⑤ 同上书，第154页。
⑥ 范江兰：《郑玄经注声训研究》，硕士学位论文，湖南师范大学，2009年。

第三章

郑玄《毛诗笺》探源观念总结

通过以上考察，我们可以看出郑玄的语源学观念属于有意识的探源实践，但探源的体例还不够完善。

（一）郑玄多数探源属于探求名源

郑玄探求的名源可能是语源，也可能是非语言因素形成的名源。因此，郑玄的探源观念并非纯粹的语源学观念。

（二）郑玄最典型的探求名源的方式是陈说法，而非术语法

这从前面的统计可以看出。凡是郑玄用陈说法进行探源的，有许多标志性的词语，从郑玄的行文表述中很容易看出来。但一般认为郑玄探求"语源"的专门术语"之言"和"之为言"，实际上只有一半多一点的用例是用于探求名源的，而另外接近一半的用例则是用于说明通假从而解释词义的。这说明郑玄的探源方式本质上还是陈说法，而非术语法。

（三）郑玄的声训材料中还有一些无法明确反映其探源意图

另外还有不少词语释义，郑玄使用了声训法，但郑玄没有使用探源术语或表述词语，或所用的术语并非探源性质术语，而是一般性的解释术语。这样，尽管郑玄所用训释词与被训释词之间客观存在着同源关系，但从郑玄的注释用语形式上无法判定郑玄的探源意图。因此这类材料用于研究当时的同源词状况是可以的，但却并非反映郑玄探源观念的典型材料。

总之，东汉大儒郑玄继承了先秦、西汉以来的声训之法，并将其广泛应用于训诂实践中，又综合运用其他方法，探求事物或语词的名源。他虽然没有留下成体系的理论著作，但其语源学观念和方法对后世影响巨大。后来汉末刘熙所作《释名》，很大一部分就是继承郑氏的语源学观。我们可以说刘熙《释名》是在郑玄语源学观念影响下写成的我国古代第一部全面探求语源的专著。到了清代段玉裁和王念孙、王引之父子时期，因声求义探源法更是达到鼎盛阶段。郑玄为我国古代训诂学的发展做出了巨大

贡献，也是我国语源学理论的奠基人之一。

本编参考文献

［1］陈炳哲：《〈毛传〉〈郑笺〉训诂术语比较研究》，硕士学位论文，首都师范大学，2005年。

［2］陈锦春：《毛传郑笺比较研究》，硕士学位论文，山东大学，2006年。

［3］崔淑萍：《郑玄〈毛诗笺〉对词义的训释》，《辽宁师范大学学报》（社会科学版）1987年第6期。

［4］邓声国：《〈毛诗笺〉申明〈传〉义说略》，《江西社会科学》1998年第4期。

［5］邓声国、黄新光：《〈毛诗笺〉训诂术语琐论》，《第四届诗经国际学术研讨会文集》，中国知网，1999年。

［6］邓声国：《〈毛诗笺〉因声求义法释义例撰析》，《镇江师专学报》2001年第1期。

［7］邓声国：《郑玄〈仪礼注〉训诂术语释义例刍议》，《古籍整理研究学刊》2002年第3期。

［8］范江兰：《郑玄经注声训研究》，硕士学位论文，湖南师范大学，2009年。

［9］冯浩菲：《毛诗训诂研究》（上、下册），华中师范大学出版社1988年版。

［10］冯浩菲：《郑玄〈三礼注〉释词要例举证》，《文献》1991年第2期。

［11］傅华辰：《〈礼记〉郑注训诂研究》，硕士学位论文，南京师范大学，2004年。

［12］龚永标：《因声求义——试论郑玄的语源学开基引绪》，《甘肃联合大学学报》2011年第4期。

［13］郭锡良：《汉字古音手册》（增订本），北京大学出版社2011年版。

［14］华敏：《〈诗经〉毛传、郑笺比较研究》，硕士学位论文，南京师范大学，2005年。

［15］何九盈：《中国古代语言学史》（第4版），商务印书馆2013

年版。

[16] 洪诚:《训诂学》,江苏古籍出版社1984年版,第84—85页。

[17] 洪丽娣:《试谈郑玄笺注中"因声求义"方法的运用》,《沈阳师范学院学报》(社会科学版)1998年第2期。

[18] 洪丽娣:《从〈毛诗笺〉看郑玄对中国训诂学的贡献》,《沈阳师范学院学报》(社会科学版)2006年第4期。

[19] 胡从曾:《郑注谐声字例与〈释名〉声训》,《辞书研究》1989年第4期。

[20] 李世萍:《郑玄〈毛诗笺〉研究》,知识产权出版社2010年版。

[21] (唐)贾公彦:《周礼注疏》,李学勤主编标点本,北京大学出版社1999年版。

[22] 李玉平:《郑玄〈周礼注〉对字际关系的沟通》,硕士学位论文,北京师范大学,2003年。

[23] 李玉平:《简析郑玄〈周礼注〉"之言"类术语》,《现代语文》2007年第7期。

[24] 李云光:《三礼郑氏学发凡》,华东师范大学出版社2012年版。

[25] 刘钧杰:《同源字典补》,商务印书馆1999年版。

[26] 刘钧杰:《同源字典再补》,语文出版社1999年版。

[27] 刘卫宁:《〈毛诗故训传〉、〈毛诗笺〉与〈诗集传〉训诂比较研究》,硕士学位论文,暨南大学,2005年。

[28] 路红:《郑玄〈毛诗笺〉略论》,《楚雄师专学报》(社会科学版)1990年第2期。

[29] 马君花:《郑玄〈礼记注〉训诂用语浅析》,《图书馆理论与实践》2005年第2期。

[30] 马君花:《郑玄"因声求义"的训诂实践及其训诂原则》,《宁夏大学学报》(人文社会科学版)2005年第2期。

[31] 马君花:《论郑玄〈礼记注〉在训诂学史上的成就》,硕士学位论文,宁夏大学,2005年。

[32] 马瑞辰:《毛诗传笺通释》,中华书局1989年版。

[33] 裴欢欢:《〈周礼〉郑注探源训诂研究》,硕士学位论文,苏州大学,2012年。

[34] 钱慧真:《〈礼记〉郑玄注释中的同源词研究》,硕士学位论

文，山东大学，2006 年。

[35]（清）阮元：《校勘本〈十三经注疏〉》，中华书局 1988 年版。

[36] 唐文：《简论郑玄在训诂学上的成就》，《铁道师院学报》（社会科学版）1987 年第 1 期。

[37] 唐文：《郑注群经体例发微——兼谈训诂学的起源》，《铁道师院学报》（社会科学版）1990 年第 3 期。

[38] 唐文：《郑玄辞典》，语文出版社 2004 年版。

[39] 王浩：《郑玄〈三礼注〉同源词研究》，博士学位论文，河北师范大学，2010 年。

[40] 王力：《中国语言学史》（连载），《中国语文》1963 年第 4 期。

[41] 王力：《同源字典》，商务印书馆 1982 年版。

[42] 王宁：《训诂学原理》，中国国际广播出版社 1996 年版。

[43] 王一军：《郑注郑笺声训说略》，《十堰大学学报》（综合版）1988 年第 1 期。

[44] 吴福祥：《试论郑玄就音求义训诂原则》，《重庆师院学报》（哲学社会科学版）1989 年第 2 期。

[45] 吴凯：《郑玄〈古文尚书注〉训诂研究》，硕士学位论文，扬州大学，2010 年。

[46] 魏启峰：《毛亨郑玄朱熹〈诗经〉注释研究》，博士学位论文，西北大学，2016 年。

[47] 吴泽顺：《论郑玄的音转研究》，《青海师范大学学报》（社会科学版）2004 年第 4 期。

[48] 吴泽顺：《论郑玄笺注在音训史上的成就》，载刘大均《郑学丛论》，上海科学技术文献出版社 2013 年版。

[49] 杨天宇：《郑玄三礼注研究》，天津人民出版社 2007 年版。

[50] 杨阳：《郑玄〈礼记〉注释研究》，硕士学位论文，西南师范大学，1998 年。

[51] 姚书平：《从郑玄〈毛诗笺〉看汉代训诂学的发展》，硕士学位论文，山东师范大学，2011 年。

[52] 殷寄明：《语源学概论》，上海教育出版社 2000 年版。

[53] 殷寄明：《中国语源学史》，吉林人民出版社 2002 年版。

[54] 张艳：《〈毛传〉、〈郑笺〉对〈诗经〉训诂之比较》，硕士学位

论文，兰州大学，2007 年。

[55] 张舜徽：《郑玄训诂学发微》，《华中师院学报》（社会科学版）1981 年第 3 期。

[56] 张舜徽：《郑学丛著》，齐鲁书社 1984 年版。

[57] 章季涛：《实用同源字典》，湖北人民出版社 2000 年版。

[58] 章舒娅：《郑玄〈毛诗笺〉同源词研究》，学士学位论文，天津师范大学，2012 年。

[59] 祝敏彻、尚春生：《论"毛传""郑笺"的异同》，《兰州大学学报》（社会科学版）1983 年第 1 期。

第四编

郑玄的语法学研究

关于郑玄的语法研究方面，一些学者已经做出了可喜的成绩①，其中成就最高者当推山东师大的孙良明先生，发掘材料阐发规律良多。然孙先生立足于揭示整个古代或汉代的整体语法研究全貌，自然无法对郑玄个人对语法学研究的贡献给予更多的关注。所以总体来说，关于对郑玄的语法学研究全面关注和考察的论著尚未见，需要予以专门的系统总结。

　　中国古代早在先秦时期已经有对语法的关注和研究②，战国时期《公羊传》《穀梁传》在阐述《春秋》微言大义中，已涉及不少属于语法方面的问题，如动词意义的辨异、虚词用法的辨析、省文与词序规律的揭示、语法术语的诞生等。战国后期的《尔雅》中则开始涉及词类实、虚的划分考虑③。这些研究可以说是中国古代语法研究的先导，对后来学者有着深远的影响④，东汉时期的学者自然也不例外。汉代学者较之先秦的语法

---

①　如张华文《试论〈毛诗·郑笺〉的语法分析》[《云南师范大学学报》（哲学社会科学版）1986年第4期]；孙良明《谈先秦至东汉汉语语法的发展》（《殷都学刊》1989年第1期）、《汉语词类"有解""无解"的最早提出与划分——汉代注释书中的语法学研究》（《重庆师院学报》1989年第2期）、《从〈诗经〉毛传、郑笺看前置宾语的变化》（《中国语文》1989年第3期）、《汉代注释家的词类观》（《古汉语研究》1990年第4期）、《汉语复句类型、疑问句型的最早分析——汉代注释书中的语法学研究》[《烟台师范学院学报》（哲学社会科学版）1993年第1期]、《古代汉语法变化研究》（语文出版社1994年版）、《中国古代语法学探究》（商务印书馆2002年版，2005年增订版）；洪丽娣《郑玄对汉语语法学史的贡献》（《蒲峪学刊》1997年第2期）、《简论郑玄对中国语言学史的贡献》（《辽宁教育行政学院学报》2005年第1期）；傅华辰《〈礼记〉郑注中的语法分析》（《乐山师范学院学报》2004年第1期）；华敏《〈诗经〉毛传、郑笺比较研究》（硕士学位论文，南京师范大学，2005年）；李玉平《〈周礼〉复音词郑玄注研究》（天津社会科学院出版社2007年版）；孔德凌、马维娜《论〈毛诗传笺〉中的语法观念》[《信阳师范学院学报》（哲学社会科学版）2009年第2期]；程伟《〈周礼〉郑注双音词研究》（硕士学位论文，鲁东大学，2012年），等等。

②　任远：《中国语法学之萌芽——试论〈公羊〉〈穀梁〉的语法研究》，《语文研究》1995年第4期。

③　即相比较而言，《尔雅》前3篇普通语词较虚，后16篇名物词较实。郑奠、麦梅翘《古汉语语法学资料汇编》（中华书局1964年版）有此意，许威汉、王大年《汉语语法学历史画卷的成功展示（代序）》（见孙良明《中国古代语法学探究》序言，商务印书馆2002年版）明确称"'虚''实'观念的确立，'肇自《尔雅》，沿于后世。'"后来王元梅《由虚词的研究简谈中国语法学的萌芽及发展》（《语文学刊》2009年第5期）、吉毛太《雅书中的语法学问题初探》[《青海民族大学学报》（教育科学版）2010年第4期] 等谈到类似观点。

④　陈志明：《古汉语虚词研究史述略》，《山西师大学报》（社会科学版）1994年第2期。

研究，更加深入，对章句、句读、倒文、互文、词类等问题都有讨论①，只是这些研究与现代语法学的观念有所不同。但这些研究对后来学者的虚词研究及《马氏文通》语法学著作的出现都有着重要的影响。

我们认为郑玄对语法的研究，可以分为郑玄对词语的研究、郑玄对短语的研究、郑玄对句子的研究、郑玄对语段的研究、郑玄对语篇的研究五个方面。下面分别讨论。

---

① 任远：《汉代章句之学与语法研究》，《语言研究》1995年第1期。

第一章

郑玄对词语的研究

一 对实词和虚词的区分

郑玄已经有区分实词和虚词的意识。虽然没有明确提出实词和虚词的概念。但正如孙良明先生所说:"然汉儒没有这样的词类概念,但是汉儒已认识到这些词(按,即实词)的共同点,即有义可训。另外,汉儒也认识到语言中有的词(按,即虚词)是无义可训的,这些词没有具体的特定意义。"[①] 凡是虚词的郑玄一般都要用术语等特别指出,非虚词的实词类则一般直接解释其含义。例如:

(一)指明为虚词

常用术语"辞""词""语助"等指出,虚词中也有不同分类。"辞"是在句子结构中起陪衬作用的虚词,大致和后来的"助词"相当,它可以用在句首、句中或句末。如:

1. 发语词

一般只是说明为"辞也"。"辞"的名称,西汉毛亨已经开始使用了。如:

《周南·芣苢》:"采采芣苢,薄言采之。"毛传:"薄,辞也。"

《鄘风·载驰》:"载驰载驱"传:"载,辞也。"

《大雅·文王》:"思皇多士,生此王国。"传:"思,辞也。"

郑玄大量沿用。如:

《小雅·頍弁》:"有頍者弁,实维何期?"笺:"期,辞也。"

《小雅·都人士》:"匪伊垂之,带则有余。匪伊卷之,髪则有旟。"笺:"伊,辞也。"

《大雅·抑》:"于乎小子,告尔旧止"笺:"止,辞也。"

---

① 孙良明:《汉代注释家的词类观》,《古汉语研究》1990 年第 4 期。

《大雅·崧高》:"往近王舅,南土是保。"传:"近,已也。申伯,宣王之舅也。"笺:"近,辞也。声如彼记之子之记。"

《礼记·檀弓下》:"卒哭而讳,生事毕而鬼事始已。"注:"已,辞也。"

《礼记·中庸》:"子曰:'南方之强与?北方之强与?抑而强与?'"注:"抑,辞也。"

2. 副词

(1) 对否定副词的注释。如:

《小雅·角弓》:"勿教猱升木。"笺:"毋,禁辞。"

《论语·颜渊》:"哀公问于有若曰:'年饥,用不足,如之何?'有若对曰:'盍彻乎。'"集解:"郑曰:'盍,何不也。'"

《礼记·檀弓下》:"曰:'噫,毋。'"郑注:"毋,禁止之辞。"

(2) 对其他副词的注释。

《邶风·泉水》:"娈彼诸姬,聊与之谋。"笺:"聊,且略之辞。"

《魏风·园有桃》:"心之忧矣,聊以行国。"郑笺:"聊,且略之辞也。"

《孝经·天子章》:"盖天子之孝也。"郑注:"盖者,谦辞。"谦敬副词。(引自《郑氏佚书·孝经注》。)

《仪礼·燕礼》:"君无所辱赐于使臣。臣敢辞"郑注:"敢者,怖惧用势决之辞。"

3. 语气助词

"语助"或称"语之助""声之助",是郑玄首先使用的术语,是用来表达一定的情感和语气的,大致和后来的"语气词"相当,它一般只用于句尾。

《礼记·檀弓上》:"何居?"郑注:"居,读为姬姓之姬,齐鲁之间语助也。"指出"居"("姬"的借字)是"语之助也",即说话的辅助,语气助词。

《礼记·郊特牲》:"二日伐鼓,何居?"注:"居读为姬,语之助也。何居,怪之也。"

《礼记·檀弓上》:"尔毋从从尔,尔毋扈扈尔。"注:"从从谓大高,扈扈谓大广。尔,语助。"

《礼记·中庸》:"《诗》曰:'神之格思,不可度思,矧可射思。'"

注："思，皆声之助。"

4. 发声

"发声"一语郑玄继承于郑司农。例如：

《秋官·司烜氏》："司烜氏掌以夫遂取明火于日。"注："夫遂，阳遂也。郑司农云：'夫，发声。'"

郑玄自己注释发声的例子如：

《邶风·式微》："式微式微，胡不归？"笺："式，发声也。"

《秋官·行夫》："居于其国，则掌行人之劳辱事焉，使则介之。"注："使谓大小行人也。故书曰'夷使'。郑司农云：'夷使，使于四夷，则行夫主为之介。'玄谓：夷，发声。"

《仪礼·士冠礼》"毋追夏后氏之道也"注："毋，发声也。追犹堆也。"

《礼记·檀弓上》："予畴昔之夜，梦坐奠于两楹之间。"注："畴，发声也。"

《礼记·少仪》："剑则启椟盖袭之，加夫襓与剑焉。"注："椟谓剑函也。袭，郤合之。夫襓，剑衣也。加剑于衣上。夫或为烦，皆发声。"

《礼记·射义》："又使公罔之裘序点扬觯而语"注："之，发声也。"

《尚书略说》："其，发声。"

《王风·扬之水》："彼其之子，不与我戍申"笺："之子，是子也。彼其是子，独处乡里，不与我来守申。是思之言也。其或作记，或作己，读声相似。"郑玄意谓"其"也只是记音而已，"其"字也可以写作"记""己"。又参《郑风·大叔于田》："叔善射忌，又良御忌。"传："忌，辞也。"笺："良亦善也。忌读如彼己之子之己。"《大雅·崧高》："往近王舅，南土是保。"传："近，已也。申伯，宣王之舅也。"笺："近，辞也。声如彼记之子之记。"可见郑玄是系统解释"其""己""记""忌"等字的。

5. ××之辞

当然，有些只是指出某一语句的交际目的或作用，也用"××之辞"来说明。例如：

《仪礼·原目》："丧服第十一○子夏传"注："天子以下，死而相丧，衣服、年月、亲疏、隆杀之礼。不忍言死而言丧，丧者，弃亡之辞，若全存居于彼焉，已亡之耳。"

《仪礼·士冠礼》："愿吾子之教之也。"郑注："吾子，相亲之辞。"①

《仪礼·燕礼》："易觯洗。"注："凡爵，不相袭者也。于尊者言更，自敌以下言易。更，作新。易，有故之辞。"

《仪礼·大射》："易觯，兴洗。"注："凡爵不相袭者，于尊者言更，自敌以下言易。更，作新；易，有故之辞也。"

《仪礼·士虞礼》："敢用絜牲、刚鬣"注"敢，昧冒之辞。"

《礼记·檀弓上》："夫祖者，且也。"注："且，未定之辞。"

《邶风·泉水》："娈彼诸姬，聊与之谋。"笺："聊，且略之辞。"又《魏风·园有桃》："心之忧矣，聊以行国。"笺："聊，且略之辞也。"

《卫风·氓》："反是不思，亦已焉哉。"笺："已焉哉，谓此不可奈何，死生自决之辞。"

《易·萃》："上六，赍咨涕洟，无咎。"注："赍咨，嗟叹之辞也。"

6. 应答之辞

《鲁颂·閟宫》："莫敢不诺，鲁侯是若。"笺："诺，应辞也。"

《礼记·曲礼上》："父召无诺，先生召无诺，唯而起。"郑注："应辞，'唯'恭于'诺'。"

7. 叹词

对叹辞的感情色彩进行了进一步的分析。

《大雅·瞻卬》："抑此皇父，岂曰不时。"笺："抑之言噫，噫是皇父。疾而呼之。女岂曰我所为不是乎？言其不自知恶也。"

《卫风·氓》："于嗟女兮，无与士耽。"笺："于是时，国之贤者刺此妇人见诱，故于嗟而戒之。"

《周颂·潜》："猗与漆沮，潜有多鱼。"笺："猗与，叹美之言也。"

《周颂·清庙》："于穆清庙，肃雝显相。"传："于，叹辞也。穆，美。肃，敬。雝，和。相，助也。"笺："于乎美哉，周公之祭清庙也。"

《周颂·维天之命》："维天之命，于穆不已。"笺："命犹道也。天之道，于乎美哉，动而不止，行而不已。"

《周颂·般》："于皇时周，陟其高山。"笺："于乎美哉，君是周邦而巡守，其所至则登其高山而祭之，望秩于山川。"

---

① 按，郑玄《周礼·天官·小宰》："六曰以叙听其情"注："情，争讼之辞。"例中的"辞"与其他的"某某之辞"有些差别，当是"情"在语境中的临时意义，指一些话语，而非对"情"的词义解释。

《商颂·烈祖》："嗟嗟烈祖"："重言嗟嗟，美叹之深。"

《召南·驺虞》："于嗟乎驺虞"传："驺虞，义兽也。白虎黑文，不食生物。有至信之德则应之。"笺："于嗟者，美之也。"

《邶风·击鼓》："于嗟阔兮，不我活兮。"笺："州吁阻兵安忍，阻兵无众，安忍无亲，众叛亲离。军士弃其约，离散相远，故吁嗟叹之，阔兮，女不与我相救活，伤之。"

《邶风·击鼓》："于嗟洵兮，不我信兮。"笺："叹其弃约，不与我相亲信，亦伤之。"

(二) 指明为实词

注释中能体现出郑玄对实词的划分。例如：

1. 指出为名词类

《小雅·采菽》："言采其芹"郑笺："芹，菜也。"

(1) 之名

《周易·遯卦》："遯"注："遯，逃去之名也。"

《小雅·桑扈》："君子乐胥，受天之祜。"郑笺："胥，有才知之名也。"

《天官·叙官》："内竖，倍寺人之数。"郑注："竖，未冠者之官名。"

《仪礼·聘礼》："出祖释軷"注："《春秋传》曰：'軷涉山川。'然则軷，山行之名也。"

《礼记·王制》："出祖释軷"注："天子诸侯宗庙之祭，春曰礿，夏曰禘，秋曰尝，冬曰烝。"注："此盖夏殷之祭名，周则改之，春曰祠，夏曰礿，以禘为殷祭。《诗·小雅》曰：'礿祠烝尝，于公先王。'此周四时祭宗庙之名。"

《礼记·乐记》："故乐者，天地之命，中和之纪"注："纪，总要之名也。"

(2) 属，之属

《仪礼·既夕礼》："载旞"注："旞，旌旗之属。"

《周礼·秋官·翟氏》："掌攻猛鸟。"郑注："猛鸟，鹰隼之属。"

《周礼·春官·司尊彝》："凡四时之间祀、追享、朝享，祼用虎彝、蜼彝，皆有舟。"注："蜼，禺属卬鼻而长尾。"

《礼记·月令》："百螣时起。"注："螣，蝗之属。"

《礼记·学记》:"不学杂服,不能安礼。"注:"杂服,冕服皮弁之属。"
《礼记·杂记下》:"则里尹主之。"注:"里尹,闾胥里宰之属。"
(3) 之别
《周礼·地官·叙官》:"遂大夫,每遂中大夫一人,县正,每县下大夫一人,鄙师,每鄙上士一人,酇长,每酇中士一人,里宰,每里下士一人,邻长,五家则一人。"注:"县、鄙、酇、里、邻,遂之属别也。"
《周礼·秋官·叙官》:"闽隶,百有二十人"注:"闽,南蛮之别。"
《周礼·夏官·职方氏》:"八蛮、七闽"注:"闽,蛮之别也。《国语》曰:'闽,芈蛮矣。'"
(4) 之类
《诗经·大雅·旱麓》:"鸢飞戾天,鱼跃于渊"笺:"鸢,鸱之类,鸟之贪恶者也。"
《周礼·地官·掌荼》:"掌荼"注:"荼,茅莠,疏材之类也。"
《仪礼·乡射礼》:"龙首,其中蛇交"注:"蛇、龙,君子之类也。"
《礼记·檀弓下》:"涂车刍灵,自古有之"注:"刍灵,束茅为人马。谓之灵者,神之类。"
(5) 之称
《诗经·郑风·萚兮》:"叔兮伯兮,倡予和女。"郑笺:"叔、伯,群臣相谓也。……叔伯,兄弟之称。"
《天官·叙官》:"内饔,中士四人,下士八人。"郑注:"饔,割亨煎和之称。"
《地官·叙官》:"师氏"注:"师,教人以道者之称也。"
《仪礼·丧服》:"谓弟之妻妇者,是嫂亦可谓之母乎?"注:"嫂者,尊严之称。嫂犹叟也。叟,老人称也。是为序男女之别尔。"
《礼记·曲礼》:"死曰考、曰妣、曰嫔"注:"嫔,妇人有法度者之称也。"
(6) 所字结构
《邶风·柏舟》:"我心匪鉴,不可以茹"笺:"鉴,所以察形也。"
所字结构的解释说明,指出"鉴"具有名词性质。
2. 指明为代词类
(1) 对第一人称代名词的注释
①对"我"的所指加以说明。

《王风·君子阳阳》:"君子阳阳,左执簧,右招我由房。"笺:"我者,君子之友自谓也。"

《齐风·著》:"俟我于著乎而,充耳以素乎而。"笺:"我,嫁者自谓也。"

《小雅·出车》:"我出我车,于彼牧矣。"笺:"上'我',我殷王也。下'我',将率自谓也。"明确指出上下两个"我"所指代的对象不同。

《周南·卷耳》:"陟彼崔嵬,我马虺隤。"郑笺:"我,我使臣也。"

《郑风·丰》:"子之丰兮,俟我乎巷兮。"笺:"子谓亲迎者。我,我将嫁者。"

《邶风·燕燕》:"先君之思,以勖寡人。"笺:"寡人,庄姜自谓也。"

②郑玄将"朕"对译为"我"。

《大雅·韩奕》:"缵戎祖考,无废朕命。"笺:"朕,我也。"

《大雅·韩奕》:"朕命不易,干不庭方,以佐戎辟。"笺:"我之所命者,勿改易不行,当为不直、违失法度之方,作桢干而正之,以佐助女君。女君,王自谓也。"

《大雅·抑》:"莫扪朕舌,言不可逝矣。"笺:"今人无持我舌者。"

《周颂·访落》:"于乎悠哉,朕未有艾。"传:"悠,远。"笺:"于乎远哉,我于是未有数。言远不可及也。"

③郑玄继承毛亨的观点,将"予"对译为"我"。

《周颂·小毖》:"未堪家多难,予又集于蓼。"传:"堪,任。予,我也。我又集于蓼,言辛苦也。"笺:"集,会也。未任统理我国家众难成之事,谓使周公居摄时也。我又会于辛苦,遇三监及淮夷之难也。"

《卫风·河广》:"谁谓宋远?跂予望之。"笺:"予,我也。"

《魏风·陟岵》:"予子行役,夙夜无已。"笺:"予,我。"

《唐风·葛生》:"予美亡此,谁与独处?"笺:"予,我。"

《陈风·墓门》:"讯予不顾,颠倒思予。"笺:"予,我也。"

《小雅·祈父》:"胡转予于恤,靡所止居。"笺:"予,我。"

《小雅·小弁》:"舍彼有罪,予之佗矣。"笺:"予,我也。"

《大雅·绵》:"予曰有疏附,予曰有先后,予曰有奔奏,予曰有御侮。"笺:"予,我也。诗人自我也。"

《大雅·桑柔》："虽曰匪予，既作尔歌。"笺："予，我也。"

《礼记·祭义》："今予忘孝之道，予是以有忧色也。"注："予，我也。"

《礼记·中庸》："子曰：'人皆曰'予知'，驱而纳诸罟擭陷阱之中而莫之知辟也；人皆曰'予知'，择乎中庸而不能期月守也。'"注："予，我也。"

《礼记·中庸》："《诗》曰：'予怀明德，不大声以色。'"注："予，我也。"

④郑玄继承了毛亨的解释，将"卬"对译为"我"。

《邶风·匏有苦叶》："招招舟子，人涉卬否。"传："卬，我也。"笺："人之子号召当渡者，犹媒人之会男女无夫家者。使之为妃匹，人皆从之而渡，我独否。"

《小雅·白华》："卬烘于煁。"传："卬，我。"笺："我反以燎于炷灶，用照事物而已。"

《小雅·生民》："卬盛于豆，于豆于登。"传："卬，我也。"笺："我后稷盛菹醢之属，当于豆者、于登者。"

⑤郑玄将"余"对译为"我"。

郑玄所注《毛诗笺》和《三礼注》中"余"的使用都很少，只有4次。其中有3次郑玄都直接或间接地指出为代词。如：

《邶风·谷风》："不念昔者，伊余来塈。"笺："君子忘旧，不念往昔年稚我始来之时，安息我。"

《礼记·曲礼下》："君大夫之子不敢自称曰'余小子'。"注："辟天子之子未除丧之名。君大夫，天子大夫有土地者。"又同篇下文："君天下曰天子。朝诸侯、分职授政任功曰予一人。"注："《觐礼》曰：'伯父寔来，余一人嘉之。'余，予，古今字。"

当"余"并非代词时，郑玄也要专门指出。

《地官·委人》："凡其余聚以待颁赐"注："余当为餘，声之误也。餘谓县都畜聚之物。"

⑥郑玄将"吾"对译为"我"。

《仪礼·士冠礼》："愿吾子之教之也。"注："吾子，相亲之辞。吾，我也。子，男子之美称。"

《论语·八佾》："文献不足故也；足则吾能征之矣。"集解："郑曰：

'献犹贤也。我不以礼成之者，以此二国之君文章贤才不足故也。'"

《论语·述而》："富而可求也，虽执鞭之士，吾亦为之。"集解："郑曰：'富贵不可求而得之，当修德以得之。若于道可求者，虽执鞭之贱职，我亦为之。'"

(2) 对第二人称代名词的注释

① 16 次直接将"尔"解释为第二人称代词"女"。

《邶风·雄雉》："百尔君子，不知德行。"笺："尔，女也。"

《鄘风·载驰》："视尔不臧，我思不远。"笺："尔，女。女，许人也。"

《鄘风·载驰》："百尔所思，不如我所之。"笺："尔，女。女，众大夫君子也。"

《卫风·氓》："尔卜尔筮，体无咎言。"笺："尔，女也。"

《桧风·羔裘》："岂不尔思，劳心忉忉。"笺："尔，女也。"

《豳风·七月》："昼尔于茅，宵尔索綯。"笺："尔，女也。"

《小雅·天保》："天保定尔，亦孔之固。"笺："尔，女也。女，王也。"

《小雅·无羊》："谁谓尔无羊，三百维群。谁谓尔无牛，九十其犉。"笺："尔，女也。女，宣王也。"

《小雅·车舝》："式燕且誉，好尔无射。"笺："尔，女。女，王也。"

《小雅·角弓》："尔之远矣，民胥然矣。尔之教矣，民胥效矣。"笺："尔，女。女，幽王也。"

《大雅·既醉》："既醉以酒，尔殽既将。"笺："尔，女也。"

《仪礼·士冠礼》："弃尔幼志，顺尔成德。寿考惟祺，介尔景福。"注："尔，女也。"

《仪礼·士虞礼》："适尔皇祖某甫"注："尔，女也。女，死者。告之以适皇祖，所以安之也。"

《礼记·檀弓上》："夫子诲之鬈曰：'尔毋从从尔，尔毋扈扈尔。'"注："诲，教。尔，女也。从从谓大高，扈扈谓大广。尔，语助。"

《礼记·坊记》："《诗》云：'尔卜尔筮，履无咎言。'"注："尔，女也。"

《礼记·表记》："《小雅》曰：'靖共尔位，正直是与。'"注："尔，

第一章 郑玄对词语的研究 269

女也。"

② 5次直接将"戎"解释成第二人称代词"女"。

《大雅·民劳》:"戎虽小子,而式弘大。"传:"戎,大也。"笺:"戎犹女也。"

《大雅·崧高》:"周邦咸喜,戎有良翰。"笺:"戎犹女也。"

《大雅·烝民》:"缵戎祖考,王躬是保。"传:"戎,大也。"笺:"戎犹女也。躬,身也。"

《大雅·韩奕》:"缵戎祖考,无废朕命。"笺:"戎犹女也。"

《大雅·江汉》:"肇敏戎公,用锡尔祉。"传:"戎,大。"笺:"戎犹女也。"

③ 4次直接将"而"解释成第二人称代词"女"。

《大雅·桑柔》:"嗟尔朋友,予岂不知而作。"笺:"而犹女也。岂不知女所行者。"

《仪礼·聘礼》:"公曰:'然,而不善乎?'"笺:"善其能使于四方。而犹女也。"

《礼记·月令》:"命有司曰:'土事毋作,慎毋发盖,毋发室屋,及起大众,以固而闭。"注:"而犹女也。"

《礼记·月令》:"岁且更始,专而农民,毋有所使。"注:"而犹女也。"

④ 5次直接将"乃"解释成第二人称代词"女"。

《天官·小宰》:"令于百官府曰:'各修乃职,考乃法,待乃事,以听王命。'"注:"乃犹女也。"

《夏官·职方氏》:"各修平乃守,考乃职事,无敢不敬戒,国有大刑。"注:"乃犹女也。"

《仪礼·觐礼》:"伯父无事,归宁乃邦。"注:"乃犹女也。"

《礼记·祭统》:"叔舅!乃祖庄叔,左右成公。"注:"乃犹女也。"

《礼记·祭统》:"叔舅!予女铭,若纂乃考服。"注:"若、乃犹女也。"

⑤ 3次直接将"若"解释成第二人称代词"女"。

《考工记·梓人》:"其辞曰:'惟若宁侯。'"注:"若犹女也。"

《仪礼·士昏礼》:"勖帅以敬先妣之嗣,若则有常。"注:"若犹女也。"

《礼记·祭统》："叔舅！予女铭，若纂乃考服。"注："若、乃犹女也。"

⑥有对人称代词的指代对象的进一步说明。

《召南·行露》："谁谓女无家？何以速我狱？"郑笺："女，女强暴之男。"

(3) 对第三人称代词的注释

《大雅·生民》："厥初生民，时维姜嫄。"笺："厥，其。"

《大雅·瞻卬》："懿厥哲妇，为枭为鸱。"笺："厥，其也。其，幽王也。"

《地官·乡大夫》："厥明，乡老及乡大夫、群吏献贤能之书于王。"注："厥，其也。其宾之明日也。"

《考工记·梨氏》："永启厥后，兹器维则。"注："厥，其也。"

《仪礼·士冠礼》："厥明夕，为期于庙门之外。"注："厥，其也。"

《仪礼·特牲馈食礼》："厥明夕，陈鼎于门外。"注："厥，其也。"

《礼记·学记》："《兑命》曰：'敬孙务时敏厥修，乃来。'"注："厥，其也。"

《礼记·坊记》："《书》云：'厥辟不辟，忝厥祖。'"注："厥，其也。辟，君也。"

《礼记·缁衣》："《太甲》曰：'毋越厥命以自覆也。若虞机张，往省括于厥度则释。'"注："厥，其也。"

(4) 对指示代词的注释

①将"之"解释为代词"是"。如：

《小雅·蓼莪》："欲报之德，昊天罔极。"注："之犹是也。我欲报父母是德，昊天乎我心无极。"

在《毛诗笺》中10次将"之子"解释为"是子"。例如：

《周南·汉广》："之子于归，言秣其马。"笺："之子，是子也。"

《召南·鹊巢》："之子于归，百两御之。"笺："之子，是子也。"

《小雅·采绿》："之子于狩，言韔其弓，之子于钓，言纶之绳。"笺："之子，是子也，谓其君子也。"

也有将"之人"释为"是人"的。

《邶风·日月》："乃如之人兮，逝不古处。"笺："之人，是人也，谓庄公也。"

②将"兹"解释为代词"此"。

其中《毛诗笺》中7次,《周礼注》中1次,《仪礼注》中2次。如:

《邶风·泉水》:"我思肥泉,兹之永叹。"笺:"兹,此也。"

《小雅·正月》:"今兹之正,胡然厉矣。"笺:"兹,此。"

《大雅·绵》:"曰止曰时,筑室于兹。"笺:"兹,此也。"

《大雅·下武》:"媚兹一人,应侯顺德。"笺:"兹,此也。"

《大雅·下武》:"昭兹来许,绳其祖武。"笺:"兹,此。"

《大雅·召旻》:"维今之疚不如兹。"笺:"兹,此也。"

《周颂·闵予小子》:"念兹皇祖,陟降庭止。"笺:"兹,此也。"

《仪礼·士昏礼》:"吾子命某,以兹初昏。"注:"兹,此也。"

《仪礼·士丧礼》:"度兹幽宅兆基,无有后艰。"注:"兹,此也。"

《考工记·㮚氏》:"永启厥后,兹器维则。"注:"兹,此也。"

③对"彼"的注释。

《礼记·檀弓上》:"曾子曰:'尔之爱我也,不如彼。'"注:"彼,童子也。"

④对"斯"的注释。

毛亨已经将"斯"释为"此"。郑玄继承其观点。如:

《召南·殷其靁》:"何斯违斯,莫敢或遑。"传:"何此君子也。斯,此。"笺:"何乎此君子,适居此复去此。"

郑玄继承了毛传的解释,直接将"斯"解释为"此"的有6次:

《小雅·采薇》:"彼路斯何,君子之车。"笺:"斯,此也。"

《小雅·正月》:"哀我人斯,于何从禄。"笺:"斯,此。"

《小雅·角弓》:"受爵不让,至于己斯亡。"笺:"斯,此。"

《大雅·抑》:"斯言之玷不可为也。"笺:"斯,此。"

《仪礼·丧服》:"近臣,君服斯服矣。"笺:"斯,此也。"

《礼记·中庸》:"其斯以为舜乎?"笺:"斯,此也。"

⑤将"夫"对译为"此"。

孙良明先生(1994)①中列举2例:

《礼记·檀弓上》:"夫夫也,为习于礼者,如之何其裼裘而吊也?"注:"曾子盖知临丧无饰,夫夫犹言此丈夫也。子游于时名为习礼。"将

---

① 孙良明:《古代汉语语法变化研究》,语文出版社1994年版,第40页。

"夫"对译为"此"。

《礼记·檀弓上》:"从母之夫、舅之妻,二夫人相为服,君子未之言也。"注:"二夫人犹言此二人也。时有此二人同居,死相为服者。甥居外家而非之。"将"夫"对译为"此"。

⑥关于代词"是"和"此"。我们没有发现郑玄笺注中有专门注释的例证。由此我们基本同意孙良明先生①的结论:"东汉时代,'是'的指代用法还相当通行,跟'此'字并用。"

(5) 对疑问代词的注释②

①对"孰"的注释。对"孰"注释,除了一例注释为"谁"以外,其他表示"熟""哪一个""谁"的一般郑玄注释不解释。

《礼记·檀弓上》:"夫明王不兴,而天下其孰能宗予?予殆将死也。"注:"孰,谁也。"

②将"曷"注释为"何"。

《召南·何彼襛矣》:"曷不肃雝?王姬之车。"传:"肃,敬。雝,和。"笺:"曷,何。"

《召南·何彼襛矣》:"曷不肃雝?王姬之车。"传:"肃,敬。雝,和。"笺:"曷,何。"

《邶风·雄雉》:"道之云远,曷云能来?"笺:"曷,何也。何时能来望之也。"

《王风·君子于役》:"君子于役,不知其期,曷至哉?"笺:"曷,何也。"

《唐风·鸨羽》:"悠悠苍天,曷其有所?"笺:"曷,何也。何时我得其所哉?"

《唐风·有杕之杜》:"中心好之,曷饮食之?"笺:"曷,何也。言中

---

① 孙良明:《古代汉语语法变化研究》,语文出版社1994年版,第42页。

② 孙良明(1994)曾经指出《诗经》共34例使用"爰"字,有4例被解释为"何"。《邶风·击鼓》:"爰居爰处?爰丧其马?"传:"有不还者,有亡其马者。"笺:"爰,於也。不还谓死也。伤也,病也,今于何居乎?于何处乎?何丧其马乎?"《墉风·桑中》:"爰采唐矣,沬之乡矣。"传:"爰,于也。唐蒙,菜名。沬,卫邑。"笺:"于何采唐,必沬之乡。"参看孙良明《古代汉语语法变化研究》,语文出版社1994年版,第23页。我们不同意孙说。认为郑玄对"爰"的理解大部意见还是与毛亨保持一致,即将"爰"相当于"於",作为介词理解,所列二处行文中只是串讲补足了"何"的意思。郑玄既然专门单独解释了"爰"为"於",说明他并不将其视为代词"何"。

心诚好之,何但饮食之?"

《小雅·四月》:"我日构祸,曷云能穀?"笺:"构犹合集也。曷之言何也。穀,善也。言诸侯日作祸乱之行,何者可谓能善?"

《小雅·渐渐之石》:"山川悠远,曷其没矣?"笺:"曷,何也。广阔之处,何时其可尽服?"

《大雅·云汉》:"瞻卬昊天,曷惠其宁?"笺:"曷,何也。王仰天曰:'当何时顺我之求,令我心安乎?'"

③将"害"注为"何"。相当于"曷"。

《周南·葛覃》:"害澣害否,归宁父母?"传:"害,何也。"笺:"我之衣服今者何所当澣乎?何所当否乎?"

《邶风·泉水》:"遄臻于卫,不瑕有害?"笺:"瑕犹过也。害,何也。我还车疾至于卫而返于行,无过差,有何不可而止我。"

④郑玄继承毛亨的意见。将"胡"注为"何"。孙良明(1994)①统计《诗经》"胡"代词用例56次,毛传郑笺相应注为"何"36次。其中毛亨直接注释的有:

《邶风·日月》:"胡能有定,宁不我顾。"传:"胡,何。定,止也。"笺:"宁犹曾也。君之行如是,何能有所定乎?曾不顾念我之言,是其所以不能定完也。"

郑玄直接注为"何"的如:

《邶风·君子偕老》:"胡然而天也,胡然而帝也?"笺:"胡,何也。帝,五帝也。何由然女见尊敬如天帝乎?"

《魏风·伐檀》:"不稼不穑,胡取禾三百廛兮?不守不猎,胡瞻尔庭有县狟兮?"笺:"胡,何也。"

《大雅·瞻卬》:"岂曰不极,伊胡为慝。"笺:"胡,何。"

⑤将"奚"对译为"何"。

《礼记·檀弓下》:"天久不雨,吾欲暴尪而奚若?"笺:"奚若,何如也。"

《礼记·杂记》:"哀公问:'子羔曰:'子之食奚当?'"笺:"问其先人始仕食禄以何君时。"

⑥将"恶"对译为"何"。

---

① 孙良明:《古代汉语语法变化研究》,语文出版社1994年版,第25页。

《礼记·檀弓下》："自吾母而不得吾情，吾恶乎用吾情？"笺："恶乎犹于何也。"

⑦将"盍"对译为"何不"。

《礼记·檀弓下》："子盖言子之志于公乎？"注："盖皆当为盍，盍，何不也。"

《礼记·檀弓下》："是夫也多言，盍尝问焉？"注："盍，何不也。"

《论语·颜渊》："对曰：'盍彻乎？'"注："盍，何不也。"

⑧将"焉"对译为"安"。

《礼记·杂记下》："中路，婴儿失其母，焉何常声之有？"注："婴犹鷖弥也。言其若小儿亡母啼号，安得常声乎？所谓哭不偯。"

《礼记·中庸》："夫焉有所倚？"注："安有所倚，言无所偏倚也。"

⑨将"焉"对译为"何"。

《小雅·白驹》："所谓伊人，于焉逍遥？"笺："伊当作繄，繄犹是也。所谓是乘白驹而去之贤人。今于何游息乎？思之甚也。"

⑩疑问代词"安"，仍对译为"安"。

《小雅·小弁》："天之生我，我辰安在。"笺："此言我生所值之辰安所在乎？谓六物之吉凶。"

3. 指出为形容词类

（1）貌、之貌

继承了毛亨传的"……貌"的形式。如：

《邶风·泉水》："姊娈彼诸姬，聊与之谋。"传："娈，好貌。"

《齐风·甫田》："婉兮娈兮，总角丱兮。"传："婉、娈，少好貌。"

《齐风·卢令》："卢重环，其人美且鬈。"传："鬈，好貌。"

郑玄自己使用的例子。如：

《小雅·沔水》："沔彼流水，其流汤汤。"笺："汤汤，波流盛貌。"

《齐风·还》："子之昌兮，遭我乎峱之阳兮。"笺："昌，佼好貌。"

《齐风·猗嗟》："猗嗟昌兮，颀而长兮。"笺："昌，佼好貌。"

《邶风·谷风》："习习谷风"笺："习习，和调之貌。"

《礼记·曲礼上》："俨若思。"注："俨，矜庄貌。"

《礼记·玉藻》："君子之饮酒也，受一爵而色洒如也。"注："洒如，肃敬貌。"

《礼记·玉藻》："二爵而言言斯。"注："言言，和敬貌。"言言，形容词，和悦恭敬的样子。

《礼记·玉藻》："三爵而油油。"注："油油，说敬貌。"

《礼记·大学》："若有一介臣，断断兮无他技。"注："断断，诚一之貌也。"

《论语·子路》："言必信，行必果，硁硁然小人哉！"何晏集解："郑曰：'硁硁者，小人之貌也。'"

（2）意、之意

加"意"表示形容词，从毛亨传继承二来。毛亨使用的例子如：

《召南·行露》："厌浥行露"传："厌浥，湿意也。行，道也。"笺："厌浥然湿道中始有露，谓二月中嫁取时也。"毛传"厌浥"解释成"湿意"。郑玄则改为加"然"词尾的方式为"厌浥然"。

《豳风·七月》："二之日凿冰冲冲"传："冲冲，凿冰之意。"笺："厌浥然湿道中始有露，谓二月中嫁取时也。""冲冲"解释成"凿冰之意"。

郑玄使用"意"表示形容词的例子。如：

《大雅·皇矣》："王赫斯怒"笺："赫，怒意。"

《卫风·考槃》："硕人之薖"笺："薖，饥意。"

《郑风·羔裘》："三英粲兮"笺："粲，众意。"

使用"之意"的例子。

《大雅·卷阿》："伴奂尔游矣"笺："伴奂，自纵弛之意也。"

《易·家人卦》："家人嗃嗃"注："嗃嗃，苦热之意。"

《曹风·下泉》："忾我寤叹"笺："忾，叹息之意。"

《易·蹇卦》："六四，往蹇来连。"注："连，如字，迟久之意。"

（3）然

在原词后面加"然"字，说明为形容词，是继承了毛亨的用法。如毛亨用例：

《卫风·芄兰》："容兮遂兮，垂带悸兮。"传："容仪可观，佩玉遂遂然。垂其绅带悸悸然有节度。"笺云："容，容刀也。遂，瑞也。言惠公佩容刀与瑞，及垂绅带三尺，则悸悸然行止有节度，然其德不称服。"此例郑玄也称"悸悸然"。但毛亨的"遂遂然"解释，郑玄未从。

《大雅·抑》："诲尔谆谆，听我藐藐。"传："藐藐然，不入也。"笺："我教告王，口语谆谆然，王听聆之藐藐然，忽略不用我所言为政令，反谓之有妨害于事。不受忠言。"此例郑玄继承毛亨的观点，也称"藐藐然"。

《小雅·小旻》："潝潝訿訿，亦孔之哀。"传："潝潝然患其上，訿訿然思不称乎上。"

《小雅·北山》："四牡彭彭，王事傍傍。"传："彭彭然不得息，傍傍然不得已。"

郑玄使用的用例。如：

《周南·葛覃》："维叶萋萋。"传："萋萋，茂盛貌。"笺："叶萋萋然，喻其容色美盛。"毛亨用"……貌"的形式说明，郑玄则在原词上加"然"说明为形容词。

此例毛亨没有使用加"然"词尾的形式，郑玄则使用，称"某某然"。

《周南·螽斯》："螽斯羽诜诜兮。"传："螽斯，蚣蝑也。诜诜，众多也。"笺："凡物有阴阳情欲者无不妒忌，维蚣蝑不耳。各得受气而生子，故能诜诜然众多。后妃之德能如是，则亦宜然。"

《召南·行露》："厌浥行露"传："厌浥，湿意也。行，道也。"笺："厌浥然湿道中始有露，谓二月中嫁取时也。"

《大雅·卷阿》："颙颙卬卬，如圭如璋，令闻令望。"传："颙颙，温貌。卬卬，盛貌。"笺："令，善也。王有贤臣与之以礼义相切磋。体貌则颙颙然敬顺，志气则卬卬然高朗如玉之圭璋也。"

使用"然"和"貌""意"不同。"然"通常是在原词上直接加词尾"然"来表示，而"貌"和"意"则通常不是加在原词之上，而是加于原词的解释词语之后。因此，两种解释方式有时候可以同时叠加使用。

毛亨的用例如：

《魏风·十亩之间》："十亩之间兮，桑者闲闲兮。"传："闲闲然，男女无别往来之貌。"笺："古者一夫百亩，今十亩之间往来者，闲闲然，削小之甚。"毛传同时使用"然"和"貌"，郑玄只使用"然"。

《唐风·扬之水》："扬之水，白石凿凿。"传："凿凿然，鲜明貌。"笺："激扬之水，激流湍疾，洗去垢浊，使白石凿凿然。"毛传同时使用"貌"和"然"，郑玄使用"然"。

《陈风·东门之杨》："东门之杨，其叶牂牂。"传："牂牂然，盛貌。言男女失时，不逮秋冬。"毛传同时使用"貌"和"然"。

《小雅·隰桑》："隰桑有阿，其叶有难。"传："阿然，美貌。难然，盛貌，有以利人也。"笺："隰中之桑，枝条阿阿然长美，其叶又茂盛，可以庇荫人。"毛传同时使用"貌"和"然"，郑玄只使用了"然"。

郑玄同时使用"貌"和"然"的例子：

《邶风·旄丘》："狐裘蒙戎，匪车不东。"笺："刺卫诸臣形貌蒙戎然，但为昏乱之行。"郑玄笺同时用"貌"和"然"。

《卫风·考槃》："考槃在涧，硕人之宽。"传："考，成。槃，乐也。山夹水曰涧。"笺："硕，大也。有穷处成乐在于此涧者，形貌大人而宽然有虚乏之色。"

《郑风·丰》："子之丰兮，俟我乎巷兮。"传："丰，丰满也。巷，门外也。"笺："子谓亲迎者。我，我将嫁者。有亲迎我者面貌丰丰然丰满，善人也。出门而待我于巷中。"

《齐风·南山》："南山崔崔，雄狐绥绥。"传："南山，齐南山也。崔崔，高大也。国君尊严如南山崔崔然。雄狐相随，绥绥然无别，失阴阳之匹。"笺："雄狐行求匹耦于南山之上，形貌绥绥然。"

《大雅·生民》："烂其盈门。"笺："烂烂粲然，鲜明且众多之貌。"

《礼记·曲礼上》："俨若思。"注："俨，矜庄貌。人之坐思，貌必俨然。"

《礼记·祭义》："致乐以治心，则易直子谅之心油然生矣。"注："油然，物始生好美貌。"郑玄用"……貌"解释原文的"×然"。可见二者的形容词对应关系。

《礼记·哀公问》："孔子愀然作色而对曰。"注："愀然，变动貌也。作犹变也。"郑玄用"……貌"解释原文的"×然"。亦可见二者的形容词对应关系。

《礼记·檀弓下》："文子其中，退然如不胜衣，其言呐呐然如不出诸其口。"注："中，身也。退，柔和貌。……呐呐，舒少貌。"原文用加"然"的结构，注释用"貌"字释语解释。

《礼记·檀弓下》："有饿者蒙袂辑屦贸贸然来。"注："贸贸，目不明之貌。"原文用加"然"的结构，注释用"貌"字释语解释。

（4）之言

《礼记·月令》："天地始肃，不可以赢。"注："肃，严急之言。"

《周颂·闵予小子》："闵予小子，遭家不造。"笺："闵，悼伤之言。"

《周颂·潜》:"猗与漆沮,潜有多鱼"笺:"猗与,叹美之言也。"

4. 指出为动词类

(1) 常用格式为在动词后加上代词宾语"之",构成"×之"的形式。用该形式解释的动词后面都可以带宾语,即是及物动词。训式中的"之"就泛指被注解的动词的宾语。可见郑玄有意识地在区别一部分及物动词,这说明郑玄是有动词观念的。

《天官·小宰》:"凡礼事,赞小宰,比官府之具。"注:"比,校次之。"

《仪礼·士相见礼》:"不疑君"注:"疑,度之。"

《仪礼·乡射礼》:"南面,揖弓命取矢"注:"揖,推之也。"

《仪礼·大射仪》:"南面,揖弓命取矢"注:"揖,推之也。"

《大雅·行苇》:"戚戚兄弟,莫远具尔。"笺:"尔谓进之也。王与族人燕兄弟之亲无远无近,俱揖而进之。"

《礼记·王制》:"天子杀则下大绥,诸侯杀则下小绥。"注:"下谓弊之。"

《礼记·丧大记》:"君抚大夫,抚内命妇;大夫抚室老,抚侄娣"注:"抚,以手按之也。"抚,动词,用手按的意思。

《礼记·丧大记》:"君为庐宫之,大夫、士襢之。"注:"宫谓围障之也。"宫,动词,在四周设屏障的意思。

《礼记·哀公问》:"车不雕几"注:"几,附缠之也。"

(2) 也有补充动词宾语的,如:

《小雅·宾之初筵》:"发彼有的,以祈尔爵。"笺:"发,发矢也。"补充动作"发"的宾语"矢"。

《天官·疡医》:"凡疗疡以五毒攻之。"注:"止病曰疗。"

《礼记·中庸》:"人道敏政,地道敏树。"注:"树谓殖草木也。"

(3) 也有时候描述动作。

《召南·江有汜》:"不我过,其啸也歌"笺:"啸,蹙口而出声。"此描述动作"啸"。

5. 指出为拟声词

这一点孙良明先生在《中国古代语法学探究(增订本)》(2002/2005)中已经指出。从毛亨传继承而来。例如:

第一章 郑玄对词语的研究

《周南·关雎》："关关雎鸠，在河之洲。"传："关关，和声也。"

《周南·葛覃》："黄鸟于飞，集于灌木，其鸣喈喈。"传："喈喈，和声之远闻也。"

《周南·兔罝》："椓之丁丁"传："丁丁，椓杙声也。"

《魏风·伐檀》："坎坎伐檀兮"传："坎坎，伐檀声。"

《秦风·车邻》："有车邻邻，有马白颠。"传："邻邻，众车声也。"

《邶风·击鼓》："击鼓其镗"传："镗然，击鼓声也。"

《陈风·宛丘》："坎其击鼓"传："坎坎，击鼓声。"

《唐风·庭燎》："肃肃鸨羽。"传："肃肃，鸨羽声也。"

《小雅·伐木》："伐木丁丁"传："丁丁，伐木声也。"

《小雅·鸿雁》："鸿雁于飞，肃肃其羽。"传："大曰鸿，小曰雁。肃肃，羽声也。"

郑玄继承毛传的观点。

《周南·殷其雷》："殷其雷，在南山之阳。"传："殷，雷声也。"笺："犹雷殷殷然发声于山之阳。"

《小雅·庭燎》："鸾声将将。"传："将将，鸾镳声。"笺："闻鸾声将将然。"

《大雅·卷阿》："凤凰于飞，翙翙其羽。"笺："翙翙，羽声也。"

《大雅·烝民》："四牡彭彭，八鸾锵锵。"笺："彭彭，行貌。锵锵，鸣声。"

《鲁颂·泮水》："其旂茷茷，鸾声哕哕。"传："茷茷，言有法度也。哕哕，言其声也。"笺："我则观其旂茷茷然，鸾和之声哕哕然。"

《礼记·檀弓上》："曾子闻之，瞿然曰：'呼？'"注："呼，虚惫之声。"

《礼记·檀弓上》："夫子曰：'嘻，其甚也。'"注："嘻，悲恨之声。"郑注表明"嘻"是悲恨时发出的声音。属于拟声词。

《礼记·檀弓下》："噫，弗果从。"注："噫，不寤之声。"郑注表明"噫"是尚未觉醒时发出的声音，属于拟声词。

《礼记·檀弓下》："曰：'噫，毋。'"注："噫，不寤之声。毋，禁止之辞。"郑注表明"噫"是尚未觉醒时发出的声音，属于拟声词。

《大雅·瞻卬》："懿厥哲妇，为枭为鸱。"笺："懿，有所痛伤之声也。"

《论语·子路》："子曰：'噫！斗筲之人，何足算也？'"魏何晏集解："郑曰：'噫，心不平之声。'"

《周颂·噫嘻》："噫嘻成王，既昭假尔。"郑笺："噫嘻，有所多大之声也。"

二　对单音词、复音词的区分

我们认为郑玄对复音词已经具有较明确的认识观念[①]，他的《周礼》复音词的注释中已经明确体现出这一点。当然他的复音词观念和我们今天所讲的现代语言学上的复音词观念是不同的，根据郑玄的注释来看，郑玄的"复音词"标准应当是：如果复音组合是表达一个较凝固的整体意义，那么这个复音组合就是个"复音词"。我们得出这样的结论基于三方面的根据。

第一，根据我们对郑玄《周礼》复音词注释的考察结果来看，郑玄已经有了较明确的复音词观念。郑玄直接注释或间接引用前人观点注释的复音词有 2673 条，这些注释中，郑玄作为整体认识或解释的有 1847 处，约占复音词注释总量的 69.1%。这么高的比例，足以说明郑玄是将意义的整体性和凝固性看作复音词这类结构的基本特点，同时这也说明郑玄对复音词这类语言结构已经具有较明确的认识观念。

第二，从郑玄引用前人的注释来看，之前的杜子春、郑兴郑众父子都已经有了日渐明确的复音词观念。《周礼》复音词在注释中被当作复音词处理的比例，杜子春占 46.7%，郑兴占 67%，郑众时候达到 68.3%。这类注释，郑玄都大量的予以采用，说明郑玄深受其观念的影响，对此有了明确的认识。

第三，郑玄与他所引用前人的注释对经文复音组合认识观点的分歧，明确反映出郑玄对复音词有明确认识观念。这类材料占注释总量 10.8% 左右。例如：

《天官·掌舍》："掌舍掌王之会同之舍，设梐枑再重。"注："故书'枑'为'柜'，郑司农云：'梐，榱梐也。柜，受居溜水涞橐者也。'杜子春读为'梐枑'，梐枑谓行马。玄谓：行马再重者，以周卫有外内列。"

[①] 参看李玉平《〈周礼〉复音词郑玄注研究》，天津社会科学院出版社 2007 年版，第 150 页。

在对"楶栭"含义的理解上,郑司农是分开注释的,认为"楶"和"栭"是各自指代不同的事物。但郑玄和杜子春的意见是一致的,认为"楶"和"栭"合在一起,是一个语言单位,表示的是一种事物。这种分析上的分歧,差别在于,郑司农是将"楶栭"看作一个词组,而杜子春和郑玄则认为"楶栭"是复音词。

《天官·内饔》:"凡掌共羞,修、刑、膴、胖、骨、鱐,以待共膳。"注:"掌共,共当为具。羞,庶羞也。修,锻脯也。胖,如脯而腥者。郑司农云:'刑膴谓夹脊肉,或曰膺肉也。骨鱐谓骨有肉者。'玄谓:刑,铏羹也。膴,膵肉大脔所以祭者。骨,牲体也。鱐,干鱼。"这里,按照郑司农的意见,"刑膴"和"骨鱐"应当是复音词,因为这两个组合他认为所表达的含义都是单一的、凝固的。"刑膴"指"夹脊肉或膺肉","骨鱐"指"有肉的骨头"。但是按照郑玄的意见,这两个组合就不是复音词了。因为他认为这四个字分别代表四个不同含义的词,他们之间是并列关系,"刑"指《周礼》后文中所说的"铏羹",即有菜的羹;"膴"指"膵肉大脔",即切成薄片的大块肉;"骨"指"牲体",即有骨的牲体;"鱐"指"干鱼"。可见,在郑玄不认为"刑膴"和"骨鱐"是复音词,与前人观点有分歧,今人一般采用了郑玄的观点。但近人黄侃对此则遵从了郑司农的意见,断句为"凡掌共羞,修、刑膴、胖、骨鱐,以待共膳。"[1]

《天官·凌人》:"凌人掌冰正岁十有二月,令斩冰,三其凌。"注:"正岁季冬,火星中,大寒,冰方盛之时。《春秋传》曰:'火星中而寒暑退。'凌,冰室也。三之者,为消释度也。故书'正'为'政'。郑司农云:'掌冰政,主藏冰之政也。'杜子春读掌冰为主冰也。政当为正。正谓夏正。三其凌,三倍其冰。"这是因为文本不同,导致对经文中的复音组合的判定不同,故书"正"为"政",因而郑司农是将"冰政"作为一个复音词,意思是"藏冰之政",断句则为:"凌人掌冰政,岁十有二月,令斩冰,三其凌。"而郑玄综合今文本和故书本的用字,同意杜子春的意见,将"正岁"作为一个复音词理解,则其断句当为:"凌人掌冰,正岁十有二月,令斩冰,三其凌。"

《春官·小宗伯》:"若军将有事,则与祭有司将事于四望。"注:"军

---

[1] 参看《黄侃手批白文十三经·周礼》,(台湾)理艺出版社1998年版,第10页。

将有事，将与敌合战也。郑司农云：'则与祭，谓军祭表祃军社之属，小宗伯与其祭事。'玄谓：与祭有司，谓大祝之属，盖司马之官实典焉。"郑玄与郑司农对经文复音组合的判定不同，郑司农在"与祭"处断句，即"若军将有事，则与祭，有司将事于四望。"是将"有司"作为单独的一个复音词处理。郑玄不同意其意见，认为应当是"与祭有司"连读，将"与祭有司"作为一个整体的复音词，指代"大祝"一类的职官，则断句为："若军将有事，则与祭有司将事于四望。"其实郑众、郑玄的意见都不一定正确。清代王引之认为此处经文顺序有错讹，原句本当作"若军将有事于四望，则与祭有司将事。"认为"与"表示"和，跟"，"祭有司"作为一个整体复音词。这样就与《春官·大祝》文："国将有事于四望，则前祝"相合。孙诒让也同意王说。① 我们同意王、孙二家将"祭有司"作为一个复音词处理的意见。

《夏官·太仆》："（太仆）建路鼓于大寝之门外而掌其政。以待达穷者与遽令，闻鼓声，则速逆御仆与御庶子"注："郑司农云：'穷谓穷冤失职，则来击此鼓，以达于王，若今时上变事击鼓矣。遽，传也。若今时驿马军书当急闻者，亦击此鼓，令闻此鼓声，则速逆御仆与御庶子也。大仆主令此二官，使速逆穷遽者。'玄谓达穷者，谓司寇之属朝士，掌以肺石达穷民，听其辞以告于王。遽令，邮驿上下程品。御仆、御庶子，直事鼓所者。大仆闻鼓声，则速逆此二官，当受其事以闻。"此处，郑众断句为"以待达穷者与遽，令闻鼓声，则速逆御仆与御庶子"，郑玄断句为："以待达穷者与遽令，闻鼓声，则速逆御仆与御庶子"。郑玄认为"遽令"是一个词，郑司农则认为是两个词。

三　对词类活用的说明

（一）形容词活用为动词

《礼记·大学》："上老老而民兴孝，上长长而民兴弟。"注："老老、长长谓尊老，敬长也。"

（二）形容词活用为名词

《礼记·中庸》："故君子语大，天下莫能载焉，语小天下莫能破焉。"注："语犹说也，所说大事谓先王之道也，说小事谓若愚不肖夫妇之知

---

① 参看孙诒让《周礼正义》，中华书局1987年版，第1450—1451页。

行也。"

（三）名词活用为动词

《曹风·鸤鸠》："其仪不忒，正是四国。"传："正，长也。"笺："执义不疑则可为四国之长，言任为侯伯。"郑笺意思是"正是四国"就是"长是四国"，意思是"为四国之长"。正，名词用作动词。

《天官·兽人》："兽人掌罟田兽，辨其名物。"注："罟，网也，以网搏所当田之兽。"实则指出名词"罟"活用为动词。

《仪礼·乡饮酒礼》："乃席宾主人介。"注："席，敷席也。"席，名词活用为动词。

《礼记·丧大记》："小臣爪足，浴余水弃于坎。"注："爪足，断足爪也。"其中"爪"为名词，即"趾甲"，活用为动词，表示"断……之爪"，意即剪断……的趾甲。

《邶风·击鼓》："土国城漕，我独南行。"笺："此言众民皆劳苦也。或役土功于国，或修理漕城，而我独见使从军南行伐郑。""土国"解作"役土功于国"，土，名词活用作动词。"城漕"解作"修理漕城"，城，名词活用作动词。

《鲁颂·閟宫》："建尔元子，俾侯于鲁。"笺："我立女首子，使为君于鲁，谓欲封伯禽也。"又"乃命鲁公，俾侯于东"笺："东，东藩，鲁国也。既告周公以封伯禽之意，乃策命伯禽，使为君于东。"两处"侯"，都解作"为君"，侯，名词活用作动词。

（四）指出动词使动用法

《周南·樛木》："乐只君子，福履绥之。"传："履，禄。绥，安也。"笺："妃妾以礼义相与和合，又能以礼乐乐其君子，使为福禄所安。""绥"译为"使为……所安"，为使动用法。

《邶风·雄雉》："展矣君子，实劳我心。"笺："君子行如是，实使我心劳矣。"劳，劳累，这里是使动，意思是使……心劳。[1]

《邶风·匏有苦叶》："士如归妻，迨冰未泮。"笺："归妻，使之来归于己，谓请期也。"归，女子出嫁，这里是使动，使……出嫁、嫁给。

《小雅·六月》："饮御诸友，炰鳖脍鲤。"笺："御，侍也。王以吉甫

---

[1] 张华文先生《试论〈毛诗·郑笺〉的语法分析》[《云南师范大学学报》（哲学社会科学版）1986年第4期]曾较早地专门探讨郑玄《毛诗笺》中的语法分析，许多精彩的例证为本文所参考，下文不一一指出。

远从镐地来，又日月长久。今饮之酒，使其诸友恩旧者侍之，又加其珍美之馔所以极劝之也。"这里郑玄注实则注明"饮"是给……饮用，动词，御，使……侍奉，是使动用法。

《大雅·崧高》："亹亹申伯，王缵之事，于邑于谢，南国是式。"笺："亹亹，勉也。缵，继。……亹亹然勉于德，不倦之臣有申伯，以贤人为周之卿士，佐王有功。王又欲使继其故诸侯之事，往作邑于谢，南方之国，皆统理。"这里郑玄注实则注明"缵"是使……继承，是使动用法。

《大雅·民劳》："王欲玉女，是用大谏。"笺："玉者，君子比德焉。王乎我欲令女如玉然，故作是诗，用大谏正女，此穆公至忠之言。"玉，使动用法，令……如玉然。

《小雅·角弓》："如食宜饇，如酌孔取。"传："饇，饱也。"笺："王如食老者，则宜令之饱；如饮老者，则当孔取。孔取谓度其所胜多少。""食""饇"都可理解为使动。

《夏官·服不氏》："服不氏掌养猛兽而教扰之"注："扰，驯也。教习使之驯服，王者之教无不服。"分析原文"扰之"为使动结构。

《礼记·表记》："先王谥以尊名"注："名者，谓声誉也。言先王论行以为谥，以尊名者，使声誉可得而尊信也。"以兼语式结构"使……尊信"对译原文"尊名"。

（五）指出意动用法

《墉风·君子偕老》："鬒发如云，不屑髢也。"传："鬒，黑发也。如云，言美长也。屑，洁也。"笺："髢，髲也。不洁者，不用髲为善。"髢、髲，意思是假发。郑玄实则说明"屑"义为洁净，是意动用法，意思是以……为洁净、美善的意思。

（六）指出为动用法

《小雅·伐木》："坎坎鼓我，蹲蹲舞我。"笺："为我击鼓坎坎然，为我兴舞蹲蹲然，谓以乐乐己。"指出其中的动词"鼓""舞"都是"为动用法"。

《小雅·采绿》："之子于狩，言韔其弓。之子于钓，言纶之绳。"笺："之子，是子也，谓其君子也。于，往也。纶，钓缴也。君子往狩与，我当从之，为之韔弓；其往钓与，我当从之，为之绳缴。"指出其中的动词"韔"意思"为……把弓装弓袋"，"纶之绳"即"为……纶绳"，为……准备钓鱼线的意思，都是"为动用法"。

《小雅·雨无正》："昔尔出居，谁从作尔室？"笺："往始离居之时，谁随为女作室，女犹自作之尔。今反以无室家距我。恨之辞。"指出其中的动词"作"意思"为女作"，是"为动用法"。

《大雅·大明》："文王初载，天作之合，在洽之阳，在渭之涘。"传："载，识。合，配也。洽，水也。渭，水也。涘，厓也。"笺："天监视善恶于下，其命将有所依就，则豫福助之。于文王生，适有所识，则为之生配于气势之处，使必有贤才，谓生大姒。"指出其中"天作之合"即"天为……作合"，意思是"（上天）为之生配"，是"为动用法"。《大雅·大明》下文："有命自天，命此文王，于周于京。"笺："天为将命文王君天下于周京之地，故亦为作合，使继大任之女事于莘国，莘国之长女大姒则配文王。"郑玄此处"为作合"正是重申前文"作之合"之意。

《大雅·行苇》："或肆之筵，或授之几。"传："肆，陈也。或陈筵者，或授几者。"笺："年稚者为设筵而已，老者加之以几。"郑玄说明"肆之筵"即"为之肆筵"，即为设筵的意思。

《礼记·檀弓上》："伯氏不出而图吾君"注："图犹谋也。不出为君谋国家之政。"郑玄说明"图"即"为君谋"，是为动用法。

（七）郑玄对其他特殊动宾关系的说明

《墉风·定之方中》："定之方中，作于楚宫。揆之以日，作于楚室。树之榛栗，椅桐梓漆，爰伐琴瑟。"笺："爰，曰也。树此六木于宫者，曰其长大可伐以为琴瑟，言预备也。"郑玄认为"树之榛栗"的"之"指上文的楚宫，且用"于宫"作解，则"之"为处所宾语。"伐琴瑟"被解作"伐以为琴瑟"，则"琴瑟"是"伐"的结果性宾语。[①]

四 对词的兼类现象的关注

通常以某词经常性具有某几类词性的词的用法称词的兼类，而对某些词偶尔临时具有的其他词性的用法则习惯上称之为词类活用。但实际的判定过程中则不那么好区分，需要作大量细致的彻查才能得出趋于科学的结论。但古人处于萌芽阶段的认识，不大会细致区分这两类情况。但意识到

[①] 参见张华文《试论〈毛诗·郑笺〉的语法分析》，《云南师范大学学报》（哲学社会科学版）1986年第4期。

某词具有两种不同的词性特点应该是可以看到的。孙良明先生（2002/2005）[①]认为汉代已经知道词的兼类问题。如：

《地官·乡大夫》："乡老及乡大夫帅其吏与其众寡，以礼礼宾之。"注："以乡饮酒之礼礼而宾之。""以礼礼宾之"释为："以乡饮酒之礼礼而宾之"，则前一个"礼"为名词，后一个"礼"为动词。"礼"为兼类词。

《天官·大宰》："以八统诏王驭万民：一曰亲亲。"注："亲亲，若尧亲九族也。"前一个"亲"为动词，后一个"亲"为名词。"亲"为兼类词。

《大雅·韩奕》："孔乐韩土，川泽吁吁。"笺："甚乐矣，韩之国土也。"《冬官·玉人》："土圭尺有五寸，以致日，以土地。"注："土犹度也，建邦国以度其地而致其域。""土"为动词。《韩奕》中"土"为名词，《玉人》中"土"为动词。"土"为兼类词。

《春官·鸡人》："鸡人掌共鸡牲辨其物"注："物谓毛色也。辨之者，阳祀用骍，阴祀用黝。""物"为名词；《地官·载师》："载师掌任土之法，以物地事授地职而待其政令。"注："物，物色之，以知其所宜之事而授农。牧衡虞使职之。""物"为动词。

五　对同义词连用现象的解释

《大雅·桑柔》："告尔忧恤，诲尔序爵。"笺："恤亦忧也。""忧""恤"同义连文。

《礼记·月令》："藏帝藉之收于神仓，祇敬必饬。"注："祇亦敬也。"祇敬，同义词连用。

《礼记·曲礼下》："豚曰腯肥。"注："腯亦肥也。"

六　辨析同义词

同义词连用的时候，郑玄有时指出其相同点。说明二者属于同义连文。但有时候则指出二者的差别，既指出其相同点，也辨析了其差别。如：

《天官·大宰》："六曰商贾，阜通货贿。"郑注："行曰商，处曰贾。

[①] 参见孙良明《中国古代语法学探究》（增订本），商务印书馆2005年版，第62页。

阜，盛也。金玉曰货，布帛曰贿。""商""贾"同义连文，但有区别，"货""贿"同义连文，也有区别。

《地官·大司徒》："凡万民之不服教而有狱讼者"注："争罪曰狱，争财曰讼。""狱""讼"都是争，只不过所争有所区别。也是同义词连用的情况。

《秋官·掌囚》："凡囚者，上罪梏拲而桎，中罪桎梏，下罪梏。"郑玄注："郑司农云：'拲者两手共一木也，桎梏者两手各一木也。'玄谓在手曰梏，在足曰桎。"郑玄指出桎与梏不同。《礼记·月令》："命有司，省囹圄，去桎梏。"注："桎梏，今械也，在手曰梏，在足曰桎。"郑玄既指出桎梏连用所指，又指出其差别。

《仪礼·士昏礼》："若不亲迎，则妇入三月，然后婿见，曰：'某以得为外昏姻'"注："女氏称昏，婿氏称姻。""昏""姻"同义连文。

《礼记·月令》："是月也，可以筑城郭，建都邑，穿窦窖，修囷仓。"郑注："为民将入物当藏也。穿窦窖者，入地隋曰窦，方曰窖。""窦""窖"同义连文，但有区别。隋，即椭，椭圆形的窖称为窦，方形的成为窖，二者形状不同。

《礼记·坊记》："《易》曰：'不耕获，不菑畬，凶。'"郑注："田一岁曰菑，二岁曰畬，三岁曰新田。"郑玄的注释说明田地按照开垦时间的长短可以分为菑、畬、新田三种。这三者属于同义词。

但也有时候同义词并非连用，而是分用，郑玄往往要说明其不同。

《春官·大祝》："大祝掌六祝之辞，以事鬼神示，祈福祥，求永贞。一曰顺祝，二曰年祝，三曰吉祝，四曰化祝，五曰瑞祝，六曰筴祝。"注："郑司农云：'顺祝，顺丰年也。年祝，求永贞也。吉祝，祈福祥也。化祝，弭灾兵也。瑞祝，逆时雨、宁风旱也。筴祝，远罪疾。"这里郑玄区别了六种不同的祝之间的差异。

《礼记·礼器》："宗庙之祭，贵者献以爵，贱者献以散，尊者举觯，卑者举角。五献之尊，门外缶，门内壶，君尊瓦甒。此以小为贵也。"注："凡觞，一升曰爵，二升曰觚，三升曰觯，四升曰角，五升曰散。五献，子男之飨礼也。壶大一石，瓦甒五斗，缶大小未闻也。《易》曰：'尊酒簋贰用缶。'"郑玄解释了礼器爵、觚、觯、角、散都是觞，只是容量大小的差别，因而名称不同。也指出壶、瓦甒、缶也都属于五献之礼时使用的相同器物，也是容量大小不同，同时也有着尊卑的差异，故名称不同。

《礼记·少仪》:"乘贰车则式,佐车则否。"郑玄注:"贰车佐车,皆副车也。朝祀之副曰贰,戎猎之副曰佐。"郑玄辨析了贰车、佐车这两种副车的不同。

第二章

郑玄对短语的研究

一 对复音词和复音组合（短语）的区分

（一）郑玄与他之前的学者对句子中结构的理解分歧能够反映他是区分复音词和短语

在前面我们讨论郑玄区分单音词和复音词时已经论述了，郑玄对复音词已经具有较明确的认识观念。他与他之前的学者对句中复音组合是复音词还是词组有着不同的理解。据郑玄的注释来看，郑玄的"复音词"标准应当是：如果复音组合是表达一个较凝固的整体意义，那么这个复音词组合就是个"复音词"，否则就是复音词组。郑玄如果有这样的观念，则他能够区分单音词和复音词。那么他也能够区分单音词的组合（即短语）和复音词的区别。例如前面提到的例子：

《天官·掌舍》："掌舍掌王之会同之舍，设梐枑再重。"注："故书'枑'为'柜'，郑司农云：'梐，榱梐也。柜，受居溜水涑橐者也。'杜子春读为'梐枑'，梐枑谓行马。玄谓：行马再重者，以周卫有外内列。"在对"梐枑"含义的理解上，郑司农是分开注释的，认为"梐"和"枑"是各自指代不同的事物。但郑玄和杜子春的意见是一致的，认为"梐"和"枑"合在一起，是一个语言单位，表示的是一种事物。这种分析上的分歧，差别在于，郑司农是将"梐枑"看作一个词组，而杜子春和郑玄则认为"梐枑"是复音词。

《天官·内饔》："凡掌共羞、修、刑、膴、胖、骨、鱐，以待共膳。"注："掌共，共当为具。羞，庶羞也。修，锻脯也。胖，如脯而腥者。郑司农云：'刑膴谓夹脊肉，或曰膺肉也。骨鱐谓骨有肉者。'玄谓：刑，铏羹也。膴，膴肉大脔所以祭者。骨，牲体也。鱐，干鱼。"这里，按照郑司农的意见，"刑膴"和"骨鱐"应当是复音词，因为这两个组合他认为所表达的含义都是单一的、凝固的。"刑膴"指"夹脊肉或膺肉"，"骨鱐"指"有肉的骨头"。但是按照郑玄的意见，这两个组合就不是复音词了。因为他认为这四个字分别代表四个不同含义的词，它们之间是并列关系，"刑"指《周礼》后文中所说的"铏羹"，即有菜的羹；"膴"指"朕肉大脔"，即切成薄片的大块肉；"骨"指"牲体"，即有骨的牲体；"鱐"指"干鱼"。可见，郑玄不认为"刑膴"和"骨鱐"是复音词，与前人观点有分歧，今人一般采用郑玄的观点。但近人黄侃对此则遵从了郑司农的意见，断句为"凡掌共羞、修、刑膴、胖、骨鱐，以待共膳。"[①]

《夏官·太仆》："（太仆）建路鼓于大寝之门外而掌其政。以待达穷者与遽令，闻鼓声，则速逆御仆与御庶子"注："郑司农云：'穷谓穷冤失职，则来击此鼓，以达于王，若今时上变事击鼓矣。遽，传也。若今时驿马军书当急闻者，亦击此鼓，令闻此鼓声，则速逆御仆与御庶子也。大仆主令此二官，使速逆穷遽者。'玄谓达穷者，谓司寇之属朝士，掌以肺石达穷民，听其辞以告于王。遽令，邮驿上下程品。御仆、御庶子，直事鼓所者。大仆闻鼓声，则速逆此二官，当受其事以闻。"此处，郑众断句为"以待达穷者与遽，令闻鼓声，则速逆御仆与御庶子"，郑玄断句为："以待达穷者与遽令，闻鼓声，则速逆御仆与御庶子"。郑玄认为"遽令"是一个词，郑司农则认为是两个词。

（二）郑玄的注释体例能够体现出对复合词与复音组合的区分

凡是词组，郑玄的注释一部分都是用分别注释复音组合成员的"局部注释+局部注释"模式（可以用"pt，pt"表示）的；相对而言，凡是郑玄认为是复音词的，他一般采取"整体注释"模式（可以用"al"表示）[②]。以联合式复合词与并列式复音组合为例。两种结构非常相像，内部成员之间的关系多是相反或相对的，两种结构最主要的差别就是前者的内部结构成员是合起来表达一个整体的意义，而后者则是结构中的每个成员因为某种关联而组成词组，在语言表达中仍然表示各自不同的含义。二者之间常常可以互相转化。我们通过考察《周礼注》中郑玄对这两类结构的注释，发现他是有区分这两种结构的意识的。

1.《周礼》并列组合郑注"pt，pt"模式。凡是用"pt，pt"模式注

[①] 参见《黄侃手批白文十三经·周礼》，（台湾）理艺出版社1998年版，第10页。
[②] 当然也有部分对复音组合的"串讲模式"（可以用"cj"表示）和只注释复音组合个别成员的"局部注释"模式（可以用"pt"表示）。但这两种形式都无法判断郑玄对结构的认识这里从略。

释的结构，郑玄应当视为词语组合的，而不是复音词。例如：

其中名词性的有：外内工（《天官·典丝》："颁丝于外内工，皆以物授之"注："外工，外嫔妇也。内工，女御。"）、吉凶（《春官·天府》："凡吉凶之事"注："吉事，四时祭也。凶事，后王丧朝于祖庙之奠。"）、商贾（《天官·太宰》："六曰商贾，阜通货贿"注："行曰商，处曰贾。"）、货贿（《天官·太宰》："六曰商贾，阜通货贿"注："金玉曰货，布帛曰贿。"）、瞽史（《秋官·大行人》："九岁属瞽史"注："瞽，乐师也。史，太史、小史也。"）、度量（《秋官·大行人》："同度量"注："度，丈尺也。量，豆区釜也。"）、媺恶（《秋官·行夫》："行夫掌邦国传遽之小事、媺恶而无礼者"注："美，福庆也。恶，丧荒也。"）等。

其中动词性的有：劀杀（《天官·疡医》："疡医掌肿疡、溃疡、金疡、折疡之祝药劀杀之齐"注："劀，刮去脓血。杀谓以药食其恶肉。"）、祼献（《天官·内宰》："凡宾客之祼献、瑶爵，皆赞"注："祼之礼，亚王而礼宾。献谓王飨燕，亚王献宾也。"）、眺聘（《春官·典瑞》："以眺聘"注："大夫众来曰眺，寡来曰聘。"）、侯禳（《春官·小祝》："将事侯禳祷祠之祝号"注："侯之言候也，候嘉庆，祈福祥之属。禳，禳却凶咎，宁风旱之属。"）、摈相（《秋官·司仪》："掌九仪之宾客摈相之礼"注："出接宾曰摈，入赞礼曰相。"）等。

其中形容词性的有：淫怠（《天官·宫正》："去其淫怠与其奇衺之民"注："淫，放滥也。怠，懈慢也。"）、亲疏、贵贱（《天官·宫正》："辨其亲疏贵贱之居"注："亲者贵者居倚庐，疏者贱者居垩室。"）、众寡（《地官·小司徒》："使各登其乡之众寡、六畜、车辇"注："众寡，民之多少。"）等。

2. 用"a1"模式注释的结构，郑玄应视为复音词的。例如：

其中名词性的有：怨恶（《夏官·合方氏》："除其怨恶"注："怨恶，邦国相侵虐。"）、灋则（《天官·大宰》："二曰灋则，以驭其官"注："灋则，其官之制度。"）、礼俗（《天官·大宰》："六曰礼俗，以驭其民"注："礼俗，昏姻丧纪旧所行也。"）、臣妾（《天官·大宰》："八曰臣妾，聚敛疏材。"注："臣妾，男女贫贱之称。晋惠公卜怀公之生，曰：'将生一男一女，男为人臣，女为人妾。'生而名其男曰圉，女曰妾。及怀公质于秦，妾为宦女焉。"）、齍盛（《天官·甸师》："以时入之以共齍盛"注："粢盛，祭祀所用谷也。粢，稷也。谷者稷为长，是以名云。在器曰盛。"）、弧张（《秋官·冥氏》："冥氏掌设弧张"注："弧张，罿罻之属，所以扃绢禽兽。"）、式法（《天官·酒正》："以式瀍授酒材"注："式法，作酒之法式。作酒既有米曲之数，又有功沽之巧。"）

其中动词性的有：送逆（《秋官·讶士》："邦有宾客则与行人送逆之"注："送逆，谓始来及去也。"）、煎和（《天官·内饔》："内饔掌王及后、世子膳羞之割亨煎和之事"注："煎和，齐以五味。"）、暴练（《天官·染人》："染人掌染丝帛凡染春暴练"注："暴练，练其素而暴之。"）、涤濯（《天官·冢宰》："及执事，视涤濯"注："涤濯，谓溉祭器及甑甗之属。"）、沐浴（《天官·宫人》："共王之沐浴"注："沐浴，所以自洁清。"）

其中形容词性的有：奇衺（《天官·宫正》："去其淫怠与其奇衺之民"注："奇衺，谲觚非常。"）、奇衺（《天官·内宰》："禁其奇衺"注："奇衺，若今媚道。"）、珍异（《地官·场人》："场人掌国之场圃而树之果蓏、珍异之物"注："珍异，蒲萄、枇杷之属。"）、囏阨（《地官·乡师》："以岁时巡国及野，而赒万民之囏阨"注："囏阨，饥乏也。"）、骍刚、赤缇、强檕、轻燮（《地官·草人》："凡粪种，骍刚用牛，赤缇用羊，坟壤用麋，渴泽用鹿，咸舄用貆，勃壤用狐，埴垆用豕，强檕用蕡，轻燮用犬。"注："凡所以粪种者皆谓煮取汁也。赤缇，縓色也。……强檕，强坚者。轻燮，轻脆者。故书骍为挈……杜子春挈读为骍，谓地色赤而土刚强也。"）

除了联合式复音词用"al"整体模式注释以外，凡是复音词的，郑玄都用这样的注释说明。如：肿疡、溃疡、金疡、折疡（《天官·疡医》："疡医掌肿疡、溃疡、金疡、折疡之祝药劀杀之齐"注："肿疡，痈而上生创者。溃疡，痈而含脓血者。金疡，刃创也。折疡，踠跌者。"），这几个词都是偏正式复音词，因而郑玄都是用的整体注释模式。

据我们考察《周礼》并列式复音组合共有约538个，出现约1279处，其中318处有郑玄注释。"pt, pt"模式，占总数的81.8%，"pt"模式，占总数的10.4%；"al"模式，占总数的2.2%；"cj"模式，占总数的5.6%。由此可见"pt, pt"模式是郑玄训释《周礼》并列组合的典型模式，"pt"模式就差得很多了，"al"模式尤其少，说明这种模式是极不典型的模式，而且我们认为"al"模式注释的情况，应当是郑玄把这些组合当作复音词的用法处理的，因为"al"模式是郑玄解释联合式复合词的典型模式。据我们考察《周礼》联合式复合词 197 个，共出现 827 处，其中 222 处有郑玄注释。"pt, pt"模式，约占总数的 10.6%，"pt"模式，约占总数的 14.7%；"al"模式（含"分合注释"），约占总数的 71.8%，"cj"模式，约占总数的 2.9%。可见"al"模式是郑玄注释《周礼》联合式复合词的典型模式，"pt"模式次之，"pt, pt"模式最少。这时我们会发现郑玄注释联合式复合词的模式与注释并列组合的模式正好相反。

由此，我们认为，郑玄有区分联合式复合词和并列式复音组合的意识，其主要手段就是通过注释模式，即用"pt, pt"模式注释的郑玄基本认为是并列式复音组合，属于短语；用"al"模式注释的郑玄基本认为是联合式复合词，而用"pt, pt"模式注释的联合式复合词，我们认为是郑玄误当作并列式复音组合加以注释的。

二 对词语结构的理解

孙良明（2002/2005）[①]曾指出："为了清楚、准确解释原文的意思，释文也分析原文的句法结构。这是因为语句是依照一定的句法规则组成，其中任何语词都在特定的句法成分之中。汉语基本句法结构有主谓、述宾、述补、偏正、联合等。这几种结构注释中都有清楚的分析与描写。当然，这种分析与描写，不是靠什么术语，而是在释文中用说明和词语的加入、复写、省略、移位、重排等手段表现的。"这是针对汉代学者注释的整体而言的总结，在郑玄的注释中自然也不例外。汉语句法结构的分析直接体现为对词语结构关系的分析，我们参考孙良明先生做法分析郑玄注释中对词语结构的分析。有的分析单位是复音词，有的则是短语。

（一）指明为偏正关系

《礼记·礼运》："醆斝及尸君，非礼也，是为僭君。"郑注："僭礼之君也。"句中的"僭君"可以理解为动宾关系或偏正关系，郑玄认为"僭君"在原文中是偏正关系。

《礼记·礼运》："冕弁兵革，藏于私家，非礼也，是谓胁君。"注："劫胁之君也。"指明"胁君"为偏正结构。

[①] 孙良明：《中国古代语法学探究》（增订本），商务印书馆 2005 年版，第 64 页。

《礼记·大传》："设奠于牧室。"注："牧野之室也。"郑注指明"牧"是牧野的简称，"牧室"是偏正关系。

《礼记·文王世子》："抗世子法于伯禽。"注："抗犹举也，谓举以世子之法，使与成王居而学之。"郑注指明"世子法"即"世子之法"，"世子"与"法"是偏正关系。

《春官·占梦》："五曰喜梦。"注："喜悦而梦。"指出"喜梦"不是偏正结构名词，加"而"表明是状中结构的动词。

《地官·委人》："共其委积薪刍"注："委积薪刍者，委积之薪刍也。""委积薪刍"被解作"委积之薪刍"，则"委积薪刍"为偏正结构短语。

《天官·医师》："医师掌医之政，令聚毒药以共医事。"注："毒药，药之辛苦者，药之物恒多毒。""毒药"被解作"药之辛苦者，药之物恒多毒"，则"毒药"为偏正结构词语。

《秋官·小司寇》："司寇之职，掌外朝之政"注："外朝，朝在雉门之外者也。""外朝"被解作"朝在雉门之外"，则"外朝"为偏正结构词语。

《周南·螽斯》："螽斯羽，诜诜兮，宜尔子孙振振兮。"笺："后妃之德宽容不嫉妬，则宜女之子孙，使其无不仁厚。""尔子孙"被解作"女之子孙"，则为偏正结构短语。

《陈风·东门之枌》："视尔如荍，贻我握椒。"笺："我视女之颜色美如荍芙之华然，女乃遗我一握之椒，交情好也。""握椒"被解作"一握之椒"，则"握椒"为偏正结构词语。

《邶风·绿衣》："螽斯羽，诜诜兮，宜尔子孙振振兮。"笺："后妃之德宽容不嫉妬，则宜女之子孙，使其无不仁厚。""尔子孙"被解作"女之子孙"，则为偏正结构短语。

《小雅·四月》："山有嘉卉，侯栗侯梅。"笺："嘉，善。侯，维也。山有美善之草。""嘉卉"被解作"美善之草"，则为偏正结构词语。

《夏官·司戈盾》："及舍，设藩盾，行则敛之。"注："舍，止也。藩盾，盾可以藩卫者，如今之扶苏与？""藩盾"被解作"盾可以藩卫者"，则为偏正结构词语。

《天官·笾人》："朝事之笾，其实麷、蕡、白、黑、形盐、膴、鲍鱼、鱐。"注："形盐，盐之似虎者。""形盐"被解作"盐之似虎者"，则为偏正结构词语。又《天官·盐人》："宾客共其形盐、散盐"注："形盐，盐之似虎形。""形盐"被解作"盐之似虎形"，则为偏正结构词语。

《礼记·中庸》："自诚明谓之性，自明诚谓之教。诚则明矣，明则诚矣。"注："自，由也。由至诚而有明德，是圣人之性者也。由明德而有至诚，是贤人学以成之也。有至诚则必有明德，有明德则必有至诚。"加入"而"表示"自诚明"为偏正结构短语。"自诚"为介宾结构。"自明诚"结构相同。

《礼记·王制》："虽有凶旱水溢，民无菜色。"注："菜色，食菜之色。民无食菜之饥色，天子乃日举以乐侑食。"

(二) 指明为并列关系

《邶风·击鼓》："土国城漕，我独南行。"笺："此言众民皆劳苦也。或役土功于国，或修理漕城，而我独见使从军南行伐郑。"用"或……或……"表明"土国""城漕"是并列关系。

《卫风·氓》："既见复关，载笑载言。"笺："则笑则言，喜之甚。"郑笺加"则……则……"说明"载笑"与"载言"之间构成并列关系。

《大雅·瞻卬》："邦靡有定，士民其瘵。"传："瘵，病。"笺："天下骚扰，邦国无有安定者，士卒与民皆劳病。"用"与"表明"士""民"是并列关系。

《大雅·烝民》："出纳王命，王之喉舌。"笺："出王命者，王口所自言，承而施之也；纳王命者，时之所宜，复于王也。其行之也，皆奉顺其意，如王口喉舌亲所言也。"

《天官·屦人》："辨外内命夫命妇之命屦、功屦、散屦"注："命夫之命屦，纁屦；命妇之命屦，黄屦。"

《地官·载师》："凡民无职事者，出夫家之征"注："民虽有闲无职事者，犹出夫税、家税也。夫税者，百亩之税；家税者，出士徒车辇、给繇役。"

《地官·载师》："辨外内命夫命妇之命屦、功屦、散屦"注："命夫之命屦，纁屦；命妇之命屦，黄屦。"

《地官·师氏》："掌国中失之事，以教国子弟。"注："教之者，使识旧事也。中，中礼者也；失，失礼者也。"

《春官·天府》："凡吉凶之事，祖庙之中沃盥执烛"注："吉事，四时祭也；凶事，后、王丧朝于祖庙之奠。"注文将"吉凶之事"分为"吉事"和"凶事"加以解释，说明"吉"和"凶"属于并列关系。

《春官·冢人》："冢人掌公墓之地，辨其兆域而为之图，先王之葬居中，以昭穆为左右。"注："先王造茔者，昭居左，穆居右，夹处东西。"分析"昭穆"为并列结构。

《夏官·大司马》："王吊劳士庶子。"注："师败，王亲吊士庶子之死者，劳其伤者。"注文分别说明"吊"和"劳"的对象不同，说明二者间属于并列关系。

《秋官·讶士》："邦有宾客，则与行人送逆之。"注："送逆谓始来及去也。""始来及去"说明"送""逆"一送一迎，为并列关系。

《秋官·司民》："司民掌登万民之数，自生齿以上，皆书于版，辨其国中与其都鄙，及其郊野，异其男女，岁登下其死生。"注："登，上也。男八月女七月而生齿。版，今户籍也；下犹去也，每岁更著生去死。"分析"登下"为并列结构。

《秋官·掌交》："使咸知王之好恶，辟行之。"注："咸，皆也。辟读如辟忌之辟。使皆知王之所好者而行之，知王所恶者辟而不为。"分析"好恶"为并列结构。

《礼记·玉藻》："史进象笏，书思对命。"注："思，所思念将以告君者也；对，所以对君者也；命，所以受君者也。书之于笏，为失忘也。"注文用三个相同的"所……者也"结构解释，揭示思、对、命三者间是并列关系。

《礼记·礼运》："用水火金木，饮食必时。"注："用水谓渔人以时渔为梁，春献鳖蜃，秋献龟鱼也；用火谓司爟四时变国火以救时疾，及季春出火，季秋纳火也；用金谓卝人以时取金、玉、锡、石也；用木谓山虞仲冬斩阳木，仲夏斩阴木。"注文分析"用水火金木"实则"用水""用火""用金""用木"之省略。水、火、金、木自是并列关系。

《礼记·王制》："邮罚丽于事。"注："邮，过也。丽，附也。过人、罚人当各附于其事，不可假他以喜怒。"注文分别解释"邮"和"罚"，是分析"邮罚"是并列关系动词组合。

《礼记·礼运》："以日星为纪，故事可列也。"注："事以日与星为候，兴作有次第。"加"与"表明"日星"为并列关系词语。

《礼记·经解》："义与信，和与仁，霸王之器也。"注："器谓所操以作事者也。义、信、和、仁，皆存乎礼。""义、信、和、仁"并列表述，说明它们之间为并列关系。

（三）分析为主谓关系

《小雅·采薇》："岂不曰戒，玁狁孔棘。"笺："孔，甚。棘，急也。言君子小人岂不日相警戒乎？诚日相警戒也。玁狁之难甚急，豫述其苦以劝之。"分析"玁狁孔棘"为主谓结构"玁狁之难甚急"。

《地官·舞师》："凡野舞则皆教之。"注："野舞谓野人欲学舞者。"则认为"野"与"舞"构成主谓关系。

（四）分析为动宾关系

《小雅·大田》："去其螟螣，及其蟊贼，无害我田稚。"传："食心曰螟，食叶曰螣，食根曰蟊，食节曰贼。"笺："此四虫者，恒害我田中之稚禾，故明君以正己而去之。"分析"其螟螣"与"其蟊贼"为并列结构，作"去"的宾语，构成动宾关系短语。

《夏官·太仆》："大仆掌正王之服位，出入王之大命。"注："服，王举动所当衣也。位，立处也。出大命，王之教也；入大命，群臣所奏行。"注文分析"出入"是并列关系动词组合，"王之大命"为"出入"的宾语，构成动宾关系。

《礼记·曲礼下》："君子行礼不求变俗。"注："求犹务也。不务变其故俗，重本也。"注文解释动词"求"，说明后面词语"变俗"为其所支配。

《礼记·乐记》："从以箫管，奋至德之光。"注："奋犹动也。动至德之光谓降天神、出地祇，假祖考。"注文解释动词"奋"，说明后面词语"变俗"为其所支配。

《小雅·十月之交》："黾勉从事，不敢告劳。"笺："诗人贤者见时如是，自勉以从王事，虽劳不敢自谓劳，畏刑罚也。"分析"劳"为"告"之宾语。

对于这样这些结构关系的分析，孙良明先生（2002/2005）[①] 总结说："要说明的是汉人认识到了语句里语词有不同的组合关系层次；而且根据释义的需要，注释出了所要注释的语词组合层次。"

（五）分析为动宾结构为动补结构

《大雅·大明》："天位殷适，使不挟四方。"笺："今纣居天位而又殷

[①] 孙良明：《中国古代语法学探究》（增订本），商务印书馆2005年版，第45页。

之正适，以其为恶，乃弃绝之，使教令不行于四方。"分析形式上为动宾结构的"不挟四方"为动补结构"不行于四方"。

《大雅·常武》："铺敦淮濆"笺："敦当作屯。丑，众也。陈屯其兵于淮水大防之上。"分析形式上为动宾结构的"铺敦淮濆"为动补结构"陈屯其兵于淮水大防之上"。

《礼记·月令》："是月也，毋用火南方。"注："阳气盛，又用火于其方，害微阴也。"郑注分析形式上为动双宾结构的"用火南方"为动宾补结构"用火于其方"。

《礼记·曲礼上》："孝子不服闇，不登危，惧辱亲也。"注："服，事也。闇，冥也。不于闇冥之中从事。"郑注分析形式上为动宾结构的"服闇"为动补结构"于闇冥之中从事"。

《礼记·曲礼下》："（大夫士）不说人以无罪"注："不自说于人以无罪。"郑注分析形式上为动宾结构的"说人"为动补结构"说于人"。

《礼记·缁衣》："则民言不危行而行不危言矣"注："危犹高也。言不高于行，行不高于言，言行相应也。"郑注分析形式上为动宾结构的"危行"为动补结构"高于行"，形式上为动宾结构的"危言"为动补结构"高于言"。

（六）分析为动双宾结构为动宾补结构

《邶风·谷风》："不远伊迩，薄送我畿。"传："畿，门内也。"笺："迩，近也。言君子与己诀别，不能远，维近耳。送我裁于门内，无恩之甚。"郑笺分析形式上为动双宾结构的"送我畿"为动宾补结构"送我于门内"。

《小雅·天保》："降尔遐福，维日不足。"笺："遐，远也。天又下予女以广远之福，使天下溥蒙之，汲汲然如日且不足也。"郑笺分析形式上为动双宾结构的"降尔遐福"为动宾补结构"下予女以广远之福"。

《小雅·小明》："神之听之，介尔景福。"传："介，景，皆大也。"笺："介，助也。神明听之，则将助女以大福。"分析"尔""景福"为动词"介"的双宾语。

《大雅·既醉》："其胤维何，天被尔禄。"传："禄，福也。"笺："天予女福祚至于子孙，云何乎？天覆被女以禄位，使录临天下。"分析形式上为动双宾结构的"天被尔禄"为动宾补结构"天覆被女以禄位"。

（七）分析名词作状语的用法

《大雅·抑》："匪手携之，言示之事，匪面命之，言提其耳。"笺：

"我非但以手携挈之，亲示以其事之是非；我非但对面语之，亲提撕其耳。"分析原文的"手携之"为"以手携挈之"，则意谓"手"作状语修饰"携"；分析原文的"面命之"为"对面语之"，则意谓"面"作状语修饰"命"。

《小雅·采菽》："乐只君子，天子命之；乐只君子，福禄申之。"传："申，重也。"笺："只之言是也。古者天子赐诸侯也，以礼乐乐之，乃后命予之也。天子赐之，神则以福禄申重之，所谓人谋鬼谋也，刺今王不然。"分析原文的"福禄申之"为"以福禄申重之"，则意谓"福禄"作状语修饰"申"。

《秋官·罪隶》："凡封国若家，牛助为牵徬。"注："牛助，国以牛助转徙也。"

《秋官·壶涿氏》："壶涿氏掌除水虫，以炮土之鼓驱之，以焚石投之。"注："焚石投之使惊去。"原文的介宾短语作状语的情况，郑玄注释中略去介词"以"，使用名词作状语的形式。

《秋官·禁暴氏》："禁暴氏掌禁庶民之乱暴力正者。"注："力正，以力强得正也。"

第三章

郑玄对句子的研究

一 对句读的分析

郑玄对句子的研究，首先表现为对句读的分析。古书中没有标点，句读反映注释家对句子的理解。则涉及句法问题。"句读（音逗），我国古代文章断句的符号和方法的总称。类似于今天标点符号的作用。"① 陆宗达先生在其《训诂浅谈》（1964）和《训诂简论》（1980）曾从训诂学角度关注过郑玄对句读的研究，孙良明先生则有更深入的探讨②。

（一）指明为"不辞"

对语句是否符合语言表达规范的描述，郑玄称"不辞"，即不成话，不符合语言正常表达规律。郑玄注释中曾2次提到过"不辞"的情况。

《春官·御史》："（御史掌邦国、都鄙及万民之治令，以赞冢宰，凡治者受法令焉。）掌赞书，凡数从政者。"注："王有命，当以书致之，则赞为辞，若今尚书作诏文。自公卿以下至胥徒凡数，及其见在空缺者。郑司农读言'掌赞书数'。书数者，经礼三百，曲礼三千，法度皆在。玄以为不辞，故改之云。"郑众认为"掌赞书凡数"为一句，郑玄则认为不符合语法，认为应当"掌赞书"为一句，"凡数从政者"为一句。

《仪礼·丧服》："传曰：'嫁者，其嫁于大夫者也。未嫁者，成人而未嫁者也。何以大功也？妾为君之党服，得与女君同。下言为世父母、叔父母、姑、姊妹者，谓妾自服其私亲也。'"注："此不辞，即实为妾遂自服其私亲，当言以明之。《齐衰三月章》曰：'女子子嫁者，未嫁者为曾祖父母。'经与此同，足以见之矣。传所云'何以大功也？妾为君之党服得与女君同'，文烂在下尔。女女子成人者，有出道，降旁亲，及将出

---

① 陆宗达：《训诂浅谈》，北京出版社1964年版，第23页；意见又见于陆宗达《训诂简论》，北京出版社1980年版，第22页。

② 孙良明：《中国古代语法学探究》（增订本），商务印书馆2005年版，第43页。

者，明当及时也。"

(二) 说明句读不同

郑玄明确说明自己与前辈学者断句不同。如：

《天官·宫正》："（宫正掌王宫之戒令、纠禁。……）春秋以木铎修火禁。凡邦之事跸宫中、庙中，则执烛。"郑注："火星以春出，以秋入，因天时而以戒。郑司农读'火'绝之，云'禁凡邦之事跸'，国有事王当出，则宫正主禁绝行者，若今时卫士填街跸也；'宫中、庙中则执烛'，宫正主为王于宫中、庙中执烛。玄谓：事，祭事也；邦之祭社稷、七祀于宫中，祭先公先王于庙中，隶仆掌跸止行者，宫正则执烛以为明。《春秋传》曰：'有大事于大庙。'又曰：'有事于武宫。'"这里，郑玄说明自己与郑司农断句意见不同。郑众认为断句作"春秋以木铎修火，禁凡邦之事跸，宫中、庙中则执烛。"郑玄断句当为："春秋以木铎修火禁。凡邦之事跸宫中、庙中，则执烛。"今天一般遵从郑玄的意见。

《天官·凌人》："凌人掌冰正岁十有二月，令斩冰，三其凌。"注："正岁季冬，火星中，大寒，冰方盛之时。《春秋传》曰：'火星中而寒暑退。'凌，冰室也。三之者，为消释度也。故书'正'为'政'。郑司农云：'掌冰政，主藏冰之政也。'杜子春读掌冰为主冰也。政当为正。正谓夏正。三其凌，三倍其冰。"这是因为文本不同，导致对经文中的复音组合的判定不同，故书"正"为"政"，因而郑司农是将"冰政"作为一个复音词，意思是"藏冰之政"，断句则为："凌人掌冰正，岁十有二月，令斩冰，三其凌。"而郑玄综合今文本和故书本的用字，同意杜子春的意见，将"正岁"作为一个复音词理解，则其断句当为："凌人掌冰，正岁十有二月，令斩冰，三其凌。"

《春官·小宗伯》："若军将有事，则与祭有司将事于四望。"注："军将有事，将与敌合战也。郑司农云：'则与祭，谓军祭表祃军社之属，小宗伯与其祭事。'玄谓：与祭有司，谓大祝之属，盖司马之官实典焉。"郑玄认为应当是"与祭有司"连读，将"与祭有司"作为一个整体的复音词，指代"大祝"一类的职官，则断句为："若军将有事，则与祭有司将事于四望。"郑司农在"与祭"处断句，即"若军将有事，则与祭，有司将事于四望。"是将"有司"作为单独的一个复音词处理。郑玄不同意其意见。

二　对句中语序的说明

（一）指出倒文

《大雅·崧高》："申伯还南，谢于诚归。"笺："还南者，北就王命于岐周而还反也。谢于诚归，诚归于谢。"孔颖达正义："言谢于诚归，正是诚心归于谢国。古人之语多倒，故申明之。诚归者，决意不疑之辞。"据此，郑玄认为"谢于诚归"是"诚归于谢"的倒文。

（二）改变语序理解原文

《礼记·檀公上》："狐死正丘首，仁也。"郑注："正丘首，正首丘也。"郑玄用改变语序，用"正首丘"来理解"正丘首"。

《礼记·檀公上》："君有馈焉曰献。"郑注："君有馈，有馈于君。"《礼记》要表达的意思是：馈赠礼物给君王称"献"。原文用"君有馈"，语义指向反过来了，郑玄指明正常语义理解是"有馈于君"。

《小雅·角弓》："我是用忧。"郑笺："我用是为大忧。"

（三）指出宾语前置的用法

1. 否定句，代词作宾语，宾语前置

《周南·汝坟》："既见君子，不我遐弃。"郑笺："已反得见之，知其不远弃我。"

《邶风·谷风》："宴尔新昏，不我屑以。"传："屑，絜也。"笺："以，用也。言君子不复絜用我当室家。"

《墉风·载驰》："大夫君子，无我有尤。"笺："君子，国中贤者。无我有尤，无过我也。"

《墉风·载驰》："既不我嘉，不能旋反。"笺："既，尽。嘉，善也。言许人尽不善我欲归唁兄。"

《郑风·遵大路》："无我恶兮，不寁故也。"笺："子无恶我掔持子之袪，我乃以庄公不速于先君之道使我然。"

《郑风·遵大路》："无我魗兮，不寁好也。"传："魗，弃也。"笺："魗亦恶也。好犹善也。子无恶我，我乃以庄公不速于善道使我然。"

《齐风·鸡鸣》："会且归矣，无庶予子憎。"笺："众，庶也。虫飞薨薨，所以当起者。卿大夫朝者且罢归故也。无使众臣以我故憎恶于子，戒之也。"

《郑风·东门之墠》："岂不可思？子不我即。"郑笺："我岂不思望女乎？女不就迎我而俱去耳！"

《小雅·巷伯》："岂不尔受，既其女迁。"郑笺："迁之言讪也。王仓卒岂将不受女言乎？已则亦将复讪诽女。"

《小雅·竹竿》："岂不尔思，远莫致之。"郑笺："我岂不思与君子为室家乎？君子疏远己，己无由致此道。"

《小雅·十月之交》："胡为我作，不即我谋。"郑笺："女何为役作我，不先就与我谋。"

《魏风·硕鼠》："三岁贯女，莫我肯顾。"笺："我事女三岁矣，曾无教令恩德来顾眷我。"

《小雅·黄鸟》："此邦之人，不我肯榖。"笺："不肯以善道与我。"

《小雅·正月》："天之扤我，如不我克。"传："扤，动也。"笺："我，我特苗也。天以风雨动摇我，如将不胜我。谓其迅疾也。"

《小雅·正月》："彼求我则，如不我得。"笺："彼，彼王也。王之始征求我，如恐不得我。言其礼命之繁多。"

《小雅·正月》："民之讹言，宁莫之惩。"笺："小人在位，曾无欲止众民之为伪言相陷害也。"

《大雅·桑柔》："国步蔑资，天不我将。"笺："蔑犹轻也。将犹养也。徂，行也。国家为政行此轻蔑民之资用，是天不养我也。"实际指出"天不我将"语序为宾语前置句，应该按"天不将养我"的语序理解。

《大雅·云汉》："圭璧既卒，宁莫我听。"笺："礼神之圭璧又已尽矣，曾无听聆我之精诚而兴云雨。"

《商颂·长发》："如火烈烈，则莫我敢曷。"传："曷，害也。"笺："其威势如猛火之炎炽，谁敢御害我。"

《礼记·檀弓下》："昔者吾丧姑姊妹亦如斯，末吾禁也。"注："末，无也。言无禁我，欲其言行。"

2. 疑问句中，疑问代词"谁"作宾语前置

郑玄指出当时理解的语序，当时"谁"在动词之后。

《小雅·正月》："有皇上帝，伊谁云憎。"笺："使王暴虐如是，是憎恶谁乎？"

《小雅·何人斯》："伊谁云从，维暴之云。"笺："谮我者，是言从谁生乎？乃暴公之所言也。"

3. 以代词是、之、于、来、斯等复指的宾语前置句，郑玄注释时将

宾语移到动词之后，指出属于宾语前置

《秦风·车邻》："未见君子，寺人之令。"笺："欲见国君者，必先令寺人，使传告之。""寺人"为"令"的宾语。

《小雅·斯干》："无非无仪，唯酒食是议。"笺："妇人之事，惟议酒食尔，无遗父母之忧。""酒食"为"议"的宾语。

《小雅·小旻》："哀哉为犹，匪先民是程，匪大犹是经。维迩言是听，维迩言是争"笺："哀哉！今之君臣谋事，不用古人之法，不犹大道之常，而徒听顺近言之同者，争近言之异者。言见动辄则泥陷，不至于远也。"这里郑玄实际指出《诗经》中"先民是程""大犹是经""维迩言是听""维迩言是争"四个结构都是宾语前置结构，正常语序结构分别是"程是先民""经是大犹""维听是迩言""维争是迩言"。

《小雅·采菽》："优哉游哉，亦是戾矣。"笺："戾，止也。诸侯有盛德者，亦优游自安止于是。言思不出其位。""是"为"戾"的宾语。

《大雅·桑柔》："既之阴女，反予来赫。"笺："之，往也。口距人谓之赫。我恐女见弋获，既往覆阴女，谓启告之以患难也。女反赫我，出言悖怒，不受忠告。"注释分析"予"为"赫"的宾语。

《大雅·崧高》："四国于蕃，四方于宣。"笺："四国有难，则往扞御之，为之蕃屏。四方恩泽不至，则往宣畅之。""四国"为"蕃"的宾语。

《大雅·崧高》："不显申伯，王之元舅，文武是宪。"笺："宪，表也。言为文武之表式。""文武"为"宪"的宾语。

《周颂·执竞》："既醉既饱，福禄来反。"笺："君臣醉饱，礼无违者，以重得福禄也。""福禄"为"反"的宾语。

《鲁颂·閟宫》："戎狄是膺，荆舒是惩，则莫我敢承。"笺："惩，艾也。僖公与齐桓举义兵，北当戎与狄，南艾荆及群舒，天下无敢御也。""戎狄""荆舒""我"分别为"膺""惩"和"承"的宾语。

《商颂·玄鸟》："龙旂十乘，大糦是承。"笺："交龙为旂。糦，黍稷也。高宗之孙子……乃有诸侯建龙旂者十乘，奉承黍稷而进之者。""大糦"为"承"的宾语。

4. 被强调的宾语直接前置

《小雅·六月》："玁狁孔炽，我是用急。"传："炽，盛也。"笺："此序吉甫之意也。北狄来侵甚炽，故王以是急遣我。""是用"被解作"以是"。

《小雅·角弓》："如蛮如髦,我是用忧。"传:"蛮,南蛮也。髦,夷髦也。"笺:"今小人之行如夷狄,而王不能变化之。我用是为大忧也。髦,西夷别名。""是用"被解作"用是"。

《大雅·板》:"犹之未远,是用大谏。"传:"犹,图也。"笺:"王之谋不能图远,用是故我大谏王也。""是用"被解作"用是"。

《春官·典瑞》:"牙璋以起军旅,以治兵守。"注:"郑司农云:'牙璋,瑑以为牙,牙齿兵象,故以牙璋发兵,若今时以铜虎符发兵。玄谓:牙璋亦王使之瑞节。兵守,用兵所守。若齐人戍遂,诸侯戍周。"郑玄引用郑司农观点分析"牙璋以"为"以牙璋"。

三 分析为主谓倒装句

《大雅·桑柔》:"多我觏痻,孔棘我圉。"笺:"痻,病也。圉当作御。多矣,我之遇困病;甚急矣,我之御寇之事。"郑玄分析原文结构"多我觏痻"为"多矣,我之遇困病",意谓"多我觏痻"为"我觏痻多"的倒装,"我觏痻"被分析为"我之遇困病",加"之"说明该结构为主谓结构作主语;分析原文结构"孔棘我圉"为"甚急矣,我之御寇之事",意谓"孔棘我圉"为"我圉孔棘"的倒装,"我圉"被分析为"我之御寇之事",用"之"说明该结构为偏正结构作主语。

《论语·子张》:"曾子曰:'堂堂乎张也,难与并为仁矣。'"集解:"郑曰:'言子张容仪盛,而于仁道薄也。'"郑玄注说明"堂堂乎"是"张"的谓语,则为主谓倒装句。

《邶风·匏有苦叶》:"招招舟子,人涉卬否。"传:"招招,号召之貌。舟子,舟人主济渡者。卬,我也。"笺:"舟人之子号召当渡者。"传笺皆分析"舟子"为"招招"的主语,主谓倒装。

四 对被动句式的说明

(一) 用"见字式"说明被动

《礼记·乐记》:"天则不言而信,神则不怒而威"注:"志明行成,不言而见信如天也,不怒而见畏如神也。"郑玄注说明"天则不言而信"的"信"当为被动式表达。

《大雅·桑柔》:"乱生不夷,靡国不泯。"笺:"军旅久出征伐,而乱日生不平,无国而不见残灭也。"指出"靡国不泯"为被动句式。

《周南·葛覃》:"言告师氏,言告言归。"传:"言,我也。师,女师也。古者,女师教以妇德、妇言、妇容、妇功。祖庙未毁,教于公宫。三月,祖庙既毁,教于宗室。妇人谓嫁曰归。"笺:"我告师氏者,我见教告于女师也。教告我以适人之道。重言我者,尊重师教也。"郑玄同意毛亨的意见。认为两个"言告"都是被动式,"言告师氏"就是"我告师氏",即"我见教告于女师"是被动句。"言告言归"即"我告我归",意思是"我被告诉(有关)我出嫁的事情"。

《周颂·雝》:"既右烈考,亦右文母。"传:"烈考,武王也。文母,大姒也。"笺:"子孙所以得考寿与多福者,乃以见右助于光明之考与文德之母,归美焉。"指出原文的"右烈考"和"右文母"是被动式,意思是被"烈考"和"文母"所佑助。

《论语·子罕》:"牢曰:'子云:"吾不试,故艺。"'"集解:"郑曰:'牢,弟子子牢也。试,用也。言孔子自云,我不见用,故多伎艺。"'"吾不试"被解释作"我不见用"。

《大雅·生民》:"诞后稷之穑,有相之道。"传:"相,助也。"笺:"大矣,后稷之掌稼穑,有见助之道,谓若神助之力也。"原文"相之道"被解释为"见助之道",则为被动句。

(二)用"为……""为……所"句式说明被动

《魏风·陟岵序》:"国迫而数侵削,役乎大国。"笺:"役乎大国者,为大国所征。"

《天官·酒人》:"酒人掌为五齐三酒,祭祀则共奉之,以役世妇。"注:"世妇谓宫卿之官,掌女宫之宿戒及祭祀,比其具。酒人共酒,因留与其奚为世妇役,亦官联。""役世妇"被解作"为世妇役"。

《礼记·儒行》:"儒有不陨获于贫贱,不充诎于富贵,不慁君王,不累长上,不闵有司,故曰儒。"注:"陨获,困迫失志之貌也。充诎,欢喜失节之貌。慁犹辱也。累犹系也。闵,病也。言不为天子、诸侯、卿大夫、群吏所困迫而违道,孔子自谓也。""慁君王,不累长上,不闵有司"被解作"不为天子、诸侯、卿大夫、群吏所困迫"。

(三)说明主语是动作的受事

《礼记·祭统》:"草艾则墨,未发秋政,则民弗敢草也。"注:"草艾谓艾取草也。秋草木成,可芟艾,给爨亨时,则始行小刑也。"分析"草艾"结构为"草被芟艾",可见草是动作"艾"的受事。

《仪礼·士冠礼》："承天之休，寿考不忘。"注："不忘长，有令名。"分析"寿考不忘"结构实际上是"不忘长"，可见"寿考"是动作"忘"的受事。

《礼记·曲礼下》："天子视不上于袷，不下于带。"注："袷，交领也。天子至尊，臣视之，目不过此。"又同篇："国君绥视"注："视国君弥高。绥读为妥。妥视，谓视上于袷。"又同篇："大夫衡视"注："视大夫又弥高也。衡，平也。平视谓视面也。"分别分析"天子视""国君视""大夫衡视"为"天子至尊，臣视之""视国君""视大夫"，则天子、国君、大夫为受事。

五 分析原文为判断句

《大雅·大明》："天难忱斯，不易维王。"笺："天之意难信矣，不可改易者，天子也。"用"不可改易者，天子也。"分析原文的"不易维王"。"……者，……也"是典型的判断句形式，故郑笺分析原文"不易维王"为判断句。

《小雅·祈父》："予王之爪牙。胡转予于恤，靡所止居。"笺："予，我。转，移也。此勇力之士责司马之辞也。我乃王之爪牙，爪牙之士当为王闲守之卫，女何移我于忧，使我无所止居乎？"原文"予王之爪牙"加入副词"乃"变为"我乃王之爪牙"，加强了判断语气。

《墉风·柏舟》："髧彼两髦，实维我仪。"传："髧，两髦之貌。髦者，发至眉，子事父母之饰。仪，匹也。"笺："两髦之人，谓共伯也。实是我之匹。故我不嫁也。"原文"予王之爪牙"加入判断动词"是"变为"实是我之匹"，加强了判断语气。

《小雅·伐木》："相彼鸟矣，犹求友声，矧伊人矣，不求友生。"传："矧，况也。"笺："相，视也。鸟尚知居高木呼其友，况是人乎，可不求之？"原文"矧伊人矣"加入判断动词"是"译为"况是人乎"，加强了判断语气。

六 对原文修饰性成分的说明

（一）分析文献中补语形式为状语

《地官·保氏》："养国子以道，乃教之六艺"注："养国子以道者，以师氏之德行审喻之，而后教之以艺仪也。"分析原文"养国子以道"为

"以师氏之德行审喻"，则将原文补语"以道"改为状语形式表述。

《礼记·杂记下》："少施氏食我以礼"注："言贵其以礼待己而为之饱也。"分析原文"食我以礼"为"以礼待己而为之饱"，则将原文补语"以礼"改为状语形式表述。

《邶风·北门》："我入自外，室人交徧谪我。"传："谪，责也。"笺："我从外而入，在室之人更迭徧来责我，使己去也。"分析原文"入自外"为"从外而入"，则将原文补语"自外"改为状语形式表述。

《小雅·巧言》："蛇蛇硕言，出自口矣。"传："蛇蛇，浅意也。"笺："硕，大也。大言者，言不顾其行，徒从口出，非由心也。"分析原文"出自口"为"从口出"，则将原文补语"自口"改为状语形式表述。

《大雅·韩奕》："笾豆有且，侯氏燕胥。"笺："且，多貌。胥，皆也。诸侯在京师未去者，于显父饯之时，皆来相与燕，其笾豆且然，荣其多也。""胥"由经文的补语身份在注释中变成状语。

（二）分析文献中补语为定语

《唐风·无衣》："岂曰无衣七兮？"传："侯伯之礼七命，冕服七章。"笺："我岂无是七章之衣乎？""七"原文为补语，注中分析为定语。

《仪礼·特牲馈食礼》："及筮日主人冠端玄，即位于门外，西面。"注："冠端玄，玄冠玄端，下言玄者，玄冠有不玄端者。""冠端玄"原文"玄"为补语，修饰"冠端"，郑玄注分析为定语。

（三）分析文献中状语为补语

《曹风·候人》："荟兮蔚兮，南山朝隮。"传："荟、蔚，云兴貌。南山，曹南山也。隮，升云也。"笺云："荟蔚之小云朝升于南山。""南山"在原文为状语身份，注释中分析为补语。

《礼记·乐记》："散军而郊射"注："郊射，为射宫于郊也。""郊"在原文为状语身份，注释中分析为补语。

七　对原文兼语式的补充性说明

《地官·充人》："凡散祭祀之牲，系于国门使养之"注："散祭祀，谓司中司命山川之属。国门谓城门司门之官。郑司农云：'使养之，使守门者养之。'"补充兼语"守门者"。

《礼记·月令》："冰以入，令告民出五种"注："冰既入而令田官告民出五种。"补充兼语"田官"。

第三章 郑玄对句子的研究

《小雅·节南山》:"昊天不平,我王不宁。"笺:"昊天乎师尹,为政不平,使我王不得安宁。"补充说明相当于指出"我王"为兼语。

八 对疑问句的分析研究

古代汉语疑问句主要包括是非问、特指问、选择问和反问四种[①]。孙良明先生曾专门讨论汉代学者对疑问句的分析情况[②],参照其例总结如下:

(一) 是非问

问是不是,要求作肯定或否定的答复,句中没有疑问代词。

《礼记·曾子问》:"曾子问曰:'相识有丧服,可以与于祭乎?'"注:"问己有丧服,可以助所识者祭否?"郑玄用"否"说明是是非问。

(二) 特指问

句中有疑问代词"谁""孰""曷""何""胡""恶"等,疑问的中心点是在这些疑问词上。

《小雅·正月》:"谁知乌之雌雄。"笺:"时君臣贤愚适同,如乌雌雄相似,谁能别异之乎?"用"谁……乎"说明为特指问句。

《周南·葛覃》:"害澣害否,归宁父母。"传:"害,何也。私服宜澣,公服宜否。宁,安也。父母在则有时归宁耳。"笺:"我之衣服今者何所当澣乎?何所当否乎?言常自洁清以事君子。"用"何所……乎"说明为特指问句。

《王风·君子于役》:"君子于役,不知其期,曷至哉?"笺:"曷,何也。君子于往行役,我不知其反期,何时当来至哉,思之甚。"用"何时"说明为特指问句。

《邶风·式微》:"式微式微,胡不归?"笺:"式微式微者,微乎微者也。君何不归乎?禁君留止于此之辞。"用"何不……乎"说明为特指问句。

《邶风·式微》:"微君之故,胡为乎中露?"传:"微,无也。中露,卫邑也。"笺:"我若无君,何为处此乎。臣又极谏之辞。"用"何不……

[①] 采用杨伯峻将疑问句分为是非问、特指问、抉择问和反诘问的分法。参见杨伯峻《文言语法》,北京出版社1962年版,第150页。

[②] 孙良明:《汉语复句类型、疑问句型的最早分析——汉代注释书中的语法学研究》,《烟台师范学院学报》(哲学社会科学版)1993年第1期。

乎"说明为特指问句。

《鄘风·君子偕老》："胡然而天也？胡然而帝也？"传："尊之如天，审谛如帝。"笺："胡，何也。帝，五帝也。何由然女见尊敬如天帝乎？非由衣服之盛、颜色之庄与？反为淫昏之行。""何由然……乎"说明为特指问。

《唐风·鸨羽》："悠悠苍天，曷其有所？"笺："曷，何也。何时我得其所哉。"用"何时"说明为特指问句。

《唐风·葛生》："予美亡此，谁与独处？"笺："言我所美之人无于此，谓其君子也。吾谁与居乎？独处家耳。"用"谁与……乎"说明为特指问句。

《卫风·河广》："谁谓河广，一苇杭之。"传："杭，渡也。"笺："谁谓河水广与？一苇加之则可以渡之。"用"谁谓……与？"说明为特指问句。

《卫风·河广》："谁谓宋远，跂予望之。"笺："予，我也。谁谓宋国远与？我跂足则可以望见之。"用"谁谓……与？"说明为特指问句。

《小雅·小弁》："天之生我，我辰安在。"传："辰，时也。"笺："此言我生所值之辰安所在乎？"用"安……乎？"说明为特指问句。

《礼记·檀弓上》："夫明王不兴，而天下其孰能宗予？"注："孰，谁也。宗，尊也。……今无明王，谁能尊我以为人君乎？"用"谁能…乎？"表特指疑问。

《礼记·三年问》："然则何以三年也？"注："言法此变易可以期，何以乃三年为？"用"何……为？"表特指疑问。

（三）选择问

对所提出的项目，选答其一。

《小雅·何人斯》："胡不自北，胡不自南？"笺："何不乃从我国之南，不则乃从我国之北？"加"不则"表选择关系问句。

（四）反问

无疑而问，属于一种修辞手段。形式否定（有否定词）表示肯定，形式肯定（无否定词）表示否定。

《小雅·沔水》："谁无父母。"笺："女谁无父母乎？言皆生于父母也。"用"谁无……乎"说明为反问句。

《小雅·何草不黄》："何草不黄，何日不行？"笺："用兵不息，军旅自岁始草生而出，至岁晚矣，何草而不黄乎？言草皆黄也。于是之间，将率何日不行乎？言常行劳苦之甚。"用"何……不……乎"说明为反问句。

《豳风·鸱鸮》："今女下民，或敢侮予？"笺："我至苦矣，今女我巢下之民，宁有敢侮慢欲毁之者乎？意欲恚怒之，以喻诸臣之先臣固定此官位土地，亦不欲见其绝夺。"用"宁……乎"说明为反问句。

《仪礼·士相见礼》："主人对曰：'某不足以习礼？敢固辞？'"注："言不足习礼者，不敢当其崇礼来见己。"用指出原文的言外之意的方法说明为反问句。

《礼记·文王世子》："古之君子举大事必慎其终始，而众安得不喻焉？"注："言其为之本末露见，尽可得而知也？"用指出原文的言外之意的方法说明为反问句。

九　对文献复句关系的说明

经典原文小句或分句之间多用意合法表现意义关系或逻辑关系，郑玄的注释中加上适当的关联词语，让逻辑意义关系更加明确。这反映了郑玄对复句关系的分析。

（一）对并列关系的分析

《豳风·鸱鸮》："予羽谯谯，予尾翛翛。"传："谯谯，杀也。翛翛，敝也。"笺："手口既病，羽尾又杀敝，言己劳苦甚。"郑笺将经文两句话合并解作"羽尾又杀敝"意谓"予羽谯谯"与"予尾翛翛"构成并列关系。

《鄘风·蝃蝀》："大无信也，不知命也。"笺："淫奔之女，大无贞洁之信，又不知婚姻当待父母之命，恶之也。"郑笺加"又"字说明"大无信也"与"不知命也"之间构成并列关系。

《小雅·斯干》："哙哙其正，哕哕其冥。"笺："哙哙，犹快快也。正，昼也。哕哕，犹煟煟也。冥，夜也。言居之昼日，则快快然，夜则煟煟然，皆宽明之貌。"分析"哙哙其正"与"哕哕其冥"之间为并列关系。

《小雅·鱼丽》："物其多矣，维其嘉矣。"笺："鱼既多又善。""个物其旨矣，维其偕矣。"笺："鱼既美，又齐等。""物其有矣，维其时矣。"笺："鱼既有，又得其时。"注释中用三次"既……又……"结构形式说明"物其多矣,维其嘉矣""物其旨矣,维其偕矣""物其有矣,维其时矣"三个句子各自内部是并列关系。

《礼记·坊记》:"故君子不以菲废礼,不以美没礼"注:"言不可以其薄不及礼而不行礼,亦不可以其美过礼而去礼。礼主敬,废灭之,是不敬。"加"亦"字说明"不以菲废礼"与"不以美没礼"之间构成并列关系。

《礼记·中庸》:"尊其位,重其禄,同其好恶,所以劝亲亲也。"注:"尊重其禄位,所以贵之。""尊其位,重其禄"被解作:"尊重其禄位"。可见"禄位"地位属于并列关系,则"尊其位,重其禄"二句也是并列关系。

《夏官·司勋》:"凡有功者,铭书于王之大常,祭于大烝,司勋诏之。"注:"铭之言名也。生则书于王旌,以识其人与其功也;死则于烝先王祭之。"加"则……则"表示"铭书于王之大常"和"祭于大烝"是并列关系。

(二) 对承接关系的分析

《魏风·陟岵》:"陟彼岵兮,瞻望父兮。"笺:"孝子行役,思其父之戒,乃登岵山以遥瞻望其父所在之处。"加"以"表示承接关系。

《小雅·车舝》:"觏尔新昏,以慰我心。"传:"慰,安也。"笺:"我得见女之新昏,如是则以慰除我心之忧也。新昏谓季女也。"加"如是则"表示承接关系。

《地官·乡大夫》:"此谓使民兴贤,出使长之;使民兴能,入使治之。"注:"言是乃所谓使民自举贤者,因出之而使之长民,教以德行道艺于外也;使民自举能者,因入之而使之治民之贡赋、田役之事于内也。"加"因"表"使民兴贤"与"出使长之","使民兴能"与"入使治之"是承接关系。

《地官·司救》:"凡民之有衺恶者……耻诸嘉石,役诸司空。"注:"……嘉石,朝士所掌,在外朝之门左,使坐焉,以耻辱之;既而役诸司空,使事官作之也。"加"既而"表"耻诸嘉石"与"役诸司空"之间是先后承接关系。

《仪礼·士昏礼》:"下达,纳采,用雁。"注:"将欲与彼合昏姻,必先使媒氏下通其言,女氏许之,乃后使人纳其采,择之礼。纳采而用雁为挚者,取其顺阴阳往来。"用"乃后"表"下达"与"纳采,用雁"是承接关系。

《礼记·月令》:"冰以入,令告民出五种。"注:"冰既入,而令田官告民出五种,明大寒气过农事将起也。"加"而"表"令告民出五种"与"冰以入"是承接关系。

《礼记·坊记》:"诗云:'尔卜尔筮,履无咎言。'"注:"尔,女也。履,礼也。言女乡卜筮,然后与我为礼,则无咎恶之言矣。"加"然后"表"尔卜尔筮"与"履无咎言"是承接关系。

《礼记·檀弓上》:"伯氏不出而图吾君"注:"图,犹谋也。不出为君谋国家之政。"加"而"表承接关系。

(三) 对递进关系的分析

《邶风·谷风》:"我躬不阅,遑恤我后。"传:"阅,容也。"笺:"躬,身。遑,暇。恤,忧也。我身尚不能自容,何暇忧我后所生子孙也。"加"尚""何"表递进关系。

《小雅·伐木》:"相彼鸟矣,犹求友声,矧伊人矣,不求友生。"传:"矧,况也。"笺:"相,视也。鸟尚知居高木呼其友,况是人乎,可不求之?"加"尚""况"表递进关系。

《大雅·抑》:"匪手携之,言示之事。匪面命之,言提其耳。"笺:"我非但以手携掔之,亲示以其事之是非。我非但对面语之,亲提撕其耳。此言以教道之孰,不可启觉。"加"非但"表递进关系。

《礼记·坊记》:"大为之坊,民犹踰之。"注:"言严其禁尚不能止,况不禁乎?"加"尚""况"表递进关系。

《礼记·坊记》:"诗云:'既醉以酒,既饱以德。'"注:"言君子飨燕非专为酒肴,亦以观威仪,讲德美。"加"非""亦以"表递进关系。

《礼记·中庸》:"天地之大也,人犹有所憾。"注:"憾,恨也。天地至大,无不覆载,人尚有所恨焉,况于圣人,能尽备之乎?"加"尚""况"表递进关系。

(四) 对选择关系的分析

《小雅·何人斯》:"胡不自北,胡不自南?"笺:"何不乃从我国之南,不则乃从我国之北?"加"不则"表选择关系。

《周颂·载芟》:"千耦其耘,徂隰徂畛。"笺:"隰谓新发田也。畛谓旧田有径路者。……于是耘除其根株,辈作者千耦,言趋时也。或往之隰,或往之畛。"加"或……或……"表选择关系。

《地官·比长》："比长各掌其比之治……徙于国中及郊，则从而授之。"注："徙谓不便其居也，或国中之民出徙郊，或郊民入徙国中，皆从而付所处之吏，明无罪恶。"加"或……或……"表示选择关系。

（五）对转折关系的分析

《卫风·氓》："女也不爽，士贰其行。"郑笺："我心于女，故无差贰，而复关之行有二焉。"加"而"表示转折关系。

《郑风·山有扶苏》："不见子都，乃见狂且。"传："子都，世之美好者也。狂，狂人也。且，辞也。"郑笺："人之好美色，不往觐子都，乃反往觐狂丑之人。以兴忽好善，不任用贤者，反任用小人，其意同。""乃"后加"反"加强转折关系①。

《邶风·鹑之奔奔》："人之无良，我以为兄。"传："良，善也。兄谓君之兄。"郑笺："人之行无一善者，我君反以为兄。君谓惠公。"加"反"表示转折关系。

《礼记·乐记》："乐也者，施也；礼也者，报也。"注："言乐出而不反，而礼有往来也。"加"而"表示转折关系。

《礼记·中庸》："子曰：'吾说夏礼，杞不足征也。'"注："征犹明也。吾能说夏礼，顾杞之君不足与明之也。"加"顾"表示转折关系。

《礼记·中庸》："子曰：'中庸其至矣乎？民鲜能久矣。'"注："鲜，罕也。言中庸为道至美，顾人罕能久行。"加"顾"表示转折关系。

（六）对因果关系的分析

《王风·中谷有蓷》："嘅其叹矣，遇人之艰难矣。"传："艰亦难也。"笺："所以嘅然而叹者，自伤遇君子之穷厄。"用"所以……者"表因果关系。

《小雅·六月》："玁狁孔炽，我是用急。"郑笺："北狄来侵甚炽，故王以是急遭我。"加"故"表因果关系。

《小雅·天保》："俾尔多益，以莫不庶。"传："庶，众也。"郑笺："莫，无也。使汝每物益多，以是故无不众也。"加"以是故"表因果关系。

《礼记·中庸》："诗曰：'予怀明德，不大声以色。'"注："予，我

---

① 此例及下一例，孙良明先生列作表并列关系。见孙良明《汉语复句类型、疑问句型的最早分析——汉代注释书中的语法学研究》，《烟台师范学院学报》（哲学社会科学版）1993年第1期。

也。怀，归也。言我归有明德者，以其不大声为严厉之色以威我也。"

（七）对假设关系的分析

《小雅·伐木》："神之听之，终和且平。"郑笺："以可否相增减，曰和平齐等也。此言心诚求之，神若听之，使得如志，则友终相与和而齐功也。"加"若""则"，表假设关系。

《小雅·小明》："神之听之，式穀以女。"郑笺："穀，善也。……神明若佑而听之，其用善人则必用女。"加"若""则"，表假设关系。该篇下文有"神之听之，介尔景福。"笺："介，助也。神明听之，则将助女以大福。"只用"则"表明这种关系。

《天官·掌舍》："为帷宫，设旌门。"注："谓王行昼止有所展肆，若食息张帷为宫，则树旌以表门。"加"若"表假设关系。

《大雅·抑》："借曰未知，亦既抱子。"传："借，假也。"笺："假令人云王尚幼少未有所知，亦已抱子长大矣。"加"假令"表假设关系。

（八）对让步关系的分析

《小雅·常棣》："兄弟阋于墙，外御其务。"传："阋，很也。"郑笺："御，禁。务，侮也。兄弟虽内阋，而外御侮也。"加"虽"表让步关系。

《地官·载师》："凡民无职事者，出夫家之征。"注："民虽有闲无职事者，犹出夫税、家税也。"加"虽"表让步关系。

（九）分析用于主谓之间的"之"字句为时间状语从句

《小雅·正月》："燎之方扬，宁或灭之。"笺："火田为燎，燎之方盛之时，炎炽熛怒，宁有能灭息之者？言无有也，以无有喻有之者为甚也。""燎之方扬"解作"燎之方盛之时"，是分析用于主谓之间的"之"字句为表时间的状语从句。

《大雅·文王》："殷之未丧师，克配上帝。"笺："师，众也。殷自纣父之前、未丧天下之时，皆能配天而行，故不亡也。""殷之未丧师"解作"殷自纣父之前、未丧天下之时"，是分析用于主谓之间的"之"字句为表时间的状语从句。

十　对韵律句和语义句的区分

郑玄已经开始区分韵律句与语义句。韵律句，黄侃称为"音节之句读"，郭绍虞称为"音句"，一般称为诗句；语义句，黄侃称为"文法之句读"，郭绍虞称为"义句"，即现在语言正常使用的表达意义的句子。①洪丽娣称"郑玄笺《诗》串讲句意时，打破《诗经》的这种自然的语音停顿，照顾到句子的完整性。"② 例如：

《邶风·泉水》："问我诸姑，遂及伯姊。"笺："宁则又问姑及姊，亲其类也。"原诗韵律句为两句，笺文合为一句。诗下句的"姊"和诗上句的"诸姑"都是"问"的宾语。

《鄘风·定之方中》："树之榛栗，椅桐梓漆，爰伐琴瑟。"传："椅，梓属。"笺："爰，曰也。树此六木于宫者，曰其长大可伐以为琴瑟。言预备也。"原诗韵律句为两句，笺文合为一句。诗下句的"椅桐梓漆"和诗上句的"榛栗"都是"树"的宾语。

《秦风·黄鸟》："交交黄鸟，止于棘。"传："兴也。交交，小貌。黄鸟以时往来，得所。人以寿命终亦得其所。"笺："黄鸟止于棘，以求安己也。此棘若不安，则移。""黄鸟止于棘"分析诗上句的"黄鸟"和诗下句的"止于棘"构成主谓补关系。

《秦风·黄鸟》："维此仲行，百夫之防。"笺："防犹当也。言此一人当百夫。""此一人当百夫"分析诗上句的"此仲行"和诗下句的"百夫之防"构成主谓关系。

《郑风·有女同车》："彼美孟姜，洵美且都。"郑笺："洵，信也。言孟姜信美好且闲习妇礼。"原诗两句属于韵律句，笺文合为一句。指明两句的主谓关系。后句是前句的谓语。

《唐风·采苓》："采苓采苓，首阳之巅。"传："兴也，苓，大苦也。首阳，山名也。"笺："采苓采苓者，言采苓之人众多非一也，皆云采此苓于首阳山之上。"郑注分析诗上句的"采苓"和诗下句的"首阳之巅"构成动补关系。

《小雅·何人斯》："胡逝我梁，不入我门。"笺："逝，之也。梁，鱼梁也。……何故近之我梁而不入见我乎？"郑注分析诗上句的"胡逝我梁"和诗下句的"不入我门"为一个疑问句，由"胡"统摄。

《大雅·公刘》："乃裹糇粮，于橐于囊。"郑笺："乃裹粮食于橐囊之中。"原诗是两个韵律句，笺文合为一句，指明下"句"是上"句"的

---

① 参见孙良明《中国古代语法学探究》（增订本），商务印书馆2005年版，第40页。
② 洪丽娣：《郑玄对汉语语法学史的贡献》，《蒲峪学刊》1997年第2期。

补语。

《大雅·抑》："昊天孔昭，我生靡乐。"笺："孔，甚。昭，明也。昊天乎，乃甚明察我生无可乐也。"郑注分析诗上句的"孔昭"和诗下句的"我生靡乐"构成动宾关系。

《商颂·玄鸟》："天命玄鸟，降而生商。"传："玄鸟，鳦也。"笺："降，下也。天使鳦下而生商者，谓鳦遗卵，娀氏之女简狄吞之而生契，为尧司徒，有功封商。"郑注分析诗上句的"天命玄鸟"和诗下句的"降而生商"构成主谓宾关系。

十一 对句中成分省略的分析

《礼记·中庸》："郊社之礼，所以事上帝也，宗庙之礼，所以祀乎其先也。"注："社，祭地神，不言后土者，省文。""郊"指祭祀上帝，"社"指祭祀土神，经文常并举"郊""社"。下文当说"所以事上帝后土也"，可原文只说"所以事上帝也"而略去"后土"，郑玄指出属于省文表达。

《礼记·内则》："虽贵富，不敢以贵富入宗子之家。虽众车徒，舍于外，以寡约入。"注："入谓入宗子家。"上文提到"入宗子之家"，下文省称"入"，郑玄补足"入"的宾语。

《礼记·檀弓上》："子夏既除丧而见。"注："见于孔子。""见"后省略见的对象，郑玄补足宾语"孔子"。

《礼记·曲礼上》："客践席乃坐。"注："客安，主人乃敢安也。""乃坐"前省略主语"主人"，郑玄说明。

《豳风·七月》："七月在野，八月在宇，九月在户，十月蟋蟀入我床下。"笺："自七月在野至十月入我床下，皆谓蟋蟀。""七月在野，八月在宇，九月在户"的主语"蟋蟀"都省略。郑玄指明。

第四章

郑玄对语段的研究

郑玄有时候会关注整个语言段落。从语段中各句之间的联系着手来进行解释。如：

《周礼·天官·大宰》："以八柄诏王驭群臣：一曰爵，以驭其贵；二曰禄，以驭其富；三曰予，以驭其幸；四曰置，以驭其行；五曰生，以驭其福；六曰夺，以驭其贫；七曰废，以驭其罪；八曰诛，以驭其过。"注："凡言驭者，所以驱之内之于善。"郑玄看整个语段中各句都用"驭"字，因此统一予以解释。

《礼记·仲尼燕居》："是故以之居处，长幼失其别，闺门三族失其和，朝廷官爵失其序，田猎戎事失其策，军旅武功失其制，宫室失其度，量鼎失其象，味失其时，乐失其节，车失其式，鬼神失其飨，丧纪失其哀，辨说失其党，官失其体，政事失其施，加于身而错于前，凡众之动失其宜，如此则无以祖洽于众也。"注："注凡言失者，无礼故也。"郑玄看整个语段中各句都用"失"字，因此统一予以解释。

《礼记·丧大记》："君葬用辁，四綍二碑，御棺用羽葆。大夫葬用辁，二綍二碑，御棺用茅。士葬用国车，二綍无碑，比出宫，御棺用功布。"郑注："在棺曰綍，行道曰引，至圹将窆又曰綍而设碑，是以连言之。碑，桓楹也。御棺，居前为节度也。士言比出宫用功布，则出宫而止，至圹无矣。綍或为率。"郑玄也是关注整个语段，指出"四綍二碑""二綍二碑""二綍无碑"都是连言。"綍"和"碑"相关，因而连言，"引"就省略了。

第五章

郑玄对语篇的研究

郑玄有时候是着眼于语篇的解释。即并不局限于一个词、短语、句子或语段的限制。举例如下。

一 有说明总结上文的

如《礼记·文王世子》"成王有过，则挞伯禽，所以示成王世子之道也，文王之为世子也。"注："题上事。"所谓"题上事"，概括本篇前文描述的"文王之为世子"的情况。又"教世子"注："亦题上事。"孔颖达疏："正义曰：题谓题目。前'文王之为世子'文在于下，题目以上之事；今'教世子'之文又在于下，亦是题目以上所设诸事。故云亦题上事也。"也是总括上文提到的"教世子"的情况，紧接着"教世子"三字出现在下文继续阐述，"凡三王教世子，必以礼乐……"。又"周公践阼"注："亦题上事。"概括说明上文提到的"昔者周公摄政，践阼而治"。

二 有说明总领下文的

如《礼记·礼器》："天道至教，圣人至德。"注："目下事也。""目下事"即意思是该句概括下面要说的内容，相当于下文的"文眼"或题目。

三 有联系几个语段来理解的

如《天官·大宰》："大宰之职，掌建邦之六典……以八法治官府……以八则治都鄙"注："则亦法也。典、法、则，所用异，异其名也。"后文的"则"与前文的第二段的"法"和第一段的"典"位置相对，含义相当，应用的领域不同而名称有所不同。这也是郑玄从语篇研究的范例。

四　有结合几章的理解的

如：

(1)《周南·桃夭》："之子于归，宜其室家。……之子于归，宜其家室。……之子于归，宜其家人。"笺："家人犹室家也。""室家"、"家室"和"家人"在不同章对应位置，属于同义对文。郑玄结合上下文予以解释。

(2)《郑风·丰》："子之丰兮，俟我乎巷兮，悔予不送兮。子之昌兮，俟我乎堂兮，悔予不将兮。"笺："将亦送也。"

张华文[①]："郑氏的语法分析的方式仍然停留在寓语法分析于训诂的阶段，还脱离不了训诂的窠臼，但郑氏对于古汉语中许多重要的语法现象的本质的深刻认识却是不可磨灭的。郑氏在我国语法学史上应占有一定的地位。"

[①] 张华文：《试论〈毛诗·郑笺〉的语法分析》，《云南师范大学学报》（哲学社会科学版）1986年第4期。

第五编

郑玄的方言学研究

第一章

郑玄的方言观、方言研究材料和方言分区观新考①

关于郑玄的方言观研究，学界已有不少，主要有以下五种论著。（一）李云光《三礼郑氏学发凡》②第四章"郑氏对三礼之训诂"的"以方俗语释之"一节，罗列郑玄《三礼注》所引方言俗语材料63条，梳理郑玄方言俗语研究的承袭脉络及其所引方言俗语的来源。该书虽然很早就在台湾出版，但2012年之前大陆地区不易见到，故内地学者以往极少引用。（二）张舜徽《郑学丛著》③的《郑氏经注释例》中有"旁稽博证"一节，曾例举郑玄"或取齐语为证""注书之际，取证于齐鲁之语尤多"。此属大陆地区较早关注郑玄方言研究者。（三）李恕豪《郑玄方言研究》④统计了郑玄方言研究的地域特征、说明郑玄的方言研究重点是齐鲁方言、总结了郑玄方言研究的一些特点（如词语上通语与方言的差别，语音上韵部间、声母间的对转等）。（四）汪启明《先秦两汉齐语研究》⑤。主要涉及一些郑玄笺注中有关齐地方言的材料。（五）华学诚《周秦汉晋方言研究史》⑥是目前研究最为系统全面者。搜辑郑玄笺注中关涉方言研究的材料67条，详细考察了郑玄方言研究的内容、方言研究目的、引证方言特点等，并分齐鲁、楚越、周秦、燕冀几个方言地域分别

---

① 本章主体内容曾发表于《天津大学学报》（社会科学版）2016年第2期。此次出版略去语料部分的具体页码。此前，我曾指导学生李玲（天津师范大学文学院2008级本科生）的本科毕业论文为本文做了一些前期资料考察工作。
② 李云光：《三礼郑氏学发凡》，华东师范大学出版社2012年版，第139—146页。
③ 张舜徽：《郑学丛著》，齐鲁书社1984年版，第104—107页。
④ 李恕豪：《郑玄的方言研究》，《天府新论》1997年第3期。
⑤ 汪启明：《先秦两汉齐语研究》，巴蜀书社1998年版，第19—270页。
⑥ 华学诚：《周秦汉晋方言研究史》（修订本），复旦大学出版社2007年第2版，第338—367页。

讨论郑玄从语音和词汇角度对方言的研究，给予郑玄的方言研究以总体评价，可谓宏观和微观研究兼备，然似亦偶有材料误收之失①。

综观以往学者关于郑玄方言观的研究，我们认为至少在以下四方面尚有探讨和完善的必要：（一）郑玄对"方言"的总体认识观念是怎样的；（二）郑玄有关方言研究的材料数量和文献来源是怎样的；（三）郑玄方言材料的获得途径是怎样的；（四）郑玄的方言分区观念。以下分别讨论。

一 郑玄对"方言"的总体认识

郑玄对"方言"的总体认识是怎样的，以往未见讨论。据我们考察，郑玄注释中"方言"并未作为一个固定的词语概念存在，也没有提到西汉扬雄的《方言》或许慎《说文解字》中的"方言"，其方言研究主要还是为文献训诂服务的，其"方言"观从总体上来看即其"四方言语"观。

1. 郑玄的"方言"观即其"四方言语"观。如《周礼·地官·诵训》"掌道方慝，以诏辟忌，以知地俗"注："方慝，四方言语所恶也。不辟其忌，其方以为苟于言语也。知地俗，博事也。郑司农云：'以诏辟忌，不违其俗也。《曲礼》曰："君子行礼，不求变俗。"'"② 这里郑玄确知各地语言都有所忌讳规避，如果违背方言禁忌，当地就会认为说话人不谨慎自己的言行。郑注的"四方言语"，也就是各地语言的意思，这种"四方言语"观应当就是郑玄总体上对"方言"的认识。

2. 郑玄的方言观中的"四方"要比我们今天的方言地域观念要宽。如《周礼·秋官·叙官》"象胥"注："通夷狄之言者曰象。胥，其有才知者也。此类之本名，东方曰寄，南方曰象，西方曰狄鞮，北方曰译。今总名曰象者，周之德先致南方也。"③ 此处提到的四方，都应属于少数民族地区，其地语言已经不属于现代所谓的方言了。可见，在郑玄的观念中，少数民族语言也属于他所说的"四方"范畴，这和今天的方言地域

---

① 汪少华：《从〈周秦汉晋方言研究史〉看汉语史研究方法》，《语言研究》2003年第4期。

② 李学勤主编：《十三经注疏·周礼注疏》（标点本），北京大学出版社1999年版，第414页。

③ 同上书，第900页。

观念是不同的。正如何九盈先生所说"古人所谓的'方言',除指汉语各地的方言之外,还包括汉语以外的其他种语言,四邻方国之音。"①

3. 郑玄论及各地言语不通,需要有翻译之官,从周代已经开始了,有时甚至还需要辗转翻译("重译")才能够实现言语沟通交流。《周礼·秋官·大行人》"七岁属象胥,谕言语,协辞命"注:"玄谓胥读为谞。《王制》曰:'五方之民,言语不通,耆欲不同,达其志,通其欲。东方曰寄,南方曰象,西方曰狄鞮,北方曰译。'此官正为象者,周始有越重译而来献,是因通言语之官为象胥云。谞谓象之有才知者也。辞命,六辞之命也。"② 此处郑玄说明四方言语与中原地区言语之间的沟通交流是需要有翻译官解释的。而且各地对翻译官的称呼也不同,应该都是各地根据事类的不同而命名的,正如郑玄注释《礼记·王制》"五方之民言语不通,嗜欲不同,达其志,通其欲。东方曰寄,南方曰象,西方曰狄鞮,北方曰译"时所说:"皆俗间之名,依其事类耳。"③

可见,郑玄的方言观与今天的方言观有所不同,本质上说就是"四方言语"观,其中的"四方"也不同于今天的方言地域观念,包括了各少数民族地区。

二 郑玄有关方言研究的材料

郑玄的方言研究材料主要保留在郑玄的笺注中。以往学者曾对此作过相关研究统计,如李云光(1966/2012)63条,张舜徽(1984)8条,李恕豪(1997)50余条,汪启明(1998)17条,华学诚(2007)67条。有的统计材料未详列出处。在此基础上,我们统计郑玄有关方言的研究材料为75条④,按照材料来源,可分为《周礼注》(27条)、《仪礼注》(11条)、《礼记注》(24条)、《毛诗笺》(4条)和其他文献中郑玄方言研究的材料(9条)五类。具体说明如下。

---

① 何九盈:《中国古代语言学史》(第4版),商务印书馆2013年版,第80—90页。
② 李学勤主编:《十三经注疏·周礼注疏》(标点本),北京大学出版社1999年版,第1006页。
③ 李学勤:《十三经注疏·礼记正义》(标点本),北京大学出版社1999年版,第399页。
④ 关于郑玄所引东汉杜子春、郑众的方言材料,我们全部纳入,因为有的材料,郑玄虽未采取其说解读文献,但并未说明其方言描述是错误的,故其方言的描述仍属可信资料。

(一) 郑玄《周礼注》中的方言材料 27 条

1. 郑玄引杜子春观点 1 条

此条李云光已列出，见（1）《夏官·圉师》"楗质"注："杜子春读楗为齐人言铁楗之楗，楗质，所射者习射处。"

2. 郑玄引郑司农观点 7 条

李云光已列出 7 条[①]。例如：（2）《地官·司关》"国凶札"注："郑司农云：'札谓疾疫死亡也。越人谓死为札。"（3）《春官·巾车》"皆有容盖"注："郑司农云：'容谓幨车，山东谓之裳帏，或曰幢容。'"其他 5 例分别见（4）《夏官·弁师》："王之皮弁，会五采玉璂……"注："故书會作䯻。郑司农云：'读如马会之会，谓以五采束髮也。《士丧礼》曰："桧用组，乃笄。"桧读与䯻同，书之异耳。说曰："以组束发乃著笄，谓之桧。"沛国人谓反纷为䯻。璂读如綦车毂之綦。'玄谓会读如大会之会。会，缝中也。"（5）《考工记·轮人》："直以指牙，牙得，则无槷[②]而固。"注："郑司农云：'槷，𢳚也。蜀人言椹[③]曰槷。'玄谓槷读如涅，从木埶省声。"（6）《考工记·轮人》："视其绠"注："郑司农云：'绠读为关东言饼之饼，谓轮箄也。'玄谓轮虽箄，爪牙必正也。"（7）《考工记·轮人》："察其菑蚤不齵，则轮虽敝不匡。"注："菑，谓辐入毂中者也。菑与爪不相佹，乃后轮敝尽不匡剌也。郑司农云：'菑读如杂厕之厕，谓建辐也。泰山、平原所树立物为菑，声如胾，博立枭棊亦为菑。匡，枉也。'"（8）《考工记·辀人》："必緧其牛后"注："故书緧作鰌，郑司农云：'鰌读为緧，关东谓纣为緧，鰌，鱼字。'"

3. 郑玄《周礼注》中自注的观点 19 条

李云光已列出 16 条[④]。例如：（9）《天官·笾人》"其实糗、糐"注："今河间以北，煮穜麦卖之，名曰逢。"（10）《天官·醢人》"豚拍、鱼醢"注："郑大夫、杜子春皆以拍为膊，谓胁也。或曰豚拍，肩也。今

[①] 原书实列 9 条，其中 2 条俗语材料无法判定所属方言区域，故舍去。

[②] 阮校："唐石经、余本、嘉靖本、毛本同。下及注疏同，叶钞《释文》亦作'槷'。闽、监本、今通志堂误作'槷'。"参看李学勤标点本《周礼注疏》，北京大学出版社 1999 年版，第 1076 页。

[③] 椹，阮校："余本、嘉靖本同。《释文》、徐本、叶钞本亦同。闵、监、毛本及《汉制考》从手，讹。"参看李学勤标点本《周礼注疏》，北京大学出版社 1999 年版，第 1076 页。

[④] 原书实列 18 条，其中 2 条俗语材料无法判定所属方言区域，故舍去。

河间名豚胁声如锻铺。"其他见（11）《地官·叙官》："媒氏"注："媒之言谋也，谋合异类，使和成者。今齐人名麴麸曰媒。"（12）《地官·掌蜃》："共白盛之蜃"注："盛犹成也。谓饰墙使白之蜃也。今东莱用蛤，谓之叉灰云。"（13）《春官·小宗伯》："卜葬兆，甫竁"注："郑大夫读'竁'皆为穿，杜子春读'竁'为'毳'，皆谓葬穿圹也。今南阳名穿地为竁，声如'腐脆'之脆。"（14）《春官·司尊彝》："郁齐献酌"注："献，读为摩莎之莎。齐语声之误也。"（15）《春官·司尊彝》："凡酒脩酌"注："脩，读如涤濯之涤。涤酌，以水和而泲之。今齐人命浩酒曰涤。"（16）《夏官·叙官》："司爟"注："玄谓爟读如予若观火之观。今燕俗名汤热为爟，则爟火谓热火与？"（17）《秋官·蝈氏》："蝈氏掌去鼃黾"注："齐鲁之间谓鼃为蝈。黾，耿黾也。蝈与耿黾尤怒鸣，为聒人耳去之。"（18）《考工记·叙官》："无以为戚速也"注："齐人有名疾为戚者。《春秋传》曰：'盖以操之为已戚矣。'速，疾也。书或作數。"（19）《考工记·叙官》："轮已庳，则于马终古登阤也。"注："齐人之言终古犹言常也。"（20）《考工记·冶氏》："重三锊。"注："玄谓许叔重《说文解字》云：'锊，锾也。'今东莱称或以大半两为钧，十钧为环，环重六两大半两。锾锊似同矣，则三锊为一斤四两。"（21）《考工记·画缋》："山以章"注："章读为獐，獐，山物也。在衣。齐人谓麇为獐。"（22）《考工记·幌氏》："以涗水沤其丝七日"注："沤，渐也。楚人曰沤，齐曰湮。"（23）《考工记·庐人》："是故句兵椑"注："齐人谓柯斧柄为椑，则椑，隋圜也，挬，圜也。"（24）《考工记·弓人》："今夫茭解中有变焉，故校。"注："玄谓茭读如齐人名'手足掔'为'骹'之'骹'。茭解，谓接中也。"等。

后李恕豪补列1条。见（25）《考工记·梓人》："上两个与其身三，下两个半之。"注："郑司农云：'两个，谓布可以维持侯者也。'玄谓个读若齐人'擀幹'之幹，上个下个，皆谓舌也。……个或谓之舌者，取其出而左右也。侯制上广下狭，盖取象于人。"华学诚补列1条，见（26）《天官·内司服》："内司服掌王后之六服，祎衣、揄狄、阙狄……"注："玄谓狄当为翟。翟，雉名。伊雒而南，素质，五色皆备成章曰翚；江淮而南，青质，五色皆备成章曰摇。王后之服，刻缯为之形而采画之，缀于衣以为文章。祎衣画翚者，揄翟画摇者，阙翟刻而不画，此三者皆祭服。从王祭先王则服祎衣，祭先公则服揄翟，祭群小祀则服阙翟。今世有圭衣者，盖三翟之遗俗。"

我们认为还应补充1条。即（27）《秋官·叙官》："象胥"注："通夷狄之言者曰象。胥，其有才知者也。此类之本名，东方曰寄，南方曰象，西方曰狄鞮，北方曰译。今总名曰象者，周之德先致南方也。"

（二）郑玄《仪礼注》中的方言材料11条

李云光已列出10条。例如（28）《士冠礼》"靺韐"注："今齐人名蒨为靺韐。韨之制似韠。"（29）《聘礼》"十籔曰秉"注："秉，十六斛。今江淮之间，量名有为籔者。"其他见（30）《士冠礼》："缁布冠，缺项，青组缨属于缺。"注："缺读如'有頍者弁'之頍。缁布冠无笄者，着頍，围发际，结项中，隅为四缀，以固冠也。项中有𥿀，亦由固頍为之耳。今未冠笄者着卷帻，頍象之所生也。滕、薛名蔮为頍。"（31）《大射》："遂命量人巾、车张三侯，大侯之崇，见鹄于参"注："鹄，鹄所射之主。……言射中此乃能任己位也。鹄之言较，较直也。射者所以直己志。或曰：鹄，鸟名，射之难中，中之为俊，是以所射于侯取名也。《淮南子》曰：'鸧鹄知来。'然则所云正者正也，亦鸟名。齐鲁之间名题肩为正。正鹄皆鸟之捷黠者。"（32）《聘礼》："四秉曰筥。"注："此秉谓刈禾盈手之秉也。筥，穧名也。若今莱阳之间，刈稻聚把，有名为筥者。《诗》云'彼有遗秉'，又云'此有不敛穧'。"（33）《士丧礼》："陈袭事于房中，西领，南上，不绁。"注："袭事谓衣服也。绁读为绅，绅，屈也。袭事少，上陈而下不屈。江沔之间，谓萦收绳索为绅。古文绁皆为纊。"（34）《士丧礼》："澡濯弃于坎。"注："沐浴馀潘水、巾、柶、浴衣，亦并弃之。古文澡作缫，荆沔之间语。"（35）《士丧礼》："其实葵菹芋"注："齐人或名全菹为芋。"（36）《士虞礼》："祝命佐食堕祭。"注："下祭曰堕，堕之犹言䐏下也。《周礼》曰：'既祭，则藏其堕。'谓此也。今文堕为绥。《特牲》《少牢》或为羞，失古正矣。齐鲁之间谓祭为堕。"（37）《有司彻》："司马在羊鼎之东，二手执挑匕枋以挹湆。"注："挑谓之歃，读如或舂或抌之抌。字或作桃者，秦人语也。此二匕者，皆有浅升，状如饭糁。挑长枋，可以抒物于器中者。……今文挑作抌。"

华学诚补1条。见（38）《丧服》："传曰，繐衰者何？以小功之繐也。"注："治其缕如小功，而成布四升半。细其缕者，以恩轻也。升数少者，以服至也。凡布细而疏者谓之繐，今南阳有邓繐①。"

（三）郑玄《礼记注》中的方言材料 24 条

李云光已列出 22 条。如（39）《曲礼下》"咸鹾"注："大咸曰鹾，今河东云。"②（40）《檀弓上》"何居"注："居，读为姬姓之姬。齐鲁之间语助也。"其他见（41）《檀弓上》："子张病，召申祥而语之曰：'君子曰终，小人曰死。'"注："太史公传曰：'子张姓颛孙'，今曰申祥，周、秦之声，二者相近，未闻孰是。"（42）《檀弓下》："咏斯犹。"注："犹当为摇，声之误也。摇谓身动摇也。秦人犹、摇声相近。"（43）《檀弓下》："工尹商阳与陈弃疾追吴师，及之。"注："工尹，楚官名。弃疾，楚公子弃疾也。以鲁昭八年帅师灭陈，县之，楚人善之，因号焉。至十二年，楚子狩于州来，使荡侯、潘子、司马督、嚣尹午、陵尹喜围徐以惧吴，于时有吴师。陈或作陵，楚人声。"（44）《檀弓下》："杀其人，坏其室，洿其宫而豬焉。"注："豬，都也。南方谓都为豬。"（45）《王制》："五方之民言语不通，嗜欲不同，达其志，通其欲。东方曰寄，南方曰象，西方曰狄鞮，北方曰译。"注："皆俗间之名，依其事类耳。鞮之言知也。今冀部有言狄鞮者。"（46）《月令》："征鸟厉疾"注："征鸟，题肩也。齐人谓之击征，或名曰鹰，仲春化为鸠。"（47）《礼器》："不麾蚤。"注："麾之言快也。祭有时，不以先之为快也。齐人所善曰麾。"（48）《内则》："左佩纷帨、刀、砺、小觿、金燧"注："纷帨，拭物之佩巾也，今齐人有言纷者。"（49）《内则》："堇、荁、枌、榆、免、薧、滫、瀡以滑之"注："秦人溲曰滫，齐人滑曰瀡也。"（50）《内则》："浆，水，醷，滥。"注："滥，以诸和水也。以《周礼》六饮校之，则滥，凉也。纪莒之间，名诸为滥。"（51）《内则》："鱼去乙"注："乙，鱼体中害人者名也，今东海鳀鱼有骨名乙，在目旁，状如篆乙，食之鲠人，不可出。"（52）《明堂位》："夏后氏以楬豆，殷玉豆，周献豆。"注："楬，无异物之饰也。献，疏刻之。齐人谓无发为秃楬。"（53）《乐

---

① （唐）贾公彦疏："云'今南阳有邓繐'者，谓汉时南阳郡邓氏造布，有名繐，言此者，证'凡布细而疏即是繐'之义。"

② 例（39），李云光（2012，第 144 页）和华学诚（2007，第 342 页）判定郑玄的方言材料失误，皆误断郑注为"今河东云：'币，帛也。'"实当断句作"大咸曰鹾，今河东云。"参看（清）孙希旦《礼记集解》（中华书局 1989 年版）、（清）朱彬：《礼记训纂》（中华书局 1996 年版）的标点等。

记》："胎生者不殰，而卵生者不殈"注："内败曰殰。殈，裂也。今齐人语有'殈'者。"（54）《乐记》："治乱以相，讯疾以雅。"注："相即拊也，亦以节乐。拊者，以韦为表，装之以穅。穅，一名'相'，因以名焉，今齐人或谓穅为相。"（55）《杂记上》："讣于适者，曰：'吾子之外私寡大夫某不禄，使某实。'"注："实当为至，此读周、秦之人声之误也。"（56）《杂记上》："委武，玄、缟而后蕤。"注："委武，冠卷也。秦人曰委，齐东曰武。玄，玄冠也。缟，缟冠也。"（57）《丧大记》："君封以衡，大夫、士以咸。"注："咸读为緘。……今齐人谓棺束为緘绳，咸，或为械。"（58）《坊记》："《诗》云：'采葑采菲，无以下体。'"郑注："葑，蔓菁也。陈、宋之间谓之葑。菲，蒚类也。"（59）《中庸》："壹戎衣而有天下"注："戎，兵也。衣读如殷，声之误也。齐人言殷声如衣，虞、夏、商、周氏者多矣。今姓有衣者，殷之胄与？'壹戎殷'者，壹用兵伐'殷'也。"（60）《缁衣》："《君雅》：曰'……资冬祁寒，小民亦惟曰怨。'"注："资当为至，齐鲁之语声之误也。祁之言'是'也，齐西偏之语也。夏日暑雨，小民怨天，至冬是寒，小民又怨天，言民恒多怨，为其君难。"

李恕豪补列1条。见（61）《郊特牲》："汁献涗于醆酒"注："谓沛秬鬯以醆酒也。献读当为莎，齐语声之误也。秬鬯者，中有煮郁，和以盎齐，摩莎沛之，出其香汁，因谓之汁莎。不以三酒沛秬鬯者，秬鬯尊也。"

我们补充1条。即（62）《内则》"麋为辟鸡，野豕为轩，兔为宛脾"注："此轩、辟鸡、宛脾，皆菹类也。酿菜而柔之以酰，杀腥肉及其气。今益州有鹿䐞者，近由此为之矣。"孔颖达正义："䐞，于伪反，益州人取鹿杀而埋之地中，令臭乃出之，名鹿䐞是也。"据此我们认为郑玄是由益州地区的"鹿䐞"之名，而推知《礼记》"麋、鹿、鱼为菹"含义的。

（四）郑玄《毛诗笺》中的方言材料4条

张舜徽列出1条。即（63）《小雅·瓠叶》"有兔斯首"郑笺："斯，白也。今俗语'斯白'之字作'鲜'。齐、鲁之间声近'斯'。"后李恕豪补列1条。即（64）《大雅·韩奕》："实墉实壑，实亩实籍。"郑笺："实当作寔，赵、魏之东，实、寔同声。寔，是也。"华学诚补列1条，即（65）《郑风·子衿序》："《子衿》，刺学校废也。"郑笺："郑国谓学

第一章　郑玄的方言观、方言研究材料和方言分区观新考　　331

为校，言可以校正道艺。"

我们认为还当补列 1 条。(66)《小雅·斯干》"如翚斯飞"郑笺："伊洛而南，素质五色皆备成章曰翚。"

(五) 其他文献中有关郑玄方言研究的材料 9 条

1. 南朝宋裴骃《史记集解》中转引的材料 1 条

李恕豪已列出。即 (67)《史记·宋微子世家》"予颠跻如之何其"裴骃集解："郑玄曰：'其，语助也。齐鲁之间声如姬。《记》曰："何居。"'"① 亦见郑玄《尚书注》②。

2. 唐代孔颖达《五经正义》中转引的材料 3 条

汪启明已列出 1 条。(68)《诗经·小雅·瞻彼洛矣》"韎韐有奭"笺："韎者，茅蒐染也。茅蒐，韎声也。"孔颖达正义："《驳异义》云：'韎，草名。齐鲁之间言韎韐声如茅蒐，字当作韎。陈留人谓之蒨。'是古人谓蒨为茅蒐，读茅蒐其声为韎韐，故云茅蒐，韎韐声也。"③ 此条源自郑玄《驳许慎五经异义》④。

我们补充两条：(69)《尚书·吕刑》"墨辟疑赦，其罚百锾"孔颖达正义："郑玄云：'锾，称轻重之名。今代、东莱称，或以太半两为钧，十钧为锾，锾重六两太半两。锾、锊似同也。或有存行之者，十钧为锾，二锾四钧而当一斤，然则锾重六两三分两之二。《周礼》谓锾为锊。'如郑玄之言，一锾之重六两，多于孔、王所说，惟校十六铢尔。"⑤ 此条源自郑玄《尚书注》⑥。(70)《诗经·定之方中序》"卫为狄所灭"郑笺"卫懿公及狄人战于荥泽而败"孔颖达正义："《禹贡》豫州，'荥波既猪'注云：'沇水溢出河为泽，今塞为平地，荥阳民犹谓其处为荥泽，在其县东。《春秋》鲁闵公二年，卫候及狄人战于荥

---

① (汉) 司马迁：《史记》，中华书局 1975 年版，第 1609 页。
② 安作璋：《郑玄集》，齐鲁书社 1997 年版，第 480 页。此条，华学诚 (2007：348) 称亦见《尚书·西伯戡黎》疏，我们考察原文，未见疏引。
③ 李学勤：《十三经注疏·毛诗正义》(标点本)，北京大学出版社 1999 年版，第 857 页。
④ 安作璋：《郑玄集》，齐鲁书社 1997 年版，第 706 页。
⑤ 李学勤：《十三经注疏·尚书正义》(标点本)，北京大学出版社 1999 年版，第 548 页。
⑥ 安作璋：《郑玄集》，齐鲁书社 1997 年版，第 505 页。

泽，此其地也。'如《禹贡》之注，则当在河南。"① 此条源自《尚书·禹贡》"荥播既都"郑玄注②。

3. 唐贾公彦《周礼注疏》中转引的材料 1 条

我们补列。(71)《周礼·考工记·梓人》"觓三升"郑注"觓、豆，字声之误。觓当为觯，豆当为斗"贾公彦疏："谨按，《周礼》：'一献三酬，当一豆，即觓二升，不满豆矣。'郑玄驳之云：'觯字，角旁支，汝颍之间师读所作。今《礼》角旁单，古书或作角旁氏。角旁氏则与觓字相近。学者多闻觓，寡闻觯，写此书乱之而作觓耳。又南郡太守马季长说，一献而三酬则一豆，豆当为斗，一爵三觯相近。'"③ 此条源自郑玄的《驳许慎五经异义》④。

4. 唐李鼎祚《周易集解》中转引的材料 1 条

华学诚首先补列。即（72）《周易·蒙卦》"物生必蒙，故受之以蒙。蒙者，蒙也，物之稺也。"唐李鼎祚集解："郑玄曰：'蒙，幼小之貌。齐人谓萌为蒙也。'"⑤

5. 唐李善《文选注》中转引的材料 1 条

华学诚首先补列。即（73）萧统《文选·鲍明远（照）〈乐府八首·升天行〉》"九鑰隐丹经"李善注："郑玄《易纬注》曰：'齐鲁之间名门户及藏器之管曰鑰，以藏经而丹有九转故曰九鑰也。'"⑥⑦

6. 元金履祥《资治通鉴前编》中转引的材料 1 条

汪启明首先补列。(74)《尚书大传》卷一"秋祀柳谷华山"郑玄

---

① 李学勤：《十三经注疏·毛诗正义》（标点本），北京大学出版社 1999 年版，第 195 页。

② 安作璋：《郑玄集》，齐鲁书社 1997 年版，第 471 页。此条又见于唐司马贞《史记索隐·夏本纪》"荥播"注："故《左传》云狄及卫战于荥泽，郑玄云：'今塞为平地，荥阳人犹谓其处为荥播。'"

③ 李学勤主编：《十三经注疏·周礼注疏》（标点本），北京大学出版社 1999 年版，第 1139 页。

④ 安作璋：《郑玄集》，齐鲁书社 1997 年版，第 681 页。

⑤ （清）李道平：《周易集解纂疏》，中华书局 1994 年版，第 104、720 页。华学诚（2007）第 346 页。

⑥ 华学诚（2007），第 344 页。

⑦ （梁）萧统：《文选》，中华书局 1977 年版，第 405 页。

注:"八月西巡守,祭柳谷之气于华山也。柳,聚也,齐人语。"① 此条又见于元金履祥《资治通鉴前编》卷三《有虞氏帝舜》"巡狩四岳八伯"注:"郑氏曰:'八月西巡狩,祭柳谷之气于华山也。柳,聚也,齐人语。'"②

7. 郑玄佚注材料1条

华学诚首先补列。(75)《尚书大传》卷二"大都,鰹鱼"郑玄注:"鰹鱼,今江南以为鲍鱼。"③

三 郑玄方言材料的获得途径

郑注中涉及这么多的方言研究材料,其获得途径是怎样的呢?都是郑玄自己的经历或见闻吗?结合以上考察材料,我们参考李云光④的意见,总结郑注中的方言材料获得途径,可分为两大类:一类是郑玄从前辈学者杜子春和郑众的方言调查材料中得来;另一类是郑玄自己在生活、游学之地所亲得,也可能有从他交往的朋友和所教授的弟子那里得来。

1. 郑玄从杜子春和郑众的方言调查材料中引用的方言研究材料。杜子春的方言材料可能为他游历齐地或与齐人交往中得来,而郑众的方言材料可能因其官职累至大司农,接待四方人士,因而通晓各种语言。盖如李云光先生所称:"子春为河南缑氏人,岂尝游齐,或与齐人往来而知之欤?郑司农所称方言……其以官至大司农,应接四方之士,因通其语言欤?"⑤

2. 郑玄自己在生活、游学之地所亲得,也可能有从他交往的朋友和所教授的弟子那里得来。李云光称:"郑氏所称方言,最多者为齐,……盖郑氏北海人,北海齐地也,自能详悉,且可辨别东齐及齐西偏之语矣。他如……皆近齐之地也,自亦可知之。又称……则《戒子书》所云:'游学周、秦之都'故也。又称……则《戒子书》所云'往来幽、并、兖、豫之域'故也。唯其称南部方言……则不知何以知之?《戒子书》又云'黄巾为害,萍浮南北。'岂郑氏亦尝淹留南方,而通习荆、楚之语耶?

---

① 汪启明(1998),第173页。安作璋:《郑玄集》,齐鲁书社1997年版,第529页。
② 迪志文化出版有限公司,书同文计算机技术开发有限公司:文渊阁《四库全书》电子版,上海人民出版社和迪志文化出版有限公司1999版。
③ 华学诚(2007),第355页。安作璋:《郑玄集》,齐鲁书社1997年版,第536页。
④ 李云光(2012),第146页。
⑤ 同上。

第游踪所托，今不可悉指耳。或者为得诸交游与弟子者欤?"①

又据杨天宇《郑玄生平事迹考略》②，可知郑玄确曾亲到过北海郡高密县（出生地，今山东高密县），北海郡治剧县（郡国学校，今山东昌乐西③），京城洛阳（太学受业地），周、秦之都，幽、并、兖、豫之域（游学所经各地，《后汉书·郑玄传·诫子书》），关西（从马融学习地，函谷关或潼关以西的地区），东莱（客耕教授地，今山东莱州市），不其山（避黄巾军难且讲学教授地，今山东青岛市即墨区），徐州（避难黄巾军地，今山东郯城），冀州（袁绍宴请地，今河北柏乡北），元城县（被袁绍征召协助官渡之战路过地，今河北大名东）。可见郑玄学习经历涉及地域非常广，这为他的方言研究积累了丰厚的知识。

四 郑玄的方言分区观念

郑注引证的方言材料所涉及的区域很广。李恕豪（1997）认为郑玄的方言材料涉及齐鲁方言、秦方言、楚方言、洛阳方言（通语的基础方言）；华学诚（2007）④ 则将郑玄注释中涉及的方言地域分为齐鲁、楚越、周秦、燕冀四个方言区域。李、华二家对郑玄的方言分区观研究贡献很大。然其统计郑玄方言材料范围与我们不同，且其讨论亦似乎还不够细致，因此我们这里参考何九盈《中国古代语言学史》分析西汉扬雄的方言分区观念的思路⑤对郑玄的分区观念重新考察。

郑玄对方言区的划分，与当时的地理形势、行政区域和地方历史密切相关，参考谭其骧《中国历史地图集》⑥ 和李晓杰《东汉政区地理》⑦，

---

① 李云光（2012），第 146 页。

② 杨天宇：《郑玄三礼注研究》，天津人民出版社 2007 年版，第 3 页。

③ 辞海编辑委员会：《辞海》（第六版彩图本），上海辞书出版社 2009 年版，第 169 页。本段中地名古今对比皆参考此《辞海》本说明。

④ 第 339—340 页。

⑤ 何九盈：《中国古代语言学史》（第 4 版），商务印书馆 2013 年版，第 95 页。

⑥ 谭其骧主编：《中国历史地图集》（第二册：秦、西汉、东汉时期），中国地图出版社 1982 年版，第 40—67 页。

⑦ 李晓杰称："东汉政区秉承西汉旧制，大部分时间内依然推行郡（国）县二级制，只是到了东汉末年，为了镇压黄巾起义，才将郡国之上作为监察区的州转变为一级行政区划，使得汉末行政区划出现了州—郡—县三级制。"参看李晓杰《东汉政区地理》，山东教育出版社 1999 年版，第 2、10—14 页。

可分为三类。

(一) 大方言区

郑玄所分"大方言区"主要包括两类。

第一类：以与中原地区相对的东、西、南、北方位为划分标志。如东、西、北方各1条，南方2条。范围较大，属于包括少数民族地区的大方言观念（详前）。如例（27）"通夷狄之言者曰象。胥，其有才知者也。此类之本名，东方曰寄，南方曰象，西方曰狄鞮，北方曰译。今总名曰象者，周之德先致南方也"，(44)"豬，都也，南方谓都为豬"。

第二类：以关（函谷关，汉武帝时改设在今河南新安县境）、山（秦汉时期当指崤山或华山）、江（长江）为分界线①。例如：

1. 关东2条。函谷关以东，所称当指都城洛阳（主要涉及司隶校尉部的河南尹和河内郡）附近。如例（6）引郑司农说："綆读为关东言饼之饼，谓轮箄也"，（8）引郑司农说："鱻读为繡，关东谓紃为繡，鱻，鱼字"。

2. 山东1条。山东，秦汉时期当指崤山或华山以东地区，《辞海》认为与当时的关东所指地区大致相同②。如果指崤山，则与上文我们所分析的"关东"区域相当；如果指华山，则除了上述关东区域外还涉及司隶校尉部的弘农郡和河东郡。例（3）引郑司农云说："容谓幨车，山东谓之裳帏，或曰幢容"。

3. 江淮而南1条。长江和淮河以南的广大区域，涉及扬州刺史部下辖各郡如庐江郡、九江郡、丹阳郡、吴郡、豫章郡、会稽郡和徐州刺史部的下邳郡、广陵郡。如例（26）"江淮而南，青质，五色皆备成章曰摇"。

4. 伊洛（雒）而南2条。主要涉及都城洛阳西南部地区（司隶校尉部的弘农郡东部和河南尹西南部）。如例（26）"伊雒而南，素质，五色皆备成章曰翚"，（66）"伊洛而南，素质，五色皆备成章曰翚"。

5. 江南1条。长江以南。主要指扬州刺史部下辖各郡。如例（75）"鰹鱼，今江南以为鲍鱼"。

(二) 次方言区

郑玄所分"次方言区"主要包括两类。

---

① 何九盈：《中国古代语言学史》（第4版），商务印书馆2013年版，第95页。
② 辞海编辑委员会：《辞海》（第六版彩图本），上海辞书出版社2009年版，第1957页。

第一类：以古国为界线。如齐、鲁、纪、莒、莱、阳、滕、薛、陈、宋、楚、越、周、秦、赵、魏、郑、燕等。

1. 只与齐地有关的材料27条。其中包括齐人23条、齐语2条、齐西偏之语1条、齐东1条。齐地方言，当泛指居住在原战国时齐国地域居民的语言。主要当指东汉青州刺史部所辖的齐国、乐安国和北海国。因为郑玄是北海国人，对此三郡国所处地域的语言应当非常熟悉，属于郑玄的母语方言区。也是郑玄引用最多的方言。其中东汉时的齐国人的方言也应当是郑玄所说的齐语的代表，郑玄所说的"齐东""齐西偏"似也主要以当时的齐国范围为参照。涉及材料如下：

齐人23条：例（1）引杜子春说"读棋为齐人言銕椹之椹，椹质，所射者习射处"，（11）"今齐人名麴麸曰媒"，（15）"脩，读如涤濯之涤。涤酌，以水和而泲之。今齐人命浩酒曰涤"，（18）"齐人有名疾为戚者"，（19）"齐人之言终古犹言常也"，（21）"齐人谓麋为獐"，（22）"沤，渐也。楚人曰沤，齐人曰湮"，（23）"齐人谓柯斧柄为椑"，（24）"玄谓荚读如齐人名'手足擘'为'骹'之'骹'。荚解，谓接中也"，（25）"玄谓个读若齐人'擖幹'之幹，上个下个，皆谓舌也"，（28）"今齐人名蒨为靺鞈"，（35）"齐人或名全菹为芋"，（46）"征鸟，题肩也。齐人谓之击征，或名曰鹰，仲春化为鸠"，（47）"齐人所善曰麐"，（48）"纷帨，拭物之佩巾也，今齐人有言纷者"，（49）"秦人溲曰潃，齐人滑曰瀡也"，（52）"齐人谓无发为秃楬"，（53）"内败曰殰。殰，裂也。今齐人语有'殰'者"，（54）"今齐人或谓穅为相"，（57）"今齐人谓棺束为緘绳"，（59）"衣读如殷，声之误也。齐人言殷声如衣"，（72）"齐人谓萌为蒙也"，（74）"柳，聚也，齐人语"。

齐语2条：如例（14）"獻，读为摩莎之莎，齐语声之误也"，（61）"獻读当为莎，齐语声之误也"；齐西偏之语1条：例（60）"祁之言'是'也，齐西偏之语也"；齐东1条：例（56）"委武，冠卷也。秦人曰委，齐东曰武"。

2. 与齐地和鲁地都有关的材料9条。含"齐鲁之间"8条、"齐鲁之语"1条。鲁地方言，当指居住在原战国时鲁国区域内居民的语言。齐鲁之间，则当是在原战国时齐国和鲁国之间的过渡地带的居民语言。主要当涉及上述齐语区域和兖州刺史部的鲁国和泰山郡。尤其泰山郡地处东汉时的鲁国和齐国之间，应该是"齐鲁之间"的代表方言区域，而东汉的鲁国也应是郑玄所谓鲁语的代表区域。所涉及材料如下：

齐鲁之间 8 条：例（17）"齐鲁之间谓鼋为蚰"，（31）"齐鲁之间名题肩为正。正鹄皆鸟之捷黠者"，（36）"齐鲁之间谓祭为堕"，（40）"居，读为姬姓之姬，齐鲁之间语助也"，（63）"斯，白也。今俗语'斯白'之字作'鲜'，齐鲁之间声近'斯'"，（67）"其，语助也。齐鲁之间声如姬"，（68）"䵄，草名。齐鲁之间言䵄䵂声如茅蒐，字当作䵄，陈留人谓之蒨"，（73）"齐鲁之间名门户及藏器之管曰篇"。

齐鲁之语 1 条：例（60）"资当为至，齐鲁之语声之误也"。

3. 纪莒之间 1 条。纪，指古纪国所在地，在青州刺史部所辖乐安国。莒，指古莒国所在地，在徐州刺史部所辖琅邪国。则"纪莒之间"所指除了乐安国和琅邪国外，中间地区还涉及青州刺史部所辖齐国东部和北海国的西部地区。例（50）"滥，以诸和水也。以《周礼》六饮校之，则滥，凉也。纪莒之间，名诸为滥"。

4. 莱阳之间 1 条：莱，东莱郡，属古莱国旧地；阳，当指琅邪国阳都县（西汉时曾设城阳国，东汉末期曾复置），属周代阳国旧地（在今山东沂南县南）①，二郡相邻。如此则主要涉及徐州刺史部的琅琊国和青州刺史部的东莱郡。如例（32）"此秉谓刈禾盈手之秉也。笘，稆名也。若今莱阳之间，刈稻聚把，有名为笘者"。

5. 滕、薛 1 条。滕指古滕国，薛指古薛国。主要指东汉豫州刺史部所辖鲁国南部地区。如例（30）"滕、薛名蒯为颊"。

6. 陈宋之间 1 条。旧陈国、宋国所在地。地域范围主要指豫州刺史部的陈国和梁国。例（58）"葑，蔓菁也。陈、宋之间谓之葑"。

7. 周秦 2 条。周秦当指西周和旧秦国所处旧地（今西安附近）。主要涉及司隶校尉部的京兆尹、左冯翊、右扶风、河东郡、弘农郡等地。例

---

① 莱阳并非一词，因为后面有"之间"限定。且据《辞海》（1294 页）和《中国历史地名大辞典》（2063 页），历史上"莱阳"地名最早是五代时期改昌阳县而置，与此不同。（清）胡培翚综合其他版本异文认为"阳"当为"易"之误，又据《汉书·地理志》"故安"唐颜师古注"易水……東至范阳，入濡（水）……亦至范阳入涞"推断"莱"当指"涞"。如此则易指易水，莱（涞）指涞水，莱（涞）易之间则指幽州刺史部的涿郡南部地区和冀州刺史部的北部易县一小部分地区。正如胡培翚所言，此处指二地名还是二水名，差异很大，待考。参看史为乐等《中国历史地名大辞典》，中国社会科学出版社 2005 年版，第 1137、1752、2063 页；（清）胡培翚：《仪礼正义》，《清人注疏十三经》本，中华书局 1998 年版，第 271 页。

（41）"太史公传曰：'子张姓颛孙'，今曰申祥，周、秦之声，二者相近，未闻孰是"，例（58）"实当为至，此读周、秦之人声之误也"。

8. 秦人（语）4条。旧秦国故地。地域范围与前"周秦"所指相当。例（37）"挑谓之蔽，读如或舂或抗之抗。字或作桃者，秦人语也"，（42）"秦人犹、摇声相近"，（49）"秦人溲曰潘，齐人滑曰灡也"，例（56）"委武，冠卷也。秦人曰委，齐东曰武"。

9. 郑国1条。旧郑国所在地。地域范围主要指司隶校尉部的河南尹。例（65）"郑国谓学为校，言可以校正道艺"。

10. 赵魏之东1条。旧赵国、魏国所在地。地域范围主要涉及冀州刺史部的赵国、魏郡、巨鹿郡、安平国和清河国。例（64）"实当作寔，赵、魏之东，实、寔同声"。

11. 燕1条。旧燕国所在地。地域范围主要涉及幽州刺史部所辖各郡如广阳郡、渔阳郡、涿郡、上谷郡、右北平郡、辽西郡等。例（16）"今燕俗名汤热为㸐，则㸐火谓热火与"。

12. 楚2条。楚地方言当指居住在原战国时楚国旧地的居民，主要当泛指东汉时荆州刺史部辖区各郡如南郡、江夏郡、南阳郡、武陵郡、长沙郡、零陵郡、桂阳郡等地。例（22）"沤，渐也。楚人曰沤，齐人曰湒"，（43）"陈或作陵，楚人声"。

13. 越1条。古越国地居民方言。主要涉及扬州刺史部的会稽郡。如例（2）引郑司农云说"札谓疾疫死亡也。越人谓死为札"。

14. 蜀人1条。古蜀国旧地。地域范围主要涉及益州刺史部所辖各郡如蜀郡、广汉郡、犍为郡、巴郡、汉中郡、益州郡、越嶲郡、牂柯郡等。例（5）引郑司农云说："䂩，掷也。蜀人言椴曰䂩。"

第二类：以州（部）、郡（国）、县为界限。按照东汉十三刺史部辖区所涉，分列如下：

1. 司隶校尉部辖区方言：涉及材料有两个地区。地区一：河东（河东郡）1条：例（40）"大咸曰醝，今河东云"；地区二：荥阳（荥阳县，属司隶校尉部河南尹）1条：例（70）"泲水溢出河为泽，今塞为平地，荥阳民犹谓其处为荥泽，在其县东"。

2. 豫州刺史部辖区方言：沛国1条：豫州有沛国。例（4）引郑司农说"沛国人谓反纷为䪜"。

3. 兖州刺史部辖区方言：泰山、平原1条。东汉有泰山郡（也有泰山县，属兖州）和平原郡，二郡相邻。如例（7）引郑司农说"菑读如杂厕之厕，谓建辐也。泰山、平原所树立物为菑，声如戴，博立梟棊亦为菑"。

4. 青州刺史部辖区方言：涉及材料有四个地区。地区一：陈留人1条。青州有陈留郡。例（68）"䎱，草名。齐鲁之间言䎱䎱声如茅蒐，字当作䎱，陈留人谓之蒨"；地区二：东莱2条。青州有东莱郡。例（12）"今东莱用蛤，谓之叉灰云"，（20）"今东莱称或以大半两为钧，十钧为䥅，䥅重六两大半两"；地区三：代、东莱1条。即东汉代郡（曾属幽州或并州刺史部）、东莱郡合称。如例（69）"今代、东莱称，或以太半两为钧，十钧为䥅，䥅重六两太半两"；地区四：泰山、平原1条。重前。平原郡属青州刺史部。如例（7）引郑司农说"菑读如杂厕之厕，谓建辐也。泰山、平原所树立物为菑，声如戴，博立梟棊亦为菑"。

5. 徐州刺史部辖区方言：东海1条。徐州有东海国。如例（51）"乙，鱼体中害人者名也，今东海鳂鱼有骨名乙，在目旁，状如篆乙，食之鲠人，不可出"。

6. 冀州刺史部辖区方言：涉及材料有两个地区。地区一：冀部1条："冀州刺史部"的简称。如例（45）"鞎之言知也，今冀部有言狭鞎者"；地区二：河间2条。冀州有河间国：例（9）"今河间以北，煮穜麦卖之，名曰䴺"，（10）"今河间名豚胁声如锻镈"。

7. 并州刺史部辖区方言：代、东莱1条。即东汉代郡、东莱郡合称，代郡曾属并州。如前文提到的例（69）。

8. 益州刺史部辖区方言：益州1条。益州，刺史部名，又为所辖郡名。如例（62）"此轩、辟鸡、宛脾，皆菹类也。酿菜而柔之以醯，杀腥肉及其气。今益州有鹿𦙐者，近由此为之矣"。

9. 荆州刺史部辖区方言：南阳2条。荆州有南阳郡。例（13）"今南阳名穿地为竃，声如'腐脆'之脆"，（38）"凡布细而疏者谓之繐，今南阳有邓繐"。

10. 幽州刺史部辖区方言：代、东莱1条。重前。代郡曾属幽州刺史部。如例（69）。

11. 没有直接提及凉州、扬州、交趾刺史部辖区郡国县的方言。不过前面提到例（2）的"越人"属扬州地；凉州除了《周礼·天官·腊人》注[①]

[①] 李学勤主编：《十三经注疏·周礼注疏》（标点本），北京大学出版社1999年版，第105页。

和《仪礼·士虞礼》注①中曾引方物说明"干肉""若今凉州乌翅矣"外,未有涉及;交趾所属方言则未言及。

(三) 小方言区

郑玄所分"小方言区"主要以河流区域或山川为界限。如:

1. 江沔之间1条。长江和沔水之间。主要在东汉荆州刺史部的南郡区域内。如例(33)"江沔之间,谓萦收绳索为绅"。

2. 荆沔之间1条。据胡培翚②和《辞海》③的意见,荆,当指南条荆山(荆山)。沔,沔水,即汉水。"荆沔之间"则指荆山沔水间荆楚地,与前"江沔之间"所指范围大致相当或稍小,亦在荆州刺史部的南郡区域内。例(34)"沐浴馀潘水、巾、栉、浴衣,亦并弃之。古文溴作缘④,荆沔之间语"。

3. 江淮之间1条。长江和淮河之间的区域。主要涉及扬州刺史部的庐江郡和九江郡、徐州刺史部的下邳郡和广陵郡。如例(29)"今江淮之间,量名有为籔者"。

4. 汝颍之间1条。汝水和颍水之间。主要在东汉豫州刺史部的汝南郡境内。如例(71)"觯字,角旁支,汝颍之间师读所作"。

---

① 李学勤:《十三经注疏·仪礼注疏》(标点本),北京大学出版社1999年版,第826页。
② (清)胡培翚:《仪礼正义》,《清人注疏十三经》本,中华书局1998年版,第393页。
③ 辞海编辑委员会:《辞海》(第六版彩图本),上海辞书出版社2009年版,第1150页。
④ "缘",陆德明《经典释文》、宋李如圭《仪礼集释》、清胡培翚《仪礼正义》皆作"溴"。

第二章

郑玄的方言研究体例

郑玄解经的方式是随文注释，因而行文体例有随意性，但其方言注释体例并非无迹可寻。这里总结其方言注释体例约有 12 种。略述如下：

一 用"今"标明古今语言的对比

18 例。

郑玄在引证方言时有个显著的特征就是标有"今"字，共 18 例。郑玄有关方言的注释大部分没有标明"古"或"今"，标有"今"的都是郑玄所处时代的语言中的方言。如：

① 《周礼·地官·掌蜃》："共白盛之蜃"注："盛犹成也。谓饰墙使白之蜃也。今东莱用蛤，谓之叉灰云。"

② 《礼记·内则》："左佩纷帨、刀、砺、小觿、金燧"注："纷帨，拭物之佩巾也，今齐人有言纷者。"

这些带有"今"字的郑注比没有标注的少，但是他们的价值却是很明显的。首先，标有"今"字的不一定是郑玄生活的时代产生的，有些可能是从古代一直流传下来的说法，如《礼记·中庸》："壹戎衣而有天下。"注："衣读如殷，声之误也。齐人言殷声如衣。"郑注就有解释说"今姓有衣者，殷之胄与"。只有这种例子才可以明确确定"今"字表示的不仅是郑玄的当代语言中的方言，而且是从更古的时代传下来的。这种例子就是可以体现郑注中方言研究的共时性标准。

二 某地名某为某类

共 15 例。如：

① 《周礼·天官·笾人》："朝事之笾，其实麷、蕡、白、黑、形盐、膴、鲍鱼、鱐"。注："今河间以北，煮穜麦卖之，名曰逢。"

②《周礼·天官·醢人》："豚拍、鱼醢"注："郑大夫、杜子春皆以拍为膊，谓胁也。或曰豚拍，肩也。今河间名豚胁声如锻镈。"

③《周礼·春官·小宗伯》："卜葬兆，甫竁"注："郑大夫读'竁'皆为穿，杜子春读'竁'为'毳'，皆谓葬穿圹也。今南阳名穿地为竁，声如'腐脆'之脆。"

④《周礼·夏官·叙官》："司爟"注："玄谓爟读如予若观火之观。今燕俗名汤热为爟，则爟火谓热火与？"

⑤《周礼·考工记·叙官》："无以为戚速也"注："齐人有名疾为戚者。《春秋传》曰：'盖以操之为已戚矣。'速，疾也。书或作数。"

⑥《仪礼·聘礼》："十斗曰斛，十六斗曰籔，十籔曰秉。"注："秉，十六斛。今江淮之间，量名有为籔者。今文籔为逾。"

⑦《礼记·内则》："鱼去乙"注："乙，鱼体中害人者名也，今东海鰫鱼有骨名乙，在目旁，状如篆乙，食之鯁人，不可出。"

⑧《礼记·内则》："浆，水，醷，滥。"注："滥，以诸和水也。以《周礼》六饮校之，则滥，凉也。纪莒之间，名诸为滥。"

三　某地言某为某类

共3例。例如：

①《夏官·圉师》："射则充椹质"注："椹质、翦阖，圉人所习也。杜子春读椹为齐人言铁椹之椹，椹质，所射者习射处。"

②《礼记·内则》："左佩纷帨、刀、砺、小觿、金燧"注："纷帨，拭物之佩巾也，今齐人有言纷者。"

③《礼记·王制》："五方之民言语不通，嗜欲不同，达其志，通其欲。东方曰寄，南方曰象，西方曰狄鞮，北方曰译。"注："皆俗间之名，依其事类耳。鞮之言知也。今冀部有言狄鞮者。"

四　某地语某为某类

4例。例如：

①《礼记·乐记》："胎生者不殰，而卵生者不殈"注："内败曰殰。殈，裂也。今齐人语有'殈'者。"

②《礼记·缁衣》："《君雅》曰：'……资冬祈寒，小民亦惟曰怨。'"注："资当为至，齐鲁之语声之误也。祈之言'是'也，齐西偏

之语也。夏日暑雨，小民怨天，至冬是寒，小民又怨天，言民恒多怨，为其君难。"

③《仪礼·有司彻》："司马在羊鼎之东，二手执挑匕枋以挹湆。"注："挑谓之歃，读如或舂或抌之抌。字或作桃者，秦人语也。此二匕者，皆有浅升，状如饭糁。挑长枋，可以抒物于器中者。……今文挑作抌。"

④《仪礼·士丧礼》："澳濯弃于坎。"注："沐浴馀潘水、巾、柶、浴衣，亦并弃之。古文澳作缘，荆沔之间语。"

五　某地谓某为某类

共14例。例如：

①《周礼·考工记·庐人》："是故句兵椑"注："齐人谓柯斧柄为椑，则椑，隋圜也，抟，圜也。"

②《周礼·地官·掌蜃》："共白盛之蜃"注："盛犹成也。谓饰墙使白之蜃也。今东莱用蛤，谓之叉灰云。"

③《仪礼·丧服》："传曰，繐衰者何？以小功之繐也。"注："治其缕如小功，而成布四升半。细其缕者，以恩轻也。升数少者，以服至也。凡布细而疏者谓之繐，今南阳有邓繐。"

④《考工记·轮人》："视其绠"注："郑司农云：'绠读为关东言饼之饼，谓轮箄也。'玄谓轮虽箄，爪牙必正也。"

六　某，某地曰某类

5例。例如：

①《礼记·杂记上》："委武，玄、缟而后蕤。"注："委武，冠卷也。秦人曰委，齐东曰武。玄，玄冠也。缟，缟冠也。"

②《周礼·考工记·幌氏》："以涚水沤其丝七日"注："沤，渐也。楚人曰沤，齐人曰涹。"

③《礼记·礼器》："不麑蚤。"注："麑之言快也。祭有时，不以先之为快也。齐人所善曰麑。"

④《礼记·曲礼下》："盐曰'咸鹾'"注："大咸曰鹾，今河东云。"

⑤《礼记·内则》："堇、荁、枌、榆、免、薧、滫、瀡以滑之"注：

"秦人溲曰潃，齐人滑曰灖也。"

七 某读为某，某地语声之误也

共 5 例。例如：

①《春官·司尊彝》："凡六彝六尊之酌，郁齐献酌"注："献，读为摩莎之莎。齐语声之误也。"

②《礼记·杂记》："讣于适者，曰：'吾子之外私寡大夫某不禄，使某实。'"注："实当为至，此读周、秦之人声之误也。"

八 某读若（如）某地某某之某

2 例。如：

①《考工记·梓人》："上两个，与其身三，下两个半之。"注："玄谓个读若齐人'擀干'之干，上个、下个，皆谓舌也。……个或谓之舌者，取其出而左右也。"

②《考工记·弓人》："今夫茭解中有变焉，故校。"注："玄谓茭读如齐人名'手足挛'为'骹'之'骹'。茭解，谓接中也。"

九 某地某某声相同、近，某作某，某地人声

共 5 例。例如：

①《礼记·檀弓上》："子张病，召申祥而语之曰：'君子曰终，小人曰死。'"注："太史公传曰：'子张姓颛孙'，今曰申祥，周、秦之声，二者相近，未闻孰是。"

②《礼记·檀弓下》："工尹商阳与陈弃疾追吴师，及之。"注："陈或作陵，楚人声。"

③《礼记·檀弓下》："咏斯犹。"注："犹当为摇，声之误也。摇谓身动摇也。秦人犹、摇声相近。"

④《小雅·瓠叶》："有兔斯首，炮之燔之。君子有酒，酌言献之。"郑笺："斯，白也。今俗语'斯白'之字作'鲜'。齐、鲁之间声近'斯'。"

⑤《大雅·韩奕》："实墉实壑，实亩实籍。"郑笺："实当作寔，赵、魏之东，实、寔同声。寔，是也。"

十　某地称某为某

1例。例如：

《考工记·冶氏》："重三锊。"注："玄谓许叔重《说文解字》云：'锊，锾也。'今东莱称或以大半两为钧，十钧为环，环重六两大半两。锾锊似同矣，则三锊为一斤四两。"

十一　某地语助

1例。例如：

《礼记·檀弓上》："檀弓曰：'何居？我未之前闻也。'"注："居，读为姬姓之姬。齐、鲁之间语助也。"

十二　某地命某曰某

1例。例如：

《周礼·春官·司尊彝》："凡六彝六尊之酌，郁齐献酌，醴齐缩酌，盎齐涗酌，凡酒修酌。"注："献，读为摩莎之莎。齐语声之误也。……修，读如涤濯之涤。涤酌，以水和而泲之。今齐人命浩酒曰涤。"

本编我们从文献和学史角度穷尽梳理了东汉郑玄的方言认识观念，方言研究材料的数量、来源和分布，方言调查途径，郑玄的方言区划分观念，方言研究体例等五个方面，这对于汉语方言学史和汉代行政区划的研究都有积极的参考意义。

本编参考文献

［1］李云光：《三礼郑氏学发凡》，（台湾）嘉新水泥公司文化基金会1966年版；又华东师范大学出版社2012年版。

［2］张舜徽：《郑学丛著》，齐鲁书社1984年版。

［3］李恕豪：《郑玄的方言研究》，《天府新论》1997年第3期。

［4］汪启明：《先秦两汉齐语研究》，巴蜀书社1998年版。

［5］华学诚：《周秦汉晋方言研究史》（修订本），复旦大学出版社2007年第2版。

［6］汪少华：《从〈周秦汉晋方言研究史〉看汉语史研究方法》，《语言研究》2003年第4期。

［7］李学勤主编：《十三经注疏·周礼注疏》（标点本），北京大学出版社1999年版。

［8］何九盈：《中国古代语言学史》（第4版），商务印书馆2013年版。

［9］李学勤：《十三经注疏·礼记正义》（标点本），北京大学出版社1999年版。

［10］李学勤：《十三经注疏·仪礼注疏》（标点本），北京大学出版社1999年版。

［11］李学勤：《十三经注疏·毛诗正义》（标点本），北京大学出版社1999年版。

［12］（汉）司马迁：《史记》，中华书局1975年版。

［13］安作璋：《郑玄集》，齐鲁书社1997年版。

［14］李学勤：《十三经注疏·尚书正义》（标点本），北京大学出版社1999年版。

［15］（清）李道平：《周易集解纂疏》，中华书局1994年版。

［16］（南朝梁）萧统：《文选》，中华书局1977年版。

［17］迪志文化出版有限公司，书同文计算机技术开发有限公司：文渊阁《四库全书》电子版，上海人民出版社、迪志文化出版有限公司1999版。

［18］杨天宇：《郑玄三礼注研究》，天津人民出版社2007年版。

［19］辞海编辑委员会：《辞海》（第六版彩图本），上海辞书出版社2009年版。

［20］谭其骧主编：《中国历史地图集》（第二册：秦、西汉、东汉时期），中国地图出版社1982年版。

［21］李晓杰：《东汉政区地理》，山东教育出版社1999年版。

［22］史为乐等：《中国历史地名大辞典》，中国社会科学出版社2005年版。

［23］胡培翚：《仪礼正义》，《清人注疏十三经》本，中华书局1998年版。

第六编

郑玄的修辞学研究[①]

[①] 笔者曾指导学生周俐利（天津师大文学院汉语言文学专业2008级本科生）的本科毕业论文为本文做了部分资料考察工作。该文初稿曾发表于天津师范大学文学院编：《问学集》，二十一世纪出版社2013年版。此次出版有所修订。

中国修辞学的历史源远流长，早在《周易·乾卦·文言》中就已经提到"修辞立其诚"的观点。[①] 在中国修辞学的开创期[②]，东汉经学家郑玄曾做出过突出的贡献，他关于修辞的理论观点，对后世有着重要的影响。

关于郑玄的修辞学观念已经有了初步的研究。如石云孙（1987）的《郑玄修辞理论发微》应该说是开创性的研究。几乎同时，鲁洪生也发表了《汉儒对赋、比、兴的认识》[③]比较详细地谈到郑玄对修辞手法"赋、比、兴"的认识。其后易蒲、李金苓《汉语修辞学史纲》[④]（第三编第三节"《毛诗序》及二郑对赋、比、兴的阐发"部分）和袁晖、宗廷虎主编《汉语修辞学史（修订本）》[⑤]（第二编第九节"《诗大序》及二郑诠释中的修辞思想"部分）中对郑玄的修辞学研究也有所介绍。不过在修辞学界很有影响的周振甫《中国修辞学史》和郑子瑜《中国修辞学史稿》中都没有专门谈郑玄的修辞学研究问题。后来康学伟[⑥]、洪丽娣[⑦]、喻克明[⑧]、吴万钟[⑨]、鲁洪生[⑩]、汪祚民[⑪]、孔德凌[⑫]、杨允[⑬]等学者都或多或少对郑玄的修辞学观念及其对修辞手法的认识等方面进行了探讨。然而纵观以往研究，对郑玄的修辞观研究还比较零散和初步，缺乏系统的统计彻查研究。

---

① 李维琦：《修辞学》，湖南人民出版社1986年版，第1页。
② 周振甫：《中国修辞学史》，商务印书馆1991年版，第35—36页。
③ 鲁洪生：《汉儒对赋、比、兴的认识》，《汉中师院学报》（哲学社会科学版）1987年第2期。
④ 易蒲、李金苓：《汉语修辞学史纲》，吉林教育出版社1989年版，第190页。
⑤ 袁晖、宗廷虎：《汉语修辞学史》（修订本），山西人民出版社1995年版，第52—53页。
⑥ 康学伟：《论郑玄〈毛诗笺〉的文学成就》，《松辽学刊》（人文社会科学版）1994年第1期。
⑦ 洪丽娣：《论郑玄〈毛诗笺〉中的修辞观念》，《辽宁教育学院学报》1998年第2期。
⑧ 喻克明：《郑玄的注疏之学及其影响》，《西南民族学院学报》（哲学社会科学版）2001年第S2期。
⑨ 吴万钟：《从诗到经——论毛诗解释的渊源及特色》，中华书局2001年版。
⑩ 鲁洪生：《郑玄〈周礼注〉比、兴观念产生的根源》，《河北师大学报》2004年第6期；鲁洪生：《论郑玄〈毛诗笺〉对兴的认识》，《文学遗产》2006年第1期。
⑪ 汪祚民：《诗经文学阐释史》，人民出版社2005年版。
⑫ 孔德凌：《郑玄〈诗经〉学研究》，博士学位论文，山东大学，2007年。
⑬ 杨允：《郑玄对"比兴"论的阐释与发展》，《社会科学战线》2011年第1期。

本文通过对郑玄《毛诗笺》和《三礼注》的深入分析，尽可能地统计郑玄分析修辞的用例，从中探讨他对修辞手法及理论的阐释，丰富我们对中国古代修辞学的认识。同时修辞研究作为训诂学的一个方面，能帮助我们更好地认识古代经典。

本文将郑玄所用修辞术语大致分为两类，一类是郑玄有明确提出的修辞术语。如兴、比喻、重言、互文、变言、独言、反其言、省略等；一类是郑玄没有使用明确的术语，可依据现代修辞理论推知其确实使用或分析修辞了的，如借代、夸张、委婉等。

第一章

郑玄在《毛诗笺》《三礼注》中已明确提出修辞术语类

一 兴

兴：起兴，先言他物以引起所咏之词。郑玄认为"兴"与"比喻"是同义，因此用"喻""犹"等词来解释"兴"。郑玄使用"兴"的用例很普遍，本文未及统计。例举如下：

（1）《周礼·春官·大司乐》①云："以乐语教国子，兴、道、讽、诵、言、语。"这里所说的"兴"，是"乐语"的六种表达方式之一，郑玄曰："兴者，以善物喻善事。"郑玄强调了喻体和被喻体之间存在着善与美的内在联系。《春官·大师》"曰风、曰赋。"郑玄注："赋之言铺，直铺陈今之政教善恶。比，见今之失，不敢斥言，取比类以言之；兴，见今之美，嫌于媚谀，取善事以喻劝之。"又引用郑众的观点："比者，比方于物也；兴者，托事于物。"②鲁洪生在《郑玄〈周礼注〉比、兴观念产生的根源》专门谈到郑玄在《三礼注》中以"美刺"区别"比兴"的观念，相对《毛诗笺》单纯的以喻释兴有所改变。

《诗经》中例子更多，如：

（2）《齐风·南山》："葛屦五两，冠緌双止。"毛传："葛屦，服之贱者，冠緌，服之尊者。"因为不是首章，毛传没有明确指出兴，但给出了"兴"的暗示。郑笺则明确："'葛屦五两'喻文姜与侄娣及傅姆同处；冠緌喻襄公也。五人为奇而襄公往，从而双之。冠屦不宜同处，犹襄公文姜不宜为夫妇之道。"

（3）《周南·桃夭》："桃之夭夭，灼灼其华。"毛传："兴也。"郑

---

① 本章下文省去《周礼》《礼记》等书名，直接称篇名。
② 袁晖、宗廷虎：《汉语修辞学史》（修订本），山西人民出版社1995年版，第52—53页。

笺："兴者，喻时妇人皆得以年盛时行也。"

（4）《秦风·车邻》："阪有漆，隰有栗。"毛传："兴也。陂者曰阪，下湿曰隰。"郑笺："兴者，喻秦仲之君臣所有各得其宜。"

（5）《邶风·雄雉》："雄雉于飞，泄泄其羽。"毛传："兴也，雄雉见雌雉飞，而鼓其翼泄泄然。"郑笺："兴者，喻宣公整其衣服而起，奋讯其形貌，志在人而已，不恤国之政事。"

二　比喻

"用有相似点的他类事物来相比，叫做比喻。"① 比喻一般有四个成分：被比喻的事物叫作本体，用来打比方的叫作喻体，中间的"如"、"犹"等词叫作比喻词，第四个成分就是"相似点"。比喻可分为明喻、暗喻、借喻等。现仅介绍郑笺中常用的修辞手法：明喻和借喻。通过文渊阁《四库全书》电子版检索可以知道，郑玄使用的比喻修辞术语主要有"喻"（319 例，其中《诗经》254 例，未排除释"兴"的部分），"如""若""犹"，后三者则有上千例，不胜枚举。

（一）明喻

由于诗中明喻的手法容易为人们理解，因此，《毛传》一般不作标识。如：

《卫风·伯兮》："自伯之东，首如飞蓬。""如"字明喻。毛传："妇人，夫不在，无容饰。"在毛亨看来，这个比喻不言自明，因此不需要特别指出所用手法，而需要重点解释的是"首如飞蓬"。郑玄在对待明喻的问题上与《毛传》相似，但作《毛诗笺》时对于意义相对隐晦的明喻还是进行了比较详细的阐释。

《周南·汝坟》："未见君子，惄如调饥。"郑笺："惄，思也。未见君子之时，如朝饥之思食。"

《春官·小师》："小师：掌教鼓鼗、柷、敔、埙、箫、管、弦、歌。"郑注："埙，烧土为之，大如雁卵。郑众云：'埙，六空。'""埙"是古代一种吹奏乐器。郑玄用人们常见的事物"雁卵"说明了"埙"的形状和大小。

《邶风·旄丘》："叔兮伯兮，褎如充耳。"郑笺："充耳，塞耳也。言

---

① 李维琦：《修辞学》，湖南人民出版社 1986 年版，第 202 页。

卫之诸臣颜色褎然，如见塞耳无闻知也。人之耳聋，恒多笑而已。"

本体与喻体不仅有相似点，但因喻体更常见、更生动，更易接受，因而达到了生动形象的效果。

（二）借喻

借喻是以喻体来代替本体，本体和喻词都不出现，直接把甲（本体）说成乙（喻体）。郑玄《毛诗笺》通常都会把《诗经》里的借喻点明，并且指出比喻的效果。

《小雅·巷伯》："萋兮斐兮，成是贝锦。彼谮人者，亦已大甚。"毛传："兴也。萋、斐，文章相错也。贝锦，锦文也。"郑笺："喻谗人集作己过以成于罪，犹女工之集采色以成锦文。"

《秦风·蒹葭》："所谓伊人，在水一方。"郑笺："所谓是知周礼之贤人乃在大水之一边，假喻以言远。"

三　重言与复言

（一）重言

郑玄的"重言"就是指重复说某个词、短语或句子。重即"重复"，言，当为动词，义即"说"。在郑玄《毛诗笺》和《三礼注》中，共8例使用"重言"术语注释，并说明经文"重言"所表达的目的。

（1）《周南·葛覃》："言告师氏，言告言归。"传："言，我也。师，女师也。古者，女师教以妇德、妇言、妇容、妇功。祖庙未毁，教于公宫。三月，祖庙既毁，教于宗室。妇人谓嫁曰归。"笺云："我告师氏者，我见教告于女师也。教告我以适人之道，重言我者，尊重师教也。公宫，宗室，于族人皆为贵。""重言我"就是重复说我，目的是"尊重师教"。

（2）《豳风·鸱鸮》："鸱鸮鸱鸮，既取我子，无毁我室。"郑笺："重言鸱鸮者，将述其意之所欲言，丁宁之也。"这里郑玄指出"重言"即重复说，作用是为了加强叮咛语气的效果。

（3）《小雅·采薇》："采薇采薇，薇亦作止。"传："薇，菜。作，生也。"笺云："西伯将遣戍役，先与之期以采薇之时。今薇生矣，先辈可以行也。重言'采薇'者，丁宁行期也。"

（4）《大雅·皇矣》："依其在京，侵自阮疆。陟我高冈，无矢我陵，我陵我阿。无饮我泉，我泉我池。"传："京，大阜也。矢，陈也。"笺云："京，周地名。陟，登也。矢犹当也。大陵曰阿。文王但发其依居京地之众，以往侵阮国之疆。登其山脊而望阮之兵，兵无敢当。其陵及阿者，又无敢饮食于其泉及池水者。小出兵而令惊怖如此，此以德攻，不以众也。陵、泉重言者，美之也。每言我者，据后得而有之而言。""陵、泉重言"就是说陵、泉重复说，意在赞美。

（5）《周颂·有客》："有客有客，亦白其马。有萋有且，敦琢其旅。"传："殷尚白也。亦，亦周也。萋、且，敬慎貌。"笺云："有客有客，重言之者，异之也。亦，亦武庚也。武庚为二王后，乘殷之马，乃叛而诛，不肖之甚也。今微子代之，亦乘殷之马，独贤而见尊异，故言亦驳而美之。其来威仪萋萋且且，尽心力于其事，又选择众臣、卿大夫之贤者，与之朝王。""重言之者，异之"，郑玄意思说重复说"有客有客"，表达尊崇惊异之情。

（6）《商颂·烈祖》："嗟嗟烈祖，有秩斯祜。"郑笺："重言嗟嗟，美叹之深。"即重复两遍"嗟"字，是突出赞美感叹美之深，指出有加强语气、加深程度等作用。

（7）《天官·笾人》："加笾之实，菱、芡、栗、脯、菱、芡、栗、脯。"注："加笾谓尸既食，后亚献尸所加之笾。重言之者，以四物为八笾，菱，芰也。芡，鸡头也。栗与馈食同。"此处所说的"重言"是指"菱、芡、栗、脯、菱、芡、栗、脯"中"菱、芡"和"栗、脯"各自被重复表述了一次。郑玄说明，原因是以此四物加于八笾之中，因此重复说。

（8）《仪礼·少牢馈食礼》："上佐食，举尸牢肺、正脊以授尸。上佐食尔上敦黍于筵上，右之。"郑注："尔，近也，或曰移也。右之，便尸食也。重言'上佐食'，明更起，不相因。"郑玄指出"上佐食"重复说一次的原因是，说明重新起身做"上佐食"的动作，和前面一次"上佐食"的起身动作是不连贯的①。

通过穷尽分析郑玄笺注中的"重言"用例，可以明确看出其术语内涵是一贯的，就是"重复说"的意思，与现代修辞术语"反复""为了突出某个意思、强调某种感情，特意重复某个词语或句子"② 含义基本

---

① （唐）贾公彦疏："云'重言"上佐食，明更起，不相因"'者，前举尸牢肺时，坐而取之，兴以授尸。不因此坐取肺，即尔敦黍，明更坐尔黍而起，不因前坐也。"

② 黄伯荣、廖序东：《现代汉语》（增订三版）下册，高等教育出版社2002年版，第278页。

相当。

(二) 复言

郑玄的"复言"的意思就是"又一次说"。"复"即"又一次",言,与"重言"中的"言"意思相当,也是动词"说"。郑玄笺注中共使用"复言"9例,并说明经文用"复言"表达的目的。

(1)《小雅·宾之初筵》:"宾之初筵,温温其恭。"郑笺:"此复言初筵者,既祭,王与族人燕之筵也。王与族人燕,以异姓为宾。温温,柔和也。"因为诗开始已经有"宾之初筵,左右秩秩"一句,这里相隔很远,这里又一次说"初筵"则是因为"既祭,王与族人燕之筵也。王与族人燕,以异姓为宾"。复言,意思就是又一次说道。

(2)《仪礼·乡射礼》:"司射先立于所设中之西南,东面。三耦皆进,由司射之西,立于其西南,东面北上而俟。司射东面立于三耦之北,搢三而挟一个。"注:"为当诱射也。固东面矣,复言之者,明却时还。"一段文字中3次出现"东面"。郑玄说"固东面",意谓本来已经东面了,又说"东面",说明后退时不在此位置①。"复言"后面有宾语"之",说明"言"是动词,"复"与前面"固"相对照,

(3)《仪礼·乡射礼》:"司马由司射之南退,释弓于堂西,袭,反位。弟子取矢,北面坐委于楅,北括,乃退。司马袭进,当楅南,北面坐,左右抚矢而乘之。"注:"抚,拊之也。就委矢,左右手抚而四四数分之也。上既言袭矣,复言之者,嫌有事即袒也。凡事升堂乃袒。"一段文字中2次出现"袭"。郑玄说明前面说明"袭"②,又一次说"袭",是为了避免别人误以为他有事则"袒③"④。"复言"与"既言"相对,

---

① (唐)贾公彦疏:"云'固东面矣,复言之'者,明却时还者,司射先在中西南、东面,今三耦立定,司射却来向三耦之北,东面,明司射却时,右还西南、东面也。"

② 袭,穿衣加服。亦专指古代盛礼时掩上敞开的外服。这里指穿好左衣袖。《礼记·曲礼下》:"执玉,其有藉者则裼;无藉者则袭。"(唐)孔颖达疏:"凡衣,近体有袍襗之属;其外有裘,夏月则衣葛;其上有裼衣;裼衣上有袭衣;袭衣之上有常著之服,则皮弁之属也。掩而不开则谓之袭。"

③ 袒,古代行礼时脱去上衣的左袖,露出裼衣。《仪礼·乡射礼》:"司射适堂西,袒决遂。"郑玄注:"袒,左免衣也。"

④ (唐)贾公彦疏:"云'上既言袭矣,复言之'者,嫌有事即袒也者。案上文命弟子设楅退时已袭,今复言袭进者,嫌有事则袒,故重言之也。云'凡事升堂乃袒'者,堂下虽有事亦不袒,若司射不问堂上堂下,有事即袒。司马与司射递行事,恐同,故明之也。"

"复""既"为副词,"言"为动词。

(4)《仪礼·乡射礼》:"释获者东面,于中西坐,先数右获。"注:"固东面矣,复言之者。为其少南就右获。"复言也是"又一次说"。《乡射礼》前文有"释获者,坐设中,南当楅,西当西序,东面,兴受算,坐实八算于中,横委其余于中西,南末。兴,共而俟。"则"释获者"本来已经"东面",又一次说"东面",为了能够稍微侧向南以便于数右边上射所获的算①。"复"与"固"相对,"言"后有"之"为动词。

(5)《仪礼·乡射礼》:"不胜者皆袭,说决拾,却左手,右加弛弓于其上,遂以执弣。"注:"固袭说决拾矣,复言之者,起胜者也。执弛弓,言不能用之也,两手执弣。"②复言也是又一次说的意思。"复"与"固"相对,"言"后有"之"为动词。

(6)《仪礼·燕礼》:"主人降。宾洗南坐奠觚,少进,辞降。主人东面对。"郑注:"上既言爵矣,复言觚者,嫌易之也。《大射礼》曰:'主人西阶西,东面少进对。'今文从此以下,觚皆为爵。"郑玄揭示上面已经说"爵",又说"觚",二者词义相当,为避重复而换一词。由此,复言也是"又一次说"的意思。贾公彦在疏中表示赞同,他认为原因是"周公作经,嫌易之,故复言觚也。"③"复言"与"既言"相对,"复""既"为副词,"言"为动词,后面的宾语"爵"和"觚"是名词。

(7)《仪礼·大射仪》:"释获者东面于中西,坐,先数右获。"注:"固东面矣,复言之者,少南就右获。"复言,也是又一次说。含义与前面例(4)《乡射礼》中含义相当。"复"与"固"相对,"言"后有"之"为动词。

(8)《仪礼·大射仪》:"不胜者皆袭,说决、拾,却左手,右加弛弓

---

① (唐)贾公彦疏:"释获者在中西东面。释算之时,宾党于右,主党于左。今将数算,宜就之,是以少南就右获,仍东面也。"

② (唐)贾公彦疏:"云'固袭说决拾矣'者,谓前降堂时,既袭说决拾矣。云'起胜者也'者,谓至此复言不胜者,谓以此袭说决拾,以不能用也,起发胜者袒决遂,能用也。"

③ (唐)贾公彦疏:"云'上既言爵矣,复言觚者,嫌易之也'者,上文主人洗觚献宾,云'宾以虚爵降',此经又云'坐奠觚',中间言爵者,欲见对文。一升曰爵,二升曰觚。散文即通,觚亦称爵。以此言之,此觚即前爵。周公作经,嫌易之,故复言觚也。"

于其上，遂以执拊。"注："固袭说决拾矣，复言之者，起胜者也。不胜者执弛弓，言不能用之也。两手执拊，无所挟也。"① "复言"也是"又一次说"，"复"与"固"相对。"言"后有"之"为动词。

(9)《仪礼·有司彻》："辩受爵。其位在洗东，西面北上。升受爵，其荐脀设于其位。"郑注："亦辩献乃荐，既云辩矣，复言'升受爵'者，为众兄弟言也。"复言，又一次说。"复言"与"既云"相对，"复""既"为副词，"言"与"云"相当，为动词。

从我们穷尽性的考察分析结果来看，郑玄所用说明修辞的术语"重言"与"复言"含义是单一的，前者表示"重复说"，后者表示"又一次说、提到"，虽然形式上颇为相似，都是词或词语的重复，但二者有区别。"重言"主要是修辞上的意义，意思是"重复说"，通过重复手段来达到突出强调或加强语气的作用，现在一般称为"反复"；而"复言"则更侧重内容上的意义重复，意思是又说，又一次说，又一次提到，郑玄指出经文作者"复言"的目的，是为了言语意义表达更加明确。

四 互文

"前后参互理解才能表示出完备意义的，叫做参互。"② 李维琦《修辞学》所说的"参互"即"互文"。郑注对这一修辞手法主要使用了"互言""互辞""互文""互相备"这四个术语来指称。我们考察得知，郑玄使用最多的术语是"互言"，在《毛诗笺》中出现1例，而在《三礼注》中出现了23例；"互文"只在《三礼注》中出现，共16例；"互辞"只在《毛诗笺》中出现，共3例；"互相备"共有6次，其中《周礼注》1次，《仪礼注》4次，《礼记注》1次。

(一) 互言

(1)《小雅·采芑》："方叔率止，钲人伐鼓，陈师鞠旅。"毛传："伐，击也。钲以静之，鼓以动之。鞠，告也。"郑笺："征也，鼓也，各有人焉。言'征人伐鼓'，互言尔。二千五百人为师，五百人为旅。此言将战之日，陈列其师旅誓告之也。陈师告旅，亦互言之。"此句有两处互

---

① (唐)贾公彦疏："云'固袭说决拾矣，复言之者，起胜者也'者，起胜者，射毕之时，降堂，皆就次袭说决拾矣，故云固袭。今复言之者，以其胜者更袒决，遂故复言。不胜，袭，说决拾，却欲与胜者相起复发，故复言之也。"

② 李维琦：《修辞学》，湖南人民出版社1986年版，第79页。

文，前一处解释出来应该是"钲人伐钲，鼓人伐鼓"，各司其职；后一处应该是"陈师告师，陈旅告旅"，因为这是为了表示战争前摆起阵势的意思。

（2）《礼记·坊记》："君子约言，小人先言。"郑注："言人尚德不尚言也。'约'与'先'互言耳，君子'约'则小人'多'矣，小人先则君子后矣。"

（二）互文

（1）《礼记·曾子问》："诸侯适天子必告于祖，奠于祢。"郑注："皆奠币以告之，互文也。"

（2）《礼记·月令》："可以粪田畴，可以美土强。"郑注："土润溽，膏泽易行也。粪、美互文耳。土强，强㯺之地。"

（三）互辞

（1）《小雅·楚茨》："楚楚者茨，言抽其棘。"郑笺："茨言楚楚，棘言抽，互辞也。""我仓既盈，我庾维亿。"郑笺："仓言盈，庾言亿，亦互辞，喻多也。"

（2）《小雅·甫田》："今适南亩，或耘或耔，黍稷薿薿。"郑笺："今者，今成王之法也。使农人之南亩，治其禾稼，功至力尽。则薿薿然而茂盛。于古言税法，今言治田，互辞。"

（四）互相备

（1）《仪礼·公食大夫礼》："雍人以俎入，陈于鼎南。旅人南面加匕于鼎，退。"郑注："旅人，雍人之属。旅食者也。雍人言入，旅人言退，文互相备也。出入之由，亦如举鼎者。匕俎每器一人，诸侯官多也。"孔颖达解释说："雍人言入亦退，旅人言退亦入，皆入而退去，故云文互相备。"

（2）《礼记·文王世子》："诸父守贵宫、贵室；诸子诸孙守下宫、下室。"又曰："诸父诸兄守贵室，子弟守下室，而让道达矣。"郑注："以其贵者守贵，贱者守贱，上言父子孙，此言兄弟，互相备也。"

（3）《春官·大宗伯》："以肆、献、祼享先王，以馈食享先王，以祠春享先王，以禴夏享先王，以尝秋享先王，以烝冬享先王。"郑注："宗庙之祭，有此六享。肆献祼、馈食在四时之上则是祫也，禘也。肆者，进所解牲体，谓荐熟时也。献，献体，谓荐血腥也。祼之言灌，灌以郁鬯，谓始献尸求神时也。……祭必先灌，乃后荐腥荐熟，于祫逆言之者，与下共文，明六享俱然。祫言肆献祼，禘言馈食者，著有黍稷，互相备也。"

郑玄所使用的"互言""互辞""互文""互相备"术语虽然都属于互文修辞手法，但还是有一定的细微差别的。从上面九个例子可以看出，"互言"如同李维琦先生的定义所说，是"需要前后参互理解才能表示出完备的意义"，而且这个手法被后人使用的也非常多，比如"秦时明月汉时关""主人下马客在船"等名句，"互相备"可归为此类。而郑玄所说的"互文"，从例子中看来，则有些同义词语替换的意味。比如"告"和"奠"的同义替换、"粪"名词活用为动词和"美"形容词活用为动词，都是"使土地更肥沃"的意思，同义替换。"互辞"例则是不同地区或者不同时代对同一词汇或事物的不同称呼。

五　变言

（一）变……言……

石云孙（1987）曾指出所谓"变言"，即分析词语使用变化的原因。词语不同，其实意义一样，可以变换使用。但这只说对了一半，其实郑玄在注释中更重要的是说明词义相同，但仍有区别，所以才变换使用。

（1）《地官·乡大夫》："三年则大比，考其德行道艺，而兴贤者能者。乡老及卿大夫帅其吏，与其众寡，以礼礼宾之。"郑注："郑司农云：'兴贤者谓若今举孝廉；兴能者谓若今举茂才。宾，敬也，敬所举贤者能者。'玄谓变'举'言'兴'者，谓合众而尊宠之，以乡饮酒之礼，礼而宾之。""举"和"兴"都是"举荐"之义，但郑玄认为，不说"举"而说"兴"，是为突出率领众人使得被举荐者地位尊贵，受到礼遇。

（2）《天官·叙官》："治官之属，大宰卿一人。"郑注："变'冢'言'大'，进退异名也。百官总焉则谓之'冢'，列职于王，则称'大'。冢，大之上也。山顶曰冢。"这说明"冢"和"大"词义相当，都是大，是因为适用范围不同，而词汇选择不同。不同处是"冢"比"大"还大。

（二）不言……而言……

（1）《仪礼·丧服》："庶人为国君。"郑注："不言'民'而言'庶人'，庶人或有在官者。天子畿内之民，服天子亦如之。"郑玄解释不说"民"而称"庶人"，因为"庶人"和"民"的含义有区别，庶人是可以当官的，民则不可以。所以才那样表达。

（2）《仪礼·丧服》孔颖达疏引郑（玄）《目录》云："礼不忍言死而言丧，丧者，弃亡之辞。"郑玄指出，不说"死"而说"丧"，实则是有忌讳直呼"死"。"丧"与"死"有区别,"死"直言人生命消失,而"丧"意思在"弃亡",弃言死者弃己而去,"亡"则言自己失去死者。

(3)《地官·遂大夫》:"令为邑者,岁终则会政致事。"注:"不言其遂之吏,而言为邑者,容公邑及卿大夫、王子弟之采邑、政令、戒禁,遂大夫亦施焉。"说明"为邑者"包含范围比"其遂之吏"范围宽,意思差不多,但表述更准确。

(三) 不言

郑玄注释中有时候只说"不言"。

(1) 贾公彦疏引《天官冢宰》原目:"天官冢宰第一"注:"象天所立之官。冢,大也。宰者,官也。天者统理万物,天子立冢宰使掌邦治,亦所以总御众官,使不失职。不言司者,大宰总御众官,不主一官之事也。"这里"不言司",而是用"冢",郑玄说明"司""冢"二者有区别。

(2)《天官·酒人》:"凡祭祀,共酒以往。"注:"不言奉,小祭祀。"郑玄解释"不言奉"是因为上文"酒人掌为五齐三酒,祭祀则共奉之,以役世妇。"而这里不称"奉"而只说"共",是因为是小祭祀。不是"大祭"或"次祭"。

(四) 不言……则言……

意思就是"不说……就说……"。表示意思相当。

《小雅·大东》:"东人之子,职劳不来。西人之子,粲粲衣服。"传:"东人,谭人也。来,勤也。西人,京师人也。粲粲,鲜盛貌。"笺云:"职,主也。东人劳苦而不见谓勤。京师人衣服鲜洁而逸豫。言王政偏甚也。自此章以下,言周道衰。其不言政偏,则言众官废职,如是而已。"

(五) 异其文、博异语、通异语

"异其文"仅在《仪礼注》中出现 2 例,"通异语"在《礼记注》中有 1 例,"博异语"在《礼记注》中有 2 例。

(1)《仪礼·燕礼》:"设洗、篚于阼阶东南,当东霤。罍水在东,篚在洗西,南肆。设膳篚在其北,西面。"郑注:"设此不言其官,贱也。当东霤者,人君为殿屋也。亦南北以堂深。肆,陈也。膳篚者,君象觚所撰也,亦南陈。言西面,尊之,异其文。"先是"不言",说明委婉修辞[①]。

[①] (唐) 贾公彦《仪礼注疏》:"'设此不言其官贱也'者,决膳宰、具官馔、乐人县、司宫设尊,皆言其官,独此不言官,故知贱也。"

"异其文"意思故意错综其文[3]，表达上有所不同，体现对国君的尊崇①。

（2）《仪礼·大射》："设洗于阼阶东南，罍水在东，篚在洗西，南陈，设膳篚在其北，西面。"郑注："或言'南陈'，或言'西面'，异其文也。"同上一条。

（3）《礼记·文王世子》："庶子以公族之无事者守于公宫，正室守太庙。诸父守贵宫贵室，诸子诸孙守下宫下室。"郑注："下宫，亲庙也。下室，燕寝也。或言宫，或言庙，通异语。""通异语"，即沟通不同的叫法。名异实同，意思相当。

（4）《礼记·内则》："炮，取豚若将，刲之刳之……为稻粉，糔溲之以为酏"注："刲、刳，博异语也。……糔、溲，亦博异语也。""博异语"，意思就是广罗不同的名称。名异实同，意思相当。

六　独言

独言：单独提及某事物，表示强调或突出，检索到 4 例。

（1）《大雅·韩奕》："诸娣从之，祁祁如云。"郑笺："媵者，必娣侄从之。独言娣者，举其贵者。"本来是理所当然、不需强调的事情，加以"独言"，强调的修辞作用便带出来了。

（2）《小雅·出车》："赫赫南仲，玁狁于夷。"郑笺："平者，平之于王也。此时亦伐西戎，独言平玁狁者，玁狁大，故以为始，以为终。"

（3）《地官·闾师》："凡无职者出夫布。"郑注："独言无职者，掌其九赋。"

（4）《仪礼·有司彻》："乃燅尸俎。"郑注："燅，温也。温尸俎于爨，胏亦温焉。独言温尸俎，则祝与佐食不与傧尸之礼。"

七　反言与反其言

（一）反言

检索到的有两个例子。

（1）《春官·小祝》卷二十五："大祭祀，逆齍盛，送逆尸，沃尸盥，赞隋，赞彻，赞奠。"郑注："隋，尸之祭也。奠，奠爵也。祭祀奠先彻

---

① （唐）贾公彦疏："言'西面，尊之，异其文'者，欲见膳篚西面，南肆者亦西面，此不可言南肆而言西面，是尊君之篚，故异其文也。"

后，反言之者，明所佐大祝非一。"祭祀如果由一个大祝来完成的话，顺序应该是先"奠"（酌酒放置尸席前）再"彻"（彻除祭器），郑玄揭示《周礼》把祭祀顺序反过来说的原因，可能是不止一个大祝在进行祭祀活动。

（2）《礼记·曲礼上》："夫为人子者，出必告，反必面。"郑注："告、面同耳，反言面者，从外来，宜知亲之颜色安否。"郑玄认为，"告"（出门告诉父母）和"面"（回来后面见父母）是一个意思，之所以先说"告"后说"面"，而不是先说"面"后说"告"，是因为从外面游玩回来更应该看看"亲之颜色安否"。

（二）反其言

检索到1个例子。

反其言，即正话反说，可以使情感表达更为深刻。

《小雅·车攻》："徒御不惊，大庖不盈。"郑笺："不惊，惊也。不盈，盈也。反其言，美之也。"郑笺说明"反其言"的目的是为了突出赞美之强烈。

从以上例子可看出，"反言"是把要表达的近义词语的顺序反过来说，先说什么后说什么，意义不同；而"反其言"即正话反说，可以使情感表达更为深刻，这与现代修辞中"正话反说"的表达效果一致。因此"反言"和"反其言"虽然字面相似，但却是两种不同的修辞手法。

八 空省与详略

在郑注中，表示省略修辞的术语主要有"省文""略""空其文"。"省文"出现在《三礼注》中，共9例；"略之""略其文"等"略"例，与上下文搭配较灵活，有97例；"空其文"，共5例。

（一）省文

共有9例。李云光《三礼郑氏学发凡》（1966/2012）曾列举6例。

（1）《天官·内宰》："以阴礼教九嫔。"郑笺："教以妇人之礼，不言教夫人、世妇者，举中省文。"省略分为承上或者蒙下，率先提出"举中"省文者，唯郑玄一人。那为何称"嫔"就是举中省略了呢？因为当时的后宫分后、夫人、嫔、世妇、女御几个等级。郑玄认为《内宰》前文提到的"以阴礼教六宫"中的"六宫"指王后，那么剩下的夫人至女御几个等级都属于"九嫔"范围。而此数者，"嫔"居中，因此举"嫔"

代替这几个等级。

（2）《春官·大宗伯》："以血祭祭社稷、五祀、五岳"注："五岳，东曰岱宗，南曰衡山，西曰华山，北曰恒山，中曰嵩高山，不见四渎者，四渎，五岳之匹，或省文。"①

（3）《仪礼·乡饮酒礼》："介西阶上立。"郑笺："不言'疑'者，省文。"因为上文说到"酬酒"时"宾西阶上疑立"，"疑立"已经接连出现了一回，所以下文不再出现"疑"，是遵循语言的经济原则而省略的修辞手法。②

（4）《仪礼·大射仪》："西阶之西，颂磬东面，其南锺，其南镈，皆南陈。一建鼓在其南，东鼓。朔鼙在其北。"注："言成功曰颂。西为阴中，万物之所成。《春秋传》曰：'夷则所以咏歌九则，平民无贰；无射所以宣布哲人之令德，示民轨义。'是以西方锺磬谓之颂。朔，始也。奏乐先击西鼙，乐为宾所由来也。锺不言颂，鼙不言鼓，义同，省文也。"③

（5）《仪礼·丧服》："缌麻，三月者"注："缌麻，布衰裳而麻绖带也。不言衰绖，略轻服，省文。"④

（6）《仪礼·士丧礼》："设鞶带，搢笏"注："鞶带，鞋鞶缁带，不言鞋缁者，省文，亦欲见鞶自有带，鞶带用革。"⑤

（7）《仪礼·特牲馈食礼》："宗人升自西阶，视壶濯及豆笾，反降，东北面告濯具"注："濯，溉也。不言敦铏者，省文也。东北面告，缘宾意欲闻也。言濯具不言絜，以有几席。"⑥

---

① （唐）贾公彦疏："云'不见四渎者，四渎，五岳之匹，或省文'者，五岳、四渎相对，若天地。故设经省文，惟见五岳也。"

② （唐）贾公彦疏："此决上献宾酬宾时，宾于西阶上疑立，此亦当献酒节，而不言疑者，省文也。"

③ （唐）贾公彦疏："云'锺不言颂，鼙不言东鼓，义同，省文也'者，决上东方言笙锺，应鼙言南鼓，此当言颂锺东鼓，义与上文同，亦合有，而不言者，省文也。"

④ （唐）贾公彦疏："云'不言衰绖，略轻服，省文'者，据上殇小功言绖带，故成人小功与此缌麻有绖带可知，故云略轻服，省文也。"

⑤ （唐）贾公彦疏："云'不言鞋缁者，省文，亦欲见鞶自有带'者，本正带，亦同得为省文。今言鞋鞶者，用革带也。以其生时缁带以束衣，革带以佩韨王之等，生时有二带，死亦备此二带。"

⑥ （唐）贾公彦疏："云'不言敦铏者，省文也'者，决上文初馔时，云'豆笾铏在东房'，明敦及铏亦视可知。经不言者，省文故也。上陈时经有几席，郑注所以不并言几席，省文者。经言告濯具，几席不在濯内，故不得云几席为省文也。"

(8)《仪礼·少牢馈食礼》："明日主人朝服，即位于庙门之外，东方南面，宰、宗人西面北上，牲北首东上，司马刲羊，司士击豕。宗人告备，乃退。"注："刲击皆谓杀之。此实既省，告备乃杀之。文互者，省（文）也。"①

(9)《礼记·中庸》："郊社之礼，所以事上帝也，宗庙之礼，所以祀乎其先也。"注："社，祭地神，不言后土者，省文。"

(二) 略之、略其文

"略之" 10 例。"略其文" 1 例。

1. 郑玄注释中共使用 "略之" 21 例，其中《周礼注》1 例，《仪礼注》19 例，《礼记注》1 例

(1)《秋官·士师》："若祭胜国之社稷，则为之尸。"注："以刑官为尸，略之也。周谓亡殷之社为亳社。"②

(2)《仪礼·士昏礼》："尊于房户之东，无玄酒。篚在南，实四爵合卺。"注："无玄酒者，略之也。夫妇酌于内尊，其余酌于外尊。"③

(3)《仪礼·乡射礼》："弟子奉丰升，设于西楹之西，乃降。胜者之弟子洗觯，升酌，南面坐奠于丰上。降，袒执弓，反位。"注："胜者之弟子，其少者也。耦不酌，下无能也。酌者不授爵，略之也。"

(4)《仪礼·乡射礼》："不胜者先降"注："后升先降，略之。不由次。"④

(5)《仪礼·燕礼》："乃命执幂者，执幂者升自西阶，立于尊南，北面，东上。"注："以公命于西阶前命之也。东上，玄酒之幂为上也。羞

---

① （唐）贾公彦疏："云'刲、击皆谓杀之'者，豕言击，动之使鸣，是视牲也；羊言刲，谓杀之，是视杀也。大夫视牲、视杀同日，故互见皆有，故郑云'刲、击皆谓杀之'。又云'此实既省，告备乃杀之，文互者，省文也'者，亦是视牲讫即视杀，如乡所解，下言告备，欲见兼有也。"

② （唐）贾公彦疏："案《鳬鹥》诗，宗庙、社稷、七祀皆称公尸，不使刑官，今祭胜国之社稷用士师为尸，故郑云'用刑官为尸，略之也。'"

③ （唐）贾公彦疏："云'无玄酒者，略之'者，此对上文夫妇之尊有玄酒，此尊非为夫妇，故略之也。"

④ （唐）贾公彦疏："此对射时，升降皆有上射在先，今后升先降，故云略之，不由次第也。"

膳者从而东，由堂东升自北阶。房中西面南上。不言之者，不升堂，略之。"①

（6）《仪礼·聘礼》："振币进授，当东楹北面。"注："不言君受，略之也。"

（7）《礼记·坊记》："妇人疾，问之，不问其疾。"注："嫌媚，略之也。问增损而已。"

2. "略其文" 1 例

《仪礼·特牲馈食礼》："进受肝，复位，坐食肝，卒觯，拜。尸备答拜焉。"郑笺："食肝，受尊者赐，不敢余也。备，犹尽也。每拜答之，以尊者与卑者为礼，略其文耳。"

（三）"空其文"

一共 5 例。例如：

（1）《仪礼·士昏礼》："主人爵弁，纁裳，缁袘。"注："主人，婿也，婿为妇主。爵弁而纁裳，玄冕之次。大夫以上亲迎冕服。冕服迎者，鬼神之。鬼神之者，所以重之亲之。纁裳者，衣缁衣。不言衣与带而言袘者，空其文，明其与袘俱用缁。袘，谓缘。袘之言施，以缁缘裳，象阳气下施。"郑玄意思是上文《士冠礼》中陈述爵弁服特点时说'缁衣缁带'，此文只有'缁袘'，而没有'衣带'二字，因此说'空其文'，即省略不说。②

（2）《仪礼·燕礼》："公坐奠觯，答再拜，执觯兴。宾进受虚爵，降奠于篚，易觯洗。"注："君尊，不酢故也。凡爵，不相袭者也。于尊者言更，自敌以下言易，更作新。易，有故之辞。进受虚爵，尊君也。不言公酬宾于西阶上及公反位者，亦尊君，空其文也。"郑玄指出，因为公就西阶，这是降尊就卑，对公表示尊敬，不说'降尊'，因此空文省略

---

① （唐）贾公彦疏："言'略之'者，解不由前堂升，执幂与羞膳，临时请者，以其诸侯兼官有常职先定，亦有临时命之者。是以经与记直云士，不言其官，不请羞宾者，下记约与君同，亦用士也。"

② （唐）贾公彦疏："云'纁裳者，衣缁衣。不言衣与带而言袘者，空其文，明其与袘俱用缁'者，郑言纁裳者衣缁衣，言缁衣即玄衣，大同故也。上《士冠》陈爵弁服云'缁衣缁带'，此文有'缁袘'，无'衣带'二字，故云空其文。以袘著缁者，欲见袘与衣带色同，故云'俱用缁'也。"

不说。①

（3）《仪礼·大射仪》："公坐奠觯，答拜，执觯兴。宾进，受虚觯，降，奠于篚，易觯，兴洗。"注："宾进以臣道，就君受虚爵，君不亲酬。凡爵不相袭者，于尊者言更，自敌以下言易。更，作新；易，有故之辞也。不言公酬宾于西阶上及公反位者，尊君，空其文也。"郑玄所说"空其文"省略不说的原因同上一条。

（4）《仪礼·有司彻》："羊肉湆，臂一、脊一、胁一、肠一、胃一、嚌肺一，载于一俎。豕胥，臂一、脊一、胁一、肤三、嚌肺一，载于一俎。"注："加羊肉湆而有体，崇尸惠亦尊主人。臂，左臂也。侑用肩，主人用臂，下之也。不言左臂者，大夫尊，空其文也。降于侑羊体一，而增豕肤三，有所屈有所申，亦所谓顺而摭也。"郑玄指出"臂"指"左臂"，"空其文"指省略了"左"不说，目的表示对主人的尊敬，"左臂"不称"左"，因为祭祀用牲，右体贵，左体贱。②

（5）《礼记·月令》："立夏之日，天子亲帅三公、九卿、大夫，以迎夏于南郊，还反，行赏，封诸侯。"郑注："迎夏，祭赤帝赤熛怒于南郊之兆也。不言'帅诸侯'而云'封诸侯'。诸侯时或无在京师者，空其文也。"③

"省""略""空"三者同义，但又有微妙的差别。郑玄选择不同的措辞来解释省略的现象，体现了其对于古文微妙之处的细心体察。

九 比较

找与所要解释的对象相似的事物作比较，以达到解释的目的。常用似、如等词语说明。

《天官·笾人》："馈食之笾，其实枣、栗、桃、干䕩、榛实。"郑注：

---

① （唐）贾公彦疏："云'不言公酬宾于西阶及公反位者，亦尊君，空其文也'者，以其公就西阶，是降尊就卑，敬公，不言降尊，故空文不言。"

② （唐）贾公彦疏："云'不言左臂者，大夫尊，空其文'者，牲右体贵，左体贱，侑用左体，皆言左肩左肫，今主人用左臂，直云臂不云左者，大夫尊，故空其文，似若得用右体，然必知是左臂者，以右臂在尸俎故也。"

③ （唐）孔颖达："案上迎春云'帅三公、九卿、诸侯、大夫'，今此直云'三公、九卿、大夫'，故云'不言帅诸侯'，既不帅诸侯而云'封诸侯'，故郑解其意云'诸侯当迎夏之时，或无在京师者，故空其诸侯之文，诸侯既无而得封者，郑云或无在京师者，言或则容有在者，故得封也。或可诸侯，身虽不在，遥封之。"

"榛，似栗而小。"

《天官·凌人》："春始治鉴。"郑注："鉴，如甄，大口，以盛冰，置食物于中，以御温气。"

《天官·内饔》："凡掌共羞、修、刑、膴、胖、骨、鱐，以待共膳。"郑注："胖，如脯而腥者。"

《春官·叙官》："镈师：中士二人"郑注："镈，如钟而大。"

《春官·司几筵》："凡丧事，设苇席，右素几。其柏席用萑黼纯"郑注："萑，如苇而细者。"

十　共文

郑玄注释中只有1次。

《春官·大宗伯》："以肆献祼享先王，以馈食享先王，以祠春享先王，以禴夏享先王，以尝秋享先王，以烝冬享先王。"注："宗庙之祭有此六享。肆献祼、馈食，在四时之上，则是祫也，禘也。肆者，进所解牲体，谓荐熟时也。献，献醴，谓荐血腥也。祼之言灌，灌以郁鬯，谓始献尸求神时也。《郊特牲》曰：'魂气归于天，形魄归于子地，故祭所以求诸阴阳之义也。殷人先求诸阳，周人先求诸阴。'灌是也。祭必先灌，乃后荐腥荐熟。于祫逆言之者，与下共文，明六享俱然。祫言肆献祼，禘言馈食者，著有黍稷，互相备也。"贾公彦疏："言'与下共文，明六享俱然'者，既从下向上为文，即于下五享与上祫祭皆有灌献肆三事矣。故云六享俱然。"

第二章

《毛诗笺》《三礼注》中尚未明确总结的修辞术语类

一 借代

"不称说事物本身,而借相关的事物来称代,叫做借代。"① 事物本来就是互相关联着的,借代手法智慧地展现了事物之间的联系,同时反映了客观实际。

(1)《大雅·荡》:"文王曰咨,咨汝殷商。"郑笺:"厉王弭谤,穆公朝廷之臣,不敢斥言王之恶,故上陈文王咨嗟殷纣以切刺之。"以殷商"古人"来代替不敢明说的"当今天子",是借古讽今。

(2)《鲁颂·閟宫》:"春秋匪解,享祀不忒。"郑笺:"春秋,犹言四时也。"以春秋指代一年四季,是以部分代整体。

(3)《墉风·柏舟》:"髧彼两髦,实维我仪。"郑笺:"两髦之人,谓共伯也。实是我之匹,故我不嫁也。"郑玄指以共伯的头发特点"髧彼两髦"来代指这个人,是以事物的特征指代事物。

(4)《卫风·氓》:"乘彼垝垣,以望复关。"毛传:"复关,君子所近也。"说明复关是个地名。郑笺:"前既与民以秋为期,期至,故登垝垣,乡其所近而望之,犹有廉耻之心,故因复关以托号民。云此时始秋也。"提到"复关"不是说这个地方值得"望",而是望的是这个人,这里"复关"即指代人,是以事物的所属代事物。

(5)《考工记·辀人》:"终岁御,衣衽不敝。"郑注:"衽,谓裳也。""衽"本指衣襟,即衣服胸前交领部分,以部分指代整个下裳。

(6)郑玄有时使用的"博言",实际上也属于借代修辞,在《仪礼》中有1例。《仪礼·既夕礼》:"乃行祷于五祀。"郑注:"尽孝子之情。五

---

① 李维琦:《修辞学》,湖南人民出版社1986年版,第217页。

祀，博言之，士二祀曰门曰行。"将"二祀"放大了说成"五祀"，是出于交际目的，为了实现"助之者众"而采取的"以大代小"① 的修辞手法。

《礼记·坊记》："大夫不坐羊，士不坐犬。"注："古者杀牲食其肉，坐其皮，不坐犬羊，是不无故杀之。""犬"和"羊"指代犬皮和羊皮，郑注指明借代义。

二 夸张

"言过其实，又不至于误会成真有其事，用以表现事物的精神实质，就是夸张。"② 夸张有扩大夸张和缩小夸张两种。

（一）扩大夸张

（1）《周颂·丰年》："亦有高廪，万亿及秭。"郑笺："万亿及秭，以言谷数多。"

（2）《小雅·楚茨》："永锡尔极，时万时亿。"郑笺："长赐女以中和之福，是万是亿。言多无数。"郑玄常以"言多"或"多言"来说明扩大夸张。

（二）缩小夸张

如：《魏风·十亩之间》："十亩之间兮，桑者闲闲兮。"郑笺："古者一夫百亩，今十亩之间，往来者闲闲然，削小之甚。"十亩田地，人居然能够"闲闲然"，极言"削小"。

三 委婉

古人说话非常讲究措辞和语气，在不同场合需要不同的委婉方法来表达自己的想法，因此委婉也是十分重要的修辞方法。③ 不过郑玄并没有像现代这样的概括，而是分别指出避嫌名、避讳、谦称等。

（一）表示避嫌例

（1）《礼记·曲礼上》："毋咤食。"郑注："嫌薄之。"又"毋侧听"郑注："嫌探人之私也。侧听，耳属于垣。"

（2）古人常见的讳名。《礼记·曲礼》："卒哭乃讳"郑注："敬鬼神

---

① 杨树达：《中国修辞学》，科学出版社1954年版，第150页。
② 李维琦：《修辞学》，湖南人民出版社1986年版，第236页。
③ 王力主编：《古代汉语》（校订重排本）第四册，中华书局1999年版，第1380页。

之名也。讳，辟也。生者不相辟名。卫侯名恶，大夫有名恶，君臣同名，《春秋》不非。"又"礼不讳嫌名，二名不偏讳。"郑注："为其难辟也。嫌名谓音声相近，若'禹'与'雨'、'丘'与'区'也。偏讳，二名不一一讳也。孔子之母名'征在'，言'在'不称'征'，言'征'不称'在'。"

（二）表示不敢言或谦称例

（1）《周南·汉广》："之子于归，言秣其马。"郑笺："之子，是子也。谦不敢斥其适己，于是子之嫁，我愿秣其马，致礼饩，示有意焉。"郑玄指出这是男主角在很含蓄地用"为对方秣马"这样的说辞表达爱意。

（2）《礼记·曲礼下》："天子未除丧，曰'予小子'。"郑注："谦，未敢称一人。《春秋传》曰：'以诸侯之踰年即位，亦知天子之踰年即位；以天子三年然后称王，亦知诸侯于其封内三年称子。'"表示委婉或者谦虚。

（3）《礼记·孔子闲居》："故称人之君曰君，称其君言寡君。"注："寡君犹言少德之君，言之谦。""寡君"是君王的谦称，郑玄注明委婉义。

（三）不言

意思"不说……"，说明不这样说是委婉表达或有避忌。

（1）《小雅·裳裳者华》："裳裳者华，芸其黄矣。"传："芸，黄，盛也。"笺云："华芸然而黄，兴明王德之盛也。不言叶微，见无贤臣也。"用"不言"说明其隐晦，是委婉修辞表达。没有说"叶衰微"之类的事情，是显示没有贤臣。孔颖达《礼记正义》："类上章有叶而此无。故云而不言叶者，微见无贤臣也。微谓不明言而理见是其微也。"

（2）《大雅·桑柔》："匪言不能，胡畏斯忌。"笺云："胡之言何也。贤者见此事之是非，非不能分别皁白言之于正也。然不言之何也？此畏惧犯颜得罪罚。"

（3）《天官·叙官》："世妇"注："不言数者，君子不苟于色，有妇德者充之，无则阙。"前文谈内宰、内小臣、阍人、寺人、内竖、九嫔等职官，都有人数的说明，"世妇"却没有说明。郑玄说明这样表达的原因，比较委婉。即"不言……"是有原因的。

（4）《天官·大宰》："乃施则于都鄙而建其长，立其两，设其伍，陈其殷，置其辅。"注："长谓公卿大夫、王子弟食采邑者，两谓两卿。不言三卿者，不足于诸侯。""不言"也是说明委婉避忌。因为天子有三卿，因此诸侯不能有三卿，只有两卿。贾公彦《周礼注疏》："云'两谓两卿，不言三卿者，不足于诸侯'者，以畿外诸侯南面为尊，故得申而立三卿。天子三公、六卿，虽尊，以其在天子之下，故屈而立两卿，不足于诸侯。"

（5）《天官·酒正》："掌其厚薄之齐，以共王之四饮三酒之馔，及后、世子之饮与其酒。"注："后、世子不言馔，其馈食不必具设之。""不言"也是说明委婉避忌。后和世子的馈食不需要陈设，因此不说"馔"。

本编小结

通过前面分析，我们可以总结郑玄的修辞学研究特点有如下三点。

1. 主要散见于注释当中，随文而发，相对较散，没有集中的系统论述。

2. 对许多修辞手法已经有了明确或较为明确的认识。如对兴、喻、互言、重言、变言、独言、反其言、省略等的表述。对委婉一类的修辞也有了比较深入认识。郑玄一些修辞术语被后世注家沿用至今。如比、喻、互文等。

3. 对借代、夸张等修辞手法也有了初步的认识，只是术语尚未明确提出。

总之，郑玄对修辞学及修辞手法的认识和研究基本还是停留在注释和训诂学层面，而没有上升到现代修辞学理论层面。

本编参考文献

［1］李维琦：《修辞学》，湖南人民出版社1986年版。

［2］周振甫：《中国修辞学史》，商务印书馆1991年版。

［3］石云孙：《郑玄修辞理论发微》，《安庆师范学院学报》（社会科学版）1987年第2期。

［4］鲁洪生：《汉儒对赋、比、兴的认识》，《汉中师院学报》（哲学社会科学版），1987年第2期。

［5］易蒲、李金苓：《汉语修辞学史纲》，吉林教育出版社1989年版。

[6] 袁晖、宗廷虎：《汉语修辞学史》（修订本），山西人民出版社 1995 年版。

[7] 周振甫：《中国修辞学史》，商务印书馆 1991 年版。

[8] 郑子瑜：《中国修辞学史稿》，商务印书馆 1995 年版。

[9] 康学伟：《论郑玄〈毛诗笺〉的文学成就》，《松辽学刊》（人文社会科学版）1994 年第 1 期。

[10] 洪丽娣：《论郑玄〈毛诗笺〉中的修辞观念》，《辽宁教育学院学报》1998 年第 2 期。

[11] 喻克明：《郑玄的注疏之学及其影响》，《西南民族学院学报》（哲学社会科学版）2001 年第 S2 期。

[12] 吴万钟：《从诗到经——论毛诗解释的渊源及特色》，中华书局 2001 年版。

[13] 鲁洪生：《郑玄〈周礼注〉比、兴观念产生的根源》，《河北师大学报》2004 年第 6 期。

[14] 鲁洪生：《论郑玄〈毛诗笺〉对兴的认识》，《文学遗产》2006 年第 1 期。

[15] 汪祚民：《诗经文学阐释史》，人民出版社 2005 年版。

[16] 孔德凌：《郑玄〈诗经〉学研究》，博士学位论文，山东大学，2007 年。

[17] 杨允：《郑玄对"比兴"论的阐释与发展》，《社会科学战线》2011 年第 1 期。

[18] 杨树达：《中国修辞学》，科学出版社 1954 年版。

[19] 王力主编：《古代汉语》（校订重排本）第四册，中华书局 1999 年版。

第七编
郑玄语言学研究之总体特点

第一章

郑玄强调语言学研究的应用性

郑玄的遍注群经，著述宏富。主要包括注释书和著作两类，杨天宇先生《郑玄三礼注研究》（2007）在前人研究基础上有详细介绍。参照其例列郑玄著述名称于下。

一 注释类

有三大类 31 种。

1. 经传类 15 种：《周易注》《周易文言注义》《尚书注》《尚书大传注》《毛诗笺》《周礼注》《仪礼注》《丧服经传注》《礼记注》《丧服变除注》《丧服谱注》《孝经注》《论语注》《论语篇目弟子注》《论语释义注》。

2. 纬书类 10 种：《易纬注》《尚书纬注》《尚书中候注》《诗纬注》《礼纬注》《礼记默房注》《春秋纬》《乐纬注》《孝经纬注》《河图洛书注》。

3. 杂注类 6 种：《乾象历注》《九宫经注》《九宫行旗经注》《汉律章句》《汉宫香方注》《日月交会图注》。

二 著作类

有 23 种：《尚书义问》《书赞》《书论》《毛诗谱》《答临孝存周礼难》《礼仪》《鲁礼禘祫志》《三礼目录》《三礼图》《发公羊墨守》《针左氏膏肓》《起穀梁废疾》《驳何氏汉议》《驳何氏汉议叙》《答何休》《春秋左氏分野》《春秋十二公名》《六艺论》《驳许慎五经异议》《天文七政论》《九旗飞变》《自传》《郑玄集》。

郑玄著述大部分亡佚了。完整存世的是其中的《三礼注》和《毛诗笺》。另有清代以来学者的有关郑玄著述的辑佚书。代表性的如清袁钧的

《郑玄佚书》、清马国翰辑《玉函山房辑佚书》、清王仁俊的《玉函山房辑佚书续编》和《玉函山房辑佚书补编》、清黄奭《黄氏逸书考》、孔广森的《通德堂遗书所见录》等。今人安作璋先生编有《郑玄集》上、下两册。

　　从我们前文对郑玄笺注的研究来看，郑玄已经对汉语言文字有了精深的研究。然而郑玄却并没有写一本专门研究语言文字的著作，他关于语言文字的想法和观点都保留在他的注释书中，散落于郑玄所作文献注释的字里行间。这说明郑玄的语言学研究非常注重研究成果的应用性。他用自己的研究心得和观点指导自己的文献研究具体实践，而不是专注于语言学理论的探讨和建设。他继承了《尔雅》、毛传、许慎《说文解字》及东汉以往礼学专家的注释等，继续作文献典籍的注释。因此，我们只能从其注释中搜集整理和寻绎郑玄的语言学研究成就。

第二章

郑玄重视语言学术语的建设

结合第一编的研究来看,郑玄的语言学研究是非常重视术语建设的。无论是文字学、训诂学、词源学、语法学还是修辞学、方言学,郑玄的语言学研究中都使用了大量的语言学术语。这一方面说明语言学研究发展到了一定阶段,相关研究者就一定会总结和发明一些相关研究术语。但到了东汉的郑玄,可以说是到了集大成的地步。郑玄时期已经形成了完整的训诂术语系。下面以《论语》郑注为例看一下郑玄语言学术语的建设情况。

一 《论语》郑玄注使用的训诂术语①

以三国魏何晏《论语集解》②(以下简称为何本,简写为 H)征引的 103 条注释和王素《唐写本论语郑氏注及其研究》③(以下简称为唐写本,简写为 T)收集的 401 条注释共 453④ 条注释为材料,同时结合唐陆德明的《经典释文·论语音义》⑤(简写为 L),探讨分析郑玄注释《论语》时所使用的训诂术语,从而引导我们了解郑玄的训释特点。通过对两种郑玄注以及《经典释文·论语音义》的考察,我们统计《论语》郑注使用的训诂术语有谓、言、犹、貌、曰、为、谓之、之谓、之言、属、凡、辞、鲁读某为某,今从古、读为、读曰、当为、字之误、古字某某同、一曰、以……为声等 20 个,大体包括版本、校勘、文本解读三个方面。

---

① 本小节训诂术语系内容,系本人与我的研究生工嘉琦(天津师范大学文学院 2011 级)合作完成。论文主体内容曾以"郑玄《论语注》训诂术语系考论"为题发表于《唐山师范学院学报》2014 年第 6 期,本人为通讯作者。
② 本文何晏集解全部来自(清)刘宝楠《论语正义》,中华书局 2011 年版。
③ 王素:《唐写本论语郑氏注及其研究》,文物出版社 1991 年版。
④ 此统计结果是对两种注本中相似的 51 条注释作去重处理之后的结果。
⑤ 陆德明:《经典释文》,中华书局 1983 年版,第 345—355 页。

(一) 关于版本的训诂术语

郑玄在注释时首先要面临的是版本问题，《论语》郑玄注中关于版本的术语是"鲁读某为某，今从古"。这一术语是从古正鲁的术语，它是郑玄在注释《论语》时专门使用的术语，在郑玄对其他文献的注释中没有出现过。该术语在《论语》郑玄注中共出现了 26 次。该术语中的"某"可以是单音节词也可以是双音节词，有时也可以省略。例如：①《子罕》："子见齐衰者、弁衣裳者与瞽者"郑注："鲁读弁为絻，今从古。"(T106[①]) ②《子罕》："沽之哉! 沽之哉! 我待价者也。"郑注："鲁读沽之哉不重，今从古也。"（T107）③《述而》："吾未尝无诲焉。"郑注："鲁读为悔字，今从古。"（L348）④《述而》："君子坦荡荡。"郑注："鲁读坦荡为坦汤，今从古。"（L348）⑤《尧曰》："孔子曰：'不知命，无以为君子也。'"郑注："鲁读无此章，今从古。"（L355）

由以上例子可见"鲁读某为某，今从古"是郑玄用《古论语》本校正《鲁论语》本时使用的，主要用来考证不同版本《论语》文字、文句的不同的，田春来先生将其分为音近而字混者、形近而字混者、义近而字混者以及文句不同者四种类型[②]，这正体现了郑玄对《论语》版本的选择，因而使《论语》郑玄注中保留了大量的异读异文。

(二) 关于校勘的训诂术语

在注释的过程中，校勘是不可避免的工作，《论语》郑玄注中当然也有关于校勘的术语，主要有"当为""字之误"两个。

"当为"用来改正误字误读。"字之误"指的是形近而讹。这两个术语是郑玄用来校勘《论语》原文文字时使用的术语，在《论语》郑注中分别仅出现了 1 次。例如①《子罕》："麻冕，礼也；今也纯，俭，吾从众。"郑注："纯当为缁，古之缁字以才为声，此缁谓黑缯也。"（T104）②《雍也》："原思为之宰，与之粟九百。"郑注："九百者，九百釜，为米五百釜。岁班禄，人食三釜，中士食十八人米五■。乃为仕十月，禄太多，非其数。■字之误也。"（T57）

(三) 关于文本解读的训诂术语

在解读文本的过程中，郑玄主要从字词解读和语句解读两方面进行，

[①] 本文中引用的材料一律采用出处加页码形式。
[②] 田春来：《〈释文〉所载〈论语〉鲁读和古读的关系》，《孔子研究》2012 年第 2 期。

并分别使用了不同的术语。

1. 关于字词解读的术语

（1）谓

"谓"一般是以具体释抽象或以一般释特殊①。可以翻译为"指的是"、"说的是""是说"等。《论语》郑注中"谓"出现94次，是使用最多的术语。例如：①《学而》："未若贫而乐，富而好礼者也。"郑注："乐谓至于道，不以贫为忧苦。"（H32）②《泰伯》："君子所贵乎道者三：动容貌，斯远暴慢矣；正颜色，斯近信矣；出辞气，斯远鄙倍矣。"郑注："此道谓礼也：动容貌，能济济跄跄，则人不敢暴慢之；正颜色，能矜庄严栗，则人不敢欺诈之；出辞气，能顺而说之，则无恶戾之言入于耳。"（H292）③《里仁》："不仁者不可以久处约，不可以长处乐。"郑注："约谓贫。"（T33）④《述而》："二三子，以我为隐子乎？吾无隐乎尔。"郑注："二三子者，谓诸弟子。"（T78）

其中例①②为以具体释抽象，例③④为以一般释特殊。

《论语》郑注中还有一例比较特殊。《八佾》："管氏有三归，官事不摄，焉得俭乎？"郑注："妇人谓嫁曰归。"（T22）其中"谓"的用法与前面不同，意思是"称呼""称"，"谓……曰……"的意思就是"把……叫作……"或"称……为"。

（2）犹

使用犹时，释者与被释者往往是同义或近义的关系②，可以翻译为"等于说、相当于"。"犹"在《论语》郑注中出现了52次。例如：①《八佾》："文献不足故也。"郑注："献，犹贤也。"（H92）②《里仁》："父母在，不远游，游必有方。"郑注："方，犹常也。"（H157）③《述而》："冉有曰：'夫子为卫君乎？'"郑注："为犹助也。"（H265）④《泰伯》："师挚之始，关雎之乱，洋洋乎盈耳哉！"郑注："始犹首也。"（T95）

例①中，"献"的本义是献祭，引申可指献言的人，即"贤人"，因此称"献"如同说"贤"；例②"方"本指"方向""去处"，在语境中可指"经常去的地方"，可以找得到，因此可以用"常"来对译；例③中

---

① 王力主编：《古代汉语》，中华书局1999年版，第616页。
② 同上书，第617页。

"为"是意义宽泛的动词，郑注用更具体的动词"助"去解释；例④是用和"始"相当的同义词"首"来解释。不管怎样，在郑玄使用术语"犹"的例子中，其释者与被释者之间可能一般都有古今语的关系，即用当时容易理解的字词去解释过去不太容易理解的字词。

（3）貌

"貌"指事物的性状。训诂中用"貌"字就是形容事物的性状，其所解释的都是形容词或副词①，可以翻译成"……的样子"。"貌"在《论语》郑注中共出现31次。例如：①《述而》："君子坦荡荡，小人长戚戚。"郑注："坦荡荡，宽广貌。"（H284）②《乡党》："孔子于乡党，恂恂如也，似不能言者。"郑注："恂恂，恭顺貌也。"（T118）③《先进》："闵子侍侧，訚訚如也；子路，行行如也。"郑注："行行，刚强之貌。"（H450）④《子路》："言必信，行必果，硁硁然小人哉！"郑注："硁硁者，小人之貌也。"（H538）

总结"貌"的用例，其基本格式有"甲，乙貌（也）"和"甲，乙之貌（也）"两种。

（4）曰、为、谓之

"这组术语，主要用来下定义，立界说。被释词一般是一种名物或制度，解释词则是一个短语。"② "曰"可以翻译成"叫"或"叫作"，"为"可译为"是"或"叫作"，"谓之"可译为"称之为"或"叫作"。这组术语在《论语》郑注中出现的次数分别为27次、17次、9次。例如：①《先进》："宗庙之事，如会同，端章甫，愿为小相焉。"郑注："诸侯时见曰会，殷俯曰同。"（H469）②《子罕》："达巷党人曰"郑注："五百家为党。"（H321）③《颜渊》："有若对曰：'盍彻乎？'"郑注："周法：十一而税谓之彻。"（H494）

这组术语被解释的词语往往在术语后面，术语前面的部分是解释的话或词语。另外，郑玄同时使用两个术语"曰"解释词语，往往是用对比的形式辨析同义词而揭示其异同，如例①。

在《论语》郑注中，还有一例特殊的"之谓"，可译为"之称"或"说的是"。《宪问》："骥不称其力，称其德也。"郑注："德者，调良之

---

① 周大璞主编：《训诂学初稿》，武汉大学出版社2002年版，第238—239页。

② 同上书，第236页。

谓。"（H590）使用"之谓"时，后面没有被释词语，术语前面部分是对被释词的解释部分。

（5）之言

这个术语是"用一个音义相同的词来注解被释词"①，使用这个术语时，往往是声训，释词和被释词之间不仅有意义上的关系，还有语音上的联系，只有少数例外。"之言"在《论语》郑注中只出现了9次。例如：①《为政》："举直措诸枉，则民服；举枉措诸直，则民不服。"郑注："诸之言于，谓投之于枉者之上。诸之言于，谓投之于直者之上位。"（T13）②《公冶长》："三已之，无愠色。"郑注："愠之言怨。"（T44）③《述而》："饭疏食饮水，曲肱而枕之，乐亦在其中矣。"郑注："疏之言粗，肱之言臂。"（T77）④《季氏》："吾恐季孙之忧，不在颛臾，而在萧墙之内也。"郑注："萧之言肃也。"（H650）

在这四个例子中，"诸"和"于"、"疏"和"粗"分别都属于鱼韵，是叠韵。"愠"和"怨"都属于影母，"萧"和"肃"都属于心母，是双声。只有"肱"和"臂"在语音上没有联系。②

在郑玄使用"之言"的例子中，有一些还说明了被释词的语源。如例③中，"疏"和"粗"是同源词③，郑玄正是用和"疏"同源的"粗"，指出"疏食"即"粗食"，粗粮。再如例④中，"萧"的本义是艾蒿，一种含有香味的草本植物，《说文》："艾蒿也，从艸肃声。"此例中郑玄意思是"萧"并非用本义，而是指与其音义相同的"肃"的含义，"萧"即因人臣至此屏风，便会肃然起敬而得名。

（6）属

古代训诂中常用"属"表示事物的种类，段玉裁说："凡言'某属'者，谓某之类。"④ 这个术语一般用来强调事物之间的共同性，可以译为"……一类"。"属"在《论语》郑注中出现了5次。例如：①《阳货》："礼云礼云，玉帛云乎哉？"郑注："玉，圭璋之属；帛，束帛之属。"（H691）②《八佾》："事君尽礼，人以为谄。"郑注："尽礼，谓尽礼下公门或路马之属。"（T21）③《公冶长》："子谓公冶长，'可妻也。虽在

---

① 周大璞主编：《训诂学初稿》，武汉大学出版社2002年版，第239页。
② 参见郭锡良《汉字古音手册》，商务印书馆2011年版。
③ 参见王力《同源字典》，商务印书馆1997年版，第166页。
④ （清）段玉裁：《说文解字注》，上海古籍出版社2011年版，第17页。

缧绁之中，非其罪。以其子妻之。'"郑注："缧绁，徽纆之属，所以执缚罪人之绳索。"（T41）④《乡党》："不得其酱，不食。"郑注："不得其酱不食，谓韭菹醯醢醷梅鱼脍芥酱之属也。"（T120）

（7）辞

这个术语是用来说明虚词的，可译为"语词"。这一术语在《论语》郑注中出现了两次。如下：①《里仁》："子曰：'参乎！吾道一以贯之哉！'曾子曰：'唯。'"郑注："唯者，应敬之辞。"（T35）②《子罕》："既竭吾才，如有所立卓尔。虽欲从之，末由也已。"郑注："卓尔，绝望之辞也。"（T106）

（8）读为、读曰

"读为""读曰"一般是用本字本义来说明假借字的，又称作破读。这两个术语在《论语》郑注中各出现1次。即①《八佾》："从之，纯如，皦如，绎如，以成。"郑注："从，读曰纵。纵之，谓既奏八音皆作。"（T22）②《子罕》："巽与之言，能无悦乎？绎之为贵。"郑注："巽，读为馔，馔，言之善者。"（T108）

以上例子中，"从"和"巽"是假借字，其本字分别为"纵"和"馔"，郑玄意在告诉读者当按本字的含义去理解《论语》原文。

（9）古字某某同

"古字某某同"是关于文字假借通用的术语。这一术语在《论语》郑注中仅出现了1次。《公冶长》："子曰：'由也好勇过我，无所取材。'"郑注："一曰：子路闻孔子欲浮海，不复顾望，故孔子叹其勇曰过我，无所取哉，言唯取于己。古字材、哉同。"（H172）郑玄指出，一种观点认为经文中的"材"即相当于"哉"，因为古文字中，表示感叹语气的虚词用"材"和"哉"来表示是一样的，通用，都是借字。

（10）以……为声

"以……为声"是用来说明读音来源的，这个术语在《论语》郑注中仅出现了1次。《子罕》："麻冕，礼也；今也纯，俭，吾从众。"郑注："纯当为缁，古之缁字以才为声，此缁谓黑缯也。"（T104）

这里，郑玄实际是指出"缁"的古文字形当作"䋖"，是个谐声字，其声符是"才"。《周礼·地官·媒氏》："入币纯帛"注："纯，实缁字也，古缁以才为声。"《礼记·玉藻》："大夫佩水苍玉而纯组绶"注："纯当为缁，古文'缁'字，或作纟旁才。"才、屯二字小篆分别作𰀁、

第二章 郑玄重视语言学术语的建设

ᅮ，因此"纯"和"紂"因形近可导致讹误。①

2. 关于语句解读的术语

（1）言（言此、此言）

"言"这个术语常用来串讲文意，有说明言外之意的作用。《论语》郑注中"言"出现87次，是使用次数仅次于"谓"的术语。例如：①《子罕》："牢曰：'子云：'吾不试，故艺。''"郑注："言孔子自云我不见用，故多技艺。"（H331）②《先进》："子曰：'从我于陈、蔡者，皆不及门也。'"郑注："言弟子之从我而厄于陈、蔡者，皆不及仕进之门，而失其所。"（H439）③《颜渊》："在邦必闻，在家必闻。"郑注："言士之所在，皆能有名誉。"（H507）④《里仁》："君子去仁，恶乎成名？"郑注："言唯仁可以立身有名誉也。"（T33）

郑玄在注释《论语》时，有时也用"言此"或"此言"。例如：①《述而》："我非生而知之者，好古，敏而求之者也。"郑注："言此者，勉人学。"（H271）其中的"言"是"称说""说""言及"的意思。②《子罕》："既竭吾才，如有所立卓尔。虽欲从之，末由也已。"郑注："此言圣人不可及。"（T106）此句的"言"相当于"意思是说""谈论"。

（2）凡

在《论语》郑玄注中，"凡"是解句时用来说明一般情况或通常情况应当怎样时所使用的术语。可译为"一般"或"大凡"。《论语》郑注中"凡"共出现了5次。如下：①《八佾》："王孙贾问曰：'与其媚于奥，宁媚于灶，何谓也？'"郑注："凡祭之礼，尸■性，怪此言与我义反，故问之也。"（T20）②《雍也》："请益。曰：'与之庾。'"郑注："庾，《周礼》作䆃。䆃，凡器名，实容二觳，厚半寸，厚一寸。"（T57）③《子罕》："且予纵不得大葬，予死于道路乎？"郑注："凡大夫退，葬以士礼，致仕乃以大夫礼葬也。"（T106）④《颜渊》："忠告而善道，否则止，无自辱焉。"郑注："朋友义合之轻者，凡义合者有绝道，忠言以告之，不从则止也。"（T136）

（3）一曰

这个术语是用来列举不同说法的。训诂学家在解释字词或文句的含义

---

① 参见李玉平《郑众、郑玄的"谐声"观及其对后世的影响》，《语言科学》2011年第2期。

时，在做出一种解释后，有时还会举出另外的一种解释，以给读者提供参考。可以译为"一种说法说"。这一术语在《论语》郑注中也只出现了1次。《公冶长》："子曰：'由也好勇过我，无所取材。'"郑注："子路信夫子欲行，故言好勇过我。无所取材者，无所取于桴材。以子路不解微言，故戏之耳。一曰子路闻孔子欲浮海，不复顾望，故孔子叹其勇曰过我，无所取哉，言唯取于己，古字材、哉同。"（H172）

二 《论语》郑玄注训诂术语的使用情况分析

通过穷尽性的考察，我们将《论语》郑玄注所使用的训诂术语归纳如表7-1。

表7-1

		术语	次数	占比（%）
关于版本		鲁读某为某，今从古	26	6.99
关于校勘		当为	1	0.27
		字之误	1	0.27
关于文本解读	关于字词解读	谓	94	25.27
		犹	52	13.98
		貌	31	8.33
		曰	27	7.26
		为	17	4.57
		谓之	9	2.42
		之谓	1	0.27
		之言	9	2.42
		属	5	1.34
		辞	2	0.54
		读为	1	0.27
		读曰	1	0.27
		古字某某同	1	0.27
		以……为声	1	0.27
	关于语句解读	言（言此、此言）	87	23.39
		凡	5	1.34
		一曰	1	0.27

通过表 7-1，我们可以发现，第一，郑玄在注释《论语》时使用了一个专门术语"鲁读某为某，今从古"，这不仅是郑玄在其他文献注释中不曾使用的，也是其他注释家们不曾使用过的术语。第二，在注释《论语》的过程中，郑玄使用最多的术语是"谓"和"言"，而"曰""为""谓之"则使用相对较少。第三，《论语》郑玄注还有一些其他值得关注的使用特点。下面我们分别予以说明。

（一）关于"鲁读某为某，今从古"

这一从古正鲁的术语，是郑玄在注释《论语》时使用的独到术语，在郑玄其他文献注释中没有出现过。究其原因，我们认为有以下两个方面。

一方面，这可能与郑玄兼通古今文学说有关。我们知道，郑玄既是古文学派的代表，又兼通今文学派，他往往博采众长，不管是古文还是今文，只要有价值都为其所用。从此前的注释情况来看，郑玄注《周礼》有故书、今书的差别，注《礼记》《仪礼》也有古今异文的差别，注《尚书》以古文本为底本，并参考今文本。从郑玄注经的这一特点来看，他在注释《论语》时以古正鲁就不足为奇了。正如高流水在刘宝楠《论语正义》点校说明中提到的，郑玄"依据张侯论，并参照古论和齐论，为《论语》作注，……，可说是《论语》的第二次改订本，也就是现在通行各本的祖本"①。正是由于郑玄海纳百川的精神，才使《论语》郑玄注保留了大量的异读异文。

另一方面，这与郑玄注释《论语》的时间也有一定的关系。郑玄一生遍注群经，给我们留下了一笔丰富的财富。就其注经的顺序来说，他"先注《周官》，次《礼经》，次《古文尚书》，次《论语》，次《毛诗》，最后乃注《易》。"② 其中，《论语注》是郑玄的晚期著作，这时郑玄已经积累了丰富的注释经验，已经形成了成熟的术语体系，而"鲁读某为某，今从古"这一术语的出现，也正体现了郑玄注训诂术语系的发展与完善。这一新术语的使用，不仅保留了大量的异读异文，而且体现了郑玄的版本选择观念，郑玄首创了从古正鲁的术语后，无疑也在一定程度上丰富了训诂术语体系。

---

① 参见高流水对刘宝楠《论语正义》的点校说明。
② 王利器：《郑康成年谱》，齐鲁书社 1983 年版，第 85 页。

（二）关于"谓"、"言"和"曰"、"为"、"谓之"

通过对《论语》郑玄注中使用的各个术语的统计分析，我们发现在这些术语中，郑玄使用最多的是"谓"和"言"，分别出现了94次和87次，而"曰""为""谓之"等较少，出现次数分别为27次、17次、9次。究其原因，这应该与《论语》的语体特点有关。众所周知，《论语》是一部语录体著作，具有短小精悍、容易理解的特点。所以对于一般读者来说，字面含义比较容易懂，关键是要在文本含义之外揭示具体所指和言外之意。所以"谓"和"言"这种用来揭示具体所指和言外之意的训诂术语就会被较多地被郑玄使用，而口语中涉及的难懂的名物制度较少，因而"曰""为""谓之"等注重揭示名物制度等含义的术语，郑玄使用的就相对较少。

（三）其他使用特点

通过对《论语》郑玄注中训诂术语的意义及用法的分析，我们发现《论语》郑玄注的训诂术语及其应用情况还有以下三个特点。

第一，术语体系比较完善。其术语不仅仅限于释义方面，而且有易字、校勘等方面的训诂术语。释义的术语不仅有解读字词的术语，还有解释语句的术语。比如释义的术语中解释字词的有"谓""曰""为""谓之"等，解释语句的有"言""凡""一曰"，易字的术语有"读为""读曰"，校勘的术语有"当为""字之误"。

第二，术语基本上具有单义性、稳定性的特点。一个术语是用来解释词语还是串讲大意，是校勘文字还是考证古音古义都分得很清楚，基本上没有混用的情况。比如校勘术语"当为"已经较为专职地运用于改正误字、误读的训诂实践中。

第三，部分术语还有少量的变体，尚存在术语的组合形式。例如，"之貌"是"貌"的变体，"犹言"是"犹"的变体，还有"言"与"之言"，"谓"与"之谓"等。但是这些变体用例极少。

第四，存在一些异名同实的现象，即用两个或两个以上的术语去表示同一个概念，比如同样是用来下定义，却可以用"曰""为""谓之"三个术语来表示。这不仅是《论语》郑玄注，也是传统训诂术语普遍存在的问题。一般来说，一个术语只表达一个概念，同一概念只用一个术语来表达，这样才能体现训诂术语的科学性，同时减轻我们阅读古书的负担。

三 小结

训诂术语是沟通古今的桥梁，王功龙等①曾指出注释术语的重要地位和作用，认为注释术语对训诂学、阅读古书、实际教学、编纂辞书、文化传承等方面都有重要的价值和意义。其文虽然讨论的是现代注释术语，但这些评价对传统的训诂术语同样适用。

郑玄作为汉代训诂的集大成者，对训诂术语的贡献也是巨大的。本文通过穷尽考察《论语》郑玄注所使用的训诂术语，分析了郑玄在《论语》注中所使用的训诂术语的含义，归纳了《论语》郑玄注的训诂术语系及其特点，这不仅有助于我们正确解读《论语》原文及郑注，而且有助于我们全面理解郑玄的术语观念，同时我们也希望这一工作能在一定程度上为专书训诂术语体系的设计提供有价值的参考。

本章参考文献

[1] 唐明贵：《郑玄〈论语注〉探微》，《中华文化论坛》2005年第2期。

[2] 唐明贵：《关于郑玄〈论语注〉的几个问题》，《兰州学刊》2005年第6期。

[3] 胡鸣：《郑玄校经取向之分析——以郑玄〈论语注〉"从古"为例》，《管子学刊》2006年第2期。

[4] 李林：《论郑玄的训诂术语》，硕士学位论文，北京师范大学，1985年。

[5] 王素：《唐写本论语郑氏注及其研究》，文物出版社1991年版。

[6] 陆德明：《经典释文》，中华书局1983年版。

[7] 冯志伟：《现代术语学引论》（增订本），商务印书馆2011年版。

[8] 田春来：《〈释文〉所载〈论语〉鲁读和古读的关系》，《孔子研究》2012年第2期。

[9] 王力主编：《古代汉语》（校订重排本），中华书局1999年版。

[10] 周大璞主编：《训诂学初稿》（第三版），武汉大学出版社2002

---

① 王功龙、刘东：《浅谈现代注释术语体系的建立》，《古籍整理研究学刊》2005年第3期。

年版。

［11］郭锡良：《汉字古音手册》（增订本），商务印书馆2011年版。

［12］王力：《同源字典》，商务印书馆1997年版。

［13］段玉裁：《说文解字注》，上海古籍出版社2011年版。

［14］李玉平：《郑众、郑玄的"谐声"观及其对后世的影响》，《语言科学》2011年第2期。

［15］王利器：《郑康成年谱》，齐鲁书社1983年版。

［16］田春来、郑春汛：《论语郑氏注的性质与特点》，《孔子研究》2007年第5期。

［17］王功龙、刘东：《浅谈现代注释术语体系的建立》，《古籍整理研究学刊》2005年第3期。

第三章

郑玄重视语言的综合性研究

郑玄重视语言的综合性研究。这一点是和郑玄的语言学研究的应用性紧密相关的。郑玄在文献注释中体现自己的语言学研究观点，而文献注释涉及的是多方面的，涉及语言学研究的方方面面。因此，郑玄的语言学研究内容就无所不包。内容涉及文字、语音、语法、词汇、修辞、方言、语源学、训诂学等等各个方面。这样才能够切实解决文献中碰到的各种问题。我们上一编中总结的郑玄的语言学研究的几个方面就真实反映了郑玄语言学研究的特点。郑玄的语言学研究成就，也如南朝宋范晔《后汉书·郑玄传》中所总结的那样："郑玄囊括大典，网罗众说，删裁繁芜，刊改漏失，择善而从，自是学者略知所归。"简单说明如下三点。

第一，郑玄的训诂学研究是综合性的研究。训诂学研究本身就是综合性的。在文献注释和说解过程中需要借助各方面的知识储备，以达到解读文献的目的。郑玄借鉴了以往学者所使用过的 16 种训诂方法、训诂内容也有 12 个方面、构建了较为完备系统的训诂术语体系。无论是内容、方法还是研究体系都具有集大成的特点。

第二，郑玄的文字学研究既有汉字构形学层面的研究又有汉字字用学层面的研究。东汉许慎《说文解字》对小篆的形体进行分解，分析汉字的本义。这主要是汉字构形学方面的研究。郑玄借鉴了其研究成果，但同时又借鉴了《尔雅》、毛亨、马融、杜子春、郑兴、郑众等人关于汉字在文献使用中的相关研究成果。这是综合性的。

第三，郑玄语源学研究、语法学研究、方言学研究、修辞学研究等方面，郑玄的研究特点，也同其他方面的研究一样，既有对前人研究的继承，也有进一步的发展。

郑玄研究涉及面广，所用方法也不唯一。这体现了郑玄学术重通学、集大成的特点。

第四章

郑玄重视语言（历时或共时）的比较研究

郑玄重视语言的比较研究。这一点我们在"郑玄的文字学研究"一章中有详细讨论。以沟通字际关系为例。郑玄既有从泛时角度对字际关系的沟通，也有从历时角度对文献字际关系的沟通；郑玄也重视方言的历时比较研究，包括语音、词汇、语法等各个方面的比较和探讨。

一　郑玄从历时角度对字际关系的沟通

郑玄曾从历时角度对汉字进行字际关系沟通，从形式上大致可以分为以下五类。

（一）A 古文为 B

例如：

（1）《春官·保章氏》："以志星辰日月之变动"注："志，古文识。识，记也。"

（2）《天官·庖人》："宾客之禽献"注："献，古文为兽。杜子春云：'当为献'。"

（3）《考工记·櫐氏》："櫐氏"注："櫐，古文或作历。"

（4）《考工记·玉人》："衡四寸"注："衡，古文横假借字也。衡谓勺径也。"

（5）《考工记·矢人》："以其笴厚为之羽深"注："笴读为槀，谓矢干，古文假借字。"

（6）《考工记·弓人》："宽缓以荼"注："荼，古文舒假借字。郑司农云：'荼读为舒'。"

（二）A，今 B 字

例如：

（1）《春官·甸祝》："禂牲、禂马"注："禂读如伏诛之诛，今侏大字也。为牲祭，求肥充；为马祭，求肥健。"

（2）《考工记·辀人》："左不楗"注："书楗或作券。玄谓券，今倦字也。"

（三）古者，A 为 B

例如：

（1）《春官·肆师》："凡师不功"注："故书功为工，郑司农'工'读为'功'。古者工与功同字。"

（2）《春官·肆师》："治其礼仪"注："故书仪为义，郑司农云'义'读为'仪'。古者书'仪'但为'义'，今时所谓'义'为'谊'。"①

（四）故字 A 为 B

例如：

（1）《夏官·圉师》："夏庌马"注："故字②庌为讶。郑司农云：'当为庌。'玄谓庌，庑也。庑，所以庇马者也。"

（2）《秋官·掌客》："牲三十有六"注："牲当为腥，声之误也。腥谓腥鼎也。于侯伯云'腥二十有七'，其故腥字也。"

（五）古书'……A……'多作 B 字

例如：

《春官·占梦》："乃舍萌于四方"注："玄谓舍读为释，舍萌犹释菜也。古书'释菜''释奠'多作'舍'字。"

二　郑玄对古今用词的对比

例子很多，例如：

（1）《天官·小宰》："傅别……质剂"注："傅别、质剂，皆今之券书也，事异，异其名耳。"

（2）《天官·亨人》："职外内饔之爨亨煮"注："爨，今之灶。"

（3）《天官·酒正》："四曰酏"注："酏，今之粥。《内则》有黍酏，

---

① 此处注文有争议。我们赞同是郑玄引用郑司农的注释。参看李学勤主编标点本《十三经注疏·周礼注疏》，北京大学出版社 1999 年版，第 508 页。

② 阮元校勘记引段玉裁《周礼汉读考》的观点："'字'当为'書'。"我们遵从李学勤主编标点本《十三经注疏·周礼注疏》第 868 页中的观点，保留经文原字，不将"字"改为"書"。

酏饮，粥稀者之清也。"

(4)《地官·叙官》："囿人"注："囿，今之苑。"

(5)《夏官·叙官》："司甲"注："甲，今之铠也。"

三 郑玄对古今事物制度的对比

在训释制度时，以今证古，具体直观，简易明白。如：

《天官·外饔》："飨士庶子亦如之。"郑注："士庶子，卫王宫者，若今时之飨卫士矣。"此以今职证古职。

《地官·大司徒》："掌建邦之土地之图。"郑注："土地之图，若今司空郡国舆地图。"此以今物证古物。

四 郑玄对古今方言的对比

郑玄在引证方言时有个显著的特征就是标有"今"字，共29例。标有"今"的都是郑玄所处时代语言中的方言。如：

(1)《天官·腊人》："腊人掌干肉"注："大物解肆干之，谓之干肉。若今凉州乌翅矣。"

(2)《天官·笾人》："朝事之笾，其实麷、蕡……"注："今河间以北，煑穜麦卖之，名曰逢。"

(3)《天官·醢人》："豚拍、鱼醢"注："郑大夫、杜子春皆以拍为膊，谓胁也。或曰豚拍，肩也。今河间名豚胁声如锻镈。"

(4)《天官·内司服》："内司服掌王后之六服，袆衣、揄狄、阙狄……"注："玄谓狄当为翟。翟，雉名。伊雒而南，素质，五色皆备成章曰翬；江淮而南，青质，五色皆备成章曰摇。王后之服，刻缯为之形而采画之，缀于衣以为文章。袆衣画翬者，揄翟画摇者，阙翟刻而不画，此三者皆祭服。从王祭先王则服袆衣，祭先公则服揄翟，祭群小祀则服阙翟。今世有圭衣者，盖三翟之遗俗。"

(5)《地官·叙官》："媒氏"注："媒之言谋也，谋合异类，使和成者。今齐人名曲麷曰媒。"

(6)《地官·掌蜃》："共白盛之蜃"注："盛犹成也。谓饰墙使白之蜃也。今东莱用蛤，谓之叉灰云。"

(7)《春官·小宗伯》："卜葬兆，甫竁"注："郑大夫读'竁'皆为穿，杜子春读'竁'为'毳'，皆谓葬穿圹也。今南阳名穿地为竁，声如

'腐脆'之脆。"

（8）《春官·司尊彝》："凡酒修酌"注："修，读如涤濯之涤。涤酌，以水和而沛之。今齐人命浩酒曰涤。"

（9）《夏官·叙官》："司爟"注："玄谓爟读如予若观火之观。今燕俗名汤热为爟，则爟火谓热火与？"

（10）《夏官·罗氏》："中春，罗春鸟，献鸠以养国老，行羽物。"注："春鸟，蛰而始出者，若今南郡黄雀之属。是时鹰化为鸠，鸠与春鸟变旧为新，宜以养老助生气。"

（11）《秋官·叙官》："象胥"注："通夷狄之言者曰象。胥，其有才知者也。此类之本名，东方曰寄，南方曰象，西方曰狄鞮，北方曰译。今总名曰象者，周之德先致南方也。"

（12）《考工记·冶氏》："重三锊。"注："玄谓许叔重《说文解字》云：'锊，锾也。'今东莱称或以大半两为钧，十钧为环，环重六两大半两。锾锊似同矣，则三锊为一斤四两。"

（13）《考工记·弓人》："今夫茭解中有变焉，故校。"注："玄谓茭读如齐人名'手足掔'为'骹'之'骹'。茭解，谓接中也。"

（14）《仪礼·士冠礼》："靺韐"注："靺韐，缊韨也。士缊韨而幽衡，合韦为之。士染以茅蒐，因以名焉。今齐人名蒨为靺韐。韨之制似韠。"

（15）《仪礼·士冠礼》："缁布冠，缺项，青组缨属于缺。"注："缺读如'有頍者弁'之'頍'。缁布冠无笄者，著頍，围髪际，结项中，隅为四缀，以固冠也。项中有纯，亦由固頍为之耳。今未冠笄者著卷帻，頍象之所生也。滕、薛名蔮为頍。"

（16）《仪礼·聘礼》："四秉曰筥。"注："此秉谓刈禾盈手之秉也。筥，穧名也。若今莱阳之间，刈稻聚把，有名为筥者。《诗》云'彼有遗秉'，又云'此有不敛穧'。"

（17）《仪礼·丧服》："传曰，缌衰者何？以小功之缌也。"注："治其缕如小功，而成布四升半。细其缕者，以恩轻也。升数少者，以服至也。凡布细而疏者谓之缌，今南阳有邓缌。"

（18）《仪礼·士虞礼》："有干肉折俎，二尹缩"注："干肉，牲体之脯也。如今凉州乌翅矣。折以为俎实，优尸也。"

（19）《礼记·曲礼下》："盐曰'咸鹾'，玉曰嘉玉，币曰'量币'"

注:"大咸曰蹉,今河东云。币,帛也。"

(20)《檀弓上》:"子张病,召申祥而语之曰:'君子曰终,小人曰死。'"注:"太史公传曰:'子张姓颛孙',今曰申祥,周、秦之声,二者相近,未闻孰是。"

(21)《礼记·王制》:"五方之民言语不通,嗜欲不同,达其志,通其欲。东方曰寄,南方曰象,西方曰狄鞮,北方曰译。"注:"皆俗间之名,依其事类耳。鞮之言知也。今冀部有言狄鞮者。"

(22)《礼记·内则》:"左佩纷帨、刀、砺、小觿、金燧"注:"纷帨,拭物之佩巾也,今齐人有言纷者。"

(23)《礼记·内则》:"鱼去乙"注:"乙,鱼体中害人者名也,今东海鳀鱼有骨名乙,在目旁,状如篆乙,食之鲠人,不可出。"

(24)《礼记·内则》:"或曰:麋、鹿、鱼为菹,麕为辟鸡,野豕为轩,兔为宛脾。"注:"此轩、辟鸡、宛脾,皆菹类也。酿菜而柔之以醯,杀腥肉及其气。今益州有鹿䐑者,近由此为之矣。菹、轩,聂而不切,辟鸡、宛脾聂而切之。轩或为胖,宛或作郁。"

(25)《礼记·乐记》:"胎生者不殰,而卵生者不殈"注:"内败曰殰。殈,裂也。今齐人语有'殈'者。"

(26)《乐记》:"治乱以相,讯疾以雅。"注:"相即拊也,亦以节乐。拊者,以韦为表,装之以穅。穅,一名'相',因以名焉,今齐人或谓穅为相。"

(27)《礼记·丧大记》:"君封以衡,大夫、士以咸。"注:"咸读为緘。……今齐人谓棺束为緘绳,咸,或为械。"

(28)《中庸》:"壹戎衣而有天下"注:"戎,兵也。衣读如殷,声之误也。齐人言殷声如衣,虞、夏、商、周氏者多矣。今姓有衣者,殷之胄与?'壹戎殷'者,壹用兵伐'殷'也。"

(29)《小雅·瓠叶》:"有兔斯首,炮之燔之。君子有酒,酌言献之。"郑笺:"斯,白也。今俗语'斯白'之字作'鲜'。齐、鲁之间声近'斯'。"

第八编

郑玄的语言学研究在中国古代语言学史上的地位（一）

——郑玄对以往语言学研究的继承、总结和发扬郑玄的研究并非都是自己原创的，而是继承了很多以往学者的语言学成就。总体而言，郑玄的注释中对《尔雅》、西汉毛亨、东汉许慎、杜子春、郑兴、郑众等学者的语言学成就继承较多。以下分别总结。

第一章

郑玄对《尔雅》语言学研究的继承情况[①]

战国末期[②][③]的训诂专书《尔雅》，在汉代影响巨大，这可以从汉代学者注释中对《尔雅》的引用继承情况得出结论。东汉郑玄在注释中就曾明引或暗引《尔雅》的训释，但引用的具体情况学界研究尚嫌粗略。唐代孔颖达的《毛诗正义》和《礼记正义》、唐贾公彦的《周礼注疏》和《仪礼注疏》中都曾指出过郑玄笺注中对《尔雅》的引用情况。近来关注郑玄对《尔雅》的继承情况的学者主要有姜涛[④]，陈东辉、彭喜双[⑤]，彭喜双[⑥][⑦]，窦秀艳[⑧]，徐文贤[⑨]等。其中姜涛（1983）指出《郑志》中提到郑玄答弟子问时对《尔雅》训条的意见，陈东辉、彭喜双（2008）等主要辩证郑玄并不曾作《尔雅注》一书，而窦秀艳、徐文贤（2011）则对郑玄笺注中对《尔雅》的引用情况进行了初步的研究，不足是对郑玄的引用情况描述疏略，数据统计也不准确。徐文贤（2011）的

---

① 本章由笔者与笔者的学生王舒（天津师范大学文学院2009级本科生）合作完成，由笔者选题并指导写作修改。该文主体内容曾以"郑玄对《尔雅》内容的继承情况研究"为题发表于《安阳师范学院学报》2015年第1期。

② 何九盈：《中国古代语言学史》（新增订本），北京大学出版社2006年版，第40页。

③ 冯华：《从古文字材料看〈释亲〉及〈尔雅〉的时代》，《汉字文化》2008年第2期。

④ 姜涛：《从〈尔雅注〉看孙炎对郑学的继承》，《贵州文史丛刊》1989年第2期。

⑤ 陈东辉、彭喜双：《〈周礼注疏〉引〈尔雅〉郑玄注辨析》，《中国典籍与文化》2008年第3期。

⑥ 彭喜双：《许森〈尔雅郑玄注稽存〉述评——兼〈尔雅诂林叙录·郑玄'尔雅注'（许森辑本）提要〉辨析》，《图书馆杂志》2009年第4期。

⑦ 彭喜双：《慧琳〈一切经音义〉引〈尔雅〉郑玄注质疑》，《汉语史学报》第8辑，上海教育出版社2009年版。

⑧ 窦秀艳、徐文贤：《郑玄笺注引〈尔雅〉初探》，《井冈山大学学报》（社会科学版）2011年第3期。

⑨ 徐文贤：《〈毛诗正义〉引〈尔雅〉研究》，硕士学位论文，青岛大学，2011年。

贡献是较为详细地统计了郑玄《毛诗笺》中对《尔雅》的引用情况。总体来看，以往对郑玄对《尔雅》的继承情况研究尚需进一步完善和总结。

可据以研究郑玄对《尔雅》继承情况的材料可分为两大类：一类是其他文献转述文字中体现出郑玄对《尔雅》的意见，例如三国魏郑小同（郑玄之孙）《郑志》中提及的郑玄答弟子问时对《尔雅》训条的意见①；一类是郑玄本人笺注或表述中提到《尔雅》的材料。限于篇幅，本文从内容上考察郑玄对《尔雅》的继承情况。

一 郑玄对《尔雅》的明引情况

郑玄笺注中引《尔雅》情况，又可以分为明引和暗引两种。郑玄《毛诗笺》中一般为暗引，在《三礼注》中，郑玄则既有明引也有暗引。我们借助文渊阁《四库全书》电子版检索统计郑玄《三礼注》中明引《尔雅》43条，其中《仪礼注》中3条，《礼记注》中5条，《周礼注》中35条。列举如下。

（一）《仪礼注》3条

（1）《士昏礼》："被颖黼"注："《尔雅》云：'黼领谓之襮。'"见今本《尔雅·释器》第11条。②

（2）《乡射礼》："三笙一和而成声。"注："《尔雅》曰：'笙小者谓之和。'"见今本《尔雅·释乐》第6条。

（3）《有司彻》："有司彻。"注："《尔雅》曰：'绎，又祭也。'"见今本《尔雅·释天》第41条。

（二）《礼记注》5条

（1）《檀弓上》："戎事乘骊"注："《尔雅》曰：'騋，牝骊，牡玄。'"今本《尔雅·释畜》第12条点读作："騋：牝，骊；牡，玄。"

（2）《檀弓上》："设披，周也。设崇，殷也。绸练设旐，夏也。"注："《尔雅》说旌旗曰：'素锦绸杠。'"实引自《尔雅·释天》第46条。

（3）《檀弓上》："柂棺一"注："《尔雅》曰：'椴，柂。'"实引自《尔雅·释木》第5条。

---

① 姜涛：《从〈尔雅注〉看孙炎对郑学的继承》，《贵州文史丛刊》1989年第2期。

② 本章《尔雅》条目出处，皆为胡奇光、方环海：《尔雅译注》，上海古籍出版社2004年版。下同。

(4)《内则》:"三牲用藙"注:"藙,煎茱萸也。《汉律》:'会稽献焉。'《尔雅》谓之樾。"实引自《尔雅·释木》第77条。

(5)《名堂位》:"有虞氏之绥,夏后氏之绸练,殷之崇牙,周之璧翣。"注:"《尔雅》说旌旗曰:'素锦绸杠,纁帛縿素,升龙于縿,练旒九。'"实引自《尔雅·释天》第46条。

(三)《周礼注》35条

1. 郑玄直接引用《尔雅》材料16条

(1)《天官·叙官》:"乃立天官冢宰"注:"《尔雅》曰:'冢,大也。'"实引自《尔雅·释诂》第3条。

(2)《地官·叙官》:"土训"注:"郑司农云:'《尔雅》云:"训,道也。"'"实引自《尔雅·释诂》第131条。

(3)《地官·叙官》:"泽虞,每大泽大薮中士四人"注:"《尔雅》有八薮"实引自《尔雅·释地》,原文为"十薮"。

(4)《地官·羽人》:"凡受羽,十羽为审,百羽为抟,十抟为缚。"注:"《尔雅》曰:'一羽谓之箴,十羽谓之缚,百羽谓之緷'",实引自《尔雅·释言》第22条。

(5)《春官·乐师》:"教乐仪,行以《肆夏》,趋以《采荠》"注:"《尔雅》曰:'堂上谓之行,门外谓之趋。'"实引自《尔雅·释宫》第24条。

(6)《春官·甸祝》:"甸祝掌四时之田表貉之祝号。"注:"《尔雅》曰:'是类是禡,师祭也。'"实引自《尔雅·释天》第38条。

(7)《夏官·大司马》:"大兽公之,小禽私之,获者取左耳。"注:"《尔雅》曰:'豕生三曰豵,豕牝曰豝,麋牝曰䴥。'"实引自《尔雅·释兽》第1条及第6条。

(8)《夏官·庾人》:"马八尺以上为龙,七尺以上为騋,六尺以上为马。"注:"《尔雅》曰:'騋:牝,骊;牡,玄;驹,裹骖。'"实引自《尔雅·释畜》第12条。

(9)《夏官·职方氏》:"辨其邦国、都鄙、四夷、八蛮、七闽、九貉、五戎、六狄之人民与其财用、九谷、六畜之数要"注:"《尔雅》曰:'九夷、八蛮、六戎、五狄,谓之四海。'"实引自《尔雅·释地》第45条。

(10)《秋官·叙官》:"萍氏,下士二人,徒八人。"注:"《尔雅》

曰：'萍，蓱。其大者蘋。'"实引自《尔雅·释草》第 104 条。

（11）《秋官·布宪》："以诘四方邦国及其都鄙，达于四海。"注："《尔雅》曰：'九夷、八蛮、六戎、五狄，谓之四海。'"实引自《尔雅·释地》第 45 条。

（12）《考工记·钟氏》："三入为纁，五入为緅，七入为缁。"注："《尔雅》曰：'一染谓之縓，再染谓之䞓，三染谓之纁'。"实引自《尔雅·释器》第 39 条。

（13）《考工记·匠人》："置槷以县，视以景。"注："《尔雅》曰：'在墙者谓之杙，在地者谓之臬。'"实引自《尔雅·释宫》第 7 条。

（14）《考工记·匠人》："门堂，三之二"注："《尔雅》曰：'门侧之堂谓之塾。'"实引自《尔雅·释宫》第 18 条。

（15）《考工记·匠人》："堂涂十有二分。"注："《尔雅》曰：'堂涂谓之陈。'"实引自《尔雅·释宫》第 21 条。

（16）《考工记·车人》："一宣有半谓之欘"注："《尔雅》曰：'斪斸谓之定。'"实引自《尔雅·释器》第 3 条。

2. 郑玄转引杜子春观点中所涉《尔雅》材料 1 条

《春官·师甸》："祷牲、祷马，皆掌其祝号。"注："杜子春云：'《尔雅》曰："既伯既祷，马祭也。"'"实引自《尔雅·释天》第 38 条。

3. 郑玄转引郑众观点中所涉《尔雅》材料 18 条

（1）《天官·食医》："凡会膳食之宜，牛宜稌，羊宜黍"注："郑司农云：'稌，粳也。《尔雅》曰："稌，稻。"'"实引自《尔雅·释草》第 64 条。

（2）《地官·乡师》："及葬，执纛以与匠师御柩而治役。"注："郑司农云：'《尔雅》曰："纛，翳也。"'"实引自《尔雅·释言》第 265 条。

（3）《春官·司尊彝》："凡四时之间祀追享朝享，裸用虎彝、蜼彝，皆有舟；其朝践用两大尊，其再献用两山尊，皆有罍，诸臣之所昨也。"注："郑司农云：'《尔雅》曰："彝、卣、罍，器也。"'"实引自《尔雅·释器》第 10 条。

（4）《春官·司几筵》："凡吉事变几，凶事仍几。"注："郑司农云：'《尔雅》曰："仍、仍，因也。"'"实引自《尔雅·释诂》第 149 条。

(5)《春官·典瑞》:"四圭有邸以祀天、旅上帝。"注:"郑司农云:'《尔雅》曰:"邸,本也。"'"实引自《尔雅·释言》第175条。

(6)《春官·守祧》:"其祧,则守祧黝垩之。"注:"郑司农云:'《尔雅》曰:"地谓之黝,墙谓之垩。"'"实引自《尔雅·释宫》第6条。

(7)《春官·籥章》:"以乐田畯。"注:"郑司农云:'《尔雅》曰:"畯,农夫也。"'"实引自《尔雅·释言》第61条。

(8)《春官·大祝》:"掌六祈,以同鬼神示,一曰类……六曰说。"注:"郑司农云:'《尔雅》曰:"是类是禡,师祭也。"'"实引自《尔雅·释天》第38条。

(9)《春官·大祝》:"掌六祈,以同鬼神示,一曰类……六曰说。"注:"郑司农云:'(《诗》)又曰:"乃立冢土,戎醜攸行。"《尔雅》曰:"起大事,动大众,必先有事乎社而后出,谓之宜。"故"大师宜于社,造于祖,设军社,类上帝。"'"实引自《尔雅·释天》第44条。

(10)《春官·大祝》:"三曰炮祭"注:"郑司农云:'炮祭,燔柴也。《尔雅》曰:"祭天曰燔柴。"'"实引自《尔雅·释天》第37条。

(11)《夏官·小子》:"凡沈辜侯禳,饰其牲。"注:"郑司农云:'《尔雅》曰:"祭川曰浮沈。"'"实引自《尔雅·释天》第37条。

(12)《秋官·犬人》:"凡祭祀,共犬牲,用牷物。伏、瘞亦如之。"注:"郑司农云:'《尔雅》曰:"祭地曰瘗薶。"'"实引自《尔雅·释天》第37条。

(13)《秋官·犬人》:"凡几、珥、沈、辜,用駹可也。"注:"郑司农云:'《尔雅》曰:"祭山曰庪县,祭川曰浮沈。"'"实引自《尔雅·释天》第37条。

(14)《秋官·大行人》:"其贡嫔物。"注:"郑司农云:'《尔雅》曰:"嫔,妇也。"'"实引自《尔雅·释地》第34条。

(15)《秋官·司仪》:"将合诸侯,则令为坛三成"注:"郑司农:'《尔雅》曰:"丘,一成为敦丘,再成为陶丘,三成为昆仑丘。"'"实引自《尔雅·释地》第1条。

(16)《考工记·玉人》:"璧羡度尺,好三寸,以为度。"注:"郑司农云:'《尔雅》曰:"肉倍好谓之璧,好倍肉之瑗,肉好若一谓之环。"'"实引自《尔雅·释器》第37条。

（17）《考工记·弓人》："凡取干之道七，柘为上，檍次之"注："郑司农云：'《尔雅》曰："杻，檍。"'"实引自《尔雅·释木》第9条。

（18）《考工记·弓人》："凡取干之道七，柘为上，檍次之，檿桑次之"注："郑司农云：'（《尔雅》）又曰："檿桑，山桑。"'"见今本《尔雅·释木》第70条。

从以上郑玄注释明引《尔雅》训条的情况来看，其中包含杜子春和郑司农引用《尔雅》的意见，杜子春引用《尔雅》较早，而郑司农则更是大量引用，其引用《尔雅》材料几乎占郑玄注释明引《尔雅》材料的42%。可见郑玄引《尔雅》辅助注释文献是受郑司农的重要影响的。

二　郑玄对《尔雅》的暗引情况

笔者考察郑玄注暗引《尔雅》的情况，主要方法是对比唐文先生的《郑玄辞典》[①]和今本《尔雅》[②]。首先，把两书的笔画索引表进行对照，勾画出《尔雅》与郑玄共同注释的词条。其次，对这些共同注释的词条进行进一步分析，比对正文，看郑玄和《尔雅》的解释到底是相同、相似还是意思完全不同。再次，借助现代的电子手段，用 Excel 表格对这些词条进行具体地统计和分析，划分出各种不同的类型，并对每一类词条所处位置、页码、个数、具体释义内容进行详细标注，整理成表格。

我们依据胡奇光、方环海《尔雅译注》书后的笔画索引统计，《尔雅》全书共有词条4378个，包括全书中所有的被训释词、前三篇《释诂》《释言》《释训》中所有的训释词以及《释亲》至《释畜》等十六篇中的事物异名。其中《郑玄辞典》的解释与《尔雅》的解释相比，相同的有398条，相似的有92条，共计490条。由此我们推断，郑玄语词训释暗引《尔雅》训释的条目约占《尔雅》全书训条的11.2%。

（一）郑玄引用《尔雅》释义在《尔雅》各篇中的分布

郑玄训释引用《尔雅》释义的情况分布表8-1。

---

① 唐文：《郑玄辞典》，语文出版社2004年版。
② 胡奇光、方环海：《尔雅译注》，上海古籍出版社2004年版。

表 8-1

《尔雅》篇目	次数	《尔雅》篇目	次数	《尔雅》篇目	次数
《释诂》	285	《释天》	10	《释虫》	0
《释言》	98	《释地》	12	《释鱼》	1
《释训》	24	《释丘》	1	《释鸟》	3
《释亲》	10	《释山》	4	《释兽》	0
《释宫》	14	《释水》	5	《释畜》	0
《释器》	13	《释草》	6	总计：487	
《释乐》	1	《释木》	3		

从表 8-1 统计数据可以看出，郑玄注对尔雅的引用，主要集中在前三篇《释诂》《释言》《释训》中，尤其是对前两篇的引用就达 383 条之多。郑玄引用《尔雅》前三篇的数量（相同的 357 条，相似 50 条，共计 407 条）约占郑玄暗引《尔雅》总量（490 条）的 83.1%；而郑玄对后 16 篇（主要是名物释义）的引用仅有 83 条，约只占郑玄暗引《尔雅》总量的 16.9%，远没有前三篇（普通语词释义）多。

（二）郑玄词语释义与《尔雅》释义比较

1. 郑玄释义与《尔雅》释义相同者

郑玄释义与《尔雅》释义相同者在《尔雅》中的分布见表 8-2。

表 8-2

《尔雅》篇目	次数	《尔雅》篇目	次数	《尔雅》篇目	次数
《释诂》	259	《释天》	5	《释虫》	0
《释言》	84	《释地》	7	《释鱼》	0
《释训》	14	《释丘》	1	《释鸟》	2
《释亲》	3	《释山》	1	《释兽》	0
《释宫》	9	《释水》	1	《释畜》	0
《释器》	4	《释草》	6	总计：398	
《释乐》	0	《释木》	2		

郑玄训释与《尔雅》释义相同者，可以视作郑玄对《尔雅》释义的直接引用。这类内容主要集中在《释诂》《释言》《释训》这前三篇中，尤其《释诂》中所涉内容为最多，而对后十六篇，则是偶尔借鉴而已。

其实这一点也好理解，因为《释诂》主要是多词共训，一条释义中就包含很多的词语，例如《释诂》第三条"大也"的释义当中，就有被释词39个之多。郑玄释义与《尔雅》释义相同者又可分为以下5种情况。

（1）郑玄释义与《尔雅》训条释义全同

此类训条共有53条。如：

①《诗经·小雅·伐木》："伐木丁丁，鸟鸣嘤嘤。"郑笺："丁丁、嘤嘤，相切直也。"实引自《尔雅·释训》第62条。

②《周礼·秋官·司寇》："掌囚：下士十有二人。"郑注："囚，拘也。"实引自《尔雅·释言》第193条。

③《仪礼·燕礼》："宵则庶子执烛于阼阶上。"郑注："宵，夜也。"实引自《尔雅·释言》第237条。

这53条词语释义中，训条基本集中在《释言》和《释训》中，而尤以《释言》中的最多。一方面因为《尔雅》这两篇释义适合所释文本含义，同时，也是此二篇中两词共训或一词一训的特点便于郑玄在笺注中直接引用。

（2）郑玄释义与《尔雅》训条释义部分相同

此类训条共265个。如：

①《尚书大传》："言之不从，是谓不乂。"郑注："乂，治也。"可视为部分引用《尔雅·释诂》第138条："乂、乱、靖、神、弗、淈，治也。"

②《诗经·卫风·河广》："谁谓宋远，跂而望之。"郑笺："予，我也。"可视为部分引用《尔雅·释诂》第43条："卬、吾、台、予、朕、身、甫、余、言，我也。"

③《仪礼·士冠礼》："始加祝曰：'令月吉日，始加元服。'"郑注："元，首也。"可视为部分引用《尔雅·释诂》第159条："元、良，首也。"

④《论语·学而》："如切如磋，如琢如磨。"郑注："骨曰切。"可视为部分引用《尔雅·释器》第29条："金谓之镂，木谓之刻，骨谓之切，象谓之磋，玉谓之琢，石谓之磨。"

⑤《论语·子罕》："唐棣之华，偏其反而。"郑注："唐棣，栘也。"可视为部分引用《尔雅·释木》第65条："唐棣，栘。常棣，棣。"

这一类词条和上类词条一样，都属于直训的范围。但是其不同之处则在于这一类词语主要集中在《尔雅·释诂》中，因为第一篇主要是多词条共训，那么郑玄在解释某个词语时就直接截取《尔雅》相应训条中的释义即可。

（3）郑玄释义与《尔雅》释义构成互训

此类训条共有29个。如：

①《孝经·诸侯篇》："在上不骄，高而不危，制节谨度，满而不溢。"注："危，殆也。"《尔雅·释言》有："殆，危也。"郑玄释义与《尔雅》释义中"危"与"殆"构成互训。

②《礼记·乐记》："物至知知，然后好恶形焉。"注："至，来也。"《尔雅·释诂》有："迄、臻、极、到、赴、来、吊、艐、格、戾、怀、摧、詹，至也。"郑玄释义和《尔雅》释义中"至"与"来"构成互训。

③《诗经·小雅·正月》："瞻彼中林，侯薪侯蒸。"郑笺："侯，维也。"《尔雅·释诂》有："伊、维，侯也。"郑玄释义和《尔雅》释义中"侯"与"维"构成互训。

④《诗经·小雅·南山有台》："乐只君子，遐不眉寿"笺："遐，远也。"《尔雅·释诂》有："永、悠、迥、违、遐、逷、阔，远也。永、悠、迥、远，遐也。"该条中郑玄释义既是对《尔雅》训条的部分引用，又跟其中的另一训条构成互训，因为《尔雅》释义中这两条本来就包含互训性释义。

（4）郑玄释义中的被释词和释词在《尔雅》训条中属于同训词

此类训条共有46个。如：

①《论语·泰伯》："子曰：'民可使由之，不可使知之。'"郑注："由，从也。"《尔雅·释诂》："遹、遵、率、循、由、从，自也。""由"与"从"在《尔雅》中为同训词，都可以用"自"解释，郑玄释义中则以"从"释"由"。

②《诗经·小雅·出车》："既见君子，我心则降。"笺："降，下也。"《尔雅·释诂》："陨、磒、湮、下、降、坠、摽、蘦，落也。""降"与"下"在《尔雅》中为同训词，都可以用"落"解释，郑玄释义中则以"下"释"降"。

（5）郑玄释义引用了《尔雅》释义的递训同义

此类训条共有5个。如：

①《仪礼·士相见礼》："主人速宾，宾拜辱。"郑注："速，召也。"

《尔雅·释言》："速，征也。征，召也。"其中"速"和"召"构成递训同义，为郑玄所引用，以"召"释"速"。

②《仪礼·士虞礼》："朞而小祥。"郑注："祥，吉也。"《尔雅·释言》："祺，祥也。祺，吉也。"其中"祥"和"吉"构成递训同义，为郑玄所引用，以"吉"释"祥"。

2. 郑玄释义与《尔雅》释义相近者

郑玄释义与《尔雅》释义相近者在《尔雅》中的分布见表8-3。

表 8-3

《尔雅》篇目	次数	《尔雅》篇目	次数	《尔雅》篇目	次数
《释诂》	26	《释天》	5	《释虫》	0
《释言》	14	《释地》	5	《释鱼》	1
《释训》	10	《释丘》	0	《释鸟》	1
《释亲》	7	《释山》	3	《释兽》	0
《释宫》	5	《释水》	4	《释畜》	0
《释器》	9	《释草》	0	总计：92	
《释乐》	1	《释木》	1		

通过表8-3统计可以发现，郑玄释义与《尔雅》释义相近的训条共有92例，而且也是主要集中在前三篇之中（50条），约占54%；而后16篇相似者合计约占46%。与前面统计相同的训条相比，郑玄释义比《尔雅》释义更具体和详细。例如：

（1）郑玄释义与《尔雅》释义意思相近，表述不同，往往是郑玄释义比《尔雅》释义更加具体

此类词条共有48个。如：

①《诗经·小雅·黍苗》："烈烈征师，召伯成之。"笺："烈烈，威武貌。"《尔雅·释训》为："桓桓、烈烈，威也。"二者表述不同，实则含义相当。

②《礼记·问丧》："故哭泣无时，服勤三年，思慕之心，孝子之志也，人情之实也。"郑注："勤，谓忧劳。"《尔雅·释诂》："伦、勤、邛、敕、勤、愉、庸、癉，劳也。"郑玄释义更明确具体。

③《礼记·学记》："夏楚二物，收其威也。"郑注："收，谓收敛整齐也。"《尔雅·释诂》："撋、敛、屈、收、戢、蒐、哀、鸠、楼、聚

也。"《尔雅》中"收"有"聚集"义，郑玄注与之释义相通，但更准确。

（2）郑玄释义是对《尔雅》释义的详细补充

此类词条共有44个。

①对地名释义的补充

此类词条共有8个，涉及我国山川、河流的名称。郑玄在对《尔雅》后十六篇的词条进行征引的过程中，对一些地名，通常会说明它的具体位置，如：

大野：《尔雅·释地》中为："鲁有大野"；《周礼·夏官·职方氏》："河东曰兖州……其泽薮曰大野。"郑注："大野在巨野。"

恒山：《尔雅·释山》："恒山为北岳"；《周礼·夏官·职方氏》："正北曰并州，其山镇曰恒山。"郑注："恒山，在上曲阳。"

圃田：《尔雅·释地》："郑有圃田。"《周礼·夏官·职方氏》："河南曰豫州……其泽薮曰圃田。"注："圃田，在中牟。"

②对名物释义的补充

对一些器物，《尔雅》中的解释较为简单，郑玄则会对这一器物进行具体详细的描绘。此类词条共24个。如：

罍：《尔雅·释器》中为："彝、卣、罍，器也"，而郑玄《三礼图》的解释则为："罍，瓦为之，受五升，赤云气，画山文，大中身兑（锐）平底，有盖。六彝为上，受三斗；六尊为中，受五斗；六罍为下，受一斗。"（马国翰《玉函山房辑佚书》）①

敔：《尔雅·释乐》中只有："所以鼓柷谓之止，所以鼓敔谓之籈"，而《尚书·益稷》："合止柷敔"郑注："敔，状如伏虎，背有刻，以物擽之，所以止乐。"② 郑玄释义则更详细。

③对祭祀制度释义的补充

此类词条共有3个，如：

禴：《尔雅·释诂》中为："禴，祭也。"《易·萃》："六二，引吉无咎，孚乃利用禴。"郑注："禴，夏祭之名。"郑玄补充说明了"禴"祭发生的时间。

---

① 转引自唐文《郑玄辞典》，语文出版社2004年版，第393页。
② 参看安作璋主编《郑玄集·郑玄佚注》，齐鲁书社1997年版，第465页。断句有调整。亦可参看唐文《郑玄辞典》，语文出版社2004年版，第222页。

雩：《尔雅·释训》："舞、号，雩也。"《礼记·月令》："命有司为民祈祀山川百源，大雩也。"郑注："雩，嗟吁求雨之祭也。"郑玄注明了"雩"祭的方式和祭祀目的。

④对亲属称谓释义的补充

此类词条共有 7 个。如：

考：《尔雅·释亲》："父为考，母为妣。"《尚书中侯》卷下："予称太子发，明慎父命，以明卒考。"郑注："父死曰考。"（清马国翰《玉函山房辑佚书》）① ）对于"考"含义，郑玄指出了这种称谓适用的范围——只能用于称呼已经过世的父亲。

⑤对具体语境义的补充

此类词条共有 2 个，如：

《尔雅·释诂》第 3 条为："宏，大也。"《考工记·梓人》："其声大而宏。"郑注："宏，谓声音大。"郑玄在《尔雅》"宏"的"大"义基础上补充出语境中所指为"声音之大"。

三 结语

本文从词语释义的内容方面，研究了郑玄注对《尔雅》的继承情况，可以看出，《尔雅》作为我国第一部词典，在两汉之时确实成为学者们注解经书的一个重要的参考，在我国语言学史上占有重要的地位。郑玄作为两汉经学的集大成者，在遍注群经的过程中受到《尔雅》影响很大。

本章参考文献

［1］何九盈：《中国古代语言学史》（新增订本），北京大学出版社 2006 年版。

［2］冯华：《从古文字材料看〈释亲〉及〈尔雅〉的时代》，《汉字文化》2008 年第 2 期。

［3］姜涛：《从〈尔雅注〉看孙炎对郑学的继承》，《贵州文史丛刊》1989 年第 2 期。

［4］陈东辉、彭喜双：《〈周礼注疏〉引〈尔雅〉郑玄注辨析》，《中国典籍与文化》2008 年第 3 期。

---

① 转引自唐文《郑玄辞典》，语文出版社 2004 年版，第 400 页。

［5］彭喜双：《许森〈尔雅郑玄注稽存〉述评——兼〈尔雅诂林叙录·郑玄"尔雅注"（许森辑本）提要〉辨析》，《图书馆杂志》2009年第4期。

［6］彭喜双：《慧琳〈一切经音义〉引〈尔雅〉郑玄注质疑》，《汉语史学报》第8辑，上海教育出版社2009年版。

［7］窦秀艳、徐文贤：《郑玄笺注引〈尔雅〉初探》，《井冈山大学学报》（社会科学版）2011年第3期。

［8］徐文贤：《〈毛诗正义〉引〈尔雅〉研究》，硕士学位论文，青岛大学，2011年。

［9］（唐）贾公彦：《仪礼注疏》，李学勤主编十三经注疏标点本，北京大学出版社1999年版。

［10］胡奇光、方环海：《尔雅译注》，上海古籍出版社2004年版。

［11］（唐）孔颖达：《礼记正义》，李学勤主编十三经注疏标点本，北京大学出版社1999年版。

［12］（唐）贾公彦：《周礼注疏》，上海古籍出版社2010年版。

［13］唐文：《郑玄辞典》，语文出版社2004年版。

第二章

郑玄对《毛诗诂训传》语言学研究的继承

郑玄的很多语言学观念来自西汉毛亨。这在其《毛诗笺》中有充分体现。也有不少学者专门撰文讨论或有所涉及①。

以往论文，尤其是相关硕士论文，如陈炳哲《〈毛传〉、〈郑笺〉训诂术语比较研究》、华敏《〈诗经〉毛传、郑笺比较研究》等，探讨郑玄对毛亨训诂术语、释义方法、词法和语法观念、修辞分析观念等的继承和发展，材料翔实，值得参考。在以往学者研究基础上，我们探讨郑玄对西汉毛亨语言学研究的继承情况。

---

① 代表性的论著如张华文《试论〈毛诗·郑笺〉的语法分析》[《云南师范大学学报》（哲学社会科学版）1986年第4期]、孙良明《从〈诗经〉毛传、郑笺看前置宾语的变化》（《中国语文》1989年第3期）、孙良明《古代汉语语法变化研究》（语文出版社1994年版）、韩峥嵘《郑玄〈毛诗传笺〉得失刍议》（载《第三届诗经国际学术研讨论文集》，1997年）、邓声国《〈毛诗笺〉训诂术语琐论》（载《第四届诗经国际学术研讨论文集》，1999年）、邓声国《〈毛诗笺〉训释异〈传〉释例述析——毛、郑训诂词汇意义歧义之成因初探》（《南昌职业技术师范学院学报》2002年第2期）、孙良明《中国古代语法学探究》（商务印书馆2002年版）；陈炳哲《〈毛传〉、〈郑笺〉训诂术语比较研究》（硕士学位论文，首都师范大学，2005年）、刘卫宁《〈毛诗故训传〉〈毛诗笺〉与〈诗集传〉训诂比较研究》（硕士学位论文，暨南大学，2005年）、华敏《〈诗经〉毛传、郑笺比较研究》（硕士学位论文，南京师范大学，2005年）、张艳《〈毛传〉〈郑笺〉对〈诗经〉训诂之比较》（硕士学位论文，兰州大学，2007年）；陈锦春《毛传郑笺比较研究》（硕士学位论文，山东大学，2006年）、石云孙《毛郑朱〈诗经〉训诂略说》[《安庆师范学院学报》（社会科学版）2006年第3期]；孔德凌等《论〈毛诗传笺〉中的语法观念》[《信阳师范学院学报》（哲学社会科学版）2009年第2期]、曾抗美《〈诗经〉毛亨传、郑玄笺、朱熹注比较研究释例》（《古籍研究》2009年第Z1期）、史静薇等《〈诗〉毛传单音词到郑笺的双音化》（《唐山师范学院学报》2009年第6期）、孙永娟《毛诗郑笺研究》（博士学位论文，哈尔滨师范大学，2010年）、冯卉《毛亨、郑玄、孔颖达〈诗经〉修辞解比较》[《励耘学刊（语言卷）》2011年第2期]等等。

一 郑玄对《毛传》训诂方式的继承

前文我们已经提到，我们主张训诂方式不同于训诂方法，是指古代解释词义的方式①，即解释词义时，对词义的表述方式。

我们赞同李运富先生②分类，将训诂方式分为三大类，前文我们已经考察了郑玄的训诂方式，这里主要尽量结合《毛诗笺》讨论郑玄对毛传训诂方式的继承情况。

（一）词训

词训，相当于以往的直训，用意义相当、相关或所指类同的单词（包括复音词）作训。包括：

1. 用同义词训释。目的在于确定被释词的对应义项。

（1）用单音词训释

①用一个单音词解释一个单音词。毛传中非常普遍。如遵，循也（《周南·汝坟》）；萧，蒿也（《曹风·下泉》）；载，事也（《大雅·文王》）；步，行（《小雅·白华》）。

郑笺：成，平也（《小雅·天保》）；御，迎也（《召南·鹊巢》）爰，曰也（《邶风·凯风》）。

②也有用同一个字来解释自身的。例如：

《邶风·北风》："其虚其邪，既亟只且。"传："虚，虚也。"《大雅·桑柔》："既之阴女，反予来赫。"传："赫，赫也。"

郑笺：《大雅·板》："携无曰益，牖民孔易。"笺："易，易也。"

③多个单音词解释一个单音词。因为一个字解释不能完全解释清楚被释词。例如 "A 者，B 也，C 也"。毛传用例：如翱，翥也，翳也（《王风·君子阳阳》）。

郑笺注用例，如显，光也，见也（《周颂·清庙》）；曼，修也，广也（《鲁颂·閟宫》）。又《天官·大宰》："以八柄诏王驭群臣"注："诏，告也，助也。"

---

① 训诂方式与训诂方法如何区分，学界意见不统一。有的干脆不区分。我们同意《中国语言学大辞典》（江西教育出版社1991年版，第173页）的观点，主张区分二者，前者属于词义表述方式，后者重在词义考释方法。

② 参看李玉平《〈周礼〉复音词郑玄注研究》，天津社会科学院出版社2007年版，第44—47页。

④单音词释复音词。毛传：权舆，始也（《秦风·权舆》）；厌厌，安也（《小雅·湛露》）；三星，参也（《唐风·绸缪》）；骙骙，强也（《小雅·采薇》）。

郑笺：仔肩，任也（《周颂·敬之》）；肃肃，敬也（《周南·兔罝》）；悠悠，思也（《小雅·巧言》）；纰缪犹错也（《礼记·大传》）。

⑤用术语"犹"解释。例如毛传：室犹宫也（《墉风·定之方中》）。

郑笺：长，犹久也（《商颂·长发》）。

⑥用术语"谓"解释。毛传：天谓父也（《墉风·柏舟》）；有谓富也，亡谓贫也（《邶风·谷风》）。

郑笺注：圆谓周也（《商颂·长发》）；深谓高也（《仪礼·觐礼》）。

⑦用术语"亦"解释。与本句或上下文某字相同。毛传：痡，亦病也（《周南·卷耳》"我马瘏矣，我仆痡矣。"）。

郑笺：良亦善也。（《郑风·大叔于田》"叔善射忌，又良御忌。"）

⑧用术语"谓之"解释。盎谓之缶（《陈风·宛丘》）；乘谓之缩（《大雅·绵》）。

郑笺：商谓之彤（《周颂·丝衣序》）。

（2）用复音词训释

①用复音词训释单音词。茨，蒺藜也（《墉风·墙有茨》）；台，夫须也（《小雅·南山有台》）；侜，张诳也（《陈风·防有鹊巢》）。

郑笺：违，徘徊也（《小雅·谷风》）；休，止息也（《大雅·民劳》）；腹，怀抱也（《小雅·蓼莪》）。

②用复音词训释单音词，使用术语"曰"。毛传：山南曰阳（《召南·殷其雷》）；曲陵曰阿（《卫风·考槃》）；外孙曰甥（《齐风·猗嗟》）。

郑笺：怨耦曰仇（《周南·关雎》）；郊外曰野（《郑风·叔于田》）；竹苇曰簟（《小雅·斯干》）。

③用复音词训释单音词，使用术语"为"。毛传：潜行为泳（《周南·汉广》）；美女为媛（《墉风·君子偕老》）；忠信为周（《小雅·皇皇者华》）。

郑笺：同志为友（《周南·关雎》）；火田为燎（《小雅·正月》）；

第二章 郑玄对《毛诗诂训传》语言学研究的继承　413

十月为阳（《小雅·采薇》）。

④用复音词训释单音词，使用术语"谓之"。毛传：充耳谓之瑱（《卫风·淇奥》）；大鼎谓之鼐，小鼎谓之鼒（《周颂·丝衣》）。

郑笺注：冕服谓之芾（《小雅·采菽》）；《仪礼·公食大夫礼》："实于镫"注："瓦豆谓之镫。"

⑤复音词训释单音词，使用术语"犹"。毛传：敦犹专专也（《豳风·东山》）；皇，犹煌煌也（《小雅·采芑》）；襛犹戎戎也（《召南·何彼襛矣》）。

郑笺：室犹冢圹（《唐风·无衣》）；覆犹照临也（《邶风·日月》）；悼，犹哀伤也（《桧风·羔裘》）。

⑥复音词训释单音词，使用术语"谓"。毛传：微，谓亏伤也（《邶风·柏舟》）；南，谓荆扬也（《鲁颂·泮水》）；豆，谓内羞、庶羞也（《小雅·楚茨》）。

郑笺：生谓财业也，育谓长老也（《小雅·谷风》）；下谓山足（《召南·殷其靁》）。

⑦用复音词训释复音词。用同义词训释。毛传：玁狁，北狄也（《小雅·采薇》）；南风谓之凯风（《邶风·凯风》）；灌木，丛木也（《周南·葛覃》）；荷花，扶渠也（《郑风·山有扶苏》）。

郑笺：北狄，今匈奴也（《小雅·采薇》）；反侧，辗转也（《小雅·何人斯》）；翱翔，犹逍遥也（《郑风·羔裘》）。

用复音词训释复音词。用异形词训释。即用同音、同义而词形不同的复音词解释，类似异体字。毛传：拮据，撠挶也（《豳风·鸱鸮》）；果臝，栝楼也（《豳风·东山》）扶苏，扶胥，小木也（《郑风·山有扶苏》）。

郑笺注：说怿当作说释（《邶风·静女》）；《天官·小宰》："傅别"注："傅别，故书作傅辨。郑大夫读为符别。"

⑧用复音词训释复音词。使用术语"犹"。毛传：皇皇，犹煌煌也（《小雅·皇皇者华》）。

郑笺注：哙哙，犹快快也（《小雅·斯干》）；眭眭，犹往往也（《鲁颂·泮水》）；《秋官·司仪》："从其爵而上下之"注："上下犹丰杀也。"

⑨用复音词训释复音词。使用术语"谓"。毛传：君子，谓诸侯也

(《小雅·庭燎》)。

郑笺：楚宫，谓宗庙也 (《鄘风·定之方中》)。

2. 用同源词训释。目的在于揭示被释词的音义来源或意义特征（特征义素）。属于声训，即从语词的声音方面揭示词的含义。毛传：喓喓，声也 (《召南·草虫》)；玱玱，声也 (《小雅·采芑》)；忡忡，犹冲冲也 (《召南·草虫》)。

郑笺：挚之言至也，谓王雎之鸟，雌雄情意至然而有别 (《周南·关雎》)；缮之言善也 (《郑风·叔于田序》)；义之言宜也 (《大雅·荡》)。

3. 用类属词训释。目的在于点明被释词所属的范围。如：

(1) 指出为名词类

毛传：流离，鸟也 (《邶风·采菽》)。

郑笺：芹，菜也 (《小雅·采菽》"言采其芹"郑笺)。

①之属

毛传：椅，梓属 (《鄘风·定之方中》)；鬻，釜属 (《桧风·匪风》)；郁，棣属 (《豳风·七月》)；猱，猨属 (《小雅·角弓》)；南仲，文王之属 (《小雅·出车》)。

郑笺：稂当作"凉"，凉草，萧蓍之属 (《曹风·下泉》)；苨实，有桃梅之属 (《小雅·宾之初筵》)。

(2) 指出为形容词类

①貌

毛传：萋萋，茂盛貌 (《周南·葛覃》)；蕡，实貌 (《周南·桃夭》)；莫莫，成就之貌 (《周南·葛覃》)；琐尾，少好之貌 (《邶风·旄丘》)。

郑笺：发发，疾貌 (《小雅·四月》)；昌，佼好貌 (《齐风·还》)；习习，和调之貌 (《邶风·谷风》)；唯唯，行相随顺之貌 (《齐风·敝笱》)。

②意

毛传：惄，饥意也 (《周南·汝坟》)；挞，疾意也 (《商颂·殷武》)。

郑笺：赫，怒意 (《大雅·皇矣》)；粲，众意 (《郑风·羔裘》)。

③之意

毛传：冲冲，凿冰之意 (《豳风·七月》)。

第二章 郑玄对《毛诗诂训传》语言学研究的继承

郑笺：伴奂，自纵弛之意也（《大雅·卷阿》）；忾，叹息之意（《曹风·下泉》）。

（3）指出为虚词类。例如使用术语"辞""之辞"。

毛传：薄，辞也（《周南·芣苢》）；思，辞也（《周南·汉广》）；于嗟，叹辞（《周南·麟之趾》）；今，急辞也（《召南·摽有梅》）。

郑笺：聊，且略之辞（《邶风·泉水》）；期，辞也（《小雅·頍弁》）；毋，禁辞（《小雅·角弓》）；伊，辞也（《小雅·都人士》）。

4. 用同音的假借字解释。也属于声训。

毛传：《小雅·常棣》："每有良明，烝也无戎。"传："烝，填也。"笺："古声，填、寘、尘同。"《召南·汝坟》："未见君子，惄如调饥。"传："调，朝也。"笺："惄，思也。未见君子之时，如朝饥之思食。"

郑笺：《豳风·东山》："有敦瓜苦，烝在栗薪。"笺："古者声，栗、裂同也。"《卫风·氓》："淇则有岸，隰则有泮。"郑笺："泮读为畔。"

（二）句训

句训，用短语、句子或语段说明词语的意义或内容。包括：

1. 定义式：界定词义的类属和特点（义差+义类）。

（1）标准式（有上位词、泛义词作义类）。如：

毛传：山无草木曰峙（《魏风·陟岵》）；山有草木曰屺（《魏风·陟岵》）；谷不熟曰饥，蔬不熟曰馑（《小雅·雨无正》）。

郑笺：进酒于客曰献，客答之曰酢（《大雅·行苇》）；耕种曰稼，收敛曰穑（《大雅·桑柔》）；善父母为孝，善兄弟为友（《小雅·六月》）。

（2）省变式（省略或隐代义类）。如：

毛传：精曰绤，粗曰绤（《周南·葛覃》）；方曰筐，圆曰筥（《召南·采蘋》）；一丈为版，五版为堵（《小雅·鸿雁》）；植者为虡，衡者为栒（《周颂·有瞽》）；大鼎谓之鼐，小鼎谓之鼒（《周颂·丝衣》）。

郑笺：牛羊豕为牲，系养者曰牢，熟曰饔，腥曰饩，声曰牵（《小雅·瓠叶序》）；二千五百人为师，五百人为旅（《小雅·采芑》）；冕服谓之芾，其他服谓之韠（《小雅·采菽》）。

2. 描述式：描写事物形制、述说事物缘由或相关属性等。如：

毛传：

《邶风·旄丘》:"琐兮尾兮,流离之子。"传:"流离,鸟也,少好长丑,始而愉乐,终以微弱。"

《郑风·缁衣》:"缁衣之宜兮。"传:"缁,黑色,卿士听朝之正服也。"

《大雅·大明》:"维师尚父,时维鹰扬。"传:"鹰扬,如鹰之飞扬也。"

郑笺注:

《鲁颂·泮水》:"思乐泮水,薄采其芹。"传:"泮水,泮宫之水也。天子辟廱,诸侯泮宫。言水则采取其芹,宫则采取其茷。"笺:"辟廱者,筑土雝水之外,圆如璧,四方来观者均也。"

《周颂·清庙序》笺:"庙之言貌也,死者精神不可得而见,但以生时之居,立宫室象貌为之耳。"

《春官·大宗伯》:"王执镇圭"郑玄注:"镇圭者,盖以四镇之山为瑑饰,圭长尺有二寸。"

《秋官·叙官》:"衔枚氏"注:"枚,如箸,横衔之,为繣结于项。"

3. 比较式:用类似的或相反的词语或事物加以比较。通过比较解释词义。

(1) 模拟。用类似或相当的事物作比。如:

毛传:辟雍,水旋丘如璧曰辟雍(《大雅·灵台》)。

郑笺注:鱮音绪,似鲂而弱鳞(《齐风·敝笱》);瓜之本实,继先岁之瓜,必小,状似匏,故谓之瓞(《大雅·绵》);蓷,如萑而细者(《周礼·司几筵》);闾,兽名。如驴一角,或曰如驴歧蹄(《仪礼·乡射礼》);星,肉中如米者(《礼记·内则》)。

郑笺在毛传基础上发展出用当时事物对古代事物的模拟。如:《鄘风·君子偕老》:"君子偕老,副笄六珈。"笺:"副,既笄而加饰,如今步摇上饰,古之制所有未闻。"

《郑风·缁衣》:"适子之馆兮,还,予授子之粲兮。"传:"适,之。馆,舍。粲,餐也。诸侯入为天子卿士,受采禄。"笺:"卿士所之之馆,在天子之宫,如今之诸庐也。"

《小雅·采菽》:"赤芾在股,邪幅在下。"笺:"邪幅,如今行縢也。偪束其胫,自足至膝,故曰在下。"

(2) 对比。包括用同义词或近义词对比,用反义词对比。

①同义词对比。

毛传：谷不熟曰饥，蔬不熟曰馑（《小雅·雨无正》）；治骨曰切，象曰磋，玉曰琢，石曰磨（《卫风·淇奥》）；后熟曰重，先熟曰穋（《豳风·七月》）；陵，高平曰陆，大陆曰阜（《小雅·天保》）。

郑笺：诸侯春见天子曰朝，夏见曰宗（《小雅·沔水》）；牛羊豕为牲，系养者曰牢，熟曰饔，腥曰饩，生曰牵（《小雅·瓠叶序》）；冬祭曰烝，秋祭曰尝（《小雅·楚茨》）；虫食苗根曰蟊，食节曰贼（《大雅·桑柔》）。

②反义词或相对事物对比。用相反相对的事物从否定的角度作比。如：

毛传：监，不坚固也（《小雅·四牡》）。

郑笺：监，不坚固也（《小雅·采薇》）；黎，不齐也（《大雅·桑柔》）；否，不通也（《小雅·何人斯》）；僭，不信也（《小雅·巧言》）。

4. 说明式。一般地对事物相关信息的说明介绍。信息量小，不全面。

毛传：鉴，所以察形也（《邶风·柏舟》）；笱，所以捕鱼也（《邶风·谷风》）；墙，所以防非常（《鄘风·墙有茨》）；楫，所以棹舟也（《卫风·竹竿》）。

郑笺：虡也、枓也，所以悬钟鼓也（《大雅·灵台》）；锻石，所以为锻质也（《大雅·公刘》）；筐筥，所以盛黍也（《周颂·良耜》）。

5. 列举式：把属于词义范畴的事物一一列举出来，或者举几个例子。

（1）穷举式。穷尽列举被释词所包含的事物。也称"枚举式"。如：

毛传：四簋，黍、稷、稻、粱（《秦风·权舆》）；岳，四岳也。东岳岱，南岳衡，西岳华，北岳恒（《大雅·崧高》）；舞四夷之乐，大德广所及也。东夷之乐曰韎，南夷之乐曰任，西夷之乐曰株离，北夷之乐曰禁（《小雅·鼓钟》）。

郑注：《春官·鞮鞻氏》："鞮鞻氏掌四夷之乐与其声歌"注："四夷之乐，东方曰韎，南方曰任，西方曰侏离，北方曰禁。"《地官·牧人》："掌牧六牲"注："六牲，谓牛马羊豕犬鸡。"《夏官·职方氏》："五种"注："五种，黍、稷、菽、麦、稻。"《天官·疾医》："五谷"注："五谷，麻黍稷麦豆也。"

（2）列举式。部分列举被释词所包含的事物。

毛传：杂佩者，珩、璜、琚、瑀、冲牙之类（《郑风·女曰鸡鸣》）。

郑笺注：此二菜者，蔓菁与荁之类也，皆上下可食（《邶风·谷风》："采葑采菲，无以下体。"传："葑，须也。菲，芴也。下体，根茎也。"笺）；鸢，鸱之类，鸟之贪恶者也（《大雅·旱麓》）；多士，谓虎臣及如皋陶之属（《鲁颂·泮水》）；《地官·叙官》："掌染草"注："染草，蓝、茜、象斗之属。"

6. 组嵌式：给出包含所解释的词（或复音词的词根、词缀等）的某个句子或短语，帮助解释词的含义（通过词语的组合提供语境来显示被释词的具体意义）。给出的句子或短语，可以是注释者自己造的，也可以是引用文献例证或俗语、方言、古语等。由于主训词难找，将被释词本身嵌入解释语中。

毛传：

《鄘风·君子偕老》："瑳兮瑳兮，其之展也。蒙彼绉絺，是绁袢也。"传："礼有展衣者，以丹縠为衣蒙覆也。絺之靡者为绉，是当暑袢延之服也。"此处将《诗经》中的"展"组嵌到"展衣"中，则以展衣解释"展"，又在注释行文中组嵌了"袢延"一词，说明"袢延"是服之一种。

《卫风·氓》："于嗟鸠兮，无食桑葚。"传："鸠，鹘鸠也。"此处将《诗经》中的"鸠"组嵌到"鹘鸠"中，则以鹘鸠解释"鸠"，说明"鸠"是指鹘鸠。

《小雅·吉日》："漆沮之从，天子之所。"传："漆沮之水，麀鹿所生也。从漆沮驱禽而至天子之所。"此处将《诗经》中的"漆沮"组嵌到"漆沮之水"中，并说明"漆沮之水"是"麀鹿所生"之处。

《邶风·柏舟》："薄言往愬，逢彼之怒。"传："彼，彼兄弟。"将《诗经》中的"彼"组嵌到"彼兄弟"词组中加以限定说明。

《小雅·桑扈》："有莺其羽"传："莺然有文章。"将"莺"组嵌到"莺然有文章"中，加词缀"然"，并提供语境和语句对"莺"的含义解释说明。

郑笺注：

《周南·卷耳》："陟彼崔嵬，我马虺隤。"笺："我，我使臣也。"郑玄将《诗经》中的"我"组嵌到"我使臣"词组中加以限定说明。

《邶风·绿衣》："绿兮丝兮，女所治兮。"笺："女，女妾上僭者。"

郑玄将《诗经》中的"女"组嵌到"女妾上僭者"词组中加以限定说明。

《周南·葛覃》："薄污我私，薄澣我衣。"传："污，烦也。"笺："烦，烦撋之，用功深。"郑玄将毛传中的"烦"组嵌到"烦撋之，用功深"语境中加以解释。

《邶风·终风》："莫往莫来，悠悠我思。"笺："我思其如是，心悠悠然。"郑玄将《诗经》中的"悠悠"组嵌到"悠悠然"一词中辅助加以解释。

《天官·叙官》："寺人"注："寺之言侍也。《诗》云：'寺人孟子。'"将"寺人"组嵌到《诗经》的句子"寺人孟子"中，意谓其含义相当。

《礼记·郊特牲》："卜之日，王立于泽，亲听誓命。"郑注："泽，泽宫也，所以择贤之宫也。"经文中的"泽"被组嵌到词语"泽宫"中加以解释说明。

（三）综合训释

综合训释，即两种以上的方式同时运用。如：

毛传：

《召南·雀巢》："维鹊有巢，维鸠居之。"传："鸠，鸤鸠，秸鞠也。鸤鸠不自为巢，居鹊之成巢。"毛传综合运用了"组嵌"法和复音词对释法。先将"鸠"组嵌到"鸤鸠"中限定说明，又用复音词"秸鞠"对释。

《召南·采萍》："于以湘之，维锜及釜。"传："锜，釜属，有足曰锜，无足曰釜。"毛传综合运用了说明法和同义词对比分析法。先说明"锜"的属性，再用"……曰……曰"形式，对比"锜"与"釜"的不同，来说明锜的特点。

《秦风·驷驖》："輶车鸾镳，载猃歇骄。"传："猃歇骄，田犬也。长喙曰猃，短喙曰歇骄。"毛传综合运用了复音词对释法和同义词对比分析法。先用复音词"田犬"对释"猃歇骄"，再用"……曰……曰"形式，对比"猃"与"歇骄"的不同，来说明"猃"与"歇骄"各自的特点。

郑笺：

《小雅·巧言》："君子屡盟。"笺："屡，数也。时见曰会，殷见曰同，非此时而盟谓之数。"郑玄综合运用了单音词对释法和同义词对比分析法。先用单音词"数"对释"屡",再用"……曰……曰……谓之"形式,对比"会""同"与"数"的不同,来说明"数"的特点。

《小雅·信南山》:"信彼南山,维禹甸之。"笺:"六十四井为甸,甸方八里,居一成之中,成方十里,出兵车一乘,以为赋法。"郑玄综合运用了下定义法和说明法。先用下定义法解释什么是"甸",再进一步说明"甸"的特征"甸方八里,居一成之中,成方十里,出兵车一乘,以为赋法"。

《豳风·狼跋》:"公孙硕肤。"笺:"孙,读当如'公孙于齐'之孙。'孙'之言'孙',遁也。"郑玄综合运用了组嵌法和单音词对释法。先用组嵌法将"孙"组嵌到"公孙于齐"词语中,辅助说明"孙"的含义,再进一步用单音词"孙(逊)"和"遁"对照解释"孙"之含义。

二 郑玄对《毛传》训诂术语的继承

郑玄沿用了毛亨使用的许多术语,在其基础上进一步有所创新和发展,陈炳哲(2005)[①]有较为详细统计。我们这里仅讨论其继承沿用情况。

(一)曰

术语"曰"主要用来下定义和辨析同义词。

1. 郑玄沿用毛传使用"曰"来下定义。如:

(1)解释名词的。如:

毛传:①水中可居者曰洲(《周南·关雎》);②山脊曰冈(《周南·卷耳》);③石山戴土曰砠(《周南·卷耳》)。

郑笺:①在旁曰骖(《郑风·叔于田》);②怨耦曰仇(《周南·兔罝》);③豕生三曰豵(《召南·驺虞》)。

(2)解释动词的。如:

毛传:①吊失国曰唁(《墉风·载驰》);②冬猎曰狩(《郑风·叔于田》);③逆流而上曰溯洄(《秦风·蒹葭》)。

郑笺:①卧而不周曰辗(《周南·关雎》);②回首曰顾(《桧风·匪风》);③不脱冠衣而寐曰假寐(《小雅·小弁》)。

---

① 陈炳哲:《〈毛传〉、〈郑笺〉训诂术语比较研究》,硕士学位论文,首都师范大学,2005年。

第二章 郑玄对《毛诗诂训传》语言学研究的继承 421

(3) 解释形容词的。如：

毛传：①艳，美色曰艳（《小雅·十月之交》）；②工，善其事曰工（《小雅·楚茨》）；③阜，实未坚者曰阜（《小雅·大田》）。

郑笺注：①老而无妻曰鳏（《周南·桃夭序》）；②老而无子曰独（《小雅·白华》）；③凡物无饰曰素（《礼记·檀弓下》"奠以素器，以生者有哀素之心也。"）

2. 并列使用"曰"来辨析同义词的。例如：

（1）辨析名词的。如：

毛传：①枝曰条，干曰枚（《周南·汝坟》）；②方曰筐，圆曰筥（《召南·采蘋》）。

郑笺：①水之内曰隩，水之外曰鞫（《大雅·公刘》）；②虫食苗根曰蟊，食节曰贼（《大雅·桑柔》）。

（2）辨析动词的。如：

毛传：①飞而上曰颉，飞而下曰颃（《邶风·燕燕》）；②草行曰跋，水行曰涉（《鄘风·载驰》）；③治骨曰切，象曰磋，玉曰琢，石曰磨（《卫风·淇奥》）。

郑笺：①诸侯春见天子曰朝，夏见曰宗（《小雅·沔水》）；②冬祭曰烝，秋祭曰尝（《小雅·楚茨》）；③耕种曰稼，收敛曰穑（《大雅·桑柔》）。

（二）为

"为"同"曰"功能相当，也是用于下定义和辨析同义词。

1. 郑玄沿用毛传使用"曰"来下定义。解释的对象可以是名词或动词。如：

毛传：①潜行为泳（《周南·汉广》）；②终日风为终风（《邶风·终风》）；③回风为飘（《桧风·匪风》）。

郑笺：①火田为燎（《小雅·正月》）；②同志为友（《周南·关雎》）；③姊妹之子为甥（《大雅·韩奕》）。

2. 郑玄沿用毛传并列使用"为"来辨析同义词或同类词。例如：

毛传：①目上为名，目下为清（《齐风·猗嗟》）；②入为上，出为下（《豳风·七月》）；③善父母为孝，善兄弟为友（《小雅·六月》）。

郑笺：①交龙为旗，龟蛇为旐（《小雅·采芑》）；②五百人为旅，五旅为师（《小雅·黍苗》）；③爵命为福，赏赐为禄（《小雅·瞻彼洛矣》）。

（三）谓之

"谓之"同"曰""为"功能相当，也是用于下定义和辨析同义词。

1. 郑玄沿用毛传使用"谓之"来下定义。解释的对象可以是名词或动词。如：

毛传：①南风谓之凯风（《邶风·凯风》）；②五色备谓之绣（《秦风·终南》）；③起大事，动大众，必先有事乎社而后出，谓之宜（《大雅·绵》）。

郑笺：①口距人谓之赫（《大雅·桑柔》）；②什一而税谓之彻（《大雅·公刘》）；③饮酒之礼，主人献宾，宾酢主人。主人又饮而酌宾，谓之酬《小雅·彤弓》。

2. 郑玄沿用毛传并列使用"谓之"来辨析同义词。例如：

毛传：大鼎谓之鼐，小鼎谓之鼒（《周颂·丝衣》）。

郑笺：冕服谓之芾，其他服谓之韠（《小雅·采菽》）。

（四）谓

术语"谓"的主要功能，按王力先生（1999）[①]所分析，其被释词在术语"谓"之前，往往是以具体解释抽象，一般解释特殊。毛传中主要是点明被释词在文中的具体所指。

郑玄沿用了毛传的"谓"的用法，如：

毛传：①天谓父也。（《墉风·柏舟》）；②微，谓亏伤也（《邶风·柏舟》）；③孙子仲，谓公孙文仲也（《邶风·击鼓》）；④于貉，谓取狐狸皮也（《豳风·七月》）；⑤飧，熟食，谓黍稷也（《小雅·大东》）。

郑笺注：①温，谓颜色和也（《邶风·燕燕》）；②法谓其礼法（《天官·小宰》）；③深谓高也（《仪礼·觐礼》）；④连步，谓足相随不相过也（《礼记·曲礼上》）；⑤扈扈谓大广（《礼记·檀弓上》）。

（五）言

"言"的基本功能，主要用于点明词、短语或句子的词外之指或言外之意。

郑玄沿用了毛传的"言"的用法，如：

[①] 王力主编：《古代汉语》，中华书局1999年版，第616页。

1. "言"说明对象是词语，重在说明词外之指。

毛传：①衡门，横木为门，言浅陋也（《陈风·衡门》）；②慆慆，言久也（《豳风·东山》）；③钦钦，言使人乐进也（《小雅·鼓钟》"鼓钟钦钦"）。

郑笺注：①满者，言众媵侄娣之多（《召南·鹊巢》："维鹊有巢，维鸠盈之"传："盈，满也。"）；②匍匐，言尽力也（《邶风·谷风》"匍匐救之"）；③尸，陈也，言形体在也（《礼记·曲礼》"在床曰尸"注）。

2. "言"说明对象是短语或句子，重在说明言外之意。

毛传：①岂不，言有是也（《召南·行露》）；②不东，言不来东也（《邶风·旄丘》"匪车不东"）；③如雪，言鲜洁（《曹风·蜉蝣》"麻衣如雪"）；④熊罴是裘，言富也（《小雅·大东》"熊罴是裘"）；⑤在浚之下，言有益于浚（《邶风·凯风》"在浚之下"传）；⑥言能治众，动于近，成于远也（《邶风·简兮》"有力如虎，执辔如组"传）。

郑笺注：①告哀，言劳病而愬之（《小雅·四月》"维以告哀"）；②万亿及秭，以言谷数多（《周颂·丰年》"亦有高廪，万亿及秭。"笺）；③言无德而求诸侯，徒劳其心忉忉耳（《齐风·甫田》"无思远人，劳心忉忉。"）；④此言殷之明镜不远也，近在夏后之世（《大雅·荡》"殷鉴不远，在夏后之世。"）。

（六）称

"称"主要表示指称、称谓。郑玄沿用毛亨的用法。

毛传：①父之姊妹称姑（《邶风·泉水》）；②神之精明者称灵（《大雅·灵台》）；③自上降鉴，则称上天；据远视之苍苍然，则称苍天（《王风·黍离》）。

郑笺：①乐歌大者称夏（《周颂·时迈》）；②尸称君，尊之也（《小雅·楚茨》"神具醉止，皇尸载起"）。

（七）斥

"斥"是直接说明所指对象，意思"是指……"。

毛传：①昊天，斥王者也（《大雅·桑柔》）；②昊天，斥王也（《大雅·瞻卬》）。

郑笺：①子者，斥大国之正卿（《郑风·褰裳》）；②之子，是子也，斥周公也（《豳风·伐柯》）；③君子，斥在位者（《小雅·节南山》）；

④一人,斥天子(《大雅·烝民》)。

(八) 犹

"犹"主要找一个意义相同或相近的字词来解释。解释的字(词)与被释字(词)可能是同义字(词)关系、通假字关系、古今字(词)关系等,其中也有很多是在上下文中的对文释义。

毛传:(1)同义词关系:①家室,犹室家也(《周南·桃夭》);②革犹皮也(《召南·羔羊》);③室犹宫也(《墉风·定之方中》);④沃若,犹沃沃然(《卫风·氓》);⑤翱翔,犹彷徉也(《齐风·载驱》);(2)以通用词为释:①掺掺,犹纤纤也(《魏风·葛屦》);②皇皇,犹煌煌也(《小雅·皇皇者华》);③宪宪,犹欣欣也(《大雅·板》)。

郑笺:(1)同义词关系:①家人,犹室家也(《周南·桃夭》);②翱翔,犹逍遥也(《桧风·羔裘》);③长,犹久也(《商颂·长发》);(2)以通用词为释:①哕哕,犹快快也(《小雅·斯干》);②具犹俱也(《大雅·行苇》);③薄,犹甫也。甫,始也(《周颂·时迈》);④烈烈,犹栗烈也(《小雅·四月》)。

(九) 亦

"亦"是用以指出某词与上文某词含义相当的术语。可译成今天的"也"。

毛传:①瘏,病也。痡,亦病也(《周南·卷耳》"我马瘏矣,我仆痡矣。");②艰亦难也(《王风·中谷有蓷》"遇人之艰难矣");③娄,亦曳也(《唐风·山有枢》"弗曳弗娄")。

郑笺:①圭、璧亦琢磨(《卫风·淇奥》"如金如锡,如圭如璧。");②良亦善也(《郑风·大叔于田》"叔善射忌,又良御忌。");③将亦送也(《邶风·燕燕》"之子于归,远于将之。")。

(十) 貌

"貌"主要用于指明被释词给人视觉上观察所处的状态,带有观察人主观判断意味。"貌"前的词语可能是动词性或形容词性。

毛传:①蓁蓁,至盛貌(《周南·桃夭》);②琐尾,少好之貌(《邶风·旄丘》);③娈,好貌(《邶风·泉水》)。

郑笺:①混混,持正貌(《邶风·谷风》);②唯唯,行相随顺之貌(《齐风·敝笱》);③瑟,洁鲜貌(《大雅·旱麓》)。

第二章　郑玄对《毛诗诂训传》语言学研究的继承

（十一）然

"然"主要说明被释词所处的状态，相对于"貌"而言，其客观描述特点更较明显，带有对事物所处状态确认的意味。"然"之前一般形容词或副词居多。

毛传：①赫，有明德赫赫然（《卫风·淇奥》"赫兮咺兮。"）；②信誓旦旦然（《卫风·氓》"信誓旦旦"）；③鹑则奔奔，鹊则强强然（《墉风·鹑则奔奔》"鹑之奔奔，鹊之强强。"）；④愿行卫之野，麦芃芃然方盛长（《墉风·载驰》"我行其野，芃芃其麦。"）。

郑笺：①叶萋萋然，喻其容色美盛（《周南·葛覃》"维叶萋萋"）；②有穷处，成乐在于此涧者，形貌大人而宽然，有虚乏之色（《卫风·考槃》"考槃在涧，硕人之宽"）；③硕，大也。言庄姜仪表长丽，佼好颀颀然（《卫风·硕人》"硕人其颀，衣锦褧衣"）；④我思其如是，心悠悠然（《邶风·终风》"莫往莫来，悠悠我思"）。

（十二）意

"意"用于说话人推断描述事物显露出来的不显著的状态。包含"略显……之态""有……之意"的意味。

毛传：①恝，饥意也（《周南·汝坟》）；②爰爰，缓意（《王风·兔爰》）；③蛇蛇，浅意也（《小雅·巧言》）；④挞，疾意也（《商颂·殷武》）。

郑笺：①粲，众意（《郑风·羔裘》"三英粲兮"）；②忾，叹息之意（《曹风·下泉》"忾我寤叹"）；③赫，怒意（《大雅·皇矣》"王赫斯怒"）；④伴奂，自纵驰之意也（《大雅·卷阿》"伴奂尔游矣"）。

（十三）声

"声"多用于拟状事物声音的术语。

毛传：①关关，和声也（《周南·关雎》）；②喈喈，和声之远闻也（《周南·葛覃》）；③殷，雷声也（《召南·殷其靁》）；④肃肃，羽声也（《小雅·鸿雁》）；⑤嘒嘒，声也（《小雅·小弁》）。

郑笺：①嘤嘤，两鸟声也（《小雅·伐木》）；②锵锵，鸣声（《大雅·烝民》）；③懿，有所痛伤之声也（《大雅·瞻卬》）；④噫嘻，有所多大之声也（《周颂·噫嘻》）。

（十四）属

"属"用以说明事物类属的术语。

毛传：①顷筐，畚属，易盈之器也（《周南·卷耳》）；②椅，梓属（《鄘风·定之方中》）；③鸴，釜属（《桧风·匪风》）；④猱，猨属（《小雅·角弓》）；⑤南仲，文王之属（《小雅·出车》）。

郑笺：①召南大夫，召伯之属（《召南·殷其靁》）；②舒，舒鸠、舒鄝、舒庸之属（《小雅·渐渐之石序》）；③稂当作"凉"，凉草，萧蓍之属（《曹风·下泉》）；④笾实，有桃梅之属（《小雅·宾之初筵》）。

（十五）辞

"辞"用以指明被释词属于辅助表达的虚词。

毛传：①薄，辞也（《周南·芣苢》）；②思，辞也（《周南·汉广》）；③于嗟，叹辞（《周南·麟之趾》）；④今，急辞也（《召南·摽有梅》）。

郑笺：①聊，且略之辞（《邶风·泉水》）；②期，辞也（《小雅·頍弁》）；③毋，禁辞（《小雅·角弓》）；④伊，辞也（《小雅·都人士》）。

（十六）或曰

毛传中使用 2 次"或曰"，表示存两说，存疑。

（1）《周颂·有瞽》："设业设虡，崇牙树羽。"传："业，大板也，所以饰栒为县也。捷业如锯齿。或曰，画之植者为虡，衡者为栒，崇牙上饰卷然可以县也。"

（2）《小雅·天保》："俾尔单厚，何福不除。"传："单，信也。或曰：单，厚也。"

郑笺中继承了毛传的"或曰"用法。仅有 1 例。例如：

《周颂·小毖》："肇允彼桃虫，拚飞维鸟。"传："桃虫，鹪也。鸟之始小终大者。"笺："鹪之所为鸟，题肩也。或曰鸮，皆恶声之鸟。"

三　郑玄对《毛传》训诂方法的继承

郑玄笺注中使用了丰富的训诂方法，我们前文总结的训诂方法有：(1) 据古训、(2) 搜集排比用例基础上的归纳法、(3) 审辨字形、(4) 根据词义引申系列探求词义、(5) 因声求义、(6) 明避讳、(7) 考异文、(8) 审文例、(9) 通语法、(10) 方言佐证、(11) 异语求义法、(12) 义理求义法、(13) 名字求义法、(14) 文化求义法（黄金贵：解物释名法)、(15) 声形合义法、(16) 同义词辨释法等16个方面。此章不再赘述。而其中部分训诂方法，如（1）因声求义、(2) 利用语法知识释义（通语法）、(3) 同义词辨释法、(4) 审文例、(5) 因形求义及未提及的、(6) 以古证诗法在西汉毛亨的《毛诗诂训传》中已经使用。例如：

（一）因声求义法

"因声求义"也称为声训，即利用声音的线索进训释，揭示出声音和意义之间的各种关系。郑玄时代的因声求义一般分为求语源和通假借两类。在毛亨时代未必区分这两类情况。

毛传使用因声求义的训诂方法[①]。例如：

① 《魏风·伐檀》："坎坎伐轮兮，寘之河之漘兮，河水清且沦猗。"传："檀可以为轮。漘，厓也。小风水成文，转如轮也。"轮、沦音同，都是来母、文部。毛传用"轮"揭示"沦"的语源。

② 《秦风·渭阳》："我送舅氏，曰至渭阳。何以赠之，路车乘黄。"传："赠，送也。"《说文·贝部》："赠，玩好相送也。"可见，毛亨知道"赠"的基本含义就是赠送。但《大雅·崧高》："其风肆好，以赠申伯。"传："赠，增也。"毛传却以"增"释"赠"，《说文·土部》："增，益也。"应当为声训。以玩好相送即使他人有所增益。"赠"蒸部、从母，增蒸部、精母，二字音近义通。

类似用例如：

③ 《大雅·瞻卬》："天何以刺？何神不富？"传："富，福。"④ 《小雅·裳裳者华》："裳裳者华，其叶湑兮。"传："裳裳，犹堂堂也。"⑤ 《召南·草虫》："未见君子，忧心忡忡。"传："忡忡，犹冲冲也。"⑥ 《大雅·板》："老夫灌灌，小子蹻蹻。"传："灌灌，犹款款也。蹻蹻，骄貌。"⑦ 《大雅·板》："天之方难，无然宪宪。"传："宪宪，犹欣欣也。"⑧ 《魏风·葛屦》："掺掺女手，可以缝裳。"传："掺掺，犹纤纤也。"⑨ 《小雅·皇皇者华》："皇皇者华，于彼原隰。"传："皇皇，犹煌煌也。"⑩ 《郑风·褰裳》："子不我思，岂无他士。"传："士，

[①] 此节可参考祝敏彻、尚春生《论"毛传"、"郑笺"的异同》(《兰州大学学报》1983年第1期)、华敏《〈诗经〉毛传、郑笺比较研究》(硕士学位论文，南京师范大学，2005年)、陈炳哲《〈毛传〉、〈郑笺〉训诂术语比较研究》(硕士学位论文，首都师范大学，2005年) 和张艳《〈毛传〉〈郑笺〉对〈诗经〉训诂之比较》(硕士学位论文，兰州大学，2007年)。

事也。"《小雅·祈父》:"祈父,予王之爪士。"传:"士,事也。"
⑪《大雅·荡》:"天不湎尔以酒,不义从式。"传:"义,宜也。"《大雅·烝民》:"民鲜克举之,我仪图之。"传:"仪,宜也。"《大雅·烝民》:"民鲜克举之,我仪图之。"传:"仪,宜也。"⑫《小雅·正月》:"赫赫宗周,褒姒灭之。"传:"灭,灭也。"⑬《商颂·殷武》:"罙入其阻,裒荆之旅。"传:"罙,深。"⑭《小雅·蓼萧》:"既见君子,为龙为光。"传:"龙,宠也。"⑮《邶风·日月》:"乃如之人兮,逝不古处。"传:"古,故也。"⑯《大雅·烝民》:"古训是式,威仪是力。"传:"古,故。"⑰《召南·驺虞》:"彼茁者葭"传:"茁,出也。"⑱《小雅·四牡》:"岂不怀归,是用作歌,将母来谂。"传:"谂,念也。"

郑玄继承了这种因声求义的方法。不使用术语的因声求义。例如:
①《卫风·木瓜》:"匪报也,永以为好也。"笺:"匪,非也。"②《大雅·桑柔》:"民靡有黎,具祸以烬。"笺:"具,犹俱也。"③《豳风·七月》:"九月筑场圃,十月纳禾稼。"笺:"纳,内也。"④《小雅·蓼萧》:"既见君子,孔燕岂弟。"笺:"燕,安也。"

(二) 利用语法知识释义

毛传利用语法知识进行训释,主要体现在知道词的虚实上。前文我们提到,毛传已经使用了术语"辞"来说明一些不能按照实词意义理解的词语。例如:
①《周南·芣苢》:"采采芣苢,薄言采之。"传:"薄,辞也。"孔颖达疏:"于意无取,故为语辞。"②《周南·汉广》:"南有乔木,不可休息。汉有游女,不可求思。"毛传:"思,辞也。"③《郑风·大叔于田》:"叔善射忌,又良御忌。"传:"忌,辞也。"

毛传还使用"叹辞",主要用于说明叹词。例如①《周南·麟之趾》:"于嗟麟兮。"传:"于嗟,叹辞。"②《齐风·猗嗟》:"猗嗟昌兮,颀而长兮。"传:"猗嗟,叹辞。"③《大雅·文王》:"文王在上,于昭于天。"传:"于,叹辞。"毛传使用"急辞"。例如《召南·摽有梅》:"求我庶士,迨其今兮。"传:"今,急辞也。"

郑玄也继承了这种训诂方法(详见本编后文"郑玄对《毛传》语法观念的继承"部分),郑玄继承了毛传的说明用语"辞"。例如:①《小雅·都人士》:"匪伊垂之,带则有余。匪伊卷之,发则有旟。"笺:"伊,辞也。"②《大雅·抑》:"于乎小子,告尔旧止。"笺:"止,辞也。"

③《礼记·檀弓下》："卒哭而讳，生事毕而鬼事始已。"注："已，辞也。"

郑玄沿用了毛亨"……辞"的分析方式。例如：①《小雅·角弓》："勿教猱升木。"笺："毋，禁辞。"②《鲁颂·閟宫》："莫敢不诺，鲁侯是若。"笺："诺，应辞。"③《礼记·投壶》："主人请曰：'某有枉矢哨壶，请以乐宾。'"注："枉、哨，不正貌，为谦辞。"

（三）同义词辨释法

黄金贵①（2012）提出古汉语同义词辨析应当作为一种训诂方法。这种方法，在毛传中已经开始普遍使用。

（1）《毛传》使用并列的"……曰……，……曰……"形式辨析。例如：

①《墉风·载驰》："大夫跋涉，我心则忧。"传："草行曰跋，水行曰涉。"②《周南·汝坟》："遵彼汝坟，伐其条枚。"传："枝曰条，干曰枚。"③《邶风·匏有苦叶》："济盈不濡轨，雉鸣求其牡。"传："飞曰雌雄，走曰牝牡。"④《邶风·燕燕》："燕燕于飞，颉之颃之。"传："飞而上曰颉，飞而下曰颃。"

（2）《毛传》使用并列的"……为……，……为……"形式辨析。例如：

①《齐风·猗嗟》："猗嗟名兮，美目清兮。"传："目上为名，目下为清。"②《豳风·七月》："九月筑场圃"传："春夏为圃，秋冬为场。"③《小雅·六月》："侯谁在矣，张仲孝友。"传："善父母为孝，善兄弟为友。"④《小雅·楚茨》："献酬交错"传："东西为交，邪行为错。"

（3）《毛传》使用并列的"……谓之……，……谓之……"形式辨析。例如：①《秦风·终南》："君子至止，黻衣绣裳。"传："黑与青谓之黻，五色备谓之绣。"②《周颂·丝衣》："自堂徂基，自羊徂牛，鼐鼎及鼒。"传："大鼎谓之鼐，小鼎谓之鼒。"

郑玄继承了毛传的这种辨析同义词的方法。例如：①《小雅·沔水》："沔彼流水，朝宗于海。"笺："诸侯春见天子曰朝，夏见曰宗。"②《大雅·行苇》："或献或酢。"笺："进酒于客曰献。客答之曰酢。"③《小雅·采芑》："出车彭彭，旂旐央央。"笺："交龙为旂，龟蛇为

---

① 黄金贵：《训诂方法研究》，中华书局2012年版，见该书《前言》第2页。

旐。"④《小雅·瞻彼洛矣》："君子至止，福禄如茨。"笺："爵命为福，赏赐为禄。"⑤《小雅·采菽》："赤芾在股，邪幅在下。"传："诸侯赤芾邪幅。幅，偪也。所以自偪束也。"笺："芾，大古蔽膝之象也。冕服谓之芾，其他服谓之韠，以韦为之。"

(四) 审文例

从考释词义的方法角度来看，毛传考察的文例有连文、对文、上下文、互文等。例如：

1. 毛传用"亦"或"曰"等说明某词与相连某词含义相当。属于说明同义连文的情况。例如①《王风·中谷有蓷》："嘅其叹矣，遇人之艰难矣。"传："艰亦难也。"②"降丧饥馑，斩伐四国。"传："谷不熟曰饥，蔬不熟曰馑。"③《桧风·匪风》："谁能亨鱼，溉之釜鬵。"传："鬵，釜属。"

2. 毛传用"亦"或"犹"说明某词与文中相对位置的某词含义相当。属于说明对文同义的情况。例如：①《唐风·山有枢》："子有衣裳，弗曳弗娄。"传："娄亦曳也。"②《周南·桃夭》："之子于归，宜其室家。……之子于归，宜其家室。"传："家室，犹室家也。"

3. 毛传用"亦"或"犹"说明某词与上文某词含义相当。属于根据上下文确定词义的情况。例如：①《周南·卷耳》"陟彼砠矣，我马瘏矣，我仆痡矣，云何吁矣。"传："瘏，病也。痡亦病也。"②《唐风·葛生》："百岁之后，归于其居！……百岁之后，归于其室！"传："室，犹居也。"

4. 毛传释义说明《诗经》表达为互文。例如《小雅·采芑》："方叔率止，钲人伐鼓，陈师鞠旅。"传："伐，击也。钲以静之，鼓以动之。"毛传说明"钲""鼓"为二物，用途不同。"钲"使军队静止，"鼓"用以使军队行动。则"钲人伐鼓"的意思当是"钲人伐钲，鼓人伐鼓，各司其职"的意思。

郑玄继承了毛传的这种词义分析方法。例如：

1. 利用连文。①《大雅·桑柔》："告尔忧恤，诲尔序爵。"笺云："恤亦忧也。""忧""恤"同义连文。②《地官·大司徒》："凡万民之不服教而有狱讼者"注："争罪曰狱，争财曰讼。""狱""讼"都是争，只不过所争有所区别。也是同义词连用的情况。

2. 利用对文。①《郑风·丰》："子之丰兮，俟我乎巷兮，悔予不送兮。子之昌兮，俟我乎堂兮，悔予不将兮。"笺云："将亦送也。""将"与上文的"送"位置相对，词义相当。②《郑风·遵大路》："遵大路兮，掺执子之祛兮，无我恶兮，不寁故也！遵大路兮，掺执子之手兮，无我魗兮，不寁好也。"传："魗，弃也。"笺："魗，亦恶也。"郑玄认为"魗"与上文"恶"对文，当同义。③《周南·桃夭》："之子于归，宜其室家。……之子于归，宜其家人。"笺："家人犹室家也。"

3. 利用上下文。①《郑风·大叔于田》"叔善射忌，又良御忌。"笺："良亦善也。""良"参考上文的"善"解释。②《邶风·燕燕》："之子于归，远送于野。……之子于归，远于将之。"笺云："将亦送也。""将"参考上文的"送"解释，词义相当。③《卫风·淇奥》"有匪君子，如切如磋，如琢如磨。……有匪君子，如金如锡，如圭如璧。"笺："圭、璧亦琢、磨。"

4. 利用互文修辞。《小雅·采芑》："方叔率止，钲人伐鼓，陈师鞠旅。"笺："钲也，鼓也，各有人焉。言'钲人伐鼓'，互言尔。二千五百人为师，五百人为旅。此言将战之日，陈列其师旅誓告之也。陈师告旅，亦互言之。"郑玄指出此句有两处互文，毛亨只指出了前一处，即"钲人伐钲，鼓人伐鼓"，各司其职；后一处应该是"陈师告师，陈旅告旅"，因为这是为了表示战争前摆起阵势的意思。又如《礼记·坊记》："君子约言，小人先言。"郑注："言人尚德不尚言也。'约'与'先'互言耳，君子'约'则小人'多'矣，小人先则君子后矣。"

（五）因形求义

因形求义的基本含义是根据汉字的字形线索探求词的意义。如果是象形字、指事字、会意字，则因形求义的结果一般为词的本义。但如果是形声字，则因形求义可能是通过形声字的形符探求词义；也可能是根据形声字的声符探求词义，习惯上把这种情况看作是因声求义。

1. 毛传根据字形中的形符探求词义。例如：

①《周南·汝坟》："鲂鱼赪尾，王室如燬。"传："赪，赤也。鱼劳则尾赤。燬，火也。""赤""火"分别是赪、燬的形符。

②《小雅·何人斯》："伯氏吹埙，仲氏吹篪。"传："土曰埙，竹曰篪。"埙、篪皆古代乐器，二者合奏时声音相应和。毛传解释二者的区别，即参照字形和材质的差异。

③《周颂·载芟》："载芟载柞，其耕泽泽。"传："除草曰芟，除木

曰柞。"毛传结合字形的形符"艸"和"木"的区别区分了芟和柞的差异。"柞"有砍除树木之义。《周礼·秋官·柞氏》:"柞氏,掌攻草木及林麓……凡攻木者,掌其政令。"即其证。

④《邶风·简兮》:"赫如渥赭,公言锡爵。"传:"赫,赤貌。"此处对赫的释义,毛传也很难说不是参照字形所下。因为其他的地方,则不是此义。如《大雅·生民》:"以赫厥灵,上帝不宁"传:"赫,显也。"等。

郑玄继承了毛传的这种方法。例如①《天官·外府》"共其财用之币赍"注:"玄谓赍、资同耳,其字以齐次为声,从贝变易,古字亦多或。"②《秋官·叙官》"薙氏"注:"书'薙'或作'夷',郑司农云:'掌杀草,故《春秋传》曰:"如农夫之务去草,芟夷蕴崇之。"又今俗间谓麦下为夷下,言芟夷其麦,以其下种禾豆也。'玄谓'薙'读如鬀小儿头之鬀,书或作'夷',此皆剪草也,字从类耳。《月令》曰:'烧薙行水',谓烧所芟草乃水之。"等。

2. 毛传根据字形中的声符探求词义。前文提到的毛传因声求义中的例子,有根据字形中的声符探求词义的情况,也可以算作广义上因形求义的一种类型。例如:①《召南·驺虞》:"彼茁者葭"传:"茁,出也。"②《小雅·四牡》:"岂不怀归,是用作歌,将母来谂。"传:"谂,念也。"

郑玄继承了这种方法。例如①《卫风·木瓜》:"匪报也,永以为好也。"笺:"匪,非也。"②《豳风·七月》:"九月筑场圃,十月纳禾稼。"笺:"纳,内也。"③《郑风·叔于田序》:"叔处于京,缮甲治兵"笺:"缮之言善也。"④《鲁颂·泮水》:"思乐泮水"笺:"泮之言半也。"⑤《墉风·君子偕老》:"副笄六珈"笺:"珈之言加也。"⑥《大雅·公刘》:"止旅乃密,芮鞫之即。"笺:"芮之言内也。"

(六) 以古证诗法①

毛传用例,如:

①《周南·葛覃》:"是刈是濩,为絺为绤,服之无斁。"传:"濩,煑之也。精曰絺,粗曰绤。斁,厌也。古者王后织玄紞,公侯夫人纮綖,

---

① 与"以古证诗法"相对的是"以今证诗法",郑玄两种都使用。但据我们考察,毛传一般只用"以古证诗法"而不用"以今证诗法"。

②《周南·葛覃》:"言告师氏,言告言归。"传:"言,我也。师,女师也。古者女师教以妇德、妇言、妇容、妇功。祖庙未毁,教于公宫三月。祖庙既毁,教于宗室。"

③《齐风·鸡鸣》:"虫飞薨薨,甘与子同梦"传:"古之夫人配其君子,亦不忘其敬。"

④《齐风·鸡鸣》:"折柳樊圃,狂夫瞿瞿。"传:"柳,柔脆之木。樊,藩也。圃,菜园也。折柳以为藩园,无益于禁矣。瞿瞿,无守之貌。古者有挈壶氏,以水火分日夜以告时于朝。"

⑤《邶风·静女》:"静女其娈,贻我彤管。"传:"既有静德,又有美色,又能遗我以古人之法,可以配人君也。古者后夫人必有女史,彤管之法,史不记过,其罪杀之。后妃群妾以礼御于君所,女史书其日月,授之以环,以进退之。生子月辰,则以金环退之。当御者以银环进之,著于左手。既御,著于右手。事无大小,记以成法。"

郑笺用例。如:①《魏风·十亩之间》:"十亩之间兮,桑者闲闲兮。"笺:"古者一夫百亩,今十亩之间,往来者闲闲然,削小之甚。"②《魏风·硕鼠》:"三岁贯女,莫我肯顾。"笺:"我事女三岁矣,曾无教令恩德来顾眷我,又疾其不修政也。古者三年大比,民或于是徙。"③《豳风·东山》:"蜎蜎者蠋,烝在桑野。"传:"蜎蜎,蠋貌。蠋,桑虫也。烝,窴也。"笺:"蠋蜎蜎然特行,久处桑野,有似劳苦者。古者声,窴、塡、尘同也。"

四 郑玄对《毛传》语法观念的继承

汉语的突出特点是语序和虚词。关于这两方面,古代学者就已经关注到了。西汉毛亨在《毛传》中都有所关注,东汉郑玄继承了这两方面的研究。

(一) 郑玄继承《毛传》说明虚词的概念"辞"

王力先生(1980)曾说:"语法在中国的语言研究中是一门新兴的学问,但是我们不能说中国古代学者完全没有语法的概念。"[①] 其中谈到东汉许慎已经能够将虚词从实词中分离出来,称为"词"。其实,毛亨已经

[①] 王力:《汉语史稿》,中华书局1980年版,第12页。

有了类似的虚词概念，称为"辞"。华敏（2005）[①] 统计毛传说明为"辞"的有7例，我们统计为8例。例如：

①《周南·芣苢》："采采芣苢，薄言采之。"传："薄，辞也。"孔颖达疏："于意无取，故为语辞。"②《周南·汉广》："南有乔木，不可休息。汉有游女，不可求思。"毛传："思，辞也。"③《郑风·大叔于田》："叔善射忌，有良御忌。"传："忌，辞也。"④《召南·草虫》："亦既见止，亦既觏止，我心则降。"传："止，辞也。"⑤《鄘风·载驰》："载驰载驱，归唁卫侯。"传："载，辞也。"⑥《郑风·山有扶苏》："不见子都，乃见狂且。"传："且，辞也。"⑦《大雅·文王》："思皇多士，生此王国。"传："思，辞也。"⑧《小雅·出车》："执讯获丑，薄言还归。"传："讯，辞也。"

其中的"辞"，类似今天我们所说的虚词，但从毛传8例"辞"来看，"辞"所指可能相当于今天词头或词尾之类的构词成分[②]。

郑玄继承了毛传的说明用语"辞"。如：①《小雅·頍弁》："有頍者弁，实维何期。"郑笺："何期犹伊何也。期，辞也。"②《小雅·都人士》："匪伊垂之，带则有余。匪伊卷之，发则有旟。"笺："伊，辞也。"③《大雅·抑》："于乎小子，告尔旧止。"笺："止，辞也。"④《大雅·崧高》："往近王舅，南土是保。"传："近，已也。"笺："近，辞也。声如彼记之子之记。"⑤《礼记·檀弓下》："卒哭而讳，生事毕而鬼事始已。"注："已，辞也。"⑥《礼记·中庸》："子曰：'南方之强与？北方之强与？抑而强与？'"注："抑，辞也。"

（二）郑玄继承《毛传》分析语词交际功能属性的概念"……辞"

毛亨传中还有"……辞"的分析用语，属于分析语词交际功能属性的用语。如叹辞、急辞等。

1."叹辞"，主要用于说明叹词。华敏（2005）[③] 曾统计"叹辞"在毛传中共出现5次。例如①《周南·麟之趾》："于嗟麟兮。"传："于嗟，叹辞。"②《齐风·猗嗟》："猗嗟昌兮，颀而长兮。"传："猗嗟，叹辞。"③《大雅·文王》："文王在上，于昭于天。"传："于，叹辞。"

[①] 华敏：《〈诗经〉毛传、郑笺比较研究》，硕士学位论文，南京师范大学，2005年。
[②] 同上。
[③] 同上。

④《周颂·清庙》:"于穆清庙,肃雝显相。"传:"于,叹辞也。"
⑤《商颂·那》:"猗与那与,置我鼗鼓。"传:"猗,叹辞。那,多也。"

2. 急辞。《召南·摽有梅》:"求我庶士,迨其今兮。"传:"今,急辞也。"

3. 非一辞。《召南·芣苢》:"采采芣苢,薄言采之。"传:"采采,非一辞也。"

郑玄沿用了毛亨"……辞"的分析方式,但注释中没有使用"叹辞",而是其他的"……辞",如禁辞、应辞、谦辞等。例如:

①《小雅·角弓》:"勿教猱升木。"笺:"毋,禁辞。"②《鲁颂·閟宫》:"莫敢不诺,鲁侯是若。"笺:"诺,应辞。"③《礼记·曲礼上》:"父召,无诺,先生召,无诺。唯而起。"注:"应辞。'唯'恭于'诺'。"④《礼记·投壶》:"主人请曰:'某有枉矢哨壶,请以乐宾。'"注:"枉、哨,不正貌,为谦辞。"⑤《孝经·天子章》:"盖天子之孝也。"郑注:"盖者,谦辞。"(引自《郑氏佚书·孝经注》)

郑玄笺注中还用"……之辞"表达类似分析。例如:

①《邶风·泉水》:"娈彼诸姬,聊与之谋。"笺:"聊,且略之辞。"②《魏风·园有桃》:"心之忧矣,聊以行国。"笺:"聊,且略之辞也。"③《卫风·氓》:"反是不思,亦已焉哉。"笺:"已焉哉,谓此不可奈何,死生自决之辞。"④《仪礼·燕礼》:"君无所辱赐于使臣。臣敢辞"郑注:"敢者,怖惧用势决之辞。"⑤《仪礼·原目》:"丧服第十一〇子夏传"注:"天子以下,死而相丧,衣服、年月、亲疏、隆杀之礼。不忍言死而言丧,丧者,弃亡之辞,若全存居于彼焉,已亡之耳。"⑥《仪礼·士冠礼》:"愿吾子之教之也。"郑注:"吾子,相亲之辞。"①⑦《仪礼·燕礼》:"易觯洗。"注:"凡爵,不相袭者也。于尊者言更,自敌以下言易。更,作新。易,有故之辞。"⑧《仪礼·大射》:"易觯,兴洗。"注:"凡爵不相袭者,于尊者言更,自敌以下言易。更,作新;易,有故之辞也。"⑨《仪礼·士虞礼》:"敢用絜牲、刚鬣"注:"敢,昧冒之辞。"⑩《礼记·檀弓上》:"夫祖者,且也"注:"且,未定之辞。"⑪《礼记·檀弓下》:"曰:'噫,毋。'"郑注:"毋,禁止之辞。"⑫《易·萃》:

---

① 按,郑玄《周礼·天官·小宰》:"六曰以叙听其情"注:"情,争讼之辞。"例中的"辞"与其他的"某某之辞"有些差别,当是"情"在语境中的临时意义,指一些话语,而非对"情"的词义解释。

"上六，赍咨涕洟，无咎。"注："赍咨，嗟叹之辞也。"⑬《论语·子罕》："既竭吾才，如有所立卓尔。虽欲从之，末由也已。"郑注："卓尔，绝望之辞也。"① ⑭《论语·里仁》："子曰：'参乎！吾道壹以贯之哉！'曾子曰：'唯。'"郑注："唯者，应敬之辞。"② ⑮"岂不尔思，畏子不敢。"笺："子者，称所尊敬之辞。"

（三）郑玄继承了毛传对语序的变化分析方法

毛传中已经明确关注到了语序的变化。因此在传中加以说明。例如：

①《大雅·公刘》："弓矢斯张，干戈戚扬。"传："戚，斧也。扬，钺也。张其弓矢，秉其干戈威扬。"《诗经》中的"弓矢斯张"语序变为"张其弓矢"。②《周南·葛覃》："葛之覃兮，施于中谷。"传："中谷，谷中也。"唐孔颖达正义："谷中，倒其言者，古人之语皆然，诗文多此类也。"可见毛传是有意识地调整语序。③《墉风·柏舟》："泛彼柏舟，在彼中河。"传："中河，河中。"④《小雅·鸿雁》："鸿雁于飞，集于中泽。"传："中泽，泽中也。"⑤《小雅·菁菁者莪》："菁菁者莪，在彼中阿。"传："中阿，阿中也。"又"菁菁者莪，在彼中沚。"传："中沚，沚中也。"又"菁菁者莪，在彼中陵。"传："中陵，陵中也。"⑥《周南·兔罝》："肃肃兔罝，施于中林。"传："中林，林中。"⑦《小雅·小宛》："中原有菽，庶民采之。"传："中原，原中也。"大概《诗经》时代"中"在前是正常语序，到了《毛传》时代，语序才倒了过来，故《毛传》用当时的语序去说明原诗语序③。⑧《召南·行露》："虽速我讼，亦不女从。"传："终不弃礼而随此强暴之男。"诗句是否定句中代词宾语前置的结构，毛传释充当宾语的代词"女"为"强暴之男"，并将其位置调至谓语"从"（随）之后，改变了原来的语序。

郑笺继承了毛传对语序的分析。例如：①《大雅·崧高》："申伯还南，谢于诚归。"笺："谢于诚归，诚归于谢。"②《郑风·遵大路》："无我魗兮，不寁好也。"传："魗，弃也。"笺："魗，亦恶也。子无恶我，我乃以庄公不速于善道使我然。""无我魗兮"语序变为"子无恶（魗）我"。③《墉风·载驰》："既不我嘉，不能旋反。"笺："既，尽。嘉，善也。言许人不善我，欲归唁兄。""不我嘉"语序调整为"不善

---

① 见王素《唐写本论语郑氏注及其研究》，文物出版社1991年版，第106页。

② 同上书，第35页。

③ 刘刚：《〈诗毛传〉语法研究》，硕士学位论文，西南师范大学，2003年。

(嘉)我"。④《魏风·硕鼠》:"三岁贯汝,莫我肯顾。"笺:"我事女三岁矣,曾无教令恩德来眷顾我。""莫我肯顾"语序调整为"无教令恩德来眷顾我"。

五 郑玄对《毛传》修辞观念的继承

(一) 郑玄继承了毛传对《诗经》"兴"的分析

"兴"是《诗经》中最主要的表现手法之一。郑玄曰:"兴者,以善物喻善事。"① 朱熹《诗集传》:"兴者,先言他物以引起所咏之辞也。"毛亨在《毛诗诂训传》中曾大量使用"兴"解说《诗经》。郑玄继承了这一传统。

据华敏(2005)② 统计,毛亨共标"兴"116次。其中三处是:

1. 有114处是标在诗的首章。如①《周南·关雎》:"关关雎鸠,在河之洲。"传:"兴也。"②《墉风·柏舟》:"泛彼柏舟,在彼中河。"传:"兴也。"③《秦风·黄鸟》:"交交黄鸟,止于棘。"传:"兴也。"

2. 有1处标在诗的第二章。如《秦风·车邻》:"阪有漆,隰有栗。"传:"兴也。"

3. 有1处标在诗的第三章。如《小雅·南有嘉鱼》:"南有樛,甘瓠累之"传:"兴也。"

毛传有时指明"兴"的具体所指,即兴喻之意。如①《唐风·葛生》:"葛生蒙楚,蔹蔓于野。"传:"兴也。葛生延而蒙楚,蔹生蔓于野,喻妇人外成于他家。"②《小雅·鹿鸣》:"呦呦鹿鸣,食野之苹。"传:"兴也。苹,蓱也。鹿得蓱,呦呦然鸣而相呼,恳诚发乎中,以兴嘉乐宾客,当有恳诚相招呼以成礼也。"③《小雅·鹿鸣》:"振振鹭,鹭于下。鼓咽咽,醉言舞,于胥乐兮。"传:"振,振群飞貌。鹭,白鸟也,以兴洁白之士咽咽鼓节也。"

郑玄继承了以"兴"说《诗》这一传统。例如:①《周南·桃夭》:"桃之夭夭,灼灼其华。"传:"兴也。"郑笺:"兴者,喻时妇人皆得以年盛时行也。"②《秦风·车邻》:"阪有漆,隰有栗。"传:"兴也。陂者曰阪,下湿曰隰。"笺:"兴者,喻秦仲之君臣所有,各得其宜。"③《墉

---

① 《周礼·春官·大司乐》:"以乐语教国子,兴、道、讽、诵、言、语。"注。
② 华敏:《〈诗经〉毛传、郑笺比较研究》,硕士学位论文,南京师范大学,2005年。

风·柏舟》:"泛彼柏舟,亦泛其流。"传:"兴也。泛泛,流貌。柏木所以宜为舟也,亦泛泛其流,不以济渡也。"笺:"舟,载渡物者。今不用,而与众物泛泛然俱流水中。兴者,喻仁人之不见用而与群小人并列,亦犹是也。"

(二) 郑玄继承了毛传用术语"喻"分析比喻修辞的方式

毛传有时用"喻"说明兴体或比喻对象。

1. 据华敏(2005)[①] 统计,其说明兴体的"喻"有5例,分布在4处。如:①《唐风·采苓》:"采苓采苓,首阳之巅。"传:"兴也。苓,大苦也。首阳,山名也。采苓,细事也。首阳,幽辟也。细事喻小行也,幽辟,喻无征也。"②《唐风·葛生》:"葛生蒙楚,蔹蔓于野。"传:"兴也。葛生延而蒙楚,蔹生蔓于野,喻妇人外成于他家。"③《小雅·頍弁》:"茑与女萝,施于松柏。"传:"茑,寄生也。女萝,菟丝、松萝也。喻诸公非自有尊,托王之尊。"④《小雅·谷风》:"习习谷风,维风及颓。"传:"颓,风之焚轮者也。风薄相扶而上,喻朋友相须而成。"

2. 毛传说明比喻的"喻"有1例。例如:《齐风·敝笱》:"齐子归止,其从如水。"传:"水,喻众也。"

郑玄继承了"喻"这个分析修辞术语。据张艳(2007)[②] 统计,其说明兴体的"喻"有79例,说明比喻的"喻"有113例。如①《小雅·隰桑》:"隰桑有阿,其叶有难。"传:"兴也,阿然美貌。难然盛貌,有以利人也。"笺:"……兴者,喻时贤人君子不用而野处,有覆养之德也。正以隰桑兴者,反求此义,则原上之桑枝叶不能然,以刺时小人在位,无德于民。"②《大雅·抑》:"彼童而角,实虹小子。"笺:"而角者,喻与政事有所害也。此人实溃乱小子之政礼,天子未除丧称小子。"③《卫风·河广》:"谁谓河广,一苇杭之。"笺:"谁谓河水广与?一苇加之,则可以渡之喻狭也。"④《豳风·东山》:"亲结其缡,九十其仪。"笺:"九十其仪,喻丁宁之多。"

(三) 郑玄继承了毛传用术语"犹"分析《诗经》同义变文修辞的方式

毛传中经常用术语"犹"说明《诗经》语言表达上的变文修辞。这

---

① 华敏:《〈诗经〉毛传、郑笺比较研究》,硕士学位论文,南京师范大学,2005年。

② 张艳:《〈毛传〉〈郑笺〉对〈诗经〉训诂之比较》,硕士学位论文,兰州大学,2007年。

第二章　郑玄对《毛诗诂训传》语言学研究的继承　　439

一点，冯卉（2011）[①] 曾指出。如：

1.《周南·桃夭》："桃之夭夭，灼灼其华。之子于归，宜其室家。桃之夭夭，有蕡其实。之子于归，宜其家室。"传："家室，犹室家也。"毛传用"犹"说明下一章中"家室"相当于上文的"室家"，属于同义变文。

2.《秦风·蒹葭》："蒹葭苍苍，白露为霜。所谓伊人，在水一方。溯洄从之，道阻且长。溯游从之，宛在水中央。蒹葭凄凄，白露未晞。所谓伊人，在水之湄。溯洄从之，道阻且跻。溯游从之，宛在水中坻。蒹葭采采，白露未已。所谓伊人，在水之涘。溯洄从之，道阻且右。溯游从之，宛在水中沚。"传："萋萋，犹苍苍也。……采采，犹萋萋也。"毛传用"犹"说明第二章中"萋萋"相当于第一章的"苍苍"，第三章中"采采"相当于第二章的"萋萋"属于同义变文。

3.《陈风·东门之杨》："东门之杨，其叶牂牂。东门之杨，其叶肺肺。"传："牂牂然，盛貌。……肺肺，犹牂牂也。"毛传用"犹"说明下一章中"肺肺"相当于上文的"牂牂"，属于同义变文。

4.《小雅·白驹》："皎皎白驹，食我场苗。絷之维之，以永今朝。皎皎白驹，食我场藿。絷之维之，以永今夕。"传："藿犹苗也。夕犹朝也。"毛传用"犹"说明下一章中"苗"相当于上文的"藿"，"夕"相当于上一章的"朝"，属于同义变文。

郑玄笺中部分内容沿用了这种分析同义变文修辞方式。例如：

1.《周南·桃夭》："桃之夭夭，灼灼其华。之子于归，宜其室家。桃之夭夭，有蕡其实。之子于归，宜其家室。桃之夭夭，其叶蓁蓁。之子于归，宜其家人。"传："家室，犹室家也。……一家之人尽以为宜。"笺："家人，犹室家也。"郑笺借鉴毛传用"犹"说明第二章中"家室"相当于第一章的"室家"，进而用"犹"指出第三章中"家人"也相当于第一章的"室家"，也属于同义变文。

2.《王风·君子阳阳》："君子阳阳，左执簧，右招我由房，其乐只且。君子陶陶，左执翿，右招我由敖，其乐只且。"笺："陶陶，犹阳阳也。"郑玄用"犹"指出下章中"陶陶"相当于上一章的"阳阳"，属于

[①] 冯卉：《毛亨、郑玄、孔颖达〈诗经〉修辞训解比较》，《励耘学刊》（语言卷）2011年第2期。

同义变文。

3.《齐风·著》:"俟我于著乎而,充耳以素乎而,尚之以琼华乎而。俟我于庭乎而,充耳以青乎而,尚之以琼莹乎而。俟我于堂乎而,充耳以黄乎而,尚之以琼英乎而。"笺:"琼英,犹琼华也。"郑玄用"犹"指出第三章中"琼英"相当于第一章的"琼华",属于同义变文。

4.《桧风·羔裘》:"羔裘逍遥,狐裘以朝。岂不尔思?劳心忉忉。羔裘翱翔,狐裘在堂。岂不尔思?我心忧伤。"笺:"翱翔,犹逍遥也。"郑玄用"犹"指出第二章中"翱翔"相当于第一章的"逍遥",属于同义变文。

(四)郑玄继承毛传用术语"犹"说明《诗经》的"兴"

张艳(2007)[①]指出,毛传也有使用"犹"来说明"兴"。有1例。如:《大雅·卷阿》:"有卷者阿,飘风自南。"传:"兴也。卷,曲也。飘风,廻风也。恶人被德化而消,犹飘风之入曲阿也。"

郑玄继承这种分析修辞的方式。例如:

①《召南·雀巢》:"维鹊有巢,维鸠居之。"传:"兴也,鸠,鸤鸠,秸鞠也。鸤鸠不自为巢,居鹊之成巢。"笺:"鹊之作巢,冬至架之,至春乃成。犹国君积行累功,故以兴焉。兴者,鸤鸠因鹊成巢,而居有之,而有均壹之德,犹国君夫人来嫁,居君子之室,其德亦然也。"②《邶风·泉水》:"毖彼泉水,亦流于淇。"传:"兴也。泉水始出,毖然流也。淇,水名也。"笺:"泉水流而入淇,犹妇人出嫁于异国。"

[①] 张艳:《〈毛传〉〈郑笺〉对〈诗经〉训诂之比较》,硕士学位论文,兰州大学,2007年。

第三章

郑玄未引用西汉扬雄《方言》说

郑玄曾经对方言有深入的研究，这一点我们在第一编中已经详细予以阐述。郑玄对方言有如此深入的研究，那么他是否对西汉扬雄的《方言》一书有所继承呢？徐复先生（1987）《郑玄辞典·序》[1]曾云："郑氏注中多说方俗语，系承自扬雄《方言》。"我们在本课题的设计之初，也认为郑玄有可能继承了西汉扬雄《方言》以来的研究传统。然而，经过我们具体的考察实践之后，却没有找到有力证据证明郑玄曾经看过扬雄的《方言》一书。即使是郑玄所做的方言注释材料，也几乎没有与《方言》一书相同或相近的。这一点，李云光《三礼郑氏学发凡》（1966/2012）[2]也曾谈到。李云光先生总结郑玄方言研究材料的几个来源。一是郑玄为齐地人，因而齐地方言及接近齐地的方言郑玄熟悉。二是郑玄求学游历所涉及的地域，即："游学周、秦之都，往来幽、并、兖、豫之域，获觐乎在位通人，处逸大儒，得意者咸从捧手，有所受焉。"三是郑玄可能从交游和自己的弟子那里了解到的方言材料。四是郑玄也有可能曾经到过南方楚、江、淮、沔水等地，因而也了解一些南方方言。但并不认为郑玄曾受西汉扬雄《方言》的影响。李恕豪（1997）[3]、华学诚（2007）[4]的基本观点相同。

我们考察郑玄笺注中提及扬雄的材料只有1则。即：《周礼·地官·遂人》："辨其野之土，上地、中地、下地，以颁田里。上地，夫一廛，田百畮，莱五十畮，余夫亦如之；中地，夫一廛，田百畮，莱百畮，余夫亦如之；下地，夫一廛，田百畮，莱二百畮，余夫亦如之。"注："莱，

---

[1] 徐复：《郑玄辞典·序》，见唐文《郑玄辞典》，语文出版社2004年版，第8页。
[2] 李云光：《三礼郑氏学发凡》，华东师范大学出版社2012年版，第146页。
[3] 李恕豪：《郑玄的方言研究》，《天府新论》1997年第3期。
[4] 华学诚：《周秦汉晋方言研究史》（修订本），复旦大学出版社2007年第2版。

谓休不耕者。郑司农云：'户计一夫一妇而赋之田，其一户有数口者，余夫亦受此田也。廛，居也。杨子雲"有田一廛"，谓百畮之居也。'玄谓：廛，城邑之居。《孟子》所云'五畮之宅，树之以桑麻'者也。六遂之民奇受一廛，虽上地犹有莱，皆所以饶远也。王莽时，城郭中宅不树者为不毛，出三夫之布。"①

此处注释，郑玄所引郑众的观点中提及杨子雲（即扬雄，字子雲。"扬"或作"杨"②）"有田一廛"③，郑众意谓"有田一廛"指的是"百畮之居"，不过郑玄并没有遵从这一说法，而是采用了《孟子》中"五畮之宅，树之以桑麻"的讲法，认为"廛是城邑之居"。可见此处也不是引用扬雄的观点。

由此，我们推断郑玄当时尚未见过西汉扬雄《方言》一书，因此也很难说对其语言学研究的继承情况。反倒是郑玄对《尔雅》和东汉许慎《说文解字》等著作中的方言研究会有直接的参考继承情况。

---

① （唐）贾公彦：《周礼注疏》，李学勤标点本，北京大学出版社1999年版，第392页。
② 参何九盈《中国古代语言学史》（第4版），商务印书馆2013年版，第91页。
③ 《汉书·扬雄传》称杨雄祖先杨氏一族"汉元鼎间，避仇溯江上，处岷山之阳曰郫，有田一廛，有宅一区，世世以农桑为业。"

第四章

郑玄对《说文解字》语言学研究的继承[①]

一 郑玄对许慎语言学研究的继承情况研究概观

东汉许慎（约公元58—148年）号称"五经无双"，所撰《说文解字》是"两汉文字学和词汇学的结晶"[②]，其学术史称"许学"或"说文学"；东汉郑玄（127—200年）一生以整理古代文化遗产为职责，他以古文经说为主，兼采今文经说，遍注群经，是汉代经学的集大成者，后世称专门研究郑玄相关成就的学问为"郑学"。许慎和郑玄代表着汉代学术的高峰，成为"汉学"的代表，因此后世又称汉代经学小学为"许郑之学"。"许郑之学"对后世影响巨大，清代学术师法汉学，乾嘉以来甚至被称为"家家许、郑，人人贾、马"[③][④]，直至今日，仍然有着巨大的影响和研究价值[⑤]。

郑玄稍晚于许慎，故受许慎学术影响很多，在其注释中即引用许慎观点，这是历史上曾为郑玄注做过疏解的学者所注意到的，如唐贾公彦《周礼注疏》、段玉裁《周礼汉读考》、孙诒让《周礼正义》等；唐贾公彦《仪礼注疏》、宋李如圭《仪礼集释》、清胡培翚《仪礼正义》等；唐孔颖达《礼记正义》、清朱彬《礼记训纂》、孙希旦《礼记集解》等。因为郑玄《三礼注》中曾明确引用许慎的观点，李云光《三礼郑氏学发凡》（1966/2012）[⑥]已指出这一点，李玉平（2011）《郑众、郑玄的"谐声"

[①] 笔者曾指导学生刘迪（天津师范大学文学院2009级本科生）的本科毕业论文做了这部分材料的前期考察工作。
[②] 何九盈：《中国古代语言学史》（第4版），商务印书馆2013年版，第89、107页。
[③] 梁启超：《清代学术概论》，上海古籍出版社1998年版，第74页。
[④] 葛志毅：《郑玄研究论纲》，《湖南科技学院学报》2010年第10期。
[⑤] 唐文：《简论郑玄在训诂学上的成就》，《铁道师院学报》1987年第1期。
[⑥] 李云光：《三礼郑氏学发凡》，华东师范大学出版社2012年版，第288、295、296页。

观及其对后世的影响》总结郑玄在注释中明确引用许慎《说文解字》的观点有 3 次。如《周礼·考工记·冶氏》："重三锊"注："郑司农云：'锊，量名也。读为刷。'玄谓许叔重《说文解字》云：'锊，锾也。'今东莱称或以大半两为钧，十钧为环，环重六两大半两。锾、锊似同矣①，则三锊为一斤四两。"②《仪礼·既夕礼》："遂匠纳车于阶间"注："车，载柩车。《周礼》谓之蜃车，《杂记》谓之团，或作輲，或作槫，声读皆相附耳，未闻孰正。其车之轝，状如床，中央有辕，前后出，设前后辂，举上有四周，下则前后有轴，以輇为輪。许叔重说：'有辐曰輪，无辐曰輇。'"③《礼记·杂记上》："载以輲车，入自门"注："言'载以輲车，入自门'，明车不易也。輲读为輇，或作槫，许氏《说文解字》曰：'有辐曰輪，无辐曰輇。'④《周礼》又有蜃车，天子以载柩。蜃、輇声相近，其制同乎。輇崇盖半乘车之輪。"⑤ 该文认为郑玄继承了许慎的学术观念。

那么郑玄在注释中是否存在对许慎语言学研究观点的暗引情况呢？这需要做进一步的考察。我们通过唐文编著的《郑玄辞典》⑥考察郑玄对许慎《说文解字》⑦的暗引或继承情况。《说文解字》全书共十五卷，每卷分上下两部分，内容较多。这里以前三卷为例。在这本书的前三卷与《郑玄辞典》这两本书都共同释义的词条共 473 条，其中释义完全相同的有 48 条，释义基本相同的有 118 条，释义近似的有 28 条，释义相关的有 90 条，共计 284 条，占比例为 60.04%，超过了一半。由此判断郑玄对《说文解字》继承关系是有一定说服力的。以下根据对比《郑玄辞典》和

---

① "锾锊似同"，《汉读考》云："当作'环锾似同'。"参看李学勤主编标点本《十三经注疏·周礼注疏》，北京大学出版社 1999 年版，第 1100 页。又《说文解字·金部》："锊，十铢二十五分之十三也。从金寽声。《周礼》曰：'重三锊。'北方以二十两为锊。"《说文解字·金部》："锾，锊也。从金爰声。《罚书》曰：'列百锾。'"。

② （清）阮元：《校勘本〈十三经注疏〉》（上、下），上海古籍出版社 1997 年版，第 915 页。

③ 同上书，第 1164 页。

④ 《说文解字·车部》："輪，有辐曰輪，无辐曰輇。从車侖声。"《说文解字·车部》："輇，蕃车下庳輪也。一曰无辐也。从車全声。读若饌。"

⑤ （清）阮元：《校勘本〈十三经注疏〉》（上、下），上海古籍出版社 1997 年版，第 1549 页。

⑥ 语文出版社 2004 年版。

⑦ 中华书局 1963 年版。

《说文解字》的情况进行讨论。

二 郑玄与许慎释义比较

(一) 完全相同

唐文编著的《郑玄辞典》中所收入的郑玄释义较为全面,与《说文解字》(前三卷)进行对比考察。考察结果为,释义完全相同的有48条,占10.15%。考察其完全相同的方法是,看其释义内容及释义方式是否相同。

1. 释义内容

(1) 释义完全相同

①《说文解字》卷一上:"丕,大也。"

《尚书大传》:"正稽古立功之事,可以永年,丕天之大律。"郑玄注:"丕,大也。"(《通德堂经解》)二者均把"丕"释义为"大也。"

②《说文解字》卷二下:"遵,循也。"遵循之义。

《尚书中侯》卷下:"鱼长三尺,赤文有字,题目下名授右,曰:姬发遵昌。"郑玄注:"遵,循也。"(《玉函山房辑佚书》)。遵照、依照之义。

(2) 有时候释义内容相同,用字不同

如:

①《说文解字》卷一下:"兰,香艸也。"

《易·系辞上》:"同心之言,其臭如兰。"郑玄注:"兰,香草也。""艸""草"异体字。

②《说文解字》卷二上:"丧,亾也。"

《易(纬)是类谋》:"录图世谶易尝丧责帝逢臣。"郑玄注:"丧,亡也。"(《汉学堂丛书》)"亾"即"亡"异体字。

郑玄释义与《说文解字》(前三卷)完全相同的有48条,列表8-4。

表 8-4

《说文解字》(前三卷)					《郑玄辞典》中郑玄注出处		
序号	字	页数	卷	释义	页数	笔画	释义
1	丕	七	卷一上	大也	5	五画	大也
2	祉	七	卷一上	福也	347	八画	福也

续表

序号	字	《说文解字》（前三卷）			《郑玄辞典》中郑玄注出处		
		页数	卷	释义	页数	笔画	释义
3	士	一四	卷一上	事也	102	三画	事也
4	兰	一六	卷一下	香艸也	441	二十画	香草也
5	藚	一八	卷一下	藚也	433	十二画	藚也
6	芹	一九	卷一下	楚葵也	423	七画	楚葵也
7	芡	二〇	卷一下	鸡头也	423	七画	鸡头也
8	荒	二三	卷二下	芜也	428	九画	芜也
9	藻	二六	卷一下	水艸也	440	十九画	水草也
10	尚	二八	卷二上	庶几也	149	八画	庶几也
11	嚌	三一	卷二上	尝也	90	十七画	尝也
12	咸	三二	卷二上	皆也	84	九画	皆也
13	哲	三二	卷二上	知也	84	十画	知也
14	否	三四	卷二上	不也	80	七画	不也
15	呻	三四	卷二上	吟也	82	八画	吟也
16	丧	三五	卷二上	亾也	86	十二画	亡也
17	步	三八	卷二上	行也	269	七画	行也
18	征	三九	卷二下	行也	181	八画	行也
19	徂	三九	卷二下	往也	181	八画	往也
20	逝	三九	卷二下	往也	498	十画	往也
21	遵	三九	卷二下	循也	506	十五画	循也
22	适	三九	卷二下	之也	505	十四画	之也
23	速	四〇	卷二下	疾也	498	十画	疾也
24	逮	四〇	卷二下	及也	500	十一画	及也
25	遘	四〇	卷二下	遇也	505	十三画	遇也
26	迪	四〇	卷二下	道也	496	八画	道也
27	逭	四一	卷二下	逃也	500	十一画	逃也
28	遯	四一	卷二下	逃也	506	十四画	逃也
29	迩	四一	卷二下	近也	507	十七画	近也
30	遽	四二	卷二下	传也	507	十六画	传也
31	迄	四二	卷二下	至也	495	六画	至也
32	往	四三	卷二下	之也	181	八画	之也
33	践	四六	卷二下	履也	485	十五画	履也

续表

序号	字	《说文解字》（前三卷）			《郑玄辞典》中郑玄注出处		
		页数	卷	释义	页数	笔画	释义
34	跲	四七	卷二下	踬也	484	十三画	踬也
35	谅	五一	卷三上	信也	466	十五画	信也
36	信	五二	卷三上	诚也	32	九画	诚也
37	试	五二	卷三上	用也	462	十三画	用也
38	诰	五二	卷三上	告也	464	十四画	告也
39	询	五七	卷三上	谋也	464	十三画	谋也
40	托	五三	卷三上	寄也	459	十画	寄也
41	讫	五三	卷三上	止也	459	十画	止也
42	讼	五六	卷三上	争也	461	十一画	争也
43	反	六四	卷三下	覆也	72	四画	覆也
44	友	六五	卷三下	同志为友	71	四画	同志为友
45	肄	六五	卷三下	习也	404	十三画	习也
46	臧	六六	卷三下	善也	415	十四画	善也
47	改	六八	卷三下	更也	220	七画	更也
48	敏	六七	卷三下	疾也	221	十一画	疾也

2. 释义方式

（1）《说文解字》（前三卷）完全相同的释义词条中，47 条字的释义方式都是相同的，为"A，B 也。"如：

《说文解字》卷一下："芡，鸡头也。"

《周礼·天官·笾人》："加笾之实，菱芡、栗、脯。"郑玄注："芡，鸡头也。""鸡头"，芡的别名。《方言》卷三："芡，鸡头也。青、徐、淮、泗之间谓之芡，南楚、江、湘之间谓之鸡头，或谓之雁头，或谓之鸟头。"

又如：《说文解字》卷二下："跲，踬也。"

《礼记·中庸》："凡事，豫则立，不豫则废；言前定则不跲，事前定则不困；行前定则不疚，道前定则不穷。"郑玄注："跲，踬也。"跲，意思是跌倒，不能前进。

（2）有 1 例运用了释义的训诂术语"为"。使用这个术语时，被释的词语总是放在后面。如：

《说文解字》卷三下:"友,同志为友。"

《诗经·周南·关雎》:"窈窕淑女,琴瑟友之。"郑笺:"同志为友。"志趣相同,彼此交好是友。

(二) 基本相同

此部分的词条有 118 条,所占比例为 24.95%。这些词条的释义是基本相同的,只是在表述方式等方面存在差别。大致有释义形式不同、使用术语不同、详略不同、义项本义认定不同几类。

1. 释义方式不同

《说文》和《郑玄辞典》中郑玄注在释义方式上略有不同。

(1) 释义形式一:"A,B。"与"A,B 也。"

①《说文解字》卷一下:"茭,干刍。"释义为干饲料。

《尚书·费誓》:"峙乃刍茭。"郑玄注:"茭,干刍也。"(《郑氏佚书》)

②《说文解字》卷二上:"吾,我。"

《尚书中侯》卷下:"吕尚出游于戊午,有赤人雄出授吾简册,丹书曰:'命由吕。'"郑玄注:"吾,我也。"(《玉函山房辑佚书》)。

(2) 释义形式二:"A,B 也。"与"A,B。"

①《说文解字》卷一上:"祇,敬也。"

《诗经·商颂·长发》:"昭假祁祁,上帝是祈。"郑笺:"祇,敬。"

②《说文解字》卷一下:"蒉,艸器也。"

《论语·宪问》:"子击磬于卫,有荷蒉而过孔氏之门者,曰:'有心哉,击磬乎!'"郑玄注:"蒉,草器。"(《玉函山房辑佚书》)

2. 术语的使用不同

一些词语释义,《说文解字》不用术语,而郑玄使用了曰、犹、谓、之言等术语①。如:

(1) 曰

①《说文解字》卷一上:"祷,求福也。"

《周礼·春官·小宗伯》:"大裁,及执事祷祠于上下神示。"郑玄注:"求福曰祷,得求曰祠。"许慎释义使用直训,郑玄则使用了术语"曰"。

---

① 术语内涵参看王力主编《古代汉语》(校订重排本) 第二册,中华书局 1999 年版,第 615—618 页。

②《说文解字·示部》:"礿,夏祭也。"

《礼记·王制》:"天子犆礿,祫禘,祫尝,祫烝。"郑玄注:"凡祫之岁,春一礿而已,……周改夏祭曰礿。"

③《说文解字·玉部》:"璜,半璧也。"

《尚书纬帝命验》:"答曰:'望钓得玉璜'"郑注:"半璧曰璜。"

(2)犹

①《说文解字》卷三上:"谨,慎也。"

《诗经·大雅·民劳》:"无从诡随,以谨无良。"郑笺:"谨犹慎也。"

②《说文解字》卷三下:"救,止也。"

《论语·八佾》:"季氏旅于泰山。子谓冉有曰:女弗能救与?"郑注:"救犹止也。"又如《郑风·溱洧序》:"莫之能救"笺:"救犹止也。"

(3)谓

①《说文解字》卷一上:"神,天神,引出万物者也。"

《礼记·礼运》:"是故夫礼,必本于天,殽于地,列于鬼神。"郑注:"神者,引物而出,谓祖庙、山川、五祀之属也。"许、郑说对"神"的说解基本一致,郑注说明更加详细。

②《说文解字》卷一上:"禜,设绵蕝为营,以禳风雨、雪霜、水旱、疠疫于日月星辰山川也。从示,荣省声。一曰禜、卫,使灾不生。《礼记》曰:'雩,禜。祭水旱。'"

《周礼·地官·党正》:"春秋祭禜亦如之。"郑注:"禜,谓雩禜水旱之神。盖亦为坛位如祭社稷云。"古代禳灾之祭。为禳风雨、雪霜、水旱、疠疫而祭日月星辰、山川之神。郑玄与许慎说解内容所指基本相同。

③《说文解字》卷一下:"荤,臭菜也。"释义为有气味的菜。

《仪礼·士相见礼》:"夜侍坐,问夜,膳荤请退可也。"郑注:"膳荤,谓食之荤辛物葱薤之属,食之以止卧。古文荤作焄。"许、郑说解的"荤"皆指有辛味的菜。

(4)之言

《说文解字》卷一上:"祼,灌祭也。"释义为用酒灌注在地上使神降下的祭礼。

《周礼·天官·小宰》:"凡祭祀,赞王币爵之事,祼将之事。"郑注:"将,送也。祼送,送祼,谓赞王酌郁鬯以献尸谓之祼,祼之言灌也。明不为饮主以祭祀，唯人道宗庙有祼，天地大神至尊，不祼莫称焉。"

许慎和郑玄都用"灌"解释"祼"，但郑玄使用了术语"之言"。

3. 释义详略不同

（1）郑玄详、许慎略

《说文解字》中释义很简略，而郑玄所注较为具体而详细。

①《说文解字》卷一上："礼，履也。"

郑玄《三礼目录》："礼者体也，履也，统之于心曰体，践而行之曰履。体之为圣，履之为贤。"（《通德堂经解》）

②《说文解字》卷二下："路，道也。"

《周礼·地官·遂人》："万夫有川，川上有路。"郑注："径、畛、涂、道、路，皆所以通车徒于国都也。径容牛马，畛容大车，涂容乘车一轨，道容二轨，路容三轨。"

郑玄所作的注释弥补了《说文解字》部分释义的不足，为后人查阅字义提供了很好的辅助作用。

（2）郑玄略、许慎详

《说文解字》中的释义有些非常详细，而郑玄注解的非常概括。如：

①《说文解字》卷一上："禳，磔禳祀，除疠殃也。古者燧人禜子所造。"

《仪礼·聘礼》："朝服载旜，禳乃入。"郑注："禳，祭名也。"

②《说文解字》卷一上："瑑，圭璧上起兆瑑也。"

《周礼·冬官·玉人》："瑑圭璋八寸，璧琮八寸，以眺聘。"郑注："瑑，文饰也。"

③《说文解字》卷三上："音，声也。生于心，有节于外，谓之音。宫商角徵羽，声；丝竹金石匏土革木，音也。"

《礼记·乐记》："音之起，由人心生也。"郑注："宫、商、角、徵、羽杂比曰音。"

④《说文解字》卷三上："爨，齐谓之炊爨。臼象持甑，冂为灶口，廾推林内火。"

《仪礼·士虞礼》："鱼腊爨，亚之，北上。"郑注："爨，灶。"

4. 本义认定不同

《说文解字》的部分释义结构为"……也。一曰：……"而郑玄释义内容恰好与《说文解字》"一曰：……"内容相同，则郑玄所释词义只是《说文解字》所列本义不同说法之一。如：

(1)《说文解字》卷三上："识，常也。一曰：知也。"

《诗经·大雅·瞻卬》："如贾三倍，君子是识。"郑笺："识，知也。"

(2)《说文解字》卷三上："诒，相欺诒也。一曰：遗也。"

《诗经·邶风·谷风》："有洸有溃，既诒我肄。"郑笺："诒，遗也。"

(三) 释义近似

在完全相同和基本相同之外，二者的释义还有释义近似者，主要有两类情况，一是许、郑所用训释词为同义词或近义词。二是许、郑释义的着重点不同。共 28 条，所占比例为 5.9%。

1. 许、郑所用训释词为同义词或近义词

(1)《说文解字》卷一上："祺，吉也。"

《仪礼·士冠礼》："寿考惟祺，介尔景福。"郑注："祺，祥也。"

吉、祥词义相近。

(2)《说文解字》卷二下："违，离也。"

《礼记·檀弓下》："违而君薨，弗为服也。"郑注："违，去也。"

离、去都有离开、违离的意思。

(3)《说文解字》卷二下："逢，遇也。"

《尚书大传》："星辰莫同，是离逢非沴，维鲜之功。"郑注："逢，见也。"

遇、见，同义。

(4)《说文解字》卷三下："叙，次第也。"

《尚书古文·咎繇谟》："惇叙九族，庶明万翼，迩可远在兹。"郑注："叙，次序也。"(《通德堂经解》)

次序、次第同义。

(5)《说文解字》卷三上："雔，犹应也。"

《礼记·表记》："《诗》曰：'无言不雔，无德不报。'"郑注："雔，犹答也。"

应、答同义。

2. 许、郑释义的着重点不同

有些词条的解释，许慎与郑玄释义着重点不同，然所指内涵应该是差不多的。例如：

(1)《说文解字》卷一上："祲，精气感祥。"释义为祲，阴阳二气互相感应渐渐形成的表示吉凶征兆的云气。

《周礼·春官·眡祲》："眡祲掌十煇之法以观妖祥，辨吉凶，一曰祲。"郑注："郑司农云：'祲，阴阳气相侵也。'"

(2)《说文解字》卷一上："琬，圭有琬者。"释义为琬圭，上端呈圆形的圭。

《周礼·冬官·玉人》："琬圭九寸而缫，以象德。"郑注："琬，犹圜也，王使之瑞节也。"释义为上端呈圆形的圭。

(四) 释义相关

还有部分释义相关的词条，这类词的释义内容都是相互关联有内在联系的，相关但不相似。

1.《说文解字》卷三下："鬴，鍑属。"释义为锅

《论语·雍也》："子曰：'与之釜。'"郑注："六斗四升曰釜也。"(《郑氏佚书》) 释义为器名。

这两条解释不大相同，许慎解释"鬴(釜)"是哪一类工具，而郑玄解释的是"釜"的容量，二者所揭示的词义内涵和侧重点都不一样，但二者意义有相关的地方，就是"釜"是器皿类。

2.《说文解字》卷三下："农，耕也。"释义为耕种

《礼记·郊特牲》："飨农，及邮表畷，禽兽，仁之至，义之尽也。"郑注："农，田畯也。"田畯，即田官，可引申指农民。

这两条解释不大不同，许慎解释为耕种，郑玄解释为农官，但是解释的都与农业相关。

3.《说文解字》卷三下："败，毁也。"

《礼记·孔子闲居》："四方有败，必先知之。"郑注："败，谓祸烖也。"

许释败为毁，则为动词或形容词，而郑玄释义为"祸烖"则是与毁坏有关的结果，是名词。

释义相关的词条共90条，所占比例为19.03%。

三 小结

总之，从《郑玄辞典》与《说文解字》(前三卷) 的释义情况的对比来看，完全相同、基本相同、释义近似、释义相关的所占比例分别约为

10.15%、24.95%、5.9%、19.03%。由此可见郑玄确实继承了《说文》的许多释义,推测如果统计全部书中的释义词条,继承关系也许更为明显,有待于我们进一步的考察。

本章参考文献

[1] 葛志毅:《郑玄研究论纲》,《湖南科技学院学报》2010年第10期。

[2] 郭在贻:《训诂学》(修订本),中华书局2005年版。

[3] 何九盈:《中国古代语言学史》(第4版),商务印书馆2013年版。

[4] 胡朴安:《中国训诂学史》,商务印书馆1937年版。

[5] 李玉平:《郑玄语词训释材料的纂集与〈郑雅〉〈郑玄辞典〉〈故训汇纂〉》,《辞书研究》2009年第4期。

[6] 李玉平:《郑众、郑玄的"谐声"观及其对后世的影响》,《语言科学》2011年第2期。

[7] 梁启超:《清代学术概论》,上海古籍出版社1998年版。

[8] 唐文:《简论郑玄在训诂学上的成就》,《铁道师院学报》1987年第1期。

[9] 唐文:《郑玄辞典》,语文出版社2004年版。

[10] 王力:《古代汉语》(校订重排本)第二册,中华书局1999年第3版。

[11] 王力:《中国语言学史》,复旦大学出版社2009年版。

[12] (汉)许慎:《说文解字》,中华书局1963年版。

[13] 喻克明:《郑玄的注疏之学及其影响》,《西南民族学院学报》(哲学社会科学版)2001年第S2期。

[14] 张舜徽:《郑学丛著》,华中师范大学出版社2005年版。

第五章

郑玄对杜子春、郑兴、郑众等人语言学研究的继承

郑玄在《周礼注》中继承了前人杜子春、郑兴、郑众等人的观点，其中同时也继承了这些学者的语言学研究成果。以沟通字际关系术语为例。郑玄的许多沟通字际关系术语都是由前人的术语继承而来的，在此基础上又有自己的创新。

一 郑玄继承前人已有的沟通字际关系术语

（一）古今沟通类术语始于东汉郑众（郑司农）

郑众使用古今沟通类术语共5例，郑玄注释中曾经引用，并加以改造使用有18例。

1. 郑众"古书A作B"式。《天官·大宰》："三曰官联"注："郑司农云：'联读为连，古书连作联。联谓连事通职，相佐助也。'"郑玄改造为"古书'……A……'多作B字"式。如《春官·肆师》："治其礼仪"注："故书仪为义，郑司农云'义'读为'仪'。古者书'仪'但为'义'，今时所谓'义'为'谊'。"①

2. 郑众"A，今时谓之B"式。《地官·封人》："置其绋"注："郑司农云：'绋，著牛鼻绳，所以牵牛者，今时谓之雉，与古者名同。皆谓夕牲时也。'"郑玄改造为"A，今之B"式。如：①《地官·叙官》："囿人"注："囿，今之苑。"②《夏官·叙官》："司甲"注："甲，今之铠也。"

3. 郑众"古者AB同字"式。《春官·小宗伯》："掌建国之神位"

---

① 本章材料文本依据（清）阮元：《校勘本〈十三经注疏〉》（上、下），上海古籍出版社1997年版。此处注文标点有争议，当是郑玄引用郑司农的注释，参看李学勤主编标点本《十三经注疏·周礼注疏》，北京大学出版社1999年版，第508页。

注:"故书位作立,郑司农云:'立读为位,古者立、位同字。古文春秋经"公即位"为"公即立"。'"郑玄改造为"古者 A 与 B 同字"式。如《春官·肆师》:"凡师不功"注:"故书功为工,郑司农'工'读为'功'。古者工与功同字。"

4. 郑众"A 读为 B,书亦或为×,古文也"式。《春官·小史》:"叙昭穆之俎簋"注:"郑司农云:'几读为轨,书亦或为簋,古文也。'"郑玄:①改造为"A,古文 B"式。如《春官·保章氏》:"以志星辰日月之变动"注:"志,古文识。识,记也。"②改造为"A,古文为 B"式。如《天官·庖人》:"宾客之禽献"注:"献,古文为兽。杜子春云:'当为献'。"③改造为"A,古文或作 B"式。如《考工记·㮚氏》:"㮚氏"注:"㮚,古文或作历。"④改造为"A,古文 B 假借字"式(4例)。如《考工记·玉人》:"衡四寸"注:"衡,古文横假借字也。衡谓勺径也。"

5. 郑众"A,古字也,B,今字也,同物同音"式。《夏官·弁师》:"诸侯之缫斿九就"注:"郑司农云:'缫当为藻。缫,古字也,藻,今字也,同物同音。'"郑玄:①改造为"A……,今'……B……'字也。"式。如《春官·甸祝》:"禂牲、禂马"注:"禂读如伏诛之诛,今侏大字也。为牲祭,求肥充;为马祭,求肥健。"②改造为"A,今 B 字也"式。《考工记·辀人》:"左不楗"注:"书楗或作券。玄谓券,今倦字也。"

可以看出郑玄的古今沟通观念应当是来源于郑司农的。郑司农已经明确使用了"A,古字也,B,今字也,同物同音"这样的术语,这也是后来郑玄用"古今字"① 作为沟通字际关系术语的真正来源。

(二)"读如"类术语来源于东汉杜子春和郑众

杜子春共使用过2例。例如:①《春官·大司乐》:"播之以八音"注:"故书播为藩。杜子春云:'藩当为播,读如后稷播百谷之播。'"②《考工记·叙官》:"或通四方之珍异以资之"注:"故书资作齐。杜子春云:'齐当为资,读如冬资絺之资。'"

郑司农使用过26例。例如:①《地官·叙官》:"遗人"注:"郑司农云:'遗读如《诗》曰:"弃予如遗"之遗。'"②《夏官·大司马》:

---

① 《礼记·曲礼下》:"曰予一人"郑注:"《觐礼》曰:'伯父寔来,余一人嘉之。'余、予,古今字。"

"辨鼓铎镯铙之用"注："郑司农云：'辨鼓铎镯铙之用，谓钲铎之属。镯读如浊其源之浊。铙读如讙哓之哓。'"③《夏官·大司马》："三鼓，摝铎"注："郑司农云：'摝读如弄。'"

郑玄使用了63例。（1）郑玄对杜子春"读如"形式的继承。如《天官·疡医》："疡医掌肿疡、溃疡、金疡、折疡之祝药劀杀之齐"注："祝当为注，读如注病之注，声之误也。注谓附著药。"（2）郑玄对郑司农"读如"形式的继承。①《天官·大宰》："八曰斿贡"注："斿，读如囿游之游。"②《天官·叙官》："胥十有二人"注："胥读如谞，谓其有才智。"

（三）"读为"类术语源于郑兴、其后杜子春、郑众都有使用

这一术语最早使用应当是郑兴（12例），例如：（1）AB读为CD式。《天官·小宰》："四曰听称责以傅别"注："傅别，故书作傅辨。郑大夫读为符别。"（2）A读为B式。《天官·腊人》："荐脯、臐、胖"注："郑大夫云：'胖读为判。'"（3）读A为B式。《天官·醢人》："茆菹、麋臡。"注："郑大夫读茆为茅。茅菹，茅初生。"（4）读A为BC之B式。《春官·典同》："高声硍"郑注："故书硍或作硍……郑大夫读硍为衮冕之衮。"（5）A读为……B……之B式。《春官·典同》："陂声散"注："郑大夫：陂读为人短罢之罢。"

其次是杜子春（78例），例如：（1）AB读为CD式。《天官·小宰》："四曰听称责以傅别"注："故书作傅辨……杜子春读为傅别。"（2）A读为B式。《地官·乡大夫》："五曰兴舞"注："故书舞为无，杜子春：'無读为舞，谓能为六舞。'"（3）读A为B式。《天官·醢人》："茆菹、麋臡。"注："杜子春读茆为卯。"（4）读A为BC之B式。《春官·叙官》："靺师"注："杜子春读靺为菋荎著之菋。"（5）读A当为B式。《春官·小宗伯》："肆仪为位"注："杜子春读肆当为肄。"（6）A读为……B……之B式。《春官·典同》："微声韽"注："杜子春韽读为闇不明之闇。"

再次是郑司农（150例）。例如：（1）A读为B式。《天官·大宰》："三曰官联"注："郑司农云：'联读为连，古书连作联。'"（2）读A为BC之B式。《天官·大宰》："八曰匪颁之式"注："郑司农云：'颁读为班布之班，谓班赐也。'"（3）A读当为B式。《天官·染人》："夏纁玄"注："故书纁作䊦。郑司农云：'䊦读当为纁，纁谓绛也。'"

郑玄不过是对该术语的继承和进一步系统运用。杜子春和郑司农使用的数量已经很大了，尤其是郑司农，比郑玄使用的次数（80例）还要多。

（四）读曰类术语来源于杜子春

杜子春使用1例。《春官·大祝》："七曰奇拜"注："杜子春云：'奇读为奇偶之奇，谓先屈一膝，今雅拜是也。或云：奇读曰倚，倚拜谓持节、持戟拜，身倚之以拜。'"

郑玄使用10例。例如：①《春官·小宗伯》："若大甸"注："甸读曰田"。②《春官·大司乐》："兴、道、讽、诵…"注："道读曰导，导者，言古以剀今也。"

（五）"之言"类术语来源于《礼记》等文献经典

郑玄的术语"之言"是从以往文献中"之为言"的用法演化而来的①②。"之为言"最初是使用在文献中，如《尔雅·释训》："鬼之为言归也。"《春秋穀梁传·僖公三十三年》："李梅实。实之为言，犹实也。"《春秋穀梁传·文公十四年》："秋，七月，有星孛入于北斗。孛之为言，犹茀也。"《礼记·祭统》："畀之为言与也。能以其余畀其下者也。"《礼记·射义》曰："射之为言者，绎也。"等等。《礼记》中《乐记》《郊特牲》《乡饮酒仪》篇中也有多条"之为言"的用例。后来在注释中"之为言"开始用作训诂术语，如许慎《说文解字》："粢（即'粟'），嘉谷实也。从卤从米。孔子曰：粢之为言续也。""貉，北方豸穜。从豸各声。孔子曰：貉之为言恶也。"等。③

郑玄继承了前人"之为言"的沟通字际关系功能。如：《地官·州长》："以礼会民而射于州序"注："《射义》曰：'射之为言绎也，绎者，各绎己之志。'"《夏官·叙官》："校人"注："校之为言校也，主马者必仍校视之。"

郑玄更多的是将"之为言"的沟通字际关系功能改由"之言"来承担。《周礼注》中使用"之言"52例。例如：《天官·叙官》："膳夫"注："膳之言善也，今时美物曰珍膳。"

---

① 参看李玉平《试析郑玄注释术语"之言"的来源》，载《古籍研究》卷上，安徽大学出版社2006年版。

② 参看李玉平《简析郑玄〈周礼注〉"之言"类术语》，《现代语文》2007年第7期。

③ 据我们测查，许慎《说文解字》中没有使用与"之为言"用法类似的"之言"用例。

（六）当为/当作类术语始于杜子春

这一类术语首先使用应当是杜子春（当为98例，当作4例），其次是郑司农（当为30例，当作3例），郑玄继承了这两个术语（当为46例，当作2例），并创造性使用"宜为"1例。

1. 杜子春使用"当为"例

①《天官·小宰》："掌建邦之宫刑"注："杜子春云：'宫皆当为官。'"

②《地官·大司徒》："使之相受"注："杜子春云：'当为受。'"

③《天官·职币》："皆辨其物而奠其錄"注："故书錄为禄，杜子春云：'禄当为錄，定其錄籍。'"

2. 杜子春使用"当作"例

①《春官·占梦》："遂令始難"注："故书難或为儺，杜子春：'難读为難问之難，其字当作難。'"

②《夏官·训方氏》："诵四方之傅道"注："故书傅为傅，杜子春云：'傅当作傅，书亦或为傅。'"

③《冬官·鞘人》："不伏其辕"注："故书伏作偪，杜子春云：'偪当作伏。'"

3. 郑司农使用"当为"例

①《春官·乐师》："帅射夫以弓矢舞"注："故书燕为舞，帅为率，射夫为射矢。郑司农云：'舞当为燕，率当为帅，射矢书亦或为射夫。'"

②《春官·乐师》："遂倡之"注："故书倡为昌，郑司农云：'昌当为倡，书亦或为倡。'"

③《春官·大师》："令奏击拊"注："故书拊为付，郑司农云：'拊字当为付，书亦或为拊。'"

4. 郑司农使用"当作"例

①《冬官·考工记·叙官》："作舟以行水"注："故书舟作周。郑司农云：'周当作舟。'"

②《冬官·考工记·轮人》："必矩其阴阳"注："故书矩为距。郑司农云：'当作矩，谓规矩也。'"

③《冬官·考工记·轮人》："则毂虽敝不蔽"注："郑司农云：'蔽当作耗。'"

5. 郑玄使用"当为"例

①《天官·内饔》："豕盲眡而交睫腥"注："腥当为星，声之误也。"

肉有如米者似星。'"

②《天官·疡医》:"疡医掌肿疡、溃疡、金疡、折疡之祝,药、劀、杀之齐"注:"祝当为注,读如注病之注,声之误也。注谓附着药。"

③《天官·疡医》:"以五气养之"注:"五气当为五穀,字之误也。"

6. 郑玄使用"当作"例

①《天官·夏采》:"以乘车建绥复于四郊"注:"故书绥作襘……则旌旟有是绥者,当作緌,字之误也。'"

②《地官·小司徒》:"施其职而平其政"注:"政当作征。'"

(七)某与某声相似(近)类来源于郑司农

郑司农已经使用了某与某声相似类术语,共3例;郑玄继承了这类术语,共使用了4例。

1. 郑司农用例

①"某音声与某相似"式。共1例。《天官·内司服》:"阙狄"注:"郑司农云:'屈者,音声与阙相似。'"

②"A,某书谓之B,某书谓之C,声相似"式,共1例。《地官·遂人》:"及窆"注:"郑司农云:'窆谓下棺时遂人主陈役也。《礼记》谓之封,《春秋》谓之塴,皆葬下棺也,声相似。'"

③"A,某书所谓'……B……',某书谓之C,音相似"式。共1例。《夏官·太仆》:"窆亦如之"注:"郑司农云:'窆谓葬下棺也。《春秋传》所谓日中而塴,《礼记》谓之封,……音相似。窆读如庆封汜祭之汜。'"

2. 郑玄用例

①"A、B、C、D,声相近"式。共1例。《天官·内司服》:"褘衣、揄狄、阙狄、鞠衣、展衣"注:"玄谓,狄当为翟。褘衣画翚者,揄翟画摇者,阙翟刻而不画,此三者皆祭服。……展衣以礼见王及宾客之服,字当为襢,襢之言亶,亶,诚也。……褘、揄、狄、展,声相近。"

②某声如某式。共2例。

《春官·小宗伯》:"甫竁"注:"郑兴读'竁'为'穿',杜子春读'竁'为'䆝',皆谓穿圹也。今南阳名穿地为竁,声如腐脆之脆。"

《天官·醢人》:"豚拍"注:"杜子春云'以拍为膊,谓胁也',郑兴以拍为脾，谓脅也。郑玄曰：'或曰豚拍，肩也。今河间名豚脅声如锻镈。'"

③ "A音声与B相似"式。1例。《天官·酒正》："辨四饮之物：一曰清，二曰醫，三曰浆，四曰酏"注："糟音声与酒相似，醫与臆亦相似，文字不同，记之者各异耳，此皆一物。"

二 郑玄首创的沟通字际关系术语

（一）可以单独成类的术语

即郑玄首次使用，并且够一定数量，可以单独归为一类的术语。有3个，即"假借字""字之误类""声之误类"。

1. 假借字。如《考工记·玉人》："衡四寸"注："衡，古文横假借字也。衡谓勺径也。"

2. 字之误。如《春官·肆师》："共设匪瓮之礼"注："匪，其筐字之误与？"

3. 声之误。如《天官·内饔》："豕盲视而交睫腥"注："腥当为星，声之误也。肉有如米者似星。"

（二）可以归入某一类的术语

如"读若""谓若"等。

1. "A读若'……B……'之B"式。共1例。郑玄一共在注释中使用了4次"读若"。其中《周礼注》1次，《仪礼注》中3次。《周礼注》中的"读若"属于沟通字际关系术语。《考工记·梓人》："上两个与其身三，下两个半之"注："个读若齐人搘干之干，上个、下个皆谓舌也。"

2. "A谓若'……A……'之A"式。共1例。郑玄注释中使用"谓若"54例，其中《周礼注》中有11次。其中只有1次具有沟通字际关系功能。《考工记·庐人》："刺兵欲无蜎"注："（故书）蜎或作绢…蜎亦掉也，谓若井中虫蜎之蜎。"

（三）用例极少，不能单独成类，也不能归入某一类的术语

如"AB同"式、"A即B"式、"AB互言"式、"A，B字磨灭之余"式。

1. "AB同"式。共2例。

《考工记·冶氏》："重三锊"注："许叔重《说文解字》云：'锊，

锾也。'……锊、锾似同矣。"

《天官·外府》:"共其财用之币赍"注:"赍、资同耳。其字以齐次为声,从贝变易。"

2. "A 即 B"式。共 2 例。

《春官·大胥》:"春入学舍采"注:"舍即释也。"

《考工记·韗人》:"韗人为皋陶"注:"郑司农云:'韗,书或为鞠,皋陶,鼓木也。'玄谓鞠者,以皋陶名官也。鞠即陶,字①从革。"

3. "A、B 互言"式。共 1 例。《秋官·柞氏》:"夏日至,令刊阳木而火之。冬日至,令剥阴木而水之。"注:"刊、剥互言耳。"

4. "A,B 字磨灭之余"式。共 1 例。《春官·司几筵》:"其柏席用萑黼纯"注:"柏,椁字磨灭之余。"

三 对郑玄沟通字际关系工作实践的总体评价

郑玄在沟通字际关系理论和实践方面,吸收了以往学者的宝贵经验,在继承的基础上又有所发展,取得了令人瞩目的成就。

首先,郑玄已经有了一定的沟通字际关系的理论意识,曾对一些字际关系术语有所论述。

如他曾经对"假借字"有所说明,陆德明《经典释文》及张守节《史记正义·论音例》都曾引用过:"其始书也,仓促无其字,或以音类比方,假借为之,趣于近而已。受之者非一邦之人,人用其乡,同言异字,同字异言,于兹遂生矣。"再如,关于古今沟通类术语的论述。如《礼记·礼运》:"故圣人耐以天下为一家。"注:"'耐',古'能'字,传书世异,古字时有存焉,则亦有今误矣。"这样的理论认识,正是他在沟通实践过程中大量运用术语沟通通假字和古今同功能字的真正动因。

"假借字""古今沟通类术语"这样的术语明显是描写文字使用方面的术语,与此相对照的是,郑玄还使用了"某,从某、某声"之类的术语。如,《天官·外府》:"共其财用之币赍"注:"赍、资同耳。其字以齐次为声,从贝变易。古字亦多或。"《秋官·叙官》:"萍蔟氏"注:

---

① "鞠即陶字","即"原作"则",按阮校:"贾《疏》述注云'鞠即陶字',《仪礼·大射仪》疏引此注同,当据正。"据改。参看李学勤主编标点本《周礼注疏》,北京大学出版社1999年版,第1112页。

"玄谓䃺①，古字从石，折声。"该类术语明显应当属于汉字构形系统的术语。郑玄注释中同时使用这两类截然相对的术语，而不相混淆，可见，郑玄已经具有了区分字用系统与构形系统的意识。

其次，郑玄继承了以往沟通字际关系的优秀成果，在术语、方法和分析材料上都堪称集大成者。

郑玄之前的学者已经对沟通字际关系有了一定的认识，积累了大量的沟通字际关系材料，使用了一批切实有效的沟通字际关系术语，总结了一些沟通字际关系的判定方法。这些优秀成果多为郑玄所继承，加之自身深厚的经学功底和语言文字学修养，能够在此基础上，择优而从，左右逢源，在沟通字际关系方面也起了集大成的作用。比如，在分析材料方面，他积极吸收前人合理的沟通分析，或是用明确的术语加以表述，或是补充相关材料进一步论证。如《地官·质人》："壹其淳制"注，杜子春云"淳当为纯，纯谓幅广，制谓匹长也，皆当中度量。"郑玄曰："淳读如淳尸盥之淳。"郑玄用术语"读如"更进一步明确了"淳"字所记录的含义。《天官·外府》："共其财用之币赍"注，郑司农云"赍或为资，今礼家定赍作资"，郑玄曰："赍、资同耳。其字以齐次为声，从贝变易，古字亦多或。"郑玄的理解就比郑司农的分析更深入一步。

在术语方面，将前人的术语加以改造，使沟通字际关系的术语功能趋向单一化，如"读曰"；或使术语功能多样化，如"之言"；根据以往术语改造，形成新的术语如"之为言""某与某声相似"类等，或独立创造术语，如"假借字"等。

在方法上，郑玄比杜子春和先郑更注重字际关系的时代性。由于郑玄本人精通古今文经学，又博通诸经，因而在运用古今沟通方法上更显得从容精熟。如《周礼注》中古今沟通类术语的使用就证明了这一点。另外，郑玄也比较注重对某些字际关系形成原因的解释，所以常有"某与某声相似"或"字之误""声之误"等等的说明，甚至还作构形分析，如

---

① 《汉读考》云："折当作析，析声、适声同在古音十六部，折声在十五部，'䃺'为'摘'之古字，则知必析声也。《释文》'䃺，他历反，李又思亦反'，此从析；又云'徐丈列反，沈勑彻反'，此从折。《说文解字》曰：'䃺，上摘山岩空青、珊瑚堕之。从石，折声。《周礼》有䃺蔟氏。'许以'摘'训'䃺'，取其同音，篆文必作'䃺，析声'，今本作'䃺，折声'，亦谬。"孙校："'折'，蜀石经误'䃺'。"参看李学勤标点本《周礼注疏》，北京大学出版社 1999 年版，第 897 页。

"赍、资同耳。其字以齐次为声，从贝变易"之类。这就不仅仅是沟通字际关系，而是在有意识地深入探求形成字际关系的原因。

最后，郑玄已经初步形成了一套沟通字际关系的术语体系。

郑玄在继承、发展和创新的过程中，不断总结探索，已经初步形成了一套沟通字际关系的术语。有从文字记录词义的历时关系角度沟通字际关系的，如沟通古今类术语；有从文字记录词义的泛时关系角度沟通字际关系的，如"读如""读为""读曰"等。具体而言，从文字记录词义的泛时关系角度来沟通的术语又有多种。有沟通通假字和本字的，如读为、读如、假借字、读曰等；有沟通假借字和后造本字的，如"读如""读为"；有沟通异体字的，如"AB同"式；有沟通同义字的，如"A即B"式；有辅助性沟通字际关系的，如"字之误""声之误"等。

郑玄的沟通字际关系理论和实践还处于初期阶段，因而仍有许多不完善的地方。例如：

（一）有的一个术语可以指称多种字际关系，同时还可以指称非字际关系的其他内容，有的是沟通同一种字际关系却使用了多种术语，因而让读者对术语的功用容易产生混淆

术语功能不单一的，比如，"读为"最主要是用来沟通通假字和本字关系的，也用来沟通假借字和后造本字，同时还具有拟音、释义或拟音兼释义的功能。"读如"的功能比"读为"还要多一些。术语的多功能性给沟通理解造成了许多不便。

同一种字际关系用不同的术语来表述的，如，

1. 《地官·小司徒》："凡征役之施舍"注："施当为弛"。

《地官·遂人》："与其施舍者"注："施读为弛"。

《地官·遂师》："辨其施舍"注："施读亦（为）弛"。

《地官·遂大夫》："与其可施舍者"注："施读亦为弛"。

《地官·土均》："与其施舍"注："施读亦为弛也。"

2. 《春官·司尊彝》："诸臣之所昨也"注："昨读为酢，字之误也。"

《春官·司几筵》："昨席亦如之"注："昨读曰酢"。

《春官·司几筵》："昨席莞筵纷纯"注："昨读亦曰酢"。

3. 《春官·大胥》："春入学舍采"注："舍即释也。"

《春官·占梦》："乃舍萌于四方"注："舍读为释，古书释菜释奠多

作舍字。"

《春官·甸祝》："舍奠于祖庙"注："舍读为释。"

《春官·大史》："舍箕"注："舍读曰释。"

以上三组例子，同是沟通"施"字与"弛"字，"昨"字与"酢"字，"舍"字与"释"字，却使用了不同的术语或同一术语的不同形式。

（二）没有相应的沟通字际关系术语的说明，不便于对字际关系沟通的理解

尽管是在随文注释中沟通字际关系，如果有相关术语说明，则使读者更便于利用注释者的沟通字际关系分析成果。当然，这对于东汉时期的郑玄来说，要求似乎有些过分。但郑玄当时还没有相应的沟通字际术语说明，也正说明了当时沟通字际关系工作、理论、方法还处于不成熟阶段。

（三）沟通字际关系形式不规整，变化太多，使读者很难准确把握其形式规律

比如"读如"的样式6种，"读为"样式9种，其他各类术语的样式也有多种。这一方面是随文注释造成的一些特点，但客观上给读者的理解带来了不必要的麻烦。

（四）沟通字际关系的表述不完整，有省略的情况，给读者理解字际关系沟通造成障碍

一般来说，沟通字际关系的表述，应当有三个基本组成部分：被沟通字、沟通字际关系术语、沟通字。但由于是在注释中沟通字际关系，常常会承上省略其中的某一部分。这是一种不规范的表述形式，无形之中会增加理解的障碍。如，

1. 省略被沟通字的情况

如，《天官·内司服》："展衣"注："……展衣以礼见王及宾客之服，字当为襢，襢之言亶，亶，诚也。"在术语"字当为"前面承上省略了被沟通字"展"字，见到这样的方式，读者不是一下子就判断出"展"字与"襢"字是什么关系，而首先是到上文去找注释家要用"襢"字来与文中的哪个字沟通，这在理解上就多了一道程序。

2. 省略沟通字际关系术语的情况

（1）完全省略术语。如，《秋官·叙官》："寅氏"注："郑司农云：'寅读为寅氏春秋之寅'，玄谓'寅方之寅。'"这种情况读者正常应当判断是注释家承上省略了术语"读为"。但我们来看，另两个例子，《考工

记·轮人》：“欲其掣尔而纤也”注："郑司农云'掣读为纷容掣参之掣'，玄谓'如桑螵蛸之蛸。'”《考工记·韗人》："穹者三之一"注："郑司农云：'穹读为志无空邪之空'，玄谓'穹读如穹苍之穹。'"这三个例子比较起来看，郑司农都是用"读为"术语沟通，而郑玄则换成"读如""如"或不用术语。因此这里的省略也可以理解为"读如"的省略，这就造成一定的理解干扰。

（2）省略术语的部分。如，《夏官·大司马》："攦铎"郑玄注："如涿鹿之鹿。"这样的注释，只有一个"如"字沟通"攦"与"鹿"之间的关系。这实际上是承接上文"郑司农云'攦读如弄'"省略了"读"字。这样容易使读者产生这样的印象，注释家是否是在使用一个新的术语，这个术语的作用是什么？需要经过判断才知道注释家的意图，这自然增加了理解障碍。

总体来看，郑玄在沟通字际关系理论和实践方面，吸收了以往学者的宝贵经验，在继承的基础上又有所发展，取得了令人瞩目的成就。沟通字际关系术语的体系，到郑玄时已经初具规模了，沟通字际关系的实践，在此时也已达到较高的水平。郑玄兼收并蓄，博采众长，成为汉代训诂学的集大成者，也是当时沟通字际关系研究的集大成者。其沟通字际关系的观念、理论、术语、方法、沟通实践等各个方面无论是在当时，还是对以后，都产生了极其巨大的影响。他所使用的许多术语、方法都为后人所沿用发展，有的甚至到今天还有人在沿用。如"古今字""假借字"等等。

但是，同时我们也应当看到，由于郑玄的沟通字际关系理论和实践还处于初期阶段，因而有许多不完善的地方，有待进一步的发展。如：

1. 有的一个术语可以指称多种字际关系，同时还可以指称非字际关系的其他内容，有的是沟通同一种字际关系却使用了多种术语，因而让读者对术语的功用容易产生混淆。

2. 没有相应的沟通字际关系术语的说明，不便于对字际关系沟通的理解。

3. 沟通字际关系形式不规整，变化太多，使读者很难准确把握其形式规律。

4. 沟通字际关系的表述不完整，有省略的情况，给读者理解字际关系沟通造成障碍。

我们也发现，系统的、科学的术语体系对于清楚准确地描写文献字际关系、文字系统字际关系是至为重要的。郑玄术语虽然已经初步形成体系，但内部存在着许多混乱，或是术语有交叉，或是术语层次不清，或是术语功能过多，这都给沟通实践和字际关系描写带来巨大不便。因此，我们对《周礼注》沟通字际关系工作的研究结果，最重要的是能够对当前的沟通字际关系研究提供指导和借鉴，以及对当前字用学术语建设、理论研究、沟通字际关系工作的有所启迪。因此我们建议如下。

1. 现代沟通字际关系术语应当力求科学化、系统化、功能单一化。不成系统的术语很难将复杂的字际关系表述清楚，科学化、功能单一化的术语才能准确表述各种字际关系。这方面业师李运富先生做了不少创建性的工作①，对推进现代字际关系研究起到重要作用。

2. 沟通字际关系方面的系统科学研究还很缺乏，需要用科学化、系统化的术语将以往的沟通字际关系成果整理出来。我们通过对郑玄一部注释书中的沟通字际关系材料的研究，进一步了解了郑玄在沟通字际关系理论、术语、方法等方面的成就和不足，能够从中获取字际关系研究的许多经验教训，总结出许多规律，对未来的字际关系研究有着重要的指导意义。

3. 进行沟通字际关系操作时，应当对自己所用术语有明确说明或凡例。不论是训诂专书还是注释书中的沟通字际关系操作，都应当有沟通者的术语说明，或是发凡体例，并且在具体操作时严格按照这些标准去执行，这样，不论是对读者还是沟通者来说，都能够做到有据可依，避免歧解。

由此可见，郑玄对杜子春、郑兴、郑众等人的语言学研究成果继承是非常全面而细致的。

本章参考文献

［1］（清）阮元：《校勘本〈十三经注疏·周礼注疏〉》，上海古籍出版社1997年版。

［2］李玉平：《试析郑玄注释术语"之言"的来源》，载《古籍研究》卷上，安徽大学出版社2006年版。

---

① 参看李运富《汉字语用学论纲》［《励耘学刊》（语言卷）2005年第1期］、李运富《汉字学新论》第九章《汉字关系》（北京师范大学出版社2012年版）、李运富《论汉字的字际关系》（载《语言》第3卷，首都师范大学出版社2002年版）。

［3］李玉平：《简析郑玄〈周礼注〉"之言"类术语》，《现代语文》2007年第7期。

［4］（唐）贾公彦：《周礼注疏》，李学勤主编十三经注疏标点本，北京大学出版社1999年版。

［5］李运富：《汉字语用学论纲》，《励耘学刊》（语言卷）2005年第1期。又收入李运富《汉字汉语论稿》，学苑出版社2008年版。

［6］李运富：《汉字学新论》，北京师范大学出版社2012年版。

［7］李运富：《论汉字的字际关系》，载《语言》第3卷，首都师范大学出版社2002年版；又收入李运富：《汉字汉语论稿》，学苑出版社2008版。

第九编

郑玄的语言学研究在中国古代语言学史上的地位（二）

——郑玄对其后语言学研究的影响

第一章

郑玄对东汉同时期学者语言研究的影响

"西汉时,经学家大都只通一经。到了东汉,才出现了学通数经并且兼学今、古文的潮流。"①贾逵、马融都是通数经的经学大师。郑玄既学今文经,又学古文经,集今古文经学之大成,遍注群经,在东汉时已经影响巨大。南朝宋范晔《后汉书》卷六十五《张曹郑列传第二十五》之《郑玄传》:"论曰:自秦焚《六经》,圣文埃灭。汉兴,诸儒颇修艺文;及东京,学者亦各名家。而守文之徒,滞固所禀,异端纷纭,互相诡激,遂令经有数家,家有数说,章句多者或乃百余万言。学徒劳而少功,后生疑而莫正。郑玄括囊大典,网罗众家,删裁繁诬,刊改漏失,自是学者略知所归。"这是范晔对郑玄总体学术成就的评价,这其实也能看出东汉末年郑玄在文献语言研究领域的影响之大,因为文献注释和说解从来就离不开语言文字的研究。

郑玄在东汉时期的学术影响。当在他从马融学成东归之后。"自游学十余年,乃归乡里,家贫,客耕东莱,学徒相随已数百千人。"(《后汉书·郑玄传》)然而真正使得郑玄学术名声大振当在郑玄与何休论战之后。"时任城何休,好《公羊学》,遂著《公羊墨守》《左氏膏肓》《穀梁废疾》。玄乃发《墨守》针《膏肓》起《废疾》,休见而叹曰:'康成入吾室,操吾矛,以伐我乎?'"(《后汉书·郑玄传》)何休对郑玄有如此高的评价实非偶然,我们可以从郑玄的《箴膏肓》《发墨守》《起废疾》三部书中窥得端倪。

---

① 参耿天勤主编《郑玄志》,山东人民出版社2003年版,第260页。

一 郑玄与何休语言研究的观点分歧

（一）何休的《春秋左氏膏肓》与郑玄的《箴膏肓》语言分析比较

《箴膏肓》一书多与何休讨论礼制问题。但也涉及语言文字方面的问题。例如。

1.《春秋左传·隐公元年》："不书即位，摄也。"何休《膏肓》："古制，诸侯幼弱，天子命贤大夫辅相为政，无摄代之义。昔周公居摄，死不记崩。今隐公生称侯，死称薨，何因得为摄者？周公摄政仍以成王为主，直摄其政事而已，所有大事禀王命以行之，致政之后，乃死。故卒称薨，不称崩。隐公所摄，则位亦摄之。以桓为太子，所有大事皆专命以行，摄位被杀，在君位而死，故生称公，死称薨，是与周公异也。且何休以为诸侯无摄。"①

郑康成《箴膏肓》："周公归政就臣位乃死，何得记崩？隐公见死于君位，不称薨云何？② 且《公羊》云：'宋穆公云"吾立乎此，摄也！"'以此言之，何得非《左氏》？"③

在此处论争中，有两个焦点。

一是关于古代"摄"制的问题。何休认为"古制，诸侯幼弱，天子命贤大夫辅相为政，无摄代之义。……周公摄政仍以成王为主，直摄其政事而已，所有大事禀王命以行之。"而春秋时期"隐公所摄"的"摄"不同，不仅"摄其政事"，"则位亦摄之。以桓为太子，所有大事皆专命以行。"与周公只摄其政事不同。所以何休认为周公的摄才是真正的"摄"，"统摄其政而不代其位"之义，隐公之摄，"摄政且代其位"之义，与周公不同，故言诸侯无"摄"，即无"统摄其政而不代其位"之义。

郑玄则引何休自己的观点，《公羊》云：'宋穆公云"吾立乎此，摄也！"'反驳了何休自己，宋穆公自己说"吾立乎此，摄也！"不就是说自

---

① 参安作璋主编《郑玄集》（齐鲁书社1997年版，第651页）及（唐）孔颖达：《春秋左传正义》（李学勤主编标点本，北京大学出版社1999年版，第48页）。

② （唐）孔颖达《礼记正义》之《名堂位》正义："郑《箴膏肓》云：'周公归政，就臣位乃死，何得记崩？隐公见死于君位，不称薨云何？'又玄《发墨守》云：'隐为摄位，周公为摄政，虽俱相幼君，摄政与摄位异也。'"

③ 参安作璋主编《郑玄集》（下）（齐鲁书社1997年版，第651页）及（唐）孔颖达《春秋左传正义》（李学勤主编标点本，北京大学出版社1999年版，第48页）。原书标点有误。

己是"摄"吗？所以何休所说的"诸侯无摄"的观点就自相矛盾了，郑玄认为宋穆公的"摄"与隐公的"摄"一样，都是"摄"。如此，诸侯有"摄"。

二是周公和隐公之死皆称"薨"的问题。何休认为"周公摄政仍以成王为主，直摄其政事而已，所有大事禀王命以行之，致政之后，乃死。故卒称薨，不称崩。"即周公只是统摄政事，不代周王之位，因此死称"薨"，不称"崩"。郑玄反驳说，"周公归政就臣位乃死，何得记崩？"意思是，周公称"薨"的原因不在于不曾"摄位"，而在于"归政就臣位乃死"。也就是说曾经摄位，但死之前将王位还给周王，回到了诸侯臣子之位，所以其死就不能称"崩"而只能称诸侯身份的"薨"了。

何休认为"隐公所摄，则位亦摄之。以桓为太子，所有大事皆专命以行，摄位被杀，在君位而死，故生称公，死称薨。"意思是隐公的"摄"不符合古制，不仅仅是统摄政事，而是摄代其位，所以才能生时称公，死后称"薨"。如果按照古制，隐公只是统摄政事，不摄代其位，死后就没有称"薨"的资格了，称其"薨"则抬高其身份等级。郑玄反驳道："隐公见死于君位，不称薨云何？"意思是，隐公在君位而死，不称"薨"称什么呢？如果也归还诸侯之位给别人，以臣子之位而死，才能不称"薨"呢。

2.《春秋左传·成公十八年》："（民无谤言，）所以复霸也。"何休《膏肓》："霸不过五。"郑玄《箴膏肓》："天子衰，诸侯兴，故曰霸。夏有昆吾，商有豕韦、大彭，周有齐桓、晋文，此最强者也。故《书》《传》通谓彼五人为五霸耳。但霸是强国为之，天子既衰，诸侯无主，若有强者，即营霸业，其数无定限也。而何休以霸不过五，不许悼公为霸，以乡曲之学，足以忿人。《传》称文襄之霸，襄承文后，绍继其业，以后渐弱，至悼乃强，故云复霸。"①

关于晋悼公是否属于"霸"的问题，何休认为算不上"霸"，因为能称得上"霸"的不过五人。郑玄则反驳说："霸是强国为之，天子既衰，诸侯无主，若有强者，即营霸业，其数无定限也。"并讥讽何休说："而何休以霸不过五，不许悼公为霸，以乡曲之学，足以忿人。"

---

① 参安作璋主编《郑玄集》（下）（齐鲁书社1997年版，第656页）及（唐）孔颖达《春秋左传正义》（李学勤主编标点本，北京大学出版社1999年版，第807页）。

3.《春秋左传·襄公十九年》："（六月，晋侯请于王，）王追赐之大路"。何休《膏肓》："天子车称大路，诸侯车称路车，大夫称车。今郑子蟜，诸侯之大夫耳，当与天子士同。赐其车而名之曰大路，非正也。孔子曰：'唯器与名不可以假人，名不正则言不顺。'于义，左氏为短。"① 郑玄《箴膏肓》："卿以上所乘车皆曰大路。《诗》云'彼路斯何，君子之车。'此大夫之车称路也。《王制》卿为大夫。"②

这是关于大夫之车是否可以称"大路"的争论，何休认为只有天子的车才称"大路"，大夫之车只能称"车"，《左传》称身为大夫的郑子蟜之车为"大路"不符合礼制规定，是不适当的。郑玄认为"卿以上所乘车皆曰大路"，《王制》所说卿为大夫，身为大夫的郑子蟜之车称为"大路"是符合礼制的。

（二）何休的《春秋公羊墨守》与郑玄的《发墨守》语言分析比较

关于何休《墨守》和郑玄《发墨守》的材料，或是《墨守》缺，或是《发墨守》缺。所见可两相对照的仅有一条。

《春秋公羊传·僖公二十四年》："不能乎母也。"何休《墨守》："不能事母，罪莫大于不孝。故绝之，言出也。下无废上之义，得绝之者，明母得废之，臣下得从母命。"郑玄《发墨守》："圣人制法，必因其事，非虚加之。孟子曰：'夫人必自侮而后人侮之，家必自毁而后人毁之，国必自伐而后人伐之。'今襄王实不能孝道，称惠后之心，令其宠专于子，失教而乱作，出居于郑。自绝于周，故孔子因其自绝而书之。公羊以母得废之，则左氏已死矣。……失教而乱作，自绝于周，从左氏。"③

此处，何休和郑玄关于《公羊传》"不能乎母也"句意的理解不同。何休认为，意思是，周襄王不孝于母亲惠后，母亲惠后得以废黜其君位，因此称其"出居于郑"。郑玄则认为，周襄王确实有违孝道，不能令其母惠后称心满意，导致国家生乱，出居于郑国。周襄王自己主动与周断绝关

---

① 参安作璋主编《郑玄集》（下）（齐鲁书社1997年版，第657页）及（唐）孔颖达：《春秋左传正义》（李学勤主编标点本，北京大学出版社1999年版，第961页）。

② 参安作璋主编《郑玄集》（下）（齐鲁书社1997年版，第657页）及（唐）孔颖达：《毛诗正义》（李学勤主编标点本，北京大学出版社1999年版，第593页）。

③ 何休《墨守》文当与《春秋公羊传》何休注相当。参安作璋主编《郑玄集》（下）（齐鲁书社1997年版，第661页）及徐彦《春秋公羊传注疏》（李学勤主编标点本，北京大学出版社2000年版，第289页）。

系，因此孔子《春秋》才这样记录。何休所说不适当。清孔广森《春秋公羊经传通义》："不能，不相能也。襄王之母惠后恶襄王，而爱起少子带，每欲立之。至是，带率狄人攻王，左右欲御之，王不忍杀弟以失母之意，遂出。王者家天下，所在为居。但言居于郑，起避母弟之难不明，须加'出'文。故《左传》曰：'天子无出，书曰"天王出居于郑"，辟母弟之难也。'而此传亦以'不能乎母'释经言'出'之意，非罪王也。……盖不能乎母只所爱弟，即为不能乎母与？《左传》无错，旧解失之。"①

（三）何休的《春秋穀梁废疾》与郑玄的《起废疾》语言分析比较

《春秋穀梁起废疾》辑佚的资料有些涉及语言研究的资料，如：

1. 《春秋经·桓公十三年》："春，二月，公会纪侯、郑伯。己巳，及齐侯、宋公、卫侯、燕人战。齐师、宋师、卫师、燕师败绩。"《穀梁传》："其言及者，由内及之也。其曰战者，由外言之也。战称人，败称师，重众也。其不地，于纪也。"《废疾》："在纪，无为不地。"《起废疾》："'纪'当为'己'，谓在鲁也，字之误耳。得在龙门，城下之战，迫近，故不地。"②

《春秋经》为何"不地（没有交代交战地点）"？《穀梁传》解释说"其不地，于纪也"，何休说明是因为交战地点是在纪国，不算是没有交代交战地点，他是以"纪"为本字，指纪国；郑玄认为"纪"为"己"的误字，意思是指在鲁国作战。在龙门城下之战，因为地点十分迫近，因此没有交代交战地点。何、郑二家观点不同。

2. 《春秋经·襄公十九年》："晋士匄帅师侵齐，至穀，闻齐侯卒，乃还。"《穀梁传》："还者，事未毕之辞也。受命而诛生，死无所加其怒，不伐丧，善之也。善之何为未毕也？君不尸小事，臣不专大名，善则称君，过则称己，则民作让矣。士匄外专君命，故非之也。然则为士匄者宜奈何？宜墠帷而归命乎介。"《废疾》："君子不求备于一人，（原空缺三字）士匄不伐丧，纯善矣，何以复责其专大功也。"《起废疾》："士匄不

---

① 参孔广森《春秋公羊经传通义》，崔冠华校点本，北京大学出版社2012年版，第122页。

② 参安作璋主编《郑玄集》（下）（齐鲁书社1997年版，第663页）及徐彦《春秋穀梁传注疏》（李学勤主编标点本，北京大学出版社2000年版，第52页）。何休《废疾》文参《春秋穀梁传注疏》杨士勋疏所引，郑玄《起废疾》文参晋范宁集解。

伐丧则善矣。然于善则称君，礼仍未备，故言'乃还'，不言'乃复'，作未毕之辞。还者致辞，复者反命。"①

此处何休并未解释原文的"乃还"二字何意，而郑玄则予以详细解释，即"乃还"意思是"（事情尚）未结束的表述言辞"，"还"者，是向国君说明原因和理由，"复"者是向国君回复命令。说明了"还"与"复"的差异。

3.《春秋经·定公十二年》："叔孙州仇帅师堕郈。"《穀梁传》："堕犹取也。"《废疾》："当言'取'，不言'堕'，实坏耳，无取于训诂。"《起废疾》："陪臣专强，违背公室，恃城为固，是以叔孙堕其城，若新得之，故云堕。'堕'犹'取'也，'堕'非训'取'，言今但毁其城则郈永属己，若更取邑于他然。"②

何休认为《春秋经》不当称"堕"，应当称"取"，"堕"实际当是个坏字，训诂上不好讲。然郑玄详细解释了为何称"堕"的原因，是因为臣子专权，违背公室，倚仗城池坚固，因此称"堕其城"，如同重新占领一样，因此称"堕"。《穀梁传》称"堕"犹如"取"但不是解释为"取"，意思是说如今只要毁掉对方的坚固城墙郈地就将永远属于自己了，就如同从其他国家攻取了一个城邑一样。可见当时鲁国叔孙氏势力的强大。③ 亦可见郑玄与何休分析观点的差异。

二　郑玄对东汉同时期其他学者语言研究的影响

郑玄在东汉当时的影响很大，从侧面也能够看出郑玄对相关学者的语言研究的影响。因材料缺乏，还无法准确描述。如郑玄对东汉学者服虔的语言研究是有影响的。南朝宋刘义庆《世说新语·文学第四》记："郑玄欲注《春秋传》，尚未成。时行，与服子慎遇，宿客舍，先未相识。服在外车上与人说己注《传》意，玄听之良久，多与己同。玄就车与语，曰：

---

① 参安作璋主编《郑玄集》（下）（齐鲁书社1997年版，第670页）及徐彦《春秋穀梁传注疏》（李学勤主编标点本，北京大学出版社2000年版，第262页）。

② 参安作璋主编《郑玄集》（下）（齐鲁书社1997年版，第671页）及徐彦《春秋穀梁传注疏》（李学勤主编标点本，北京大学出版社2000年版，第329页）。郑玄《起废疾》的内容为晋范宁集解内容，依据杨士勋疏中的说明："郑君如此释之，今经'堕其'为义。"范宁集解中正有"堕其"二字。由此推断。

③ 参看承载《春秋穀梁传译注》"堕郈"注，上海古籍出版社2004年版，第723页。

'吾久欲注，尚未了。听君向言，多与吾同，今当尽以所注与君。'遂为《服氏注》。"按此记载，今传《春秋服氏注》中的语言注释分析应受到郑玄的影响。

又郑玄曾令作《风俗通义》的学者应劭也相形见绌。如《后汉书·郑玄传》记："时大将军袁绍总兵冀州，遣使要玄，大会宾客。玄最后至。乃延升上坐。身长八尺，饮酒一斛。秀眉明目，容仪温伟。绍客多豪俊，并有才说。见玄儒者，未以通人许之。竞设异端，百家互起。玄依方辩对，咸出问表，皆得所未闻，莫不嗟服。时汝南应劭，亦归于绍。因自赞曰：'故太山太守应中远，北面称弟子何如？'玄笑曰：'仲尼之门，考以四科，回赐之徒，不称官阀。'劭有惭色。"

郑玄对当时学者的语言研究影响，还可以从他对弟子问题的回答中看出，一些弟子都成为当时较为有影响的学者。如郑玄之孙郑小同《郑志》中就记载了郑玄答弟子问数条，其中答赵商问63条、答张逸问53条、答田琼问4条、答冷刚问2条、答孙皓问2条、答炅模问2条、答王瓒问2条①。例如：

（一）郑玄答赵商问中所涉对语言问题的讨论

相关材料，据我们考察唐孔颖达《毛诗正义》引12条，其《礼记正义》亦引12条，唐贾公彦《周礼注疏》引18条。

1. 孔颖达《毛诗正义》所引，如：

（1）"《郑志》答赵商云：'妇人有归宗，谓自其家之为宗者。大夫称家，言大夫如此耳，夫人王后则不然也。天子诸侯位高，恐其专恣淫乱，故父母既没禁其归宁。大夫以下，位卑畏威，故许之耳。'"②

（2）"《郑志》答赵商云：'戎狄之数，或五或六，两文异耳。《尔雅》虽有，与同皆两数耳，无别国之名，不甚明，故不定之也。'"③

（3）"《郑志》赵商问：'此笺引《常武》"整我六师"，宣王之时。又出征伐之事，不称六军，而称六师。不达其意。'答曰：'师者，众之

---

① 此数据为《郑玄志》所统计，参耿天勤主编：《郑玄志》，山东人民出版社2003年版，第49—51页。

② 参（唐）孔颖达《毛诗正义》，李学勤主编标点本，北京大学出版社1999年版，第36页。

③ 同上书，第618页。

通名。故人多云焉。欲著其大数，则乃言军耳。'"①

2. 孔颖达《礼记正义》所引，如：

（1）"赵商不达郑旨而问郑云：'以《王制》论之，畿内之国有百里，有七十里，有五十里，今率以下等计之，又有王城、关遂、郊郭、卿大夫之采地，数不在中，今就四百，似颇不合。'郑答之云：'三代异物，《王制》之法，唐虞或不尽然。尧舜之德，守在四疆，乡遂有无，无以言也。公卿大夫有田禄者，其四百国，非采地为何？王城之大，郊关之处几何？而子责急也？'"②

（2）"郑答赵商云：'春夏用大麾，秋冬用大常。'"③

（3）"案《酒正》注：'澄酒是三酒'，二注不同。故赵商疑而致问。郑答之云：'此本不误，转写益"澄"字耳。'"④

3. 贾公彦《周礼注疏》所引，如：

（1）"赵商问：'腊人掌凡干肉而有膴胖何？'郑答：'虽鲜，亦属腊人。'"⑤

（2）"《郑志》赵商问：'《礼运》注："澄是沈齐"，今此注"澄酒是三酒"何？'郑答：'今解可去澄字。'"⑥

（3）"赵商问云：'《天子巡守礼》制丈八尺，纯四靷何？'答云：'《巡守礼》：制丈八尺，㡇八寸，四㡇三尺二寸。又大广，四当为三，三八二十四，二尺四寸，幅广也。古三四积画，是以三误为四也。'"⑦

（二）郑玄答张逸问中所涉对语言问题的讨论

相关材料，据我们考察唐孔颖达《毛诗正义》引30条，其《礼记正义》亦引14条，唐贾公彦《周礼注疏》引5条。

1. 唐孔颖达《毛诗正义》所引，如：

（1）"《郑志》答张逸云：'事谓事事——用意之事。《芣苢》亦然。

---

① 参（唐）孔颖达《毛诗正义》，李学勤主编标点本，北京大学出版社1999年版，第1000页。

② 参（唐）孔颖达《礼记正义》，李学勤主编标点本，北京大学出版社1999年版，第345页。

③ 同上书，第375页。

④ 同上书，第672页。

⑤ 参（唐）贾公彦《周礼注疏》，李学勤主编标点本，北京大学出版社1999年版，第105页。

⑥ 同上书，第125页。

⑦ 同上书，第184页。

第一章 郑玄对东汉同时期学者语言研究的影响

虽说异，义则同。'"①

（2）"《郑志》张逸问：'豕生三曰豵，不知母豕也？豚也？'答曰：'豚也。过三以往犹谓之豵，以自三以上更无名也。'"②

（3）"《郑志》张逸问：'传曰："山川能说"，何谓？'答曰：'两读。或云说者，说其形势；或云述者，述其古事。'"孔颖达正义云："则郑为两读，以义俱通故也。"③

2. 唐孔颖达《礼记正义》所引，如：

（1）"《郑志》答张逸云：'废，置也。于去声者为废，谓废留不去也。'"④

（2）"《郑志》张逸问：'《礼》注曰"《书说》"，《书说》何书也？'答曰：'《尚书纬》也。'"孔颖达正义云："当为注时，时在文网中，嫌引秘书，故诸所牵图谶，皆谓之'说'云。"⑤

（3）"《郑志》注《尚书》为八伯，张逸问云：'九州岛而八伯者何？'郑答云：'畿内之州不置伯，有乡遂之吏主之。'"⑥

3. 贾公彦《周礼注疏》所引，如：

（1）"张逸问：'族百家，安得有八闾？'郑答：'并之为联耳。'"⑦

（2）"《郑志》张逸问云：'《鬯人职》注云："秬如黑黍，一稃二米。"案《尔雅》"秠，一稃二米"，未知二者同异？'郑答云：'秠即其皮，稃亦皮。《尔雅》重言以晓人，更无异称也。'"⑧贾公彦疏云："郑云重言者，秠既是皮，复云稃亦皮，是重言也。恐人不知秠是皮，故重言稃，稃、秠是一，秠还是秬，故云更无异称也。"

（3）"张逸问：'《籥师》注"《春秋传》曰：'去其有声者，废其无

---

① 参（唐）孔颖达《毛诗正义》，李学勤主编标点本，北京大学出版社 1999 年版，第 37 页。
② 同上书，第 107 页。
③ 同上书，第 200 页。
④ 参（唐）孔颖达《礼记正义》，李学勤主编标点本，北京大学出版社 1999 年版，第 296 页。
⑤ 同上书，第 309 页。
⑥ 同上书，第 348 页。
⑦ 参（唐）贾公彦《周礼注疏》，李学勤主编标点本，北京大学出版社 1999 的版，第 308 页。
⑧ 同上书，第 435 页。

声者。'"何谓?'郑答：'废，置也。于去者为废，故曰废。'"①

（三）郑玄答冷刚问中对桎、梏分别的解释和对"须"含义的解释

"《易·大畜·六四》：'童牛之梏'冷刚问云：'牛四足，何以称梏?'郑答云：'牛无手，前足施梏也。'"② 又"《易志》冷刚问：'《大畜·六四》：'童牛之梏，元吉'注：'巽为木，互体震，震为牛之足，足在艮体之中，艮为手，持木以就足，是施梏。'又《蒙·初六》注云：'木在足曰桎，在手曰梏。'今《大畜·六四》：'施梏于足'，不审桎梏、手足定有别否？答曰：'牛无手，故以足言之。'"③ "《郑志》答冷刚云：'须，才智之称。故屈原妹以为名。'"④

然而，受郑玄影响很大，且自己的语言学研究对后世影响巨大的学者还当属东汉刘熙。下章详细阐述。

----

① 参（唐）贾公彦《周礼注疏》，李学勤主编标点本，北京大学出版社1999年版，第443页。

② 参（唐）孔颖达《礼记正义》，李学勤主编标点本，北京大学出版社1999年版，第473页。

③ 参（唐）贾公彦《周礼注疏》，李学勤主编标点本，北京大学出版社1999的版，第907页。

④ 参（唐）孔颖达《礼记正义》，李学勤主编标点本，北京大学出版社1999年版，第863页。

第二章

郑玄对东汉刘熙《释名》的启发①

东汉郑玄集两汉经学之大成,《后汉书·郑玄传》载:"玄自游学,十余年乃归乡里。家贫,客耕东莱,学徒相随已数百千人。"② 郑玄对东汉末学者影响巨大。郑玄对汉末刘熙的影响如何,也是学者们比较关注的一个话题。张舜徽著《郑学传述考》(1984/2005)③,据《三国志》之《程秉传》"逮事郑玄,避乱交州,与刘熙考论大义"和《许慈传》"慈师事刘熙,善郑氏学",认定"熙乃郑氏弟子无疑";吴泽顺《释名声训引郑考》(2005)以《释名》释词与郑注比较,列出《释名》有 152 条词语训解或直接采用郑注,认为"郑玄'百余万言'的群经注解,于他生前并未在社会上广为流传。《释名》的作者与郑玄同时,而他得以大量利用郑注的成果,合理的解释只能是,此人为郑玄受业弟子,且对郑玄经注烂熟于心"。张国良(2016)则根据吴锤(2006)④ 的意见,认为《释名》训诂不仅和郑玄经注相合,与《白虎通》相合 30 余例,与《说文》相合 70 余例,但没有学者把刘熙看作是班固或许慎的弟子。认为郑氏经学其时已有盛名,刘熙借鉴他的训解很正常,所以郑、刘训诂相合 152 例,不能说明郑、刘就有师弟关系。古文经学学者释词不必拘泥于师说,借鉴前代今古文经学的注解本为寻常之法。

---

① 笔者曾指导学生钱晓萍(天津师范大学文学院 2009 级本科生)的本科毕业论文做了部分材料前期考察工作。
② (南朝宋)范晔:《后汉书》卷三十五《张曹郑第二十五》,中华书局 1965 年版,第 1207 页。
③ 张舜徽:《郑学丛著》,华中师范大学出版社 2005 年版,第 107 页。
④ 吴锤:《〈释名〉声训研究》,博士学位论文,上海师范大学,2006 年。

一　郑玄与刘熙的学术渊源分析

刘熙与郑玄同处东汉，皆为北海（今属山东，参胡元仪《北海三考》）人，张舜徽在其《郑学丛书·演释名自序》中提到"其弟子刘熙亲承音旨，得所指授"，[①] 认为刘熙师承郑玄。但因刘熙史书只载其名，而没有立传，无法确考二者有无师承渊源。翟广顺在他的《郑玄与青岛康成书院》一文中列出了仅见于正史记载及《郑志》《郑记》等书所载的郑玄著名弟子名单[②]，其中列有刘熙。又《三国志·吴书·程秉传》有云："逮事郑玄，后避乱交州，与刘熙考论大义，遂博通五经。"又《蜀书·许慈传》云："〔慈〕师事刘熙，善郑氏学。"也可作为辅证，说明刘熙有可能曾师事郑玄，吴泽顺（2005）罗列《释名》152条词语训解可能直接采用郑注，张国良（2016）则从"以类证义"方法角度论证刘熙为郑玄弟子，皆无法成为定论。

我们认为学者们的研究无法证明刘熙一定是郑玄弟子，但却足以说明郑玄曾对刘熙的语言学研究有重要的影响。我们以唐文编著的《郑玄辞典》为据（因为它取材于郑玄所注的全部经书及其他著述，较为全面，下文简称"郑注"），《释名》则选择毕沅疏证，王先谦补本，然后将二者释词相比较，统计其共有的被释字，共733个，取释义相同、相似、相关者统计共159条，约占22%，此部分下文简称"引郑注者"。文章将以此为据来探讨，分析郑玄注释对刘熙《释名》的影响情况。

二　郑玄对刘熙训诂方法的影响

郑玄在训诂实践中提出了"就其原文字之声类，考训诂，捃秘逸"[③]的训诂方法，即因声以求义（也叫声训），取声音相同或相近的字来解释字义。这对后世训诂产生了极大的影响，刘熙更是直接加以沿袭继承，著成了首部语源学专著——《释名》。据陈建初先生考证：《释名》中使用声训者共1158例，同字为训20例，异字为训1138例，其中多以"母子

[①] 张舜徽：《郑学丛著》，华中师范大学出版社2005年版，第267页。
[②] 翟广顺：《郑玄与青岛康成书院》，《青岛大学师范学院学报》2008年第1期。
[③] 马君花：《郑玄"因声求义"的训诂实践及其训诂原则》，《宁夏大学学报》（人文社会科学版）2005年第2期。

相训""同母为训"的格式呈现①。范江兰在《郑玄经注声训研究》中考证，在所能检索到的郑玄经注中，词训式声训815条，说解式声训468条，无标志声训者251条，共1509条之多②，足见郑玄、刘熙对声训方式的普遍应用。

我们对刘熙"引郑注者"材料进行了比对，统计发现二人在注释同一词条时同时使用声训者共44条，占引郑注者材料的28%，其中释词与被释词声韵全同者21条，声同韵近者8条，韵同声近者15条。对这些声训加以分析，可分为如下三种情况。

（一）以音同字为训，具体表现为两种

1. 形声字与声符字间互训

以声符字释形声字。

（1）《周礼·夏官·小司马》："凡有功者，铭书于王之大常，祭于大丞，司勋诏之。"郑玄注："铭之言名也。"（《郑玄辞典》520页）《释名·释言语36》③："铭，名也，记名其功也。"以声符字"名"解释形声字"铭"，二字古音相同，都为明母耕部。

（2）《周礼·天官·宫正》："会其什伍而教之道义"郑玄注："五人为伍，二五为什。"《礼记·燕义》："若有甲兵之事，则授之以车甲，合其卒伍。"郑注："军法：百人为卒，五人为伍。"（《郑玄辞典》24页）《释名·释州国54》："五家为伍，以五为名也，又谓之邻。"用声符字"五"对"伍"来解释，二字古音相同。

（3）《释名·释亲属40》："嫂，叟也；叟，老者称也。"《仪礼·丧服》："是嫂亦可以谓之母乎？"郑玄注："嫂，犹叟也。叟，老人称也。"（《郑玄辞典》126页）以"叟"释"嫂"，二字古音相同，皆心母幽部。

以形声字释声符字。

（4）《尚书·禹贡》："厥土惟白壤。"郑注："能吐生万物者曰土。"（《郑玄辞典》95页引《郑氏佚书》）《释名·释天29》："土，吐也，能吐生万物也。"以形声字"吐"释声符字"土"，二字皆为透母鱼部，古音相同。

---

① 陈建初：《〈释名〉考论》，博士学位论文，湖南师范大学，2005年。
② 范江兰：《郑玄经注声训研究》，硕士学位论文，湖南师范大学，2009年。
③ "《释名·释言语36》"表示的是祝敏彻、孙玉文点校的《释名疏证补》（中华书局2008年版）"释言语"的第36条。数字"36"表示所属分卷内的条目，下仿此。

(5)《易·夬》:"夬,扬于王庭。"郑注:"夬,决也。"(《郑玄辞典》116页引《通德堂经解》)《释名·释言语116》:"夬,决也。有所破坏,决裂之于终始也。"以形声字"决"来解释声符字"夬",上古音同属见母月部,古音相同。

2. 以同声符字相训

(1)《诗经·大雅·灵台》:"于论鼓钟,于乐辟痈。"郑笺:"论之言伦也。"(《郑玄辞典》466页)《释名·释典艺25》:"论,伦也,有伦理也。"以"伦"释"论",二字上古皆为来母文部,古音相同,且有相同的声符字"仑"。

(2)《周礼·春官·眡祲》:"眡祲掌十煇之法以观妖祥,辨吉凶,一曰祲。"郑注:"郑司农云:'祲,阴阳气相侵也。'"(《郑玄辞典》350页)《释名·释天72》:"祲,侵也,赤黑之气相侵也。"二家释义略同,皆以"侵"释"祲",二字声符相同,古音皆侵部字,清、精声母发音部位相同。

3. 以不具有同声符关系的同音字为训

(1)《易乾凿度》:"孔子曰:'易者,易也,变易也,不易也,管三成为道德苞籥。"郑注:"德者,得也。"(《郑玄辞典》186页引《汉学堂丛书》)《释名·释言语2》:"德,得也,得事宜也。"郑玄、刘熙皆以"得"释"德",二字皆端母职韵,上古音相同。

(2)《礼记·郊特牲》:"冕而舞大武,乘大路。"郑注:"武,万舞也。"(《郑玄辞典》269页)《释名·释言语4》:"武,舞也,征伐动行如物鼓舞也。"郑玄、刘熙皆以"武"释"舞",二字上古音皆为明母鱼部,古音相同。

(3)《礼记·坊记》:"《诗》云:'尔卜尔筮,履无咎言。'"郑注:"履,礼也。"(《郑玄辞典》153页)《释名·释衣服52》:"履,礼也,饰足所以为礼也。"皆以"礼"释"履",二字上古皆来母脂部字,古音相同。

(二)以音近字为训,主要有两种

1. 声母相同,韵母相近,声同韵近相训。如:

(1)《周礼·春官·司服》:"王之吉服,……亨先王则衮冕。"郑注:"郑司农云:'衮,卷龙衣也。'"(《郑玄辞典》449页)《释名·释首饰4》:"衮,卷也,画卷龙于衣也。"皆以"卷"释"衮",

卷，见母元韵，衮，见母文部，声母相同，文元两韵旁转，古音相近。

（2）《礼记·祭法》："是故王立七庙。"郑注："庙之言貌也。"（《郑玄辞典》173页）《释名·释宫室8》："庙，貌也。先祖形貌所在也。"皆以"貌"来解释"庙"。庙，明母宵部，貌，明母药部，声母相同，宵药对转，古音相近。

2. 韵母相同，声母相近，即韵同声近相训。如：

（1）《礼记·内则》："奔则为妾。"郑注："妾之言接也，……以得见于君子。"（《郑玄辞典》123页）《释名·释亲属54》："妾，接也，以贱见接幸也。"皆以"接"释"妾"，前者为清母葉部，后者为精母葉部，韵母相同，声母皆齿音，古音相近。

（2）《三礼目录·礼记目录》："少仪第十七，名曰少仪者，以其记相见及荐羞之小威仪也。少犹小也。"（《郑玄辞典》149页引《通德堂经解》）《释名·释形体66》："又曰少腹。少，小也，比於脐以上为小也。"皆以"小"释"少"，少，审母宵部，小，心母宵部，韵同声近。

（3）《周礼·春官·大师》："教六诗：曰风，曰赋，曰比，曰兴，曰雅，曰颂。"郑注："颂之言诵也，容也，诵今之德，广以美之。"（《郑玄辞典》544页）《释名·释言语34》："颂，容也，叙说其成功之形容也。"此皆可以"容"释"颂"，颂，邪母东部，容，喻母东部，韵母相同，声母邪喻相近。

三 郑玄对刘熙词语释义内容的影响

据郭文超《刘熙〈释名〉训诂研究》统计，《释名》中推源本于《礼记注》者32条，本于《周礼注》者42条，本于《仪礼注》者24条，本于《毛诗笺》的有8条，共有106条之多。[①] 可见刘熙《释名》借鉴郑玄注释者颇多。我们也对《郑玄辞典》与《释名》被释词条做了对照统计，发现二者在共同注释733个字词时，刘熙引用郑注者多达159条，约占22%。分布在《释名》各卷中体现为释言语和释亲属部分引用较多，具体分布情况如表9-1。

---

① 郭文超：《刘熙〈释名〉训诂研究》，硕士学位论文，湖南师范大学，2001年。

表 9-1

篇次	《释名》篇目	被释词数	《郑玄辞典》相同被释词数	注释一致者	篇次	《释名》篇目	被释词数	《郑玄辞典》相同被释词数	注释一致者
1	释天	115	70	13	15	释首饰	62	27	8
2	释地	17	18	4	16	释衣服	83	26	4
3	释山	25	9	1	17	释宫室	107	49	12
4	释水	30	14	4	18	释床帐	31	11	3
5	释丘	25	9	1	19	释书契	45	23	1
6	释道	16	6	1	20	释典艺	39	28	5
7	释州国	61	27	10	21	释用器	33	8	1
8	释形体	117	42	2	22	释乐器	31	15	2
9	释姿容	90	40	10	23	释兵	96	32	3
10	释长幼	27	13	3	24	释车	96	21	4
11	释亲属	80	51	23	25	释船	24	5	1
12	释言语	173	114	26	26	释疾病	60	8	1
13	释饮食	94	24	6	27	释丧制	89	31	10
14	释采帛	44	12	0					

从内容分析来看，刘熙《释名》引郑玄注释既有全引，也有借鉴变换引用，可分为四种情况。

（一）《释名》与郑玄注释全同者，共 23 条。如表 9-2。

表 9-2

序号	被释词	释义	《郑玄辞典》页码	《释名》出处
1	丘	四丘为甸	6	卷 2 释州国第 49 条
2	乘	四马为乘	10	卷 1 释丘第 10 条
3	伏	覆也	24	卷 3 释姿容第 21 条
4	原	广平曰原	68	卷 1 释地第 4 条
5	姻	婿之父曰姻	124	卷 3 释亲属第 48 条
6	寻	八尺曰寻	146	卷 7 释兵第 12 条
7	旅	众也	230	卷 4 释言语第 174 条
8	旗	鸟隼为旗	232	卷 7 释兵第 24 条
9	期颐	百年曰期颐	247	卷 3 释长幼第 18 条

续表

序号	被释词	释义	《郑玄辞典》页码	《释名》出处
10	归	妇人谓嫁曰归	270	卷3释亲属第34条
11	独	老而无子曰独	312	卷3释亲属第64条
12	蓄	养也	326	卷4释言语第10条
13	祥	善也	349	卷7释车第8条
14	考	父死曰考	400	卷8释丧制第24条
15	舅	夫之父曰舅	418	卷3释亲属第27条
16	艾	五十曰艾	422	卷3释长幼第13条
17	衍	下平曰衍	447	卷1释地第6条
18	頳	赤也	482	卷4释首饰第31条
19	迩	近也	507	卷6释宫室第76条
20	陵	大阜曰陵	532	卷1释山第1条
21	颐	养也	545	卷2释形体第40条
22	鲁	鲁钝也	559	卷2释州国第23条
23	党	五百家为党	566	卷2释州国第56条

(二)《释名》与郑玄注释基本相同者。这又可分为以下三种情况。

1. 被训词和训词全同，内容基本一致，但语句表达略有小异

例如，《周礼·春官·宗伯》："墓大夫"郑玄注："墓，冢茔之地，孝子所思慕之处。"(《郑玄辞典》101页)《释名·释丧制71》："墓，慕也，孝子思慕之处也。"郑玄与刘熙皆释"墓"之名源，"孝子所思慕之处"与"孝子思慕之处也"语句小异。又如《周礼·天官·屦人》："屦人掌王及后之服屦，为赤舄、黑舄。"郑注："复下曰舄。"(《郑玄辞典》418页)《释名·释衣服52》："复其下曰舄。"语句稍异。又如《仪礼·丧服》："是嫂亦可谓之母乎？"郑注："犹叟也，叟，老人称也。"(《郑玄辞典》126页)《释名·释亲属40》："叟也，叟，老者称也。"语句稍异。

2. 被训词和训词全同，只是《释名》比郑玄的释义多了更深入的解释

这与刘熙作《释名》阐述事物得名之由来，以达到寻常百姓通晓的宗旨是相一致的。如：《礼记·月令》："仲春之月，日在奎，昏弧中，旦建星中。"郑玄注："仲，中也。"(《郑玄辞典》23页)《释名·释亲属19》："仲，中也，位在中也。"二家皆以"中"释"仲"，使用的直训释

词相同，刘熙又在其后注"位在中"进一步说明称为"中"的名源。又如：《礼记·曲礼下》："天子之妃曰后"注："后之言後也。"《释名·释亲属49》："后，後也，言在後，不敢以副言也。"也是此类。

3. 二家使用训释术语或词义表述形式不同。例如：

（1）郑玄注用"A犹B（也）"形式，刘熙用"A，B也"形式。如：《礼记·郊特牲》："信，事人也；信，妇德也。"郑注："事，犹立也。"（《郑玄辞典》12页）《释名·释言语45》："事，俜也。俜，立也。"郑玄释"事"为"立"，使用术语"犹"，刘熙则用"A，B也"形式。类似的又如郑玄训"昌犹盛也"（《郑玄辞典》234页），刘熙作"昌，盛也"（《释名·释道路5》）；又《礼记·乡饮酒义》："东方者春，春之言蠢也。"郑玄注："春犹蠢也。蠢，动生之貌。"（《郑玄辞典》237页）《释名·释天18》："春，蠢也，万物蠢然而生也。"

（2）郑玄用术语"谓"，刘熙用术语"曰"。如郑玄释义："室中西南隅谓之奥。"见于《仪礼·少牢馈食礼》"司宫筵于奥"注、《礼记·曲礼上》"居不主奥"注、《论语·八佾》"与其媚于奥"注等（《郑玄辞典》120页）。《释名·释宫室3》："室中西南隅曰奥，不见户明，所在祕奥也。"可见郑玄使用术语"谓之"，而刘熙使用术语"曰"，二术语功能相当。又如《周礼·冬官·考工记》："六尺有六寸之轮，轵崇三尺有三寸也。加轸与轐焉。"郑注："郑司农云：'……轐读为旆仆之仆，谓伏兔也。'"（《郑玄辞典》492页）《释名·释车57》："屐……又曰伏兔，在轴上似之也。又曰轐。轐，伏也，伏于轴上也。"

（3）郑玄没有使用术语，刘熙使用术语"谓……曰"形式。如《仪礼·丧服》："妾之事女君"郑注："女君，君適妻也。"（《郑玄辞典》121页）《释名·释亲属39》："妾谓夫之嫡妻曰女君，夫为男君。"

（4）郑玄使用术语"为"，刘熙使用术语"谓之"。例如《论语·雍也》："毋以与尔邻里乡党乎"注："五家为邻。"（《郑玄辞典》511页）《释名·释州国54》："五家为伍，以五为名也，又谓之邻。"

（5）郑玄使用术语"之言"，刘熙不用术语。如《礼记·曲礼上》："诸侯曰夫人。"郑注："夫之言扶。"（《郑玄辞典》116页）《释名·释亲属50》："诸侯之妃曰夫人。夫，扶也，扶助其君也。"又《礼记·月令》："其中庚辛。"郑注："辛之言新也。"（《郑玄辞典》492页）《释名·释天49》："辛，新也，物初新者，皆收成也。"又《礼记·名堂位》："天子负斧依南乡而立。"郑注："负之言背也"（《郑玄辞典》474页）《释名·释姿容18》："负，背也，置项背也。"又如《礼记·月令》："中央曰土，其日戊己"郑注："戊之言茂也。"（《郑玄辞典》200页）《释名·释天46》："戊，茂也，物皆茂盛也。"

（6）郑玄使用术语"曰"，刘熙不用术语。如《尚书·禹贡》："厥土惟白壤"郑注："地当阴阳之中，能吐生万物者曰土。"（《郑玄辞典》95页）《释名·释天29》："土，吐也，能吐生万物也。"

（7）郑玄不使用术语，刘熙使用术语"曰"。如《周礼·秋官·小司寇》："凡命夫命妇，不躬坐狱讼。"郑注："命妇者，其妇人之为大夫妻者。"（《郑玄辞典》83页）《释名·释亲属51》："大夫之妃曰命妇。"

（8）郑玄使用直训形式，刘熙使用递训形式。如：《仪礼·聘礼》："乃谒关人"郑注："谒，告也。"（《郑玄辞典》467页）《释名·释书契16》："谒，诣也，诣，告也。"《周礼·冬官·车人》："羊车二柯"郑注："玄谓羊，善也。善车，若今定张车，较长七尺。"（《郑玄辞典》394页）《释名·释车8》："羊车，羊，祥也。祥，善也。善饰之车，今犊车是也。"郑玄使用直训，刘熙使用了递训。

（9）郑玄使用直训形式，刘熙使用间接训释形式。如《周礼·夏官·羊人》："登其首"注："登，升也。"（《郑玄辞典》332页）《释名·释姿容15》："乘，升也，登亦如之。"

（三）《释名》与郑玄注释相近者

在此类注释中，《释名》与郑注释义相近似。例如：

（1）《周礼·春官·叙官》："眡祲"郑注："祲，阴阳气相侵，渐成祥者。鲁史梓慎云：'吾见赤黑之祲。'"（《郑玄辞典》350页，辞典所列出处不确）《释名·释天72》："祲，侵也，赤黑之气相侵也。"郑玄称"阴阳气"，刘熙称"赤黑之气"，释义相近。

（2）《仪礼·士冠礼》："皮弁，服素积，缁带，素韠。"郑注："皮弁者，以白鹿皮为冠，象上古也。"（《郑玄辞典》336页）《释名·释首饰10》："弁……以鹿皮为之，谓之皮弁。"二者释义，都意在说明皮弁的材质，释义近似。

（3）《礼记·哀公问》："午其众以伐有道也"郑注："午其众，逆其族类也。"（《郑玄辞典》64页）则实际是释"午"为"逆"。《释名·释天36》："午，仵也，阴气从下上，与阳相仵逆也。"刘熙也是以"逆"

释"午"，二家释义相近。

（4）《孝经·孝治章》："治国者不敢侮于鳏寡"郑注："丈夫六十无妻曰鳏。"（《郑玄辞典》560页引《通德堂经解》）《释名·释亲属61》："无妻曰鳏，鳏，昆也。"郑、刘二家皆以"无妻"释"鳏"，释义近似。

（5）《礼记·少仪》："以散绥升，执辔然后步。"郑注："步，行也。"（《郑玄辞典》269页）《释名·释姿容6》："徐行曰步。"二家释义相近。

（四）《释名》与郑玄注释意义相关者

此类注释，刘熙与郑玄释义不同，但所释义密切相关，或是从不同角度对词义的关注。例如：

（1）《诗经·大雅·云汉》："后稷不克，上帝不临。"郑注："克，当作刻，刻，识也。"郑玄认为"克"当为"刻"之误，"刻"释为"识"，实则是标记可识别之义。《释名·释言语172》："克，刻也，刻物有定处，人所克念有常心也。"刘熙则是直接释"克"为"刻"，刻物有一定之处，人们能够记忆怀念。二家释义不尽相同，但却是意义紧密相关。

（2）《周礼·天官·幕人》："幕人掌帷、幕、幄、帟、绶之事。"注："王出宫则有是事。在旁曰帷，在上曰幕。幕或在地，展陈于上，帷、幕皆以布为之。"（《郑玄辞典》163页）《释名·释床帐15》："帏，围也，所以自障围也。"二者释义虽有不同，然释义是关注角度不同，密切相关的。

（3）《周礼·春官·笙师》："笙师掌教龡竽、笙、埙、钥、箫、篪、篴、管、舂牍、应、雅。"注："郑司农云：'篪，七空。'"又郑玄《三礼图》："雅篪长尺四寸，围三寸，翘长一寸三分，围自称，九孔。颂篪长尺二寸。"（《郑玄辞典》369页）郑玄从性质角度来解释"篪"。《释名·释乐器13》："篪，啼也，声从孔出，如婴儿啼声也。"刘熙是从"篪"命名来源角度来解释。二者释义不同，但所释皆为同一种乐器。

（4）《周礼·春官·大师》："教六诗：曰风、曰赋、曰比、曰兴、曰雅、曰颂。"注："颂之言诵也，容也，诵今之德，广以美之。"（《郑玄辞典》544页）《释名·释言语34》："颂，容也，叙说其成功之形容也。"毕沅疏解曰"诗叙曰：颂者，美盛德之形容，以其成功告于神明者也。"①

---

① （清）毕沅疏，（清）王先谦补：《释名疏证补》，中华书局2008年版，第113页。

这说明刘熙与郑玄的释义虽然不尽相同，但却是密切相关的。

（5）《周礼·春官·小师》："小师掌教鼓、鼗、柷、敔、埙、箫、管、弦、歌。"郑注："埙，烧土为之，大如雁卵。……郑司农云：'埙六空。'"郑注："埙，烧土为之，六孔，大如雁卵。"《释名·释乐器12》："埙，喧也，声浊喧喧然也。"对于埙，郑玄言其形状，材质，而刘熙则说明其命名来源。两种释义是对同一种乐器的不同角度的解释，是密切相关的。

四 郑玄对刘熙词语释义方式的影响

郑玄不仅在释义方法和释义内容对刘熙《释名》有着重要影响，在释义方式①上也会对刘熙《释名》产生影响。

（一）词训式，共62条

即以一词训释另一词，用意义相当、相关或所指类同的单词（包括复音词）作训释。例如：《诗经·邶风·旄丘》："叔兮伯兮，褎如充耳。"郑笺："充耳，塞耳也。"《释名·释首饰28》："或曰充耳。充，塞也。塞耳，亦所以止听也。"《礼记·曲礼上》："寝毋伏。"郑注："伏，覆也。"（《郑玄辞典》24页）《释名·释姿容21》释义相同。也是直训形式。类似的再如"䞓，赤也。"（《郑玄辞典》482页）"迩，近也。"（《郑玄辞典》507页），《释名》释义也是采取直训，与其相同，分别见《释名·释首饰31》和《释名·释宫室76》。

（二）句训式，共32条

用短语、句子或语段界定说明词语的意义或内容。

1. 定义式。下定义式的术语主要有"曰，为，谓之"三个。郑玄使用较多，刘熙继承了这样的释义方式。使用术语"曰"的，如《释名·释宫室3》："室中西南隅曰奥，不见户明，所在祕奥也。"《释名·释亲属51》："大夫之妃曰命妇。"使用术语"为"的，如《释名·释亲属39》："妾谓夫之嫡妻曰女君，夫为男君。"使用术语"谓之"的，如《释名·释州国54》："五家为伍，以五为名也，又谓之邻。"

2. 比较式。用类似的词语或事物加以比较。例如：《周礼·天官·幕

---

① 参看李玉平《〈周礼〉复音词郑玄注研究》对"释义方式"的分类，天津社会科学出版社2007年版，第44—47页。

人》："幕人掌帷、幕、幄、帟、绶之事。"注："四合象宫室曰幄，王所居之帐也。"郑玄以宫室与"幄"对比作解释。《释名·释床帐24》："幄，屋也，以帛衣板，施之，形如屋也。"刘熙用屋与幄相对比作解释。又如《诗经·墉风·君子偕老》："君子偕老，副笄六珈。"笺云："珈之言加也，副既笄加饰，如今步摇上饰。"郑玄用比较法解释"珈"。《释名·释地》："土黄而细密曰埴，埴，膱也，黏胒如脂之膱也。"刘熙也是将"埴"与"脂之膱"相对比解释。

3. 描述式，共43条。描写事物形制，述说事物命名缘由或相关属性等。如：

《诗经·小雅·甫田》："曾孙之庾，如坻如京。"郑注："坻，水中之高地也。"郑玄描述坻的形制。（《郑玄辞典》98页）《释名·释水22》："小沚曰坻。坻，迟也，能遏水使流迟也。"刘熙分析坻的命名缘由。又如郑玄《三礼图》："褖衣，王后御于王之服，以从君助祭者也。"郑玄描述褖衣服饰者的身份及用途。（《郑玄辞典》452页引《玉函山房辑佚书》）《释名·释衣服14》："褖衣，褖然黑色也。"刘熙分析褖衣的命名来源在于颜色黑。

4. 组嵌式。用被释词组成词组或句子，通过词组或句子提供语境来显示被释词的具体意义。例如《周礼·天官·大司马》："冯弱犯寡则眚之"注："眚犹人眚瘦也。"（《郑玄辞典》340页）则郑玄是将"眚"组成"人眚瘦"语句，辅助释义。《释名·释天87》："眚，省也，如病者眚瘦也。"刘熙也是用组嵌的方法，组词为"病者眚瘦"帮助理解词义。又如《礼记·檀弓下》："容居鲁人也，不敢忘其祖。"注："鲁，鲁钝也。"（《郑玄辞典》559页）郑玄用组词的方式解释"鲁"。《释名·释州国23》："鲁，鲁钝也。国多山水，民性朴鲁也。"可见刘熙也用了组嵌的方式释义，组词为"鲁钝"和"民性朴鲁"。

（三）综合训释式

将上面方式的综合运用。如：《周礼·春官·大师》："教六诗：曰风、曰赋、曰比、曰兴、曰雅、曰颂。"注："颂之言诵也，容也，诵今之德，广以美之。"（《郑玄辞典》544页）郑玄用术语"之言"解释，又用直训解释，又用描述式解释。《释名·释言语34》："颂，容也，叙说其成功之形容也。"刘熙则用直训式和描述式解释。又如郑玄释"亚，次也。"（《郑玄辞典》18页）《释名·释亲属46》："两壻相谓曰亚，一人取姊,一人娶妹,相亚次也。又并来至女氏门,姊夫在前,妹夫在后,亦相亚也。"则是将定义式与描述式结合,比郑玄"次也"的注释更加丰富具体。

综合以上考察,刘熙《释名》全书共 1379 条,被释词共 1710 个(陈建初先生据王先谦《释名疏证补》统计①),刘熙直接或间接引郑玄注 159 条,约占 9%,比例不算多,但从他们共同注释的字词来看,刘熙引用郑玄释义的比例高达 22%,则不容忽视。郑玄"因声求义"的训诂方法影响着刘熙《释名》词义探源方法,达到了他欲使百姓晓而畅的目的;就注释内容而言,刘熙援引和借鉴郑注以证己说不少;从释义方式来看,郑玄的释义方式很多刘熙也都继承使用了。由此可见,刘熙《释名》作为我国古代第一部语源学著作受郑玄注释的影响是非常大的。

本章参考文献

[1](清)毕沅、(清)王先谦:《释名疏证补》,中华书局 2008 年版。

[2]陈建初:《〈释名〉考论》,博士学位论文,湖南师范大学,2005 年。

[3]陈建裕:《郑玄在中国注释学上的贡献》,《南都学坛》2008 年第 4 期。

[4](晋)陈寿:《三国志》,中华书局 1959 年版。

[5]程光耀:《〈释名〉中同字为训现象研究》,硕士学位论文,郑州大学,2007 年。

[6]范江兰:《郑玄经注声训研究》,硕士学位论文,湖南师范大学,2009 年。

[7](南朝宋)范晔:《后汉书》,中华书局 1965 年版。

[8]高媛媛:《〈释名〉声训方式研究》,《华南师范大学学报》(社会科学版)2003 年第 2 期。

[9]郭文超:《刘熙〈释名〉训诂研究》,硕士学位论文,湖南师范大学,2001 年。

[10]郭在贻:《训诂学》(修订本),中华书局 2005 年版。

---

① 参看陈建初《〈释名〉考论》,博士学位论文,湖南师范大学,2005 年。

［11］宓荣卿：《〈释名〉的作者及成书年代考》，《复旦学报》（社会科学版）1985 年第 5 期。

［12］姜涛：《从〈尔雅注〉看孙炎对郑学的继承》，《贵州文学史丛刊》1989 年第 2 期。

［13］刘景耀、刘芳：《〈释名〉在中国语言学史上的地位》，《河北学刊》2003 年第 1 期。

［14］（汉）刘熙：《释名》，丛书集成初编本，中华书局 1985 年版。

［15］刘兴均：《〈释名〉声训的诠释方法与训释条例》，《烟台师范学院学报》（哲学社会科学版）1995 年第 1 期。

［16］刘运好：《三国蜀经学发展考论》，《中华文化论坛》2005 年第 3 期。

［17］马君花：《郑玄"因声求义"的训诂实践及其训诂原则》，《宁夏大学学报》（人文社会科学版）2005 年第 2 期。

［18］唐文：《郑玄辞典》，语文出版社 2004 年版。

［19］王力：《古代汉语》（校订重排本）第二册，中华书局 1999 年，第 3 版。

［20］吴锤：《〈释名〉声训研究》，博士学位论文，上海师范大学，2006 年。

［21］吴泽顺：《〈释名〉声训引郑考——兼论〈释名〉的作者问题》，《励耘学刊》（语言卷）2005 年第 1 期，学苑出版社 2005 年版。

［22］喻克明：《郑玄的注疏之学及其影响》，《西南民族学院学报》（哲学社会科学版）2001 年第 S2 期。

［23］曾昭聪：《〈释名〉声训中的声符示源功能研究》，《古籍整理研究学刊》1999 年第 4 期。

［24］翟广顺：《郑玄与青岛康成书院》，《青岛大学师范学院学报》2008 年第 1 期。

［25］张舜徽：《郑学丛著》，华中师范大学出版社 2005 年版。

第三章

郑玄对汉魏晋南北朝时期语言学研究的影响
——以汉魏晋南北朝学者对郑玄训诂术语"谓若"的继承为例[①]

郑玄对汉魏晋南北朝语言学研究影响很大。以三国时期魏何晏的《论语集解》[②]为例，在此集解中征引郑玄的注释就达103条。其中全面继承了郑玄的训诂内容、训诂术语、训诂方法和训诂方式等方面[③]。郑玄对汉魏晋南北朝时期的语言学研究的影响，从其训诂术语中也可看出。以"谓若"为例。郑玄的注释用语"谓若"影响很大，为后来的众多注释家所广泛使用，不仅使用的学者众多，而且使用频率也很高。

一 东汉

高诱曾使用过多次。如《吕氏春秋》注中4次。《吕氏春秋·孟夏纪·诬徒》："言谈日易，以恣自行，失之在己，不肯自非。"高注："谓若桀纣罪人。"又《季秋纪》："收禄秩之不当者，共养之不宜者。"高注："不当者，谓无功德而受禄秩也。不宜者，谓若屈到嗜芰、曾晳嗜羊枣，非礼之养，故收去之也。"在《淮南子注》中使用3次。如《淮南子·本经训》："冠无觚蠃之理"高注："'觚蠃之理'，谓若马目笼相连干也。言无者，冠文取平直而已也。"又《淮南子·兵略训》："故不得不中绝"注："中绝谓若殷王中相绝灭。"（按，此条张双棣先生《淮南子校释》中

[①] 本编第三、四、五章内容曾于2013年发表，见李玉平《郑玄的注释用语"谓若"及其对后代的影响考察》，《宁夏大学学报》（人文社会科学版）2013年第4期。

[②] 可参看（清）刘宝楠《论语正义》，中华书局2011年版。

[③] 笔者的研究生王嘉琦曾对此做过全面考察，此不赘引。以此为基础的部分考察研究成果参看王嘉琦、李玉平《郑玄〈论语注〉训诂术语系考论》，《唐山师范学院学报》2014年第6期。

认为是许慎的注释，待考。）又《淮南子·说山训》："桀有得事"注："谓若作瓦以盖屋遗后世也。"（按，此例有的版本"谓若"作"谓知"。）

二 三国·魏

1. 王肃曾使用。如《孔子家语·礼运》："先王秉蓍龟、列祭祀、瘗缯、宣祝嘏辞说。"王肃注："瘗谓祭祀之瘗，缯谓若增封太山，宣谓播宣扬之。"

2. 何晏曾使用1次，乃引用王肃所用用语。如《论语·述而》："子不语怪力乱神"何晏注："王曰：'怪，怪异也。力谓若奡荡舟、乌获举千钧之属。乱谓臣弑君、子弑父，神谓鬼神之事。"

三 三国·吴

韦昭《国语注》中曾使用19次。如《国语》卷一《周语上》："夫事君者险而不怼"注："君，诸侯也。在危险之中不当怼。怼谓若晋庆郑怨惠公愎谏违卜，弃而不载。"又《国语》卷四《鲁语上》："诸侯祀先王先公"注："先王谓若宋祖帝乙、郑祖厉王之属也。"

四 晋代

1. 杜预《春秋左传注》中曾使用3次。如《隐公八年》："因生以赐姓"注："因其所由生以赐姓，谓若舜由妫汭，故陈为妫姓。"又《庄公十一年》："得儁曰克"注："谓若太叔段之比，才力足以服众，威权足以自固。进不成，为外寇强敌，退复狡壮，有二君之难，而实非二君，克而胜之，则不言彼败绩，但书所克之名。"《僖公十九年》："司马子鱼曰：'古者，六畜不相为用……'"注："司马子鱼，公子目夷也。'六畜不相为用'，谓若祭马先，不用马。"

2. 晋·范宁曾使用1次。《春秋穀梁传集解》："当上之辞者，谓不称人以杀，乃以君杀之也。"注："'称人以杀'，谓若'卫人杀祝吁于濮'是也，今比实不弑，故以君杀大夫之辞言之。"

五 南朝·宋

裴骃《史记集解》中有4例，都是引用前代注释家的注释中所使用的用语。如《史记·孔子世家》："吾闻圣人之后，虽不当世，必有达者。"集解："王肃曰：'谓若弗父何，殷汤之后而不继世为宋君也。'"又《史记·孔子世家》："分同姓以珍玉、展亲"集解："韦昭曰：'展，重也。玉谓若夏后氏之璜。'"又《史记·司马相如列传》："太史公曰：'春秋推见至隐"集解："韦昭曰：'推见争至于隐讳，谓若晋文召天子，经言"狩河阳"之属。'"

六　南朝·梁

（1）刘孝标《世说新语注》中曾使用1次。如《世说新语·文学》："大读佛经，皆精解，唯至事数处不解。"注："事数谓若五阴、十二入、四谛、十二因缘、五根、五力、七觉之属。"

（2）皇侃《论语集解义疏》使用过。如《论语·卫灵公》："斯民也，三代之所以直道而行也。"疏："斯民者，谓若此善民也。"

由东汉至魏晋南北朝时期学者对郑玄确立的训诂术语"谓若"的继承情况，可以看出郑玄对当时语言学研究的影响之大。

第四章

郑玄对唐代语言学研究的影响
——以唐代学者对郑玄训诂术语"谓若"的继承为例

郑玄对唐代的语言学研究的影响,从其训诂术语对唐代的影响中也可看出来。以"谓若"为例,郑玄的注释用语"谓若"影响很大,为唐代的众多注释家所广泛使用,不仅使用的学者众多,而且使用频率也很高。

1. 陆德明《经典释文》中曾使用1次。《庄子·天下》:"谬悠"陆德明音义:"谓若忘于情实者也。"

2. 孔颖达在他的主持的《五经正义》中曾普遍使用。其中《周易正义》2次(如卷一:"九五,飞龙在天,利见大人。"注:"……龙德在天,则大人之路亨也。"孔颖达疏:"龙德在天,则大人之路亨,谓若圣人有龙德,居在天位,则大人道路得亨通,犹若文王拘在羑里,是大人道路未亨也。")、《尚书正义》4次(如卷八《太甲中第六》:"天作孽,犹可违,自作孽,不可逭。"传:"孽,灾。逭,逃也。言天灾可避,自作灾不可逃。"孔疏:"……'天作灾'者,谓若太戊桑榖生朝,高宗雊雉升鼎耳。可修德以禳之,是'可避'也。'自作灾'者,谓若桀放鸣条,纣死宣室,是'不可逃'也。据其将来,修德可去;及其已至,改亦无益;天灾自作,逃否亦同。")、《毛诗正义》8次(如《诗经·周颂·访落》:"维予小子,未堪家多难。"笺云:"多,众也。我小子耳,未任统理国家众难成之事,必有任贤、待年长大之志。难成之事,谓诸政有业未平者。"孔疏:"平亦成也。谓若制礼作乐营洛之等,于时未成也。")、《礼记正义》16次(如《礼记正义》卷第一:"礼从宜,使从俗"注:"亦事不可常也。牲币之属,则当从俗所出。《礼器》曰:'天不生,地不养,君子不以为礼,鬼神不飨。'"孔颖达正义:"正义曰:'牲币之属,当从俗所出者',谓若《郊特牲》及《聘礼》,朝聘皆有皮马龟金竹箭璧帛之等，有则致之，无则已，故云'不可常也'。"）、《春秋左传正义》10次（如《春秋左传·隐公八年》："官有世功，则有官族，邑亦如之。"杜预注："谓取其旧官旧邑之称以为族，皆禀之时君。"孔颖达正义："旧官谓若晋之士氏，旧邑若韩、魏、赵氏，非是君赐，则不得为族。"）。

3. 颜师古在其《汉书注》中也使用"谓若"12次。如《汉书·李广苏建传》"陵恶自赐武"注："师古曰：谓若示己于匈奴中富饶以夸武。"又《眭两夏侯京翼李传》："参人民繇俗"注："师古曰：繇读与谣同，繇俗者，谓若童谣及舆人之诵。"

4. 长孙无忌《唐律疏义》中曾使用4次。如《唐律疏义》卷十："即为名字触犯者，徒三年；若嫌名及二名偏犯者不坐。"注："嫌名谓若禹与雨、丘与'区'。二名谓言征不言在、言在不言征之类。"

5. 杨士勋《春秋穀梁传注疏》曾使用。《穀梁传》："二年春，公会戎于潜"晋范宁注："凡年首，月承于时，时承于年，文体相接。《春秋》因书王以配之，所以见王者，上奉时，承天而下，统正万国之义。然《春秋》记事有例时者，若事在时例，则时而不月；月继事末，则月而不书王。"杨士勋疏："注又云'《春秋》记事有例时'者，谓若朝会侵伐之类。"

6. 贾公彦《周礼注疏》（237条）《仪礼注疏》（55条）中使用更多（依照文渊阁《四库全书》电子版检索统计，未计算重复提到的"谓若"）。如《周礼·天官·冢宰》卷第一："惟王建国"注："建，立也。……《司徒职》曰：'日至之景，尺有五寸，谓之地中，天地之所合也，四时之所交也，风雨之所会也，阴阳之所和也，然则百物阜安，乃建王国焉。'"贾疏："'惟王建国'者，言'惟'，谓若《尚书》云'惟三月'之类，皆辞，不为义。……又云'风雨之所会'者，谓若《礼记·礼器》云'风雨时'，即谓风雨会时也。'阴阳之所和'者，谓若昭四年申丰云'冬无愆阳，夏无伏阴'，二气和顺也。"《仪礼·士冠礼》："乃宿宾，宾如主人服"注："宿，进也。宿者必先戒，戒不必宿。"贾疏："云：'宿者必先戒者'，谓若宾及赞冠同在上戒宾之内，已戒之矣，今又宿，是宿者必先戒也。"

7. 李贤《后汉书注》中曾使用4次。如《后汉书·蔡邕传》："雍渠骖乘，逝而遗轻。"李贤注："遗轻谓若弃轻细之物而去，言恶之甚也。"又《袁绍传》："窥图讯鼎"注："窥图谓若刘歆图书改名秀。讯鼎谓楚子问王孙满鼎轻重也。"

8. 开元时李善、吕延济、刘良、张铣、吕向、李周翰《文选注》中曾使用4次。如《文选·报任少卿书》："传之其人通邑大都。"注："善曰：'其人谓与己同志者也。'济曰：'其人谓若知音人者。'"

9. 司马贞《史记索隐》中曾使用6次。如《史记·田敬仲完世家》："淳于髡曰：'得全全昌，失全全亡。'"司马贞索隐："得全谓人臣事君之礼全具无失，故云'得全'也。全昌者，谓若无失则身名获昌，故云'全昌'也。"

10. 唐杨倞《荀子注》中使用46次。如《荀子·王制篇》："五疾上收而养之材而事之"注："五疾，瘖、聋、跛躄、断者、侏儒，各当其材使之，谓若蒙瞽修声、聋瞶司火之属。"

11. 徐彦《公羊传注疏》曾使用。《公羊传·昭公二十二年》："或为主于国，或为主于师"汉何休传："古者，诸侯师出，世子率舆守国，次宜为君者，持棺絮从，所以备不虞。"徐彦疏："'其次宜为君'者，谓若大子母弟也。"

可见，东汉郑玄的训诂术语"谓若"在唐代重要学者的注释中都在应用。可见郑玄对当时语言学研究的影响之大。

第五章

郑玄对宋元明清时期语言学研究的影响
——以宋元明清学者对郑玄训诂术语"谓若"的继承为例

郑玄的语言学研究对宋元明清时期的语言学影响很大。以"谓若"为例,郑玄的注释用语"谓若",在唐以后直至宋元明清时期学者注释中仍在使用。如:

一 南唐

徐锴《说文解字系传·木部》:"桓,亭邮表,从木亘声。臣锴曰:亭邮立木为表,交木于其端,则谓之华表,言若华也。古者十里一长亭,五里一短亭。邮,过也,所以止过客也。表双立为桓。《周礼》云:'执桓圭'",郑玄以为若宫室象,则谓若双立之柱也。

二 宋代

1. 宋咸、吴秘、司马光《扬子法言注》中曾使用5次。如《扬子法言》卷二:"或曰赋可以讽乎"注:"骇叹之声也。(宋)秘曰:'言赋将以讽之,乃归于正。'(司马)光曰:'谓若《上林》"颓墙填堑"之类。'"

2. 朱熹在《仪礼经传通解》中使用"谓若"多次,但多为转述唐贾公彦《仪礼注疏》中的文字。如《士冠礼》:"冠者奠觯于荐东,降筵,北面坐取脯,降自西阶,适东壁,北面见于母。"朱熹通解:"荐东,荐左。凡奠爵,将举者于右,不举者于左,适东壁者,出闱门也。时母在闱门之外,妇人入庙由闱门(按,此以上为郑玄注内容)。闱音韦,宫中小门也。疏(按,此以下为转述贾公彦疏内容)曰:荐左,据南面为正也,将举者,谓若《乡饮酒》《乡射》是也。"朱熹转述文字与贾公彦原文稍有不同,贾疏原文作:"云'凡奠爵,将举者于右'者,谓若《乡饮酒》《乡射》是也。"

(据我们考察，除了《仪礼经传通解》外，朱熹注释中的"谓若"的含义，大多数是术语"谓"和表示假设含义的"若"的组合，与我们分析的郑玄所用"谓若"含义不同。如《周易本义》卷一贲卦："《象》曰：六四当位，疑也；'匪寇婚媾'，终无尤也。"朱熹本义："'当位疑'，谓所当之位可疑也。'终无尤'谓若守正而不与，亦无他患也。"）

三　金代

成无己《伤寒明理论·痓痉》卷三："伤寒痓痉何以明之？……痓谓若契合之契也。行则缓，卧则紧，从则纵。痉疾之纵者，谓若放纵之纵也。以急为痓，以缓为痉，理至明矣。"

四　元代

何犿《韩非子注》中曾使用1次。即《韩非子·难三》："夫物众而智寡，寡不胜众，智不足以徧知物，故因物以治物。"注："谓若因龙以治鳞虫，因凤以治羽鸟也。"

五　明代

1. 刘绩《管子补注》曾使用1次。如《管子·地员》："其种，大苗细苗，赨茎黑秀箭长。"补注："赨即赤也。箭长谓若箭竹之长也。"

2. 王肯堂《证治准绳》使用1次。如《证治准绳·伤寒》："其人因致冒"注："以此致冒者，谓若物蒙蔽其目也，是昏迷之义。"

六　清代

1. 李锴《尚史》注中曾使用10次。如《尚史·宋诸臣传·公子目夷》："古者六畜不相为用"注："谓若祭马先不用马。"又同篇："小事不用大牲"注"谓若衅庙用羊，衅门及夹室用鸡之类。"

2. 段玉裁《说文解字注》使用8次。如《说文解字·帛部》："锦，襄邑织文。"注："按许以汉法释古，谓若今之襄邑织文即经典之锦文也。"又《匕部》："艮，很也。从匕、目。匕目，犹目相匕"注："目相匕即目相比，谓若怒目相视也。"

总之，由郑玄的训诂术语"谓若"可以看出，郑玄的语言学研究成就对宋元明清时期注释家影响很大。

第六章

郑玄对清代语言学研究的影响
——以段玉裁《说文解字注》所引郑玄注为例

郑玄的语言学研究对清代语言研究影响很大。如清代著名学者段玉裁在其《说文解字注》中就大量引用了郑玄的注释。借助余行达先生的《说文段注研究》一书中《〈说文段注〉校释群书索引》所列，我们统计段玉裁引用郑玄注释材料有1268条，其中《周易注》32条，《尚书注》46条，《毛诗笺》204条，《周礼注》496条（含郑玄注所引前人如杜子春、郑兴、郑众等人的注释），《仪礼注》259条，《礼记注》218条，《论语注》9条，《毛诗谱》4条。可见郑玄对清代学者的影响之大。

一 段注引用郑玄《周易注》32条

例如：

《说文解字·玉部》"瑣"字注："玉声。谓玉之小声也。《周易》：'旅瑣瑣。'郑君、陆绩皆曰：'瑣瑣，小也。'"

《说文解字·牛部》"牿"字注："《周易》：'僮牛之牿'，许及九家作'告'，郑作'梏'，刘、陆作'角'，不训牢也。"

《说文解字·口部》"嗐"字注："郑注《周易》'百果艸木皆甲坼'曰：'皆，读为人倦解之解。'"

《说文解字·辵部》"遯"字注："郑注《周易》曰：'遯者，逃去之名。'"

二 段注引用郑玄《尚书注》46条

例如：

《说文解字·玉部》"玲"字注："郑本《尚书》：'璆玲琅玕'郑注：'璆，美玉。玲，美石。'"

《说文解字·玉部》"琅"字注:"《尚书》:'璆琳琅玕'郑注曰:'琅玕,珠也。'"

《说文解字·言部》"诒"字注:"按《尚书》字本作'诒',郑注说当读输芮切,正义改为怡悦字,误矣。周公善辞以诱王,故史臣目之曰诒,此郑意也。"

《说文解字·禾部》"颖"字注:"郑注《尚书》曰:去颖,谓用其采也。"

三 段注引用郑玄《毛诗笺》204 条

例如:

《说文解字·示部》"祕"字注:"《鲁颂·閟宫》'有俶'笺曰:'閟,神也。此谓假借閟为祕也。'"

《说文解字·玉部》"瑟"字注:"《诗》曰:'瑟彼玉瓒。'《诗》之《大雅》作'瑟'。笺云:'瑟,絜鲜貌。'"

《说文解字·士部》"壻"字注:"《周礼注》、《诗笺》皆曰:'胥,有才知之称。'"

《说文解字·艸部》"蓳"字注:"《诗》、《礼》皆作'芹'。《小雅·笺》曰:'芹,菜也,可以为菹。'《鲁颂·笺》曰:'芹,水菜也。'"

四 段注引用郑玄《周礼注》496 条

例如:

《说文解字·艸部》"菩"字注:"《周礼注》:'犯軷以菩刍棘柏为神主。'"

《说文解字·艸部》"茈"字注:"《周礼注》云:'染艸,茅蒐、橐卢、豕首、紫茢之属。'按紫茢即紫茢也,紫茢即茈艸也。"

《说文解字·丵部》"仆"字注:"《周礼注》曰:'仆,侍御于尊者之名。'"

《说文解字·又部》"友"字注:"《周礼注》曰:'同师曰朋,同志曰友。'"

五 段注引用郑玄《仪礼注》259 条

例如:

《说文解字·歹部》"殄"字注:"《仪礼注》云:'敟,古文作殄。'是也。"

《说文解字·木部》"案"字注:"戴先生云:'案者,棜禁之属。'《仪礼注》曰:'棜之制,上有四周,下无足。'"

《说文解字·禾部》"秩"字注:"《仪礼注》云:'秩或为载。'皆是也。"

《说文解字·老部》"耈"字注:"《仪礼注》曰:'耈,冻梨也。'"

六　段注引用郑玄《礼记注》218条

例如:

《说文解字·至部》"臸"字注:"《礼记·大学》:'心有所忿懥。'注云:'懥,怒皃。'"

《说文解字·女部》"妃"字注:"《礼记》:'纳币一束,束五两,两五寻。'注云:'十个为束,两两合其卷,是谓五两。八尺曰寻。'"

《说文解字·匚部》"区"字注:"郑注《礼记》'嫌名'曰:'若禹与雨,丘与区之类。'是可证古音同邱也。"

《说文解字·系部》"绵"字注:"郑注《礼记》云:'纩,新绵也。'是也。"

七　段注引用郑玄《论语注》9条

例如:

《说文解字·戈部》"或"字注:"《小雅·天保》笺,郑《论语注》皆云:'或之言有也。'"

《说文解字·言部》"譔"字注:"郑注《论语》'异乎三子者之撰':'撰读曰譔,譔之言善也。'"

《说文解字·犬部》"献"字注:"按《论语》郑注曰:'献犹贤也。'"

《说文解字·心部》"愉"字注:"《论语》郑注云:'愉愉,容色和也。'"

八　段注引用郑玄《毛诗谱》4条

例如:

《说文解字·木部》"栒"字注:"《郑诗䜟(即'谱')》曰:'栒者,古高辛氏火正祝融之墟。'"

《说文解字·禾部》"秦"字注:"《郑诗䜟》曰:'秦者,陇西谷名,于《禹贡》近雍州鸟鼠之山。'"

《说文解字·㠯部》"䛐"字注:"词者,意内言外之谓,或假'洎'为之,如《郑诗䜟》俪'《无逸》爰洎小人'是也。"

《说文解字·页部》"颂"字注:"《诗䜟》曰:'颂之言容,天子之德,光被四表,格于上下,无不覆焘,无不持载,此之谓容。于是和兴焉,颂声乃作。'"

第七章

郑玄对后世语言学研究的影响
——以"郑学"名称的历代变迁为例①

郑玄对后世语言学研究的影响，也可以从"郑学"学派名称的历代变迁一窥端倪。

"郑学"，一般指东汉末年郑玄所创立的经学学派。"郑玄在古文经学的基础上，吸收今文经学，破除家法传统，广采众说，遍注群经，汇集汉代经学的大成，基本上结束了今文、古文之争。这种融汇今文、古文的经学，号称'郑学'。"② 历史上，关于郑学，有不同的名称，如时下常提到的"郑氏学"③ "通学"④ "综合学派"⑤ 等。那么历史上都曾有哪些名称被用来指称郑玄经学学派呢？这些名称又是从何时开始的呢？有清以来，曾经系统探讨过郑学传述源流的学者如清代王鸣盛⑥、郑珍⑦、陈澧⑧、胡

---

① 本章内容曾以《"郑学"异名源流考》为题，发表于《海岱学刊》2016年第1期。
② 夏征农、陈至立：《辞海：第六版彩图本》，上海辞书出版社2009年版，第2925页。
③ 李云光：《三礼郑氏学发凡》，（台湾）嘉新水泥公司文化基金会1966年版；又见华东师范大学出版社2012年版。
④ 史应勇：《郑玄通学及郑王之争研究》，巴蜀书社2007年版。
⑤ 葛志毅：《郑玄研究论纲》，《湖南科技学院学报》2010年第10期；又收入刘大钧主编《郑学丛论》，上海科学技术文献出版社2013年版，第6页。
⑥ （清）王鸣盛：《蛾术编》卷五十八《说人八》、卷五十九《说人九》，商务印书馆1958年版，第865—914页。其中有关于郑玄的世系、年谱、著述、师友、传学、轶事、冢墓、碑碣、后裔、古迹、崇祀、品藻等多篇。
⑦ （清）郑珍：《郑学录》，《续修四库全书》第515册，上海古籍出版社2002年版，第1—56页。
⑧ （清）陈澧：《东塾读书记》，上海古籍出版社2012年版，第252—266页。

元仪①、皮锡瑞②、近代周予同③、当代王利器④、张舜徽⑤、李云光⑥、龚杰⑦、黄孝德⑧、杨天宇⑨、耿天勤⑩、王志民⑪等对此没有专门考察。

对于郑学的不同称呼，能够反映出历代学者对郑学的关注和传述情况，是郑学研究史应当关注的内容。我们考察，对郑学的不同称法，总体上可以分为两种模式，一是郑学的专称。二是郑学与他学的并称。

一 郑学的专称

郑学的专称又可大致分为两大类，一类是以姓氏名字来指称郑玄的经学，一类是以郑玄经学的特点来指称其学。略述如下。

（一）以姓氏名字来指称郑玄的经学

这应该是沿袭了汉代经学传承中的家法师法传统。清王鸣盛《十七史商榷》卷二十七《汉书二十一·师法》："汉人说经重师法。……又称家法，谓守其一家之法，即师法也。……又《郑康成传》论曰：'王父豫章君传授生徒，专以郑氏家法。'此蔚宗谓其祖父豫章太守宁，李贤注云：'言宁教授，专崇郑学。'"⑫皮锡瑞说："郑君博学多师，今古文道通为一，见当时两家相攻击，意欲参合其学，自成一家之言，虽以古学为

---

① （清）胡元仪：《北海三考》，《续修四库全书》第549册，上海古籍出版社2002年版，第617—711页。

② （清）皮锡瑞：《经学历史·经学中衰时代》，中华书局1959年版，第141—169页。

③ 周予同：《经今古文学·经今古文的混淆》，商务印书馆1933年版，第19—22页。

④ 王利器：《郑康成年谱》，齐鲁书社1983年版。

⑤ 张舜徽：《郑学丛著·郑学传述考》，齐鲁书社1984年版，第161—193页。

⑥ 李云光：《三礼郑氏学发凡》，（台湾）嘉新水泥公司文化基金会1966年版；又华东师范大学出版社2012年版，第1—6页。

⑦ 龚杰：《简论汉魏的郑学与王学》，《人文杂志》1989年第1期。

⑧ 黄孝德：《"郑学"四论》，《武汉大学学报》（社会科学版）1989年第4期。

⑨ 杨天宇：《略论"礼是郑学"》，《齐鲁学刊》2002年第3期；又参看杨天宇《郑玄三礼注研究》第三章《汉代的今古文之争与郑学的出现》，天津人民出版社2007年版，第30—54页。

⑩ 耿天勤主编：《郑玄志》，山东人民出版社2003年版；又耿天勤《郑学的产生与汉末经学的统一》，载《历史文献研究》总第29辑，2010年。

⑪ 耿天勤编：《郑玄研究资料汇编》，见王志民主编《齐鲁历史文化名人研究资料汇编》，山东文艺出版社2007年版。

⑫ （清）王鸣盛：《十七史商榷》，上海书店出版社2005年版，第160—191页。

宗，亦兼采今学以附益其义。"① 以姓氏名字指称郑玄的经学流派正是汉代经学命名的传统。这类名称主要有郑氏学、郑学、郑氏之学、郑君之学、郑玄之学、康成之学、康成学、郑康成之学等。该类又可细分为以姓氏指称、以姓名指称和以姓字指称三小类。

1. 以姓氏指称郑玄之学。即称"郑氏学"、"郑氏之学"、"郑学"、"郑君之学"或"后郑之学"

（1）郑氏学

郑学最早被称为"郑氏学"。如三国魏王肃《孔子家语·序》："郑氏学行五十载矣，自肃成童始志于学而学郑氏学矣。"② 晋陈寿《三国志》卷四十二（《蜀书》卷十二）："（许慈）师事刘熙，善郑氏学。"③ 又《三国志》卷四十四（《蜀书》卷十四）："（姜维）好郑氏学。"④ 后世沿用不少，如：①南朝宋·范晔《后汉书》卷七十九下《儒林列传第六十九下·董钧传》："玄本习《小戴礼》，后以古经校之，取其义长者，故为郑氏学。"⑤ ②南朝·齐魏收《魏书》卷六十五《列传五十三·邢峦从叔虬传》："佑从子虬，字神虎。少为三礼郑氏学，明经有文思。"⑥ ③梁·沈约《宋书》卷十七之《志第七·礼四》："时成粲义称景侯论太社不立京都，欲破郑氏学。"⑦ ④清王鸣盛《蛾术编》卷五十八《说人八·郑氏传学》逯鹤寿按语："鹤寿案，魏晋之间，善郑氏学者不可胜数。"⑧ ⑤清胡元仪《北海三考·叙》："（元仪）年逾弱冠，方志于学，从事郑氏学，习之有年，但存钻仰，未克贯通。"⑨

（2）郑学

"郑学"即"郑氏学"之省称。最早称"郑学"一名的当是南朝齐魏收。其《魏书》卷九十《列传逸士第七十八·李谧传》："余恐为郑学

---

① （清）皮锡瑞：《经学历史·经学中衰时代》，中华书局1959年版，第149页。
② 杨朝明、宋林立主编：《孔子家语通解》，齐鲁书社2009年版，第582页。
③ （晋）陈寿：《三国志》，中华书局1971年版，第1022页。
④ 同上书，第1062页。
⑤ （南朝宋）范晔：《后汉书》，中华书局1965年版，第2577页。
⑥ （北齐）魏收：《魏书》，中华书局1974年版，第1450页。
⑦ （南朝梁）沈约：《宋书》，中华书局1974年版，第480页。
⑧ （清）王鸣盛：《蛾术编》，商务印书馆1958年版，第892页。
⑨ （清）胡元仪：《北海三考》，《续修四库全书》第549册，上海古籍出版社2002年版，第617页。

者，苟求必胜，竞生异端以相訾抑。"①。后相沿渐多。如：①唐长孙无忌等《隋书》卷六《志第一·礼仪一》："……此则郑学之所宗也。"② ②唐孔颖达《礼记正义》卷四十《杂记上第二十》："大夫为其父母兄弟之未为大夫者之丧，服如士服，士为其父母兄弟之为大夫者之丧，服如士服。"正义："礼是郑学，今申郑义。"③ ③清戴震《戴震文集卷十·考工记图序》："郑氏注善矣，兹为图，翼赞郑学，择其正论，补其未逮。"④ ④清皮锡瑞《经学历史·经学中衰时代》："所谓郑学盛而汉学衰者，汉经学近古可信，十四博士今文家说，远有师承。"⑤ ⑤马宗霍《中国经学史》："重以郑玄晚出……自是学者咸宗郑学，郑学益昌。"⑥

（3）郑氏之学

"郑氏之学"的名称与"郑氏学"相当。较早见于宋欧阳修《文忠集》卷四十一《诗谱补亡后序》："而仍存其图，庶几以见予于郑氏之学尽心焉耳。"宋李觏《盱江集》卷二《礼论第五》："郑氏之学，其实不能该礼之本，但随章句而解之，句东则东，句西则西，百端千绪，莫有统率。"⑦ 后世沿用者如清王鸣盛《蛾术编》卷五十八《说人八·郑康成》迮鹤寿按语："其实郑氏之学，人人师之，其有以为不然者，盖亦罕矣。"⑧ 卷五十九《说人九·郑氏品藻》："郑氏之学，自唐中叶以后，大儒间生。"⑨ 清陈鳣《简庄缀文》卷二："北海郑氏之学，自汉至唐学者宗之。"⑩ 当代张舜徽《郑学丛著·郑学传述考》："降及近世，经述渐荒，传述郑氏之学者，寂焉无闻。…于是郑氏之学，差可考见其梗概。"⑪

---

① （北齐）魏收：《魏书》，中华书局1974年版，第1935页。
② （唐）长孙无忌等：《隋书》，中华书局1973年版，第107页。
③ （唐）孔颖达：《礼记正义》，李学勤主编《十三经注疏》标点本，北京大学出版社1999年版，第1161页。
④ （清）戴震：《戴震文集》，中华书局1980年版，第150页。
⑤ （清）皮锡瑞：《经学历史》，中华书局1959年版，第148页。
⑥ 马宗霍：《中国经学史》，上海书店1984年版，第54页。
⑦ 《景印文渊阁四库全书》，台湾商务印书馆1986年版，第1095册，第25页。
⑧ （清）王鸣盛：《蛾术编》，商务印书馆1958年版，第865页。
⑨ 同上书，第914页。
⑩ 转引自耿天勤编《郑玄研究资料汇编》，见王志民主编《齐鲁历史文化名人研究资料汇编》，山东文艺出版社2007年版，第514页。
⑪ 张舜徽：《郑学丛著》，齐鲁书社1984年版，192—193页。

(4) 郑君之学

尊称郑玄为"郑君",故亦以此称呼其学。如清陈澧《东塾读书记》十三《郑学》:"郑君之学,不以先入者为主也。"① 又同书:"然则郑君之学,汉末及魏时,有未折服者。"②《清史稿》卷四百八十一《儒林列传二·丁晏传》:"郑君之学昌明于汉,肃为古文《孔传》以驾其上,后儒误信之。"③

(5) 后郑之学

为与东汉稍早的"先郑"郑兴、郑众父子之学相区分,学术史上亦称郑玄为"后郑",因而也有称其学为"后郑之学"者。如《清史稿》卷四百八十一《儒林列传二·王聘珍传》:"治经确守后郑之学,著《大戴礼记解诂》十三卷……"④

2. 以姓名指称郑玄之学,即称"郑玄之学"

也有称"郑玄之学"的。然直呼其名,显然无意体现对郑玄学术的尊崇,有驳难郑学之意,后来所从不多。如后晋刘昫等《旧唐书》卷二十一《志第一·礼仪一》:"其四难曰:所称今《三礼》行于代者,皆是郑玄之学,请据郑学以明之。"⑤

3. 以姓字指称郑玄之学

以姓和字来指称某氏之学,亦包含尊崇、敬重之意。如称"康成之学"、"康成学"或"郑康成之学"。

(1) 康成之学

称郑学为"康成之学",较早为唐代李白《溧阳濑水贞义女碑铭并序》中提到:"邑宰荥阳郑公名晏,家康成之学,世子产之才,琴清心闲,百里大化。"⑥ 后来延续这种称法的,如:①宋陈振孙《直斋书录解题》卷二《礼类》:"康成之学,出于扶风马融,而参取杜子春、郑大夫、郑司农之说。"⑦ ②民国时期师郑《郑康城卒后千七百四十年纪念》:"康

---

① (清)陈澧:《东塾读书记》,上海古籍出版社2012年版,第254页。
② 同上书,第262页。
③ 赵尔巽等:《清史稿》,中华书局1977年版,第13276页。
④ 同上书,第13227页。
⑤ (五代)刘昫等:《旧唐书》,中华书局1975年版,第839页。
⑥ 瞿蜕园、朱金城:《李白集校注》,上海古籍出版社1980年版,第1652页。
⑦ (宋)陈振孙:《直斋书录解题》,上海古籍出版社1987年版,第43页。

成之学，志在圣人之道（《学记注》），是以于《礼》用力尤深。"①

（2）康成学

宋李昉等编《文苑英华》卷三百二之郑愔《哭郎著作》："诗礼康成学，文章贾谊才。巳年人得梦，庚日鸟为灾。"② 元胡一桂《周易启蒙翼传·中篇》："元魏徐遵明传康成学，自徐氏再传至郭茂，其后北朝言《易》者，多出郭茂之门。"③ 明凌云翰《柘轩集》卷二《藏芸轩为陈惟德赋》："年来更得康成学，书带丛生绿满庭。"④ 明郑真《荥阳外史集》卷九十二《七言律诗·用方参政文敏述怀韵五首》之三："传家自有康成学，睿览终当彻帝旒。"⑤

（3）郑康成之学

也称"郑康成之学"。如宋代王应麟《汉艺文志考证》卷一"传四十一篇"下："吴氏曰：'马融、郑康成之学，悉本伏生。'"⑥ 宋马端临《文献通考》卷一百八十二"左氏膏肓九卷"下："今每事左方辄附郑康成之学。因引郑说，窜寄何书。"⑦ 清段玉裁《戴东原先生年谱》引戴震语："郑康城之学，尽在《三礼注》，当与《春秋三传》并重。"⑧

（二）以郑玄经学的特点来指称其学

即称"通学"或"综合学派"。

1. 通学

有的学者称郑学为"通学"。提到郑学宏通特点的不少，较早见于南朝宋范晔《后汉书》中对郑玄学术的总体评价。《后汉书》卷三十五《张曹郑列传第二十五·郑玄传》："论曰：……郑玄括囊大典，网罗众家，删裁繁诬，刊改漏失，自是学者略知所归。"⑨ 后世如陈澧《东塾读书

---

① 原载《中和》1940年第一卷第九期。转引自耿天勤编《郑玄研究资料汇编》，载王志民主编《齐鲁历史文化名人研究资料汇编》，山东文艺出版社2007年版，第340页。
② （宋）李昉等：《文苑英华》第2册，中华书局1966年版，第1542页。
③ 《景印文渊阁四库全书》，台湾商务印书馆1986年版，第22册，第252页。
④ 同上书，第1227册，第794页。
⑤ 同上书，第1234册，第547页。
⑥ （宋）王应麟：《汉艺文志考证》，见《二十五史补编》第2册，开明书店1937年版，第1392页。
⑦ （宋）马端临：《文献通考》（上、下），中华书局1986年版，第1567页。
⑧ （清）戴震：《戴震文集》，中华书局1980年版，第248页。
⑨ （南朝宋）范晔：《后汉书》，中华书局1965年版，第1212—1213页。

记》、皮锡瑞《经学历史》、马宗霍《中国经学史》等中也都提到郑学融通今古之学兼通数经的特点,然学者明确称郑学为"通学"者,我们查到较早的是杨广伟先生,他说:"直到东汉末年,郑玄在古文经的基础上,兼容今、古文两经,创立了通学(又称郑学),才使长达二百余年的经今、古文学之争告一结束。所谓通学,就是以古文经为主的经今、古文的合流。"① 其后较早的是张志哲,他说:"实际上郑玄非纯古文经学派,而是'通学派'。他杂揉了今、古文两派之说。……而经学亦因郑玄、王肃的混淆家法,致使今古学派杂揉,可称之为'今古文经学混淆(或称"通学")'时期。"② "通学"这一名称虽然可以说明郑学的突出特点,但因通学不只郑学一家,如之前的贾逵、马融等人之学也具有通学的特征③,因此以"通学"专指郑学并不准确。后来史应勇④先生调整为"郑玄通学"的称法就具体准确得多了。

2. 综合学派

与上面的"通学"类似,也有学者称郑学为"综合学派"的。我们找到较早如此称说的是章权才先生:"作者却认为,两汉经学实际分三派:即今文学派、古文学派和综合学派。今文学派……,经师以董仲舒为代表,古文学派……,经师以刘歆为代表,综合学派盛行于东汉中后期,它的出现反映了地主阶级内部各阶层的调和,地主阶级趋向保守,经师以郑玄为代表。"⑤ "综合学派"这个名称与"通学"类似,能够反映郑学的突出特点,然正如章先生文章中所说,郑玄之前的贾逵、马融、许慎等也算综合学派的佼佼者,因此,用"综合学派"来指称郑学也是不具有专指性的。

二 郑学与他学的并称

除了上面提到的专门对郑学的指称之外,还有将郑学与其他学者的学术并称的情况。主要有"马郑之学""毛郑之学""王郑之学""孔郑之学""许郑之学"等称法。略述如下。

---

① 杨广伟:《论郑玄通学产生的历史原因》,《复旦学报》(社会科学版)1982年第5期。
② 张志哲:《中国经学史分期意见述评》,《史学月刊》1988年第3期。
③ 杨广伟:《论郑玄通学产生的历史原因》,《复旦学报》(社会科学版)1982年第5期。
④ 史应勇:《郑玄通学及郑王之争研究》,巴蜀书社2007年版。
⑤ 章权才:《论两汉经学的流变》,《学术研究》1984年第2期。

（一）马郑之学

有的学者将郑玄与东汉大经学家马融的学术并称为"马郑之学"。马融是郑玄的老师，能有如此的赞誉，可见郑玄学术成就之高。如唐张说《张燕公集》卷十九《唐元城府左果毅赠郎将葛公碑》："公生而开朗，长而英拔，非因马郑之学，勤合礼经；不待孙吴之书，暗同兵法。"① 宋金君卿《金氏文集》卷下《杂著·传易之家》："考其渊源，虽本于马郑之学，然其流溥，博出于诸家远矣。"②

（二）毛郑之学

有的学者将郑玄与西汉毛亨的《诗经》学并称为"毛郑之学"。宋欧阳修《诗本义》卷十《皇矣》下："而为毛郑之学者，又谓周侵三国，召兵于密而不从者，尤疎也。"③ 又《诗本义》卷十二《思文臣工》下："是以先儒虽主毛郑之学者，亦觉其非。"④ 元许谦《诗集传名物钞·序》："由汉以来，毛郑之学专行，历唐至宋，一二大儒始略出己意。"⑤ 明王祎《王忠文集》卷二十《杂著·丛录》："世之言《诗》者，非毛郑之学不学也。"⑥ 近人黄寿祺《群经要略·诗经篇第四》："南北朝时，毛郑之学行于河北。"⑦

（三）王郑之学

有的学者将郑玄与三国魏时王肃的学术并称为"王郑之学"。如宋卫湜《礼记集说》卷六十四："社祭土而主阴气也……薄社北牖使阴明也。"下注："秦溪杨氏曰：'王、郑之学，互有得失。'"⑧ 有时候，也将王、郑之学与贾（逵）马（融）之学一起并称。如明归有光《震川集》卷九《送计博士序》："贾、马、王、郑之学，大行于魏晋之后。"⑨

---

① 张说：《张燕公集》，上海古籍出版社1992年版，第168页。
② 《景印文渊阁四库全书》，台湾商务印书馆1986年版，第1095册，第398页。
③ 同上书，第70册，第256页。
④ 同上书，第272页。
⑤ 同上书，第76册，第2页。
⑥ 同上书，第1226册，第421页。
⑦ 转引自耿天勤编《郑玄研究资料汇编》，载王志民主编《齐鲁历史文化名人研究资料汇编》，山东文艺出版社2007年版，第386页。
⑧ 《景印文渊阁四库全书》，台湾商务印书馆1986年版，第118册，第372页。
⑨ 同上书，第1289册，第136页。

(四) 孔郑之学

有的学者将郑玄与西汉孔安国的《尚书》学并称为"孔郑之学"。顾炎武《日知录》卷二《古文尚书》："然则孔僖所受之安国者，竟无其传，而杜林、贾逵、马融、郑玄则不见安国之传，而为之作训、作传、作注解，此则孔、郑之学又当为二，而无可考矣。"①

(五) 许郑之学

有的学者将郑玄与东汉许慎的学术并称为"许郑之学"。清皮锡瑞《经学历史·经学复盛时代》："乾隆以后，许郑之学大明，治宋学者已尠，说经皆主实证，不空谈义理，是为专门汉学；嘉、道以后，又由许郑之学导源而上……"②

综上，我们总结历代学者对郑学的不同称法主要分为郑学的专称和郑学与他学的并称两种模式。专称模式中以姓氏名字指称郑学是主流，还保留着典型的汉代经学的师法和家法特点，而以郑学的特点定称的"通学"和"综合学派"两个名称不适宜用作郑学的专指，因为还有其他学者的学术也具有"通"和"综合"的特点；最早用来指称郑学的名称是"郑氏学"，而应用最广的是"郑学"，也是现在通行的称法，其他名称如郑氏之学、郑君之学、后郑之学、康成之学、康成学、郑康成之学、郑玄之学等应用不是很广；历史上郑学与他学的并称模式，反映了郑学在经学史上的重要地位。

清代陈澧《东塾读书记》专列卷十五《郑学》，并详细介绍郑学产生及其在历代的发展状况，足资参看。从郑玄对后世经学影响之大也可窥知郑玄对后世学者的语言学影响。

---

① 顾炎武著、黄汝成集释：《日知录集释》，岳麓书社1994年版，第69页。
② 皮锡瑞著、周予同注释：《经学历史》，中华书局1959年版，第341页。

附 录

关于郑玄的语言学研究资料索引

（按著者姓氏音序排列，时间截至 2017 年 6 月以前）

安作璋：《郑玄集》（上、下），齐鲁书社 1997 年版。

陈壁生：《〈论语〉郑氏注中的政治哲学》，《中山大学学报》（社会科学版）2009 年第 2 期。

陈炳哲：《〈毛传〉、〈郑笺〉训诂术语比较研究》，硕士学位论文，首都师范大学，2005 年。

陈东辉、彭喜双：《〈周礼注疏〉引〈尔雅〉郑玄注辨析》，《中国典籍与文化》2008 年第 3 期。

陈绂：《〈论语〉郑注与朱注的比较研究》，《古汉语研究》1996 年第 1 期。

陈家骥：《郑康成著述考》，《文学年报》1936 年第 2 期。

陈建裕：《郑玄在中国注释学上的贡献》，《南都学坛》2008 年第 4 期。

陈锦春：《毛传郑笺比较研究》，硕士学位论文，山东大学，2006 年。

陈居渊：《郑玄注〈仪礼〉今古文正误考略》，《复旦学报》（社会科学版）2016 年第 4 期。

（清）陈澧：《东塾读书记》，上海古籍出版社 2012 年版。

陈其泰、郭伟川、周少川主编：《二十世纪中国礼学研究论集》，学苑出版社 1998 年版。

（清）陈寿祺：《左海经辨·汉读举例》，《左海全集》原刻本第 12 册，第 92 页。

陈绪平：《郑玄与传注学的新范式》，《中华文化论坛》2013 年第 1 期。

程伟：《〈周礼〉郑注双音词研究》，硕士学位论文，鲁东大学，

2012年。

程兴丽：《郑玄、王肃〈书〉学之争考辨》，《古籍整理研究学刊》2014年第1期。

初钊兴：《郑玄"客耕东莱"考》，《管子学刊》2006年第1期。

崔光秀、张现民：《郑玄与郑城》，《文史杂志》2004年第2期。

崔淑萍：《郑玄〈毛诗笺〉对词义的训释》，《辽宁师范大学学报》（社会科学版）1987年第6期。

代洪波：《试论"文献"郑玄注兼对"献"做补充注释》，《图书馆理论与实践》2005年第3期。

邓军、李萍：《试论〈礼记〉郑注与文化训诂》，《黄山高等专科学校学报》2000年第3期。

邓军、李萍：《郑玄〈礼记注〉随文释义的语境研究》，《云梦学刊》2000年第4期。

邓军、李萍：《郑玄随文释义的语境研究》，《古籍整理研究学刊》2000年第6期。

邓声国：《〈毛诗笺〉申明〈传〉义说略》，《江西社会科学》1998年第4期。

邓声国、黄新光：《〈毛诗笺〉训诂术语琐论》，载《第四届诗经国际学术研讨论文集》，中国知网1999年8月。

邓声国：《〈毛诗笺〉因声求义法释义例撰析》，《镇江师专学报》（社会科学版）2001年第1期。

邓声国：《〈毛诗笺〉训释异〈传〉释例述析——毛、郑训诂词汇意义歧义之成因初探》，《南昌职业技术师范学院学报》2002年第2期。

邓声国：《郑玄〈仪礼注〉训诂术语释义例刍议》，《古籍整理研究学刊》2002年第3期。

邓声国：《汉代"诗礼互证"的学术范式——以郑玄注释为考察范畴》，《井冈山大学学报》（社会科学版）2012年第6期。

董俊彦：《训诂术语"之言"、"之为言"解——以郑玄三礼注为例》，《国文学报》2002年第31期。

董瑞：《浅析〈诗经·小雅·谷风〉注疏中的训诂用语和训诂内容》，《安康师专学报》2006年第5期。

窦秀艳、徐文贤：《郑玄笺注引〈尔雅〉初探》，《井冈山大学学报》

（社会科学版）2011 年第 3 期。

段虹羽：《郑玄〈毛诗笺〉训诂研究》，硕士学位论文，沈阳师范大学，2015 年。

（清）段玉裁：《说文解字注》，上海古籍出版社 2011 年版。

（清）段玉裁：《周礼汉读考》六卷，皇清经解刻本。

范长喜：《郑玄注〈仪礼〉形讹古文新证九则》，《孔子研究》2014 年第 4 期。

范江兰：《郑玄经注声训研究》，硕士学位论文，湖南师范大学，2009 年。

范锡宝：《高密历史名人故事·经学大师郑玄》，中国三峡出版社 2002 年版。

范雪梅：《清代郑玄之学研究》，硕士学位论文，山东师范大学，2015 年。

冯浩菲：《毛诗训诂研究》（上、下册），华中师范大学出版社 1988 年版。

冯浩菲：《郑玄〈三礼注〉释词要例举证》，《文献》1991 年第 2 期。

冯浩菲：《马融追杀郑玄说质疑》，《文献》1997 年第 3 期。

冯浩菲：《郑玄〈诗谱·小大雅谱〉大段脱文辨正》，《文献》2007 年第 3 期。

冯浩菲：《郑氏诗谱订考》，上海古籍出版社 2008 年版。

冯卉：《毛亨、郑玄、孔颖达〈诗经〉修辞训解比较》，《励耘学刊》（语言卷）2011 年第 2 期。

冯晴：《〈大学〉〈中庸〉之郑注、孔疏与朱子〈集注〉训诂术语比较研究》，硕士学位论文，曲阜师范大学，2009 年。

伏俊琏：《唐写本〈论语〉郑玄注的学术特点》，《甘肃理论学刊》2015 年第 1 期。

傅华辰：《〈礼记〉郑注中的语法分析》，《乐山师范学院学报》2004 年第 1 期。

傅华辰：《〈礼记〉郑注对同义词的揭示和辨析》，《滁州学院学报》2004 年第 3 期。

傅华辰：《〈礼记〉郑注训诂研究》，硕士学位论文，南京师范大学，2004 年。

傅炜莉：《郑玄〈诗〉学研究》，硕士学位论文，青岛大学，2008年。

高明：《据武威汉简谈郑注〈仪礼〉今古文》，《传统文化与现代化》1996年第1期。

葛志毅：《郑玄研究论纲》，《湖南科技学院学报》2010年第10期。

耿天勤：《郑玄志》，郑玄志编纂委员会组织编写，山东人民出版社2003年版。

耿天勤：《中国古代杰出的文献学家郑玄》，载《中国历史文献研究会第26届年会论文集》，中国知网，2005年10月。

耿天勤编：《郑玄研究资料汇编》，见王志民主编《齐鲁历史文化名人研究资料汇编》，山东文艺出版社2007年版。

耿天勤：《郑玄注〈孝经〉考辨》，《古籍整理研究学刊》2010年第2期。

耿天勤：《郑学的产生与汉末经学的统一》，载《历史文献研究》总第29辑，中国知网，2010年9月。

龚杰：《简论汉魏的郑学与王学》，《人文杂志》，1989年第1期。

龚杰：《简论郑学与王学的异同》，《孔子研究》1990年第2期。

龚永标：《因声求义——试论郑玄的语源学开基引绪》，《甘肃联合大学学报》（社会科学版）2011年第4期。

谷丽伟：《郑玄注三〈礼〉始见〈毛传〉之先后考》，《殷都学刊》2012年第2期。

管理成、王一恒：《东汉大经学家郑玄的一生》，《炎黄春秋》1994年第11期。

顾永新：《〈孝经郑注〉回传中国考》，《文献》2003年第3期。

郭超颖：《郑玄〈仪礼注〉发微》，硕士学位论文，南京师范大学，2014年。

郭超颖：《郑玄〈仪礼注〉注经方式释例》，《唐山师范学院学报》2015年第1期。

郭超颖：《郑玄〈仪礼注〉"礼不必"发微》，《孔子研究》2016年第6期。

郭超颖：《郑玄〈仪礼注〉"礼渎则亵"发微》，《盐城师范学院学报》（人文社会科学版）2017年第3期。

郭树勤：《郑玄〈毛诗谱〉新探》，硕士学位论文，西北师范大学，2001年。

郭在贻：《训诂学（修订本）》，中华书局2011年版。

韩大伟：《西方郑玄研究述评》，载《历史文献研究》总第29辑，华东师范大学出版社2010年版。

韩峥嵘：《郑玄〈毛诗郑笺〉得失刍议》，载《第三届诗经国际学术研讨会论文集》，香港天马图书公司1998年版。

韩峥嵘：《郑玄〈毛诗传笺〉置疑》，《吉林大学社会科学学报》1998年第3期。

郝润华、王燕飞：《郑玄〈毛诗传笺〉与"以史证诗"传统》，载《历史文献研究》总第32辑，华东师范大学出版社2013年版。

洪丽娣：《郑玄对汉语语法学史的贡献》，《蒲峪学刊》1997年第2期。

洪丽娣：《郑玄"因文为训"释词方法浅谈》，《辽宁教育学院学报》1997年第2期。

洪丽娣：《试谈郑玄笺注中"因声求义"方法的运用》，《沈阳师范学院学报》（社会科学版）1998年第2期。

洪丽娣：《论郑玄〈毛诗笺〉中的修辞观念》，《辽宁教育学院学报》1998年第2期。

洪丽娣、侯文慧：《简论郑玄对中国语言学史的贡献》，《辽宁教育行政学院学报》2005年第1期。

洪丽娣：《从〈毛诗笺〉看郑玄对中国训诂学的贡献》，《沈阳师范大学学报》（社会科学版）2006年第4期。

胡从曾：《郑注谐声字例与〈释名〉声训》，《辞书研究》1989年第4期。

胡鸣：《郑玄校经取向之分析——以郑玄〈论语注〉"从古"为例》，《管子学刊》2006年第2期。

胡朴安：《中国训诂学史》，商务印书馆1937年版。

（清）胡元仪：《北海三考》，《续修四库全书》第549册，上海古籍出版社2002年版。

华敏：《〈诗经〉毛传、郑笺比较研究》，硕士学位论文，南京师范大学，2005年。

华敏:《〈毛诗笺〉修辞分析浅析》,《语文学刊》2006年第2期。

华敏:《〈毛传〉〈郑笺〉语法分析比较研究》,《大庆师范学院学报》2017年第1期。

华学诚:《周秦汉晋方言研究史》(修订本),复旦大学出版社2007年第2版。

黄光:《郑玄与校雠学》,《理论探索》2008年第2期。

黄侃:《文字声韵训诂笔记》,上海古籍出版社1983年版。

黄孝德:《"郑学"四论》,《武汉大学学报》1989年第4期。

黄焯:《毛诗郑笺平议》,上海古籍出版社1985年版。

江中柱:《〈周礼〉汉注"读为(曰)""读如(若)"新探——略兼及〈说文〉"读若"例》,《湖北大学学报》1994年第3期。

姜丽:《〈毛诗笺〉联合式复音词研究》,硕士学位论文,青岛大学,2010年。

姜涛:《从〈尔雅注〉看孙炎对郑学的继承》,《贵州文史丛刊》1989年第2期。

江喜任:《论郑玄〈乾凿度〉〈乾坤凿度〉注的圣王经世义蕴》,《周易研究》2016年第5期。

焦美卉:《郑玄〈周礼注〉词义训释研究》,硕士学位论文,内蒙古师范大学,2010年。

康学伟:《论郑玄〈毛诗笺〉的文学成就》,《松辽学刊》(社会科学版)1994年第1期。

康宇:《论郑玄对汉代经典诠释范式的整合与创新》,《知与行》2015年第1期。

孔德凌:《郑玄〈诗经〉学研究》,博士学位论文,山东大学,2007年。

孔德凌:《〈毛诗传笺〉中的文字训诂》,《兰州学刊》2007年第9期。

孔德凌:《〈毛诗传笺〉的版本流传》,《图书馆杂志》2007年第12期。

孔德凌、马维娜:《论〈毛诗传笺〉中的语法观念》,《信阳师范学院学报》(哲学社会科学版)2009年第2期。

孔令杰:《论郑玄〈周礼注〉中的"复"和"有罪先请"》,《理论学刊》2012年第7期。

孔令杰:《〈周礼〉郑玄注中的汉代凭信》,《理论界》2012年第7期。

孔仲温:《从敦煌伯二五一〇号残卷论〈论语〉郑氏注的一些问题》,《孔学研究》1996年,中国知网。

雷铭:《郑玄注〈三礼〉方法略探》,《宜春学院学报》2017年第2期。

李大伟:《郑玄(高密三贤丛书之一)》,中国文史出版社2012年版。

李建国:《汉语训诂学史》(修订版),上海辞书出版社2002年版。

李林:《论郑玄的训诂术语》,硕士学位论文,北京师范大学,1985年。

李平、邓军:《郑玄〈礼记注〉随文释义的语境研究》,《云梦学刊》2000年第4期。

李平:《〈诗经〉郑笺、朱注中的"重言"辨析》,《晋中学院学报》2010年第2期。

李萍:《郑玄〈礼记注〉据境释义新探》,《陕西师范大学学报》1995年第1期。

李世萍:《郑玄〈毛诗笺〉校勘成就初探》,《古籍整理研究学刊》2007年第5期。

李世萍:《〈郑笺〉对毛诗序的笺注》,《兰州学刊》2008年第2期。

李世萍:《郑玄〈毛诗笺〉谶纬思想析论》,《中国社会科学院研究生院学报》2009年第2期。

李世萍:《郑玄〈毛诗笺〉之"兴"探微》,《时代文学》(下半月)2009年第9期。

李世萍:《郑玄〈毛诗笺〉研究》,知识产权出版社2010年版。

李世萍、李登云:《郑玄〈毛诗〉谱、笺中的教化思想》,《青海民族大学学报》(教育科学版)2011年第6期。

李树军:《东汉经学大师郑玄》,《文史知识》1994年第9期。

李恕豪:《郑玄的方言研究》,《天府新论》1997年第3期。

李秀娥:《郑玄整理图书的方法》,《南都学坛》2002年第6期。

李玉平:《郑玄〈周礼注〉对字际关系的沟通》,硕士学位论文,北京师范大学，2003 年。

李玉平：《试析郑玄〈周礼注〉中的"古文"与"故书"》，《古籍整理研究学刊》2005 年第 5 期。

李玉平：《试析郑玄注释术语"之言"的来源》，《古籍研究》2006 年卷上。

李玉平：《郑玄〈周礼注〉"读如"类沟通字际关系术语分析》，《台州学院学报》2006 年第 1 期。

李玉平：《简析郑玄〈周礼注〉"之言"类术语》，《现代语文》（语言研究版）2007 年第 7 期。

李玉平：《〈周礼〉复音词郑玄注研究》，天津社会科学院出版社 2007 年版。

李玉平：《郑玄〈周礼注〉从历时角度对字际关系的沟通》，《古汉语研究》2009 年第 3 期。

李玉平：《杜子春的复音词观念及其对郑玄的影响》，《河南科技大学学报》（社会科学版）2009 年第 6 期。

李玉平：《郑玄语词训释材料的纂集与〈郑雅〉〈郑玄辞典〉〈故训汇纂〉》，《辞书研究》2009 年第 4 期。

李玉平：《郑众的复音词观念及其对郑玄的影响》，载《汉语史研究集刊》第十三辑，四川大学汉语史研究所、四川大学中国俗文化研究所主办，四川出版集团、巴蜀书社 2010 年版。

李玉平：《郑众、郑玄的"谐声"观及其对后世的影响》，《语言科学》2011 年第 2 期。

李玉平：《郑众、郑玄"六书"观探隐》，《天津师范大学学报》（社会科学版）2013 第 3 期。

李玉平、解植永：《郑玄的注释用语"谓若"及其对后代的影响考察》，《宁夏大学学报》（社会科学版）2013 第 4 期。

李玉平：《郑众、郑玄转注观探隐》，载李运富主编《汉字与汉字教育国际研讨会论文集》，民俗典籍文字研究中心丛刊，中华书局 2013 年 11 月版。

李玉平：《论郑玄〈周礼注〉从泛时角度对字际关系的沟通》，载《励耘学刊》（语言卷）2013 年第 2 期，学苑出版社 2014 年版。

李玉平：《郑兴的语言文字观及其影响和意义》，《汉字文化》2015

年第 4 期。

李玉平：《郑玄的方言观、方言研究材料和方言分区观新考》，《天津大学学报》（社会科学版）2016 年第 2 期。

李玉平：《现代训诂学关于"训诂原则"的讨论——兼谈郑玄笺注中体现出的现代训诂原则》，《天津师范大学学报》（社会科学版）2017 年第 5 期。

李云光：《三礼郑氏学发凡》，嘉新水泥公司文化基金会 1966 年版；华东师范大学出版社 2012 年版。

李运富：《训诂材料的分析与汉语学术史的研究——〈周礼〉复音词郑玄注研究序》，《长春师范学院学报》（人文社会科学版）2007 年第 2 期。

李运富：《早期有关"古今字"的表述用语及材料辨析》，《励耘学刊》（语言卷）2007 年第 2 期。

李志娜：《〈仪礼〉郑注考》，硕士学位论文，北京语言大学，2008 年。

梁锡锋：《从上博简〈孔子诗论〉看郑玄〈绿衣·笺〉改字之误——兼论郑玄笺〈诗〉改字致误的原因》，载《诗经研究丛刊》（第六辑），2004 年。

梁锡峰：《郑玄以礼笺诗研究》，学苑出版社 2005 年版。

梁宗华：《郑玄的人格与经学》，《孔子研究》1996 年第 3 期。

林晓希：《近三十年郑玄礼学研究》，《中华文化论坛》2016 年第 1 期。

林忠军：《周易郑氏学阐微》，上海古籍出版社 2005 年版。

林忠军：《论郑玄以〈礼〉注〈易〉方法》，《武汉大学学报》（人文科学版）2011 年第 1 期。

刘德州：《郑玄"转纬为说"考》，《孔子研究》2014 年第 4 期。

刘舫：《论郑玄的"以礼注易"》，《周易研究》2009 年第 1 期。

刘卫宁：《〈毛诗故训传〉、〈毛诗笺〉与〈诗集传〉训诂比较研究》，硕士学位论文，暨南大学，2005 年。

刘晓霞：《唐写本〈论语郑氏注〉相关问题探析》，硕士学位论文，曲阜师范大学，2006 年。

刘英波：《郑玄〈三礼注〉中"犹"字用法探究》，《聊城大学学报》

（社会科学版）2005年第4期。

刘友朋、蓝岚：《〈毛诗笺〉的训释体例》，《天中学刊》1999年第2期。

刘毓庆：《郑玄〈诗〉学的基本框架及其价值取向》，《山西大学学报》（哲学社会科学版）2007年第3期。

刘忠华：《"读如"的训诂作用再探》，《古籍整理研究学刊》2004年第6期。

鲁洪生：《汉儒对赋、比、兴的认识》，《汉中师院学报》1987年第2期。

鲁洪生：《郑玄〈周礼注〉比、兴观念产生的根源》，《河北师范大学学报》2004年第6期。

鲁洪生：《论郑玄〈毛诗笺〉对兴的认识》，《文学遗产》2006年第1期。

路红：《郑玄〈毛诗笺〉略论》，《楚雄师专学报》（社会科学版）1990年第2期。

吕凯：《郑玄之谶纬学》，台湾商务印书馆2011年版。

罗荣华：《〈毛传〉、〈郑笺〉、〈孔疏〉训诂术语评析》，《宁夏大学学报》（人文社会科学版）2006年第4期。

罗荣华：《〈毛传〉、〈郑笺〉中的词类观》，《广西社会科学》2006年第5期。

骆伟里：《〈三礼〉郑注与辞书释义》，《辞书研究》1995年第2期。

马君花：《郑玄"因声求义"的训诂实践及其训诂原则》，《宁夏大学学报》（人文社会科学版）2005年第2期。

马君花：《郑玄〈礼记注〉训诂用语浅析》，《图书馆理论与实践》2005年第2期。

马君花：《论郑玄〈礼记注〉在训诂学史上的成就》，硕士学位论文，宁夏大学，2005年。

（清）马瑞辰：《毛诗传笺通释》，中华书局1989年版。

梅显懋：《融通六艺，博而守约——郑玄〈礼记注〉特色一瞥》，载《历史文献研究》总第29辑，华东师范大学出版社2010年版。

孟威龙：《〈大学〉郑玄本与朱熹本之异同考》，硕士学位论文，山东大学，2005年。

明岩：《浅析郑玄对〈礼记·内则〉的研究——以郑玄《礼记注》为中心》，《文学界》（理论版）2010年第10期。

潘斌：《近二十多年来郑玄〈三礼注〉研究综述》，《古籍整理研究学刊》2007年第5期。

潘斌：《〈郑玄三礼注研究〉读后》，《中国史研究动态》2009年第9期。

潘民中：《〈刘备"周旋陈元方、郑康成间"事考〉补正》，《许昌师专学报》2000年第6期。

潘艳花：《〈郑笺〉句型例析及其疑义探究》，硕士学位论文，新疆师范大学，2007年。

裴欢欢：《〈周礼〉郑注探源训诂研究》，硕士学位论文，苏州大学，2012年。

彭喜双：《慧琳〈一切经音义〉引〈尔雅〉郑玄注质疑》，《汉语史学报》第8辑，上海教育出版社2009年版。

彭喜双：《〈尔雅〉郑玄注研究述评》，《古籍研究》2008年第1期。

彭喜双：《许森〈尔雅郑玄注稽存〉述评——兼〈尔雅诂林叙录·郑玄'尔雅注'（许森辑本）提要〉辨析》，《图书馆杂志》2009年第4期。

（清）皮锡瑞：《经学历史》，中华书局1959年版。

齐佩瑢：《训诂学概论》，中华书局1984年版。

启功：《试论〈郑注论语〉一则的牵强附会》，《文艺研究》2002年第6期。

钱慧真：《〈礼记〉郑玄注释中的同源词研究》，硕士学位论文，山东大学，2006年。

钱慧真：《郑玄的语源学思想探析——与其同时代其他语言学家的比较研究》，《绥化学院学报》2007年第2期。

钱玄、钱兴奇：《三礼辞典》，江苏古籍出版社1993年版。

钱玄：《三礼通论》，南京师范大学出版社1996年版。

乔秀岩：《郑、何注〈论语〉的比较分析》，《北京大学学报》（哲学社会科学版）2009年第2期。

饶增阳：《郑玄整理文献的方法》，《南都学坛》2006年第6期。

任颖柅：《郑玄与〈戒子益恩书〉》，《齐鲁学刊》2008年第2期。

任远：《汉代章句之学与语法研究》，《语言研究》1995年第1期。

（清）阮元：《〈经籍籑诂〉凡例》，见《经籍籑诂》，中华书局 1982 年版。

尚磊明：《从毛郑对假借字的训释看假借问题》，《西华师范大学学报》（哲学社会科学版）2010 年第 1 期。

邵杰、何启锋：《郑玄著述辑佚的回顾与展望》，《山东社会科学》2016 年第 3 期。

申红义：《简帛典籍异文与郑注古今文》，《求索》2005 年第 10 期。

沈薇薇：《试析〈毛诗传笺〉引谶纬释〈诗〉》，《古籍整理研究学刊》2005 年第 5 期。

沈薇薇：《郑玄〈诗经〉学研究》，博士学位论文，东北师范大学，2008 年。

沈薇薇：《论〈孟子〉对〈毛诗传笺〉的影响》，《学术交流》2010 年第 10 期。

石云孙：《郑玄修辞理论发微》，《安庆师范学院学报》1987 年第 2 期。

石云孙：《毛郑朱〈诗经〉训诂略说》，《安庆师范学院学报》（社会科学版）2006 年第 3 期。

史静薇、高光新《〈诗〉毛传单音词到郑笺的双音化》，《唐山师范学院学报》2009 年第 6 期。

史应勇：《郑玄经学三论》，《四川大学学报》（哲学社会科学版）2004 年第 3 期。

史应勇：《郑玄通学及郑王之争研究》，巴蜀书社 2007 年版。

宋秀丽：《"读为、读曰"考》，《贵州大学学报》（社会科学版）1986 年第 2 期。

宋亚云：《东汉训诂材料与汉语动结式研究》，《语言科学》2007 年第 1 期。

孙良明：《汉语词类"有解""无解"的最早提出与划分——汉代注释书中的语法学研究》，《重庆师院学报》1989 年第 2 期。

孙良明：《从〈诗经〉毛传、郑笺看前置宾语的变化》，《中国语文》1989 年第 3 期。

孙良明：《汉代注释家的词类观》，《古汉语研究》1990 年第 4 期。

孙良明：《汉语复句类型、疑问句型的最早分析——汉代注释书中的语法学研究》,《烟台师范学院学报》(哲学社会科学版) 1993 年第 1 期。

孙良明:《中国古代语法学探究》,商务印书馆 2002 年版。

孙良明:《中国古代语法学探究》(增订本),商务印书馆 2005 年版。

孙书杰:《从郑玄注释语看汉语动结式的产生》,《河北大学学报》(哲学社会科学版) 2010 年第 4 期。

(清) 孙诒让:《周礼正义》,王文锦、陈玉霞点校本,中华书局 1987 年版。

孙永娟:《20 世纪以来〈郑笺〉研究综述》,《绥化学院学报》2007 年第 1 期。

孙永娟:《〈郑笺〉对〈毛诗传笺通释〉的影响》,《北方论丛》2008 年第 2 期。

孙永娟:《毛诗郑笺研究》,博士学位论文,哈尔滨师范大学,2010 年。

唐娟、刘蓓然:《浅谈郑玄的训诂实践》,《红河学院学报》2006 年第 6 期。

唐明贵:《郑玄〈论语注〉探微》,《中华文化论坛》2005 年第 2 期。

唐明贵:《关于郑玄〈论语注〉的几个问题》,《兰州学刊》2005 年第 6 期。

唐明贵:《郑玄〈论语注〉研探》,载《历史文献研究》总第 29 辑,华东师范大学出版社 2010 年版。

唐明贵:《郑玄〈中庸注〉的诠释特色》,《东岳论丛》2017 年第 6 期。

唐仕英、王相臣:《郑玄史迹南城考》,《齐鲁学刊》1996 年第 4 期。

唐文:《简论郑玄在训诂学上的成就》,《铁道师院学报》1987 年第 1 期。

唐文:《简论郑玄在训诂学上的成就:〈郑玄辞典〉前言》,《河北师院学报》1987 年第 3 期。

唐文:《郑注群经体例发微——兼谈训诂学的起源》,《吉林大学社会科学学报》1991 年第 1 期。

唐文:《郑玄辞典》,语文出版社 2004 年版。

唐元:《许慎、郑玄的五经总义类著作及其意义》,《辽东学院学报》(社会科学版) 2013 年第 3 期。

唐元：《从〈秦风·蒹葭〉来认识郑玄的〈毛诗笺〉》，《语文建设》2013年第5期。

田春来、郑春汛：《〈论语〉郑氏注的性质与特点》，《孔子研究》2007年第5期。

田春来：《〈释文〉所载〈论语〉鲁读和古读的关系》，《孔子研究》2012年第2期。

汪启明：《先秦两汉齐语研究》，巴蜀书社1998年版。

汪少华：《从〈周秦汉晋方言研究史〉看汉语史研究方法》，《语言研究》2003年第4期。

王鄂：《郑玄〈仪礼注〉版本考辨》，《图书与情报》1995年第3期。

王锷：《郑玄〈周礼注〉版本考》，《图书与情报》1996年第2期。

王锷：《郑玄〈礼记注〉的学术特点及其版本》，《图书与情报》2002年第3期。

王锷：《三礼研究论著提要》，甘肃教育出版社2001年版。

王浩：《郑玄〈三礼注〉同源词研究》，博士学位论文，河北师范大学，2010年。

王浩：《郑玄〈三礼注〉探源范式研究》，《燕赵学术》2011年第2期。

王嘉琦、李玉平：《郑玄〈论语注〉训诂术语系考论》，《唐山师范学院学报》2014年第6期。

王利器、杨永廉：《郑康成著述考》，《图书季刊》1940年新二卷第3期。

王利器：《郑康成年谱》，齐鲁书社1983年版。

（清）王鸣盛：《蛾术篇》，商务印书馆1958年版。

王启发：《郑玄〈三礼注〉的思想史意义》，见：《礼学思想体系探源》，中州古籍出版社2005年版。

王舒、李玉平：《郑玄对〈尔雅〉内容的继承情况研究》，《安阳师范学院学报》2015年第1期。

王素：《敦煌文书中的第四件〈论语郑氏注〉》，《文物》1984年第9期。

王素：《唐写本论语郑氏注及其研究》，文物出版社1991年版。

王文禧：《训诂术语例释》，《天水师专学报》1985年第1期。

王晓岚：《郑玄注古今字研究》，硕士学位论文，河南大学，2011年。

王新春：《郑玄易学爻辰说的哲学文化底蕴》，《周易研究》2008年第6期。

王彦辉：《集清儒郑学之成凿〈三礼〉郑注之户——读杨天宇著〈郑玄三礼注研究〉》，《史学月刊》2008年第7期。

王一军：《郑注郑笺声训说略》，《十堰大学学报》1988年第1期。

（宋）王应麟辑：《郑氏周易注》，丛书集成初编本，中华书局1985年版。

王应瑄：《郑玄的"以经注律"及其法律观点》，《法学评论》1989年第5期。

王振民主编：《郑玄研究文集》，齐鲁书社1999年版。

魏启峰：《毛亨郑玄朱熹〈诗经〉注释研究》，博士学位论文，西北大学，2016年。

乌兰：《简析训诂术语"犹"》，《内蒙古社会科学》（汉文版）2001年第5期。

吴存浩、张丽：《简论郑玄在校勘学上的成就》，《昌潍师专学报》2000年第3期。

吴福祥：《试论郑玄就音求义训诂原则》，《重庆师院学报》（哲学社会科学版）1989年第2期。

吴福祥：《试论郑玄据语境释义的训诂原则》，《安徽教育学院学报》1990年第1期。

吴凯：《郑玄〈古文尚书注〉训诂研究》，硕士学位论文，扬州大学，2010年。

吴林伯：《简论郑玄训诂成就及其影响》，《东岳论坛》1989年第1期。

吴庆峰：《郑玄经注传疑例述略》，《古籍整理研究学刊》1997年第6期。

吴泽顺：《论郑玄的音转研究》，《青海师范大学学报》（哲学社会科学版）2004年第4期。

吴泽顺：《〈释名〉声训引郑考——兼论〈释名〉的作者问题》，《励耘学刊》（语言卷）2005年第1期。

向熹：《郑玄》，载吉常宏、王佩增《中国古代语言学家评传》，山东教育出版社 1992 年版。

邢学敏：《"先郑"经学述论》，清华大学历史系、新加坡国立大学中文系主办的首届中国经学学术研讨会会议论文，2005 年 11 月。

邢学敏：《"先郑"经学的传承与著述考略》，《洛阳大学学报》2006 年第 1 期。

熊果、易柳清：《"三礼"郑玄注中古今语考察》，《文学界》（理论版）2012 年第 1 期。

徐克谦：《郑玄〈尚书·金縢〉注探微》，《孔子研究》2011 年第 3 期。

徐文贤：《〈毛诗正义〉引〈尔雅〉研究》，硕士学位论文，青岛大学，2011 年。

（清）徐养源：《周官故书考》，《皇清经解续编》卷五百十六。

徐正英：《简评汉人对比兴的阐释》，《西藏民族学院学报》（哲学社会科学版）2003 年第 2 期。

许黎黎：《〈毛诗郑笺平议〉之因声求义方法释例》，《齐齐哈尔师范高等专科学校学报》2011 年第 5 期。

许黎黎：《〈毛诗郑笺平议〉研究》，硕士学位论文，兰州大学，2011 年。

许宏：《郑玄、服虔注〈春秋〉》，《文史知识》1983 年第 10 期。

许会娟：《论郑玄与两汉经学》，《社科纵横》（新理论版）2013 年第 1 期。

杨广伟：《论郑玄通学产生的历史原因》，《复旦学报》（社会科学版）1982 年第 5 期。

杨树达：《中国修辞学》，科学出版社 1954 年版。

杨天宇：《郑玄〈三礼注〉中的汉史资料》，《河南师大学报》（社会科学版）1982 年第 4 期。

杨天宇：《论郑玄〈三礼注〉》，载《文史》第 21 辑，中华书局 1983 年版。

杨天宇：《郑玄〈三礼注〉中的汉史资料（续）》，《河南师大学报》（社会科学版）1984 年第 1 期。

杨天宇：《郑玄〈三礼注〉中的汉史资料（续）》，《河南大学学报》（哲学社会科学版）1984 年第 4 期。

杨天宇：《郑玄生平事迹考略》，《河南大学学报》2001年第5期。

杨天宇：《郑玄著述考》，《洛阳师范学院学报》2002年第1期。

杨天宇：《略论"礼是郑学"》，《齐鲁学刊》2002年第3期。

杨天宇：《郑玄校〈仪礼〉兼采今古文的三原则——合理的原则、符合规范的原则和存古字的原则》，《郑州大学学报》2003年第5期。

杨天宇：《郑玄校〈仪礼〉兼采今古文的二原则——字义贴切的原则和习用易晓的原则》，《郑州大学学报》2004年第6期。

杨天宇：《郑玄校〈仪礼〉从古文本字不从今文通假字考》，《河南科技大学学报》2005年第4期。

杨天宇：《郑玄校〈仪礼〉不从误字、衍字、倒文、坏字考》，《河南大学学报》（社会科学版）2005年第6期。

杨天宇：《郑玄注〈三礼〉所用"当为"术语释例》，《传统中国研究集刊》第2辑，上海人民出版社2006年版。

杨天宇：《郑玄校〈仪礼〉从今文本字不从古文通假字考》，《史学月刊》2006年第8期。

杨天宇：《郑玄校〈周礼〉是以今书为底本——驳李源澄所谓"郑注以故书为主"说》，《齐鲁文化研究》，中国知网，2006年。

杨天宇：《郑玄校〈三礼〉取拾异文所遵循的习用易晓的原则考析》，《第二届传统中国研究国际学术讨论会论文集》（一），上海人民出版社2007年版。

杨天宇：《郑玄三礼注研究》，天津人民出版社2007年版。

杨天宇：《郑玄三礼注研究》，中国社会科学出版社2008年版。

杨天宇：《杜子春对〈周礼〉今书的校勘及郑玄对杜校的取舍》，载《传统中国研究集刊》第五辑，2008年版。

杨天宇：《略述郑玄校勘〈三礼〉所遵循的原则》，《井冈山大学学报》（社会科学版）2010年第3期。

杨天宇：《张舜徽先生〈郑氏校雠学发微〉撷疵》，《史林》2011年第2期。

杨赛：《郑玄与汉代〈乐记〉校注》，《音乐艺术》（上海音乐学院学报）2016年第4期。

杨效雷：《爻辰说：郑玄〈易〉注的显著特色》，载《历史文献研究》总第29辑，华东师范大学出版社2010年版。

杨新勋：《论〈郑笺〉对〈毛传〉"标兴"的认识与发展》，《南京师大学报》（社会科学版）2010年第2期。

杨阳：《郑玄〈礼记〉注释研究》，硕士学位论文，西南师范大学，1998年。

杨阳：《〈礼记〉郑注引书说略》，《古籍研究》2000年第1期。

杨允：《郑玄"三礼注"诗乐思想探析》，《辽宁大学学报》（哲学社会科学版）2010年第4期。

杨允：《郑玄对"比兴"论的阐释与发展》，《社会科学战线》2011年第1期。

杨允：《"比兴"论的言义转换与郑玄的理论贡献》，《社会科学辑刊》2012年第2期。

杨允：《郑玄以德说〈诗〉浅论》，载《诗经研究丛刊》第28辑，2015年版。

姚书平：《从郑玄〈毛诗笺〉看汉代训诂学的发展》，硕士学位论文，山东师范大学，2011年。

叶勇：《"窈窕淑女，君子好逑"句传笺异说探究》，载《第三届诗经国际学术研讨会论文集》，香港天马图书公司1998年版。

易蒲、李金苓：《汉语修辞学史纲》，吉林教育出版社1989年版。

于首奎：《郑玄评传》，见《山东古代思想家》，山东人民出版社1985年版。

喻克明：《郑玄的注疏之学及其影响》，《西南民族学院学报》（哲学社会科学版）2001年第S2期。

袁长江：《郑玄"比兴"观浅析》，《诗经研究丛刊》2003年第1期。

袁晖、宗廷虎主编：《汉语修辞学史》（修订本），山西人民出版社1995年版。

曾抗美：《〈诗经〉毛亨传、郑玄笺、朱熹注比较研究释例》，《古籍研究》2009年Z1期。

翟广顺：《郑玄与青岛康成书院》，《青岛大学师范学院学报》2008年第1期。

张斌、许威汉：《中国古代语言学资料汇纂》（训诂学分册），福建人民出版社1993年版。

张崇琛：《刘备"周旋陈元方、郑康成间"事考》，《许昌师专学报》

2000 年第 3 期。

张峰屹、张立克：《郑玄〈毛诗传笺〉对〈毛传〉的修正和超越》，《云南大学学报》（社会科学版）2016 年第 2 期。

张国良：《郑玄训诂方法"以类证义"发微——兼谈刘熙〈释名〉对郑注的继承》，《古汉语研究》2016 年第 2 期。

张华文：《试论〈毛诗·郑笺〉的语法分析》，《云南师范大学学报》（哲学社会科学版）1986 年第 4 期。

张劲秋：《〈论语〉何晏注训诂研究》，《安徽教育学院学报》2004 年第 4 期。

张能甫：《关于郑玄注释中"读为""读如"的再思考》，《古汉语研究》1998 年第 3 期。

张能甫：《从郑玄的注释语料看〈汉语大词典〉的收词问题》，《成都大学学报》（社会科学版）1998 年第 3 期。

张能甫：《论郑玄注释中的以今释古》，《汉语史研究集刊》第 1 辑，巴蜀书社 1998 年版。

张能甫、邱郑敏：《论郑玄注释中的文字改读和校正》，《西昌师范高等专科学校学报》1999 年第 1 期。

张能甫：《从郑玄笺注看东汉时代的新词新义》，《汉语史研究集刊》第 2 辑，巴蜀书社 2000 年版。

张能甫：《郑玄注释语言词汇研究》，巴蜀书社 2000 年版。

张能甫：《东汉语料及同素异序的时代问题——对〈东汉语料与词汇史研究刍议〉的补说》，《古汉语研究》2000 年第 3 期。

张能甫：《郑玄注释语料在〈汉语大词典〉编纂中的价值》，《西昌师范高等专科学校学报》2001 年第 3 期。

张能甫：《郑玄注释语料在〈汉语大词典〉修订中的价值》，《西南民族学院学报》（哲学社会科学版）2001 年第 6 期。

张培高、吴祖刚：《郑玄、孔颖达与朱熹对〈中庸〉诠释的异同》，《西南民族大学学报》（人文社会科学版）2016 年第 4 期。

张鹏飞：《〈周礼〉郑注"若今"例研究》，《古籍整理研究学刊》2009 年第 3 期。

张琴：《郑玄〈礼记注〉初探》，硕士学位论文，安徽大学，2006 年。

张舜徽：《郑玄训诂学发微》，《华中师院学报》1981年第3期。

张舜徽：《郑学丛著》，齐鲁书社1984年版。

张舜徽：《郑学丛著》，华中师范大学出版社2005年版。

张文：《〈中庸〉郑、朱注比义》，《孔子研究》2011年第4期。

张晓明：《试论郑玄的教育思想及实践》，《青岛大学师范学院学报》2007年第3期。

张新武：《"之为言"是声训的专用术语吗》，《新疆大学学报》（哲学社会科学版）1991年第3期。

张新武：《训诂术语"犹"的释义特点与字典辞书义项的设立》，《新疆大学学报》（哲学·人文社会科学版）2010年第5期。

张秀英：《〈礼记〉郑注辨误一则》，《学术研究》2009年第1期。

张衍田：《"文献"郑玄训释说》，《文献》1988年第1期。

张艳：《〈毛传〉、〈郑笺〉对〈诗经〉训诂之比较》，硕士学位论文，兰州大学，2007年。

张永言：《训诂学简论》，华中工学院出版社1985年版。

张玉琴：《郑玄"三礼注"释乐考释》，硕士学位论文，华中师范大学，2007年。

赵伯雄：《郑玄尚书注的文本问题》，载《传统中国研究集刊》第11辑，上海人民出版社2013年版。

赵克刚：《〈经典释文〉郑玄音声母系统研究》，《古汉语研究》1989年第3期。

赵振铎：《训诂用语浅释》，《语文园地》1982年第2期。

赵振铎：《经学家郑玄》，见《训诂学史略》第四章，中州古籍出版社1988年版。

郑献芹：《试述郑玄的语言观》，《殷都学刊》1999年第1期。

（三国魏）郑小同：《郑志》（二种），中华书局1985年版。

（清）郑珍：《郑学录》，《续修四库全书》第549册，上海古籍出版社，2002年版。

周大璞：《训诂学初稿》（第三版），武汉大学出版社2002年版。

周国瑞：《郑玄〈诗·笺〉例释》，《殷都学刊》1989年第1期。

周双利：《简论郑玄对〈诗经〉的理论研究与训诂》，《内蒙古民族师院学报》（社会科学汉文版）1988年第3期。

周予同:《经今古文学》,商务印书馆1933年版。

朱翠霞:《郑玄〈诗经〉笺及〈三礼〉注疑问句的研究》,《成都电子机械高等专科学校学报》2012年第3期。

朱岩:《郑玄〈尚书〉训诂的谶纬化》,《盐城师范学院学报》(人文社会科学版)2008年第1期。

祝敏彻、尚春生:《论"毛传"、"郑笺"的异同》,《兰州大学学报》1983年第1期。

左林霞:《传统训诂学的释句方法》,《湖北教育学院学报》2005年第6期。

[日]佐藤文四郎:《郑玄别传辑考》,载《服部先生古稀祝贺论文集》,(日本)东京富山房书社1936年版。

后 记

我关注东汉郑玄的语言学研究情况是从北京师范大学硕士学位论文写作开始的（2002年），到现在已经过去15个年头了。那是李运富师给确定的研究方向，写的是《郑玄〈周礼注〉对字际关系的沟通》，部分内容发表并已经纳入本书。后来我的博士学位论文也是遵照运富师的建议，继续围绕着《周礼注》来写的，题目是《〈周礼〉复音词郑注研究》，已于2007年由天津社会科学院出版社出版，书名是《〈周礼〉复音词郑玄注研究》。如果说本人在郑玄语言学研究领域略微有一点收获的话，首先应该感谢的是运富师的指导和帮助。硕士论文写作和答辩过程中曾有幸向王宁等先生请教；博士学位答辩中曾有幸听到何九盈、王宁、赵诚、董琨、孙玉文、姚振武、刘利等先生的指教。

2009年，我以"郑玄语言学研究"为题申报了教育部人文社科青年基金项目并获批。真的非常感谢那些匿名评审专家，是他们的垂青和鼓励，使我能够这样长时间地从事有关郑玄语言学方面的研究。因为郑玄语言学研究的课题，本质上属于中国古代语言学史领域，而这一领域的研究在当下并不被看好，甚或有的学者仍然坚持中国古代不存在语言学。我们不想对此做过多的解释，因为对于这样的一些偏见，何九盈先生《中国古代语言学史》中已有精彩的驳斥。

最晚至汉代，我国学者就已经开始了语言学研究，如西汉扬雄《方言》和东汉许慎《说文解字》就是其时杰出的代表。郑玄处于东汉后期，当时有学者做语言研究工作并非稀奇之事，只不过多数学者的语言研究工作都是以注释儒家经典的方式进行的，因而相关语言学思想和观点都保留在其所做注释当中，郑玄也不例外。郑玄没有写过专门的语言学著作，因此，研究郑玄的语言学观点，就只能从郑玄的笺注当中去搜辑和提炼。

郑玄笺注材料很多，课题设计之初，我们是设想能够全面彻底地整理郑玄在文字学、训诂学、语法学、修辞学、方言学、词源学等领域的语言学观点和成就。但从目前完成的情况来看只能说是完成了这个工作的基本任务。本人基础欠缺，能力不足，书稿中有的部分下了很大功夫，自认为还算深入，但也有的部分写得还比较肤浅，可以说还只是刚刚起步，有待进一步的打磨和提高。之所以将目前很不成熟的研究结果出版，供大家批评，一是因为这个工作持续时间太长了，从2009年课题获批到现在2017年底交稿给出版社至少也有八年时间了。这么长时间的工作也需要一个总结；二是开展后续研究的需要。从事郑玄语言学研究的学者还有不少，我们做了许多研究工作，不及时出版发表，就会导致后来许多学者的重复工作，带来不必要的精力浪费。

即使现在完成的书稿内容，确切地说，也并非完完全全由我一个人独立完成的。我的研究生和带过的一些本科生都帮我做了不少工作，我在书中相应处也做了明确交代，在这里一并表示感谢。这些同学，本科生有2008级李玲、周利俐和章舒娅，2009级的王舒、刘迪和钱晓萍，研究生有2012级王嘉琦、王颖等。有的内容是他们在我的选题和指导下完成工作并投稿发表，有的内容是以本科毕业论文或作业形式进行的，但他们完成内容的不足和缺陷是很大的，后续定稿的大修改都是由我来完成的，纳入本书时基本也由我进一步修缮，有的内容几乎是重新写。总之，本书如果说有一些贡献的话，应该说归功于以我为主的研究团队，而错误最终由我一个人负责。感谢研究生王颖、王嘉琦曾辅助我做关于郑玄语言学研究资料的查找和初期整理工作；感谢研究生段然同学辅助我做了资料索引格式调整和部分书稿校样的校对工作；感谢研究生张志丽、范方圆、段然和台艳霞帮我完成了一些其他额外加在我身上的科研工作，减轻了我许多压力。

感谢天津师范大学文学院赵利民院长、科研处赵雅文处长和王浩老师的热情帮助，使得本书获得了天津师范大学人文社会科学出版资金的资助；感谢文学院陈燕先生、周宝宏先生对本人的帮助和鼓励，感谢同门张素凤、何余华热心帮助提供出版建议和信息。

感谢中国社会科学出版社任明先生，蒙他垂青并任本书的责编，使得本书的质量能够得到充分的保证。

李玉平
2018年1月于天津西青景福花园